5/5/2020

Con Mucho
Cariño.
Que Dios
Te bendiga
Siempre
Mar

DEVOCIONAL
EN UN AÑO®
PARA LA *familia*

365 historias que aplican
la Biblia a la vida diaria

En UN AÑO®
DEVOCIONAL
EN UN AÑO® PARA LA *familia*

365 historias que aplican la Biblia a la vida diaria

VOLUMEN 1

TYNDALE HOUSE PUBLISHERS, INC.
CAROL STREAM, ILLINOIS, EE. UU.

Visite Tyndale en Internet: www.tyndaleespanol.com y www.BibliaNTV.com.

TYNDALE, el logotipo de la pluma, *En un año*, el logotipo de En un año, *The One Year* y *One Year* son marcas registradas de Tyndale House Publishers, Inc. El logotipo de The One Year es una marca de Tyndale House Publishers, Inc.

Devocional en un año para la familia

© 2013 por Children's Bible Hour. Todos los derechos reservados.

Fotografía de la portada © 2000 por Terry Vine/Stone. Todos los derechos reservados.

Las historias fueron escritas por: V. Louise Cunningham, Jorlyn A. Grasser, Jan L. Hansen, Nancy G. Hill, Ruth I. Jay, Dean Kelley, Sherry L. Kuyt, Agnes G. Livezey, Deborah S. Marett, Hazel W. Marett, Sara L. Nelson, Raelene E. Phillips, Linda A. Piepenbrink, Victoria L. Reinhardt, Phyllis Robinson, Deana L. Rogers, Catherine Runyon, Charlie VanderMeer, Geri Walcott, Linda M. Weddle, Barbara J. Westberg y F. Carolyn E. Yost. Las iniciales de los autores aparecen al final de cada historia. Todas las historias han sido tomadas de *Tesoros para niños*, una publicación bimensual de Children's Bible Hour, Box 1, Grand Rapids, MI 49501.

Originalmente publicado en inglés en 1988 como *The One Year Family Devotions, Volume 1*, por Tyndale House Publishers, Inc., con ISBN 978-0-8423-2541-7. Todos los derechos reservados.

Diseño: Alberto C. Navata, Jr.

Traducción al español: Raquel Monsalve

Edición del español: Cecilia Castro, Mafalda E. Novella y Sarah Rubio

El texto bíblico sin otra indicación ha sido tomado de la *Santa Biblia*, Nueva Traducción Viviente, © Tyndale House Foundation, 2010. Usado con permiso de Tyndale House Publishers, Inc., 351 Executive Dr., Carol Stream, IL 60188, Estados Unidos de América. Todos los derechos reservados.

El texto bíblico indicado con NVI ha sido tomado de la Santa Biblia, *Nueva Versión Internacional,*® NVI.® © 1999 por Biblica, Inc.® Usado con permiso. Todos los derechos reservados mundialmente.

El texto bíblico indicado con RVR60 ha sido tomado de la versión Reina-Valera © 1960 Sociedades Bíblicas en América Latina; © renovado 1988 Sociedades Bíblicas Unidas. Utilizado con permiso. Reina-Valera 1960® es una marca registrada de la American Bible Society, y puede ser usada solamente bajo licencia.

El texto bíblico indicado con RVA ha sido tomado de la versión Reina-Valera Antigua.

ISBN 978-1-4143-8357-6

Impreso en Estados Unidos de América
Printed in the United States of America

21	20	19	18	17	16
8	7	6	5	4	3

EN SUS MANOS tiene un año completo de encantadoras historias; todas ellas han sido adaptadas de *Tesoros para niños*, una publicación bimensual de Children's Bible Hour. Por años, el programa Children's Bible Hour ha ofrecido, sin cargo alguno, esta revista con lecturas devocionales a todas las familias que solicitaban un ejemplar. Este notable ministerio ha sido muy apreciado tanto por los padres como por sus hijos a través de los años, por lo que Tyndale House tiene el privilegio de publicar la colección de historias de este año en un solo volumen, historias que fueron primero publicadas por *Tesoros para niños*.

La historia de cada día provee una ilustración contemporánea de la lectura bíblica del día. Después de cada historia hay una sección titulada: «¿Y tú?», que anima a los niños para aplicar la historia a sus propias vidas. Luego, hay un versículo bíblico para memorizar, tomado usualmente de la porción bíblica de ese día. Muchos de estos versículos bíblicos para aprender de memoria han sido tomados de la Nueva Traducción Viviente de la Biblia, pero en otros casos se ha usado una versión que concordara mejor con la enseñanza del día. Cada devocional termina con una «clave», que es un corto resumen de la lección del día.

Las historias de este libro están escritas para familias con hijos de ocho a catorce años de edad. Los niños pueden disfrutar leyendo estas historias ellos mismos, pero esperamos que usted las use en un tiempo devocional que incluya a toda la familia. Al igual que las historias de la Biblia enseñan lecciones valiosas sobre la vida, las historias en este libro tienen el propósito de hablarles no solo a los niños sino también a los adultos. Son simples, directas, van al grano y, al igual que las parábolas de Jesús, nos hablan personalmente en términos que podemos entender fácilmente. Al igual que las buenas historias, se escribieron para compartir, así que úselas de base para que la familia comparta y crezca en el Señor.

UNA GUÍA PARA EL VIAJE

A AUSTIN NO le gustaban los tiempos devocionales familiares, pero sus padres pensaban que eran muy importantes.

—La Biblia es para ahora, mañana y para siempre —le dijo su mamá—. Del pasado aprendemos a no cometer los mismos errores que cometieron otras personas.

Su papá asintió.

—También aprendemos que Jesús, el Hijo de Dios, vivió en la tierra sin cometer ni un error.

Austin pensaba que la Biblia era aburrido.

—Habla de personas que vivieron hace miles de años —dijo él—. Ahora las cosas son diferentes.

Cuando su padre anunció que iba a viajar a Australia por asuntos de negocios, y que la familia podía viajar con él, Austin se entusiasmó. Un día, él trajo a su casa un libro y mapas que le había prestado su maestro.

—El señor Tucker ha viajado a Australia —dijo Austin—. Él me habló sobre su viaje. Muchas cosas son distintas allá, así que me prestó esta guía de viaje. Habla acerca de cosas que puedes hacer y de otras que no debes hacer para tener un buen viaje.

—Eso es fantástico, Austin —le dijo su papá—, ¿pero no te vas a aburrir leyendo sobre todo eso?

—No me voy a aburrir —le respondió Austin—. Ayudó al señor Tucker y me ayudará a mí también para poder hacer las cosas correctas en ese país.

—Una guía de viaje es una buena idea —asintió papá—, pero puesto que nunca te mostraste interesado en leer la guía para tu viaje más importante, me sorprende un poco que estés interesado en esta guía.

Austin miró fijamente a su padre.

—¿Qué viaje? —le preguntó—. ¿Qué guía?

—Tu viaje a través de la vida —le respondió su padre—. La Biblia es el libro guía, y Dios, que es su autor, es el mejor guía para ese viaje.

Austin nunca se había dado cuenta de eso.

—Tienes razón, papá —asintió Austin.

DE LA BIBLIA:

Tu palabra es una lámpara que guía mis pies
y una luz para mi camino.
Lo prometí una vez y volveré a prometerlo:
obedeceré tus justas ordenanzas.
He sufrido mucho, oh SEÑOR;
restaura mi vida, como lo prometiste.
SEÑOR, acepta mi ofrenda de alabanza
y enséñame tus ordenanzas.
Mi vida pende de un hilo constantemente,
pero no dejaré de obedecer tus enseñanzas.
Los malvados me han tendido sus trampas,
pero no me apartaré de tus mandamientos.
Tus leyes son mi tesoro;
son el deleite de mi corazón.
Estoy decidido a obedecer tus decretos
hasta el final.
SALMO 119:105-112

La Biblia: el libro que guía la vida

¿Y TÚ? ¿Estás tratando de viajar por la vida sin una guía? La Biblia está llena de instrucciones y de ayuda para ti. Tiene todo lo que necesitas saber para hacer un buen viaje a través de la vida. *A.G.L.*

MEMORIZA: Tu palabra es una lámpara que guía mis pies y una luz para mi camino. *Salmo 119:105*

2 de enero

DE VUELTA AL PRINCIPIO

DE LA BIBLIA:

Por lo tanto, si presentas una ofrenda en el altar del templo y de pronto recuerdas que alguien tiene algo contra ti, deja la ofrenda allí en el altar. Anda y reconcíliate con esa persona. Luego ven y presenta tu ofrenda a Dios.
MATEO 5:23-24

Reconcíliate con tus amigos

—¡NO PUEDO HACERLO! —exclamó Diana.

—¿Qué es lo que no puedes hacer? —le preguntó su padre.

—No puedo cuadrar estas cifras —gimió Diana—. Mañana, cuando entregue el informe de la tesorería de nuestro club, todo el mundo pensará que soy una tonta. ¡Y Janet se va a poner muy contenta!

El padre miró el informe de Diana.

—Yo creía que ella era tu mejor amiga. ¿Por qué tendría que sentirse feliz si cometes un error?

Diana vaciló un momento.

—Bueno, las dos queríamos el puesto de tesorera. Cuando me eligieron a mí, ella siguió tratando de decirme cómo debo hacer este trabajo. Yo le dije que iba a hacer las cosas a mi manera. Desde ese día, no nos hemos hablado —dijo Diana con tristeza.

—Siento mucho escuchar eso, y sé que Dios también debe sentirlo —dijo su padre—. Escucha, Diana, comienza desde el principio y suma las cifras una por una.

Diana probó lo que le sugirió su padre, y le dio resultado.

—¡Encontré mi error, papá! —le dijo ella.

—Por lo general ayuda ir al principio —dijo el padre—. De hecho, ¿por qué no tratas también de volver al principio de tu pelea con Janet?

—¿Qué quieres decir? —le preguntó Diana.

—Al principio ambas quisieron salirse con la suya. Eso fue egoísta —le explicó el padre—. ¿Por qué no le pides perdón a Janet por querer salirte con la tuya? Escucha lo que ella te dice. Estoy seguro de que tendrá algunas ideas buenas.

Diana suspiró.

—Está bien, papá. Voy a volver al principio y le voy a decir a Janet que yo estaba equivocada, y que quiero que seamos amigas de nuevo.

¿Y TÚ? ¿Has tenido algún desacuerdo con alguien? ¿Estás seguro de que todo fue culpa de esa persona? Pídele a Dios que te muestre lo que tal vez hiciste mal. Confiésale tu pecado a Dios; luego ve a hablar con esa persona y pídele perdón. Una amistad restaurada los hará felices a los dos. No le guardes rencor a nadie. *J. L. H.*

MEMORIZA: Ahora es tiempo de perdonarlo y consolarlo; de otro modo, podría ser vencido por el desaliento.
2 Corintios 2:7

MÁS QUE PERDÓN

A ANDRÉS LE gustaba orar con su madre antes de acostarse. Una noche, después de haber orado, recordó otra cosa. «Oh, Señor, perdóname por haber chocado contra la cerca de la señora Evans y por haberle roto su rosal. Supongo que no debería haber pasado por su jardín. Amén».

—Andrés —le dijo su madre suavemente—. Tú no me mencionaste nada en cuanto a la cerca de la señora Evans. ¿Qué pasó?

Andrés frunció el ceño.

—¿Tengo que decírtelo? Dios me ha perdonado, ¿no es verdad? Yo le pedí que me perdonara.

—Sí, Dios te ha perdonado —le respondió su mamá—. Pero es posible que yo te pueda ayudar a reparar el daño que hiciste si me dices qué fue lo que pasó.

—¿Reparar el daño? — preguntó Andrés un poco confundido.

—La Palabra de Dios nos dice que si nuestro pecado hiere a otra persona, entonces debemos hacer lo mejor posible para reparar el daño, es decir, arreglar las cuentas —le explicó su mamá—. Si en verdad estamos arrepentidos, y le confesamos nuestro pecado, Dios nos perdona, pero nosotros debemos hacer todo lo posible para reparar el daño que hemos hecho. Tal vez debes ir a ver a la señora Evans para pedirle perdón.

Andrés se quedó callado por unos momentos.

—Debo ir a pedirle perdón y preguntarle si le puedo pagar el daño que hice —dijo él.

—Es una idea excelente —le dijo su mamá—. Cuando le pides perdón a Dios, tus acciones deben mostrar que en realidad estás arrepentido de lo que has hecho.

¿Y TÚ? ¿Le has hecho algo malo a alguien? En la época del Antiguo Testamento la gente tenía que ofrecer sacrificios en casos como esos, y la situación tenía que ser reparada. Pero desde que Jesús hizo el sacrificio supremo por nuestros pecados, nosotros no tenemos que ofrecer ese tipo de sacrificio. Sin embargo, necesitamos arreglar las cuentas, reparar el daño que hemos hecho, aun si nos causa vergüenza o es inconveniente. Dios no puede aceptar nuestro servicio o devoción si rehusamos corregir nuestros errores. *C. R.*

MEMORIZA: La persona tiene que hacer restitución por la propiedad sagrada que dañó, pagando por la pérdida. *Levítico 5:16*

DE LA BIBLIA:

Entonces el SEÑOR le dijo a Moisés: «Supongamos que uno de ustedes peca contra su socio y es infiel al SEÑOR. Supongamos que comete una estafa en un trato que involucra un depósito en garantía, o roba, o comete fraude, o encuentra un objeto perdido y luego niega haberlo encontrado, o miente después de haber jurado decir la verdad, o comete cualquier otro pecado como estos. Si has pecado en cualquiera de estas formas, eres culpable. Debes devolver lo que robaste, o el dinero que tomaste mediante la extorsión, o el depósito recibido en garantía, o el objeto perdido que encontraste, o cualquier cosa que hayas obtenido por jurar en falso. Deberás hacer una restitución total a la persona perjudicada más un veinte por ciento adicional. En el mismo día, presentarás una ofrenda por la culpa. Como ofrenda por la culpa al SEÑOR, debes llevar al sacerdote un carnero sin defecto de tu propio rebaño, o puedes comprar uno del mismo valor». LEVÍTICO 6:1-6

Tienes que arreglar las cuentas

4 de enero

NO MIRES COSAS MALAS

DE LA BIBLIA:

*No amen este mundo ni las cosas
que les ofrece, porque cuando aman
al mundo no tienen el amor del
Padre en ustedes. Pues el mundo
solo ofrece un intenso deseo por el
placer físico, un deseo insaciable
por todo lo que vemos, y el orgullo
de nuestros logros y posesiones.
Nada de eso proviene del Padre,
sino que viene del mundo; y este
mundo se acaba junto con todo lo
que la gente tanto desea; pero el
que hace lo que a Dios le agrada
vivirá para siempre.*
1 JUAN 2:15-17

No mires cosas malas

HOLLY ENCENDÍA EL televisor tan pronto como despertaba todas las mañanas. Después de la escuela, miraba televisión casi sin parar hasta la hora de irse a dormir. Ella no pensaba que mirar televisión la dañara en alguna forma, y no le importaba lo que miraba. Desafortunadamente, sus padres tampoco prestaban mucha atención a los programas que ella veía. ¡Y muchos de esos programas eran perjudiciales!

Ella miraba un par de programas que eran inmorales en cuanto a las palabras y a los comportamientos. Los actores usaban ropa indecente y a menudo tomaban bebidas alcohólicas. Los martes por la noche, Holly miraba un programa humorístico que incluía muchas malas palabras. Cuando miraba programas de entrevistas, Holly se reía de los chistes vulgares.

Una semana, durante la escuela dominical, la hermana pequeña de Holly cantó: «¡Cuidado con lo que ven tus ojitos... porque el Padre con amor te mira desde el cielo, así que ten cuidado con lo que ven tus ojitos!». Luego la maestra les dijo a los niños que nunca debían ver programas que no quisieran que Jesús mirara con ellos.

Esa semana, Holly no disfrutó mucho mirando la televisión. En una telenovela de la tarde, una mujer soltera estaba tratando de robarle el esposo a otra mujer. Ella sabía que a Dios no le gustaría ver eso. El programa humorístico del martes por la noche iba solo a la mitad cuando Holly apagó el televisor porque los actores estaban usando malas palabras. Sintió vergüenza porque se dio cuenta de que cuando estaba enojada o se sentía herida, a menudo decía malas palabras en voz baja para que nadie pudiera escucharlas. *Es porque las escucho siempre en la televisión,* pensó ella. *Esos programas no son buenos para mí. Desde ahora en adelante, ¡voy a tener más cuidado con lo que dejo que vean mis ojos!*

¿Y TÚ? ¿Tienes cuidado en cuanto a lo que dejas que vean tus ojos en la televisión? Debes elegir mirar programas que son sanos y que usan buen lenguaje. Muchas veces es una buena idea apagar el televisor. *R. E. P.*

MEMORIZA: Me negaré a mirar cualquier cosa vil o vulgar. *Salmo 101:3*

AMY Y KYLE habían invitado a sus amigos a jugar el juego del zorro y los gansos. Los niños caminaron en la nieve para hacer la forma de una rueda muy grande con ocho rayos.

—Recuerden que el centro es la zona segura —Kyle dio las instrucciones—. Pero ustedes deben usar los rayos para escapar y llegar al centro. Al que el zorro agarre, ese será el nuevo zorro.

Bryan se ofreció como voluntario para ser el primer zorro. Los niños jugaron en la nieve hasta que llamaron a almorzar a Amy y a Kyle.

—Me pareció que ustedes se estaban divirtiendo mucho allá afuera —observó su madre—. Pero cada vez que miraba por la ventana, Bryan era el zorro.

Kyle se rió.

—La culpa de eso fue de Bryan. Siempre trataba de acercarse lo más posible al zorro antes de correr. Por eso es que siempre lo agarraban.

—Y nunca usaba las rutas de escape hasta que era demasiado tarde —agregó Amy.

—¿Saben?, en la vida, a veces nosotros también pasamos por alto las rutas de escape —dijo su mamá—. Cuando enfrentamos tentaciones, podemos correr a Jesús para estar seguros. Pero si nos acercamos demasiado al pecado, nos atrapará.

—¿Como la vez que me senté con los muchachos mayores en el partido de baloncesto, aun cuando yo sabía que ellos siempre se meten en problemas? —dijo Amy.

—Es verdad —dijo su mamá—. Te podrías haber escapado si te hubieras sentado junto a tus amigos creyentes.

—Y como la vez que escuché algunos chistes malos en lugar de haberme alejado de allí —dijo Kyle.

—Sí —dijo su mamá con una sonrisa—. Si leemos la Palabra de Dios, oramos y seguimos los mandamientos de Dios, entenderemos el camino para escapar del pecado.

EL ZORRO Y LOS GANSOS

DE LA BIBLIA:

Si ustedes piensan que están firmes, tengan cuidado de no caer. Las tentaciones que enfrentan en su vida no son distintas de las que otros atraviesan. Y Dios es fiel; no permitirá que la tentación sea mayor de lo que puedan soportar. Cuando sean tentados, él les mostrará una salida, para que puedan resistir.
1 CORINTIOS 10:12-13

Escapa del pecado

¿Y TÚ? ¿Corres para apartarte del pecado antes de involucrarte en algo malo? Deberías hacerlo. Pídele a Jesús que te ayude. Él te mostrará la forma de escapar del pecado. *J. L. H.*

MEMORIZA: Dios es fiel; no permitirá que la tentación sea mayor de lo que puedan soportar. Cuando son tentados, él les mostrará una salida, para que puedan resistir. *1 Corintios 10:13*

6 de enero

¿CUÁNTAS BIBLIAS?

DE LA BIBLIA:

*Las enseñanzas del Señor son
    perfectas,
    reavivan el alma.
Los decretos del Señor son
    confiables,
    hacen sabio al sencillo.
Los mandamientos del Señor
    son rectos,
    traen alegría al corazón.
Los mandatos del Señor son claros,
    dan buena percepción para vivir.
La reverencia al Señor es pura,
    permanece para siempre.
Las leyes del Señor son verdaderas,
    cada una de ellas es imparcial.
Son más deseables que el oro,
    incluso que el oro más puro.
Son más dulces que la miel,
    incluso que la miel que gotea
    del panal.
Sirven de advertencia para
    tu siervo,
    una gran recompensa para
    quienes las obedecen.*
SALMO 19:7-11

Aprecia la Biblia

—TENGO EL NUEVO Testamento que nos dieron en la escuela, y la Biblia para niños que mamá y papá nos dieron a cada uno cuando cumplimos ocho años —le gritó Timoteo a Tina desde su cuarto.

—¿Contaste la Biblia que te dieron por aprender de memoria todos aquellos versículos en la escuela bíblica de vacaciones? —le gritó Tina a su hermano.

—¿Por qué están gritando ustedes dos? —les preguntó su padre desde el pie de la escalera.

Tina corrió hacia la parte superior de la escalera.

—Papá, el hombre que habló hoy en nuestro club bíblico nos pidió que contáramos cuántas Biblias tenemos —explicó ella—. Nos dijo que hay personas en algunos países comunistas que darían todo lo que ganan en seis meses para tener una parte de las Escrituras en su propio idioma. Timoteo tiene cuatro Biblias propias, y hasta ahora yo he encontrado tres.

Más tarde, los niños también contaron las Biblias de sus padres. Descubrieron que tenían dieciocho Biblias en su casa.

—Tina cree que nosotros tenemos más Biblias que la mayor parte de la gente porque papá es pastor —dijo Timoteo.

—Es probable —dijo mamá—, pero estoy segura de que la mayor parte de los creyentes en nuestro país tiene varias Biblias.

—Para nosotros es difícil pensar que algunos creyentes no tienen la libertad de leer la Palabra de Dios —dijo el padre—. Y hay algunos países en los cuales la gente no tiene una Biblia porque todavía no ha sido traducida a su idioma.

Los niños no habían pensado en eso. Esa noche, la familia le dio gracias a Dios por su libertad y porque la Palabra de Dios estaba disponible para todos. Oraron por los creyentes que viven en países donde no se honra la Palabra de Dios. También oraron pidiendo que la Biblia estuviera a disposición de todas las naciones del mundo muy pronto.

¿Y TÚ? ¿Le das a la Biblia el valor que merece? No te olvides de dar gracias por ella. Ora por aquellos que no tienen la bendición de tener una Biblia. *R. E. P.*

MEMORIZA: Acepten con humildad la palabra que Dios les ha sembrado en el corazón, porque tiene el poder para salvar su alma. *Santiago 1:21*

EL AVE EXTRAÑA

—MAMÁ, HOY TRABAJAMOS en nuestra insignia del ave en los *Boy Scouts* —dijo Ryan—. ¿Sabías que un ruiseñor puede cambiar su tono ochenta y siete veces en siete minutos? ¡Qué ave tan extraña!

—Es sorprendente —le dijo su mamá.

Al día siguiente, la madre de Ryan escuchó sin querer a uno de los compañeros del niño cuando le hablaba después de un partido de baloncesto.

—Oye, Ryan, le robé un paquete de cigarrillos a mi papá —le dijo Jim—. ¿Quieres encontrarte conmigo detrás de la escuela para fumarnos uno?

—Parece algo divertido —le dijo Ryan—, pero no puedo. Tengo que ir a otro lado.

Cuando Ryan se dio vuelta, se topó con Tom, un muchacho de su clase de la escuela dominical.

—Hola, Ryan —le dijo Tom—, ¿sabías que Jim robó un paquete de cigarrillos?

—Sí, lo sé —lo interrumpió Ryan—. ¿Y a eso lo llaman algo divertido?

Cuando iban camino a casa en el automóvil, su madre le preguntó a Ryan:

—¿Cómo está mi "ave extraña" esta noche? Ya sabes, mi ruiseñor —entonces su mamá le explicó—. Estoy muy contenta de que no te hayas puesto de acuerdo para encontrarte con Jim esta noche. Pero escuché a "un ave pequeña" cambiar de tono con bastante rapidez esta tarde. Tú dijiste: "Parece algo divertido", y al siguiente minuto dijiste: "¿Y a eso le llaman algo divertido?".

—Oh, eso —respondió Ryan un poco avergonzado. Él sabía que debería haberle dicho directamente a Jim la razón por la cual no fumaría con él. Cuando llegaron a su casa, Ryan fue directamente al teléfono. «Voy a llamar a Jim y le voy a decir la verdadera razón por la cual no fui con él», dijo Ryan.

¿Y TÚ? ¿Cambias de tono como un ruiseñor, según qué tipo de «aves» haya cerca de ti? Es difícil adoptar una posición firme por lo que realmente crees que es lo correcto cuando tus amigos no están de acuerdo contigo, pero con la ayuda de Dios, es posible hacerlo. Daniel lo hizo, ¡y tú también puedes hacerlo! *P. R.*

MEMORIZA: Daniel estaba decidido a no contaminarse con la comida y el vino dados por el rey. *Daniel 1:8*

DE LA BIBLIA:

Llegó a Jerusalén el rey Nabucodonosor de Babilonia y la sitió. [...] Luego el rey ordenó a Aspenaz, jefe del Estado Mayor, que trajera al palacio a algunos de los jóvenes de la familia real de Judá y de otras familias nobles, que habían sido llevados a Babilonia como cautivos. «Selecciona solo a jóvenes sanos, fuertes y bien parecidos —le dijo—. Asegúrate de que sean instruidos en todas las ramas del saber, que estén dotados de conocimiento y de buen juicio y que sean aptos para servir en el palacio real. Enseña a estos jóvenes el idioma y la literatura de Babilonia». El rey les asignó una ración diaria de la comida y del vino que provenían de su propia cocina. Debían recibir entrenamiento por tres años y luego entrarían al servicio real.

Daniel, Ananías, Misael y Azarías fueron cuatro de los jóvenes seleccionados, todos de la tribu de Judá. [...] Daniel estaba decidido a no contaminarse con la comida y el vino dados por el rey. Le pidió permiso al jefe del Estado Mayor para no comer esos alimentos inaceptables.

DANIEL 1:1, 3-6, 8

Decide hacer lo correcto siempre

8 de enero

¡NO ESPERES DEMASIADO!

DE LA BIBLIA:

El Espíritu Santo dice:

«Cuando oigan hoy su voz,
*   no endurezcan el corazón*
como lo hicieron los israelitas
*   cuando se rebelaron,*
*   aquel día que me pusieron a*
*   prueba en el desierto.*
Allí sus antepasados me tentaron
*   y pusieron a prueba mi*
*   paciencia*
*   a pesar de haber visto mis*
*   milagros durante cuarenta*
*   años.*

Por eso, me enojé con ellos y dije:
"Su corazón siempre se aleja de mí.
*   Rehúsan hacer lo que les*
*   digo"». [...]*

*   Por lo tanto, amados*
hermanos, ¡cuidado! Asegúrense
de que ninguno de ustedes tenga
un corazón maligno e incrédulo
que los aleje del Dios vivo. Adviér-
tanse unos a otros todos los días
mientras dure ese «hoy», para
que ninguno sea engañado por el
pecado y se endurezca contra Dios.
HEBREOS 3:7-10, 12-13

Acepta a Jesús ahora

UN DOMINGO POR la mañana en la iglesia, un visitante llamado Pedro Black compartió el testimonio de lo que el Señor estaba haciendo en su vida.

Jeremías casi no podía creer lo que estaba escuchando. Este hombre había sido un criminal, y durante veinte años había entrado y salido de la cárcel. Ahora era un hombre creyente que le hablaba a la gente acerca de Jesús. *¡Qué emocionante!*, pensó Jeremías. *¡Cómo quisiera tener yo un testimonio como ese!*

Después del servicio, los padres de Jeremías invitaron al señor Black a su casa para almorzar. Cuando se sentaron a la mesa, el huésped le sonrió a Jeremías y le dijo:

—Tu mamá me dijo que tú también eres creyente.

—Así es—le respondió Jeremías—. Pero yo tenía solo cinco años de edad cuando le pedí a Jesús que entrara a mi corazón. No tengo una historia para contar como la que tiene usted.

El rostro del señor Black se entristeció.

—Hijo, yo he pasado la mitad de mi vida en la cárcel —le dijo—. Debido a que estuve en la cárcel, me cuesta mucho encontrar trabajo. Me he casado y me he divorciado dos veces, y tengo tres hijos que casi no me conocen. Tengo mala salud debido a que bebí mucho alcohol y a las drogas que usé. Estoy muy contento de que finalmente acepté al Señor, pero eso no quitó de mi vida las terribles consecuencias de los pecados que cometí en el pasado. ¡Dale gracias a Dios de que tú conociste al Señor de niño!

«Señor, te doy gracias —oró Jeremías en silencio—. Gracias por salvarme cuando era un niño pequeño, porque puedo servirte durante toda la vida».

¿Y TÚ? ¿Aceptaste a Cristo como tu Salvador cuando eras pequeño? Si es así, dale gracias a Dios, y toma la determinación de vivir toda la vida sirviéndolo. Si todavía no has aceptado al Señor, no demores ni un día más. Acéptalo hoy. Si esperas, tus pecados te pueden dejar cicatrices que llevarás durante toda la vida. *S. L. K.*

MEMORIZA: En el momento preciso, te oí. [...] Hoy es el día de salvación. *2 Corintios 6:2*

—¿YA LLEGÓ PAPÁ? —preguntó Jasón con un poco de impaciencia—. El señor Williams quiere contratarme para que barra y limpie su ferretería después de la escuela todos los días. ¡Si papá lo aprueba, tendré ese trabajo!

Su madre sonrió.

—Papá llegará pronto, pero es mejor que saques la basura. Él te dijo que lo hicieras esta mañana.

—Está bien —dijo Jasón mientras se dirigía a su dormitorio.

Cuando su padre llegó, Jasón corrió a su encuentro.

—Papá —le dijo—. ¿Sabes qué?

—Primero saca la basura —le dijo su padre mientras colgaba su abrigo.

—Tengo la oportunidad de conseguir un trabajo —dijo Jasón.

—Veo que la basura todavía está allí —le respondió su padre.

—La sacaré en un minuto. Pero ¿podemos hablar? —dijo Jasón con un tono de queja.

—Hablaremos tan pronto como saques la basura —le respondió su padre con firmeza.

Jasón suspiró, y luego sacó la basura con rapidez.

—Siento no haberla sacado antes —dijo. El padre sonrió cuando Jasón le habló sobre la oportunidad de tener un trabajo.

Durante el devocional familiar esa noche, el padre le pidió a Jasón que leyera el Salmo 66. Cuando terminó de leer, Jasón sonrió:

—Sé lo que significa cuando dice que Dios no nos escuchará si hay pecado en nuestro corazón. Papá, tú no me escuchaste hasta que yo saqué la basura. Y Dios no nos escuchará hasta que no saquemos la basura que es el pecado en nuestra vida.

—Tienes razón, hijo —le dijo el padre con una sonrisa—. Eso es algo muy importante que todos tenemos que aprender.

¿Y TÚ? ¿Te parece que Dios está muy lejos de ti? ¿Sientes como que nadie te escucha cuando oras? Tal vez Dios te está diciendo: «Saca la basura, y luego te escucharé». ¿Sigues haciendo trampas todavía? ¿Usas malas palabras? ¿Eres deshonesto? ¿Eres desobediente? Sea lo que sea, sácalo de tu vida. No puedes esperar que Dios responda a tus oraciones cuando pecas en forma deliberada. *H. W. M.*

MEMORIZA: Si no hubiera confesado el pecado de mi corazón, mi Señor no me habría escuchado. *Salmo 66:18*

9 de enero

SACA LA BASURA

DE LA BIBLIA:

Vengan y escuchen todos los que temen a Dios,
y les contaré lo que hizo por mí.
Pues clamé a él por ayuda,
lo alabé mientras hablaba.
Si no hubiera confesado el pecado de mi corazón,
mi Señor no me habría escuchado.
¡Pero Dios escuchó!
Él prestó oídos a mi oración.
Alaben a Dios, quien no pasó por alto mi oración
ni me quitó su amor inagotable.
SALMO 66:16-20

Deja el pecado, luego ora

10 de enero

BIEN PROTEGIDOS

DE LA BIBLIA:

*Con sus plumas te cubrirá
y con sus alas te dará refugio.
Sus fieles promesas son
tu armadura y tu
protección. [...]*
*Si haces al SEÑOR tu refugio
y al Altísimo tu resguardo,
ningún mal te conquistará;
ninguna plaga se acercará
a tu hogar.*
SALMO 91:4, 9-10

Dios te cuidará

—¡AAAAY! NO ME siento bien —se quejó Shelly cuando llegó a la mesa para desayunar—. ¿Me puedo quedar en casa hoy? —preguntó mientras se sentaba y se ponía las manos en el estómago.

—Si en realidad no te sientes bien, deberías quedarte en casa —le dijo su mamá.

Más tarde aquella mañana, Shelly se puso un delantal para ayudar a su mamá a hacer galletitas dulces. Shelly gimió cuando uno de los huevos se rompió y cayó al suelo deslizándose por su delantal.

—¡Oh, no! Qué bueno que me puse un delantal grande.

—¡Por cierto que sí! —le dijo su mamá mientras la ayudaba a limpiar el piso. Mirando a Shelly en forma pensativa le dijo—: Parece que tu dolor de estómago ha desaparecido. —Mientras Shelly asentía, su madre continuó—: ¿Crees que realmente estabas enferma, o eran simples nervios porque vas a ir a una escuela nueva?

—Oh, mamá —exclamó Shelly—, ¡ojalá nunca nos hubiéramos mudado! Me siento muy rara en esta escuela, y no conozco a nadie.

—Las cosas mejorarán —le aseguró su mamá—. ¿Sabes? Fue bueno que tuvieras la protección de tu delantal mientras estábamos haciendo las galletitas, pero ¿te das cuenta de que también tienes protección cuando vas a la escuela? —Shelly la miró sorprendida mientas su mamá continuaba hablando—. Tú eres creyente, una hija de Dios, y él es tu protección. Dios te cuidará, aun en una escuela nueva y entre muchos rostros nuevos. Recuerda que Dios siempre está contigo.

Shelly asintió con la cabeza lentamente.

—Ana y Barb se mostraron amistosas conmigo ayer. Creo que voy a ir a la escuela esta tarde y les llevaré una galletita —decidió ella—. No será muy malo si recuerdo que estoy bien protegida.

¿Y TÚ? ¿A qué le tienes miedo? ¿A una escuela nueva? ¿A una clase difícil? ¿A alguien que te acosa? ¿A la oscuridad? Si eres creyente, Dios es tu protección en cualquier situación en que te encuentres. Confía en él. *H. W. M.*

MEMORIZA: El SEÑOR es mi luz y mi salvación, entonces ¿por qué habría de temer? *Salmo 27:1*

—¿QUÉ ESTÁS HACIENDO? —le preguntó Josué a su hermana mientras ella pensaba en lo que escribiría a continuación.

—Le estoy escribiendo una carta al señor Sandborn —le respondió Jamie—. Es el misionero que vino y habló en nuestra iglesia el otoño pasado.

—Posiblemente ni siquiera se acuerda de ti —le dijo Josué.

—Lo sé —le respondió Jamie—, pero pensé que le gustaría recibir una carta puesto que trabaja solo en aquella aldea.

Unos días más tarde, en una pequeña y ruinosa choza, un misionero suspiró en aquel calor sofocante, mientras se sentaba a su mesa. Se sentía cansado y desalentado porque su trabajo estaba progresando muy lentamente. ¿Qué era ese sobre largo escrito con letra de niño que no le era familiar?

Desdobló la carta. «Estimado señor Sandborn —decía—. Le escribo para decirle que estamos pensando y orando por usted. Me gustó mucho cuando vino a nuestra iglesia el otoño pasado. Recuerdo las cosas que nos dijo acerca de tener fe en Dios. Voy a tratar de tener más fe. Debido a usted, creo que algún día me gustaría ser misionera. Muchas gracias por su ayuda. Con cariño, Jamie».

El señor Sandborn pensó por algunos momentos, y luego elevó una oración de agradecimiento por esa simple carta. *Tal vez esta es la forma en que Dios quiere usar mi ministerio aquí*, pensó. *Tal vez yo también necesito más fe.*

Sonrió mientras miraba por la ventana y veía a los niños de la aldea jugando en la arena. Luego tomó una hoja de papel. Él tenía que escribirle una carta de agradecimiento a una persona muy importante.

¿Y TÚ? ¿Has pensado en algunas formas en que podrías alentar a los misioneros que conoces? Aun un niño puede escribirle una sencilla carta a un misionero. Tal vez nunca sepas lo mucho que puede significar para alguien que está tan lejos. ¿Por qué no le escribes una carta a un misionero esta semana? *S .L. K.*

MEMORIZA: Las buenas noticias que llegan de lejos son como el agua fresca para el que tiene sed. *Proverbios 25:25*

UNA CARTA MUY IMPORTANTE

DE LA BIBLIA:

Cada vez que pienso en ustedes, le doy gracias a mi Dios. Siempre que oro, pido por todos ustedes con alegría, porque han colaborado conmigo en dar a conocer la Buena Noticia acerca de Cristo desde el momento que la escucharon por primera vez hasta ahora. Y estoy seguro de que Dios, quien comenzó la buena obra en ustedes, la continuará hasta que quede completamente terminada el día que Cristo Jesús vuelva.

Está bien que sienta estas cosas por todos ustedes, porque ocupan un lugar especial en mi corazón. Participan conmigo del favor especial de Dios, tanto en mi prisión como al defender y confirmar la verdad de la Buena Noticia.

FILIPENSES 1:3-7

Escríbeles a los misioneros

12 de enero

¡NIÑOS ALBOROTADORES!
(PARTE 1)

DE LA BIBLIA:

Cuando entres en la casa de Dios, abre los oídos y cierra la boca. El que presenta ofrendas a Dios sin pensar hace mal. No hagas promesas a la ligera y no te apresures a presentar tus asuntos delante de Dios. Después de todo, Dios está en el cielo, y tú estás aquí en la tierra. Por lo tanto, que sean pocas tus palabras.

Demasiada actividad trae pesadillas; demasiadas palabras te hacen necio.

Cuando le hagas una promesa a Dios, no tardes en cumplirla, porque a Dios no le agradan los necios. Cumple todas las promesas que le hagas. Es mejor no decir nada que hacer promesas y no cumplirlas. No dejes que tu boca te haga pecar, y no te defiendas ante el mensajero del templo al decir que la promesa que hiciste fue un error. Esa actitud enojaría a Dios y quizá destruya todo lo que has logrado.

Hablar no cuesta nada, es como soñar despierto y tantas otras actividades inútiles. Tú, en cambio, teme a Dios.

ECLESIASTÉS 5:1-7

Compórtate bien en la iglesia

—ESCUCHÉ ALGUNAS NOTICIAS tristes en la reunión de la junta de la iglesia anoche —le dijo el señor Lansing a su hijo Eric.

Eric levantó la vista.

—¿Qué noticias, papá?

—Se relacionan con la familia Peterson, que son quienes se mudaron a la casa amarilla en la calle Elm —le dijo su papá—. Ellos asistieron a nuestra iglesia el domingo pasado, y el lunes por la noche el pastor Helms fue a visitarlos.

Eso no le sonó muy triste a Eric. ¡Era una buena noticia! Entonces su padre continuó:

—Dijeron que les gustó el mensaje del pastor Helms, por lo menos lo que pudieron escuchar del mensaje. La parte triste es que había tres muchachos sentados detrás de ellos que hablaron y se rieron durante todo el servicio. La familia Peterson dijo que iban a buscar otra iglesia.

—¡Qué lástima! —dijo Eric. Entonces recordó que había gente nueva sentada en la banca delante de la que estaban sentados él y sus tres amigos en la iglesia. ¡Él era uno de los que habían estado hablando!

—Hijo, te hemos dicho antes que no solo es importante escuchar para poder recibir lo que tiene un mensaje, sino que perturbar a los que están a tu alrededor demuestra falta de educación. Durante el próximo mes, te sentarás junto a mamá y a mí. Si te sientas con tus amigos después de eso, lo harás en un lugar delante de tu mamá y de mí, no detrás de nosotros.

Eric asintió aturdido.

—Sí, papá.

Él sabía qué más tenía que hacer. Iría a la casa de la familia Peterson y les pediría perdón por haber hecho tanto ruido. También los iba a invitar a que volvieran a la iglesia.

¿Y TÚ? Cuando estás en la iglesia, ¿escuchas y te quedas callado? Ha sucedido muchas veces que algunas personas no regresan a una iglesia por los disturbios tales como los susurros durante un servicio. Quédate quieto y callado. Sé amable con los que están a tu alrededor. Dales la bienvenida a las personas nuevas en lugar de ser descortés con ellas. *L. M. W.*

MEMORIZA: Cuando vayas a la casa de Dios, cuida tus pasos y acércate a escuchar. *Eclesiastés 5:1* (NVI)

ERIC SE SENTÍA bien. Aunque le había resultado difícil, había ido a pedirle perdón a la familia Peterson y les había pedido que visitaran la iglesia otra vez. Ellos estuvieron de acuerdo, y cuando entraron a la iglesia el siguiente domingo, saludaron a Eric con amabilidad.

Antes de que comenzara el servicio, el padre de Eric le dio una libreta de notas y un lapicero.

—Quiero que escribas diez verdades que dé el pastor durante el mensaje hoy —lo instruyó su padre.

Eric no pensó que iba a poder entender el mensaje del pastor, pero asintió y tomó la libreta de notas. Escuchó con mucha atención, y antes de mucho rato, ¡estaba disfrutando verdaderamente el sermón!. Al final del servicio, Eric había anotado doce cosas importantes, ¡dos más de las que su padre le había pedido que anotara! Eric se dio cuenta de que no había podido entender antes porque ni siquiera había tratado de escuchar.

Después del servicio, Eric le mostró sus notas al pastor.

—Voy a hacer esto todas las semanas, pastor Helms —le dijo—. Y les voy a sugerir a los otros muchachos que también traten de hacerlo.

Eric se sintió bien. No solo la familia Peterson había regresado a la iglesia, sino que él había aprendido una buena forma de escuchar y de entender los sermones del pastor.

¿Y TÚ? ¿Tomas notas de los sermones de tu pastor? Aunque solo escribas los versículos bíblicos que usa el pastor, o el tema principal, eso te ayudará a recordar lo que él dice. Si el pastor usa una palabra que no entiendes, escríbela en un pedazo de papel y pídele que te la explique después del servicio. También le puedes pedir a tu papá o a tu mamá que hablen del mensaje contigo. Ellos también te pueden ayudar a entender. *L. M. W.*

MEMORIZA: Esfuérzate para poder presentarte delante de Dios y recibir su aprobación Sé un buen obrero, alguien que no tiene de qué avergonzarse y que explica correctamente la palabra de verdad. *2 Timoteo 2:15*

¡NIÑOS ALBOROTADORES!
(PARTE 2)

DE LA BIBLIA:

Enséñame tus decretos, oh SEÑOR;
los cumpliré hasta el fin.
Dame entendimiento y obedeceré
tus enseñanzas;
las pondré en práctica con todo
mi corazón.
Hazme andar por el camino de tus
mandatos,
porque allí es donde encuentro
mi felicidad.
Dame entusiasmo por tus leyes
en lugar de amor por el dinero.
Aparta mis ojos de cosas inútiles
y dame vida mediante tu
palabra.
Confirma a tu siervo tu promesa,
la promesa que hiciste a los que
te temen.
Ayúdame a abandonar mis caminos
vergonzosos,
porque tus ordenanzas son
buenas.
¡Anhelo obedecer tus mandamientos!
Renueva mi vida con tu bondad.
SALMO 119:33-40

Toma notas del sermón

14 *de enero*

LO VOY A HACER

DE LA BIBLIA:

«¿Pero qué piensan de lo siguiente? Un hombre con dos hijos le dijo al mayor: "Hijo, ve a trabajar al viñedo hoy". El hijo le respondió: "No, no iré", pero más tarde cambió de idea y fue. Entonces el padre le dijo al otro hijo: "Ve tú", y él le dijo: "Sí, señor, iré"; pero no fue. ¿Cuál de los dos obedeció al padre?».

Ellos contestaron:
—El primero.

Luego Jesús explicó el significado:
—Les digo la verdad, los cobradores de impuestos y las prostitutas entrarán en el reino de Dios antes que ustedes. Pues Juan el Bautista vino y les mostró a ustedes la manera correcta de vivir, pero ustedes no le creyeron, mientras que los cobradores de impuestos y las prostitutas sí le creyeron. Aun viendo lo que ocurría, ustedes se negaron a creerle y a arrepentirse de sus pecados.
MATEO 21:28-32

Cumple tu palabra

CUANDO LA SEÑORA Brown le pidió a Pablo que distribuyera invitaciones para el club bíblico que se reunía en su casa después de la escuela, él estuvo de acuerdo de inmediato.

—Me gustaría que distribuyeras estas invitaciones hoy —le explicó la señora Brown—. El club comienza pasado mañana.

—Ningún problema —le dijo Pablo.

En su casa, Pablo le habló a su madre acerca de las invitaciones. Luego las puso sobre una de las mesitas de la sala y se fue a jugar. Después de la cena hizo sus tareas escolares y trabajó en su modelo de automóvil. Al día siguiente, su mamá encontró las invitaciones.

Ese día, después de la escuela, Pablo entró corriendo a su casa.

—Ese Ricardo —explotó con enojo hablando con su mamá—. Me dijo que iba a entregar mi libro en la biblioteca, y no lo hizo. Ahora tengo que pagar una multa. Él debería... —Su voz se apagó cuando vio las invitaciones en la mano de su madre—. Oh, no, me olvidé —dijo en un susurro.

—Pablo, me siento decepcionada porque no hiciste el trabajo que dijiste que ibas a hacer —le dijo su madre—. Tu experiencia con Ricardo es un buen ejemplo de la importancia de cumplir tus promesas. Si no puedes o no quieres ayudar, lo debes decir enseguida. No digas que vas a hacer algo, dejando que alguien confíe en ti, y luego le falles a esa persona. Cuando haces eso, también le estás fallando a Dios.

Pablo tomó las invitaciones de la mano de su madre.

—Sé que es tarde, pero voy a ir por todo el vecindario repartiendo estas invitaciones ahora mismo —dijo él—. Lo siento, y también le voy a pedir a la señora Brown que me perdone.

¿Y TÚ? ¿Eres fiel en lo que dices que vas a hacer? Es fácil hacer promesas en un momento, pero no es tan fácil cumplirlas. Asegúrate de cumplir las promesas que les haces a otras personas. Dios siempre cumple sus promesas, y quiere que seamos como él. *C. E. Y.*

MEMORIZA: Querido amigo, le eres fiel a Dios cada vez que te pones al servicio de los maestros itinerantes que pasan por ahí aunque no los conozcas. *3 Juan 1:5*

HE AQUÍ MI REGALO

DE LA BIBLIA:

«Y tú, Salomón, hijo mío, aprende a conocer íntimamente al Dios de tus antepasados. Adóralo y sírvelo de todo corazón y con una mente dispuesta. Pues el SEÑOR ve cada corazón y conoce todo plan y pensamiento. Si lo buscas, lo encontrarás; pero si te apartas de él, te rechazará para siempre. De modo que toma esto en serio; el Señor te ha elegido para construir un templo como su santuario. Sé fuerte y haz el trabajo». […]

David siguió diciendo: «Sé fuerte y valiente y haz el trabajo. No tengas miedo ni te desanimes, porque el SEÑOR Dios, mi Dios, está contigo. Él no te fallará ni te abandonará. Él se asegurará de que todo el trabajo relacionado con el templo del SEÑOR se termine correctamente».

1 CRÓNICAS 28:9-10, 20

Sirve a Dios con alegría

A CHRISTA LE gustaba tocar el piano, pero detestaba practicar. Cuando Kent le pidió que lo acompañara en su solo de trompeta en el club bíblico, ella accedió con ciertos reparos. Pero no quería usar su tiempo libre para practicar con él. Finalmente, ellos practicaron justo antes del programa.

Durante los siguientes meses, Christa recibía a menudo invitaciones para tocar el piano para varios grupos. Por lo general aceptaba las invitaciones, pero no se mostraba muy entusiasta. Se quejaba de lo ocupada que estaba.

—¿Es algo tan malo? —le preguntó su mamá.

—Siempre me dices que debo usar el don de la música para el Señor, pero ahora que lo estoy usando, aun así no estás satisfecha —dijo Christa.

Esa tarde, Christa le pidió a Bill, su hermano mayor, que la ayudara con una tarea de matemáticas.

—Estoy ocupado —le respondió Bill.

—Pero tengo un examen mañana, y tú me explicas muy bien —le rogó Christa.

—¿No te puede ayudar una de tus amigas? —le dijo Bill.

—Estoy segura de que puedes tomar un poco de tiempo para ayudar a tu hermana —le sugirió la mamá.

—Oh, está bien —refunfuñó Bill—. Estaré en mi dormitorio cuando me necesites.

—Oh, mamá —le dijo Christa—. Cuando está de mal talante no quiero su ayuda. ¿Por qué no puede ser agradable en cuanto a esto?

—¿Eres tú siempre agradable cuando la gente te pide que hagas algo? —le preguntó su mamá.

Christa se sonrojó porque recordó que esa tarde alguien le había pedido que tocara el piano y ella no había aceptado de buena gana.

—Creo que aceptar tocar el piano de mala gana en realidad no es usar mi talento para el Señor, ¿no es verdad? —admitió ella—. De ahora en adelante lo voy a hacer con alegría.

¿Y TÚ? ¿Te pones de mal humor cuando te piden que sirvas de alguna forma? A Salomón le dijeron que debía servir a Dios «de todo corazón y con una mente dispuesta». ¡Ese es un buen consejo! Deberías estar feliz cuando sirves al Señor porque él ha hecho mucho por ti. *H. W. M.*

MEMORIZA: Adoren al SEÑOR con gozo. Vengan ante él cantando con alegría. *Salmo 100:2*

16 de enero

¿ERES HIJO DE UN PASTOR?

DE LA BIBLIA:

Toda alabanza sea para Dios, el Padre de nuestro Señor Jesucristo, quien nos ha bendecido con toda clase de bendiciones espirituales en los lugares celestiales, porque estamos unidos a Cristo. Incluso antes de haber hecho el mundo, Dios nos amó y nos eligió en Cristo para que seamos santos e intachables a sus ojos. Dios decidió de antemano adoptarnos como miembros de su familia al acercarnos a sí mismo por medio de Jesucristo. Eso es precisamente lo que él quería hacer, y le dio gran gusto hacerlo.

De manera que alabamos a Dios por la abundante gracia que derramó sobre nosotros, los que pertenecemos a su Hijo amado. Dios es tan rico en gracia y bondad que compró nuestra libertad con la sangre de su Hijo y perdonó nuestros pecados. Él desbordó su bondad sobre nosotros junto con toda la sabiduría y el entendimiento.

EFESIOS 1:3-8

Los creyentes son personas privilegiadas

PEDRO IBA CAMINO a la iglesia. Los muchachos estaban hablando y riéndose, pero cuando él se acercó, se callaron.

—¿Qué pasa? —les preguntó Pedro.

—Nada desde que llegaste —le dijo Buck—. Tenemos que tener cuidado con lo que decimos o hacemos cuando estamos con el hijo de un pastor, ¿no es cierto, muchachos? —Los muchachos asintieron y se rieron.

Aquella tarde, Pedro se quejó con su padre.

—Estoy cansado de que me hagan bromas porque eres pastor —dijo—. Ojalá tuvieras otro trabajo.

A la semana siguiente, Pedro se cayó cuando estaba deslizándose en su *snowboard* y se quebró una pierna. Sus padres oraron con él en el hospital. Otras personas fueron a verlo y también oraron con él. Muy pronto, su mesita de luz estaba llena de tarjetas y de juguetes.

—Tú sí que recibes mucha atención —le dijo Kyle, su compañero de cuarto.

—Creo que es porque mi papá es pastor —le dijo Pedro—, y mucha gente me conoce.

—Tienes suerte de tener un padre que ora por ti —le respondió Kyle—. Lo único que hace mi padre es gritarme. Tú eres un niño privilegiado, Pedro.

Cuando salió del hospital aquel día e iba camino a su hogar, Pedro dijo: «Siempre me he quejado de las desventajas de ser hijo de un pastor, pero ahora veo que también tiene privilegios que yo no había apreciado antes».

¿Y TÚ? ¿Te sientes como un niño privilegiado? Si eres creyente, eres privilegiado. Tal vez te sientas dejado de lado cuando ves algunas de las cosas que hacen otros niños. Tal vez no te guste ser creyente cuando los niños se burlan de ti. No dejes que eso te afecte, y no envidies los placeres del mundo. Tú tienes muchas bendiciones. Tus pecados han sido perdonados, y vas camino al cielo, tu Padre celestial cuida de ti y contesta tus oraciones. Dios es lo único que necesitas. *J.L.H.*

MEMORIZA: Ustedes son [...] un pueblo elegido. Son sacerdotes del Rey, una nación santa, posesión exclusiva de Dios. Por eso pueden mostrar a otros la bondad de Dios. *1 Pedro 2:9*

17 de enero

¿SOY YO ESE?

—NO ENTENDÍ EL mensaje del pastor —dijo Keith—. Él dijo que la gente de la iglesia de Corinto eran bebés. ¿No había adultos allí?

—Esto te puede ayudar a entender —le dijo su mamá. Ella puso un casete en la grabadora para que lo escucharan.

Keith escuchó algunas risitas, y luego su papá comenzó a hablar:

—Bienvenidos al hogar de la familia Brown. Hoy es el 16 de septiembre, y Keith cumple tres años. Él nos va a decir lo que hizo en la escuela dominical hoy.

Keith escuchó más risitas y luego las siguientes palabras dichas en idioma infantil:

—Yo *hací* una casa con bloques, y canté una canción, y mi maestro *dició* una historia.

—¿Soy yo ese hablando en verdad? —Keith se rió, mientras la vocecita decía el abecedario—. Sueno como un niño muy pequeño.

—Tú *eras* pequeño, Keith —comentó su mamá—. Sería tonto que hablaras de esa forma ahora, ¿no lo crees?

—Sí, he crecido mucho desde entonces.

—Bueno —dijo su mamá—, mucha gente de la iglesia de Corinto habían sido creyentes por mucho tiempo, pero todavía estaban actuando como bebés en su vida espiritual. Habían creído en Cristo como su Salvador, pero en lugar de estudiar las Escrituras, estaban discutiendo quién era el mejor predicador, Pablo o Apolos.

—Oh, ya veo —dijo Keith pensativamente—. Quiero crecer espiritualmente al igual que he crecido físicamente. No me gustaría para nada sonar como un bebé en Cristo toda la vida.

¿Y TÚ? ¿Hace mucho tiempo que eres creyente? ¿Has estado creciendo espiritualmente o todavía actúas como un bebé en el Señor? Deberías saber más sobre la Biblia este año de lo que sabías el año pasado. El crecimiento espiritual se produce cuando hablas con Dios, lees la Biblia y sirves al Señor. Asegúrate de que esas cosas sean parte de tu vida. *L. M. W.*

MEMORIZA: Como bebés recién nacidos, deseen con ganas la leche espiritual pura para que crezcan a una experiencia plena de la salvación. Pidan a gritos ese alimento nutritivo. *1 Pedro 2:2*

DE LA BIBLIA:

Amados hermanos, cuando estuve con ustedes, no puede hablarles como lo haría con personas espirituales. Tuve que hablarles como si pertenecieran a este mundo o como si fueran niños en la vida cristiana. Tuve que alimentarlos con leche, no con alimento sólido, porque no estaban preparados para algo más sustancioso. Y aún no están preparados, porque todavía están bajo el control de su naturaleza pecaminosa. Tienen celos unos de otros y se pelean entre sí. ¿Acaso eso no demuestra que los controla su naturaleza pecaminosa? ¿No viven como la gente del mundo? Cuando uno de ustedes dice: «Yo soy seguidor de Pablo», y otro dice: «Yo sigo a Apolos», ¿no actúan igual que la gente del mundo?

Después de todo, ¿quién es Apolos?, ¿quién es Pablo? Nosotros solo somos siervos de Dios mediante los cuales ustedes creyeron la Buena Noticia. Cada uno de nosotros hizo el trabajo que el Señor nos encargó.

1 CORINTIOS 3:1-5

Crece espiritualmente

18 de enero

LA GATA EN LA VENTANA

DE LA BIBLIA:

No se preocupen por nada; en cambio, oren por todo. Díganle a Dios lo que necesitan y denle gracias por todo lo que él ha hecho. Así experimentarán la paz de Dios, que supera todo lo que podemos entender. La paz de Dios cuidará su corazón y su mente mientras vivan en Cristo Jesús. [...] No que haya pasado necesidad alguna vez, porque he aprendido a estar contento con lo que tengo. Sé vivir con casi nada o con todo lo necesario. He aprendido el secreto de vivir en cualquier situación, sea con el estómago lleno o vacío, con mucho o con poco. Pues todo lo puedo hacer por medio de Cristo, quien me da las fuerzas.
FILIPENSES 4:6-7, 11-13

Vive contento con Cristo

DANAE Y BRET estaban sentados en el sofá, mirando un catálogo nuevo. Su mamá estaba cosiendo un edredón.

—Mamá —le dijo Danae con una voz que sonaba a queja, al tiempo que le señalaba una foto—. Todavía quiero un vestido como este. ¡Mis amigas estarían tremendamente impresionadas!

—Yo quiero un robot de los que hablan —dijo Bret—. Este funciona con solo hablarle, y no es tan caro. ¿Me lo puedes comprar?

En ese momento, Molly, la gata de ellos, comenzó a maullar desde el alféizar de la ventana.

—¡Mira a Molly! —se rió Danae—. De nuevo está mirando a esos pájaros en el jardín del frente.

—Es una gata tonta —dijo Bret—. A estas alturas ya debería saber que no puede atrapar a esos pájaros a través de la ventana.

La mamá miró a Molly. La gata movía la cola con entusiasmo, mientras miraba intensamente a los pájaros que no podía atrapar.

—Molly es tonta —estuvo de acuerdo la mamá—. Es casi tan tonta como dos niños que conozco.

—¿Nosotros? —preguntó Bret—. ¿Qué quieres decir?

—Molly está sufriendo porque anhela algo que no puede tener —le explicó la mamá—. Tú y Danae tienen el mismo problema. Los dos saben que ahora no podemos comprar nada nuevo debido a la situación en el trabajo de su padre. Sin embargo, los dos insisten en pensar en cosas que no pueden tener en lugar de estar contentos con lo que tienen. Son casi tan tontos como Molly.

Los niños guardaron silencio por un momento. Luego Bret cerró el catálogo.

—Lo sentimos mucho, mamá —dijo él—. Ven, Danae. Vamos a jugar con el nuevo juego que recibimos en Navidad.

¿Y TÚ? ¿Hay algunas cosas que te gustaría tener, pero que sabes que no puedes tenerlas en este momento? No permitas que esas cosas estén constantemente en tu mente. Dios quiere que te des cuenta de que él es suficiente para hacerte feliz. Dios también ve los peligros y problemas que tendrías si siempre te salieras con la tuya. Debes estar contento con lo que Dios te da. *S. L. K.*

MEMORIZA: No amen el dinero; estén contentos con lo que tienen. *Hebreos 13:5*

SI ADMITES BASURA, SACARÁS BASURA

UNA NOCHE, MIENTRAS ayudaba a su mamá a lavar los platos, a Beth se le cayó un vaso y se rompió. En ese instante, de la boca de ella salió una palabra inapropiada.

La mamá la miró horrorizada.

—¡Beth! ¿Qué es lo que tienes dentro?

—No sé —dijo Beth llorando—. Soy creyente, pero últimamente no puedo controlar lo que pienso ni lo que digo.

—Me parece que has sido programada en forma equivocada —le sugirió su madre.

—¿Qué quieres decir? —le preguntó Beth.

—Bueno, ¿recuerdas cuando empezaste a usar una computadora en la escuela? Creo que allí te enseñaron el concepto de "si admites basura, sacarás basura".

—Sí —asintió Beth—. Si ponemos en la computadora información mala, "basura", lo único que podemos sacar de eso es basura.

La mamá asintió.

—Lo mismo ocurre con la mente —le explicó—. Lo que te programas en la mente finalmente saldrá en lo que hablas. Si lees libros y revistas inapropiados, si miras programas de televisión en los que usan malas palabras o presentan ideas inmorales, y si te juntas con niños que dicen groserías, ese es el "programa" que te está entrando en la mente.

—Oh —dijo Beth pensativamente—. Así que tengo que reemplazar la basura de la mente con cosas buenas, como programas de televisión buenos y con amigas cristianas.

—Eso es lo que tienes que hacer —le respondió su madre con una sonrisa—. Y también debes leer la Biblia y orar. Entonces no tendrás problemas con lo que salga de tu boca.

DE LA BIBLIA:

Por eso Jesús volvió a decir: «Les digo la verdad, a menos que coman la carne del Hijo del Hombre y beban su sangre, no podrán tener vida eterna en ustedes; pero todo el que coma mi carne y beba mi sangre tendrá vida eterna, y yo lo resucitaré en el día final. Pues mi carne es verdadera comida y mi sangre es verdadera bebida. Todo el que come mi carne y bebe mi sangre permanece en mí y yo en él. Yo vivo gracias al Padre viviente que me envió; de igual manera, todo el que se alimente de mí vivirá gracias a mí. Yo soy el pan verdadero que descendió del cielo. El que coma de este pan no morirá —como les pasó a sus antepasados a pesar de haber comido el maná».
JUAN 6:53-58

Alimenta tu mente con cosas buenas

¿Y TÚ? ¿Te encuentras diciendo groserías alguna vez cuando en realidad no quieres decirlas? Tal vez el versículo para memorizar de hoy te suene extraño, pero tiene una lección para ti. Tú te «alimentas» de Jesús programando tu mente con él, leyendo y meditando en la Biblia por medio de la oración. Entonces el Señor te ayudará a vivir de la manera en que él quiere que vivas. *R. E. P.*

MEMORIZA: Yo vivo gracias al Padre viviente que me envió; de igual manera, todo el que se alimente de mí vivirá gracias a mí. *Juan 6:57*

20 de enero

OJALÁ PUDIERA...

DE LA BIBLIA:

—¡Aquí viene el soñador!
—dijeron—. Vamos, matémoslo y
tirémoslo en una de esas cisternas.
Podemos decirle a nuestro padre:
"Un animal salvaje se lo comió".
¡Entonces veremos en qué quedan
sus sueños!

Pero cuando Rubén oyó el plan,
trató de salvar a José.

—No lo matemos —dijo—.
¿Para qué derramar sangre? Solo
tirémoslo en esta cisterna vacía,
aquí en el desierto. Entonces
morirá sin que le pongamos una
mano encima. Rubén tenía
pensado rescatar a José y devol-
verlo a su padre.

Entonces, cuando llegó José, sus
hermanos le quitaron la hermosa
túnica que llevaba puesta. Después
lo agarraron y lo tiraron en la
cisterna. [...] Vieron a la distancia
una caravana de camellos que
venía acercándose. Era un grupo de
mercaderes ismaelitas [...]

Judá dijo a sus hermanos:
«¿Qué ganaremos con matar a
nuestro hermano? Tendríamos que
encubrir el crimen. En lugar de
hacerle daño, vendámoslo a esos
mercaderes ismaelitas. Después
de todo, es nuestro hermano,
¡de nuestra misma sangre!». Así
que sus hermanos estuvieron de
acuerdo.
GÉNESIS 37:19-27

*No envidies el talento
de otra persona*

JODY SE TAPÓ las orejas con las manos para no escuchar a su amiga Laura tocando el solo de piano. Después del servicio de la iglesia, todos hablarían de lo bien que Laura tocaba el piano y Jody tampoco quería escuchar eso. Sentía envidia porque deseaba poder tocar el piano lo suficientemente bien como para tocarlo en la iglesia.

La competencia de carreras de todas las escuelas tendría lugar esa semana en la escuela de Jody. Todas las clases competirían unas contra otras en las carreras. Llena de confianza, Jody esperaba en el costado de la pista. Ella había sido elegida para competir en la carrera a campo traviesa. Jody siempre había sido la corredora más rápida de su clase.

—¿Competirás en la última carrera? —Jody se dio vuelta y vio a Laura de pie a su lado.

—Creo que sí —dijo Jody mirando hacia otro lado.

—Ojalá pudiera correr tan rápidamente como tú —le dijo Laura—. Ni siquiera le puedo ganar a una tortuga.

Jody miró sorprendida a Laura.

—¡Qué gracioso! —se rió Jody—. Siempre deseé poder tocar el piano tan bien como tú, y tú deseabas poder correr tan rápidamente como yo.

—Creo que las dos hemos sido un poco tontas —dijo Laura con una sonrisa—. Espero que ganes la carrera.

Más tarde aquel día, Jody le contó a su madre acerca de la conversación que había tenido con Laura. Su mamá sonrió. —Es una pérdida de tiempo querer hacer algo que hace otra persona. Lo que debemos hacer es usar las habilidades que Dios nos ha dado de la mejor manera posible.

¿Y TÚ? ¿Has deseado alguna vez escribir, tocar un instrumento o dibujar tan bien como alguna otra persona? ¿Alguna vez no te ha gustado alguien por las habilidades que tenía? El versículo para memorizar de hoy nos muestra un ejemplo del terrible pecado que resultó de la envidia. Recuerda que Dios hizo a cada persona única, y le dio a cada una habilidades diferentes. No envidies el talento de ninguna otra persona. En cambio, sé feliz con el talento que tienes. *L. M. W.*

MEMORIZA: El amor es paciente y bondadoso. El amor no es celoso ni fanfarrón ni orgulloso. *1 Corintios 13:4*

JUEGOS PELIGROSOS

CUANDO CARRIE Y su papá iban en el automóvil, vieron a algunos niños que cruzaban corriendo la concurrida calle, de una acera a la otra.

—¡Parece que esos niños están tratando de acercarse lo más posible a los automóviles sin que los atropellen! —exclamó Carrie.

El padre movió la cabeza.

—Es un juego muy peligroso —dijo él.

Un poco más adelante, el padre señaló una tienda de bebidas alcohólicas.

—Esa tienda me recuerda un juego peligroso que yo solía jugar —dijo el padre señalando la tienda—. Yo me parecía mucho a esos niños que jugaban en la calle.

—¿Qué quieres decir? —le preguntó Carrie.

—Beber bebidas alcohólicas puede ser tan peligroso como un auto que se te aproxima en la calle —dijo el padre—. Cuando era joven, iba a los bares con mis amigos inconversos, pero yo tomaba sodas. Yo estaba tratando de llegar lo más cerca posible a las cosas del mundo, aunque era creyente. ¿Te das cuenta por qué es peligroso eso?

Carrie asintió.

—Puedes ser persuadido a beber bebidas alcohólicas, y eso puede llevar a tomar más. Y la persona se puede volver adicta al alcohol.

—Es cierto —estuvo de acuerdo su padre—. Cuando finalmente me entregué completamente a Cristo, tuve que aprender algunas nuevas reglas. Mi pregunta ya no es: "¿Cuán cerca del mundo puedo estar?", sino: "¿Cuán cerca a *Cristo* puedo estar mientas viva en este mundo pecador?".

¿Y TÚ? ¿Crees que puede ser divertido hacer cosas que te han dicho que son malas? ¿Sientes que es correcto estar en lugares donde se hacen cosas que no están de acuerdo con lo que enseña Cristo, siempre y cuando tú no participes en ellas? A veces parece que la gente del mundo, y también los creyentes, se están divirtiendo mucho, pero no se dan cuenta de lo cerca que están del desastre. Mantente tan lejos de la tentación como puedas. *C. R.*

MEMORIZA: Si alguien quiere ser amigo del mundo, se hace enemigo de Dios. *Santiago 4:4*

DE LA BIBLIA:

¡Adúlteros! ¿No se dan cuenta de que la amistad con el mundo los convierte en enemigos de Dios? Lo repito: si alguien quiere ser amigo del mundo, se hace enemigo de Dios. ¿Qué creen ustedes que quieren decir las Escrituras cuando afirman que el espíritu que Dios ha puesto dentro de nosotros está lleno de envidia? Sin embargo, él nos da aún más gracia, para que hagamos frente a esos malos deseos. Como dicen las Escrituras:

«Dios se opone a los orgullosos pero muestra su favor a los humildes».

Así que humíllense delante de Dios. Resistan al diablo, y él huirá de ustedes. Acérquense a Dios, y Dios se acercará a ustedes. Lávense las manos, pecadores; purifiquen su corazón, porque su lealtad está dividida entre Dios y el mundo. Derramen lágrimas por lo que han hecho. Que haya lamento y profundo dolor. Que haya llanto en lugar de risa y tristeza en lugar de alegría. Humíllense delante del Señor, y él los levantará con honor.
SANTIAGO 4:4-10

Huye de la tentación

22 de enero

LOS PRIMEROS PASOS DE BEBÉ

DE LA BIBLIA:

Los que somos fuertes debemos tener consideración de los que son sensibles a este tipo de cosas. No debemos agradarnos solamente a nosotros mismos. Deberíamos ayudar a otros a hacer lo que es correcto y edificarlos en el Señor. Pues ni siquiera Cristo vivió para agradarse a sí mismo. Como dicen las Escrituras: «Los insultos de aquellos que te insultan, oh Dios, han caído sobre mí». Tales cosas se escribieron hace tiempo en las Escrituras para que nos sirvan de enseñanza. Y las Escrituras nos dan esperanza y ánimo mientras esperamos con paciencia hasta que se cumplan las promesas de Dios.

Que Dios, quien da esa paciencia y ese ánimo, los ayude a vivir en plena armonía unos con otros, como corresponde a los seguidores de Cristo Jesús. Entonces ustedes podrán unirse en una sola voz para dar alabanza y gloria a Dios, el Padre de nuestro Señor Jesucristo.

Por lo tanto, acéptense unos a otros, tal como Cristo los aceptó a ustedes, para que Dios reciba la gloria.

ROMANOS 15:1-7

Los creyentes nuevos necesitan ayuda

—YA NO AGUANTO más a Janet —dijo Ellen, mientras ponía sus libros de la escuela sobre la mesa.

—¿Por qué? —le preguntó su mamá.

—Porque me está volviendo loca. Un día actúa como creyente, y al siguiente hace trampas o usa vocabulario inapropiado. Me dio mucha alegría cuando Janet aceptó a Jesús como Salvador hace un mes, pero ahora pienso que no tiene remedio.

—No pierdas la esperanza con ella —le dijo su mamá—. Debes orar por Janet y ayudarla a entender cómo es vivir para el Señor.

Después de la cena, Ellen estaba jugando con su hermanito bebé.

—¡Mamá, mira a David! —exclamó Ellen—. Quiere caminar. —De hecho, cuando Ellen lo ayudó a ponerse en pie, él dio un paso vacilante hacia ella—. Dio su primer paso sin que nadie lo ayudara —dijo Ellen—. Voy a ayudarlo a que dé otro paso.

La madre sonrió cuando escuchó que Ellen estaba alentando y ayudando al bebé a caminar. «Camina hacia Ellen, David», lo alentaba la niña. Una y otra vez Ellen ayudó a David a ponerse de pie; el niño nunca dio más de dos pasos antes de caer al suelo.

—Es mejor que desistas —la aconsejó su mamá—. Nunca va a aprender a caminar porque se sigue cayendo.

Ellen la miró sorprendida.

—¿Abandonar? —le preguntó mientras tomaba al bebé en sus brazos—. Lo único que necesita es más ayuda.

La mamá se sonrió.

—Tienes razón, Ellen. David necesita tu ayuda. Y lo mismo sucede con Janet. Ella es una "bebé" en Cristo, y va a necesitar mucha ayuda para aprender a caminar en su vida espiritual, a vivir como debe vivir un cristiano.

¿Y TÚ? ¿Conoces a algún creyente cuya vida espiritual no es tan buena como piensas que debería ser? Tal vez sea un bebé en Cristo y está aprendiendo a dar sus primeros pasos en la vida cristiana. Esa persona necesita tus oraciones y tu aliento, al igual que tú también necesitas la ayuda de otros creyentes. *G. W.*

MEMORIZA: Los fuertes en la fe debemos apoyar a los débiles. *Romanos 15:1* (NVI)

—**NO LE DIJE** nada acerca de ti a tu maestro de la escuela dominical —dijo la mamá.

El padre puso en marcha el automóvil.

—Y yo tampoco le dije nada.

—Entonces, ¿cómo supo la señorita Gauger que yo... —Jasón dejó de hablar. Ni siquiera sus padres sabían algunas de las cosas sobre las que había hablado la señorita Gauger. Ella lo había mirado a los ojos y había leído en la Biblia acerca de algunos de sus pecados secretos—. Yo... —comenzó Jasón de nuevo, pero enseguida cambió el tema—. Fíjense en la cara de Marcie.

—¿Qué pasa con mi cara? —dijo Marcie mientras se limpiaba los labios.

La madre sonrió y le dio un espejo de su cartera a la niñita.

—¿Qué has estado comiendo?

—Comimos torta de chocolate en la escuela dominical —dijo Marcie.

Más tarde, cuando estaban sentados alrededor de la mesa para almorzar, Jasón se rió.

—Marcie, no te lavaste la cara.

—Me olvidé —dijo, y salió apurada para lavarse la cara. Jasón se rió.

—Ella se miró en el espejo, y aun así se olvidó.

—Jasón, ¿te has visto alguna vez en el "espejo" de la Palabra de Dios? —le preguntó su papá.

—Sí, pero nunca antes había pensado en la Biblia como en un espejo —dijo Jasón.

—Es como un espejo —le respondió su padre—. Nos muestra nuestro pecado.

—Pero no nos hace mucho bien ver nuestras faltas si no las corregimos —agregó su mamá.

—Ahora tengo la cara limpia —dijo Marcie cuando regresó a la mesa.

—Tenemos que asegurarnos de que también nuestro corazón esté limpio —dijo el papá—. Cuando el Señor te muestra que has pecado, debes pedirle que te perdone y que te limpie.

¿Y TÚ? Cuando te miras en el espejo de la Palabra de Dios, ¿te gusta lo que ves? Si ves pecado en tu vida, no trates de olvidarlo ni de ocultarlo. En cambio, debes confesarlo y pedirle a Dios que te perdone. Él quiere limpiarte y ayudarte a vivir de la forma en que debes vivir. *B. J. W.*

MEMORIZA: Lávame de la culpa hasta que quede limpio y purifícame de mis pecados. *Salmo 51:2*

EL ESPEJO REVELADOR

DE LA BIBLIA:

No solo escuchen la palabra de Dios, tienen que ponerla en práctica. De lo contrario, solamente se engañan a sí mismos. Pues, si escuchas la palabra pero no la obedeces, sería como ver tu cara en un espejo; te ves a ti mismo, luego te alejas y te olvidas cómo eres. Pero si miras atentamente en la ley perfecta que te hace libre y la pones en práctica y no olvidas lo que escuchaste, entonces Dios te bendecirá por tu obediencia.

SANTIAGO 1:22-25

La Palabra de Dios revela el pecado

24 de enero

ALGO ESPECIAL

DE LA BIBLIA:

Además, el Espíritu Santo nos ayuda en nuestra debilidad. Por ejemplo, nosotros no sabemos qué quiere Dios que le pidamos en oración, pero el Espíritu Santo ora por nosotros con gemidos que no pueden expresarse con palabras. Y el Padre, quien conoce cada corazón, sabe lo que el Espíritu dice, porque el Espíritu intercede por nosotros, los creyentes, en armonía con la voluntad de Dios. Y sabemos que Dios hace que todas las cosas cooperen para el bien de quienes lo aman y son llamados según el propósito que él tiene para ellos. Pues Dios conoció a los suyos de antemano y los eligió para que llegaran a ser como su Hijo, a fin de que su Hijo fuera el hijo mayor de muchos hermanos. Después de haberlos elegido, Dios los llamó para que se acercaran a él; y una vez que los llamó, los puso en la relación correcta con él; y luego de ponerlos en la relación correcta con él, les dio su gloria. ¿Qué podemos decir de cosas tan maravillosas como estas? Si Dios está a favor de nosotros, ¿quién podrá ponerse en nuestra contra?

ROMANOS 8:26-31

Todas las cosas ayudan para el bien

JONATÁN MIRÓ la mezcla de mantequilla y azúcar de su abuela.

—Estoy haciendo tu torta favorita, Jonatán, de chocolate. —Como Jonatán apenas se sonrió, su abuela le dijo—: ¿Te pasa algo malo?

—¡Todo está mal! A papá lo están transfiriendo y yo tengo que dejar a todos mis amigos. El doctor me dijo que tengo que usar durante un año una abrazadera en la pierna que me lastimé. ¿Cómo voy a poder hacer nuevos amigos usando ese monstruo de metal? Si Dios me amara, no permitiría que me sucedieran todas estas cosas —dijo Jonatán, golpeando la mesa con el puño.

—Toma, prueba esto —le dijo la abuela dándole la cocoa.

—¡Tiene un gusto espantoso! —dijo Jonatán.

—Entonces, ¿que me dices de esto otro? —La abuela puso la cuchara dentro de la mezcla de mantequilla y azúcar. Jonatán frunció el ceño.

—¡No quiero probar eso otro!

—Entonces, ¿qué me dices de un poco de harina, o polvo de hornear, o de este huevo?

—Ah, abuela, me estás tomando el pelo.

—¿Sabes? La Biblia dice que todas las cosas ayudan al bien en la vida de un creyente. No dice que todas las cosas son buenas. La cocoa o un huevo crudo no son cosas buenas cuando están solas, pero cuando mezclo todos los ingredientes...

—¡Son deliciosos! —dijo Jonatán.

—Lo mismo sucede en la vida —continuó la abuela mientras le agregaba la harina a la mezcla—. Cuando Dios termina de mezclar las experiencias en la vida de un creyente, lo amargo, lo dulce, lo alegre, lo triste... la vida resulta buena. Tener que mudarse a otro lugar y tener que usar una abrazadera son experiencias amargas para ti ahora, pero confía en Dios, Jon. Él agregará "azúcar" y algunos otros "sabores", y al final resultará algo bueno. Aún mejor que mi torta de chocolate.

¿Y TÚ? ¿Has pasado por algunas experiencias amargas en los últimos tiempos? Ten paciencia. Todos los ingredientes no están juntos todavía, pero Dios está haciendo algo especial en tu vida. *B. J. W.*

MEMORIZA: Sabemos que Dios hace que todas las cosas cooperen para el bien de quienes lo aman y son llamados según el propósito que él tiene para ellos. *Romanos 8:28*

JESSICA Y SU AMIGO Jaime admiraron el muñeco de nieve que estaban construyendo. En ese momento, Aiko, una de sus compañeras de clase, fue adonde estaban ellos y les preguntó si los podía ayudar. Jessica le dijo que no, que ese era «su muñeco de nieve». Cuando Aiko se fue, Jessica hizo un comentario burlón: «Aiko hubiera querido ponerle ojos rasgados». Desde la ventana de la casa, la madre de Jessica frunció el ceño.

Muy pronto, Malcolm, otro compañero de clase, les ofreció ayuda. Jessica se rió, y le dijo:

—De ninguna manera. Probablemente querrías ponerle barro en la cara y hacerlo todo negro.

—Oh, ¿quién quiere ayudarte a ti, Blancuchenta? —le respondió Malcolm.

La madre de Jessica fue a llamarla.

—Hola, mamá, ¿viste nuestro muñeco de nieve? —le preguntó Jessica mientras entraba.

—Sí —le dijo su mamá—. ¿Sabías que una vez hubo un hombre a quien llamaban "el hombre de los copos de nieve"? Se llamaba Wilson Bentley.

A Jessica le interesó eso y fue a buscar ese nombre en la enciclopedia. Muy pronto lo encontró.

—Ese hombre vivía en el estado de Vermont y estudiaba los copos de nieve como pasatiempo —le dijo a su mamá—. Descubrió que cada uno de ellos era un cristal perfecto, y que no había dos que fueran iguales. ¡Pero todos eran hermosos!

—Es como con la gente —dijo la madre—. Las personas tienen diferente clase de cabello y ojos y piel. Pero todos han sido creados por el Artista supremo que es Dios, y ante Dios, todos son hermosos. Así que, a menos que no estemos de acuerdo con Dios, debemos considerar hermosos a todos los seres humanos.

Jessica se quedó callada.

—Mamá —dijo finalmente—. ¿Puedo llamar a Aiko y a Malcolm? Tengo que pedirles perdón, y me gustaría invitarlos a que vinieran para ayudarme a construir otro muñeco de nieve.

¿Y TÚ? ¿Crees que eres mejor que las personas que se ven diferentes, que tienen menos dinero o que no parecen ser muy inteligentes? Dios creó a cada persona de acuerdo a su plan especial. Nunca digas que alguien de su creación es inferior. *H. W. M.*

MEMORIZA: De un solo hombre creó todas las naciones de toda la tierra. *Hechos 17:26*

25 de enero

LOS COPOS DE NIEVE Y LA GENTE

DE LA BIBLIA:

Cuando Pedro entró en la casa, Cornelio cayó a sus pies y lo adoró; pero Pedro lo levantó y le dijo: «¡Ponte de pie, yo soy un ser humano como tú!». Entonces conversaron y entraron en donde muchos otros estaban reunidos.

Pedro les dijo: «Ustedes saben que va en contra de nuestras leyes que un hombre judío se relacione con gentiles o que entre en su casa; pero Dios me ha mostrado que ya no debo pensar que alguien es impuro».

HECHOS 10:25-28

Dios hizo hermosos a todos

26 de enero

QUITA LAS ETIQUETAS

DE LA BIBLIA:

¿Por qué, entonces, juzgas a otro creyente? ¿Por qué menosprecias a otro creyente? Recuerda que todos estaremos delante del tribunal de Dios. Pues dicen las Escrituras:

«Tan cierto como que yo vivo, dice el SEÑOR, toda rodilla se doblará ante mí, y toda lengua confesará a Dios y le dará alabanza".

Es cierto, cada uno de nosotros tendrá que responder por sí mismo ante Dios. Así que dejemos de juzgarnos unos a otros. Por el contrario, propónganse vivir de tal manera que no causen tropiezo ni caída a otro creyente.
ROMANOS 14:10-13

No le pongas etiquetas a la gente

—¿QUIÉN ES ESA chica tan bonita en la segunda fila? —preguntó papá al tiempo que señalaba a una persona en la foto de la clase de Karly.

—¡Soy yo! —dijo Karly con una risita.

—Yo también quiero ver —dijo Lance, de tres años de edad, tirándole de la pierna del pantalón a su padre. El padre lo alzó y lo sentó sobre sus rodillas—. ¿Quién es ella? —preguntó el niño señalando a una niña de cabello oscuro.

—Oh, esa niña es Stephanie. Es rica y orgullosa —dijo Karly. Lance señaló a otra niña—. Esa otra es Melissa. Ella es tonta. Y ese es Juan —continuó Karly—. Es extranjero y habla con un acento raro. Y ese otro es Kevin. Usa lentes muy gruesos; es inteligente pero estrafalario.

—¿No te gusta nadie en tu clase? —le preguntó su papá.

—Sí. Me gusta la mayoría de mis compañeros.

—¡Oh, no! —exclamó su mamá en ese momento, mientras sostenía en la mano una lata—. Lance le ha quitado las etiquetas a algunas de las latas de comida, ¡y ahora no sé qué es qué!

Todos se rieron.

—Creo que vamos a tener comidas sorpresa durante los próximos días —dijo la madre—. Yo había planeado que comiéramos duraznos en lata para la cena, pero veremos qué es lo que hay en esta lata. Oh, habichuelas verdes —dijo, mirando a Lance—. Y tú, jovencito, vas a comer la parte que te corresponde sin quejarte.

Durante la cena, el papá dijo:

—Nosotros tendemos a ponerles etiquetas a la gente al igual que lo hacemos con las latas. Decimos que los ricos son orgullosos, que los pobres son tontos, que los inteligentes son estrafalarios, y que los extranjeros son raros. Karly, yo creo que tú debes sacarles las etiquetas a tus compañeros de clase.

—Me doy cuenta de lo que quieres decir, papá —dijo Karly—. Lo que hay dentro de una persona es lo que es importante, ¿no es verdad?

¿Y TÚ? ¿Juzgas a las personas con rapidez? ¿Les pones etiquetas a los demás? La Biblia nos dice que no debemos juzgar a la gente. Sácales todas las etiquetas y acepta a las personas por lo que son. *B. J. W.*

MEMORIZA: Para Dios no hay favoritismos. *Hechos 10:34* (NVI)

—NO TE MUEVAS, Staci, mientras te marco el dobladillo —le dijo su mamá.

—¿Vas a terminar mi vestido mañana por la noche para usarlo en el recital de piano de Lydia?

La madre le respondió:

—Es probable. ¿Has terminado el proyecto de ciencias?

—No —dijo Staci—. He decidido no participar en la feria de ciencias.

—¡Pero has invertido horas en tu proyecto!

Staci se encogió de hombros.

—Lo sé, pero me tiene cansada.

—¿Igual que te cansaste de la almohada que estabas haciendo para regalarle a tu abuela en su cumpleaños? —le preguntó su mamá.

—Sí, pero a ella le gusto la bufanda que le compré —dijo Staci mientras se quitaba el vestido y se lo daba a su madre.

Después de la escuela al día siguiente, Staci se detuvo a la puerta del cuarto de costura.

—¡Mamá , mi vestido no está terminado!

La madre se encogió de hombros.

—Lo sé. Me cansé de trabajar en tu vestido.

—¡Que te cansaste! —gimió Staci—. Pero está casi terminado. ¿No vas a hacer lo que falta?

—Supongo que sería algo tonto de mi parte no terminarlo, ¿no crees? —le dijo la madre en tono calmado—. Al igual que fue tonto que dejaras de trabajar en tu proyecto de ciencias y en la almohada de tu abuela.

—¡Ooohhh! —gimió Staci.

—Solo un trabajo que ha sido terminado nos da satisfacción —le dijo su mamá—. Y no creo que el Señor esté satisfecho cuando dejamos un trabajo a medias. Dios requiere que seamos fieles aun en las cosas pequeñas.

—Mamá, si tú terminas de coser mi vestido, yo terminaré de hacer mi proyecto de ciencias.

—Trato hecho —dijo mamá con una sonrisa.

¿Y TÚ? ¿Cuántos proyectos sin terminar tienes? Comienza hoy a disciplinarte en cuanto a terminar lo que comienzas. Jesús terminó la tarea que vino a hacer en la tierra. El apóstol Pablo terminó su tarea. Antes de que Dios te confíe un trabajo grande, él tiene que ver que tú terminas los trabajos pequeños. *B. J. W.*

MEMORIZA: He peleado la buena batalla, he terminado la carrera y he permanecido fiel. *2 Timoteo 4:7*

27 de enero

EL TRABAJO TERMINADO

DE LA BIBLIA:

He peleado la buena batalla, he terminado la carrera y he permanecido fiel. Ahora me espera el premio, la corona de justicia que el Señor, el Juez justo, me dará el día de su regreso; y el premio no es solo para mí, sino para todos los que esperan con anhelo su venida. 2 TIMOTEO 4:7-8

Termina lo que empiezas

28 de enero

YO LAVARÉ LOS PLATOS

DE LA BIBLIA:

Y porque ustedes pertenecen a él, el poder del Espíritu que da vida los ha liberado del poder del pecado, que lleva a la muerte. La ley de Moisés no podía salvarnos, porque nuestra naturaleza pecaminosa es débil. Así que Dios hizo lo que la ley no podía hacer. Él envió a su propio Hijo en un cuerpo como el que nosotros los pecadores tenemos; y en ese cuerpo, mediante la entrega de su Hijo como sacrificio por nuestros pecados, Dios declaró el fin del dominio que el pecado tenía sobre nosotros. Lo hizo para que se cumpliera totalmente la exigencia justa de la ley a favor de nosotros, que ya no seguimos a nuestra naturaleza pecaminosa sino que seguimos al Espíritu.

Los que están dominados por la naturaleza pecaminosa piensan en cosas pecaminosas, pero los que son controlados por el Espíritu Santo piensan en las cosas que agradan al Espíritu. Por lo tanto, permitir que la naturaleza pecaminosa les controle la mente lleva a la muerte. Pero permitir que el Espíritu les controle la mente lleva a la vida y a la paz. Pues la naturaleza pecaminosa es enemiga de Dios siempre. Nunca obedeció las leyes de Dios y jamás lo hará.

ROMANOS 8:2-7

Sirve a Dios con amor

—MI MAESTRO DE la escuela dominical dijo algo que todavía no puedo entender —le dijo Jan a su mamá una tarde.

—¿Oh? ¿Qué fue lo que dijo? —le preguntó su mamá.

—Dijo que la única forma de ser felices como creyentes es hacer siempre lo que Dios quiere que hagamos, en lugar de hacer lo que nosotros queremos hacer. Pero ¿cómo podemos ser felices si siempre estamos haciendo cosas que no queremos hacer? Eso nos haría desdichados, ¡no felices!

—En cierto sentido tienes razón —le dijo su mamá—. Si la vida de un creyente fuera un asunto de estar forzándonos a nosotros mismos a hacer cosas que nos resultan desagradables, no sería muy agradable. Pero creo que estás pasando algo por alto.

—¿Y qué es eso? —le preguntó Jan.

La mamá sonrió.

—¿Recuerdas cómo reaccionaste cuando esta noche te pedí que lavaras los platos?

—Me quejé —admitió Jan con un poco de vergüenza.

—Sí —le dijo su madre con una sonrisita—. Pero anoche, cuando yo no me estaba sintiendo bien, tú limpiaste toda la cocina para darme una sorpresa.

Jan sonrió.

—Lo hice para agradarte, no porque lo tuviera que hacer.

—En otras palabras, lo hiciste por amor —le explicó su mamá—. Y ese es el secreto de una vida cristiana feliz. Si tratamos de servir a Dios en nuestra propia fuerza y por un sentido de deber, nunca seremos verdaderamente felices. Pero cuando servimos al Señor por amor y gratitud, él nos da gozo y contentamiento. ¡Eso es lo que hace la diferencia!

¿Y TÚ? ¿Sirves a veces a Dios de mala gana, solo porque sientes que debes hacerlo? Cuando no tengas ganas de hacer las cosas que debes hacer, admítelo ante Dios y pide la ayuda del Espíritu Santo. Entonces haz lo que él quiere que hagas, impulsado por tu amor por Dios. De esta forma, ¡serás un creyente verdaderamente feliz! S. L. K.

MEMORIZA: Ya no seguimos a nuestra naturaleza pecaminosa sino que seguimos al Espíritu. *Romanos 8:4*

—**MATEO, APAGA ESA** música.

—Pero, mamá, todo el mundo escucha música rock —protestó Mateo—. Y además esto no me daña.

—¡Sí te daña! le dijo su mamá—. Tanto las palabras como la música se te meten en la mente y tienen influencia en ti, te des cuenta de eso o no.

Mateo suspiró.

—¿Ya llegó papá del trabajo? —preguntó.

—Todavía no —le respondió su madre—. Desde que lo pusieron de gerente del restaurante, tiene muchas más responsabilidades. ¿Quieres que le demos una sorpresa para la cena?

Mateo se alegró.

—¡Sí, vamos a verlo!

El padre de Mateo los vio entrar al restaurante. «Los atiendo en un minuto», les dijo.

Mientras se sentaban, Mateo escuchó a su padre cantar una canción en voz baja mientras se alejaba. «Vengan a comer aquí, traigan a todos sus amigos. Nuestras hamburguesas son las mejores del este y del oeste».

Mateo se rió.

—Papá, estás cantando la canción de tus competidores. Les estás haciendo propaganda a ellos.

Su papá se dio vuelta y sonrió con un poco de vergüenza.

—La escuché por la radio cuando conducía al trabajo, y se me pegó la música. Tengo que tener más cuidado con lo que escucho.

Camino de vuelta a su hogar, Mateo estaba pensativo. «Si escuchar esa canción pudo hacer que papá, sin darse cuenta, les hiciera propaganda a sus competidores, tal vez también las canciones que escucho tienen más influencia en mí de la que yo creo. Voy a tener más cuidado con lo que escucho».

¿Y TÚ? ¿Qué clase de música escuchas? ¿Le agradan a Dios las palabras? Los que hacen publicidad saben que la música se te queda en la cabeza mucho más que las palabras habladas. ¿Invitarías a Jesús para que escuche contigo? Si eres creyente, Jesús está contigo. Asegúrate de que tanto las palabras como la música que escuchas le agradan al Señor, y que no dañan tu testimonio. *H. W. M.*

MEMORIZA: Presten mucha atención a lo que oyen. Cuanto más atentamente escuchen, tanto más entendimiento les será dado. *Marcos 4:24*

¿QUÉ ES LO QUE QUIERES ESCUCHAR?

DE LA BIBLIA:

Que los justos canten de alegría al Señor;
les corresponde a los puros alabarle.
Alaben al Señor con melodías de la lira;
toquen música para él en el arpa de diez cuerdas.
Entónenle un cántico nuevo de alabanza;
toquen el arpa con destreza y canten con alegría.
Pues la palabra del Señor es verdadera
y podemos confiar en todo lo que él hace.
SALMO 33:1-4

La música tiene influencia en ti

30 de enero

TRABAJA Y ORA

DE LA BIBLIA:

Cuando Sanbalat, Tobías, los árabes, los amonitas y los asdodeos se enteraron de que la obra progresaba y que se estaban reparando las brechas en la muralla de Jerusalén, se enfurecieron. Todos hicieron planes para venir y luchar contra Jerusalén y causar confusión entre nosotros. Así que oramos a nuestro Dios y pusimos guardias en la ciudad día y noche para protegernos.
NEHEMÍAS 4:7-9

Trabaja y ora

—¿NO DEBERÍAS ESTAR estudiando las palabras de ortografía? —le preguntó su mamá a Lynn.

—Lo voy a hacer tan pronto como termine este programa —le dijo Lynn.

Pero cuando el programa de televisión terminó, la llamó Amy. Lynn habló por teléfono con ella hasta la hora de irse a dormir. *No tengo tiempo para estudiar ahora*, pensó somnolienta. *Tendré que pedirle al Señor que me ayude.*

Cuando estaba haciendo su examen al día siguiente, le pidió al Señor que la ayudara, pero sacó una «D». —¿No dice la Biblia que si nos falta sabiduría se la tenemos que pedir a Dios? —le preguntó a su mamá esa tarde.

Entonces sonó el teléfono.

—Era Amy —le dijo Lynn a su mamá cuando regresó a su lado— ¿Puedo ir al centro con ella? ¿Me puedes dar dinero para comprar un candado para mi casillero? A muchos niños les están robando cosas en la escuela.

—¡Qué lástima que suceda eso! —le dijo su mamá—. Pero tengo una idea. ¿Por qué no oras sobre eso? Pídele al Señor que proteja tus cosas.

—¡Mamá! —exclamó Lynn—. Es bueno orar sobre eso, pero también tiene sentido protegerlas con un candado.

—¿No sería cierto eso también en lo que respecta a tu ortografía? —le preguntó su mamá—. No estudiaste, pero esperabas que Dios te ayudara a recordar cosas que nunca aprendiste.

Lynn sintió vergüenza.

—Sé que eso es verdad —admitió avergonzada—. De ahora en adelante voy a estudiar mucho, y entonces sé que Dios me ayudará.

¿Y TÚ? ¿Oras acerca de tus trabajos en la escuela? ¿Acerca de tus amigos que necesitan conocer al Señor? La oración es muy importante, pero es solo parte de la batalla. También debemos estudiar y testificar. Cuando estaban construyendo la muralla de Jerusalén, el pueblo de Dios oró y colocó guardias en el lugar para vigilar si el enemigo los atacaba. Jesús les dijo a sus discípulos que vigilaran y oraran. Nosotros también debemos orar, y también debemos trabajar. *H. W. M.*

MEMORIZA: Velen y oren para que no cedan ante la tentación. *Mateo 26:41*

EL MINISTERIO DE JONATÁN

—**HOY LE HICIMOS** una fiesta de cumpleaños al pastor Wilson —anunció Jonatán cuando iban de regreso a su casa después de la escuela dominical—. Sería divertido ser ministro. Creo que eso es lo que voy a ser cuando crezca.

—No sé cuán divertido sería, pero sé que trae muchas recompensas —le dijo su papá.

—¿Podemos pasar por la casa de la abuela Nelson para ver cómo está? —preguntó mamá.

—¿Tenemos que hacerlo? —se quejó Jonatán—. Tengo hambre y ustedes saben que ella habla y habla.

—Ella se siente sola —respondió su mamá—. Necesita a alguien que le ministre.

—¿Alguien que le ministre? —dijo Jonatán—. Si necesita un pastor, dile al pastor Wilson.

—Yo no dije que ella necesita un pastor —dijo su mamá—. La abuela Nelson necesita un "ministro". No todos podemos ser predicadores, pero sí podemos ser ministros, aun tú, Jonatán.

—Seré ministro cuando crezca, si no me muero de hambre primero —se quejó Jonatán.

—Tú le puedes ministrar a la abuela Nelson ahora. Un ministro es simplemente un siervo.

—¡El pastor Wilson no es un siervo! —dijo Jonatán.

—Sí, lo es —lo corrigió su papá—. Es siervo de Dios.

—Si quieres ser ministro debes estar dispuesto a servir a otras personas —agregó su mamá.

—¿Recuerdas cómo el niño Samuel le ministró al Señor? —le preguntó su papá mientras estacionaba el automóvil en el camino de entrada de la abuela Nelson—. Él le ministró al Señor sirviendo a Elí. Encendía las lámparas en el tabernáculo, barría los pisos y hacía mandados.

—Bueno, pues —dijo Jonatán—. Creo que mejor empiezo ahora. Tal vez la abuela Nelson necesita que le barran el piso de la cocina.

DE LA BIBLIA:

Así que Jesús los reunió a todos y les dijo: «Ustedes saben que los gobernantes de este mundo tratan a su pueblo con prepotencia y los funcionarios hacen alarde de su autoridad frente a los súbditos. Pero entre ustedes será diferente. El que quiera ser un líder entre ustedes deberá ser sirviente, y el que quiera ser el primero entre ustedes deberá convertirse en esclavo. Pues ni aun el Hijo del Hombre vino para que le sirvan, sino para servir a otros y dar su vida en rescate por muchos».
MATEO 20:25-28

Tú puedes ser un ministro

¿Y TÚ? ¿Sabías que todos los creyentes deben ser ministros? Como siervo de Jesucristo, tu trabajo es servir a otras personas. Mira a tu alrededor y encuentra hoy una persona a quien puedas servir. ¡Te sorprenderá lo mucho que lo vas a disfrutar! Y recuerda que cuando sirves a la gente, en realidad le estás ministrando al Señor. *B. J. W.*

MEMORIZA: El que quiera ser líder entre ustedes deberá ser sirviente. *Mateo 20:26*

1 de febrero

DEBERÍA DOLERTE

DE LA BIBLIA:

Ten misericordia de mí, oh Dios,
debido a tu amor inagotable;
a causa de tu gran compasión,
borra la mancha de mis pecados.
Lávame de la culpa hasta que
quede limpio
y purifícame de mis pecados.
Pues reconozco mis rebeliones;
día y noche me persiguen.
Contra ti y solo contra ti he pecado;
he hecho lo que es malo ante
tus ojos.
Quedará demostrado que tienes
razón en lo que dices
y que tu juicio contra mí es justo.
Pues soy pecador de nacimiento,
así es, desde el momento en que
me concibió mi madre.
Pero tú deseas honradez desde el
vientre
y aun allí me enseñas sabiduría.
Purifícame de mis pecados, y
quedaré limpio;
lávame y quedaré más blanco
que la nieve. [...]
Crea en mí, oh Dios, un corazón
limpio
y renueva un espíritu fiel dentro
de mí.
No me expulses de tu presencia
y no me quites tu Espíritu
Santo.
Restaura en mí la alegría de tu
salvación
y haz que esté dispuesto a
obedecerte.
SALMO 51:1-7, 10-12

No te acostumbres a pecar

JACK Y WENDY querían comer golosinas.

—Oye, agarremos chocolates de la alacena—le dijo Wendy a Jack—. Mamá no se dará cuenta.

—¿Eso no te hace sentir culpable?

—No —dijo Wendy—. Las primeras veces que lo hice me sentí culpable, pero ahora ya no.

Cuando Jack vio que su hermana se estaba comiendo chocolate, no pudo resistir. Los dos terminaron de comer sus golosinas y salieron para construir una fortaleza de nieve en el jardín.

Después de un rato se les enfriaron los pies, pero querían terminar la fortaleza. Cuando su madre los llamó para que entraran, ella se preocupó al ver lo mojados y fríos que tenían los pies los dos niños.

—¿Por qué no entraron cuando se les enfriaron los pies? —los regañó.

—Queríamos terminar la fortaleza —dijo Wendy—. Además, ¡después de un rato ya no los sentimos tan fríos!

—La sensación de frío es una advertencia para evitar que se les congelen los pies. Lo más peligroso no es cuando sientes frío, sino cuando dejas de sentirlo. —Mamá les frotó los pies—. Eso me recuerda lo que sucede con el pecado. Estamos en peligro si nuestra conciencia deja de molestarnos cuando estamos haciendo algo malo.

Cuando su madre se fue del cuarto, los niños se miraron, porque se acordaron del chocolate.

—Ahora que se me están empezando a calentar los pies, me duelen —dijo Jack—. Y también me duele la conciencia.

—A mí también —asintió Wendy—. Y nos va a doler más cuando le digamos a mamá que robamos los chocolates. ¡Pero estoy segura de que después nos sentiremos mucho mejor!

¿Y TÚ? ¿Tienes algunos hábitos o participas en algunas actividades en tu vida que te hacían sentir culpable en el pasado, pero que ahora ya no te molestan? Tal vez tú hayas cambiado, pero las normas de Dios en cuanto al bien y al mal no han cambiado. Confiesa tu pecado, y mantente dispuesto a cambiar cuando te «remuerda» la conciencia y cuando te hable el Espíritu Santo. No permitas que el pecado te insensibilice, es decir, que ya no sientas que lo que haces está mal. *S. L. K.*

MEMORIZA: Crea en mí, oh Dios, un corazón limpio y renueva un espíritu fiel dentro de mí. *Salmo 51:10*

PEDRO ABRIÓ el libro que le había regalado su amigo David.

—¡Oh no! —dijo Pedro—. Este libro tiene fotos inapropiadas de personas.

El papá puso el libro en un estante alto.

—Creo que todos debemos hablar.

Aquella tarde, David vino a visitar a Pedro para ver a sus perritos recién nacidos. Antes de entrar a la casa, los muchachos y el padre de Pedro habían hablado de los billones de estrellas y de que Dios sabe el nombre de cada una de ellas.

—Pero el hombre es la creación más maravillosa de Dios —dijo el padre—. La columna vertebral de un ser humano es una serie de 33 anillos con 150 uniones, y es por eso que puedo doblar la espalda en cualquier dirección, y al mismo tiempo puedo aguantar un peso de 250 kilogramos.

—Y no te olvides del corazón —dijo Pedro—. Es del tamaño de un puño cerrado, y he escuchado que bombea sangre a un promedio de unos cuatro mil galones por día.

—Y todavía no hemos mencionado al cerebro, a los pulmones o a nuestros dedos —agregó el padre—, pero está claro que esta obra maravillosa de Dios no es algo que podamos tomar a la ligera.

David se sorprendió.

—¿Qué quiso decir con "tomar a la ligera"?

—Cuando Dios hizo el mundo, hizo planes para que un hombre y una mujer se casaran, se amaran y tuvieran una familia —explicó del padre de Pedro—. Pero hay personas que hacen chistes, toman fotos, escriben libros o hacen películas que se burlan del plan de Dios para nosotros. Cualquier cosa que no considere pensamientos puros acerca de nuestro cuerpo está mal y es un pecado a los ojos de Dios. Bueno, David, ¿qué crees que debemos hacer con el libro que le regalaste a Pedro?

—Quémelo —le respondió David—. ¿Sabe? Me asusta un poco pensar que me burlé de la obra de Dios. Le voy a pedir a Dios que me perdone.

¿Y TÚ? ¿A veces te sientes tentado a reírte de las fotos inapropiadas de la gente que Dios creó? Dios no solo quiere tu corazón, también quiere que tu cuerpo sea usado para servirlo a él. *A. G. L.*

MEMORIZA: ¡Gracias por hacerme tan maravillosamente complejo! Tu fino trabajo es maravilloso, lo sé muy bien. *Salmo 139:14*

MARAVILLOSAMENTE HECHOS

DE LA BIBLIA:

Entonces Dios dijo: «Hagamos a los seres humanos a nuestra imagen, para que sean como nosotros. Ellos reinarán sobre los peces del mar, las aves del cielo, los animales domésticos, todos los animales salvajes de la tierra y los animales pequeños que corren por el suelo».

Así que Dios creó a los seres humanos a su propia imagen.
A imagen de Dios los creó; hombre y mujer los creó.

Luego Dios los bendijo con las siguientes palabras: «Sean fructíferos y multiplíquense. Llenen la tierra y gobiernen sobre ella. Reinen sobre los peces del mar, las aves del cielo y todos los animales que corren por el suelo».
GÉNESIS 1:26-28

Nunca te burles del plan de Dios

3 de febrero

CAMINOS MÁS ALTOS

DE LA BIBLIA:

«Mis pensamientos no se parecen en nada a sus pensamientos —dice el SEÑOR—. Y mis caminos están muy por encima de lo que pudieran imaginarse. Pues así como los cielos están más altos que la tierra, así mis caminos están más altos que sus caminos y mis pensamientos, más altos que sus pensamientos.

»La lluvia y la nieve descienden de los cielos y quedan en el suelo para regar la tierra. Hacen crecer el grano y producen semillas para el agricultor y pan para el hambriento. Lo mismo sucede con mi palabra. La envío y siempre produce fruto; logrará todo lo que yo quiero, y prosperará en todos los lugares donde yo la envíe. Ustedes vivirán con gozo y paz. Los montes y las colinas se pondrán a cantar y los árboles de los campos aplaudirán. Donde antes había espinos, crecerán cipreses; donde crecía la ortiga, brotarán mirtos. Estas cosas le darán gran honra al nombre del SEÑOR; serán una señal perpetua de su poder y de su amor».
ISAÍAS 55:8-13

Confía en los caminos de Dios, que son más altos

UN VIENTO HELADO soplaba en el cementerio. Joel trataba de escuchar mientras el ministro leía de la Biblia. *Me pregunto si el abuelo fue al cielo*, pensó por centésima vez. Camino de regreso a su hogar, Joel les preguntó a sus padres.

—No estamos seguros, hijo —le dijo su papá—. El abuelo nunca mostró interés cuando yo le hablaba de Dios.

—Pero el abuelo murió de rodillas al lado de su cama —agregó mamá con suavidad—. El día anterior, yo pasé un tiempo especial orando para que recibiera a Jesús como su Salvador del pecado. Es posible que el abuelo haya hecho eso justo antes de morir.

Joel suspiró.

—Quisiera saberlo con seguridad.

—Yo también, hijo, pero ahora eso está fuera de nuestras manos —le dijo su papá—. Muchas veces le explicamos al abuelo cómo podía ser salvo, y durante muchos años oramos pidiendo que entendiera y aceptara el don de Dios. Fuimos amables con él, siempre con la esperanza de que él viera la diferencia que Jesús hizo en nuestras vidas, y que él también quisiera conocer al Señor.

—Dios promete que su Palabra producirá fruto y logrará lo que él quiere —agregó su mamá—. Los caminos de Dios son más altos que nuestros caminos, y todo lo que Dios hace es perfecto.

Cuando llegaron a su casa, Joel fue a su dormitorio y tomó el guante de béisbol que le había regalado su abuelo. *Querido Señor*, oró, *gracias porque mi abuelo conocía el camino para ser salvo. Gracias, porque todo lo que haces es perfecto.*

¿Y TÚ? Duele mucho cuando muere un ser querido, pero es mucho más doloroso cuando no sabes si esa persona fue al cielo. Si estás en esa posición, trata de no preocuparte demasiado. Apóyate en el conocimiento de que los caminos de Dios son perfectos. Ora por los que todavía están vivos pero que no son salvos. Sé amable y amoroso con ellos, y asegúrate de que conozcan el camino para llegar al cielo. *C. E. Y.*

MEMORIZA: Pues así como los cielos están más altos que la tierra, así mis caminos están más altos que sus caminos. *Isaías 55:9*

CUÍDATE DEL ENEMIGO

SANDY Y SU PADRE estaban mirando las noticias. Entonces mostraron un comercial.

—Mira, papá —le dijo Sandy—. ¿Podemos comprar algunas de esas joyas para el cumpleaños de mamá? A ella le encantarían. Están vendiendo esos diamantes, rubíes y perlas muy barato, y dicen que son reales.

—También hay otra palabra en la pantalla —dijo su padre—, y es una palabra francesa que se escribe f-a-u-x.

—Es probablemente un nombre sofisticado para esas joyas —sugirió Sandy—. Lo voy a buscar en el diccionario.

Después de haberlo encontrado y leído, Sandy exclamó:

—¡Qué cosa! Quiere decir falso. ¡Joyas genuinas falsas!

—Mucha gente gasta su dinero en comprar esas joyas, y luego un joyero les dice que no son piedras verdaderas —le dijo su papá, mientras se ponía de pie e iba a responder el timbre de la puerta.

—¿Quién era, papá? —le preguntó Sandy a su padre después que él había cerrado la puerta.

—Unas personas que querían dejarme literatura y hablarme de su religión—dijo el padre—. Pero yo sé lo que creen ellos y es una enseñanza falsa que engaña a mucha gente.

—¿Cómo es posible? —le preguntó Sandy.

—¿Recuerdas lo fácil que te fue creer que las piedras en ese comercial eran genuinas, hasta que buscaste el significado de *faux* en el diccionario? —le preguntó su papá—. Bueno, esas personas también hacen que el mensaje suene bien. Aun citan versículos bíblicos, aunque los citan incorrectamente. Debemos saber bien lo que dice la Biblia para estar en guardia contra las enseñanzas falsas.

DE LA BIBLIA:

Queridos amigos, no les crean a todos los que afirman hablar de parte del Espíritu. Pónganlos a prueba para averiguar si el espíritu que tienen realmente proviene de Dios, porque hay muchos falsos profetas en el mundo. Esta es la manera en que sabremos si tienen o no el Espíritu de Dios: si una persona que afirma ser profeta reconoce que Jesucristo vino en un cuerpo humano, esa persona tiene el Espíritu de Dios; pero si alguien afirma ser profeta y no reconoce la verdad acerca de Jesús, aquella persona no es de Dios. Tal persona tiene el espíritu del Anticristo, del cual ustedes oyeron que viene al mundo, y de hecho, ya está aquí.

Pero ustedes, mis queridos hijos, pertenecen a Dios. Ya lograron la victoria sobre esas personas, porque el Espíritu que vive en ustedes es más poderoso que el espíritu que vive en el mundo.

1 JUAN 4:1-4

Ten cuidado con las enseñanzas falsas

¿Y TÚ? ¿Sabes que los falsos maestros pueden tratar de hacer que tú creas como ellos? Estudia la Biblia para saber lo que realmente es verdadero. Fíjate que el versículo para memorizar de hoy habla de unas personas que día tras día examinaban las Escrituras. Tú también debes hacerlo. No permitas que te engañen las enseñanzas falsas. *S. L. N.*

MEMORIZA: Los de Berea [...] día tras día examinaban las Escrituras para ver si Pablo y Silas enseñaban la verdad. *Hechos 17:11*

5 de febrero

SEGUNDA ELECCIÓN

DE LA BIBLIA:

Recuerden las cosas que hice en el pasado. ¡Pues solo yo soy Dios! Yo soy Dios, y no hay otro como yo. Solo yo puedo predecir el futuro antes que suceda. Todos mis planes se cumplirán porque yo hago todo lo que deseo. Llamaré a una veloz ave de rapiña desde el oriente, a un líder de tierras lejanas, para que venga y haga lo que le ordeno. He dicho que lo haría, y lo cumpliré.
ISAÍAS 46:9-11

Deja que Dios elija

LA FAMILIA SNYDER estaba esperando el nacimiento de un bebé.

—Voy a orar pidiendo un hermanito —dijo Esteban, que tenía siete años de edad.

—Dile a Dios cómo te sientes, pero deja que él decida si nos va a mandar una niña o un niño —le dijeron sus padres—. Mientras tanto, necesitamos buscar una casa más grande para alquilar.

Finalmente encontraron lo que querían. El alquiler era un poco alto, pero decidieron que lo podrían pagar. El padre llamó al dueño, quien le dijo que la casa se acababa de alquilar. Se vieron forzados a aceptar su segunda elección.

—¿No oraste pidiendo que Dios nos permitiera tener la primera casa? —preguntó Esteban.

—No —le respondió la mamá—. Oramos que Dios nos diera su elección.

La nueva casa necesitaba algunas reparaciones, pero el dueño les dejó hacer el trabajo como parte del alquiler. Luego el dueño les sugirió que aplicaran parte del alquiler para comprar la casa. Muy pronto la familia Snyder fue dueña de la casa.

—Estoy arreglando mi dormitorio para mi hermano y para mí —dijo Esteban con orgullo.

—No estés tan seguro de que tendrás un hermano —le dijo su hermana—. A mí me gustaría más tener una hermana.

Llegó el día esperado y llegó el bebé, ¡y fue una niña! Aunque Esteban estaba desilusionado, le gustó tener a la bebita en sus brazos en el hospital.

—Esteban, ¿cómo te sientes ahora acerca de tu hermanita? —le preguntó su papá.

—Es bastante linda —dijo Esteban con una sonrisa—. Dios la eligió para nosotros, ¡así que ella debe ser la mejor elección!

—Estoy segura que sí —dijo la mamá sonriendo.

¿Y TÚ? ¿Es a veces tu segunda (o aun tercera o cuarta) elección lo que Dios elige para ti? Como lo dice el versículo de hoy, Dios sabe todas las cosas. Él sabe lo que es mejor para ti. *B. J. W.*

MEMORIZA: Solo yo puedo predecir el futuro antes que suceda. Todos mis planes se cumplirán porque yo hago todo lo que deseo. *Isaías 46:10*

GINGER ESTABA EN la tienda, y con su mesada iba a comprar cinco figuras adhesivas.

—El precio es cincuenta centavos más el impuesto de ventas —le dijo la cajera.

—¡Oh, no! Me olvidé del impuesto de ventas. Creo que solo voy a poder comprar cuatro hoy.

Cuando llegó a su casa, Ginger le mostró lo que había comprado a su mamá.

—¿Por qué tenemos que pagar impuestos?

—El dinero de los impuestos se usa para pagar muchas cosas —le respondió su madre—. Con ese dinero se pagan las reparaciones de los caminos y se les paga a los maestros, a los policías, a los bomberos y a los que trabajan para el gobierno. La gente ha pagado impuestos por muchos años, incluso pagaban impuestos en los tiempos de la Biblia.

—¿Los pagaban? —Ginger estaba sorprendida.

—Sí —le respondió su mamá—. Había impuestos por la venta de animales, tierras, esclavos y por los productos que se cultivaban, así como impuestos para pagar los gastos del templo. Durante el tiempo que Jesús vivió, los judíos odiaban a los recaudadores de impuestos porque cobraban más dinero del que tenían que cobrar y se lo guardaban. Pero Jesús puede cambiar a todos los seres humanos, y él llamó a uno de esos cobradores de impuestos para que fuera uno de sus discípulos.

—¿Sí? ¿Cuál fue? —le preguntó Ginger.

—Mateo —le dijo su mamá—. Más tarde, Mateo escribió uno de los Evangelios. Debido a que como cobrador de impuestos él había llevado registros cuidadosos, eso lo ayudó a registrar las cosas que Jesús había enseñado. Inclusive registró una ocasión en que Jesús pagó impuestos.

—Ah, ya me acuerdo —exclamó Ginger—. Jesús mandó a Pedro a pescar y le dijo que iba a encontrar dinero en la boca de un pez. Y ese dinero se usó para pagar los impuestos de Jesús y de Pedro —ella hizo una pausa—. Bueno, si Jesús pagó impuestos, ¡creo que yo también puedo pagarlos!

¿Y TÚ? A veces los impuestos parecen demasiado altos, pero son necesarios para muchas cosas. Cuando la carga es injusta, podemos trabajar para tratar de bajarlos. Sin embargo, Dios dice que debemos pagarlos. *V. L. C.*

MEMORIZA: Paguen sus impuestos, pues los funcionarios de gobierno necesitan cobrar su sueldo. Ellos sirven a Dios con lo que hacen. *Romanos 13:6*

---

6 de febrero

¡IMPUESTOS! ¡IMPUESTOS!

DE LA BIBLIA:

Cuando llegaron a Capernaúm, los cobradores del impuesto del templo se acercaron a Pedro y le preguntaron:

—¿Tu maestro no paga el impuesto del templo?

—Sí, lo paga —contestó Pedro.

Luego entró en la casa, pero antes de tener oportunidad de hablar, Jesús le preguntó:

—¿Qué te parece, Pedro? Los reyes, ¿cobran impuestos a su propia gente o a la gente que han conquistado?

—Se los cobran a los que han conquistado —contestó Pedro.

—Muy bien —dijo Jesús—, entonces, ¡los ciudadanos quedan exentos! Sin embargo, no queremos que se ofendan, así que desciende al lago y echa el anzuelo. Abre la boca del primer pez que saques y allí encontrarás una gran moneda de plata. Tómala y paga mi impuesto y el tuyo.

MATEO 17:24-27

Paga tus impuestos con alegría

7 de febrero

SOBRE HIELO DELGADO

DE LA BIBLIA:

No hagas lo que hacen los
*   perversos*
*   ni sigas el camino de los malos.*
¡Ni se te ocurra! No tomes ese
*   camino.*
*   Aléjate de él y sigue avanzando.*
Pues las personas malvadas no
*   pueden dormir sin hacer la*
*   mala acción del día.*
*   No pueden descansar sin antes*
*   hacer tropezar a alguien.*
¡Se alimentan de la perversidad
*   y beben el vino de la violencia!*

El camino de los justos es como la
*   primera luz del amanecer,*
*   que brilla cada vez más [...]*
Pero el camino de los perversos
*   es como la más densa*
*   oscuridad;*
*   ni siquiera saben con qué*
*   tropiezan.*
Hijo mío, presta atención a lo que
*   te digo.*
*   Escucha atentamente mis*
*   palabras.*
No las pierdas de vista.
*   Déjalas llegar hasta lo profundo*
*   de tu corazón,*
pues traen vida a quienes las
*   encuentran*
*   y dan salud a todo el cuerpo.*
Sobre todas las cosas, cuida tu
*   corazón,*
*   porque este determina el rumbo*
*   de tu vida.*
PROVERBIOS 4:14-23

No te unas a los que pecan

—¿POR QUÉ NO puedo ir? Me parece algo justo —le dijo Connie a su mamá—. Karen está dispuesta a ir conmigo a la iglesia mañana si yo salgo con ella esta tarde.

—¿Quiere ella que tú vayas a ver una película de terror? No creo que esa sea la manera de ganar a tu amiga para el Señor —dijo la mamá de Connie.

—Pero, mamá —protestó Connie—. Eso haría que Karen viniera a la iglesia.

—No, Connie —le dijo su madre con firmeza.

Connie estaba enojada, pero más tarde su madre le permitió ir a patinar sobre el hielo al lago Horn con algunas amigas. Cuando Connie regresó, estaba muy emocionada.

—Mamá, ¿conoces a Jack Wolter? Él pasó como una flecha por el otro lado del cartel que dice "peligro", en medio del lago. Pero el hielo no sostuvo su peso. Una de sus piernas atravesó el delgado hielo y se metió en el agua helada. Yo grité pidiendo ayuda, y unos hombres que estaban de guardia lo rescataron.

—¡Oh, qué bueno! —le dijo su mamá—. Pero, ¿por qué no lo rescataste tú? El verano pasado tomaste una clase de natación para rescatar a personas en peligro.

Connie miró a su mamá sin poder creer lo que le había dicho.

—¿Me estás haciendo una broma? Los hombres usaron tablas y cuerdas para llegar al lugar y rescatar a Jack. Si yo hubiera patinado hasta ese lugar, se habría roto más hielo y las cosas hubieran empeorado.

—Estoy contenta de que te hayas dado cuenta de eso—le dijo su mamá—. Ahora piensa en lo siguiente: no rescatas a alguien que está en pecado uniéndote a esa persona. Si tratas de hacerlo, es posible que las dos queden atrapadas en el pecado.

Connie pensó en Karen y asintió. Tendría que encontrar alguna otra manera de ayudarla.

¿Y TÚ? Para tratar de ganar a un amigo o amiga para Jesús, ¿te sientes tentado a ir a algún lugar o a hacer algo que sabes que está mal? Si cedes a esa tentación, te estás engañando a ti mismo, y no vas a ganar a tu amigo. Para llevar a otras personas a Jesús debes vivir una vida pura delante de ellas. Ora por esas personas. *H. W. M.*

MEMORIZA: No participes en los pecados de los demás. Mantente puro. *1 Timoteo 5:22*

—MAMÁ, ¿PUEDO IR a esquiar con Jan el domingo que viene? —le preguntó Amy—. Jan me dijo que su familia adora a Dios sintiendo su presencia en la naturaleza.

—Eso suena bien —le dijo su mamá—, pero me pregunto cuánto pensarías en Dios si vas a esquiar en lugar de asistir a la iglesia. Papá y yo no creemos que está bien no asistir a la iglesia para ir a esquiar.

Aquella noche, el padre de Amy le agregó un tronco de madera al fuego de la chimenea. De pronto se escuchó un chasquido, y una pequeña brasa saltó fuera de la chimenea. Amy dio un salto riéndose mientras miraba a la brasa fulgurar por unos segundos antes de apagarse y volverse negra.

—Eso me asustó —dijo Amy con una sonrisa—. No brilló mucho después de haberse separado del resto de las brasas, ¿no es verdad?

—No, no duró —dijo la madre—. Amy, ¿todavía asiste Jan al club bíblico y al coro de jóvenes?

—No ha asistido por varias semanas —le respondió Amy.

—¿Asiste a alguna otra actividad de la iglesia?

Amy sacudió la cabeza indicando no.

—¿Sabes? La brasa que se cayó de la chimenea ilustra lo que les sucede a los hijos de Dios cuando dejan de congregarse con otros creyentes —le dijo su mamá—. Esa brasa estaba produciendo calor y brillaba junto a las otras, pero cuando estuvo sola muy pronto se enfrió. Cuando los hijos de Dios adoran y oran juntos, son como las brasas encendidas. Se dan fuerza unos a otros. Pero cuando están solos, a menudo se enfrían.

Amy asintió.

—Voy a ver si puedo conseguir que Jan asista al club bíblico —decidió Amy—. Será un paso en la dirección correcta.

¿Y TÚ? ¿Asistes a la iglesia y adoras en forma regular con otros hijos de Dios? Dios sabe que tú necesitas el aliento y el amor de esa confraternidad. Y juntos pueden hacer cosas grandes para el Señor. *H. W. M.*

MEMORIZA: Y no dejemos de congregarnos, como lo hacen algunos, sino animémonos unos a otros, sobre todo ahora que el día de su regreso se acerca. *Hebreos 10:25*

BRASAS ENCENDIDAS

DE LA BIBLIA:

Así que, amados hermanos, podemos entrar con valentía en el Lugar Santísimo del cielo por causa de la sangre de Jesús. Por su muerte, Jesús abrió un nuevo camino —un camino que da vida— a través de la cortina al Lugar Santísimo.

Ya que tenemos un gran Sumo Sacerdote que gobierna la casa de Dios, entremos directamente a la presencia de Dios con corazón sincero y con plena confianza en él. Pues nuestra conciencia culpable ha sido rociada con la sangre de Cristo a fin de purificarnos, y nuestro cuerpo ha sido lavado con agua pura.

Mantengámonos firmes sin titubear en la esperanza que afirmamos, porque se puede confiar en que Dios cumplirá su promesa. Pensemos en maneras de motivarnos unos a otros a realizar actos de amor y buenas acciones. Y no dejemos de congregarnos, como lo hacen algunos, sino animémonos unos a otros, sobre todo ahora que el día de su regreso se acerca.
HEBREOS 10:19-25

Asiste a la iglesia con regularidad

9 de febrero

EL SUÉTER PERDIDO

DE LA BIBLIA:

No tuerzas la justicia en asuntos legales al favorecer al pobre ni al ser parcial con el rico y poderoso. Siempre juzga con imparcialidad a las personas.

No disemines chismes difamatorios entre tu pueblo.

No te quedes con los brazos cruzados cuando la vida de tu prójimo corre peligro. Yo soy el SEÑOR.

No fomentes odio en tu corazón contra ninguno de tus parientes.

Aclara los asuntos con la gente en forma directa, a fin de que no seas culpable de su pecado.

No busques vengarte, ni guardes rencor contra tus hermanos [...] sino ama a tu prójimo como a ti mismo. Yo soy el SEÑOR.
LEVÍTICO 19:15-18

No acuses falsamente

—MAMÁ, NO PUEDO encontrar mi suéter color lavanda —se quejó Caitlin—. La última vez que lo usé fue el domingo.

—Tal vez lo dejaste en la iglesia. Llama por teléfono y pregunta si alguien lo encontró.

Pero el suéter no estaba en la iglesia. «Vamos a seguir buscándolo», dijo su mamá

Caitlin buscó en vano. Ella quería usarlo para asistir a una fiesta de la escuela dominical en la casa de Melissa el viernes, pero ahora tendría que usar algo diferente. Cuando llegó a la fiesta, Caitlin miró asombrada a Marci, una de las niñas de su clase. Acercándose a Melissa, ella le susurró:

—Marci está usando mi suéter. Lo debe haber encontrado en la escuela dominical.

—¿Estás segura? —Melissa a su vez también le susurró.

—Por supuesto —le dijo Caitlin—. Ella nunca se podría comprar un suéter como ese.

Cuando algunas de las niñas le dijeron a Marci que su suéter era muy bonito, ella respondió: «Mi mamá lo compró en una venta de cosas usadas».

«¡Claro!», refunfuñó Caitlin. Ella estaba enojada y les dijo a varias de las niñas que Marci le había robado el suéter. La fiesta no fue muy divertida para ella después de eso. Cuando Caitlin llegó a su casa, su abuela la recibió en la puerta. Caitlin le dio un fuerte abrazo mientras su mamá le decía:

—Mira lo que la abuela te trajo.

Su mamá le dio el suéter color lavanda.

—Pero... ¿dónde lo encontraste? —le preguntó Caitlin tartamudeando.

—Lo dejaste en mi casa el domingo pasado —le dijo su abuela.

A Caitlin se le llenaron los ojos de lágrimas.

—He cometido un error terrible —dijo con un suspiro—. Después les voy a hablar sobre esto. Primero debo hacer algunas llamadas telefónicas.

¿Y TÚ? La próxima vez que sientas la tentación de acusar a alguien, ¡espera! Dios dice que debemos ser lentos para hablar. Él sabe que las conclusiones apresuradas a menudo son erradas. Herir a otras personas con acusaciones falsas es un mal testimonio. Si lo has hecho, tienes que pedir perdón. *B. J. W.*

MEMORIZA: Todos ustedes deben ser rápidos para escuchar, lentos para hablar y lentos para enojarse. *Santiago 1:19*

¿ERES TONTO?

A BEVERLY LE hubiera gustado no tener que asistir al devocional familiar en días tan ocupados como hoy. Ya se le estaba haciendo tarde, y tendría que esperar hasta después del devocional para desayunar.

—¿Por qué tenemos que tener esto todos los días? —le preguntó a su papá.

Pasando por alto la pregunta, su padre le alcanzó la caja de cereal, luego la retiró del alcance de la mano de Beverly.

—Tal vez hoy no quieras desayunar —le dijo.

—¡Por supuesto que quiero desayunar! —exclamó Beverly.

—Bueno, no vas a almorzar hoy, ¿no es verdad? —le preguntó su padre.

—¿Por qué no? Siempre llevo almuerzo a la escuela —dijo Beverly.

—¿Y qué me dices de la cena? —le preguntó el padre.

—Papá, yo siempre ceno —dijo Beverly.

Él asintió.

—Siempre lo has hecho, pero me pregunto si estás pensando en no comer cuando tienes días muy ocupados.

Beverly miró a sus padres.

—¿Por qué dejaría de comer? —repitió ella—. ¡No soy tan tonta! —dijo—. Oh, tú estás tratando de decirme que sería igual de tonto dejar de comer mi alimento espiritual, ¿no es verdad?

—Exactamente —le respondió su papá con una sonrisa—. Leer la Biblia todos los días es como comer buenas comidas todos los días. Yo creo que es importante comenzar el día con la Palabra de Dios, al igual que es importante comer un buen desayuno.

El rostro de Beverly se iluminó con una gran sonrisa mientras se servía el cereal en su tazón.

—Estoy de acuerdo con eso —dijo ella.

DE LA BIBLIA:

Tú debes permanecer fiel a las cosas que se te han enseñado. Sabes que son verdad, porque sabes que puedes confiar en quienes te las enseñaron. Desde la niñez, se te han enseñado las Sagradas Escrituras, las cuales te han dado la sabiduría para recibir la salvación que viene por confiar en Cristo Jesús. Toda la Escritura es inspirada por Dios y es útil para enseñarnos lo que es verdad y para hacernos ver lo que está mal en nuestra vida. Nos corrige cuando estamos equivocados y nos enseña a hacer lo correcto. Dios la usa para preparar y capacitar a su pueblo para que haga toda buena obra.

2 TIMOTEO 3:14-17

Comienza el día con Dios

¿Y TÚ? No serías tan tonto como para pasar mucho tiempo sin comer y alimentar tu cuerpo, ¿no es verdad? Pero, ¿eres tonto en cuanto a no comer comida espiritual que te alimente el alma? Es importante que te alimentes de la Palabra de Dios todos los días. *R. I. J.*

MEMORIZA: Toda la Escritura es inspirada por Dios y es útil para enseñarnos lo que es verdad y para hacernos ver lo que está mal en nuestra vida. Nos corrige cuando estamos equivocados y nos enseña a hacer lo correcto. *2 Timoteo 3:16*

11 de febrero

TRABAJO DE GUARDIA

DE LA BIBLIA:

Solo puedes entrar en el reino de Dios a través de la puerta angosta. La carretera al infierno es amplia y la puerta es ancha para los muchos que escogen ese camino. Sin embargo, la puerta de acceso a la vida es muy angosta y el camino es difícil, y son solo unos pocos los que alguna vez lo encuentran. [...]

No todo el que me llama: «¡Señor, Señor!» entrará en el reino del cielo. Solo entrarán aquellos que verdaderamente hacen la voluntad de mi Padre que está en el cielo. El día del juicio, muchos me dirán: «¡Señor, Señor! Profetizamos en tu nombre, expulsamos demonios en tu nombre e hicimos muchos milagros en tu nombre». Pero yo les responderé: «Nunca los conocí. Aléjense de mí, ustedes, que violan las leyes de Dios».

MATEO 7:13-14, 21-23

Hacer buenas obras no te salvará

JULIANNE Y BRETT le estaban llevando la caja con el almuerzo a su padre, que trabajaba en una fábrica local como guardia del portón de entrada. Él los saludó cuando los vio cerca del portón.

—Lo siento, pero no pueden entrar a menos que tengan una insignia especial —les dijo.

—Papá, sabes que somos nosotros. Te trajimos el almuerzo —dijo Julianne riéndose.

—Mi hora de almorzar es dentro de cinco minutos. Esperen aquí —dijo papá sonriendo.

A la hora del almuerzo, se sentaron juntos.

—Papá, ¿todo el mundo tiene que tener una insignia especial para entrar a la fábrica? —le preguntó Julianne.

—Sí. Esa identificación muestra que esas personas pertenecen a este lugar.

—Pero ¿qué pasa si tú conoces a la persona? —le preguntó Brett.

—No existe diferencia —le dijo su papá—. Todavía necesita la insignia de identificación.

—¿Por qué es así? —preguntó Julianne—. No parece justo.

—Pero sí lo es —respondió su padre—. La compañía les da una insignia gratis a todos los que tienen que hacer algún tipo de trabajo dentro de la fábrica. Es para su propia protección y también para proteger a la compañía. La insignia mantiene afuera a los que no pertenecen aquí, para que no perjudiquen nuestra producción, o evita que se puedan lastimar si transitan por los lugares equivocados.

—Creo que si en realidad quieres estar dentro, debes tener la insignia especial —dijo Brett.

—Exactamente —le respondió su padre—. A veces hay gente que trata de entrar sin autorización, pero eso no resulta. Eso me recuerda a algunas personas que tratan de entrar al cielo. Tratarán de entrar haciendo obras buenas, o dirán que Dios los conoce. Pero el único camino para entrar al cielo es aceptar a Jesús como Salvador. —En ese instante sonó el silbato de la fábrica—. Debo regresar a mi trabajo —les dijo—. Los veo a la hora de cenar.

¿Y TÚ? ¿Quieres ir al cielo? No puedes llegar al cielo haciendo buenas obras. Debes aceptar a Jesús como tu Salvador personal. Hazlo hoy; ¡mañana podría ser demasiado tarde! *J. L. H.*

MEMORIZA: La gente no es considerada justa por sus acciones sino por su fe en Dios. *Romanos 4:5*

JASÓN ESTABA AYUDANDO a su papá a apilar la leña cuando su vecino, el señor Stevens, pasó caminando por el lugar.

—Parece que tienen buena madera de nogal aquí —dijo el señor Stevens, mientras recogía un pedazo de madera de la rama que el padre de Jasón había cortado de un árbol en el monte—. ¿Puedo llevar esto prestado por una semana?

—Claro que sí —le dijo el padre de Jasón. El niño se preguntaba por qué el señor Stevens querría pedir prestado un pedazo de madera. Su padre también se veía intrigado.

Una semana más tarde, el señor Stevens pasó por allí y les devolvió el pedazo de madera de nogal, excepto que ahora era un precioso pato de madera labrada.

—¡Vaya! —dijo Jasón—. ¡Hay que ver lo que usted hizo con un viejo pedazo de madera!

—Lo vamos a poner en la repisa de la chimenea en lugar de echarlo al fuego —dijo el padre de Jasón—. Muchas gracias, señor Stevens.

El anciano sonrió.

—Venga a mi casa algún día y le mostraré mi colección de patos —dijo él—. Me gusta mucho hacer patos tallados. Cuando veo el pedazo de madera vieja convertido en algo bonito, me gusta pensar en lo que el Señor hizo por mí. Yo era un pecador sin valor alguno, y vivía una vida llena de orgullo y egoísmo, pero ¡el Señor me hizo una nueva criatura en él!

—Nunca pensé en eso de esa forma —dijo Jasón—. De ahora en adelante, cada vez que mire a ese pato hecho de madera, pensaré también en cómo el Señor hizo una nueva criatura de la persona pecadora que yo era antes.

¿Y TÚ? ¿Has pensado alguna vez que el Señor no te podía amar porque eras «muy malo»? Él te dice en su Palabra que amó tanto al mundo que dio a su Hijo por nosotros. Dios te ama, y si tú aceptas a Jesús como tu Salvador personal, él te cambiará y serás una nueva criatura. *L. M. W.*

MEMORIZA: Vístanse con la nueva naturaleza y se renovarán a medida que aprendan a conocer a su Creador y se parezcan más a él. *Colosenses 3:10*

UN PEDAZO DE MADERA VIEJA

DE LA BIBLIA:

El SEÑOR le dio otro mensaje a Jeremías: «Baja al taller del alfarero y allí te hablaré». Así que hice lo que me dijo y encontré al alfarero trabajando en el torno; pero la vasija que estaba formando no resultó como él esperaba, así que la aplastó y comenzó de nuevo.

Después el SEÑOR me dio este mensaje: «¡Oh Israel! ¿No puedo hacer contigo lo mismo que hizo el alfarero con el barro? De la misma manera que el barro está en manos del alfarero, así está en mis manos».
JEREMÍAS 18:1-6

Tú puedes ser una nueva creación

13 de febrero

DOBLA LAS RODILLAS

DE LA BIBLIA:

Escucha mi oración, oh Dios;
  ¡no pases por alto mi grito
    de auxilio!
Por favor, escúchame y respóndeme,
  porque las dificultades me
    abruman.
SALMO 55:1-2

Dale tus preocupaciones a Dios

RICARDO SE DESPLOMÓ en su asiento en el porche mientras su tío Roberto y su mamá descargaban los muebles. Su papá le había pedido el divorcio a su mamá, y ahora él y ella se tenían que mudar a este lugar que era más pequeño y más barato. Ricardo había llorado y rogado, pero nada había cambiado, nada excepto él. Ricardo se sentía amargado, y ya ni trataba de orar. Se sentía terriblemente solo. No solamente extrañaba a su padre, sino que también extrañaba a su Padre celestial.

Su madre se sonrió mientras ella y el tío Roberto subían la escalera. *¿Cómo puede estar sonriendo?*, pensó Ricardo enojado. *Tal vez fue ella la que le pidió a papá que se vaya.* «Por favor, ayúdanos a levantar este tocador», lo llamó su mamá.

Ricardo se quejó mientras se inclinaba para levantar el mueble.

—No, Ricardo —le gritó el tío Roberto—. Te lastimarás la espalda si lo levantas de esa forma. Levanta la carga con las rodillas, no con la espalda.

Mamá suspiró.

—Eso es lo que yo he estado haciendo, Roberto.

—¡Qué bueno! —le dijo el tío Roberto—. No necesitas un dolor de espalda además del dolor que tienes en el corazón.

—No estoy hablando de levantar muebles —dijo la mamá—. Estoy hablando de lo que siento en el corazón. Lo he estado levantando a Dios de rodillas en oración. Me he dado cuenta de que no es la carga lo que te puede dar dolor, es la forma en que la llevas. No quiero sentirme amargada; quiero continuar confiando en Dios.

—¿Qué me dices tú, Ricardo? —le preguntó el tío Roberto—. ¿Cómo has estado llevando tu sufrimiento? Tú también debes levantar esa carga con las rodillas. Deja que tu Padre celestial te ayude a llevarla.

Ricardo sonrió.

—Lo haré, tío Roberto —dijo, y dobló las rodillas para levantar el mueble.

¿Y TÚ? ¿Estás llevando una carga pesada? ¿Parece que tienes más problemas de los que puedes acarrear? No trates de hacerlo solo. Arrodíllate y levanta esa carga a Dios en oración. Él te ayudará a llevarla. *B. J. W.*

MEMORIZA: Pongan todas sus preocupaciones y ansiedades en las manos de Dios, porque él cuida de ustedes. *1 Pedro 5:7*

—**NO VEO LO** que es especial acerca de que Jesús murió para salvar a la gente —dijo Roberto.

—¿No lo ves? —dijo su madre sorprendida.

—No —respondió él—. Muchos soldados han muerto para que nosotros podamos tener libertad.

—Es verdad —asintió su madre—, y eso es algo especial, ¿no es cierto?

—Claro que sí —dijo Roberto—, pero si yo pudiera morir para salvar a diez personas de que fueran al infierno, creo que lo haría. Jesús salvó a miles de personas cuando murió. ¿No estaríamos nosotros dispuestos a morir para salvar a tantas personas como Jesús salvó?

Su madre pensó un momento, y luego le respondió.

—Roberto, ¿morirías tú por mil saltamontes?

Roberto sonrió.

—¿Estás bromeando?

—Hablo en serio —le dijo su mamá—. ¿No crees que parecemos saltamontes a la vista del Señor?

Roberto frunció el ceño. De alguna forma, él siempre había imaginado a Dios como un hombre igual que los demás, no como a un Dios inconmensurable que lo contemplaba.

«Pero hay una diferencia importante en la forma en que tú ves a un saltamonte y la forma en que Dios te ve a ti —continuó su mamá—. Tal vez a ti no te importe el saltamonte, pero Dios te *ama*. La Biblia nos dice que aunque somos pecadores, Cristo murió por nosotros. Su amor hace toda la diferencia en el mundo».

Roberto sonrió.

Su madre lo abrazó. «Roberto, si tú hubieras sido la única persona del mundo, Jesús habría muerto solo por ti. En realidad, él murió por ti... por ti en forma personal».

¿Y TÚ? Jesús murió por ti. ¡Qué amor tan grande! Todo el amor de que hablamos el día de los enamorados es nada comparado al amor de Jesús. ¿Aprecias el hecho de que Jesús murió por ti en la cruz? ¿Has recibido su regalo de la salvación? Si no lo has recibido, ¿por qué no invitas a Jesús ahora mismo para que sea tu Salvador y tome el control de tu vida? Luego, dale gracias porque te ama. *B. J. W.*

MEMORIZA: Dios mostró el gran amor que nos tiene al enviar a Cristo a morir por nosotros cuando todavía éramos pecadores. *Romanos 5:8*

UN AMOR ESPECIAL

DE LA BIBLIA:

Queridos amigos, sigamos amándonos unos a otros, porque el amor viene de Dios. Todo el que ama es un hijo de Dios y conoce a Dios; pero el que no ama no conoce a Dios, porque Dios es amor.

Dios mostró cuánto nos ama al enviar a su único Hijo al mundo, para que tengamos vida eterna por medio de él. En esto consiste el amor verdadero: no en que nosotros hayamos amado a Dios, sino en que él nos amó a nosotros y envió a su hijo como sacrificio para quitar nuestros pecados.

1 JUAN 4:7-10

Dios te ama

15 de febrero

MENTES ENVENENADAS

DE LA BIBLIA

Mis amados hermanos, ¿cómo pueden afirmar que tienen fe en nuestro glorioso Señor Jesucristo si favorecen más a algunas personas que a otras?

Por ejemplo, supongamos que alguien llega a su reunión vestido con ropa elegante y joyas costosas y al mismo tiempo entra una persona pobre y con ropa sucia. Si ustedes le dan un trato preferencial a la persona rica y le dan un buen asiento, pero al pobre le dicen: «Tú puedes quedarte de pie allá o bien sentarte en el piso», ¿acaso esta discriminación no demuestra que sus juicios son guiados por malas intenciones? [...]

Pero si favorecen más a algunas personas que a otras, cometen pecado. Son culpables de violar la ley.

Pues el que obedece todas las leyes de Dios menos una es tan culpable como el que las desobedece a todas.
SANTIAGO 2:1-4, 9-10

No tengas prejuicios

TOMMY ERA EL MUCHACHO nuevo en la escuela. Era descendiente de los indios nativos norteamericanos, y la mayoría de los niños de su clase nunca había visto a un indio. Su madre lo saludó cuando llegó de la escuela un día.

—¿Cómo fue tu día en el colegio?

—¡Terrible! —le respondió Tommy—. Todos creen que los indios se pintan la cara y usan plumas y dicen: "He, mi ser gran jefe Tommy Hawk".

—Oh, Tommy, ¿se han estado burlando de ti?

Tommy asintió con lágrimas en los ojos.

—Sé lo que es eso —le dijo su mamá—. Yo también soy india, pero estoy muy orgullosa de mi ascendencia india. El hecho es que no importa el lugar en que vivas, te vas a encontrar con gente que tiene prejuicios.

—¿Qué quiere decir prejuicios? —dijo Tommy.

—Prejuicios son las opiniones que se hace la gente antes de conocer los hechos. Los prejuicios incluyen que a algunas personas no les gusta la gente que es diferente —le dijo su mamá—. Háblame sobre los niños en tu clase.

—La mayor parte son niños como todos los demás —le respondió Tommy—. Pero Marsha es diferente; todos los días la trae y la recoge un chofer en un enorme Cadillac negro. Ella es una creída.

—¡Tommy! — exclamó su mamá.

—Bueno, es verdad —insistió Tommy.

—Tommy —lo regañó su mamá—, ni siquiera conoces a Marsha, pero la estás juzgando de la misma forma en que los otros niños te juzgan a ti.

—Hay más clases de prejuicios que los prejuicios raciales —continuó su mamá—. Algunas personas tienen prejuicios sobre los que son de otra religión, sobre los que son ricos, sobre los pobres y sobre los incapacitados. Todos los prejuicios son malos. De eso es lo que habla la Biblia cuando dice que no debemos discriminar.

¿Y TÚ? ¿Te burlas de alguien o evitas a alguien que es de otra raza, o a alguien que asiste a una iglesia diferente, o a alguien que es distinto en cualquier otra cosa? Si lo haces, debes saber que estás desagradando a Dios. Pídele a Dios que te perdone y toma la determinación de tratar a esa gente que es «diferente» como te gustaría que te trataran a ti. *B. J. W.*

MEMORIZA: Si favorecen más a algunas personas que a otras, cometen pecado. *Santiago 2:9*

¿UNA JAULA O UN CASTILLO?

BRYAN CORTÓ PUERTAS y ventanas en la caja en la que venía un refrigerador, puso una pequeña alfombra en lo que era el piso, y entró a la caja. Muy pronto su mamá escuchó el llanto del pequeño José que provenía del dormitorio de Bryan.

—Mamá, ¡Bryan no me deja entrar a su castillo!

—Él está saltando adentro y lo va a romper —se quejó Brian.

La mamá sentó a José en su silla alta y le dio algunos juguetes.

Más tarde, la madre escuchó de nuevo el llanto de José. Ella se sorprendió al ver a José dentro de la enorme caja, llorando mientras miraba por la ventana.

—¡Bryan no me deja salir de la jaula! —lloriqueó.

—¡Bryan! —lo regañó su mamá—. Saca esa silla de la puerta y deja salir a José.

Con un poco de vergüenza, Bryan quitó la silla, y su pequeño hermano salió rápidamente.

—Él estuvo tratando de entrar todo el tiempo, así que lo hice quedarse allí por un rato —dijo Bryan—. Ahora es una jaula, pero todavía es la misma caja.

Su madre miró pensativamente la caja-castillo que se había convertido en una jaula.

—¿Sabes? Esa jaula me recuerda a cómo se siente la gente en cuanto a obedecer a Dios. Piensan que nunca serán felices porque no van a poder hacer lo que quieren hacer. Pero las personas que en realidad conocen al Señor consideran que hacer su voluntad es como vivir en un castillo aquí en la tierra. Quieren obedecer a Dios porque lo aman. ¡Todo depende de la forma en que lo enfoques!

¿Y TÚ? ¿Vas a la iglesia, lees la Biblia y cantas en el coro porque es un deber o un hábito para ti? ¿O disfrutas cuando sirves al Señor y haces su voluntad? El lugar donde Dios quiere que lo sirvas tal vez te parezca una «jaula» o un «castillo», y eso depende de cómo lo enfoques. Dios sabe lo que es mejor para ti. Sé feliz en el lugar en que él te pone. *S. L. K.*

MEMORIZA: Todo lo que es bueno y perfecto es un regalo que desciende a nosotros de parte de Dios. *Santiago 1:17*

DE LA BIBLIA:

Sigue pidiendo y recibirás lo que pides; sigue buscando y encontrarás; sigue llamando, y la puerta se te abrirá. Pues todo el que pide, recibe; todo el que busca, encuentra; y a todo el que llama, se le abrirá la puerta. Ustedes, los que son padres, si sus hijos les piden un pedazo de pan, ¿acaso les dan una piedra en su lugar? O si les piden un pescado, ¿les dan una serpiente? ¡Claro que no! Así que si ustedes, gente pecadora, saben dar buenos regalos a sus hijos, cuánto más su Padre celestial dará buenos regalos a quienes le pidan.
MATEO 7:7-11

Encuentra la felicidad en la voluntad de Dios

17 de febrero

ANCIANO Y HONORABLE

DE LA BIBLIA:

Nunca le hables con aspereza a un hombre mayor, sino llámale la atención con respeto como lo harías con tu propio padre. Dirígete a los jóvenes como si les hablaras a tus propios hermanos. Trata a las mujeres mayores como lo harías con tu madre y trata a las jóvenes como a tus propias hermanas, con toda pureza.

Atiende a toda viuda que no tenga a nadie quien la cuide. Pero, si ella tiene hijos o nietos, la primera responsabilidad de ellos es poner en práctica la sumisión a Dios en su hogar y retribuir a sus padres al cuidarlos. Esto es algo que le agrada a Dios.
1 TIMOTEO 5:1-4

Respeta a tus padres

ANA LE DIJO a su madre:

—Acabo de leer una historia muy rara. Es acerca de un hombre y su esposa. El padre de ese hombre vivía con ellos; era muy anciano y estaba enfermo, y le temblaban las manos. Ese hombre y su esposa se cansaron de que el anciano les rompiera la loza buena, así que lo hacían comer de un tazón de madera sentado en un rincón. Pero el anciano todavía derramaba la comida, y entonces lo hicieron comer de un abrevadero como el que se usa para los animales.

—Eso es algo raro y cruel —dijo su mamá.

—Pero esta es la parte más rara de la historia —continuó Ana—. Esa pareja tenía un hijo, y un día lo vieron tallar un pedazo de madera, haciéndole un hueco. El padre le preguntó qué estaba haciendo, y el muchacho le contestó: «Estoy haciendo un abrevadero para que esté listo para cuando ustedes sean ancianos y vengan a vivir conmigo».

Ana hizo una pausa:

—Mamá, ¿crees que esa es una historia verdadera?

—Es probable que no sea una historia verdadera —le respondió su mamá—, pero hay mucha gente que no respeta ni cuida a sus padres.

Ana asintió.

—La abuela de Connie vive con ellos y no le permiten salir de su cuarto cuando tienen visitas. Connie dice que es porque su abuela tuvo un derrame cerebral y habla raro.

—Eso es triste —le dijo su mamá con un suspiro—. La Palabra de Dios instruye a los hijos a que amen a sus padres, sin importar si son ancianos o no. Si tú comienzas a respetar a tus padres y los honras cuando eres una niña, eso se convertirá en un hábito. Y para ti será algo natural mostrarles respeto y amor, y cuidarlos cuando sean ancianos.

¿Y TÚ? ¿Honras a tus padres y respetas a tus abuelos? ¿Tratas a los ancianos de la forma en que te gustaría ser tratado cuando seas anciano? El mandamiento de Dios es que debes respetar y honrar a tus padres toda la vida. Así que, comienza ahora, y te resultará más fácil cuando seas mayor. *C. R.*

MEMORIZA: Ámense unos a otros con un afecto genuino y deléitense al honrarse mutuamente.
Romanos 12:10

JARED SUSPIRÓ MIENTRAS abría la puerta con su llave y entraba. Cerró la puerta y le puso el seguro. «Timoteo tiene suerte. Su mamá está en su casa horneando galletitas, pero yo tengo que pelar papas y poner ese estúpido pastel de carne en el horno —dijo él. El apartamento no le parecía tan vacío cuando hablaba en voz alta—. Me gustaría mucho tener una mascota».

Jared se quejaba mientras pelaba las papas. Muy pronto llegó su mamá.

—Hola, querido, ¿cómo te fue en la escuela?

—Bien —le dijo.

—Gracias por poner el pastel de carne en el horno. Huele bien. —La mamá lo miró fijamente—. ¿Te pasa algo malo?

Al principio, Jared vaciló, pero pronto le estaba contando sus problemas a su mamá, especialmente que detestaba llegar de la escuela a una casa vacía.

—Tú sabes que tengo que trabajar —le dijo su madre—. Preferiría quedarme en casa, pero ahora no puedo. Y quisiera que pudieras tener una mascota, pero el dueño del apartamento no lo permite.

Los hombros de su madre se encorvaron, pero enseguida se sentó erguida.

—Jared, tienes algo que es muy importante y que muchos de tus amigos no tienen; tú tienes a Jesús —le recordó ella—. ¿Por qué no hacemos una lista de las cosas que tienes? Yo comenzaré —le dijo al tiempo que tomaba un papel y un lápiz—. Tenemos un lugar donde vivir.

—Y ropa —agregó Jared.

Su mamá lo escribió.

—Tú puedes ir a la escuela, y yo tengo trabajo —le dijo—. ¿Qué más?

—Amigos.

—Tenemos una iglesia donde adoramos a Dios.

Jared aspiró el aroma del aire y sonrió.

—Tenemos pastel de carne. ¡Comamos!

¿Y TÚ? ¿Tienen tus amigos algo que tú quisieras tener? En lugar de estar siempre pensando en eso, haz una lista de las cosas que tienes. Aprende a estar contento en las circunstancias en que estás, y da gracias por eso. A medida que lo haces, verás que las cosas ya no te parecen tan malas. *V. L. C.*

MEMORIZA: Sean agradecidos en toda circunstancia, pues esta es la voluntad de Dios para ustedes, los que pertenecen a Cristo Jesús. *1 Tesalonicenses 5:18*

18 *de febrero*

LO QUE TENEMOS

DE LA BIBLIA:

La verdadera sumisión a Dios es una gran riqueza en sí misma cuando uno está contento con lo que tiene. Después de todo, no trajimos nada cuando vinimos a este mundo ni tampoco podremos llevarnos nada cuando lo dejemos. Así que, si tenemos suficiente alimento y ropa, estemos contentos. Pero los que viven con la ambición de hacerse ricos caen en tentación y quedan atrapados por muchos deseos necios y dañinos que los hunden en la ruina y la destrucción. Pues el amor al dinero es la raíz de toda clase de mal; y algunas personas, en tu intenso deseo por el dinero, se han desviado de la fe verdadera y se han causado muchas heridas dolorosas.

Pero tú, Timoteo, eres un hombre de Dios; así que huye de todas estas maldades. Persigue la justicia y la vida sujeta a Dios, junto con la fe, el amor, la perseverancia y la amabilidad. Pelea la buena batalla por la fe verdadera. Aférrate a la vida eterna a la que Dios te llamó y que confesaste tan bien delante de muchos testigos.

1 TIMOTEO 6:6-12

Cuenta tus bendiciones

19 de febrero

¡DALES UNA OPORTUNIDAD!

DE LA BIBLIA:

Cada vez que pienso en ustedes, le doy gracias a mi Dios. Siempre que oro, pido por todos ustedes con alegría, porque han colaborado conmigo en dar a conocer la Buena Noticia acerca de Cristo desde el momento que la escucharon por primera vez hasta ahora. Y estoy seguro de que Dios, quien comenzó la buena obra en ustedes, la continuará hasta que quede completamente terminada el día que Cristo Jesús vuelva. [...] Le pido a Dios que el amor de ustedes desborde cada vez más y que sigan creciendo en conocimiento y entendimiento. Quiero que entiendan lo que realmente importa, a fin de que lleven una vida pura e intachable hasta el día que Cristo vuelva. Que estén siempre llenos del fruto de la salvación —es decir el carácter justo que Jesucristo produce en su vida— porque esto traerá mucha gloria y alabanza a Dios.
FILIPENSES 1:3-6, 9-11

Ayuda a otros creyentes para que crezcan

RUDY SE SENTÓ encorvado en la silla.

—Mamá, ¿te acuerdas de que te dije que mi amigo Pedro aceptó a Cristo el mes pasado?

—Por supuesto que me acuerdo —le dijo su mamá.

—Bueno, hoy vi a Pedro fumando en el estacionamiento de la escuela —dijo Rudy—. Pensé que ahora que es creyente dejaría de fumar. También lo escuché decir una palabra grosera. ¡No me parece que sea un buen creyente!

Su mamá se quedó pensando.

—Eso no es bueno, Rudy —comenzó a decir ella. Entonces escucharon un ruido suave que provenía del pasillo—. Tu hermana despertó —le dijo su mamá—. ¿Puedes ir a decirle que puede levantarse porque ya durmió la siesta?

Rudy se mostró desconcertado.

—Pero Jennifer solo tiene seis meses —le dijo—. Sabes que los bebés no pueden caminar hasta que tienen cerca de un año. ¡Dale la oportunidad de que crezca!

—¿Quieres decir, la misma oportunidad que tú le estás dando a Pedro? —le preguntó su madre.

Rudy se veía confuso, así que después de haber ido a buscar a Jennifer, su madre le explicó.

—Los bebés no pueden hacer todas las cosas cuando nacen; necesitan tiempo para crecer. Lo mismo sucede con los creyentes nuevos. A medida que asisten a la iglesia, leen la Biblia, oran y pasan tiempo con otros creyentes, Dios los ayuda a crecer espiritualmente. Pero nosotros tenemos que ser pacientes porque eso toma tiempo.

—Ya me doy cuenta —dijo Rudy—. Voy a tratar de demostrarle más mi amistad a Pete, y voy a orar pidiendo que Dios lo ayude a crecer, y que Dios también me ayude a mí a crecer.

¿Y TÚ? Tal vez te sientes tentado a criticar cuando ves a un nuevo creyente que peca. Pero él o ella necesita ayuda y aliento, no críticas. Tal vez puedas compartir algunos versículos bíblicos que hablan sobre el problema. Luego ora por esa persona y espera en Dios, que es quien ayudará a ese creyente a crecer. *S. L. K.*

MEMORIZA: Dios, quien comenzó la buena obra en ustedes, la continuará hasta que quede completamente terminada el día que Cristo Jesús vuelva. *Filipenses 1:6*

JASÓN OBSERVÓ a su papá marcar varios sobres con un sello.

—¿Qué estás haciendo, papá? —le preguntó.

—Este es el sello de nuestra compañía, Jasón. Muestra nuestra marca registrada y nuestro lema —le explicó su papá—. Las marcas en relieve hacen imposible que alguien las pueda borrar.

—¿Cual es el lema de tu compañía? —le preguntó Jasón.

—"Servicio a la antigua con materiales modernos" —dijo el padre con orgullo.

—¿Tienen sellos todas las compañías? —preguntó Jasón.

—Algunas sí —le dijo su padre—. Y también tienen sellos los cincuenta estados de Estados Unidos. El de nosotros, que vivimos en Wisconsin, dice: *"Forward"* [hacia delante]. Estados Unidos también tiene un sello. Es una frase escrita en latín que significa: «De muchos, uno».

—Ah, eso es muy bueno —dijo Jasón.

—Hay otro sello importante también, Jasón. Toma la Biblia y busca 2 Timoteo 2:19.

Jasón buscó el versículo enseguida y lo leyó: «A pesar de todo, el fundamento de Dios es sólido y se mantiene firme, pues está sellado con esta inscripción: "El Señor conoce a los suyos"» (NVI).

—¿Ves, Jasón? Cuando aceptamos a Jesús como nuestro Salvador somos sellados con el Espíritu Santo —le dijo su papá—. Nuestro lema podría ser: "El Señor conoce a los suyos".

—Es algo como el sello de tu compaña, papá —le dijo—. No se puede borrar. Cuando la gente ve el sello en una carta, saben que es de tu compañía. ¡Cuando nosotros somos sellados con el Espíritu Santo, la gente debería poder ver que le pertenecemos al Señor!

¿Y TÚ? ¿Has visto alguna vez un sello con un lema o una figura que representa a un país o a un negocio? Si eres creyente, tú fuiste sellado con el Espíritu Santo cuando aceptaste a Cristo como tu Salvador. Tú le perteneces a Dios, y nada puede cambiar eso. Pero recuerda que otras personas deberían poder ver en tu vida el sello del Señor. *L. M. W.*

MEMORIZA: Ustedes, cuando oyeron el mensaje de la verdad, el evangelio que les trajo la salvación, y lo creyeron, fueron marcados con el sello que es el Espíritu Santo prometido. *Efesios 1:13* (NVI)

UN SELLO IMPORTANTE

DE LA BIBLIA:

La verdad de Dios se mantiene firme como una piedra de cimiento con la siguiente inscripción: «El SEÑOR conoce a los que son suyos», y «Todos los que pertenecen al SEÑOR deben apartarse de la maldad».

En una casa de ricos, algunos utensilios son de oro y plata, y otros son de madera y barro. Los utensilios costosos se usan en ocasiones especiales, mientras que los baratos son para el uso diario. Si te mantienes puro, serás un utensilio especial para uso honorable. Tu vida será limpia, y estarás listo para que el Maestro te use en toda buena obra.

Huye de todo lo que estimule las pasiones juveniles. En cambio, sigue la vida recta, la fidelidad, el amor y la paz. Disfruta del compañerismo de los que buscan al Señor con un corazón puro.
2 TIMOTEO 2:19-22

El Espíritu Santo es nuestro sello

21 de febrero

LA ESCUELA DE ADIESTRAMIENTO DE DIOS

DE LA BIBLIA:

Hagan todo sin quejarse y sin discutir, para que nadie pueda criticarlos. Lleven una vida limpia e inocente como corresponde a hijos de Dios y brillen como luces radiantes en un mundo lleno de gente perversa y corrupta. Aférrense a la palabra de vida; entonces, el día que Cristo vuelva, me sentiré orgulloso de no haber corrido la carrera en vano y de que mi trabajo no fue inútil. Sin embargo, me alegraré aun si tengo que perder la vida derramándola como ofrenda líquida a Dios, así como el fiel servicio de ustedes también es una ofrenda a Dios. Y quiero que todos ustedes participen de esta alegría. Claro que sí, deberían alegrarse, y yo me gozaré con ustedes.
FILIPENSES 2:14-18

Sé paciente

—HOLA, MAMÁ, HOLA, abuela —dijo Shelly.

—Hola, Shelly —dijo mamá—. Estaba preparando café para la abuela y para mí. ¿Quieres jugo?

—Sí —le respondió Shelly.

—¿Por qué estamos todos vestidos con ropa de salir? —preguntó la abuela.

—Porque vamos a ir a cenar a la casa de la familia Hoyles —le respondió mamá.

—Son una familia muy agradable. Recuerdo cuando pasamos una semana con ellos en aquel lago. Fue muy hermoso... —La voz de la abuela se apagó. Shelly puso su vaso sobre la mesa con un golpe fuerte. Pensó que había escuchado esa historia cien veces. Su madre le lanzó una mirada de advertencia. Shelly abrió uno de sus libros.

—¿Por qué estamos todos vestidos con ropa de salir? —la abuela volvió a preguntar, y de nuevo la mamá de Shelly le respondió con amabilidad.

—Son una familia muy agradable —repitió la abuela. Shelly se fue del cuarto.

—Mamá, ¿cómo puedes ser tan paciente? —le preguntó Shelly más tarde.

—Porque sé que la abuela tiene una enfermedad llamada Alzheimer, y se olvida de lo que ha dicho. Es como un corto circuito en el cerebro, y ella no puede hacer nada en cuanto a eso.

—Pero ¿por qué tiene que vivir ella aquí? Mis amigas se ríen de ella —se quejó Shelly.

—Sé que a veces no es fácil —le dijo su mamá—, pero amamos a la abuela y esto es lo mejor para ella.

La abuela llegó a la puerta del dormitorio y preguntó de nuevo:

—¿Por qué estamos todos vestidos con ropa de salir?

Shelly suspiró, y luego sonrió.

—Porque vamos a ir a cenar a la casa de la familia Hoyles, abuela.

—Son una familia muy agradable. Recuerdo la vez que pasamos un tiempo con ellos en aquel lago —dijo la abuela alegremente.

—¿Por qué no me hablas sobre eso, abuela?

¿Y TÚ? ¿Necesitas ser más comprensivo o paciente con un amigo o un miembro de tu familia? Pídele al Señor que te ayude a tener paciencia. *V. L. C.*

MEMORIZA: Al mantenerse firmes, ganarán su alma. *Lucas 21:19*

EL PODER DE UN HUEVO

DE LA BIBLIA:

Si alguien dice: «Amo a Dios» pero odia a otro creyente, esa persona es mentirosa pues, si no amamos a quienes podemos ver, ¿cómo vamos a amar a Dios, a quien no podemos ver? Y él nos ha dado el siguiente mandato: los que aman a Dios amen también a sus hermanos creyentes.
1 JUAN 4:20-21

Ama, no critiques

«¡QUÉ BUENO! ¡Me encantan los huevos revueltos!», dijo Julia mientras ella y Juan se sentaban a la mesa para desayunar. Después de darle gracias a Dios por la comida, comenzaron a desayunar.

—Estoy ansioso por escuchar el sermón de nuestro nuevo pastor hoy —dijo el papá.

—Estoy seguro de que no le va a gustar a la señora Grady —dijo Juan—. Siempre se queja de que el sermón es demasiado largo o que no es tan bueno como el de nuestro pastor anterior.

—A la gente le gusta criticar, ¿no es verdad?

—Me temo que sí, y ojalá que no fuera así —dijo la mamá—, especialmente entre creyentes. Debemos amarnos unos a otros. ¡El mundo ya nos critica bastante como para que nosotros estemos criticándonos unos a otros!

El padre sacó un huevo del refrigerador.

—Esta conversación me recuerda algo acerca de los huevos —dijo, al tiempo que mostraba el huevo—. La cáscara del huevo es lo suficientemente fuerte como para que la gallina se siente sobre un huevo sin romperlo. La forma redonda protege al pollito si el huevo recibe un golpe desde afuera. ¿Pero saben cómo un pollito, tan pequeño e indefenso, puede romper el cascarón?

—Porque picotea hasta que sale —le dijo Juan.

—Eso es —respondió el padre—. Aunque el cascarón puede resistir bien la presión desde afuera, se rompe con facilidad cuando es picoteado desde adentro. De la misma manera, una iglesia puede resistir presión desde afuera y persecución mientras los creyentes estén unidos en amor. Pero cuando comienzan a picotearse unos a otros, su confraternidad se puede romper fácilmente.

—Voy a recordar eso la próxima vez que me sienta tentada a criticar a alguien, especialmente a un creyente —dijo Julia.

¿Y TÚ? ¿Tienes el hábito de criticar a tu pastor, a tu maestro de la escuela dominical, o a otras personas de la familia de la iglesia? Deberías ser muy cuidadoso en cuanto a criticar a los creyentes. En Apocalipsis 12:10, a Satanás se le llama «el acusador de nuestros hermanos». No hagas tú el trabajo de Satanás. Recuerda el poder que tiene un huevo. *S. L. K.*

MEMORIZA: [Jesús dijo:] «El amor que tengan unos por otros será la prueba ante el mundo de que son mis discípulos». *Juan 13:35*

23 de febrero

DEBES CRECER
(PARTE 1)

DE LA BIBLIA:

*Tú creaste las delicadas partes
    internas de mi cuerpo
y me entretejiste en el vientre
    de mi madre.
¡Gracias por hacerme tan
    maravillosamente complejo!
Tu fino trabajo es maravilloso,
    lo sé muy bien.
Tú me observabas mientras iba
    cobrando forma en secreto,
mientras se entretejían mis partes
    en la oscuridad de la matriz.
Me viste antes de que naciera.
    Cada día de mi vida estaba
    registrado en tu libro.
Cada momento fue diseñado
    antes de que un solo día pasara.*

SALMO 139:13-16

*Ama a los que tienen
discapacidades*

MADELINE Y ERIC se sentían felices porque tenían un hermanito recién nacido. A Madeline le gustaba especialmente ayudar a su mamá a cuidar al pequeño Lucas. Pero un día, cuando los niños volvieron de la escuela, encontraron a su padre muy pensativo y a su madre que se secaba las lágrimas.

—¡Mamá! ¿Qué pasa? —le preguntó Madeline—. Hoy llevaste a Lucas al doctor, ¿no es verdad? ¿Tiene algo malo el bebé?

—Sí, Madeline —le respondió su mamá—. Lucas no está creciendo en forma normal. No hace las cosas que debería estar haciendo a su edad. El doctor dijo que él es discapacitado mental, o lento mentalmente.

¡Eric y Madeline se quedaron aturdidos! ¿Su hermanito era lento mentalmente? ¿Cómo podía Dios permitir que sucediera algo así?

—Pero ¿por qué, mamá? —preguntaron—. ¿Por qué?

El papá les respondió.

—No sabemos por qué. Lo que sabemos es que Dios tiene una razón, una buena razón, y que él está en control. Algún día, tal vez en el cielo, sabremos el porqué. Pero mientras tanto, vamos a seguir amándolo y cuidándolo.

Madeline rompió a llorar.

—¡No es normal! ¡Lucas no es normal!

El padre habló de nuevo.

—Esto es difícil de aceptar, pero Dios nunca es injusto. Lucas nos necesita más, así que nosotros lo vamos a amar más. Y al darle amor y felicidad, nosotros también tendremos amor y felicidad.

¿Y TÚ? ¿Conoces a algunas personas discapacitadas? Por razones que solamente Dios sabe, él creó a algunas personas con desafíos especiales, que pueden ser físicos y/o mentales. Haz el esfuerzo de sonreírles a esas personas y de hablar con ellas. Nunca te quedes mirándolas fijamente, no te burles, ni digas cosas crueles acerca de ellas. Hay muchos seres humanos maravillosos y amorosos que tienen problemas especiales, y tienen mucho que ofrecer. Recuerda, Dios los creó. Él los ama y tú también puedes amarlos. *A. G. L.*

MEMORIZA: ¿Quién forma la boca de una persona? ¿Quién decide que una persona hable o no hable, que oiga o no oiga, que vea o no vea? ¿Acaso no soy yo, el SEÑOR? *Éxodo 4:11*

DEBES CRECER
(PARTE 2)

DESPUÉS DE QUE Madeline y Eric se enteraron de que su hermanito nunca iba a poder hacer las cosas que hace la mayoría de los niños, la actitud de ellos hacia el niño cambió. Eric jugaba más con Lucas y lo alentaba a aprender cosas nuevas. Pero Madeline le prestaba menos atención. Solo ayudaba a cuidarlo cuando tenía que hacerlo.

—Madeline —le dijo su mamá un día—. A ti te encantaba llevar a Lucas a pasear al parque. ¿Por qué ya no lo llevas?

Madeline se sonrojó.

—No es lo mismo que antes —tartamudeó—. Lucas no es como los otros bebés. Cuidarlo ya no es algo me guste.

—Lucas es el mismo bebé dulce que siempre fue —le dijo su mamá—. ¡Pero *tú* has cambiado! Ya no eres la jovencita dulce y feliz que eras.

—Pero, mamá —observó Madeline—, ¡no me puedes culpar por sentirme desilusionada!

—Todos nos sentimos desilusionados —le respondió su mamá—, pero no nos hemos amargado. Tú aceptaste a Jesús como tu Salvador hace varios años. Si estuvieras creciendo espiritualmente, tal como deberías, estarías preocupada por Lucas y no por ti misma. Madeline, ¡tú también eres discapacitada! ¡Tú eres una niña discapacitada espiritualmente!

—Oh, mamá —dijo Madeline con los ojos llenos de lágrimas—. Nunca pensé en mí de esa forma. Por favor, perdóname, y dame a Lucas. Lo voy a amar y lo voy a cuidar. ¡Oh, Lucas, eres un niño dulce!

Su madre sonrió.

—Y tú también eres dulce, querida, ¡ahora!, porque estás creciendo de nuevo.

¿Y TÚ? ¿Estás creciendo espiritualmente? ¿Estás aprendiendo a ser más alegre y amable con tus hermanos y hermanas? ¿Ayudas más en las tareas del hogar? Crecer física y mentalmente es importante, pero a menudo nos olvidamos de que crecer espiritualmente es aún más importante. Aprende de la Palabra de Dios lo que el Señor quiere de ti. Pídele que te ayude a crecer. *A. G. L.*

MEMORIZA: Crezcan en la gracia y el conocimiento de nuestro Señor y Salvador Jesucristo. *2 Pedro 3:18*

DE LA BIBLIA:

Por lo tanto, deshágense de toda mala conducta. Acaben con todo engaño, hipocresía, celos y toda clase de comentarios hirientes. Como bebés recién nacidos, deseen con ganas la leche espiritual pura para que crezcan a una experiencia plena de la salvación. Pidan a gritos ese alimento nutritivo ahora que han probado la bondad del Señor.

Ahora ustedes se acercan a Cristo, quien es la piedra viva principal del templo de Dios. La gente lo rechazó, pero Dios lo eligió para darle gran honra.

Y ustedes son las piedras vivas con las cuales Dios edifica su templo espiritual. Además, son sacerdotes santos. Por la mediación de Jesucristo, ustedes ofrecen sacrificios espirituales que agradan a Dios.

1 PEDRO 2:1-5

Debes crecer
espiritualmente

25 de febrero

UN HOMBRE DE PRINCIPIOS

DE LA BIBLIA:

Felices son los íntegros,
los que siguen las enseñanzas
del SEÑOR.
Felices son los que obedecen sus
leyes
y lo buscan con todo el corazón.
No negocian con el mal
y andan solo en los caminos del
SEÑOR.
Nos has ordenado
que cumplamos cuidadosamente
tus mandamientos.
¡Oh, cuánto deseo que mis
acciones sean
un vivo reflejo de tus decretos!
Entonces no tendré vergüenza
cuando compare mi vida con tus
mandatos.
A medida que aprendo tus justas
ordenanzas,
te daré las gracias viviendo
como debo hacerlo.

SALMO 119:1-7

Vive según los principios de Dios

—HOLA, ESTEBAN, ¿cuántos boletos de la rifa quieres? —le preguntó Jonatán cuando habían salido de la escuela.

—Ninguno. Yo no apruebo las rifas ni los sorteos.

—Si no vendes boletos, no vas a estar haciendo tu parte para conseguir el dinero para el viaje de nuestra clase —lo regañó Jonatán—. Dime mañana cuántos boletos quieres vender.

Esteban suspiró. ¿Debería ceder y vender los boletos? Otros niños de su clase eran creyentes y eso no parecía molestarlos. Pero él había estado de acuerdo con el argumento de su padre que comprar boletos de una rifa era igual que comprar números de lotería, y eso es un juego de azar.

Aquella noche, Esteban y su papá miraron una película sobre la vida de Eric Liddell. Eric fue un deportista escocés que se esperaba ganara la medalla de oro en la carrera de los 100 metros planos en las Olimpíadas de 1924. Sin embargo, él rehusó correr porque la carrera se iba a realizar en domingo. Sentía que era importante honrar a Dios guardando el día del Señor. Unos días después compitió en la carrera de 400 metros planos y ganó la medalla de oro.

Después de haber visto la película, Esteban supo lo que tenía que hacer.

—Voy a ganar dinero para el viaje de nuestra clase cortando pasto, en lugar de vender los boletos de la rifa —le dijo a su papá.

El padre asintió.

—Hijo, estoy orgulloso de ti —le dijo—. Aunque otros atletas corrieron en aquella carrera olímpica y uno de ellos ganó la medalla de oro, Eric es el que más se recuerda hoy. Y es recordado no por haber corrido la carrera, sino ¡por haber sido un hombre de principios!

¿Y TÚ? ¿Tienes dificultad para tomar decisiones? No dejes que nadie te convenza para escuchar cierta clase de música, mirar programas de televisión inapropiados o hacer cosas que van en contra de lo que enseña la Biblia. Aprende a vivir de la forma en que Dios quiere que vivas. Sé una persona de principios, los principios de Dios, y mantente firme a esos principios. *J. L. H.*

MEMORIZA: Si obedeces los mandatos del SEÑOR tu Dios y andas en sus caminos, el SEÑOR te confirmará como su pueblo santo. *Deuteronomio 28:9*

UN PAQUETE BONITO

CUANDO LIANA ENTRÓ a la cocina esa mañana, su familia la sorprendió con saludos de «¡Feliz cumpleaños!».

«Queremos que abras tus regalos ahora», le dijo su mamá señalando los regalos al lado del plato de Liana.

De inmediato, Liana tomó un paquete que tenía un osito de peluche en la parte de arriba. Dentro del paquete encontró una libreta de notas y un lapicero que eran regalo de su hermano. «Gracias, hermano», dijo ella.

Luego abrió un regalo que estaba empaquetado con papel con los colores del arco iris. Era un regalo de su hermana. «Oh, ¡qué bueno! —exclamó—. La mitad de mis marcadores están secos».

Por último tomó un sobre blanco y sacó de él un pequeño certificado. Sus ojos se agrandaron con la sorpresa.

—¿Voy a tener un gatito? —El certificado decía: «Vale por un gatito. Con amor, mamá y papá».

—Tú y mamá pueden ir a elegir un gatito después de la escuela —le dijo su papá con una sonrisa.

—Oh, ¡muchas gracias! —dijo ella.

En el camino a buscar el gatito, Liana le habló a su madre acerca de una nueva niña en su clase.

—No se viste muy bien. Necesita ropa nueva, y el cabello de ella es un desastre.

—Ten cuidado, Liana. La gente mira cómo se ve la gente, pero Dios mira el corazón —le recordó su madre—. No puedes saber lo que hay en un paquete mirando el papel en que está envuelto.

Liana asintió. Ellas habían llegado a la tienda de mascotas. Entonces recordó el contenido del sobre blanco.

DE LA BIBLIA:

No juzguen a los demás, y no serán juzgados. Pues serán tratados de la misma forma en que traten a los demás. El criterio que usen para juzgar a otros es el criterio con el que se les juzgará a ustedes. ¿Y por qué te preocupas por la astilla en el ojo de tu amigo, cuando tú tienes un tronco en el tuyo? ¿Cómo puedes pensar en decirle a tu amigo: «Déjame ayudarte a sacar la astilla de tu ojo», cuando tú no puedes ver más allá del tronco que está en tu propio ojo? ¡Hipócrita! Primero quita el tronco de tu ojo; después verás lo suficientemente bien para ocuparte de la astilla en el ojo de tu amigo. [...]

Haz a los demás todo lo que quieras que te hagan a ti. Esa es la esencia de todo lo que se enseña en la ley y en los profetas.

MATEO 7:1-5, 12

No juzgues solo por las apariencias

¿Y TÚ? ¿Juzgas en forma precipitada cuando conoces a algún niño o niña? ¿Decides si te gustan o no por lo que usan en lugar de por quiénes son? Así no juzga Dios. Él juzga a otras personas, y a ti, por lo que ve dentro. No juzgues a la gente por cómo se ve. Pídele al Señor que te ayude a amar a las personas como él las ama. *H. W. M.*

MEMORIZA: La gente juzga por las apariencias, pero el SEÑOR mira el corazón. *1 Samuel 16:7*

LIBRE COMO EL AIRE

DE LA BIBLIA:

Cuando la gente trabaja, el salario que recibe no es un regalo sino algo que se ha ganado; pero la gente no es considerada justa por sus acciones sino por su fe en Dios, quien perdona a los pecadores.

David también habló de lo mismo cuando describió la felicidad de los que son declarados justos sin hacer esfuerzos para lograrlo:

«Oh, qué alegría para aquellos a quienes se les perdona la desobediencia, a quienes se les cubren los pecados.
Sí, qué alegría para aquellos a quienes el Señor les borró el pecado de su cuenta».

ROMANOS 4:4-8

La salvación no se puede ganar

—NO ENTIENDO a Sherri —le dijo Raquel a su mamá—. Primero me dio una bonita goma de borrar para pagarme por ayudarla con su tarea de matemáticas. Después me dio un caramelo para pagarme por la galletita que le di. Siempre cree que me tiene que pagar por lo que le doy.

Su mamá sacudió la cabeza.

—Hasta piensa que le tiene que pagar a Dios por todo lo que el Señor le da —continuó Raquel—. Se pregunta cómo alguien puede aceptar la idea de que va a ir al cielo simplemente creyendo en Jesús. Ella dice que se está ganando su camino al cielo al bautizarse, al unirse a la iglesia y al vivir una vida buena.

—Oh, ¡eso es serio! —exclamó la mamá—. Vamos a orar para que ella vea lo tonta que es su manera de pensar.

Unos dos días después, Raquel y Sherri llevaron a cabo un experimento en la clase de ciencia. Al combinar varios químicos, hicieron un gas que tenía el mismo olor que los huevos podridos.

«¡Aire! ¡Necesito aire!», dijo Sherri, haciendo esfuerzos para respirar mientras corría hacia la ventana.

También Raquel tenía dificultad para respirar. Pero de pronto se le ocurrió una idea.

—Sherri —le dijo—, no respires hasta que hayas pagado por el aire.

—¿Qué?

—Dijiste que siempre pagas por todo lo que te dan, ¿recuerdas? —le dijo Raquel—. Sin embargo, todos los días respiras aire gratis. Si puedes aceptar el aire que es un regalo de Dios, ¿por qué te resulta tan difícil aceptar su don de la salvación?

Sherri asintió lentamente.

—Tal vez debo pensar en eso de nuevo.

¿Y TÚ? El aire que Dios nos da es un regalo maravilloso, ¿no es así? Sería tonto pensar que le pudiéramos pagar por eso. La salvación es un regalo más maravilloso aún y nunca lo podrás ganar. Lo único que puedes ganar es la muerte, que es estar separado de Dios eternamente. Piensa en tu elección: ¿Vas a rehusar el regalo de la salvación que te hace Dios, o lo aceptarás para recibir vida eterna? *H. W. M.*

MEMORIZA: La paga que deja el pecado es la muerte, pero el regalo que Dios da es la vida eterna por medio de Cristo Jesús nuestro Señor. *Romanos 6:23*

EL REGRESO AL HOGAR

LINDA ESTABA TRISTE. Ella y su familia acababan de regresar del funeral de su abuela. Su hermana mayor, Brooke, vivía muy lejos. Brooke había tenido una hija solo tres días antes, y no había podido viajar para el funeral.

—Ahora la abuela nunca verá al bebé de Brooke —dijo Linda llorando.

—Dios sabe lo que es mejor —le dijeron sus padres—. Debes confiar en Dios.

Una noche, Linda fue a una fiesta en la cual todas las niñas dormirían en la casa de una amiga. La diversión apenas había comenzado cuando su padre la llamó por teléfono y le dijo que tenía que volver a su casa porque tenía una sorpresa para ella. Linda protestó, pero su padre fue firme. Cuando llegó a su casa, abrió la puerta, y escuchó una voz familiar que decía: «¡Sorpresa!». Era Brooke con su esposo, Roberto, ¡y la bebita Juanita!

«Oh, ¡déjame ver a la bebé! —exclamó Linda—. ¡Es preciosa!»

Pasaron un tiempo muy feliz hablando y admirando a la bebita.

—Pero a mí me hubiera gustado que la abuela estuviera aquí y que hubiera visto a Juanita —dijo Linda.

—A todos nos hubiera gustado —respondió su papá—. Pero el tener a Brooke y a su familia en casa me recuerda de un regreso al hogar que está sucediendo en el cielo, porque la abuela «fue a su hogar». Hace ocho años que no ha visto al abuelo. Y tampoco a su hermano que murió en la guerra, y a otros parientes y amigos que fueron al cielo antes que ella.

—¿Quieres decir que Dios la llamó a ella al cielo de la misma forma que tú me llamaste a mí esta noche? —dijo Linda.

—Así es —le dijo su papá con una sonrisa—. Piensa en lo feliz que la abuela está en el cielo ahora mismo.

Linda estaba comenzando a entender.

—Dios sabe lo que es mejor, ¿no es verdad?

¿Y TÚ? ¿Se ha ido al cielo alguien a quien amas? Cuando sientas dolor, recuerda lo feliz que está él o ella. Dios también sabe lo que es mejor para ti. Ten fe en él. *B. J. W.*

MEMORIZA: Para mí, vivir significa vivir para Cristo y morir es aún mejor. *Filipenses 1:21*

DE LA BIBLIA:

Pues sabemos que, cuando se desarme esta carpa terrenal en la cual vivimos (es decir, cuando muramos y dejemos este cuerpo terrenal), tendremos una casa en el cielo, un cuerpo eterno hecho para nosotros por Dios y no por manos humanas. [...]

Así que siempre vivimos en plena confianza, aunque sabemos que mientras vivamos en este cuerpo no estamos en el hogar celestial con el Señor. Pues vivimos por lo que creemos y no por lo que vemos. Sí, estamos plenamente confiados, y preferiríamos estar fuera de este cuerpo terrenal porque entonces estaríamos en el hogar celestial con el Señor.

2 CORINTIOS 5:1, 6-8

El cielo es el «hogar» del creyente

29 de febrero

LA AUTOESTOPISTA

DE LA BIBLIA:

Pero no hace falta que les escribamos sobre la importancia de amarse mutuamente, pues Dios mismo les ha enseñado a amarse los unos a los otros. Es más, ustedes ya muestran amor por todos los creyentes en toda Macedonia. Aun así, amados hermanos, les rogamos que los amen todavía más. Pónganse como objetivo vivir una vida tranquila, ocúpense de sus propios asuntos y trabajen con sus manos, tal como los instruimos anteriormente. Entonces aquellos que no son creyentes respetarán la manera en que ustedes viven, y ustedes no tendrán que depender de otros.
1 TESALONICENSES 4:9-12

Haz la parte que te corresponde

—¡OH, NO! —exclamó la madre—. Fíjate dónde han apilado la madera para la chimenea. Les dije que la pusieran en el porche.

—Parece que serás tú quien cambiará la madera de lugar —le dijo su padre a Justin.

—¿Por qué me tocan a mí todos los trabajos desagradables? —preguntó Justin.

—Yo tengo que trabajar en el automóvil, mamá tiene que preparar la cena y no creo que Jennifer pueda mover toda esa madera.

—Sí, puedo —dijo Jennifer, de cuatro años de edad. Más tarde, cuando Justin acababa de cargar su vagoneta roja con la madera, Jennifer anunció:

—Te voy a ayudar.

—Fantástico —dijo Justin—. ¡Qué cosa! ¡Esto es muy pesado! —Jennifer se puso detrás de la vagoneta y comenzó a empujar.

—¿Ves, Justin? Yo puedo ayudar.

—Sí —Justin reconoció con un poco de mala gana—. Eso ayuda.

Los dos trabajaron juntos llevando varias cargas. Entonces fue cuando Justin notó que las cargas se hacían más pesadas.

—O me estoy cansando o la madera está más pesada —se quejó. El padre lo miró.

—No es de extrañarse que sea más pesada —se rió él—. ¡Llevas a una autoestopista!

Cuando Justin se dio vuelta para mirar, vio a Jennifer sentada encima de la madera.

—¡Te bajas en este instante, Jennifer! —le ordenó Justin.

—Ahora puedes comprender cuánto más fáciles son las cosas cuando todos en la familia hacen la parte que les corresponde —dijo el papá—. Cuando alguien se sienta en el trabajo, es más difícil para todos los demás. Cuando Jennifer te ayudaba, tu trabajo era más fácil, pero cuando ella se subió a la vagoneta, se hizo más difícil.

—Por supuesto que sí. ¡Y ahora, pequeña autoestopista, comienza a empujar de nuevo!

¿Y TÚ? Tal vez tengas más responsabilidades que tu pequeño hermano o que tu hermana. Eso es porque tú puedes llevar una carga más pesada. Sé un buen trabajador y no un autoestopista. *B. J. W.*

MEMORIZA: Pónganse como objetivo vivir una vida tranquila, ocúpense de sus propios asuntos y trabajen con sus manos. *1 Tesalonicenses 4:11*

—CON PERMISO. —DAVID extendió la mano sobre el plato de su hermana para alcanzar el salero.

—La próxima vez que hagas eso —lo regañó Alicia—, te voy a echar sal en la cabeza.

—¡Niños! —exclamó la mamá—. ¡Vigilen sus modales! David, si quieres algo, por favor pide que te lo alcancen.

Cuando Alicia se puso de pie para irse de la mesa, su padre la detuvo. «Primero debes pedir permiso antes de irte de la mesa».

«Se me ocurrió algo, niños, hagamos un juego para ayudarlos —sugirió la mamá—. Cada vez que sus modales sean buenos, voy a poner una marca al lado de su nombre. Y cada vez que tengan malos modales, como tratar de alcanzar algo pasando por encima de otra persona, o interrumpir cuando alguien está hablando, vamos a borrar una de esas marcas. Al final de la semana, el ganador recibirá algo especial». El plan funcionó bien. Al final de la semana, David tenía solo unos puntos menos que Alicia.

—Esto es divertido —dijo David después que le anotaran una marca la siguiente semana—. Cada vez estoy más mejor y más mejor en cuanto a acordarme...

—No se dice más mejor; se dice mejor —lo interrumpió Alicia con sarcasmo.

—¡Oh! —dijo la madre mientras borraba una marca de las que tenía Alicia—. Te olvidaste de la regla de no interrumpir.

Al día siguiente, David fue invitado a pasar la noche en casa de su amigo Bill. Al otro día, la madre de Bill llamó para decir lo bien que se había portado David en su casa. Aquella tarde, su mamá le puso una marca al nombre. Y cuando Alicia le pidió al papá que por favor le pasara la leche, la mamá puso una marca al lado del nombre de ella. «Estoy muy orgullosa de ustedes, hijos», les dijo.

¿Y TÚ? ¿Por lo general no tienes buenos modales en tu casa? Debes practicar los buenos modales, y el lugar para comenzar a hacerlo es en tu hogar. Sé cortés y considerado. Pídele al Señor que te ayude a vencer cualquier debilidad que tengas en cuanto a tener buenos modales. *C.V.M.*

MEMORIZA: Tendré cuidado de llevar una vida intachable. [...] Viviré con integridad en mi propio hogar. *Salmo 101:2*

VIGILA TUS MODALES

DE LA BIBLIA:

Cantaré de tu amor y de tu justicia, oh Señor;
te alabaré con canciones.
Tendré cuidado de llevar una vida intachable,
¿cuándo vendrás a ayudarme?
Viviré con integridad
en mi propio hogar.
Me negaré a mirar
cualquier cosa vil o vulgar.
Detesto a los que actúan de manera deshonesta;
no tendré nada que ver con ellos.
Rechazaré las ideas perversas
y me mantendré alejado de toda clase de mal.
No toleraré a los que calumnian a sus vecinos;
no soportaré la presunción ni el orgullo.
Buscaré a personas fieles
para que sean mis compañeros;
solo a los que sean irreprochables
se les permitirá servirme.

SALMO 101:1-6

Practica los buenos modales

2 de marzo

EL DOMINGO POR LA MAÑANA

DE LA BIBLIA:

¡Den al SEÑOR la gloria que
merece!
Lleven ofrendas y entren en
sus atrios.
Adoren al SEÑOR en todo su
santo esplendor;
que toda la tierra tiemble
delante de él.
Digan a todas las naciones:
«¡El SEÑOR reina!».
El mundo permanece firme y
no puede ser sacudido.
Él juzgará a todos los pueblos
con imparcialidad.
¡Que los cielos se alegren, y
la tierra se goce!
¡Que el mar y todo lo que
contiene exclamen sus
alabanzas!
¡Que los campos y sus cultivos
estallen de alegría!
Que los árboles del bosque
canten con alegría
delante del SEÑOR, ¡porque
él viene!
Viene a juzgar la tierra.
Juzgará al mundo con justicia
y a las naciones con su verdad.
SALMO 96:8-13

Prepárate para
adorar

LOS APUROS EN alistarse para ir a la iglesia los domingos estaban llegando al punto de salirse de control en la casa de la familia Lang.

—¿Ha visto alguien mis medias y mi libro de la escuela dominical? —gritó Esteban—. Todavía tengo que aprender el versículo de esta semana.

Lea se dio vuelta en la cama. «¿Ya es de mañana? —dijo con un bostezo—. Me parece que acabo de llegar de cuidar niños». Se levantó y caminó lentamente por el pasillo.

«Buenos días —le dijo a su mamá, que salía del cuarto de lavar con las medias de Esteban—. ¿Dónde está la plancha, mamá? Tengo que planchar mi vestido».

De alguna forma, la familia Lang llegó a la iglesia casi a tiempo. Disfrutaron de las actividades de la iglesia, aunque Lea tuvo dificultades para mantener los ojos abiertos durante el sermón. El padre les habló más tarde.

—Me da vergüenza llegar tarde a la escuela dominical con tanta frecuencia —dijo él—. Nuestros domingos por la mañana son muy desorganizados y así no podemos preparar nuestro corazón para alabar a Dios. ¿Tienen algunas sugerencias?

—El sábado deberíamos preparar la ropa que vamos a usar —dijo la mamá—. Yo tengo la culpa por permitir ese problema.

—Yo debería estudiar la lección de la escuela dominical durante la semana —admitió Esteban.

—Me siento mal en cuanto a estar tan cansada —dijo Lea—. Le voy a decir a la gente que solo les puedo cuidar a sus hijos hasta las diez de la noche los sábados.

—Y yo voy a comenzar la mañana del domingo tocando música cristiana en el equipo estereofónico —dijo el padre—. Eso nos puede ayudar a preparar la mente para realmente adorar al Señor.

¿Y TÚ? ¿Qué sucedió en tu casa el domingo pasado? ¿Estabas preparado para adorar al Señor y para aprender cuando entraste a la iglesia? Prepara tu ropa el sábado, aprende con anticipación los versículos bíblicos y acuéstate temprano para descansar bien. Entonces estarás alerta y podrás aprender de la Palabra de Dios. *D.L.R.*

MEMORIZA: Entren por sus puertas con acción de gracias; vayan a sus atrios con alabanza. Denle gracias y alaben su nombre. *Salmo 100:4*

3 de marzo

TEMPORALMENTE PERMANENTE

TIMOTEO SE SIRVIÓ un vaso de leche con la merienda que su madre le había dejado preparada. Ella estaba en la peluquería haciéndose la permanente. Por lo general, Timoteo llegaba de la escuela con mucha hambre, pero hoy le parecía que estaba comiendo aserrín. Suspiró cuando pensó en sus problemas. En primer lugar, se le había perdido el proyecto de ciencias que había hecho, y la maestra le había dicho que tenía que hacerlo de nuevo. Su mejor amigo lo había pasado por alto todo el día, y Timoteo no tenía ni idea del por qué. Finalmente, Timoteo no había entendido la lección de matemáticas de esa tarde, pero estaba demasiado desalentado como para pedir ayuda.

—¿Por qué estás tan triste? —le preguntó su mamá al entrar a la casa.

—Todo me salió mal hoy —dijo Timoteo entre dientes. Cuando su mamá se sentó, él notó el cabello de ella—. Tu cabello se ve muy bonito, mamá. ¿Siempre se va a ver así?

Su madre se rió.

—Ojalá fuera así. Pero después de un tiempo, va a comenzar a ponerse lacio de nuevo.

—Bueno, entonces, ¿por qué llaman a eso una "permanente"? —le preguntó Timoteo.

Su madre se sonrió.

—Creo que le pusieron el nombre equivocado —le respondió—. Muchas cosas que decimos que son "permanentes" no duran para siempre. Pero hay algo que sí dura para siempre, y es el amor de Dios. En realidad, es permanente porque no tiene fin. Aun cuando las cosas no marchen bien, y parezca que él se ha olvidado de nosotros, no es así. Todavía nos ama, y su amor es eterno.

Timoteo sonrió.

—Es bueno recordar eso después de un día como el que tuve hoy —dijo él—. Gracias, mamá. Cuando vea tu permanente, recordaré que el amor de Dios es realmente permanente.

¿Y TÚ? Cuando las cosas te salen mal, especialmente cuando te suceden varias cosas malas a la vez, es fácil sentirse desanimado y olvidarse del amor de Dios. Pero Dios no se olvida de ti. Su amor siempre está presente, ya sea que lo sientas o no. Es un amor eterno. *C.E.Y.*

MEMORIZA: Hace tiempo el SEÑOR le dijo a Israel: «Yo te he amado, pueblo mío, con un amor eterno. Con amor inagotable te acerqué a mí». *Jeremías 31:3*

DE LA BIBLIA:

*Oh Dios, meditamos en tu amor inagotable
mientras adoramos en tu templo.
Como lo merece tu nombre,
oh Dios,
serás alabado hasta los extremos de la tierra;
tu fuerte mano derecha está llena de victoria.
Que se goce la gente del monte Sión;
que se alegren todas las ciudades de Judá
a causa de tu justicia.*

*Vayan a inspeccionar la ciudad de Jerusalén;
anden por ella y cuenten sus muchas torres.
Fíjense en las murallas fortificadas
y recorran todas sus ciudadelas,
para que puedan describirlas
a las generaciones futuras.
Pues así es Dios.
Él es nuestro Dios por siempre y para siempre,
y nos guiará hasta el día de nuestra muerte.*

SALMO 48:9-14

El amor de Dios es para siempre

4 de marzo

LA COMPETENCIA DE TOCAR LA TROMPETA

DE LA BIBLIA:

¡Tengan cuidado! No hagan sus buenas acciones en público para que los demás los admiren, porque perderán la recompensa de su Padre, que está en el cielo. Cuando le das a alguien que pasa necesidad, no hagas lo que hacen los hipócritas que tocan la trompeta en las sinagogas y en las calles para llamar la atención a sus actos de caridad. Les digo la verdad, no recibirán otra recompensa más que esa. Pero tú, cuando le des a alguien que pasa necesidad, que no sepa tu mano izquierda lo que hace tu derecha. Entrega tu ayuda en privado, y tu padre, quien todo lo ve, te recompensará.

Cuando ores, no hagas como los hipócritas a quienes les encanta orar en público, en las esquinas de las calles y en las sinagogas donde todos pueden verlos. Les digo la verdad, no recibirán otra recompensa más que esa. Pero tú, cuando ores, apártate a solas, cierra la puerta detrás de ti y ora a tu Padre en privado. Entonces, tu Padre, quien todo lo ve, te recompensará.
MATEO 6:1-6

Da y sirve con generosidad

—MAMÁ, ¿ME VAS a patrocinar en la competencia de saltar la cuerda de la escuela? —le preguntó Juanita mientras le mostraba un pedazo de papel—. Cada niño y niña va a saltar a la cuerda para juntar dinero para los niños que se están muriendo de hambre en África. La gente tiene que poner su nombre en esta lista y con eso promete donar una cierta cantidad de dinero por cada minuto que saltemos.

—Esto es el mismo día que se hará la caminata de oración de la iglesia —le dijo su mamá—. Temo que no podrás participar en esto, querida. Pero es una buena causa. Yo te voy a dar una donación.

—Pero, mamá —se quejó Juanita—, en la escuela van a dar premios a los niños que salten la cuerda durante más tiempo, y van a haber canales de televisión filmando este evento.

—Yo creía que esto era para beneficiar a los niños que pasan hambre en África —le dijo su mamá—. Me parece que tú estás más interesada en recibir atención y premios. —Juanita se sonrojó y su mamá suspiró—. Tal vez lo deberían llamar la competencia de tocar la trompeta, y no la competencia de saltar la cuerda.

—¿Qué? —dijo Juanita—. ¡Nadie va a tocar la trompeta!

—Tal vez algunos sí —respondió su mamá—. Jesús nos dijo que debemos dar en privado sin llamar la atención hacia nosotros mismos. En la época de la Biblia, los fariseos hacían que alguien tocara una trompeta cuando se disponían a hacer alguna obra buena. A los ojos de Dios, lo que ellos daban no tenía valor eterno porque daban motivados por el orgullo y no por el amor.

—Me doy cuenta de lo que quieres decir —admitió Juanita—. Creo que he sido egoísta. En lugar de participar en la competencia de saltar la cuerda, creo que voy a tratar de ganar dinero para eso cuidando niños.

—Esa es la actitud correcta —le dijo su madre.

¿Y TÚ? ¿Sirves en forma sincera y generosa, sin esperar una recompensa? No busques que la gente te reconozca por cada cosa buena que haces. Obedece a Dios con la actitud correcta, y él te recompensará. *S.L.K.*

MEMORIZA: ¡Tengan cuidado! No hagan sus buenas acciones en público para que los demás los admiren, porque perderán la recompensa de su Padre, que está en el cielo. *Mateo 6:1*

—AMANDA, ¿HAS ESTUDIADO tu lección de la escuela dominical y memorizado el versículo? —le preguntó su mamá, mientras sentaba en la silla alta a Miguel, quien tenía un año de edad.

—No, mamá. La lección me pareció demasiado difícil y el versículo para memorizar tiene treinta y seis palabras. Yo no lo puedo aprender de memoria —le respondió Amanda.

Mientras la mamá le ponía el babero a Miguel, sonó el teléfono.

—Amanda, por favor, dale de comer a Miguel mientras yo contesto el teléfono.

«Bueno, hermanito —le dijo Amanda—, abre la boca. Oh, Miguel, no lo dejes caer por tu mentón». De pronto, el bebé golpeó el tazón de comida. Amanda se sorprendió tanto que gritó. Eso hizo llorar a Miguel. Cuando su madre regresó, Amanda estaba tratando de limpiar el piso.

—Oh, mamá —dijo ella—. Esto es muy desagradable. ¿Puedo simplemente darle un biberón?

—Los bebés necesitan leche —le respondió su mamá mientras tomaba un paño para lavar los platos—. Pero a medida que crecen, también necesitan comida sólida para crecer y ser fuertes.

Después de la cena, de nuevo su madre le sugirió a Amanda que estudiara su lección de la escuela dominical.

—Ya te dije que es difícil —se quejó Amanda.

Entonces su madre le recordó a Amanda acerca del día en que ella le había entregado su vida a Jesucristo.

—Después de tres años de ser creyente, deberías estar creciendo y deberías querer aprender cosas más profundas acerca de Dios. Al igual que Miguel está aprendiendo a comer alientos sólidos, tú deberías estar comiendo la parte de la Biblia que tiene "carne" —le explicó su mamá.

—Está bien, mamá —dijo Amanda—. Voy a estudiar mi lección de la escuela dominical y aprenderé de memoria el versículo bíblico. No quiero ser una bebé cristiana para siempre.

¿Y TÚ? Si has sido creyente por algún tiempo, ¿has crecido espiritualmente? Debes comer la «carne» y también beber la «leche» de la Palabra de Dios. *R.E.P.*

MEMORIZA: El alimento sólido es para los que son maduros, los que a fuerza de práctica están capacitados para distinguir entre lo bueno y lo malo. *Hebreos 5:14*

CARNE, LECHE Y MIGUEL

DE LA BIBLIA:

Hace tanto que son creyentes que ya deberían estar enseñando a otros. En cambio, necesitan que alguien vuelva a enseñarles las cosas básicas de la palabra de Dios. Son como niños pequeños que necesitan leche y no pueden comer alimento sólido. Pues el que se alimenta de leche sigue siendo bebé y no sabe cómo hacer lo correcto. El alimento sólido es para los que son maduros, los que a fuerza de práctica están capacitados para distinguir entre lo bueno y lo malo.
HEBREOS 5:12-14

Estudia la Palabra de Dios

6 de marzo

EL CERTIFICADO DE NACIMIENTO

DE LA BIBLIA:

«El mensaje está muy cerca de ti, está en tus labios y en tu corazón». Y ese mensaje es el mismo mensaje que nosotros predicamos acerca de la fe:

Si declaras abiertamente que Jesús es el Señor y crees en tu corazón que Dios lo levantó de los muertos, serás salvo. Pues es por creer en tu corazón que eres declarado justo a los ojos de Dios y es por declarar abiertamente tu fe que eres salvo. Como nos dicen las Escrituras: «Todo el que confíe en él jamás será deshonrado». No hay diferencia entre los judíos y los gentiles en ese sentido. Ambos tienen al mismo Señor quien da con generosidad a todos los que lo invocan. Pues «todo el que invoque el nombre del SEÑOR será salvo».
ROMANOS 10:8-13

Tú puedes saber que eres salvo

—PAPÁ, SÉ QUE le he pedido a Jesús que perdone mis pecados y que guíe mi vida, pero ¿cómo puedo saber que soy realmente salvo?

Al padre de Natán le encantaba hablar con su hijo.

—¿Quiénes son tus padres? —le preguntó.

—¡Eso es obvio! —le dijo Nathan—. Tú y mamá.

—¿Cómo lo sabes? —continuó su papá.

—Bueno, ustedes siempre han sido mis padres —le dijo, mientras su papá abría uno de los cajones de su escritorio y sacaba un papel—. Ah, ese es mi certificado de nacimiento —exclamó Natán—. Allí dice cuándo nací. ¡Esa es la prueba!

—Bueno, Natán, la Palabra de Dios es tan buena como este certificado de nacimiento, es mejor aún —le aseguró su padre—. No tienes que dudar nada de lo que hay en la Palabra de Dios. Aquí dice que si tú crees en Jesús como tu Salvador, tú eres hijo de Dios. El día que le pediste a Jesús que te perdonara tus pecados, lo anotamos en tu Biblia. Veámoslo.

Natán abrió su Biblia y leyó en la primera página: «Natán le entregó su corazón al Señor Jesucristo el día 10 de abril de 2009».

—Agreguémosle a eso un versículo bíblico —sugirió su papá.

Después de hablar sobre eso, Natán copió Romanos 10:13 en la primera página de su Biblia.

—Ahora —le dijo su padre—. Piensa en este versículo como otra clase de certificado de nacimiento, uno que prueba tu nacimiento en el Señor Jesucristo.

—Gracias, papá —le dijo Natán—. Sé que soy salvo porque es lo que dice Dios.

¿Y TÚ? ¿Te has preguntado alguna vez si en realidad eres salvo? Asegúrate de que has aceptado a Jesús como tu Salvador personal. Luego elige un versículo bíblico (como Juan 1:12, Juan 3:16, Hechos 16:31, Romanos 10:9, o Romanos 10:13) que dice que le perteneces a Jesús. Cuando Satanás te ponga dudas, señala ese versículo. Si en verdad has hecho lo que dice el versículo, eres salvo. *D.K.*

MEMORIZA: Todo el que invoque el nombre del SEÑOR será salvo. *Romanos 10:13*

—**SÉ QUE NO** te gustan las arvejas, Josué, pero quiero que comas algunas —le dijo su papá, y el niño, a regañadientes, dejó caer unas en su plato.

—Piensa que eres un misionero, como en el libro que estoy leyendo —le sugirió Sara—. Y las personas del lugar te invitan a cenar. Te ofrecen comida que nunca has visto antes. Si quieres que te acepten, tienes que comer la comida que te dan, o lastimarás sus sentimientos.

—¿Quieres decir que en algunos lugares no comen arvejas? ¡Allá voy! —dijo Josué con una sonrisa—. Pero mientras tanto, voy a pensar que estas arvejas son insectos.

Mientras Sara ponía cara de disgusto, Josué se volvió a su mamá. —Alguna noche pretendamos que estamos en otro país. ¡Eso sería divertido!

—Buena idea —agregó la madre—. Elijamos un país en el que haya un misionero de nuestra iglesia. ¿Qué les parece Japón? Nos podríamos sentar en el suelo y comer con palillos.

—¿Y si elegimos Italia? —dijo Sara—. Podríamos comer pizza.

—Tengo un libro de recetas internacionales —dijo la mamá—. Sara y yo podremos preparar la comida.

—Yo puedo decorar algunos mantelitos individuales de papel —ofreció Josué—. Dibujaré un mapa y algunas otras cosas que muestren lo que produce el país y las plantas que hay allí.

El papá sonrió. —Yo voy a averiguar qué clase de trabajo hace ese misionero; si es plantar iglesias, trabajar en hospitales o traducir la Biblia —dijo él—. Tengamos nuestra primera cena misionera el próximo sábado.

—¡Qué bueno! —agregó la mamá—. Pero, Josué, puesto que todavía estás en nuestro país, debes terminar de comer las arvejas.

¿Y TÚ? ¿Podría tu familia planear una «noche misionera»? Si preparar una cena completa de comida extranjera parece demasiado difícil, tal vez tu mamá podría preparar un plato o un postre especial. De cualquier forma, averigua dónde viven los misioneros de tu iglesia y aprende algo sobre esos países. Si lo haces, eso te ayudará a orar por ellos con más comprensión. *V.L.C.*

MEMORIZA: Con todos trato de encontrar algo que tengamos en común, y hago todo lo posible para salvar a algunos. *1 Corintios 9:22*

POR FAVOR, PASA LAS ARVEJAS

DE LA BIBLIA:

A pesar de que soy un hombre libre y sin amo, me he hecho esclavo de todos para llevar a muchos a Cristo. Cuando estaba con los judíos, vivía como un judío para llevar a los judíos a Cristo. Cuando estaba con los que siguen la ley judía, yo también vivía bajo esa ley. A pesar de que no estoy sujeto a la ley, me sujetaba a ella para poder llevar a Cristo a los que están bajo la ley. Cuando estoy con los gentiles, quienes no siguen la ley judía, yo también vivo independiente de esa ley para poder llevarlos a Cristo; pero no ignoro la ley de Dios, obedezco la ley de Cristo.

Cuando estoy con los que son débiles, me hago débil con ellos, porque deseo llevar a los débiles a Cristo. Sí, con todos trato de encontrar algo que tengamos en común, y hago todo lo posible para salvar a algunos. Hago lo que sea para difundir la Buena Noticia y participar de sus bendiciones.

1 CORINTIOS 9:19-23

Aprende de los misioneros

8 de marzo

REALMENTE VACÍO

DE LA BIBLIA:

Antes ustedes estaban muertos a causa de su desobediencia y sus muchos pecados. [...] Pero Dios es tan rico en misericordia y nos amó tanto que, a pesar de que estábamos muertos por causa de nuestros pecados, nos dio vida cuando levantó a Cristo de los muertos. (¡Es solo por la gracia de Dios que ustedes han sido salvados!) Pues nos levantó de los muertos junto con Cristo y nos sentó con él en los lugares celestiales, porque estamos unidos a Cristo Jesús. De modo que, en los tiempos futuros, Dios puede ponernos como ejemplos de la increíble riqueza de la gracia y la bondad que nos tuvo, como se ve en todo lo que ha hecho por nosotros, que estamos unidos a Cristo Jesús.

Dios los salvó por su gracia cuando creyeron. Ustedes no tienen ningún mérito en eso; es un regalo de Dios. La salvación no es un premio por las cosas buenas que hayamos hecho, así que ninguno de nosotros puede jactarse de ser salvo. Pues somos la obra maestra de Dios. Él nos creó de nuevo en Cristo Jesús, a fin de que hagamos las cosas buenas que preparó para nosotros tiempo atrás.
EFESIOS 2:1, 4-10

Las obras no salvan

—MAMÁ, ¿PUEDO HACER limonada? —le preguntó Kristen.

—Lo dudo —le dijo bromeando su hermano Trevor—. Requiere mucho más talento del que tienes.

—Ay, cállate —le dijo Kristen—. ¿La puedo hacer, mamá?

—Sí, la puedes hacer —le dijo su mamá.

Kristen fue al aparador y tomó un sobre de limonada en polvo. Después de medir la cantidad de azúcar y de ponerla en una jarra, ella tomó el sobre de limonada. Lo iba a abrir, pero en cambio lo levantó para revisarlo. Luego tomó otro sobre diferente y comparó los dos, tocándolos y sacudiéndolos.

«Tengo razón —declaró Trevor—. Ella no puede hacer limonada. Está totalmente confundida».

Kristen lo ignoró.

—Mamá, no creo que este sobre tenga nada adentro. Se siente vacío.

La madre revisó el sobre.

—Tienes razón, Kristen. Está vacío, pero no lo abras. Creo que lo voy a usar como demostración en mi clase de la escuela dominical esta semana.

—¿Una demostración? —le preguntó Kristen—. ¿Sobre qué?

—Me hace recordar a la gente que finge ser creyente —respondió la mamá—. Al igual que este sobre, parecen estar bien por fuera, porque son fieles en cuanto a asistir a la iglesia y son personas generosas, pero a menudo engañan a los demás.

—De la misma forma en que a ti te engañaron cuando compraste este sobre de limonada —dijo Trevor.

La madre asintió.

—Pero nadie puede engañar a Dios. Él ve los corazones y sabe si están vacíos.

¿Y TÚ? ¿Tienes una buena apariencia y engañas a la gente? Recuerda que no estás engañando a Dios. Debes confiar en Jesús como tu Salvador personal y entonces serás creyente. Dios quiere que tú seas un «verdadero» creyente. *H.W.M.*

MEMORIZA: Porque por gracia ustedes han sido salvados mediante la fe; esto no procede de ustedes, sino que es el regalo de Dios, no por obras, para que nadie se jacte. *Efesios 2:8-9* (NVI)

UN MAL COMIENZO

—MIGUEL, ¡LEVÁNTATE! ES hora de que te prepares para ir a la escuela —le dijo su madre. Miguel se cubrió la cabeza con la ropa de cama y continuó soñando despierto que era piloto de un avión 747. Qué emocionante sería viajar alrededor del mundo. Su madre lo llamó de nuevo—. Quiero que te levantes ahora mismo. ¿Me escuchas?

—Sí —la voz de Miguel sonó muy baja porque tenía la almohada sobre la cabeza.

—Miguel, te dije que te levantes ¡ahora!

Miguel suspiró mientras se deslizaba de la cama al suelo.

—Está lloviendo —Miguel se quejó cuando entró a la cocina un poco después—. ¿Por qué nunca puede brillar el sol? —dijo mirando hacia la mesa con el desayuno—. ¡Oh, qué terrible! ¡Avena, no puedo aguantar la avena! —dijo con el ceño fruncido.

En ese momento, Abbie, su hermana, llegó a la mesa. Ella estaba hablando con mucho entusiasmo acerca del paseo que su clase iba a hacer ese día. —Nunca salimos de paseo. Detesto la escuela —se quejó Miguel.

—Miguel —le pidió su madre—. Por favor, da las gracias antes de que desayunemos.

—Querido Padre celestial —oró Miguel—. Gracias por el hermoso día que nos has dado y por la comida. En el nombre de Jesús, Amén.

—Miguel, creo que algo está muy mal —le dijo su mamá cuando le pasó la avena.

—¿Qué quieres decir?

—Le diste gracias al Señor por el hermoso día, pero hasta ahora lo único que has hecho ha sido quejarte —le dijo ella.

Miguel suspiró. Sí, se había estado quejando desde que se levantó de la cama, y eso había sido solo hacía media hora.

—Perdóname, Señor —susurró Miguel—. ¡Ayúdame a tener un nuevo comienzo hoy!

¿Y TÚ? ¿Te quejas cuando tu mamá te llama para que te levantes en la mañana? ¿Te quejas de la comida? A veces, tanto los niños como las niñas tienen el hábito de quejarse de todas las cosas. La Biblia dice que debemos regocijarnos. Sé un creyente lleno de gozo, y no uno que se la pasa quejándose de todo. *L.M.W.*

MEMORIZA: Este es el día que hizo el SEÑOR; nos gozaremos y alegraremos en él. *Salmo 118:24*

DE LA BIBLIA:

Estén siempre llenos de alegría en el Señor. Lo repito, ¡alégrense! Que todo el mundo vea que son considerados en todo lo que hacen. Recuerden que el Señor vuelve pronto.

No se preocupen por nada; en cambio, oren por todo. Díganle a Dios lo que necesitan y denle gracias por todo lo que él ha hecho. Así experimentarán la paz de Dios, que supera todo lo que podemos entender. La paz de Dios cuidará su corazón y su mente mientras vivan en Cristo Jesús.

Y ahora, amados hermanos, una cosa más para terminar. Concéntrense en todo lo que es verdadero, todo lo honorable, todo lo justo, todo lo puro, todo lo bello y todo lo admirable. Piensen en cosas excelentes y dignas de alabanza. No dejen de poner en práctica todo lo que aprendieron y recibieron de mí, todo lo que oyeron de mis labios y vieron que hice. Entonces el Dios de paz estará con ustedes.

FILIPENSES 4:4-9

¡No seas quejoso!

10 de marzo

¿TIENE BUEN GUSTO?

DE LA BIBLIA:

¡Oh, cuánto amo tus enseñanzas!
Pienso en ellas todo el día.
Tus mandatos me hacen más sabio
que mis enemigos,
pues me guían constantemente.
Así es, tengo mejor percepción que
mis maestros,
porque siempre pienso en tus
leyes.
Hasta soy más sabio que los
ancianos,
porque he obedecido tus
mandamientos.
Me negué a andar por cualquier
mal camino,
a fin de permanecer obediente
a tu palabra.
No me he apartado de tus
ordenanzas,
porque me has enseñado bien.
¡Qué dulces son a mi paladar tus
palabras!
Son más dulces que la miel.
Tus mandamientos me dan
entendimiento;
¡con razón detesto cada camino
falso de la vida!
SALMO 119:97-104

Desarrolla el «gusto» espiritual

AARÓN LE CLAVÓ el tenedor a su pastel.

—Nada tiene buen gusto hoy —le dijo a su abuelo—. Quisiera que mi lengua dejara de sentirse tan rara. —Aarón había ido al dentista y le habían adormecido un lado de la boca para que no sintiera dolor cuando le taladraban los dientes.

—Dale tiempo —le aconsejó el abuelo—. Cuando el dentista te anestesió la boca, también anestesió las papilas gustativas de tu lengua. ¿Por qué no guardas el pastel para más tarde?

Aarón asintió y se levantó.

—Aarón —le dijo su abuelo mientras tomaba su Biblia—. ¿Te gustaría leer conmigo?

Aarón se encogió de hombros.

—Voy a ir afuera a jugar con mis amigos —le contestó.

—¿Están también adormecidas tus papilas gustativas espirituales? —le preguntó el abuelo.

—¿Qué? —Aarón se detuvo.

—Recuerdo el día en que le pediste a Jesús que fuera tu Salvador —le respondió su abuelo—. Estabas muy entusiasmado con eso. Querías saber lo que Dios esperaba de ti como creyente, y cuáles son las promesas que les ha dado a sus hijos. Solías sentarte a mi lado, y juntos leíamos la Palabra de Dios. Comíamos "comida espiritual" juntos. ¿Lo recuerdas?

Aarón asintió. A él le habían gustado mucho esos momentos. Pero tantas otras cosas exigían su atención últimamente. Tal vez el abuelo tenía razón, y sus papilas gustativas espirituales estaban adormecidas.

El abuelo sonrió cuando Aarón se sentó a su lado. «¡Qué bien! —dijo—. El adormecimiento de la boca se te va a ir solo. Pero tenemos que trabajar para lograr que superes el adormecimiento espiritual. Una buena forma de comenzar es volver a leer la Palabra de Dios».

¿Y TÚ? ¿Estás ahora menos interesado en la Biblia de lo que lo estabas antes? ¿Se te han adormecido tus papilas espirituales por cosas como los programas de televisión, los pasatiempos personales, los amigos o las tareas escolares? Tienes que decidir abandonar todo adormecimiento espiritual. Ora y lee la Biblia, y di con el salmista: «¡Oh, cuánto amo tus enseñanzas!». *H.W.M.*

MEMORIZA: ¡Qué dulces son a mi paladar tus palabras! Son más dulces que la miel. *Salmo 119:103*

CUIDADO CON EL PECADO
(PARTE 1)

JEFF ESTABA ENOJADO. Sus padres no lo dejaban ir a la fiesta de Andy el viernes por la noche, y la razón era que los padres de Andy estaban fuera de la ciudad. «¿Por qué tienen que ser tan anticuados mis padres? —dijo entre dientes—. Aun Ryan va a ir».

Al día siguiente, Ryan vino a visitarlo.

—Cristóbal Borelli está en el hospital —le dijo—. Creen que tiene meningitis espinal, ¡y nosotros nos sentamos junto a él ayer en el autobús! Mi mamá dice que si él tiene meningitis, nosotros probablemente tendremos que ponernos la vacuna.

—¡Oh no! —se quejó Jeff—. ¿Y por qué?

—Porque es una enfermedad contagiosa y nosotros hemos estado expuestos a ella.

—Espero que Cristóbal salga bien de esto —le dijo Jeff—. Oye, ¿cómo estuvo la fiesta anoche?

—¡Debes estar contento de que no fuiste! —le dijo Ryan—. El hermano mayor de Andy estaba drogándose con unos amigos. A mí no me gustó la música tan alta y tampoco la forma en que estaban actuando, así que me fui a mi casa, ¡justo antes de que llegara la policía!

Cuando la madre de Jeff llegó, ellos le contaron lo que había sucedido.

—Es por eso que no quise que tú fueras a esa fiesta. No quería que estuvieras expuesto al pecado.

—Pero nosotros estamos expuestos al pecado todos los días y en todos lados —dijo Jeff.

—Es verdad —su madre estuvo de acuerdo—. Pero hay más peligro en algunos lugares que en otros.

—Ayer, nosotros estuvimos en más peligro por estar sentados al lado de Cristóbal en el autobús que si hubiéramos estado sentados en otro lugar —dijo Ryan—. Y yo estuve en más peligro en la fiesta que tú, que estabas en tu casa. ¡Qué cosa! Dos cosas peligrosas para mí en un día, ¡doble exposición!

¿Y TÚ? Los lugares a los que vas, los amigos que eliges y los programas de televisión que miras, ¿te exponen al pecado? ¿Te alientan para que bebas bebidas alcohólicas, para que fumes, hagas trampas, uses palabras inapropiadas o seas desobediente? Si es así, estás en un peligro muy grande. Debes evitar esa clase de influencia en tu vida o podrías caer en pecado. *B.J.W.*

MEMORIZA: Camina con sabios y te harás sabio; júntate con necios y te meterás en dificultades. *Proverbios 13:20*

DE LA BIBLIA:

*No hagas lo que hacen los perversos
ni sigas el camino de los malos.
¡Ni se te ocurra! No tomes ese
camino.
Aléjate de él y sigue avanzando.
Pues las personas malvadas no
pueden dormir sin hacer la
mala acción del día.
No pueden descansar sin antes
hacer tropezar a alguien.
¡Se alimentan de la perversidad
y beben el vino de la violencia!*

*El camino de los justos es como la
primera luz del amanecer,
que brilla cada vez más hasta
que el día alcanza todo su
esplendor.
Pero el camino de los perversos
es como la más densa
oscuridad;
ni siquiera saben con qué
tropiezan.*

PROVERBIOS 4:14-19

Evita exponerte al pecado

12 de marzo

CUIDADO CON EL PECADO
(PARTE 2)

DE LA BIBLIA:

Felices son los íntegros,
los que siguen las enseñanzas
del SEÑOR.
Felices son los que obedecen sus
leyes
y lo buscan con todo el corazón.
No negocian con el mal
y andan solo en los caminos del
SEÑOR.
Nos has ordenado
que cumplamos cuidadosamente
tus mandamientos.
¡Oh, cuánto deseo que mis acciones
sean un reflejo vivo de tus
decretos!
Entonces no tendré vergüenza
cuando compare mi vida con
tus mandatos.
A medida que aprendo tus justas
ordenanzas,
te daré las gracias viviendo como
debo hacerlo.
Obedeceré tus decretos;
¡por favor, no te des por vencido
conmigo!
SALMO 119:1-8

Expón tu vida a todo
lo que es bueno

JEFF Y RYAN fueron al garaje a trabajar en la bicicleta de Jeff. Muy pronto, la madre de Jeff se unió a ellos.

—Buenas noticias, muchachos —les dijo—. Me acaba de llamar la madre de Cristóbal y me dijo que lo que él tiene es un virus. Va a estar en el hospital por dos días, pero no tiene meningitis.

—¡Yupi! —gritaron—. ¡Cristóbal va a estar bien! ¡Y no nos toca vacunarnos!

Mientras los muchachos volvían a trabajar en la bicicleta de nuevo, Ryan dijo con seriedad:

—Estaba pensando en mi doble exposición al pecado. Qué lástima que no podamos vacunarnos para prevenir el pecado.

La madre de Jeff sonrió.

—No hay vacunas para eso —asintió—. Pero hay algo que podemos hacer. Podemos mantener nuestras defensas altas. Ustedes saben que podemos mantener nuestras defensas físicas ante la enfermedad si comemos comidas balanceadas, descansamos y hacemos ejercicio en forma adecuada. ¿Cómo creen ustedes que podemos mantener nuestra resistencia al pecado en forma adecuada?

Los muchachos pensaron en eso.

—Creo que ir a la iglesia sería una ayuda —dijo Ryan.

Jeff asintió.

—Sí, y orar y leer la Biblia.

—Excelente —aprobó la mamá—. Y no se olviden de la importancia de amigos creyentes buenos, de los libros buenos y de la música buena. Expóngase a todas esas cosas y estarán mucho menos propensos a pecar.

¿Y TÚ? ¿Asistes a la iglesia y a la escuela dominical donde se enseña la Biblia en forma clara? ¿Lees la Biblia y le das gracias a Dios todos los días? ¿Escuchas música que honra a Dios? ¿Te acercan a Dios los libros que lees? ¿Buscas la compañía de amigos creyentes? Todas estas cosas te ayudarán a mejorar y a mantener la resistencia al pecado. *B.J.W.*

MEMORIZA: Quiero que sean sabios para hacer lo que está bien y sigan siendo inocentes en cuanto a toda clase de mal. *Romanos 6:19*

¿CACHIVACHES O TESORO?

DE LA BIBLIA:

Escúchenme, amados hermanos. ¿No eligió Dios a los pobres de este mundo para que sean ricos en fe? ¿No son ellos los que heredarán el reino que Dios prometió a quienes lo aman? ¡Pero ustedes desprecian a los pobres! ¿Acaso no son los ricos quienes los oprimen a ustedes y los arrastran a los tribunales? ¿Acaso no son ellos los que insultan a Jesucristo, cuyo nombre ustedes llevan?

Por supuesto, hacen bien cuando obedecen la ley suprema tal como aparece en las Escrituras: «Ama a tu prójimo como a ti mismo»; pero si favorecen más a algunas personas que a otras, cometen pecado. Son culpables de violar la ley.
SANTIAGO 2:5-9

Cada persona es valiosa

CASSIE ESTABA REVOLVIENDO una pila de cachivaches detrás del granero de sus tíos para encontrar un tesoro. Cuando encontró un frasco para fruta con «1898» grabado en la base, se lo mostró a su tía Elise.

—Vi uno como este en la tienda de antigüedades y costaba treinta dólares —le dijo.

La tía Elise sonrió.

—Tú lo encontraste y ahora es tuyo. —Cassie se puso muy contenta. Entonces la tía Elise le preguntó—: ¿Te acuerdas de Rebeca, la niña que vive en la casa de al lado? Ella va a venir esta tarde.

—¡Oh, no! —se quejó Cassie—. Ella no es fina y además es tonta. No es mi tipo en absoluto. Y ni siquiera es creyente.

—Me sorprende escucharte decir eso —le dijo la tía Elise—. Vé a limpiar ese recipiente y tráemelo cuando esté limpio.

Cuando Cassie volvió, la tía Elise examinó el recipiente.

—Es bonito, ahora que está limpio —dijo ella—. Es raro, pero hasta hoy nadie se había dado cuenta de su valor, ¿no es verdad? En cierta forma, Rebeca es como este recipiente.

—¿Lo es?

—Sí —le dijo la tía Elise—. Así eres tú. Un día, tú también te encontrabas en la pila de cachivaches del pecado, pero Dios reconoció tu valor. Él te sacó de allí, te lavó y te dio un brillo nuevo. Rebecca todavía está perdida, ¡pero es muy valiosa! Tan valiosa que Jesús murió por ella.

Cassie se veía avergonzada.

—Estoy contenta de que ella venga, tía Elise. Voy a orar para que Dios me use para ayudarla a que pueda ir a él y también pueda tener un brillo nuevo.

¿Y TÚ? ¿Hay alguien que piensas que no es lo suficientemente «refinado» como para jugar con él o ella? ¿Qué importancia tiene que la ropa de esa persona esté arrugada o rota, o que no hable en forma correcta? Dios mira a través de todo eso y ve un alma preciosa. Tal vez si le muestras amistad a esa persona, Dios te permitirá descubrir el tesoro que es esa alma. *B.J.W.*

MEMORIZA: No tengan miedo; ustedes valen más que muchos gorriones. *Lucas 12:7* (NVI)

14 de marzo

NARANJAS SIN SEMILLAS

DE LA BIBLIA:

*Un agricultor salió a sembrar.
A medida que esparcía las semillas
por el campo, algunas cayeron sobre
el camino, donde las pisotearon y
los pájaros se las comieron. Otras
cayeron entre las rocas. Comenzaron a crecer, pero la planta pronto
se marchitó y murió por falta de
humedad. Otras semillas cayeron
entre espinos, los cuales crecieron
junto con ellas y ahogaron los brotes.
Pero otras semillas cayeron en tierra
fértil. Estas semillas crecieron,
¡y produjeron una cosecha que fue
cien veces más numerosa de lo que
se había sembrado! [...]
La semilla es la palabra de
Dios. Las semillas que cayeron en el
camino representan a los que oyen el
mensaje, pero viene el diablo, se los
quita del corazón e impide que crean
y sean salvos. Las semillas sobre la
tierra rocosa representan a los que
oyen el mensaje y lo reciben con
alegría; pero como no tienen raíces
profundas, crecen por un tiempo y
luego se apartan cuando enfrentan
la tentación. Las semillas que
cayeron entre los espinos representan
a los que oyen el mensaje, pero muy
pronto el mensaje queda desplazado
por las preocupaciones, las riquezas
y los placeres de esta vida. [...] Y
las semillas que cayeron en la buena
tierra representan a las personas
[...] que oyen la palabra de Dios,
se aferran a ella y con paciencia
producen una cosecha enorme.*
LUCAS 8:5-8, 11-15

*Planta la «semilla»
del evangelio*

—**EL PASTOR HABLÓ** sobre testificar en la escuela,
pero yo no puedo testificar allí —dijo Scott mientras echaba tierra en una vasija de arcilla para un
proyecto de su escuela.

—¿Por qué? —le preguntó su mamá.

—Ninguno de los creyentes que conozco testifica en la escuela. Simplemente no es un buen
lugar para hablar del Señor —dijo Scott mientras
se sacudía la tierra de las manos—. La gente se ríe
de ti si tratas de hacerlo. —Cambiando el tema
preguntó—: ¿Podemos ir a la tienda y comprar las
naranjas para mi proyecto?

—Por supuesto —le respondió su mamá.

Cuando estaban en el supermercado, Scott y
su madre buscaron naranjas que tuvieran semillas.

—Lo único que puedo encontrar son naranjas
sin semillas —dijo Scott—. ¿Cómo se supone que
una persona pueda plantar un naranjal sin semillas?

—¡Eso es imposible! —se rió su mamá—.
¿Sabes? Me pregunto si el Señor tal vez se sienta
tan triste como tú.

—¿Por las naranjas sin semillas? —dijo Scott.

—No —le dijo su mamá—. Porque en tu
escuela solo hay creyentes sin semillas.

—¿Creyentes sin semillas? —dijo Scott—. No
entiendo.

—Me dijiste que ninguno de los creyentes da
testimonio en la escuela —le dijo su mamá—.
Ninguno de ellos planta las semillas del evangelio.
Ustedes tienen las semillas de la Palabra de Dios,
pero se rehúsan a plantarlas. No son de ninguna
ayuda a los que no son salvos; es como si no fueran
creyentes.

Scott se sintió avergonzado.

—Eso es verdad, mamá —dijo él—. Voy a tratar de testificarles a mis amigos aun si alguno de
ellos se ríe de mí.

¿Y TÚ? ¿Siembras tú la «semilla» de la Palabra de Dios?
¿Les hablas acerca de Jesús a los niños de tu escuela o
de tu vecindario? Dios no nos promete que va a ser fácil,
pero sí promete que finalmente traerá resultados. Deja
que Dios plante la semilla del evangelio a través de ti. Él
te bendecirá a medida que tú testificas. *S.L.N.*

MEMORIZA: Lloran al ir sembrando sus semillas,
pero regresan cantando cuando traen la cosecha.
Salmo 126:6

15 de marzo

UNA MAÑANA, cuando Pablo se levantó, encontró a su madre leyendo la Biblia sentada a la mesa de la cocina. Sus seis hermanos y hermanas todavía estaban durmiendo.

—Mamá, ¿alguna vez quisieras no haber tenido tantos hijos? —le preguntó.

—No, por supuesto que no —le dijo su madre—. ¿Qué es lo que te hizo preguntarme eso?

—Bueno, mi profesor de estudios sociales dijo que si cada matrimonio tuviera solo un hijo, todos nuestros problemas estarían resueltos.

La mamá se veía pensativa.

—No creo que el señor Rader sea creyente —dijo ella—. La Biblia dice que los hijos son un "regalo" y una "recompensa".

—Pero si tú y papá no nos hubieran tenido a todos nosotros, tendrían más dinero.

La mamá sonrió.

—¿Y tú crees que nosotros cambiaríamos a alguno de ustedes, nuestros preciosos hijos, por un nuevo sofá, un automóvil o unas pocas horas más de tiempo libre?

—No, creo que no —le respondió Pablo.

—Dios creó el mundo para que tuviera todo lo necesario para *toda* la gente —le dijo su mamá—. Si parece no haber recursos suficientes para todo el mundo, es debido a nuestro propio egoísmo. Aun hoy, mucha gente se está muriendo de hambre mientras que otros tienen más de lo que necesitan.

—Eso es verdad —dijo Pablo.

—¿Recuerdas cuando nació el pequeño Cristóbal? —le preguntó su mamá—. Todos tuvimos que "apretarnos el cinturón" para pagar la cuenta del hospital.

—Y nadie se quejó por eso —dijo Pablo—. Nosotros amamos a Cristóbal.

—Y eso es lo que el mundo necesita, no más cosas, sino más amor —dijo la mamá—. Necesitamos el amor que solo viene cuando tenemos a Jesús como nuestro Salvador.

¿Y TÚ? Dios está en control, y él tiene un plan para cada ser humano. Él conoce a cada ser humano aun antes de que haya nacido, y envió a su Hijo unigénito para salvarnos. ¡Démosle gracias a Dios por la bendición que son los bebés! *S.L.K.*

MEMORIZA: Los hijos son un regalo del SEÑOR; son una recompensa de su parte. *Salmo 127:3*

DE LA BIBLIA:

Los hijos son un regalo del SEÑOR;
*   son una recompensa de su parte.*
Los hijos que le nacen a un
*   hombre joven*
*   son como flechas en manos de*
*   un guerrero.*
¡Qué feliz es el hombre que tiene
*   su aljaba llena de ellos!*
*   No pasará vergüenza cuando*
*   enfrente a sus acusadores*
*   en las puertas de la ciudad.*
SALMO 127:3-5

Los bebés son una bendición

16 de marzo

MÁS VALE TARDE QUE NUNCA

DE LA BIBLIA:

¿No se dan cuenta de que su cuerpo es el templo del Espíritu Santo, quien vive en ustedes y les fue dado por Dios? Ustedes no se pertenecen a sí mismos, porque Dios los compró a un alto precio. Por lo tanto, honren a Dios con su cuerpo.
1 CORINTIOS 6:19-20

Cuida tu cuerpo

ESTEBAN TENÍA UNA ampolla en la boca. *Tal vez se lo debo decir a mamá*, pensó. Cuando su mamá vio la ampolla, hizo una cita con el doctor.

—¿Masticas tabaco? —le preguntó el doctor.

—Bueno, sí —admitió Esteban. Por cerca de un año, él y dos de sus amigos de sexto grado habían estado comprando tabaco de una pequeña tienda en la cual el cajero no hacía preguntas. Los muchachos se reunían detrás de la escuela para mascar tabaco.

—Esta llaga en la encía te la causó el tabaco —le dijo el doctor a Esteban—. A veces, el tabaco cambia las células y ocasiona cáncer.

El rostro de Esteban se puso lívido.

—Usted quiere decir... ¿que tengo cáncer?

—Podrías tener principios de cáncer —le respondió el doctor—. He visto más casos así desde que los niños comenzaron a masticar tabaco. Tu herida es muy pequeña, así que te la voy a cicatrizar con cirugía.

Una semana después de la operación en la boca, Esteban regresó a la oficina del doctor.

—Si dejas de masticar tabaco, es posible que no tengas más problemas —le dijo el doctor—. Pero quiero que vuelvas para seguirte revisando cada cierto tiempo.

Camino a su hogar, Esteban vio un gran anuncio que mostraba a un hombre joven y fuerte mascando tabaco. «No te pierdas el placer», estaba escrito en la cartelera.

—No deberían anunciar algo que puede matar a la gente —explotó Esteban.

—Como creyentes, tenemos que tener cuidado de no permitir que ese tipo de propaganda ejerza influencia en nosotros —dijo su mamá—. Tenemos que evitar todas las cosas que puedan dañar el cuerpo que nos dio Dios.

—Qué lástima que yo tuve que aprender eso de la forma más difícil —dijo Esteban—, pero más vale tarde que nunca.

¿Y TÚ? ¿Te dejas engañar por propaganda que hace que ciertos productos dañinos para la salud parezcan atractivos y glamorosos? Dios quiere que te alejes de todas las cosas que pueden dañar tu cuerpo. No hagas nada que pudiera destrozar la obra maestra de Dios. *C.E.Y.*

MEMORIZA: Dios los compró a un alto precio. Por lo tanto, honren a Dios con su cuerpo. *1 Corintios 6:20*

DIOS DA EL CRECIMIENTO

DARIA ENTRÓ Y dio un portazo.

—¡Oh, oh! —dijo su padre—. ¿Se te fue la puerta o diste un portazo?

—Lo hice a propósito —gritó Daria—. ¡Estoy enojada!

—¿Quieres hablar sobre eso? —le dijo su papá.

—Vas a creer que soy una persona horrible —dijo ella enojada—. Se trata de Rhonda Kelly.

—Es la jovencita a la cual le has estado testificando, ¿no es verdad?

Daria asintió.

—Ella acaba de aceptar a Jesús como su Salvador.

—¡Eso es maravilloso! —exclamó el papá.

—Sí, pero le he estado testificando por mucho tiempo, y ni siquiera fui yo quien la guió a Jesús.

—¿Quién fue? —preguntó el papá.

—Fue la señora Noll, pero yo fui la que oró y habló con ella —dijo Daria—. Inclusive le regalé una Biblia para su cumpleaños.

El padre sonrió.

—Tal vez esa sea la razón por la cual Rhonda estaba lista para aceptar a Jesucristo.

—Pero ¿por qué Dios no me dejó ser la persona que finalmente la llevara al Señor? —preguntó ella.

El padre tomó una Biblia y buscó un pasaje del Nuevo Testamento.

—Así es como sucede a menudo —le dijo él—. Aquí en 1 Corintios Pablo dijo: "Yo planté la semilla en sus corazones, y Apolos la regó, pero fue Dios quien la hizo crecer". Parece que Dios te permitió plantar a ti, y le permitió regar a la señora Noll. Y justo en el momento oportuno, Dios salvó a Rhonda.

Daria pensó en lo que su padre había dicho. No importaba quién había guiado a Rhonda a Jesucristo, lo importante era que ahora ella era creyente. Y tal vez fue debido a que Daria le había testificado con tanta fidelidad durante tantos meses.

DE LA BIBLIA:

Después de todo, ¿quién es Apolos?, ¿quién es Pablo? Nosotros solo somos siervos de Dios mediante los cuales ustedes creyeron la Buena Noticia. Cada uno de nosotros hizo el trabajo que el Señor nos encargó. Yo planté la semilla en sus corazones, y Apolos la regó, pero fue Dios quien la hizo crecer. No importa quién planta, o quién riega, lo importante es que Dios hace crecer la semilla. El que planta y el que riega trabajan en conjunto con el mismo propósito. Y cada uno será recompensado por su propio arduo trabajo. Pues ambos somos trabajadores de Dios; y ustedes son el campo de cultivo de Dios, son el edificio de Dios.

Por la gracia que Dios me dio, yo eché los cimientos como un experto en construcción. Ahora otros edifican encima; pero cualquiera que edifique sobre este fundamento tiene que tener mucho cuidado. Pues nadie puede poner un fundamento distinto del que ya tenemos, que es Jesucristo.

1 CORINTIOS 3:5-11

Debes ser fiel

¿Y TÚ? ¿Te sientes feliz cuando alguien acepta a Jesús como Salvador, aun si otros no te dan el crédito por tu participación en ello? Recuerda que aunque tu parte es «plantar y regar», es decir, testificar fielmente, solo Dios puede dar el crecimiento. Dios es el único que puede salvar. Tu parte es ser fiel. *R.I.J.*

MEMORIZA: Somos trabajadores de Dios. *1 Corintios 3:9*

18 de marzo

CIELO NUBLADO

DE LA BIBLIA:

Oh SEÑOR, has examinado mi
corazón
y sabes todo acerca de mí.
Sabes cuándo me siento y cuándo
me levanto;
conoces mis pensamientos aun
cuando me encuentro lejos.
Me ves cuando viajo
y cuando descanso en casa.
Sabes todo lo que hago.
Sabes lo que voy a decir
incluso antes de que lo diga,
SEÑOR.
Vas delante y detrás de mí.
Pones tu mano de bendición
sobre mi cabeza.
Semejante conocimiento es
demasiado maravilloso
para mí,
¡es tan elevado que no puedo
entenderlo!
SALMO 139:1-6

Acepta lo que Dios
te manda

A TRAVÉS DE la ventana del avión, Scott observaba las densas nubes. ¿Por qué había permitido Dios que su hermano mayor tuviera ese accidente? Él había disfrutado mucho cuando visitaba a su hermano Marcos en la universidad, pero ahora él y sus padres lo iban a ir a visitar al hospital.

Cuando la aeromoza les trajo el almuerzo, Scott no tenía hambre.

—No puedo dejar de pensar en Marcos —les dijo a sus padres.

El padre suspiró.

—Nosotros nos sentimos igual, Scott, pero recuerda que Dios ama a sus hijos. Dios sabe lo que está haciendo en nuestra vida.

Scott asintió, pero no estaba seguro de estar acuerdo. En forma muy lenta, él comenzó a comer. Cuando terminó, con un suspiro volvió la cabeza hacia la ventana.

—¡Miren! —exclamó—. Ahora puedo ver todo. —Con la nariz pegada al vidrio miró los coloridos campos y los automóviles y camiones que parecían pequeños juguetes—. ¡Fíjense en ese pequeño tren! Oh, me gustaría tener una cámara fotográfica. —El rostro de Scott mostraba entusiasmo.

Su mamá se inclinó hacia él.

—¿Sabes?, esa vista estaba allí todo el tiempo —le dijo—. Simplemente no la podías ver.

—Es cierto —respondió Scott.

—Piensa en el accidente de Marcos de la misma manera —le dijo su papá—. Para nosotros, la situación se ve nublada, y no podemos ver ninguna cosa buena en eso.

—¿Estás diciendo que Dios sí puede? —le preguntó Scott.

—Sí —respondió el padre—. Si hemos aceptado a Jesús como Salvador por fe, entonces también tenemos que vivir por fe, y debemos aceptar lo que él nos traiga a la vida.

¿Y TÚ? ¿Te han sucedido cosas en la vida que te hacen pensar que nada te está saliendo bien? No permitas que las cosas difíciles de la vida controlen tus actitudes. Recuerda que Dios sabe lo que hace. Su plan siempre es bueno, aun cuando tú no lo puedas ver. Si confías en Dios, muy pronto tendrás la actitud correcta. *G.W.*

MEMORIZA: Él sabe a dónde yo voy; y cuando me ponga a prueba, saldré tan puro como el oro. *Job 23:10*

ENVIADO, PERO NO ENTREGADO

CON TRISTEZA, la familia Cowen le dijo adiós a Aniceta. Estaban tomando unas vacaciones de tres meses del trabajo de misioneros en México. Aniceta los había ayudado a traducir el Nuevo Testamento al idioma de ella.

Un día, José sugirió que le mandaran una carta a Aniceta.

—Así sabrá que estamos orando por ella.

—Buena idea, José —asintió su padre—. No llevan el correo a las montañas donde ella vive, pero Isauro, su hijo, vive en la ciudad. Le podríamos enviar la carta a él, y él se la puede entregar a su madre.

Tan pronto como regresaron a México, visitaron a Aniceta. Ella estaba encantada.

—Regresaron. Alabado sea el Señor. Estuvieron ausentes mucho tiempo, y nunca supe nada de ustedes.

—¿No recibió nuestra carta? —le preguntó José.

—No recibí ninguna carta —respondió Aniceta.

La familia estaba desconcertada. Más tarde visitaron a Isauro en la ciudad. Él recordaba haber recibido la carta, pero se había olvidado de entregarla.

—Isauro fracasó en lo que tenía que hacer, papá —dijo José cuando iban camino a su casa—. Él no entregó la carta, y Aniceta pensó que nos habíamos olvidado de ella.

—Sí, Isauro descuidó su trabajo —dijo papá—. Pero a menudo nosotros hacemos lo mismo.

—¿Lo hacemos? —le preguntó José.

—Dios escribió la Biblia para que la gente sepa que él no se ha olvidado de ellos. Dios espera que los que lo amamos entreguemos el mensaje a la gente que no ha escuchado de él, pero a menudo no lo hacemos —le explicó su papá—. Mucha gente todavía está esperando escuchar que Dios los ama.

—Voy a ayudar en todo lo que pueda, papá —dijo José—. Comenzaré a hablarle de nuevo a Isauro sobre Jesús.

DE LA BIBLIA:

«Todo el que invoque el nombre del Señor será salvo».

¿Pero cómo pueden ellos invocarlo para que los salve si no creen en él? ¿Y cómo pueden creer en él si nunca han oído de él? ¿Y cómo pueden oír de él a menos que alguien se lo diga? ¿Y cómo irá alguien a contarles sin ser enviado? Por eso, las Escrituras dicen: «¡Qué hermosos son los pies de los mensajeros que traen buenas noticias!».

ROMANOS 10:13-15

Entrega el mensaje del Señor

¿Y TÚ? ¿Has recibido el mensaje de Dios y has aceptado a su Hijo como tu Salvador? Si lo has hecho, ¿cuánto tiempo hace que no le has hablado a alguien sobre eso? No seas culpable de no entregar el mensaje de Dios al mundo. Dios necesita embajadores que lleven su Palabra a todo el mundo. ¿Puede él contar contigo? *J.L.H.*

MEMORIZA: ¡Qué hermosos son los pies de los mensajeros que traen buenas noticias! *Romanos 10:15*

20 de marzo

UNA MANO FUERTE

DE LA BIBLIA:

[Jesús dijo:] «Mis ovejas escuchan mi voz; yo las conozco, y ellas me siguen. Les doy vida eterna, y nunca perecerán. Nadie puede quitármelas, porque mi Padre me las ha dado, y él es más poderoso que todos. Nadie puede quitarlas de la mano del Padre. El Padre y yo somos uno».
JUAN 10:27-30

Dios te protege

—OYE, TERRI, ¿quieres esta moneda de veinticinco centavos? Es tuya si la puedes alcanzar. —Terri vaciló, porque sabía que a su hermano mayor le gustaba mucho hacer bromas. Con lentitud caminó hacia él. Cuando estuvo cerca de su hermano, la niña se lanzó para tomarle la mano, pero con la misma rapidez, Tony cerró los dedos para ocultar la moneda. Terri se rió mientras trataba de abrirle la mano a Tony, pero no pudo. Finalmente la mamá intervino.

—Ya es suficiente, y les hablo a los dos —dijo ella—. Tony, no deberías estar haciéndole bromas a tu hermana todo el tiempo.

—¿Hacerle bromas? —Tony se dio un golpecito en la frente pretendiendo estar perplejo—. Lo que estoy haciendo es darle una lección objetiva como lo haría cualquier buen hermano.

—¿Qué lección objetiva? —le preguntó Terri.

—Bueno, te escuché cuando estabas aprendiendo tu lección de la escuela dominical, la que habla de que nadie puede quitarnos de la mano del Padre —explicó Tony—. Así que te hice una demostración de lo segura que puede ser una mano.

—Eso no estuvo mal —comentó la madre—. Terri, tú no pudiste abrirle la mano a Tony por la fuerza, aunque hay alguna gente que lo hubiera podido hacer. Pero nadie, ni siquiera Satanás, es lo suficientemente fuerte como para abrirle la mano a Dios. Dios es mucho más fuerte que cualquier persona o cualquier cosa. —Luego le sonrió a Tony y le dijo—: Buena enseñanza, hijo.

—Gracias, mamá. —Tony le sonrió a su hermana al tiempo que le decía—: Y para demostrarte lo buen hermano que soy, mira, ¡te puedes quedar con esta moneda!

¿Y TÚ? ¿No estás feliz porque como creyente, Dios te tiene en su mano? A veces tal vez sientas desánimo, pero Dios te ama y te tiene en su mano. Tú eres de Dios. Debes sentirte triste cuando desobedeces, mientes o pecas de alguna manera. Pero Dios todavía te ama y te tiene en su mano. Tú le perteneces a Dios. Y mientras le pides que te perdone por lo que has hecho, dale gracias por amarte y por mantenerte seguro en su mano. *H.W.M.*

MEMORIZA: Mi Padre, que me las ha dado, es más grande que todos; y de la mano del Padre nadie las puede arrebatar. *Juan 10:29* (NVI)

EL QUE HABLA POR DIOS

DE LA BIBLIA:

Pero Moisés rogó al SEÑOR: «Oh Señor, no tengo facilidad de palabra; nunca la tuve, ni siquiera ahora que tú me has hablado. Se me traba la lengua y se me enredan las palabras».

Entonces el SEÑOR le preguntó: «¿Quién forma la boca de una persona? ¿Quién decide que una persona hable o no hable, que oiga o no oiga, que vea o no vea? ¿Acaso no soy yo, el SEÑOR? ¡Ahora ve! Yo estaré contigo cuando hables y te enseñaré lo que debes decir».
ÉXODO 4:10-12

Sé el que habla por Dios

ERA LA NOCHE de los jóvenes, y ellos estaban a cargo de todo el servicio de la iglesia. Usaron sus talentos para cantar, tocar instrumentos, trabajar en la sala de cuna, poner una obra de teatro, ser ujieres, recoger la ofrenda y aun predicar. Después del servicio, el señor Mendoza le habló a Marie.

—Tú hiciste muy buen trabajo de ventrílocua —le dijo—. Lo que dijiste tuvo un mensaje muy bueno. Yo estoy a cargo de un programa especial donde trabajo. ¿Estarías dispuesta a hacer una presentación allí?

Marie se alegró mucho por el comentario del señor Mendoza, y con rapidez le dijo que sí. Pero más tarde, cambió de idea.

—Me olvidé de que el señor Mendoza trabaja en un centro para niños que han tenido problemas con la policía —le dijo a su mamá—. Yo no puedo hacer una presentación allí.

—¿Por qué no? —le preguntó su mamá—. Esos niños también necesitan escuchar el evangelio.

—Pero son niños sin ninguna educación —le dijo Marie—. Se van a reír de mí. No lo puedo hacer.

Para sorpresa de Marie, su madre asintió.

—Tienes razón, son niños sin ninguna educación —le dijo ella—. Manda a tu muñeco con el señor Mendoza. Deja que el muñeco comparta la Buena Noticia.

—Mamá —dijo Marie—, tú sabes que el muñeco no puede hablar sin mí. Yo soy la que pone las palabras en la boca de él. Él no puede hacer nada sin mí.

La mamá sonrió.

—Esa es también la forma en que Dios trabaja —dijo ella—. Tú eres la que habla por Dios, su portavoz. Sin él, tus palabras no tendrán significado. Pero Dios te dará las palabras y su poder, ti tú se lo pides.

—Está bien. Le voy a pedir a Dios que me ayude —dijo Marie—. Sin él no puedo hacer nada.

¿Y TÚ? ¿Hablas por Jesús cada vez que tienes la oportunidad? ¿Estás usando tus talentos para servir a Dios? Si tratas de hacer las cosas en tu propia fuerza, fracasarás. Pídele a Jesús que te ayude. Él te dará las fuerzas. *J.L.H.*

MEMORIZA: Yo les daré las palabras apropiadas y tal sabiduría que ninguno de sus adversarios podrá responderles o refutarlos. *Lucas 21:15*

22 de marzo

¿SOLO ZANAHORIAS?

DE LA BIBLIA:

Hay una temporada para todo,
un tiempo para cada actividad
bajo el cielo.
Un tiempo para nacer y un tiempo
para morir.
Un tiempo para sembrar y un
tiempo para cosechar.
Un tiempo para matar y un tiempo
para sanar.
Un tiempo para derribar y un
tiempo para construir.
Un tiempo para llorar y un tiempo
para reír.
Un tiempo para entristecerse y
un tiempo para bailar.
Un tiempo para esparcir piedras
y un tiempo para juntar
piedras.
Un tiempo para abrazarse y un
tiempo para apartarse.
Un tiempo para buscar y un
tiempo para dejar de buscar.
Un tiempo para guardar y un
tiempo para botar.
Un tiempo para rasgar y un tiempo
para remendar.
Un tiempo para callar y un
tiempo para hablar.
Un tiempo para amar y un tiempo
para odiar.
Un tiempo para la guerra y un
tiempo para la paz.

ECLESIASTÉS 3:1-8

Debes ser una persona
bien balanceada

JOEL LLEGÓ a su casa con una novela de misterio debajo del brazo.

—Hola, Joel, ¿cómo te fue en el dictado de hoy? —le preguntó su papá.

—Me fue bien —le respondió Joel. Se sentía culpable, porque había estado leyendo la novela hasta muy tarde en lugar de estudiar.

Toda esa semana, Joel leyó la novela hasta tan tarde que al otro día casi no se podía levantar para ir a la escuela. Descuidó a sus amigos, sus tareas en el hogar y su lección de la escuela dominical.

El domingo, el padre notó que Joel estaba llevando un libro de misterio a la iglesia.

—Espero que no tengas planes de leer ese libro en la iglesia. —Joel se mostró inquieto.

—¿Puedo leer entre los servicios? —Su padre negó con la cabeza.

Al mediodía, su mamá colocó un tazón grande de zanahorias en la mesa y luego se sentó.

—¿Eso es todo? —preguntó Joel sin poder creerlo—. ¿Dónde está el resto de la comida?

—¿El resto? —le preguntó su mamá—. Las zanahorias son buenas para ti. Pensé que te gustaban.

—Son buenas, pero no tantas de una vez —dijo Joel—. ¿Dónde están todas las otras cosas que necesitamos para una comida balanceada?

—¿Escuché la palabra *balanceada*? —preguntó su papá—. Joel, esa palabra no solo se aplica a la comida, sino también a toda la vida. La gente pierde el balance en la vida cuando hacen demasiado de una cosa y descuidan las otras cosas. Leer es bueno, pero no descuides a tu familia, a tus amigos, a tus tareas escolares y al Señor para hacerlo.

—Voy a poner más empeño en tener una "vida balanceada" —dijo Joel.

—Sí —le dijo su mamá al tiempo que sacaba una bandeja del horno—. ¡Y puedes empezar comiendo una buena comida!

¿Y TÚ? ¿Pasas demasiado tiempo haciendo una sola cosa? Cuida tu mente estudiando, leyendo libros buenos, y escuchando cuando estás en la iglesia y en la escuela dominical. Pasa tiempo con la gente y también con el Señor. *S.L.N.*

MEMORIZA: Jesús siguió creciendo en sabiduría y estatura, y cada vez más gozaba del favor de Dios y de toda la gente. *Lucas 2:52* (NVI)

—**ERIC ME TIRÓ** tierra en la cara —sollozó Justin mientras su madre le lavaba la tierra que tenía en los ojos. Cuando la última pizca de tierra desapareció de su rostro, el niño amenazó—: Me voy a desquitar con Eric aunque sea lo último que haga.

—Tu amigo hizo algo malo, pero vengarse también es malo y no va a lograr nada —dijo mamá.

—Le enseñará a no tirarle tierra en los ojos a la gente —argumentó Justin.

A la hora de acostarse, cuando su papá leyó Romanos 12:17-21, Justin dijo con mucha seriedad:

—¿Quiere decir eso que se supone que yo debo ser bueno con Eric para que él se avergüence de lo que me ha hecho? ¿Es esa la forma de vengarse?

Su madre sacudió la cabeza.

—Se supone que no debes desquitarte. El versículo diecinueve dice: "Nunca tomen venganza. [...] 'Yo tomaré venganza; Yo les pagaré lo que se merecen', dice el Señor".

—¿De qué forma le va a pagar el Señor a Eric por lo que hizo? —Justin quiso saber—. ¡Espero que Dios le cobre mucho por eso!

—Tal vez Dios considere que Eric ya ha sufrido mucho —le respondió su papá—. Es posible que esté realmente asustado pensando que te ha causado heridas graves.

—Pero la Biblia dice que amontonemos carbones encendidos sobre la cabeza de nuestro enemigo —señaló Justin—. ¿No es eso desquitarse?

—Eso se escribió antes que la gente tuviera fósforos. Si el fuego de ellos se apagaba, tenían que pedirles prestados carbones encendidos a un vecino, y los llevaban en un recipiente sobre la cabeza —le explicó el padre—. Este versículo te dice que debes ayudar a tu enemigo, y no vengarte. Debes vencer su mal con tu bien.

—Eso me parece difícil —se quejó Justin.

—No es tan difícil como sería continuar peleando con él —le dijo su mamá.

—Creo que preferiría que Eric fuera mi amigo y no mi enemigo —dijo Justin.

¿Y TÚ? ¿Te ha tratado mal alguna persona? ¿Estás planeando vengarte? Pídele a Dios que te dé un espíritu que perdona. Comienza a vencer el mal haciendo el bien. *B.J.W.*

MEMORIZA: No te dejes vencer por el mal; al contrario, vence el mal con el bien. *Romanos 12:21* (NVI)

---

23 *de marzo*

NO TE VENGUES

DE LA BIBLIA:

Nunca devuelvan a nadie mal por mal. Compórtense de tal manera que todo el mundo vea que ustedes son personas honradas. Hagan todo lo posible por vivir en paz con todos.

Queridos amigos, nunca tomen venganza. Dejen que se encargue la justa ira de Dios. Pues dicen las Escrituras:

«Yo tomaré venganza;
  Yo les pagaré lo que se merecen»,
  dice el SEÑOR.

En cambio,

«Si tus enemigos tienen hambre,
  dales de comer.
  Si tienen sed, dales de beber.
Al hacer eso, amontonarás
  carbones encendidos de
  vergüenza sobre su
  cabeza».

No dejen que el mal los venza, más bien, venzan el mal haciendo el bien.

ROMANOS 12:17-21

Vence el mal con el bien

24 de marzo

EL SOL SALE TODOS LOS DÍAS
(PARTE 1)

DE LA BIBLIA:

El SEÑOR contestó a Moisés: «Ciertamente haré lo que me pides, porque te miro con agrado y te conozco por tu nombre».

Moisés respondió: «Te suplico que me muestres tu gloriosa presencia».

El SEÑOR respondió: «Haré pasar delante de ti toda mi bondad y delante de ti proclamaré mi nombre, Yahveh. Pues tendré misericordia de quien yo quiera y mostraré compasión con quien yo quiera. Sin embargo, no podrás ver directamente mi rostro, porque nadie puede verme y seguir con vida». El SEÑOR siguió diciendo: «Párate cerca de mí, sobre esta roca. Cuando pase mi gloriosa presencia, te esconderé en la grieta de la roca y te cubriré con mi mano hasta que yo haya pasado. Después retiraré la mano y dejaré que me veas por detrás; pero no se verá mi rostro».

ÉXODO 33:17-23

No puedes «ver» a Dios

MIENTRAS PABLO AYUDABA a su abuelo en el jardín una nublada mañana primaveral, le hizo una pregunta difícil.

—¿Cómo puede Dios ser tres personas y a la vez ser solo una? —le preguntó Pablo—. Mi maestra de la escuela dominical dice que Dios es una trinidad, que es el Padre, el Hijo y el Espíritu Santo, pero que los tres son uno.

—Eso es difícil de entender, pero está en la Biblia —le dijo su abuelo, y le alcanzó a Pablo un paquete de semillas de rábano—. ¿Quieres plantarlas?

—Sí —le dijo Pablo mirando hacia el cielo—. Pero quisiera que saliera el sol.

Mientras Pablo comenzaba a plantar las pequeñas semillas, el abuelo sonrió.

—Acabas de mencionar el sol en el cielo, y esa es una buena ilustración de la Trinidad.

—¿Lo es? —preguntó Pablo.

—Sí, ilustra a Dios el Padre —le dijo su abuelo—. Dime, ¿ha visto alguna vez alguien el sol?

—Claro que sí —le respondió Pablo.

—¡Estás equivocado! —le dijo el abuelo—. Nadie ha visto la enorme bola de fuego que llamamos sol sin quedarse ciego. Es imposible mirar directamente al sol. Lo que vemos nosotros es la luz del sol.

—¿Y eso es como Dios el Padre?

—Es una buena comparación —dijo el abuelo—. La Biblia dice que nadie ha visto al Padre. Él es tan grande y glorioso que los seres humanos no lo pueden mirar. Pero lo conocemos a través de la Biblia y de la naturaleza.

Pablo pensó en la explicación de su abuelo.

—Está bien. Pero, ¿y en cuanto al Hijo y al Espíritu Santo?

—Vamos a hablar sobre eso —le respondió el abuelo—. Pero primero reguemos lo que hemos plantado.

¿Y TÚ? ¿Tienes problemas para creer en Dios porque no puedes verlo? Tampoco puedes ver el sol, pero por cierto que no puedes dudar de que el sol existe. Aun cuando no puedes entender todo acerca de Dios, puedes creer lo que la Biblia enseña acerca de él. *G.W.*

MEMORIZA: Nadie ha visto jamás a Dios; pero el Hijo, el Único, él mismo es Dios y está íntimamente ligado al Padre. Él nos ha revelado a Dios. *Juan 1:18*

MIENTRAS PABLO TRAÍA la manguera para regar su jardín, las nubes se separaron y brilló el sol.

—Mira, abuelo —exclamó él—. ¡Ha salido el sol!

El abuelo se veía muy serio mientras observaba el jardín.

—¿Quieres decir que esa gran bola en el cielo ha salido de donde estaba? —le preguntó.

—Oh, abuelo —se rió Pablo—, tú sabes lo que quiero decir, ¡que ahora podemos ver la luz del sol!

—Es verdad —asintió su abuelo—, y tus propias palabras pueden ayudar a explicar la Trinidad.

—¿Qué quieres decir? —le preguntó Pablo.

El abuelo se sentó a la sombra de un gran árbol y Pablo se sentó a su lado.

—¿Recuerdas lo que dijimos acerca de no poder ver a Dios? —le preguntó.

—Sí —le dijo Pablo—. Así como en realidad no vemos al sol, no podemos ver a Dios el Padre.

—Correcto —le dijo el abuelo—. Pero Jesús, que es el Hijo de Dios, vino a la tierra enviado por el Padre. La gente lo vio, y nosotros podemos aprender sobre la Trinidad cuando llegamos a conocer a Jesús, que es la luz del mundo.

—Creo que me doy cuenta de lo que quieres decir —le dijo Pablo.

—Nosotros decimos "el sol", ya sea que estemos hablando de la bola de fuego o de la luz que sale de ella. Esencialmente son lo mismo —continuó el abuelo—. Dios el Padre y Dios el Hijo también son uno. A ambos los llamamos "Dios", porque los dos son Dios.

—Eso abarca a uno siendo dos y a dos siendo uno —le dijo Pablo—. Pero ¿y en cuanto al Espíritu Santo?

El abuelo se puso de pie.

—Reguemos estas plantas —dijo—. Y hablaremos sobre eso mientras trabajamos.

¿Y TÚ? ¿Piensas en Jesús como en un bebé en un pesebre? ¿Piensas en él como un hombre bueno? ¿Un buen amigo? Él es todo eso, pero mucho más. ¡Él es Dios! Todas las cosas grandes y maravillosas que sabes acerca de Dios son también ciertas de Jesús. Cuando aprendes sobre Jesús en la Biblia, estás aprendiendo acerca de Dios. *G.W.*

MEMORIZA: El Padre y yo somos uno. *Juan 10:30* (NVI)

EL SOL SALE TODOS LOS DÍAS
(PARTE 2)

DE LA BIBLIA:

En el principio, la Palabra ya existía. La Palabra estaba con Dios, y la Palabra era Dios. El que es la Palabra existía en el principio con Dios. Dios creó todas las cosas por medio de él, y nada fue creado sin él. La Palabra le dio vida a todo lo creado, y su vida trajo luz a todos. La luz brilla en la oscuridad, y la oscuridad jamás podrá apagarla.

Dios envió a un hombre llamado Juan el Bautista, para que contara acerca de la luz, a fin de que todos creyeran por su testimonio. Juan no era la luz; era solo un testigo para hablar de la luz. Aquel que es la luz verdadera, quien da luz a todos, venía al mundo.

Vino al mismo mundo que él había creado, pero el mundo no lo reconoció. Vino a los de su propio pueblo, y hasta ellos lo rechazaron; pero a todos los que creyeron en él y lo recibieron, les dio el derecho de llegar a ser hijos de Dios.

JUAN 1:1-12

Jesús es Dios

26 de marzo

EL SOL SALE TODOS LOS DÍAS
(PARTE 3)

DE LA BIBLIA:

«Me queda aún mucho más que quisiera decirles, pero en este momento no pueden soportarlo. Cuando venga el Espíritu de verdad, él los guiará a toda la verdad. Él no hablará por su propia cuenta, sino que les dirá lo que ha oído y les contará lo que sucederá en el futuro».

JUAN 16:12-13

El Espíritu Santo es Dios

—LLEVA LA MANGUERA al final de lo que hemos plantado —le sugirió el abuelo—, y comienza a regar allí.

Pablo siguió las instrucciones y comenzó a regar la tierra salpicando el agua con suavidad.

—Esto ayudará a que broten las semillas —dijo él.

—Exactamente —estuvo de acuerdo el abuelo, quien estaba pasando el rastrillo por la tierra—. ¿Recuerdas lo que plantamos el año pasado?

—Claro que sí —exclamó Pablo—. Cosechamos los mejores rábanos, zanahorias y frijoles de todo el vecindario. Me encantó ver crecer esas plantas.

—Además del agua, ¿qué fue lo que las hizo crecer? —le preguntó el abuelo.

—Creo que el sol —respondió Pablo.

—En realidad, el poder químico del sol ayuda a que las plantas crezcan —dijo el abuelo—. Ese poder es muy diferente al sol y a la luz del sol, y sin embargo es uno con ellos. Cuando hablamos sobre eso, decimos "el sol", porque es el sol.

—¡Qué cosa! Es un poco difícil de entender —dijo Pablo—, pero, ¿estás a punto de decir que el Espíritu Santo es como el poder químico del sol?

—¡Sí! —le dijo el abuelo riéndose entre dientes—. El Espíritu Santo es uno con Dios el Padre y con Dios el Hijo. El Espíritu Santo es Dios. Él trabaja en forma milagrosa en nuestro corazón. El Espíritu Santo les da a los creyentes el poder que necesitan para vivir para Dios. Y a los no creyentes les hace darse cuenta de que deben aceptar a Jesús como Salvador.

Pablo le sonrió a su abuelo.

—Abuelo, deberías haber sido predicador —le dijo—. Gracias por ayudarme a entender la Biblia.

¿Y TÚ? ¿Sabes mucho acerca de la tercera persona de la Trinidad, que es el Espíritu Santo? Si eres creyente, el Espíritu Santo vive en ti y te ayuda a entender las verdades espirituales. Escucha lo que te dice y obedece. Si no eres creyente, el Espíritu Santo te está diciendo que aceptar a Jesús como Salvador es la decisión más importante que jamás tomarás en la vida. Escucha al Espíritu Santo y confía en Cristo. *G.W.*

MEMORIZA: Dios nos ha dado su Espíritu como prueba de que vivimos en él y él en nosotros. *1 Juan 4:13*

NADA BUENO ESTABA pasando en la vida de Zachary. Primero, su mejor amigo se mudó a otro lugar. Luego su viejo y fiel perro murió. Los pensamientos del niño eran sombríos cuando pasó frente a su iglesia camino a la escuela.

«Buenos días, Zac —le dijo el señor Barry, conserje de la iglesia. El hombre miró hacia arriba, a la ventana de cristal pintado en el frente de la iglesia—. ¿No te maravillas al pensar en la destreza del hombre que creó esa ventana?»

Zachary miró hacia arriba y se encogió de hombros. Él no se sentía impresionado por eso. La ventana solo era un grupo de cristales oscuros y sin atractivo que habían sido puestos juntos.

«Espera para verla cuando el sol brilla a través del cristal —le dijo el señor Barry—. Pasa por acá después de tus clases y te mostraré algo hermoso».

Esa tarde, el señor Barry lo llevó al santuario de la iglesia. El sol brillaba con intensidad a través de los colores del cristal de la ventana; se veía la figura de Jesús bendiciendo a unos niños. «Totalmente diferente a cuando la ves desde adentro, ¿no es verdad? —dijo el señor Barry—. A veces pienso que la vida es como eso. Desde nuestro punto de vista puede parecer oscura y sin atractivo, especialmente cuando estamos pasando por tiempos malos. Pero desde el punto de vista de Dios, cada una de las pequeñas partes encaja perfectamente».

Zachary vio que aun los pedazos de cristal oscuros que se habían usado para el cabello de un niño tenían un resplandor hermoso. El artista sabía lo que estaba haciendo cuando usó cada pedazo de cristal. Algún día Zachary también vería que Dios sabe lo que está haciendo en cada situación.

¿Y TÚ? ¿A ti también te parece que tu vida es sombría y deprimente? Tal vez ha habido enfermedad o alguna muerte en tu familia. O tu mejor amigo se ha mudado lejos, o tus padres se están separando. Trata de darte cuenta de que si pudieras ver tu vida como la ve Dios, verías algo hermoso que se está formando. Tal vez no lo entiendas hasta que llegues al cielo, pero en verdad Dios está obrando lo que es mejor para ti. *H.W.M.*

MEMORIZA: Ahora conozco de manera imperfecta, pero entonces conoceré tal y cómo soy conocido. *1 Corintios 13:12* (NVI)

ALGO HERMOSO

DE LA BIBLIA:

Ahora nuestro conocimiento es parcial e incompleto, ¡y aun el don de profecía revela solo una parte de todo el panorama! Sin embargo, cuando llegue el tiempo de la perfección, esas cosas parciales se volverán inútiles.

Cuando yo era niño, hablaba, pensaba y razonaba como un niño; pero cuando crecí, dejé atrás las cosas de niño. Ahora vemos todo de manera imperfecta, como reflejos desconcertantes, pero luego veremos todo con perfecta claridad. Todo lo que ahora conozco es imparcial e incompleto, pero luego conoceré todo por completo, tal como Dios ya me conoce a mí completamente.

Tres cosas durarán para siempre: la fe, la esperanza y el amor; y la mayor de las tres es el amor.

1 CORINTIOS 13:9-13

Confíale tu vida a Dios

28 de marzo

OBSERVANDO IGUAL QUE UN HALCÓN

Les escribí como lo hice para probarlos y ver si cumplirían mis instrucciones al pie de la letra. Si ustedes perdonan a este hombre, yo también lo perdono. Cuando yo perdono lo que necesita ser perdonado, lo hago con la autoridad de Cristo en beneficio de ustedes, para que Satanás no se aproveche de nosotros. Pues ya conocemos sus maquinaciones malignas. [...]

Así que, ¡gracias a Dios!, quien nos ha hecho sus cautivos y siempre nos lleva en triunfo en el desfile victorioso de Cristo. Ahora nos usa para difundir el conocimiento de Cristo por todas partes como un fragante perfume. Nuestras vidas son la fragancia de Cristo que sube hasta Dios, pero esta fragancia se percibe de una manera diferente por los que se salvan y los que se pierden.

2 CORINTIOS 2:9-11, 14-15

Deja que Dios te fortalezca

ÁNGELA Y SU ABUELO habían salido a caminar cuando vieron un halcón volando en círculos por encima de la cabeza de ellos. De pronto, el halcón bajó en picada, se posó encima de un ratón, lo tomó con sus garras y se lo llevó.

Ángela se quedó con la boca abierta.

—¿Cómo pudo ese halcón ver a ese ratón?

—Los halcones tienen una vista mucho más desarrollada que la nuestra —le explicó su abuelo—. Por eso a veces se dice que alguien tiene vista de halcón. Ese halcón vio al ratón que corría, y bajó para buscar su cena.

—Estoy contenta de ser demasiado grande para ser la cena de un halcón —dijo Ángela.

—Yo también —dijo el abuelo riéndose entre dientes, pero luego se puso serio—. Hay un enemigo que también está dando vueltas alrededor de los seres humanos buscando devorarlos. Al igual que el halcón busca animales débiles para comérselos, Satanás busca los puntos débiles en nuestra vida.

—¿Puntos débiles?

—Los puntos débiles son las áreas de nuestra vida que no le han sido entregadas totalmente a Dios —le dijo el abuelo—. Si una persona tiene mal carácter y no le ha pedido ayuda a Dios, Satanás va a continuar atacando a esa persona por medio de su mal carácter.

—Y también mentir, robar y decir malas palabras pueden ser puntos débiles, ¿no es verdad? —le preguntó Ángela.

—Sí —le dijo el abuelo—. Y quejarse y desobedecer también lo son. Uno de mis puntos débiles es que no ayudo a la abuela lo suficiente. Cuando esto sucede, le pido a Dios que me perdone y que me ayude. Entonces Satanás no me puede atacar en ese punto débil.

—Pelear con mi hermano es un punto débil para mí —admitió Ángela—. Le voy a pedir a Dios que me ayude a dejar de hacerlo.

¿Y TÚ? ¿Cuál es tu punto débil? Sea lo que sea un punto débil para ti, habla con Dios y pídele que te perdone y que te ayude cuando no haces lo que debes hacer. *C.E.Y.*

MEMORIZA: Les escribí como lo hice para probarlos y ver si cumplirían mis instrucciones al pie de la letra [...] para que Satanás no se aproveche de nosotros. Pues ya conocemos sus maquinaciones malignas. *2 Corintios 2:9, 11*

MIENTRAS BRIANNA ESTABA ayudando a su padre a pintar la cocina, le hizo una pregunta sobre una cosa que la había estado molestando.

—Papá, siempre dices que es importante confesar nuestros pecados cuando oramos, ¿no es así?

—Sí —le respondió su papá—, para que nuestra comunión con Dios no se interrumpa.

—Bueno —Brianna le respondió con otra pregunta—, ¿y qué pasa si no puedo pensar en ningún pecado para confesar? Algunos días no digo ninguna mentira ni hago nada malo. Así que, ¿cómo puedo confesar algo?

Papá levantó una ceja.

—Me gustaría tener ese problema, Brianna —le dijo—. Yo siempre puedo pensar en cosas para confesar.

—¿Tú, papá? —le preguntó Brianna—. Tú eres muy buen creyente.

El papá se rió.

—Tal vez no tengo pecados "obvios", pero todavía peco varias veces al día. Por ejemplo, puedo tener pensamientos pecaminosos. Además, en realidad hay dos clases de pecado.

—Yo creía que el pecado era pecado.

—Sí, de una manera lo es —estuvo de acuerdo su padre—. Todo pecado le desagrada a Dios, hiere a otras personas y nos hiere a nosotros mismos. Sin embargo, a veces pecamos por hacer cosas malas; otras veces pecamos por no hacer las cosas correctas que deberíamos hacer. La Biblia dice que si sé hacer el bien y no lo hago, eso es pecado.

Brianna pensó en eso.

—¿Quieres decir que cuando mamá necesita ayuda en la cocina, pero en lugar de ayudarla yo miro la televisión, eso es un pecado en realidad? —El padre asintió—. ¡Qué cosa! —exclamó Brianna—. No voy a tener problemas de ahora en adelante para pensar en cosas que debo confesar.

¿Y TÚ? ¿Confiesas pecados como robar, decir malas palabras, desobedecer a tus padres, o alguna otra cosa que Dios te ha dicho que no debes hacer? También debes tener cuidado de obedecer todo lo que Dios te dice que hagas. Ahora mismo, detente y piensa en las cosas que sabes que deberías hacer, y determina hacerlas lo más pronto que te sea posible. *S.L.K.*

MEMORIZA: Así que comete pecado todo el que sabe hacer el bien y no lo hace. *Santiago 4:17* (NVI)

DOS CLASES DE PECADO

DE LA BIBLIA:

No finjan amar a los demás; ámenlos de verdad. Aborrezcan lo malo. Aférrense a lo bueno. Ámense unos a otros con un afecto genuino y deléitense al honrarse mutuamente. No sean nunca perezosos, más bien trabajen con esmero y sirvan al Señor con entusiasmo.

Alégrense por la esperanza segura que tenemos. Tengan paciencia en las dificultades y sigan orando. Estén listos para ayudar a los hijos de Dios cuando pasen necesidad. Estén siempre dispuestos a brindar hospitalidad.

Bendigan a quienes los persiguen. No los maldigan, sino pídanle a Dios en oración que los bendiga. Alégrense con los que están alegres y lloren con los que lloran. Vivan en armonía unos con otros. No sean tan orgullosos como para no disfrutar de la compañía de la gente común. ¡Y no piensen que lo saben todo!
ROMANOS 12:9-16

Evita el mal: haz el bien

30 de marzo

NO SEAS COBARDE

DE LA BIBLIA:

Y debido a su gloria y excelencia, nos ha dado grandes y preciosas promesas. Estas promesas hacen posible que ustedes participen de la naturaleza divina y escapen de la corrupción del mundo, causada por los deseos humanos.

En vista de todo esto, esfuércense al máximo por responder a las promesas de Dios complementando su fe con una abundante provisión de excelencia moral; la excelencia moral, con conocimiento; el conocimiento, con control propio; el control propio, con perseverancia; la perseverancia, con sumisión a Dios; la sumisión a Dios, con afecto fraternal, y el afecto fraternal, con amor por todos. Cuanto más crezcan de esta manera, más productivos y útiles serán en el conocimiento de nuestro Señor Jesucristo; pero los que no llegan a desarrollarse de esta forma son cortos de vista o ciegos y olvidan que fueron limpiados de sus pecados pasados.

2 PEDRO 1:4-9

Acepta las diferencias en otros

PABLO Y SU ABUELO tiraron algunos granos en el piso del gallinero. Las gallinas se lanzaron sobre la comida. Pero una gallina fue picoteada por las otras gallinas cuando trató de comer. Pablo se fijó que esa gallina tenía una mancha roja en el pescuezo.

—¡Esa gallina está herida, abuelo! —exclamó.

En ese momento, un gallo grande le dio un picotazo en el pescuezo a la gallina. El abuelo tomó en sus manos a la gallina que estaba dando graznidos, y la llevó a un gallinero separado para que la herida de su pescuezo pudiera sanar.

—¿Por qué la picotean las otras gallinas? —preguntó Pablo.

—No estoy completamente seguro —le respondió su abuelo mientras untaba el cuello de la gallina con una crema medicinal—. Pero este comportamiento es típico en las gallinas. Siempre picotean a las que son débiles o a las que están enfermas. Y le dan el picotazo justo en el lugar en que tienen la herida.

—Eso es cruel —dijo Pablo.

—En cierta forma, la gente a menudo hace lo mismo —dijo el abuelo.

—¿Cómo? —preguntó Pablo.

—Algunas personas se burlan de otros que tienen diferente color de piel, o de ojos, o diferente forma de nariz u orejas, o que se ven un poco diferentes —le explicó el abuelo.

Pablo pensó en un muchacho llamado Sydney. Pablo estaba contento ahora de no haberse unido a los otros niños que se burlaban de Sydney porque era pelirrojo. Pero él no había tratado de ser amistoso con el joven. «Es malo cuando la gente actúa como las gallinas», dijo el abuelo.

Pablo asintió, y tomó la decisión de invitar a Sydney a jugar con él en cuanto llegara a su casa.

¿Y TÚ? ¿Aceptas a las personas que no se ven como tú o que no hablan como tú? Nunca les pongas sobrenombres burlones o digas chistes acerca de esas personas. Dios quiere que tú ames a todos y que los trates con amabilidad. Tal vez haya una persona «diferente» en tu escuela o en tu vecindario que necesita tu amistad. Dios ama a esa persona. ¿Estás dispuesto a mostrarle el amor de Dios a él o a ella? *C.E.Y.*

MEMORIZA: Les doy un nuevo mandamiento: ámense unos a otros. Tal como yo los he amado, ustedes deben amarse unos a otros. *Juan 13:34*

A MENUDO, Esteban se mostraba impaciente con Karen, su hermana pequeña. Estaba cansado de que ella siempre imitara todo lo que hacía, y que lo siguiera a todas partes.

Un día, su mamá mandó a Esteban a la casa de su abuelo Wells con unos panecillos de canela que ella había horneado. Mientras estaban sentados y comían un panecillo, escucharon que alguien llamaba a la puerta.

—¿Más visitas? —preguntó el abuelo.

—¡Karen! —exclamó Esteban cuando se abrió la puerta—. ¡Mamá va a estar enojada contigo! —dijo, y volviéndose al abuelo agregó—: Karen trata de ir a todos los lugares que voy yo, y trata de hacer todo lo que yo hago —se quejó.

—Esteban, ese es posiblemente el cumplido más grande que ella te pudiera dar —le dijo su abuelo—. Ella te admira. Tú eres su ejemplo. Donde tú vayas, ella te seguirá.

—Por cierto que me admira—dijo Esteban—. Me sigue como una sombra. Y si digo que tengo hambre, ella dice: "Yo también".

—Yo también —dijo Karen.

—Bueno, entonces, comamos —dijo el abuelo con una sonrisita.

—Gracias, abuelo, pero tengo que llevar a Karen a casa —dijo Esteban—. Ella puede compartir mi panecito en el camino.

Esteban miró a Karen mientras ella ponía su mano en la de él y comenzaba a trotar a su lado. Él recordó las palabras de su abuelo en cuanto a ser un ejemplo. *De ahora en adelante voy a ser el mejor ejemplo que pueda ser para mi hermanita,* decidió él. Esteban sabía que necesitaba la ayuda de Dios para eso.

¿Y TÚ? La vida es un poco como el juego «Sigue al líder». Todos son ambos, un seguidor y un líder. Tú sigues a alguien y alguien te sigue a ti. En primer lugar, asegúrate de seguir al líder que debes seguir, que es el Señor Jesucristo. En segundo lugar, asegúrate de dar un buen ejemplo a aquellos que te admiran y que te siguen. *B.J.W.*

MEMORIZA: Que nadie te menosprecie por ser joven. Al contrario, que los creyentes vean en ti un ejemplo a seguir en la manera de hablar, en la conducta, y en amor, fe y pureza. *1 Timoteo 4:12* (NVI)

SIGUE AL LÍDER

DE LA BIBLIA:

Enseña esas cosas e insiste en que todos las aprendan. No permitas que nadie te subestime por ser joven. Sé un ejemplo para todos los creyentes en lo que dices, en la forma en que vives, en tu amor, tu fe y tu pureza. Hasta que yo llegue, dedícate a leer las Escrituras a la iglesia, y a animar y a enseñarles a los creyentes.

No descuides el don espiritual que recibiste mediante la profecía que se pronunció acerca de ti cuando los ancianos de la iglesia te impusieron las manos. Presta suma atención a estos asuntos. Entrégate de lleno a tus tareas, para que todos vean cuánto has progresado. Ten mucho cuidado de cómo vives y de lo que enseñas. Mantente firme en lo que es correcto por el bien de tu propia salvación y la de quienes te oyen.

1 TIMOTEO 4:11-16

Sé un buen ejemplo

1 de abril

¡FELIZ CUMPLEAÑOS!

DE LA BIBLIA:

Imiten a Dios en todo lo que hagan porque ustedes son sus hijos queridos. Vivan una vida llena de amor, siguiendo el ejemplo de Cristo. Él nos amó y se ofreció a sí mismo como sacrificio por nosotros, como aroma agradable a Dios. [...]

Pues antes ustedes estaban llenos de oscuridad, pero ahora tienen la luz que proviene del Señor. Por lo tanto, ¡vivan como gente de luz! Pues esa luz que está dentro de ustedes produce solo cosas buenas, rectas y verdaderas.

Averigüen bien lo que agrada al Señor. No participen en las obras inútiles de la maldad y la oscuridad; al contrario, sáquenlas a la luz. Es vergonzoso siquiera hablar de las cosas que la gente malvada hace en secreto. No obstante, sus malas intenciones se descubrirán cuando la luz las ilumine, porque la luz hace todo visible.

EFESIOS 5:1-2, 8-14

El pecado no deja brillar la luz

«¡QUE LOS CUMPLAS FELIZ, querido papá, que los cumplas feliz!», le cantaron Chad y Stacy mientras su mamá colocaba el pastel en la mesa. Los niños le dijeron que pidiera un deseo antes de apagar las velas.

El padre aspiró profundamente y sopló. Todas las pequeñas luces en el pastel se apagaron. Pero de pronto, una de ellas se recuperó y comenzó a brillar de nuevo. «Oh», dijo el padre y sopló de nuevo. La vela pareció apagarse, pero luego la llama apareció otra vez.

—Oigan, un momento —dijo el padre mientras los niños se reían a carcajadas—. ¿De quién fue la idea? —los regañó juguetonamente.

—Chad compró esa vela en una tienda donde venden artículos para fiestas —se rió Stacy—. Es una vela especial que no se apaga hasta que la pones debajo del agua.

—Eso es lo que pasa porque tu cumpleaños es el 1 de abril —bromeó Chad—. ¡Feliz cumpleaños, y también feliz Día de las Bromas!

Los niños tomaron turnos para ver si ellos podían apagar esa vela. No la pudieron apagar, y tampoco la pudo apagar su madre.

—Esa vela especial me recuerda a lo que Dios ha hecho por nosotros —dijo el padre finalmente—. Él nos ha dado el privilegio de ser luces en este mundo. Cuando permitimos que el pecado entre en nuestra vida, sopla contra nuestra luz, haciendo que se quiera apagar. Eso nos hace inefectivos, pero démosle gracias al Señor que él no permite que nuestra luz se apague totalmente. Y también debemos decidir que el pecado no entre en nuestra luz, para que así pueda brillar con intensidad para Jesús.

¿Y TÚ? ¿Está tu «luz» brillando con intensidad? ¿O hay pecado, tal como la desobediencia, la mentira o los hechos desconsiderados, tratando de apagar tu luz? Si lo hay, te impedirá tener un buen testimonio para Jesús. Confiesa ese pecado, pídele a Dios que te perdone y brilla para él. *H.W.M.*

MEMORIZA: Hagan brillar su luz delante de todos, para que ellos puedan ver las buenas obras de ustedes y alaben al Padre que está en el cielo. *Mateo 5:16* (NVI)

JONATÁN PHILLIPS QUERÍA ser misionero de adulto, así que estaba entusiasmado cuando el doctor Cook, un misionero del África, llegó de visita una tarde.

—¿Cómo es en realidad la vida en la jungla, doctor Cook? Creo que debe ser muy emocionante.

Lisa, la hermana de Jonatán, se estremeció.

—Yo creo que debe ser aterradora, con todos esos leones, culebras y elefantes.

—¡No soy cobarde! —alardeó Jonatán—. Si un león grande se me acercara, yo lo mataría con mi rifle de alto poder. ¡Pum! ¡Pum!

El doctor Cook se rió.

—Estoy contento de que seas tan valiente, Jonatán — le dijo—. Yo he visto algunos animales peligrosos en el África, pero no de la clase que tú estás pensando. Nuestros enemigos más grandes en la selva son los mosquitos.

—¿Los mosquitos? —dijo Jonatán con un tono de incredulidad—. ¿Cómo se puede comparar a una cosa tan chiquita e insignificante como un mosquito con un león enorme y furioso? Los leones pueden matar a la gente.

—En realidad, los mosquitos y otros insectos matan a mucha más gente que los animales grandes —dijo el doctor Cook—. Llevan la malaria, la fiebre amarilla y otras enfermedades. Muchas personas han tenido que abandonar el campo misionero por esos pequeños mosquitos.

—Ese principio también se aplica a nuestra vida cristiana —dijo el papá de Jonatán—. A menudo, no son las cosas grandes las que nos hacen sentir desalentados. Son las pequeñas, como sentirnos aburridos o no llevarnos bien con la gente.

—Bueno, todavía quiero ser misionero en el África, —dijo Jonatán—, ¡y voy a estar muy alerta en cuanto a esos animales tan peligrosos que son los mosquitos!

¿Y TÚ? Tal vez pienses que estarías dispuesto a pelear grandes batallas por servir a Jesús, pero ¿cómo estás manejando los problemas pequeños de tu vida, como los amigos que se burlan de ti, las tareas escolares difíciles, un hermano o una hermana con quien no te llevas bien, o un padre o madre o maestra que no parece entenderte? No permitas que los «mosquitos» te impidan hacer la voluntad de Dios. *S.L.K.*

MEMORIZA: Todo lo puedo hacer por medio de Cristo, quien me da las fuerzas. *Filipenses 4:13*

PELIGRO: ¡MOSQUITOS!

DE LA BIBLIA:

Por lo tanto, ya que estamos rodeados por una enorme multitud de testigos de la vida de fe, quitémonos todo peso que nos impida correr, especialmente el pecado que tan fácilmente nos hace tropezar. Y corramos con perseverancia la carrera que Dios nos ha puesto por delante. Esto lo hacemos al fijar la mirada en Jesús, el campeón que inicia y perfecciona nuestra fe. Debido al gozo que le esperaba, Jesús soportó la cruz, sin importarle la vergüenza que esta representaba. Ahora está sentado en el lugar de honor, junto al trono de Dios. Piensen en toda la hostilidad que soportó por parte de pecadores, así no se cansarán ni se darán por vencidos. Después de todo, ustedes aún no han dado su vida en la lucha contra el pecado.
HEBREOS 12:1-4

Vence las faltas «pequeñas»

3 de abril

LA MAESTRA SUSTITUTA

DE LA BIBLIA:

Toda persona debe someterse a las autoridades de gobierno, pues toda autoridad proviene de Dios, y los que ocupan puestos de autoridad están allí colocados por Dios. Por lo tanto, cualquiera que se rebele contra la autoridad se rebela contra lo que Dios ha instituido, y será castigado. Pues las autoridades no infunden temor a los que hacen lo que está bien, sino en los que hacen lo que está mal. ¿Quieres vivir sin temor a las autoridades? Haz lo correcto, y ellas te honrarán. Las autoridades están al servicio de Dios para tu bien; pero si estás haciendo algo malo, por supuesto que deberías tener miedo, porque ellas tienen poder para castigarte. Están al servicio de Dios para cumplir el propósito específico de castigar a los que hacen lo malo. Por eso tienes que someterte a ellas, no solo para evitar el castigo, sino para mantener tu conciencia limpia.
ROMANOS 13:1-5

Respeta la autoridad

—HOLA, MAMÁ —le dijo Juanita—. Tuvimos una maestra sustituta hoy. ¡Te habrías reído!

—¿Qué fue lo gracioso?

—Bueno, Jarrett, Miguel y Juan se cambiaron de asiento, así que ella se pasó todo el día llamándolos por los nombres equivocados —le explicó Juanita—. Y luego algunos niños le dijeron que nosotros siempre tenemos quince minutos extra de recreo. ¡Qué tonta!

—¿Cómo se suponía que la maestra sustituta supiera quiénes son los niños? —dijo la mamá.

—Supongo que nuestra maestra le dejó un gráfico con los asientos.

—Pero ¿cómo podía saber si los niños estaban en sus asientos correctos? —le preguntó su mamá—. ¿Y cómo podía saber si los niños le estaban mintiendo acerca del recreo?

—No lo sé —le respondió Juanita.

—En realidad no fue gracioso ni amable engañarla y reírse de ella —le dijo la mamá.

—Bueno, es solo una maestra sustituta —dijo Juanita—. No tiene importancia.

—Oh, sí, tiene importancia —exclamó su mamá—. Tú estás bajo la autoridad de ella mientras estás en la clase. Eso quiere decir que debes respetarla y obedecerla. Eso es simple amabilidad y es un mandamiento de Dios.

—¿Lo es? Yo pensaba que la Biblia solo dice que debemos obedecer a nuestros padres.

—También nos dice que debemos obedecer a las autoridades que están sobre nosotros —dijo la mamá—. Y eso incluye a las maestras sustitutas.

—Ella se debe haber sentido muy mal —dijo Juanita—. Oye, mamá, ¿me podrías llevar en el automóvil a la escuela? La maestra dijo que iba a corregir tareas después de la hora de clase. Quiero ir para pedirle perdón.

—¡Muy buena idea! —le dijo su mamá—. Vamos ahora mismo.

¿Y TÚ? ¿Has tenido tú o alguno de tus compañeros la actitud de «divertirte» un poco con una maestra sustituta? Dios no lo creyó gracioso. Él nos dice que debemos respetar y obedecer a las personas que están en autoridad sobre nosotros. *D.S.M.*

MEMORIZA: Todos deben someterse a las autoridades públicas, pues no hay autoridad que Dios no haya dispuesto. *Romanos 13:1* (NVI)

UN MENSAJERO CONFUNDIDO

A MIGUEL Y A LAURA les gustaba mandarse mensajes por medio de su inteligente perro llamado Duke. Miguel colocaba una nota en el collar de Duke y le decía: «Ve adonde está Laura». Duke corría por el pasillo hasta el cuarto de Laura. Entonces la niña contestaba la nota y le decía a Duke: «Ve adonde está Miguel». Y en forma obediente, Duke regresaba al cuarto de Miguel.

Un día, Miguel sintió hambre mientras estaba realizando sus tareas escolares. Él sabía que Laura tenía caramelos, así que le pidió caramelos por medio de una nota colocada en el collar del perro. Le dijo: «Duke, ve adonde está Laura».

Duke trotó por el pasillo, pero nunca regresó. Entonces Miguel decidió investigar a su mensajero. «Nunca vino aquí —dijo Laura—. Creo que escuché que mamá abría la puerta de la alacena».

Lo que sucedió fue que Duke había ido a la cocina, y que la madre lo había dejado salir. Ahora el mensajero de Miguel estaba corriendo en el jardín persiguiendo a un conejo.

—¡Qué clase de mensajero tengo! —se rió Miguel.

—Así es como son los creyentes a veces —dijo la mamá—. Estamos de acuerdo en ser mensajeros de Dios, pero entonces nos distraemos.

—Como cuando se suponía que yo estuviera practicando la trompeta para tocar en la iglesia, pero me distraje jugando al béisbol —sugirió Miguel.

—O como cuando se suponía que le escribiera una carta a un misionero como proyecto de la escuela dominical, pero en lugar de eso me puse a mirar videos —agregó Laura.

—Exactamente —dijo la mamá—. El mensaje que tenemos del Señor es importante, y se requiere un mensajero serio para entregar un mensaje serio.

¿Y TÚ? ¿Te distraes a veces y no entregas el mensaje de Dios? ¿Te ocupas de mirar tanto la televisión que no tienes tiempo para memorizar versículos bíblicos o de practicar música especial para tocar en la iglesia? ¿Te olvidas de invitar a tus amigos para que vayan contigo a la iglesia porque estás demasiado ocupado hablando de otras cosas? Recuerda, se requiere un mensajero serio para entregar un mensaje serio. *L.M.W.*

MEMORIZA: Vayan por todo el mundo y prediquen la Buena Noticia a todos. *Marcos 16:15*

DE LA BIBLIA:

[Bernabé y Saulo] viajaron de ciudad en ciudad por toda la isla hasta que finalmente llegaron a Pafos, donde conocieron a un hechicero judío, un falso profeta llamado Barjesús. El tal se había apegado al gobernador Sergio Paulo, quien era un hombre inteligente. El gobernador invitó a Bernabé y a Saulo para que fueran a verlo, porque quería oír la palabra de Dios; pero Elimas, el hechicero (eso es lo que significa su nombre en griego), se entrometió y trataba de persuadir al gobernador para que no prestara atención a lo que Bernabé y Saulo decían. Trataba de impedir que el gobernador creyera.

Saulo, también conocido como Pablo, fue lleno del Espíritu Santo y miró al hechicero a los ojos. Luego dijo: «¡Tú, hijo del diablo, lleno de toda clase de engaño y fraude, y enemigo de todo lo bueno! ¿Nunca dejarás de distorsionar los caminos verdaderos del Señor? Ahora mira, el Señor ha puesto su mano de castigo sobre ti, y quedarás ciego. No verás la luz del sol por un tiempo». Al instante, neblina y oscuridad cubrieron los ojos del hombre, y comenzó a andar a tientas, mientras suplicaba que alguien lo tomara de la mano y lo guiara.

HECHOS 13:6-11

Entrega el mensaje de Dios

5 de abril

SANANDO A LOS HERIDOS
(PARTE 1)

DE LA BIBLIA:

Basado en el privilegio y la autoridad que Dios me ha dado, le advierto a cada uno de ustedes lo siguiente: ninguno se crea mejor de lo que realmente es. Sean realistas al evaluarse a ustedes mismos, háganlo según la medida de fe que Dios les haya dado. Así como nuestro cuerpo tiene muchas partes y cada parte tiene una función específica, el cuerpo de Cristo también. Nosotros somos las diversas partes de un solo cuerpo y nos pertenecemos unos a otros.

Dios, en su gracia, nos ha dado dones diferentes para hacer bien determinadas cosas. Por lo tanto, si Dios te dio la capacidad de profetizar, habla con toda la fe que Dios te haya concedido. Si tu don es servir a otros, sírvelos bien. Si eres maestro, enseña bien. Si tu don consiste en animar a otros, anímalos. Si tu don es dar, hazlo con generosidad. Si Dios te ha dado la capacidad de liderar, toma la responsabilidad en serio. Y si tienes el don de mostrar bondad a otros, hazlo con gusto.
ROMANOS 12:3-8

El amor alivia el dolor

—FÍJATE EN LA TAREA que la señorita Grice nos dio en la escuela dominical hoy —le dijo Amy a su mamá mostrándole el papel.

De pronto, su hermanita Megan, de cuatro años de edad, entró corriendo al cuarto.

—¡Mamá! ¡Esa flor me lastimó el dedo!

Con suavidad, la madre quitó la espina del dedo de Megan, le limpió la sangre y le dio un beso. Con una sonrisa, Megan salió de nuevo.

La madre se volvió a la hoja de papel que Amy le había dado.

—Debes encontrar una necesidad y suplirla; debes encontrar una herida y sanarla —leyó ella—. Esa es una tarea buena.

—Claro —se quejó Amy—, pero yo no soy doctora. ¿Cómo puedo sanar a alguien?

—¿Les explicó la señorita Grice que hay tres clases diferentes de heridas? —le preguntó su mamá.

Amy asintió.

—Además de las heridas físicas, hay heridas mentales y heridas espirituales. Pero ¿qué puedo hacer yo? Soy solo una niña —suspiró ella—. Sé que los padres de Karen se han separado, y sé que el hermano mayor de Juan está en la cárcel por vender drogas. El padre de Mandy no tiene trabajo, así que ella nunca tiene dinero para las actividades extra de la escuela. Pero yo no puedo sanar las heridas de ellos.

La madre sonrió.

—Cuando Megan vino llorando a mí hace unos momentos, en realidad yo no le sané el dedo, solo le di mucho amor y ella se sintió mejor —le dijo su mamá—. Tal vez no puedas resolver los problemas de las personas, pero las puedes alentar. Y les puedes hablar de Jesús, que es quien realmente puede sanar sus heridas. Ora sobre esto, y el Señor te mostrará lo que puedes hacer.

¿Y TÚ? ¿Conoces a alguien que se siente herido? Le puedes demostrar el amor de Dios si le muestras amor a esa persona. Sonríele, háblale, y ora por esa persona. Comparte con ella algo de la Palabra de Dios. Trata de sanar por lo menos una herida esta semana. *B.J.W.*

MEMORIZA: Todos deben ser de un mismo parecer. Tengan compasión unos de otros. Ámense como hermanos y hermanas. Sean de buen corazón y mantengan una actitud humilde. *1 Pedro 3:8*

—¿QUÉ VOY A HACER? —le preguntó Amy a Kerri mientras caminaban de regreso a su casa desde la escuela—. Es jueves, y todavía no he ayudado a sanar el dolor de nadie.

—Yo tampoco —le dijo Kerri—. Creo que le vamos a tener que decir a la señorita Grice que no somos buenas doctoras.

—¿Qué nota sacaste hoy en el examen de matemáticas? —dijo Amy cambiando de tema.

—Ochenta y cuatro puntos —le dijo Kerri con un suspiro.

—No está nada mal. La mayor parte de la clase reprobó el examen —dijo Amy—. Julia no pudo resolver ni uno de los problemas. ¡Es tan tonta!

—Con razón no tiene amigas. Ella... —Kerri se detuvo—. Amy, ¿cómo te sentirías si fracasaras en todo y no tuvieras amigas y todo el mundo dijera que eres tonta? Te sentirías herida, ¿no es verdad?

—Kerri, ¿estás sugiriendo que tratemos de sanar la herida de Julia?

Kerri asintió con mucha seriedad.

—Bueno, está bien —asintió Amy—. Pasemos por su casa y preguntémosle si quiere venir esta tarde para hacer las tareas con nosotras. Entonces lo que nos pidió la maestra de la escuela dominical estará hecho.

—Una sola tarde no lo cumplirá —le dijo Kerri con sabiduría—. Amy, ¿te acuerdas de cuando te quebraste la pierna el año pasado? Tuviste que ir al doctor una y otra vez, y tomó meses para que tu pierna estuviera sana. Julia ha estado sufriendo por mucho tiempo. Va a tomar mucho cuidado y tiempo para que se le sanen las heridas.

—¿Quieres decir que tendremos que ser amigas de ella por mucho tiempo? —le preguntó Amy.

Kerri asintió.

—Bueno —dijo Amy con un suspiro—, llegamos a la casa de Julia. Comencemos, y hablémosle de Jesús a Julia. Él es quien realmente puede sanarle sus heridas.

¿Y TÚ? ¿Conoces a alguien que necesita un amigo o una amiga? ¿Estás dispuesto a ser ese amigo o esa amiga? Trata de ayudar lo más que puedas, y no te olvides de presentarle a ese niño o a esa niña a tu mejor amigo, que es Jesús. *B.J.W.*

MEMORIZA: En todo tiempo ama el amigo; para ayudar en la adversidad nació el hermano. *Proverbios 17:17* (NVI)

SANANDO A LOS HERIDOS
(PARTE 2)

DE LA BIBLIA:

Hermanos, les rogamos que amonesten a los perezosos. Alienten a los tímidos. Cuiden con ternura a los débiles. Sean pacientes con todos.

Asegúrense de que ninguno pague mal por mal, más bien siempre traten de hacer el bien entre ustedes y a todos los demás.

Estén siempre alegres. Nunca dejen de orar. Sean agradecidos en toda circunstancia, pues esta es la voluntad de Dios para ustedes, los que pertenecen a Cristo Jesús.

No apaguen al Espíritu Santo. No se burlen de las profecías, sino pongan a prueba todo lo que se dice. Retengan lo que es bueno. Aléjense de toda clase de mal.

Ahora, que el Dios de paz los haga santos en todos los aspectos, y que todo su espíritu, alma y cuerpo se mantengan sin culpa hasta que nuestro Señor Jesucristo vuelva.

1 TESALONICENSES 5:14-23

Háblales de Jesús a tus amigos

7 de abril

LA CARTA NO LLEGÓ HOY

DE LA BIBLIA:

*Inclínate, oh SEÑOR, y escucha
    mi oración;
    contéstame, porque necesito
    tu ayuda.
Protégeme, pues estoy dedicado
    a ti.
    Sálvame, porque te sirvo y
    confío en ti;
    tú eres mi Dios.
Ten misericordia de mí, oh Señor,
    porque a ti clamo
    constantemente.
Dame felicidad, oh Señor,
    pues a ti me entrego.
¡Oh, Señor, eres tan bueno, estás
    dispuesto a perdonar,
    tan lleno de amor inagotable
    para los que piden tu ayuda!
Escucha atentamente mi oración,
    oh SEÑOR;
    oye mi urgente clamor.
A ti clamaré cada vez que esté
    en apuros,
    y tú me responderás.*
SALMO 86:1-7

*Debes estar en
comunión con
Dios todos los días*

—¿DÓNDE ESTÁ PAMELA? —preguntó el padre cuando estaban desayunando.

—Se está lavando la cabeza —le dijo Andy.

—¿No sabe que es la hora de nuestro tiempo devocional?

—Sí, y sabe que no podemos esperar por ella —dijo la mamá—. Lo que me molesta es que a ella no parece importarle. Voy a hablar con ella esta tarde.

Después de llegar de la escuela, Pamela se sentó a la mesa de la cocina y estaba revisando el correo que había llegado.

—Todos los sobres son propagandas y cuentas —se quejó—. No puedo entender por qué Sherry no me ha escrito. Yo siempre le contesto sus cartas de inmediato, pero ella pasa semanas sin contestar las mías. ¡Qué clase de amiga!

—Tú tienes un Amigo que podría decir lo mismo sobre ti —le dijo su mamá.

—¿Quién es?

—Jesús —le respondió su madre suavemente—. Últimamente has estado demasiado ocupada para comunicarte con él. Muchos días él se aleja de su "buzón" sin haber recibido nada de ti. ¿Crees que Jesús tal vez diga: "Me pregunto por qué no he recibido nada de Pamela hoy"?

—Pero, mamá... —comenzó Pamela.

—Y me pregunto cuánto del correo que le mandamos es propaganda y cuentas —continuó su mamá pensativamente—. ¿Con cuánta frecuencia oramos «Señor, esto es lo que he hecho por ti, y tú me debes todo esto»? Y ¿con cuánta frecuencia le enviamos promesas vacías y muy repetidas?

—Creo que soy igual que Sherry —dijo Pamela—. Yo he estado desilusionando al Señor, al igual que Sherry me ha desilusionado a mí. Creo que voy a ir a leer la carta que me escribió Dios, y a hablar con él.

¿Y TÚ? ¿Has estado descuidando tu «correspondencia» con el Señor? ¿Esperas recibir una respuesta inmediata de Dios, pero a menudo pasan días sin que respondas a su carta para ti? ¿Sucede con frecuencia que descuidas hablar con Dios? Decide ahora mismo que vas a hablar con Dios todos los días. *B.J.W.*

MEMORIZA: Clama a mí y te responderé, y te daré a conocer cosas grandes y ocultas que tú no sabes. *Jeremías 33:3* (NVI)

—**NO DE NUEVO** —se quejó Tanya—. Lo único que hacemos es recibir a misioneros para que se queden en casa. O a pastores que están de visita, o a extraños, como aquella familia que no pudo continuar su viaje debido a la tormenta de nieve.

—Yo creía que a ti te gustaba recibir visitas —le respondió su mamá.

—Claro, de vez en cuando —admitió Tanya—. Pero otras personas no reciben huéspedes con tanta frecuencia como nosotros.

—Eso es parte de nuestro ministerio —le explicó su papá.

—¿Ministerio?

—Así es —le respondió su padre—. Mamá y yo queríamos ser misioneros, pero no pudimos debido a mi salud.

—Así que decidimos abrirles nuestro hogar a los misioneros —le dijo su mamá—, y también queremos usar nuestro hogar como un lugar para testificarles a otras personas.

Tanya nunca pensó que recibir a misioneros en su hogar era un «ministerio». Para ella había sido tener que lavar más platos y dejar su dormitorio para que lo usaran los huéspedes.

—¿Dice la Biblia que debemos recibir visitas en nuestro hogar?

—No vas a encontrar esas palabras exactas en la Biblia —le dijo su padre—, pero sí dice que debemos abrir las puertas de nuestro hogar a los que necesiten un lugar donde dormir.

—También dice... —La mamá tomó su Biblia, la abrió y comenzó a leer en voz alta—. "Sigan amándose unos a otros como hermanos. No se olviden de brindar hospitalidad a los desconocidos, porque algunos que lo han hecho, ¡han hospedado ángeles sin darse cuenta!"

—¿Eso es como cuando tenemos misioneros en casa mientras están en la ciudad? —dijo Tanya.

—Eso es una parte; en realidad es compartir tu amor y tu hogar con otras personas —dijo mamá.

—Y mi dormitorio, que es mejor que vaya a limpiarlo —dijo Tanya con una sonrisa.

¿Y TÚ? Dios quiere que compartas lo que tienes. Hazlo con alegría. *R.I.J.*

MEMORIZA: Abran las puertas de su hogar con alegría al que necesite un plato de comida o un lugar donde dormir. *1 Pedro 4:9*

NOS VA A LLEGAR VISITA

DE LA BIBLIA:

El fin del mundo se acerca. Por consiguiente, sean serios y disciplinados en sus oraciones. Lo más importante de todo es que sigan demostrando profundo amor unos a otros, porque el amor cubre gran cantidad de pecados. Abran las puertas de su hogar con alegría al que necesite un plato de comida o un lugar donde dormir.

Dios, de su gran variedad de dones espirituales, les ha dado un don a cada uno de ustedes. Úsenlos bien para servirse los unos a los otros. ¿Has recibido el don de hablar en público? Entonces, habla como si Dios mismo estuviera hablando por medio de ti. ¿Has recibido el don de ayudar a otros? Ayúdalos con toda la fuerza y la energía que Dios te da. Así, cada cosa que hagan traerá gloria a Dios por medio de Jesucristo. ¡A él sea toda la gloria y todo el poder por siempre y para siempre! Amén.
1 PEDRO 4:7-11

Recibe visitas con alegría

9 de abril

DEMASIADA SAL

DE LA BIBLIA:

Ustedes son la sal de la tierra. Pero ¿para qué sirve la sal si ha perdido su sabor? ¿Pueden lograr que vuelva a ser salada? La descartarán y la pisotearán como algo que no tiene ningún valor. Ustedes son la luz del mundo, como una ciudad en lo alto de una colina que no puede esconderse. Nadie enciende una lámpara y luego la pone debajo de una canasta. En cambio, la coloca en un lugar alto donde ilumina a todos los que están en la casa. De la misma manera, dejen que sus buenas acciones brillen a la vista de todos, para que todos alaben a su Padre celestial.
MATEO 5:13-16

Testifica con sabiduría

—KEITH ES REALMENTE tonto —dijo Marcos a la hora de la cena—. ¡No cree los hechos! Cuando lo vi copiar en un examen hoy, le dije que era un pecador que iba rumbo al infierno y que debía de arrepentirse.

—Me parece que fuiste un poco duro —le dijo su papá.

—Yo estaba tratando de ser la sal de la tierra —le respondió Marcos—. Lo invité a la iglesia, pero me dijo que ya iba a la iglesia. Entonces le dije que su iglesia no debe ser buena si él todavía no es creyente.

—¡Marcos! —exclamó su padre—. Si insultas a la persona con la que estás hablando, se enojará y no se acercará al Señor.

Marcos tomó el salero.

—Si Keith no me cree, ese es su problema —dijo mientras le echaba un poco de sal a su comida. En ese instante, la tapa del salero se cayó, y toda la sal se esparció sobre su comida.

—¡Oh no! —dijo la madre—. Debo haber olvidado ajustar la tapa del salero cuando lo llené esta tarde.

—Marcos —le dijo su papá—, eso es lo que tú trataste de hacer con Keith. De la misma forma que demasiada sal te echó a perder la comida, tal vez tus palabras de hoy echaron a perder el interés de Keith en las cosas espirituales.

Marcos miró consternado la comida en el plato.

—Creo que tienes razón, papá —admitió—. Mañana le voy a pedir perdón, y la próxima vez voy a tratar de hablar con más tacto.

—Muy bien —dijo su mamá—. Ahora te voy a traer otro plato de comida.

¿Y TÚ? ¿Les testificas a tus amigos? Es importante que lo hagas, porque tal vez tú seas el único creyente que conocen. También es importante que tengas cuidado con la forma en que lo haces. No ofendas a las personas. Tienen sentimientos, tal como tú tienes sentimientos. Ora en cuanto a esto, y confía en que el Señor te va a dar las palabras apropiadas. *D.S.M.*

MEMORIZA: Que su conversación sea siempre amena y de buen gusto. Así sabrán cómo responder a cada uno. *Colosenses 4:6* (NVI)

SU MAMÁ ESTABA llevando a Shania para que se comprara zapatillas. Mientras esperaban en un cruce de ferrocarril, vieron que el tren iba cada vez más despacio y que finalmente se detuvo.

—¿Por qué se para aquí este tren, a la entrada de la ciudad? —se quejó Shania.

—Es probable que estén desviando algunos vagones para el granero —le respondió su mamá.

—¿Qué quiere decir desviar?

—Bueno, lo que hacen es sacar algunos vagones del medio del tren y llevarlos a una vía lateral —le dijo su mamá—. Esos vagones que son desviados probablemente estén llenos de granos para el depósito del granero.

Después de esperar unos quince minutos, finalmente siguieron el camino para comprar las zapatillas.

Al día siguiente, mientras Shania estaba en la iglesia, el sermón del pastor Brown le recordó el ferrocarril. «Algunos creyentes determinan con todo el corazón que van a servir al Señor y hacer lo que él quiere que hagan, pero de alguna forma se desvían de ese camino —dijo el pastor—, y pierden tiempo».

Shania recordó cómo habían perdido tiempo mientras el ferrocarril trataba de llevar los vagones a la vía lateral.

El pastor continuó. «A veces, el amor al dinero hará que un creyente se desvíe y que no cumpla con la voluntad de Dios —dijo el pastor Brown—. Otras veces es el deseo por ser famoso o por el placer. Cualquier cosa que sea la que nos impida cumplir con la voluntad de Dios es mala».

Shania se dio cuenta de que ella también se había «desviado» cuando le pidió a su mamá que la llevara de compras en lugar de ir a repartir folletos con su clase de la escuela dominical. *Querido Jesús*, oró ella, *ayúdame para no desviarme de tu voluntad. Amén.*

¿Y TÚ? ¿Has hecho lo que dice el versículo para memorizar de hoy? Aun si eres creyente, a veces es difícil poner a Dios primero en la vida. Pero cuando lo hagas, nunca lo vas a lamentar. No permitas que nada te desvíe de tu meta. *R.E.P.*

MEMORIZA: Siempre tengo presente al SEÑOR; con él a mi derecha, nada me hará caer. *Salmo 16:8* (NVI)

10 de abril

EL DESVÍO

DE LA BIBLIA:

*Sé que el SEÑOR siempre está conmigo;
no seré sacudido, porque él está aquí a mi lado.
Con razón mi corazón está contento y yo me alegro;
mi cuerpo descansa seguro,
porque tú no dejarás mi alma entre los muertos
ni permitirás que tu santo se pudra en la tumba.
Me mostrarás el camino de la vida,
me concederás la alegría de tu presencia
y el placer de vivir contigo para siempre.*
SALMO 16:8-11

Que Dios sea lo primero en tu vida

11 de abril

EL LUGAR DONDE ESTÁN LOS PECES

DE LA BIBLIA:

Pero todos comenzaron a poner excusas. Uno dijo: «Acabo de comprar un campo y debo ir a inspeccionarlo. Por favor, discúlpame». Otro dijo: «Acabo de comprar cinco yuntas de bueyes y quiero ir a probarlas. Por favor, discúlpame». Otro dijo: «Acabo de casarme, así que no puedo ir».

El sirviente regresó y le informó a su amo lo que le habían dicho. Su amo se puso furioso y le dijo: «Ve rápido a las calles y callejones de la ciudad e invita a los pobres, a los lisiados, a los ciegos y a los cojos». Después de hacerlo, el sirviente informó: «Todavía queda lugar para más personas». Entonces su amo dijo: «Ve por los senderos y detrás de los arbustos y a cualquiera que veas, insístele que venga para que la casa esté llena. Pues ninguno de mis primeros invitados probará ni una migaja de mi banquete».

LUCAS 14:18-24

Busca oportunidades para testificar

—**NUESTRO CONCURSO EN** la escuela dominical no es justo —se quejó Caleb un sábado por la mañana—. Se llama "La pesca para Jesús", y se supone que tenemos que traer visitas. Pero mis amigos van a la escuela dominical, así que no tengo a nadie para invitar. El premio es una caña de pescar. ¡Necesito una caña nueva!

—Bueno —dijo el padre—. Hablando de pescar, ¿quieres ir a pescar conmigo?

—¡Sí! —gritó Caleb.

—Voy a ir buscar las cañas y lo demás —le dijo su papá—. Te encuentro en el patio de atrás.

Cuando un poco más tarde Caleb iba saliendo por la puerta de atrás, se detuvo y miró fijamente. Su papá estaba sentado en una de las sillas del jardín, y tenía una caña de pescar en la mano. El anzuelo estaba sobre el césped.

—¿Qué estás haciendo? —le preguntó Caleb.

—Estoy pescando, ¡shhhh! No asustes a los peces —le susurró su papá.

—¿Pescando? —exclamó Caleb—. Aquí no hay peces. Vamos, papá, vamos adonde hay peces.

El papá sonrió.

—Muy buena idea —dijo, y enrolló la línea y se levantó—. Qué bueno que yo no estaba tratando de pescar más peces que nadie para ganar un concurso —observó—. Hubiera perdido. Vamos al lago Peerson, allí es donde hay peces.

Cuando Caleb y su padre estuvieron en la camioneta, Caleb habló:

—Sé lo que estás diciendo, papá. Me estás diciendo que yo también debo ir adonde están los "peces" para mi concurso.

El padre asintió.

—Creo que los encontrarás cerca.

—Sí —dijo Caleb—. El niño nuevo que vive en nuestra cuadra tal vez venga. Y también puedo invitar a algunos muchachos de la escuela. Voy a hacer algunas llamadas telefónicas cuando llegue a casa.

¿Y TÚ? ¿Conocen a Jesús todos tus amigos? Háblales del Señor. Y no limites tu testimonio a los que conoces mejor. Jesús quiere que tú lleves a otros niños a él. Mira a tu alrededor. Es probable que no tengas que ir muy lejos para ser pescador de personas para Jesús. *H.W.M.*

MEMORIZA: Vengan, síganme, ¡y yo les enseñaré cómo pescar personas! *Marcos 1:17*

LOS ZAPATOS DE OTRA PERSONA

LORI COLGÓ el auricular del teléfono.

—Quisiera no haber invitado a Kathleen a que venga a verme. Ella está de mal humor.

—Tal vez tú la puedas alentar —le sugirió su mamá—. Sabes que ella es una creyente nueva y que todos en su familia no son creyentes.

—Estoy cansada de tratar de animarla.

Más tarde, las dos niñas entraron a la cocina.

—Mira, mamá —le dijo Lori, señalándole los pies de Kathleen—. Kathleen tiene zapatos nuevos y son iguales a los míos.

—Ustedes deben pensar de la misma forma —dijo la mamá con una sonrisa.

Las niñas se divirtieron mucho juntas. A la mañana siguiente, Lori preguntó si podía ir a la casa de Kathleen después de la escuela.

—Sí —le respondió su mamá—. Papá te puede recoger cuando salga del trabajo.

Aquella tarde, cuando Lori entró a su casa, se dejó caer en el sofá.

—La casa de Kathleen me hace sentir deprimida. Su padre estaba de mal humor, el pequeño Pedro se la pasó llorando, y la señora Mason estaba en el trabajo. —Lori se quitó los zapatos y se frotó el talón—. Me duelen los pies. Estos zapatos nuevos me hicieron una ampolla en el talón.

La mamá miró adentro del zapato de Lori.

—Yo creía que tu medida de zapato era seis. Este zapato es cinco y medio.

—Con razón me están doliendo los pies —se rió Lori—. Kathleen debe haber estado usando mis zapatos todo el día, y yo usé los de ella.

—Hay un antiguo dicho que dice: "Nunca juzgues a una persona hasta que hayas caminado un kilómetro en sus zapatos" —le dijo su mamá—. Creo que tú acabas de caminar en los zapatos de Kathleen.

—Voy a dejar de criticarla y voy a empezar a orar por ella. —Lori se puso en pie—. Y ahora la voy a llamar por teléfono y le voy a preguntar si le gustó caminar en mis zapatos.

¿Y TÚ? ¿Criticas a otras personas con rapidez cuando no entiendes su comportamiento? Tal vez tú debas «caminar en sus zapatos» por un tiempo. Trata de entender mejor las circunstancias de esas personas. *B.J.W.*

MEMORIZA: Amados hermanos, no hablen mal los unos de los otros. *Santiago 4:11*

DE LA BIBLIA:

[Jesús dijo:] «Deben ser compasivos, así como su Padre es compasivo.

»No juzguen a los demás, y no serán juzgados. No condenen a otros, para que no se vuelva en su contra. Perdonen a otros, y ustedes serán perdonados. Den, y recibirán. Lo que den a otros les será devuelto por completo: apretado, sacudido para que haya lugar para más, desbordante y derramado sobre el regazo. La cantidad que den determinará la cantidad que recibirán a cambio».

LUCAS 6:36-38

No juzgues a nadie

13 de abril

ES TIEMPO DE MUDARNOS

DE LA BIBLIA:

Pues sabemos que, cuando se desarme esta carpa terrenal en la cual vivimos (es decir, cuando muramos y dejemos este cuerpo terrenal), tendremos una casa en el cielo, un cuerpo eterno hecho para nosotros por Dios mismo y no por manos humanas. Nos fatigamos en nuestro cuerpo actual y anhelamos ponernos nuestro cuerpo celestial como si fuera ropa nueva.
2 CORINTIOS 5:1-2

Morir es solo cambiar de lugar

JULIA TOCÓ EL TIMBRE. Cuando la puerta se abrió, ella dijo:

—Abuela, papá nos va a venir a buscar mañana.

—Yo creía que él iba a esperar hasta que terminara el año escolar antes de llevarte al otro lado del país —dijo la abuela con un suspiro.

—Dijo que no podía esperar más. Papá quiere que estemos con él. —Julia hizo una pausa—. Yo quisiera que tú fueras mi verdadera abuela para que te pudieras mudar con nosotros.

—Bueno, te voy a extrañar, querida. Pero tú debes estar con tu papá —le dijo la abuela.

Más tarde, mientras Julia y su madre empacaban cajas de platos y utensilios de cocina, la madre contestó el teléfono. «Hola... Sí... ¿Que ella qué...?».

Julia se sintió alarmada. «¿Cuándo? Muchas gracias por llamarnos». Mamá colgó el auricular del teléfono y se secó una lágrima.

—Tengo noticias tristes, Julia. Una de nuestras vecinas encontró a la abuela. Ella murió sentada en su sillón.

—¡No! —exclamó Julia—. La vi hace unas pocas horas y estaba bien.

—Parece que tuvo un ataque al corazón —le dijo su mamá a Julia dándole un abrazo—, y el Señor se la llevó a su hogar.

Aquella noche, Julia suspiró mientras su mamá la arropaba en la cama.

—Creo que Dios no pudo esperar más para tener a la abuela con él —dijo Julia.

Su mamá asintió.

—Ahora trata de dormir. Mañana llega papá.

—¿Crees que la abuela estuvo tan contenta de ver a su Padre celestial como lo estoy yo porque voy a ver a mi papá mañana?

—Estoy segura que sí —le respondió su mamá.

¿Y TÚ? ¿Se ha mudado al cielo hace poco alguien que amas? Por supuesto que vas a extrañar a esa persona, pero no te entristezcas demasiado. Piensa en el gozo que él o ella está experimentando con su Padre celestial. Y un día tú también podrás ver a esa persona de nuevo, si Dios es tu Padre celestial. *B.J.W.*

MEMORIZA: Hermanos, no queremos que ignoren lo que va a pasar con los que ya han muerto, para que no se entristezcan como esos otros que no tienen esperanza. *1 Tesalonicenses 4:13* (NVI)

JANET ESTABA REVISANDO las telas que había en una caja mientras su mamá cosía.

—¡Mamá! ¡Mira este precioso satén azul!

—Es bonito —le dijo su mamá—. Pero no hay suficiente para hacer un vestido, ni siquiera una blusa.

Janet lo puso de vuelta en la caja.

Varias semanas más tarde, Janet encontró sobre su cama un paquete grande envuelto en papel de regalo. Cuando lo abrió, encontró un hermoso acolchado hecho con muchos colores diferentes.

—Mira los colores y el diseño —dijo Janet—. Y el borde, ¡está hecho con aquel satén azul que me gustó tanto!

—Hubiera sido una lástima no usar esa tela para algo —dijo su mamá—. Y mientras estaba cosiendo este acolchado, me di cuenta de algo.

—¿De qué? —le preguntó Janet.

—Dios también tiene un acolchado de muchos colores que es la iglesia —le respondió su mamá—. Los creyentes pueden ser jóvenes, viejos, ricos o pobres. Algunos tienen muchos talentos, otros tienen unos pocos. Pero juntos forman un conjunto hermoso, tal como este acolchado.

—Es precioso —afirmó Janet—. Y ninguno de sus pedazos sería de mucho uso si estuviera solo.

—No, no lo serían —respondió su mamá—. Hay algunos creyentes que tratan de vivir solos, sin ir a la iglesia o sin tener amigos cristianos. Pero los creyentes nos necesitamos los unos a los otros.

—La próxima vez que me sienta como un pedacito de tela insignificante —dijo Janet—, voy a recordar que soy una parte importante en el acolchado de colores de Dios.

¿Y TÚ? Si eres creyente, eres una parte importante del cuerpo de Cristo, la iglesia. Eso quiere decir que tú debes servir al Señor y a otras personas. También necesitas la ayuda que otros creyentes te pueden dar. No seas una persona solitaria. Asiste a una iglesia donde los creyentes estudian la Biblia. ¡Participa en las actividades de la iglesia! Sin tener en cuenta lo poco importante que a veces te puedas sentir, ¡Dios tiene un lugar especial para ti! *S.L.K.*

MEMORIZA: Ahora bien, ustedes son el cuerpo de Cristo, y cada uno es miembro de ese cuerpo. *1 Corintios 12:27* (NVI)

---

14 de abril

EL ACOLCHADO DE MUCHOS COLORES DE DIOS

DE LA BIBLIA:

Efectivamente, hay muchas partes, pero un solo cuerpo. El ojo nunca puede decirle a la mano: «No te necesito». La cabeza tampoco puede decirle al pie: «No te necesito».

De hecho, algunas partes del cuerpo que parecieran las más débiles y menos importantes, en realidad, son las más necesarias. Y las partes que consideramos menos honorables son las que vestimos con más esmero. Así que protegemos con mucho cuidado esas partes que no deberían verse, mientras que las partes más honorables no precisan esa atención especial. Por eso Dios ha formado el cuerpo de tal manera que se les dé más honor y cuidado a esas partes que tienen menos dignidad. Esto hace que haya armonía entre los miembros a fin de que los miembros se preocupen los unos por los otros. Si una parte sufre, las demás partes sufren con ella y, si a una parte se le da honra, todas las partes se alegran.

Todos ustedes en conjunto son el cuerpo de Cristo, y cada uno de ustedes es parte de ese cuerpo.

1 CORINTIOS 12:20-27

Nos necesitamos los unos a los otros

15 de abril

INVESTIGA PROFUNDAMENTE

DE LA BIBLIA:

No, la sabiduría de la que hablamos es el misterio de Dios, su plan que antes estaba escondido, aunque él lo hizo para nuestra gloria final aún antes que comenzara el mundo; pero los gobernantes de este mundo no lo entendieron; si lo hubieran hecho, no habrían crucificado a nuestro glorioso Señor. A eso se refieren las Escrituras cuando dicen:

«Ningún ojo ha visto, ningún oído ha escuchado,
ninguna mente ha imaginado lo que Dios tiene preparado para quienes lo aman».

Pero fue a nosotros a quienes Dios reveló esas cosas por medio de su Espíritu. Pues su Espíritu investiga todo a fondo y nos muestra los secretos profundos de Dios. Nadie puede conocer los pensamientos de una persona excepto el propio espíritu de esa persona y nadie puede conocer los pensamientos de Dios excepto el propio Espíritu de Dios. Y nosotros hemos recibido el Espíritu de Dios (no el espíritu del mundo), de manera que podemos conocer las cosas maravillosas que Dios nos ha regalado.
1 CORINTIOS 2:7-12

Lee la Biblia con mucha atención

NATÁN BOSTEZÓ Y con rapidez hojeó las páginas de la Biblia. Luego la cerró y la puso sobre su mesita de noche justo cuando su madre entró para darle las buenas noches.

—¿Te molesta alguna vez el ruido continuo de la bomba de petróleo por las noches? —le preguntó ella.

Natán sacudió la cabeza.

—No, creo que estoy tan acostumbrado a ese ruido que ni siquiera lo oigo. Desde que recuerdo ha estado allí siempre detrás del granero.

—Pero yo recuerdo cuando no estaba allí —le dijo su mamá—. Antes de decubrir que teníamos petróleo, nuestra granja no tenía mucho valor. Vivíamos en la casa vieja, y tú eras apenas un bebé.

Natán arregló la almohada mientras su madre continuaba.

—Fue en esa época cuando la compañía petrolera nos pidió permiso para buscar petróleo en nuestra tierra.

—Y encontraron petróleo —declaró Nathan.

—Durante todos esos años en que tus abuelos apenas podían cosechar lo suficiente para vivir de esta granja, había un tesoro debajo de sus pies. Pero no fue descubierto hasta que alguien *investigó muy profundamente.* —Mamá enfatizó las tres últimas palabras—. Hijo, también hay un tesoro muy grande en la Palabra de Dios, pero no lo encontrarás a menos que investigues profundamente. Nunca encontrarás las riquezas de la Palabra de Dios si solo hojeas sus páginas.

Ella le dio un beso en la frente antes de salir del dormitorio. *¿Cómo puede saber mamá que no he estado leyendo la Biblia con mucha atención?*, se preguntó el niño mientras escuchaba el ruido de la puerta al cerrarse. Se sentó en la cama, encendió la luz y tomó su Biblia.

¿Y TÚ? ¿Eres pobre espiritualmente? ¿Hojeas la Palabra de Dios y nunca realmente piensas en lo que estás leyendo? Lee la Biblia en forma lenta y cuidadosa. Si eres demasiado pequeño para leerla por ti mismo, escucha con atención cuando otra persona te la lee. Piensa en lo que dice. Investiga profundamente. Te sorprenderás de los tesoros que vas a encontrar. *B.J.W.*

MEMORIZA: ¡Oh, Señor, qué grandes son tus obras! Y qué profundos son tus pensamientos. *Salmo 92:5*

EL PADRE DE Sheila la estaba dejando en la iglesia para la práctica del coro cuando leyó un emblema en el parachoques de un automóvil que decía: «¿Ha abrazado a su hijo hoy?».

El padre resopló. «Ese tonto emblema del parachoques me hace sentir enojado. ¡Me pregunto cuántos niños han abrazado a sus padres hoy!»

Mientras salía del automóvil, Sheila pensó en las palabras de su padre. Ella había estado orando por mucho tiempo pidiendo que su padre aceptara a Jesús como Salvador. *Debo mostrarle que lo amo, ya sea que se salve o no*, decidió ella.

Esa tarde, Sheila limpió su cuarto y su ropero.

—¡Qué bien se ve! ¿Limpiaste tu cuarto sin que te dijeran que lo hicieras? —le preguntó su padre.

Sheila asintió.

—Quiero que tú y mamá sepan que estoy agradecida por lo que tengo, y que los amo a los dos —explicó.

Después de la cena, Sheila dijo:

—Mamá, yo lavaré los platos. ¿Por qué tú y papá no descansan un poco?

—¿Qué es lo que le pasa a esta niña? —murmuró el padre mientras salían para dar una caminata.

A la hora de acostarse, Sheila les dio un abrazo a sus padres, riendo mientras lo hacía.

«¿Ven? ¡Aquí hay una niña que abrazó a sus padres hoy!», dijo riendo, y con rapidez le dio un beso a su madre en la mejilla y subió corriendo por la escalera.

Cerca de la parte de arriba de la escalera, escuchó que su papá le decía a su mamá: «Sheila es una hija maravillosa. Creo que voy a ir con ella a la iglesia mañana para escucharla cantar en el coro».

Sheila sonrió. El amor en acción tal vez ganaría a su padre para el Señor.

¿Y TÚ? ¿Has abrazado a tus padres hace poco? ¿Les has mostrado de otras maneras que los amas? Tal vez conoces a alguien, otro padre o madre, vecino o amigo, que no es salvo y que puede aceptar a Cristo al ver el amor en acción. ¿Qué es lo que puedes hacer por esas personas? Piensa en eso. *R.E.P.*

MEMORIZA: El fruto del Espíritu es amor. *Gálatas 5:22* (NVI)

EL AMOR

DE LA BIBLIA:

El amor es paciente y bondadoso. El amor no es celoso ni fanfarrón ni orgulloso ni ofensivo. No exige que las cosas se hagan a su manera. No se irrita ni lleva un registro de las ofensas recibidas. No se alegra de la injusticia sino que se alegra cuando la verdad triunfa. El amor nunca se da por vencido, jamás pierde la fe, siempre tiene esperanzas y se mantiene firme en toda circunstancia.

La profecía, el hablar en idiomas desconocidos, y el conocimiento especial se volverán inútiles. ¡Pero el amor durará para siempre! [...]

Cuando yo era niño, hablaba, pensaba y razonaba como un niño; pero cuando crecí, dejé atrás las cosas de niño. Ahora vemos todo de manera imperfecta, como reflejos desconcertantes, pero luego veremos todo con perfecta claridad. Todo lo que ahora conozco es parcial e incompleto, pero luego conoceré todo por completo, tal como Dios ya me conoce a mí completamente.

Tres cosas durarán para siempre: la fe, la esperanza y el amor; y la mayor de las tres es el amor.

1 CORINTIOS 13:4-8, 11-13

El amor es acción

17 de abril

LA ALEGRÍA

DE LA BIBLIA:

Así que alégrense de verdad. Les espera una alegría inmensa, aunque tienen que soportar muchas pruebas por un tiempo breve.

Estas pruebas demostrarán que su fe es auténtica. Está siendo probada de la misma manera que el fuego prueba y purifica el oro, aunque la fe de ustedes es mucho más preciosa que el mismo oro. Entonces su fe, al permanecer firme en tantas pruebas, les traerá mucha alabanza, gloria y honra en el día que Jesucristo sea revelado a todo el mundo.

Ustedes aman a Jesucristo a pesar de que nunca lo han visto. Aunque ahora no lo ven, confían en él y se gozan con una alegría gloriosa e indescriptible. La recompensa por confiar en él será la salvación de sus almas. [...]

Estén siempre llenos de alegría en el Señor. Lo repito, ¡alégrense!

1 PEDRO 1:6-9; FILIPENSES 4:4

Jesús nos da la verdadera alegría

CUANDO MICHELLE SE enteró de que su tía Katie tenía un tipo de cáncer de crecimiento rápido y que no iba a vivir mucho tiempo más, sintió que se le rompía el corazón. Cada vez que Michelle la visitaba, su tía la recibía con una sonrisa.

—¿Cómo puedes estar tan feliz? —exclamó Michelle un día—. Me siento horrible. La vida va a ser terrible cuando tú no estés.

—Michelle, no tengas miedo de usar la palabra *morir* cuando hablas conmigo —le respondió la tía Katie con suavidad—. Sé que me voy para estar con Jesús, y que no tendré más dolor. Estoy ansiosa por ir a mi hogar en el cielo, y estoy muy contenta porque un día tú te unirás a mí allí.

La tía Katie murió unos pocos días después. Muchos amigos y parientes asistieron al funeral y compartieron palabras de condolencias. Al principio, Michelle pensó que no iba a poder soportar todo eso. Lo que ella quería hacer era ir a algún lugar y llorar con todas sus fuerzas. Y ella lloró muchas veces. Pero entonces comenzó a recordar algunas de las cosas que su tía Katie le había dicho, especialmente acerca de ir al cielo. Michelle sonreía cuando pensaba en los muchos momentos felices que había compartido con su tía.

Yo la quería mucho, y no estoy contenta de que ella ya no esté aquí, pensó Michelle. *Pero siento cierta clase de alegría porque sé que ella está en su hogar con Jesús. Sé que ella está llena de gozo y que ya no tiene más dolores. Y aunque la extraño, sé que la veré de nuevo cuando yo vaya al cielo.*

¿Y TÚ? ¿Sientes alegría en tu corazón hoy, aun cuando las cosas te salen mal? Cuando te echan la culpa de algo que no hiciste, cuando los planes para tomarte unas vacaciones «no se llevan a cabo», cuando se te muere tu perro o una persona que amas, todavía debería haber un sentimiento de gozo en tu corazón. Todas esas cosas son temporales, pero tu salvación por medio de Jesús es eterna. La verdadera alegría se encuentra en Jesús. *R.E.P.*

MEMORIZA: El fruto del Espíritu es amor, alegría. *Gálatas 5:22* (NVI)

ESTABA SONANDO la alarma de incendios. Pero sonaba por algunos segundos, luego dejaba de sonar y comenzaba de nuevo. «Niños, saben lo que eso quiere decir —les dijo la señora Elders—. Quiere decir que vamos a ensayar lo que hay que hacer en caso de que haya un tornado. Todos lo saben bien. ¡Silencio, ahora!»

Santiago fue a abrir las ventanas para que la presión fuera la misma tanto adentro como afuera y David cerró las cortinas para que ningún pedazo de vidrio que pudiera volar fuera a lastimar a los niños. Todos los demás, en silencio, formaron una línea y caminaron hasta el pasillo. Hicieron una fila al costado de la pared y se agacharon con las manos sobre la cabeza para protegerse.

Kelly se preguntó cuánto tiempo tendrían que estar así, cuando de pronto escuchó el ruido de una sirena que venía desde afuera del edificio. Ella comenzó a temblar cuando escuchó la voz del director en los altoparlantes. «¡Este no es un ensayo! Repito, ¡este no es un ensayo! Se ha avistado un tornado. Por favor, ¡mantengan la calma y quédense en el lugar que les corresponde!»

Algunos niños comenzaron a llorar porque tenían miedo. Sin embargo, el niño que estaba al lado de Kelly parecía estar en perfecta calma.

—¿Cómo puedes estar tan tranquilo, Miguel? —le preguntó Kelly, a quien le temblaba la voz—. ¡Escucha el viento! ¿No tienes miedo como todos los demás?

—Al principio sentí miedo —le respondió Miguel—, pero Jesús es mi Salvador, y yo le pedí que me ayudara a no tener miedo. Y aun si me muero, sé que iré al cielo. Jesús me da paz.

Al poco tiempo se dieron cuenta de que el tornado no había pasado por su escuela. Les permitieron a los niños regresar a sus aulas de clase. La actitud de calma y de paz que demostró Miguel tuvo un efecto muy grande en Kelly.

¿Y TÚ? ¿Te asustan las tormentas? ¿Le tienes miedo a la oscuridad? Cualquiera que sea el temor que tengas, entrégaselo a Jesús. Esto requiere una decisión de tu parte. Debes dejar que la paz de Dios «gobierne en tu corazón». Y será un testimonio para otros que tienen miedo. *R.E.P.*

MEMORIZA: El fruto del Espíritu es amor, alegría, paz. *Gálatas 5:22* (NVI)

LA PAZ

DE LA BIBLIA:

Y que la paz que viene de Cristo gobierne en sus corazones. Pues, como miembros de un mismo cuerpo, ustedes son llamados a vivir en paz. Y sean siempre agradecidos. [...]

No se preocupen por nada; en cambio, oren por todo. Díganle a Dios lo que necesitan y denle gracias por todo lo que él ha hecho. Así experimentarán la paz de Dios, que supera todo lo que podemos entender. La paz de Dios cuidará su corazón y su mente mientras vivan en Cristo Jesús.

Y ahora, amados hermanos, una cosa más para terminar. Concéntrense en todo lo que es verdadero, todo lo honorable, todo lo justo, todo lo puro, todo lo bello y todo lo admirable. Piensen en cosas excelentes y dignas de alabanza. No dejen de poner en práctica todo lo que aprendieron y recibieron de mí, todo lo que oyeron de mis labios y vieron que hice. Entonces el Dios de paz estará con ustedes.

COLOSENSES 3:15;
FILIPENSES 4:6-9

Jesús puede calmar el temor

19 de abril

LA PACIENCIA

DE LA BIBLIA:

También nos alegramos al enfrentar pruebas y dificultades porque sabemos que nos ayudan a desarrollar resistencia. Y la resistencia desarrolla firmeza de carácter, y el carácter fortalece nuestra esperanza segura de salvación. Y esa esperanza no acabará en desilusión. Pues sabemos con cuánta ternura nos ama Dios, porque nos ha dado el Espíritu Santo para llenar nuestro corazón con su amor.
ROMANOS 5:3-5

Sé paciente con otras personas

—**PAPÁ, ¿POR CUÁNTO** tiempo tengo que ser paciente con Jan? —le preguntó Tina.

Jan, que era la niña más alta de la clase, a menudo se burlaba de Tina porque la niña era creyente.

—Bueno, otra palabra para paciencia es "resistencia" —le explicó su papá—. A veces, Jesús permite que suframos por mucho tiempo debido a otra persona. Pero el ser paciente con Jan te ayudará a desarrollar más paciencia.

Al siguiente día en la escuela, Jan gritó: «Todo el mundo, ¡a portarse bien! Aquí viene Tina, la creyente perfecta. Todos, ¡saluden a Tina! ¿Deberíamos inclinarnos?».

Tina se preguntó si los otros niños se reían porque sentían de la misma forma o porque le tenían miedo a Jan.

A la hora del almuerzo, Jan chocó contra la bandeja de comida de Tina. Las arvejas y las zanahorias cayeron sobre la blusa de Tina. Ella quería vengarse, pero recordó que debía estar dispuesta a sufrir por el Señor.

Después de clases, Ramona, que era una niña nueva en la escuela, caminó junto a Tina.

—Oye, Tina, ¿por qué aguantas todo lo que te hace Jan? ¿Por qué no te vengas? ¡Yo me vengaría de ella!

—Yo soy creyente —le respondió Tina—, y la Biblia dice que debo estar dispuesta a sufrir por amor a Jesús. Estoy tratando de hacer lo que Dios quiere que haga.

Ramona se quedó pensando.

—Me gustaría saber más acerca de tu Dios si él te da esa clase de paciencia. ¡Yo tengo un carácter terrible! —confesó la niña.

«¡Papá! —gritó Tina cuando llegó de la escuela—. Tal vez nunca pueda guiar a Jan a Jesucristo siendo paciente, pero eso tal vez me ayude a ganar a Ramona para el Señor».

¿Y TÚ? ¿Sientes que has sufrido por mucho tiempo debido a lo que te hace alguna persona? Tal vez el Señor está tratando de que desarrolles el fruto de la paciencia en tu vida. Si lo haces, serás un testigo eficaz para Jesús. *R.E.P.*

MEMORIZA: El fruto del Espíritu es amor, alegría, paz, paciencia. *Gálatas 5:22* (NVI)

LA AMABILIDAD

DE LA BIBLIA:

Entonces el Rey dirá a los que estén a su derecha: «Vengan, ustedes, que son benditos de mi Padre, hereden el reino preparado para ustedes desde la creación del mundo. Pues tuve hambre, y me alimentaron. Tuve sed, y me dieron de beber. Fui extranjero, y me invitaron a su hogar. Estuve desnudo, y me dieron ropa. Estuve enfermo, y me cuidaron. Estuve en prisión, y me visitaron».

Entonces esas personas justas responderán: «Señor, ¿en qué momento te vimos con hambre y te alimentamos, o con sed y te dimos algo de beber, o te vimos como extranjero y te brindamos hospitalidad, o te vimos desnudo y te dimos ropa, o te vimos enfermo o en prisión, y te visitamos?».

Y el Rey dirá: «Les digo la verdad, cuando hicieron alguna de estas cosas al más insignificante de estos, mis hermanos, ¡me lo hicieron a mí!».
MATEO 25:34-40

Sé amable

JENNY NO TENÍA muchas amigas y a veces se metía en problemas en la escuela. Heather decidió mostrarle el amor de Dios a Jenny siendo amable con ella. Con el permiso de su mamá, Heather invitó a Jenny para que fuera a su casa a comer pizza.

Después de la cena, se divirtieron haciéndose trenzas en el cabello y usando broches para sujetar las trenzas.

—Oh mira, tú tienes gomina brillante para el pelo —dijo Jenny cuando vio un tubito brillante en el lavamanos—. ¿Me puedo poner un poco?

—Claro que sí —le dijo Heather, alcanzándole el tubito.

Cuando llegó la hora de que Jenny regresara a su hogar, Heather se sentía bien porque había sido amable con ella, pero entonces notó que no veía su tubito de gomina. Después de buscar por todos lados, Heather sospechó que Jenny se lo había llevado.

—Mamá, ¿cómo es posible que me haya robado eso cuando fui amable con ella y la invité a mi casa?

Su madre le puso un brazo sobre los hombros a Heather.

—Ese es un riesgo que tomamos cuando somos amables con las personas. Pero no permitas que la gente que se aprovecha de tu amabilidad te impida ser amable con otras personas. Cuando somos amables con alguien es como si fuéramos amables con Jesús.

—¿Y qué pasa con mi tubito de gomina?

—Oremos por Jenny ahora mismo —dijo su mamá—. Vamos a orar pidiendo que si en verdad se llevó tu gomina, su conciencia la empiece a molestar y que ella lo confiese. Después de orar, llámala por teléfono y dile que no puedes encontrar el tubo. Pregúntale si lo tiene. Si confiesa, dale las gracias por ser honesta. Si lo niega, no digas nada más. Pero continuaremos orando por ella.

¿Y TÚ? ¿Muestras amabilidad sin esperar nada a cambio? ¿Compartes tus juguetes, les regalas ropa a los niños necesitados o les dices palabras amables a otras personas? A veces la gente se aprovecha de tu amabilidad. Pero eso no debe detenerte. Si quieres ser como Jesús, sé amable y generoso sin tener en cuenta las circunstancias. *L.A.P.*

MEMORIZA: El fruto del espíritu es amor, alegría, paz, paciencia, amabilidad. *Gálatas 5:22* (NVI)

21 de abril

LA BONDAD

DE LA BIBLIA:

Jesús entró en el templo y comenzó a echar a todos los que compraban y vendían animales para el sacrificio. Volcó las mesas de los cambistas y las sillas de los que vendían palomas. Les dijo: «Las Escrituras declaran: "Mi templo será llamado casa de oración", ¡pero ustedes lo han convertido en una cueva de ladrones!».

Los ciegos y los cojos se acercaron a Jesús en el templo y él los sanó. Los principales sacerdotes y los maestros de la ley religiosa vieron esos milagros maravillosos y oyeron que hasta los niños en el templo gritaban: «Alaben a Dios por el Hijo de David». Sin embargo, los líderes estaban indignados.
MATEO 21:12-15

Ama lo bueno; odia lo malo

—¡YA NO PUEDO seguir soportando a dos de mis mejores amigas! —declaró Raquel cuando llegó a su casa de la escuela—. Mamá, son terribles con una niña nueva en nuestra clase, y solo porque esa niña es mexicana. No puedo creer que Lisa y Sue afirmen ser creyentes y sin embargo, tengan tantos prejuicios contra María. Sé que se supone que no debo enojarme con ellas, ¡pero lo que hacen es algo muy malo!

Su mamá le puso un brazo alrededor de los hombros a Raquel.

—Querida ¡estoy orgullosa de ti por estar enojada esta vez! Aun Jesús se enojó cuando la gente hizo cosas malas, como cuando echó del templo a los que cambiaban dinero.

—¿Qué puedo hacer en cuanto a Lisa y a Sue? —le preguntó Raquel.

—Una parte del fruto del Espíritu es la bondad, y eso quiere decir que debemos amar lo bueno en el mundo y odiar lo que Lisa y Sue están haciendo. Tal vez si tú eres amable con la niña nueva, ellas verán la bondad en tu vida y recordarán que deben de hacer lo mismo, mostrando bondad en sus vidas.

Al día siguiente en la escuela, Raquel invitó a María para que almorzara con ella.

—¿Qué estás haciendo? —le susurró Sue—. ¡Ella no es como nosotras, Raquel!

Raquel esperó a que María estuviera lejos para responderle.

—Estoy tratando de hacer lo bueno y lo justo que creo que Jesús quiere que haga —le dijo.

Lisa y Sue tuvieron que admitir que Raquel estaba en lo cierto. A medida que siguieron el ejemplo de Raquel, se dieron cuenta de que, después de todo, María no era tan diferente. Muy pronto las cuatro niñas llegaron a ser buenas amigas.

¿Y TÚ? ¿Te enojas cuando ves que sucede algo que sabes que es malo? Parte de la bondad es amar lo bueno y odiar lo malo. Pídele al Señor que te muestre la diferencia. *R.E.P.*

MEMORIZA: El fruto del espíritu es amor, alegría, paz, paciencia, amabilidad, bondad. *Gálatas 5:22* (NVI)

PEDRO ESTABA TRATANDO de memorizar el fruto del Espíritu que se describe en Gálatas.

—Oye, mamá, ¿por qué la fe es parte del fruto del Espíritu? Yo creía que una persona necesita tener fe antes de llegar a ser creyente.

La mamá sonrió.

—Eso es cierto, pero la Biblia también nos dice que tenemos que tener fe *después* de ser creyentes. Por ejemplo, tenemos que tener fe de que Dios contestará nuestras oraciones. ¿Entiendes lo que quiere decir ser *fiel*?

Pedro asintió.

—Papá dice que Millie es una perrita fiel. Creo que quiere decir que ella siempre está lista cuando la necesitamos —dijo él.

Su mamá se rió.

—Sí, y nosotros también debemos ser fieles en las cosas que hacemos.

Al día siguiente, Pedro tenía que cortarle el césped a la señora King, quien le iba a pagar por su trabajo. Cuando le estaba echando gasolina a la cortadora de césped, llegaron algunos de sus amigos.

—¡Oye, Pete! Vamos a ir a jugar al béisbol. Ven con nosotros —le dijeron—. Necesitamos un buen jugador para la tercera base.

No había ninguna otra cosa que Pedro hubiera querido hacer más que jugar al béisbol, así que guardó la lata de la gasolina. Pero en ese momento, su perrita, Millie, entró corriendo al garaje. Pedro pensó en su conversación con su madre el día anterior. *El fruto del Espíritu es... fidelidad.* Se agachó y le acarició la cabeza a Millie, y les dijo a sus amigos:

—Vayan a jugar ustedes, yo tengo un trabajo que hacer ahora.

¿Y TÚ? Cuando alguien te da un trabajo que hacer, ¿lo haces fielmente sin importar si es grande o pequeño? Tal vez el trabajo que Dios te ha dado ahora es ayudar a tu mamá o ser un buen alumno. ¿Eres fiel en lo que Dios te ha dado para que hagas? Sé fiel, para que el día en que tengas que presentarte delante del Señor escuches las palabras: «Bien hecho, mi buen siervo fiel». *R.E.P.*

MEMORIZA: El fruto del espíritu es amor, alegría, paz, paciencia, amabilidad, bondad, fidelidad.
Gálatas 5:22 (NVI)

LA FIDELIDAD

DE LA BIBLIA:

También el reino del cielo puede ilustrarse mediante la historia de un hombre que tenía que emprender un largo viaje. Reunió a sus siervos y les confió su dinero mientras estuviera ausente. Lo dividió en proporción a las capacidades de cada uno. Al primero le dio cinco bolsas de plata; al segundo, dos bolsas de plata; al último, una bolsa de plata. Luego se fue de viaje. [...]

Después de mucho tiempo, el amo regresó de su viaje y los llamó para que rindieran cuentas de cómo habían usado su dinero. El siervo al cual le había confiado las cinco bolsas de plata se presentó con cinco más y dijo: «Amo, usted me dio cinco bolsas para invertir, y he ganado cinco más». El amo lo llenó de elogios. «Bien hecho, mi buen siervo fiel. Has sido fiel en administrar esta pequeña cantidad, así que ahora te daré muchas más responsabilidades. ¡Ven a celebrar conmigo!».
MATEO 25:14-15, 19-21

Sé fiel

23 de abril

LA HUMILDAD

DE LA BIBLIA:

Un siervo del Señor no debe andar peleando, sino que debe ser bondadoso con todos, capaz de enseñar y paciente con las personas difíciles.
2 TIMOTEO 2:24

Sé bondadoso

EL DÍA QUE TIMOTEO cumplió ocho años, su papá y su mamá lo sorprendieron regalándole una perrita. Timoteo la llamó Sandy, y muy pronto le enseñó a buscar el palito que él tiraba, y también a rodar en el suelo. Un día, el padre de Timoteo le trajo una correa con un collar.

—Es hora de que le enseñes a Sandy a caminar correctamente a tu lado —le dijo.

El collar era de una clase especial, que se apretaba alrededor del cuello de Sandy cuando ella quería alejarse. Cuando eso sucedía, la perrita aullaba, y Timoteo sabía que eso no le gustaba. Tampoco le gustaba a él, así que fue a ver a su mamá para quejarse.

Su madre sonrió y le dijo:

—Sé suave con ella, hijo. Dale un pequeño tirón a la correa cuando quieras que ella te siga. Recuerda que haces esto porque la amas. Si ella aprende a caminar con la correa ahora, vas a poder llevarla a los lugares que tú vayas.

Más tarde esa noche, Timoteo leyó algunos versículos del capítulo once de Mateo. Cuando preguntó qué era un «yugo», su padre le explicó que era una carga o problema que Jesús pudiera querer que llevemos por amor a él, y para enseñarnos una lección valiosa.

—¿Es eso un poco parecido al collar y la correa de Sandy? —le preguntó Timoteo.

—Sí, lo es —le respondió su papá—. Mientras Sandy no pelee contra el collar, es fácil para ella. Cuando nosotros no peleamos contra la voluntad de Dios, cualquier yugo que Jesús nos ponga va a ser fácil. Tú eres amoroso con Sandy, y Jesús es amoroso con nosotros.

—Eso es —estuvo de acuerdo su mamá—. Jesús quiere que nosotros seamos bondadosos los unos con los otros.

¿Y TÚ? ¿Eres culpable de ser duro en lugar de ser amoroso con las personas con quienes tratas? Cuando tu hermano o tu hermana en forma accidental rompe algo que te pertenece a ti, ¿te enojas y empiezas a gritar? Recuerda que Jesús es amoroso con nosotros, y que espera lo mismo de nosotros con nuestros amigos. *R.E.P.*

MEMORIZA: El fruto del espíritu es amor, alegría, paz, paciencia, amabilidad, bondad, fidelidad, humildad. *Gálatas 5:22* (NVI)

ESTEBAN ESTABA EN octavo grado, y en historia estaban estudiando la Prohibición en Estados Unidos. En aquella época, mucha gente que estaba opuesta a que se bebieran bebidas alcohólicas trabajó con ahínco para que se pasaran leyes que hicieran que el uso de bebidas alcohólicas fuera una actividad ilegal. Esas personas creían que eso era necesario porque con mucha frecuencia la gente no tenía dominio propio cuando bebía y se emborrachaba.

Unos días más tarde, mientras Esteban estaba leyendo Gálatas, encontró las palabras *dominio propio* anotadas como parte del fruto del Espíritu.

—Mamá, cuando la Biblia usa la expresión *dominio propio*, ¿está hablando de no beber bebidas alcohólicas, como en la Prohibición?

—Buena pregunta —le dijo su mamá—. Los que apoyaron ese movimiento promovían el dominio propio solamente en lo que se refiere a las bebidas alcohólicas; en otras palabras, en cuanto a no emborracharse. Ese es un buen significado de esa expresión, pero también debemos demostrar dominio propio en todas las esferas de nuestra vida. Y deberíamos comenzar ahora mismo.

Esteban sabía bien a qué se estaba refiriendo su mamá. Él no tenía problema en cuanto a la bebida, pero sí en cuanto a la comida. A Esteban le encantaba comer y detestaba hacer ejercicio. Aun cuando solo estaba en octavo grado, ya se estaba poniendo muy gordito.

Las palabras de su mamá parecían perseguirlo después de esa conversación. Cada vez que quería comerse un caramelo o tomarse otra bebida gaseosa, recordaba que se suponía que tuviera dominio propio. Con la ayuda del Señor y con los recordatorios del Espíritu Santo, en seis meses Esteban alcanzó un peso saludable. Él aprendió que una parte del fruto del Espíritu (o la evidencia de que somos salvos), es el dominio propio.

¿Y TÚ? ¿Tienes dominio propio en todas las esferas de tu vida? ¿Te sientes tentado a comer en exceso, a contar chismes o a enfadarte? Pídele al Señor que te ayude a tener dominio propio y a decir «no». Tal vez te encanta mirar la televisión o jugar a la pelota. Aun en esas cosas necesitas tener dominio propio. *R.E.P.*

MEMORIZA: El fruto del Espíritu es amor, alegría, paz, paciencia, amabilidad, bondad, fidelidad, humildad y dominio propio. *Gálatas 5:22* (NVI)

---

24 de abril

EL DOMINIO PROPIO

DE LA BIBLIA:

Todos los atletas se entrenan con disciplina. Lo hacen para ganar un premio que se desvanecerá, pero nosotros lo hacemos por un premio eterno. Por eso yo corro cada paso con propósito. No solo doy golpes al aire. Disciplino mi cuerpo como lo hace un atleta, lo entreno para que haga lo que debe hacer. De lo contrario, temo que, después de predicarles a otros, yo mismo quede descalificado. [...]

Que todo el mundo vea que son considerados en todo lo que hacen. Recuerden que el Señor vuelve pronto.
1 CORINTIOS 9:25-27;
FILIPENSES 4:5

Ten dominio propio

25 *de abril*

TODO INSTANTÁNEO

DE LA BIBLIA:

Amados hermanos, si otro creyente está dominado por algún pecado, ustedes, que son espirituales, deberían ayudarlo a volver al camino recto con ternura y humildad. Y tengan mucho cuidado de no caer ustedes en la misma tentación. Ayúdense a llevar los unos las cargas de los otros, y obedezcan de esa manera la ley de Cristo. Si te crees demasiado importante para ayudar a alguien, solo te engañas a ti mismo. No eres tan importante.

Presta mucha atención a tu propio trabajo, porque entonces obtendrás la satisfacción de haber hecho bien tu labor y no tendrás que compararte con nadie. Pues cada uno es responsable de su propia conducta.

Los que reciben enseñanza de la Palabra de Dios deberían proveer a las necesidades de sus maestros, compartiendo todas las cosas buenas con ellos.

GÁLATAS 6:1-6

El crecimiento toma tiempo

PUESTO QUE SU MAMÁ y su papá iban a salir, Cristina tenía que preparar la cena para ella y para Doug, su hermano menor.

—Puedes poner la pizza en el microondas —le dijo su mamá—. Sigue las instrucciones que están en la caja. Hay una ensalada de las que vienen preparadas en el refrigerador.

Cristina no tuvo problema alguno en preparar la cena. Aun Doug admitió que estuvo bastante sabrosa.

Al otro día, cuando Cristina llegó de la escuela a su casa, estaba muy enojada.

—¿Sabes lo que Lana hizo hoy, mamá? —le preguntó—. La maestra no recogió nuestras tareas. En cambio, les preguntó a los alumnos si la habían hecho. Lana me dijo más temprano que ella no la había completado, pero cuando la señorita Robinson le preguntó, ¡ella le dijo que sí la había hecho! Mintió, y dice ser creyente.

—Recuerda que Lana ha sido salva hace muy poco —le respondió su mamá.

—¡Pero mintió! —repitió Cristina—. Tú lo haces sonar como si no tuviera importancia.

—No estoy diciendo que lo que hizo Lana está bien —le respondió su mamá—. Solo estoy sugiriendo que no deberías ser muy dura con ella. ¿Sabes?, tú también haces cosas que están mal.

—Lo sé, pero...

—Un segundo —le dijo su mamá—. En estos tiempos tenemos la idea de que todo debe ser "instantáneo", como la comida que preparaste anoche. Lo que preparaste fue fácil y rápido porque eran comidas instantáneas. Pero la madurez espiritual no es instantánea. Lleva tiempo llegar a ser una persona madura.

—Sí —dijo Cristina pensativamente—. Creo que estaba esperando mucho de Lana demasiado pronto.

¿Y TÚ? ¿Tienes amigos que son creyentes nuevos? Recuerda, cuando le pides a Jesús que entre a tu corazón, eres salvo instantáneamente, pero no eres instantáneamente maduro. Sé paciente con tus amigos y asegúrate de ser un buen ejemplo que ellos puedan seguir. *D.S.M.*

MEMORIZA: Deberíamos ayudar a otros a hacer lo que es correcto y edificarlos en el Señor. *Romanos 15:2*

CORY VIVÍA una doble vida. En su hogar y en la iglesia, él era «Cory el creyente». Cantaba en el coro juvenil y leía la Biblia. En la escuela era «Cory el que está siempre en la onda». Se reía cuando hacían chistes inapropiados, usaba palabras groseras, y esperaba que nadie se diera cuenta de que asistía a la escuela dominical. Pero no era feliz. *Ni siquiera me gusta quién soy*, pensó Cory mientras cavaba hileras de tierra en el jardín.

—Haz esa hilera un poco más profunda —le dijo su papá, interrumpiendo sus pensamientos.

Cory empujó el azadón un poco más profundo. Cuando lo levantó, había excavado un sapo.

—Mira, papá —le dijo—, el sapo ni se movió. ¿Está muerto?

—No —le dijo su papá—. Está durmiendo; en realidad está hibernando. La tierra todavía no está lo suficientemente caliente como para despertarlo.

—Despierta, sapo tonto —le dijo Cory, empujándolo con el pie—. Alguien te podría pisar, y tú te quedarías allí mismo.

—Él no se da cuenta del peligro —dijo papá—. Me hace recordar a algunos creyentes que conozco.

—¿Cómo?

—Dios hizo a los sapos con sangre fría. Su sangre tiene siempre la temperatura de lo que los rodea. Pero Dios no tuvo la intención de que sus hijos tuvieran sangre fría. Nosotros no debemos ser controlados por lo que nos rodea.

Cory clavó los ojos en la tierra.

—Algunas personas actúan como creyentes solo cuando están con creyentes —continuó su papá—. Cuando están en el mundo, rodeados de pecado, hibernan. Al igual que ese sapo, no están conscientes del peligro. Un creyente que está hibernando es una presa fácil para el diablo.

—Veo lo que quieres decir, papá. —Cory colocó al sapo en un nuevo agujero para que continuara su siesta. «Adiós, Cory el que está siempre en la onda —susurró—. Cory el creyente acaba de despertar».

¿Y TÚ? ¿Estás viviendo una doble vida? Debes ser un creyente fiel, sin importar lo frío que sea el mundo que te rodea. *B.J.W.*

MEMORIZA: Despierten, porque nuestra salvación ahora está más cerca que cuando recién creímos. *Romanos 13:11*

EL CREYENTE QUE HIBERNA

DE LA BIBLIA:

Esto es aún más urgente, porque ustedes saben que es muy tarde; el tiempo se acaba. Despierten, porque nuestra salvación ahora está más cerca que cuando recién creímos. La noche ya casi llega a su fin; el día de la salvación amanecerá pronto. Por eso, dejen de lado sus actos oscuros como si se quitaran ropa sucia, y pónganse la armadura resplandeciente de la vida recta. Ya que nosotros pertenecemos al día, vivamos con decencia a la vista de todos. No participen en la oscuridad de las fiestas desenfrenadas y de las borracheras, ni vivan en promiscuidad sexual e inmoralidad, ni se metan en peleas, ni tengan envidia. Más bien, vístanse con la presencia del Señor Jesucristo. Y no se permitan pensar en formas de complacer los malos deseos.

ROMANOS 13:11-14

Actúa siempre como un creyente

27 de abril

ME SUCEDIÓ A MÍ

DE LA BIBLIA:

Toda la alabanza sea para Dios, el Padre de nuestro Señor Jesucristo. Dios es nuestro Padre misericordioso y la fuente de todo consuelo. Él nos consuela en todas nuestras dificultades para que nosotros podamos consolar a otros. Cuando otros pasen por dificultades, podremos ofrecerles el mismo consuelo que Dios nos ha dado a nosotros. Pues, cuanto más sufrimos por Cristo, tanto más Dios nos colmará de su consuelo por medio de Cristo. Aun cuando estamos abrumados por dificultades, ¡es para el consuelo y la salvación de ustedes! Pues, cuando nosotros somos consolados, ciertamente los consolaremos a ustedes. Entonces podrán soportar con paciencia los mismos sufrimientos que nosotros. Tenemos la plena confianza de que, al participar ustedes de nuestros sufrimientos, también tendrán parte del consuelo que Dios nos da.

2 CORINTIOS 1:3-7

Consuela a otros con el amor de Dios

KRISTY SE SINTIÓ triste cuando escuchó que la madre de Nicole había tenido un accidente automovilístico y que estaba muy grave. Muchos de los niños evitaban hablar con Nicole porque no sabían qué decirle. Kristy no conocía muy bien a Nicole, pero podía entender cómo se sentía Nicole, porque su padre había tenido un accidente grave el año pasado. Él se había recobrado, pero todavía había algunas cosas que no podía hacer a consecuencia del accidente.

A la hora del almuerzo, Kristy se sentó al lado de Nicole.

—Sé lo difícil que es —le dijo suavemente—. Mi padre tuvo un accidente automovilístico el año pasado.

—Oh —suspiró Nicole—, entonces entiendes cómo me siento.

—Sí, lo entiendo —le aseguró Kristy—. ¿Quisieras que ore por tu mamá ahora mismo?

—Sí. —Nicole sonrió por primera vez ese día.

Cuando Kristy llegó de la escuela a su casa, le contó a su papá lo que le había pasado a la madre de Nicole.

—Le dije a Nicole que conocer al Señor me había ayudado a mí. Ella escuchó lo que le dije, porque sabía que yo entiendo cómo se siente.

El padre sonrió y asintió.

—Estoy contento de que hayas hablado con ella, Kristy —le dijo—. La Biblia nos dice que debido a que Dios nos consuela cuando estamos sufriendo, nosotros a la vez podemos consolar a otras personas que están sufriendo. Y una forma de hacerlo es hablándoles acerca del Señor.

¿Y TÚ? ¿Has pasado por tiempos difíciles? Tal vez tu papá o tu mamá han estado muy enfermos, o alguien muy cercano a ti ha muerto. El Señor nos dice que nos consolará en cada situación, y que a su vez nosotros podemos consolar a otras personas con su amor. Aun si nada realmente malo te ha sucedido, todavía puedes orar por aquellos que están pasando por una situación difícil, porque les puedes hablar del amor de Dios. *L.M.W.*

MEMORIZA: Él nos consuela en todas nuestras dificultades para que nosotros podamos consolar a otros. *2 Corintios 1:4*

JULIO PÉREZ Y sus padres fueron a visitar a su tía Eva, quien tenía casi ochenta años de edad.

—Me siento terrible —dijo la tía Eva—. Ese nuevo doctor no me ha ayudado para nada. ¡Ha sido un gasto inútil!

—¿Te recetó remedios? —le preguntó la madre de Julio.

—Sí —dijo la tía Eva—. Pero las píldoras en realidad no me ayudaron, así que dejé de tomarlas.

—¿Y en cuanto a lo que comes? —le preguntó el señor Pérez.

—Me dijo que disminuyera la sal en las comidas —le respondió la tía Eva—, pero no puedo soportar la comida sin ponerle mucha sal.

—¿Y qué dijo en cuanto al ejercicio? —le preguntó el señor Pérez.

—El doctor me dijo que debo salir y dar una caminata diaria. ¿A mi edad? ¡Es ridículo!

El señor Pérez y su esposa trataron de persuadir a la tía Eva para que siguiera las instrucciones del doctor, pero ella sacudió la cabeza y dijo:

—No me ayudaría para nada.

Camino de regreso a su casa, Julio dijo:

—La tía Eva cree que su doctor no es bueno, pero ella no ha hecho lo que él le dijo que hiciera. ¡Con razón no se está mejorando!

—Muchos creyentes también son como ella —dijo el padre—. Le piden a Dios que los ayude, pero no obedecen sus mandamientos. Y luego, cuando se sienten desalentados y desdichados, creen que es culpa de Dios. Además, no son un buen testimonio para los que necesitan confiar en Jesucristo como Salvador.

—Yo no quiero alejar a la gente de Cristo —dijo Julio—. Yo quiero hacer lo que él me dice que haga. Entonces todos verán qué buen "Doctor" es Dios realmente.

¿Y TÚ? Cuando tienes problemas, ¿le echas la culpa a Dios? Detente y piensa: ¿has obedecido todos sus mandamientos? ¿Lees la Biblia, oras y asistes a una iglesia donde se predica la Palabra de Dios? ¿Tienes algunos hábitos pecaminosos que deberías dejar? No seas como la tía Eva. Sigue las órdenes del Doctor; Dios siempre sabe lo que es mejor para ti. *S.L.K.*

MEMORIZA: No se contenten sólo con escuchar la palabra, pues así se engañan ustedes mismos. *Santiago 1:22* (NVI)

EL DOCTOR SABE MÁS

DE LA BIBLIA:

No solo escuchen la palabra de Dios, tienen que ponerla en práctica. De lo contrario, solamente se engañan a sí mismos. Pues, si escuchas la palabra pero no la obedeces, sería como ver tu cara en un espejo; te ves a ti mismo, luego te alejas y te olvidas cómo eres. Pero si miras atentamente en la ley perfecta que te hace libre y la pones en práctica y no olvidas lo que escuchaste, entonces Dios te bendecirá por tu obediencia.

SANTIAGO 1:22-25

Pon en práctica la Palabra

29 de abril

BORRANDO EL PECADO

DE LA BIBLIA:

*¡Oh, qué alegría para aquellos
a quienes se les perdona la
desobediencia,
a quienes se les cubre su pecado!
Sí, ¡qué alegría para aquellos
a quienes el Señor les borró la
culpa de su cuenta,
los que llevan una vida de total
transparencia!
Mientras me negué a confesar mi
pecado,
mi cuerpo se consumió,
y gemía todo el día.
Día y noche tu mano de disciplina
pesaba sobre mí;
mi fuerza se evaporó como agua
al calor del verano.
Finalmente te confesé todos mis
pecados
y ya no intenté ocultar mi culpa.
Me dije: «Le confesaré mis
rebeliones al Señor»,
¡y tú me perdonaste! Toda mi
culpa desapareció.*

SALMO 32:1-5

*Confiesa tu pecado y
Dios te perdonará*

NATÁN SE DABA vueltas y más vueltas. A través de la pared podía escuchar a su madre usando el computador. Pero el ruido no era lo que lo mantenía despierto. Era la mentira que había dicho lo que le continuaba molestando la conciencia.

Cerró los ojos, pero la voz continuaba hablándole en la cabeza. *Es mejor que vayas a pedirle perdón a tu mamá. Dile la verdad.*

Finalmente, Natán salió de la cama y entró al cuarto de al lado. Su madre lo miró con sorpresa mientras él rompía a llorar.

—¿Qué te pasa, Natán? ¿Tuviste una pesadilla?

—No —dijo entre sollozos—. Te mentí. Te dije que no había estado jugando en el granero del señor Field, pero sí lo hice. Lo siento mucho, perdóname —dijo Natán lloriqueando—. No jugaré más allí sin permiso.

Su madre le puso un brazo sobre los hombros.

—Siento que me hayas mentido, Natán, pero me alegra que me lo hayas confesado. Déjame mostrarte algo. ¿Qué hay de malo en esta palabra que acabo de escribir en la computadora?

Natán miró la pantalla de la computadora.

—Cometiste un error. Deletreaste mal la palabra; en lugar de escribir "perdonar", pusiste "peronar". Ahora fíjate —le dijo su mamá. Volvió al lugar donde estaba el error y escribió la palabra correctamente.

—Ahora está bien —dijo Natán.

—Esto me recuerda la forma en que la sangre de Cristo borra nuestros pecados cuando se los confesamos. Si yo hubiera ignorado esa palabra mal escrita, nunca se hubiera corregido. Cuando pecamos, debemos hacer lo que tú acabas de hacer, que es confesar. Si le confesamos nuestros pecados a Dios, él nos perdona y los olvida.

Natán bostezó.

—Ahora me siento mucho mejor. Creo que voy a poder dormir.

¿Y TÚ? ¿Estás tratando de ignorar el pecado en tu vida? Jesús quiere perdonarte y borrar tu pecado. Pero tú tienes que confesar ese pecado. ¿Por qué no lo haces ahora mismo? *B.J.W.*

MEMORIZA: Si alguno peca, tenemos un abogado que defiende nuestro caso ante el Padre. Es Jesucristo, el que es verdaderamente justo. *1 Juan 2:1*

—**QUERIDA, LE PROMETÍ** al vendedor que le llevaría el dinero de garantía para nuestro automóvil nuevo esta tarde —le dijo el señor Bloss a su esposa—. Voy a ir ahora, puesto que tengo tiempo.

—¿Puedo ir yo también? —le preguntó Jennifer a su papá.

—Claro que sí —le dijo él.

Mientras iban en camino, Jennifer le preguntó a su padre: —Papá, ¿qué es una garantía?

—Cuando estábamos en el negocio donde venden automóviles la otra noche, tu mamá y yo hablamos con el vendedor acerca de la clase de vehículo que queríamos comprar. Le dijimos el modelo, el color y las cosas adicionales que nos gustarían.

—Me acuerdo —dijo Jennifer—. Ustedes se decidieron por un automóvil azul con aire acondicionado.

—Sí, pero el vendedor no tenía en su negocio el automóvil que nosotros queríamos, así que lo está consiguiendo de otro representante —le explicó su papá—. Y para demostrarle que quiero comprar el automóvil, le estoy dando el dinero en garantía.

—Oh, ya veo —dijo Jennifer—. Porque tú le estás dando ese dinero, él sabe que tú cumplirás con el resto de los pagos. Y si no lo haces, perderás tu garantía, ¿no es verdad?

—Exactamente —dijo el papá—. ¿Sabes Jennifer que tú también tienes una garantía?

—¿La tengo? —preguntó Jennifer.

—Así es —le dijo el padre—. Otra palabra para garantía es depósito. La Biblia dice que Dios le ha dado a cada creyente una "garantía" de que tenemos un futuro con él en el cielo, y esa garantía es el Espíritu Santo.

—¿Nos dio eso? —le preguntó Jennifer—. ¡Qué maravilloso! Dios me ha dado a mí una garantía que es su Espíritu Santo.

¿Y TÚ? ¿Te haces preguntas a veces sobre tu relación con el Señor? ¿Sabes que Dios te ha dado una promesa, una garantía, de que algún día vas a estar con él? Esa garantía es el Espíritu Santo. Dale gracias a Dios por este pago inicial tan especial. *L.M.W.*

MEMORIZA: Nos selló como propiedad suya y puso su Espíritu en nuestro corazón, como garantía de sus promesas. *2 Corintios 1:22* (NVI)

---

30 de abril

UNA GARANTÍA MUY ESPECIAL

DE LA BIBLIA:

Pues sabemos que, cuando se desarme esta carpa terrenal en la cual vivimos (es decir, cuando muramos y dejemos este cuerpo terrenal), tendremos una casa en el cielo, un cuerpo eterno hecho para nosotros por Dios mismo y no por manos humanas. Nos fatigamos en nuestro cuerpo actual y anhelamos ponernos nuestro cuerpo celestial como si fuera ropa nueva. Pues nos vestiremos con un cuerpo celestial; no seremos espíritus sin cuerpo. Mientras vivimos en este cuerpo terrenal, gemimos y suspiramos, pero no es que queramos morir y deshacernos de este cuerpo que nos viste. Más bien, queremos ponernos nuestro cuerpo nuevo para que este cuerpo que muere sea consumido por la vida. Dios mismo nos ha preparado para esto, y como garantía nos ha dado su Espíritu Santo.

Así que siempre vivimos en plena confianza, aunque sabemos que mientras vivamos en este cuerpo no estamos en el hogar celestial con el Señor. Pues vivimos por lo que creemos y no por lo que vemos.

2 CORINTIOS 5:1-7

Dios nos dio el Espíritu Santo

1 de mayo

EL VIAJE DE LA BANDA

DE LA BIBLIA:

Recuérdales a los creyentes que se sometan al gobierno y a sus funcionarios. Tienen que ser obedientes, siempre dispuestos a hacer lo que es bueno. No deben calumniar a nadie y tienen que evitar pleitos. En cambio, deben ser amables y mostrar verdadera humildad en el trato con todos.

En otro tiempo nosotros también éramos necios y desobedientes. [...] Nuestra vida estaba llena de maldad y envidia, y nos odiábamos unos a otros. Sin embargo,

Cuando Dios nuestro Salvador dio a conocer su bondad y amor, él nos salvó, no por las acciones justas que nosotros habíamos hecho, sino por su misericordia. Nos lavó, quitando nuestros pecados, y nos dio un nuevo nacimiento y vida nueva por medio del Espíritu Santo. Él derramó su Espíritu sobre nosotros en abundancia por medio de Jesucristo nuestro Salvador. Por su gracia él nos declaró justos y nos dio la seguridad de que vamos a heredar la vida eterna.

Esta declaración es digna de confianza, y quiero que insistas en estas enseñanzas, para que todos los que confían en Dios se dediquen a hacer el bien.

TITO 3:1-8

Lo que haces les habla a otros sobre Jesús

LOS ALUMNOS DE la banda de la Escuela Cristiana Gracia estaban empacando para regresar a casa.

—Estoy contenta de que obtuviéramos el primer lugar en nuestra actuación —dijo Melisa—, y el tiempo que pasamos en este hotel fue divertido.

—Me estoy llevando un "recuerdo" —dijo Traci al tiempo que empacaba en su maleta una toalla que tenía impreso el nombre del hotel—. ¿Por qué no te llevas una tú también? —le sugirió, tirándole una toalla a Melisa.

Camino a sus hogares, las muchachas se enteraron de que algunos de los muchachos habían roto una lámpara durante una pelea con almohadas en su dormitorio. «Tuvimos suerte de que no nos descubrieran», susurró uno de los muchachos.

Una semana después, el señor Palmbeck, el director de la banda, se puso de pie frente a ellos y les habló con mucha solemnidad. «El señor Hill, que es el gerente del hotel donde nos hospedamos, vino a escuchar tocar a la banda —dijo el señor Palmbeck—. Él estaba muy interesado en el cristianismo. Quiero leerles la carta que acabo de recibir de él». La carta hablaba sobre las cosas que faltaban y las cosas rotas del mobiliario.

«El señor Hill nos ha enviado una cuenta por los daños —dijo el señor Palmbeck—. Nosotros pagaremos por eso, pero no podemos pagar por el daño causado al nombre de ustedes, al nombre de la escuela y al nombre del Señor. —Hubo un silencio largo. Entonces el señor Palmbeck agregó—: Sus instrumentos tocaron música muy hermosa pero algunas de sus vidas tocaron notas discordantes. ¿Cuáles son las notas que recordará el señor Hill? Ahora quiero que permanezcan sentadas las personas que son culpables y que en realidad están arrepentidas y quieren arreglar esta situación. Los que son inocentes pueden salir».

Varios estudiantes permanecieron sentados con la cabeza gacha, mientras el resto salía del salón.

¿Y TÚ? ¿Cómo actúas cuando estás lejos de tu hogar? Si eres cristiano, llevas el nombre de Cristo. ¿Honran ese nombre tus acciones? ¿Eres un testimonio para Jesús en la forma en que te comportas? Ahora que eres salvo, las obras buenas deben ser parte de tu vida diaria. *J. L. H.*

MEMORIZA: Quiero que insistas en estas enseñanzas, para que todos los que confían en Dios se dediquen a hacer el bien. *Tito 3:8*

CALVIN TOMÓ UN poco de leche para ayudarle a tragar la comida que tenía en la boca.

—¿Puedo levantarme de la mesa? —preguntó—. Los muchachos están jugando *hockey* en la calle.

—Vas a tener suficiente tiempo para jugar después de que tengamos nuestro tiempo devocional —le respondió su papá.

Calvin se relajó mientras su madre le servía su postre favorito, que era el pastel de manzana. Pero ella se consternó al ver que el postre desaparecía en tres grandes bocados.

Papá le pasó una Biblia a Calvin. «Por favor, léenos el Salmo 119, los versículos 9 al 16». Calvin leyó el pasaje con tanta rapidez que era difícil entender las palabras.

—Mmm —dijo papá—. Calvin, ¿te gustó la cena esta noche?

—Oh, sí, claro —dijo Calvin.

—¿Y a ti, Karin? —le preguntó papá.

—¡Estuvo deliciosa! —exclamó Karin—. El pollo estaba delicioso y el maíz tenía mucha mantequilla, ¡y me encantó el pastel!

—Creo que a ti te gustó más que a tu hermano. ¿Alguien sabe por qué?

—Porque Karin comió despacio —dijo mamá—, mientras que Calvin se lo pasó todo de golpe.

Papá asintió.

—¿Sabes? Pasa lo mismo con la Palabra de Dios. Para sacarle el mayor provecho posible, tenemos que tomar tiempo cuando la leemos. La comida que se pasa con demasiada rapidez no se digiere bien; y lo mismo sucede con la Biblia cuando la leemos apurados. Calvin, vuelve a leernos ese pasaje. Pero esta vez mastiquémoslo bien, es decir, tomemos tiempo para pensar en lo que se está leyendo.

Calvin asintió y comenzó a leer con mucho cuidado.

¿Y TÚ? Lee la Palabra de Dios sin apurarte. Tal vez la deberías leer de nuevo después de la historia. Medita en ella a medida que transcurre el día y también cuando te vayas a dormir. *H. W. M.*

MEMORIZA: Qué alegría para [...] los que se deleitan en la ley del SEÑOR meditando en ella día y noche. *Salmo 1:1-2*

2 de mayo

NO TE LO PASES DE GOLPE

DE LA BIBLIA:

¿Cómo puede un joven mantenerse puro?
    Obedeciendo tu palabra.
Me esforcé tanto por encontrarte,
    no permitas que me aleje de tus mandatos.
He guardado tu palabra en mi corazón,
    para no pecar contra ti.
Te alabo, oh SEÑOR;
    enséñame tus decretos.
Recité en voz alta
    todas las ordenanzas que nos has dado.
Me alegré en tus leyes
    tanto como en las riquezas.
Estudiaré tus mandamientos
    y reflexionaré sobre tus caminos.
Me deleitaré en tus decretos
    y no olvidaré tu palabra.
SALMO 119:9-16

Medita en la Biblia

3 de mayo

PROPIEDAD PRIVADA

DE LA BIBLIA:

Fue despreciado y rechazado: hombre de dolores, conocedor del dolor más profundo. Nosotros le dimos la espalda y desviamos la mirada; fue despreciado, y no nos importó.

Sin embargo, fueron nuestras debilidades las que él cargó; fueron nuestros dolores los que lo agobiaron. Y pensamos que sus dificultades eran un castigo de Dios; ¡un castigo por sus propios pecados! Pero él fue traspasado por nuestras rebeliones y aplastado por nuestros pecados. Fue golpeado para que nosotros estuviéramos en paz, fue azotado para que pudiéramos ser sanados.

Todos nosotros nos hemos extraviado como ovejas; hemos dejado los caminos de Dios para seguir los nuestros. Sin embargo, el SEÑOR puso sobre él los pecados de todos nosotros.

ISAÍAS 53:3-6

Jesús tomó tu lugar

TIMOTEO Y SU MAMÁ tenían un vecino ya mayor y gruñón, llamado el señor Crossley. Ese hombre detestaba a los perros, así que Timoteo mantenía a Gordito, su perro, encerrado en su propio patio. En los últimos tiempos al señor Crossley se le habían estado perdiendo gallinas, y había amenazado con matar a cualquier perro que viera en su propiedad.

Un día, cuando Timoteo llegó a su casa, Gordito no salió a saludarlo cuando lo llamó. Timoteo vio en los escalones un paquete que había dejado el cartero, ¡el cual no había cerrado bien el portón! Timoteo escuchó ladridos que venían desde la propiedad del señor Crossley, así que se dirigió a ese lugar. Cuando llegó, se encontró con que el señor Crossley le estaba apuntando con una escopeta a Gordito. «¡No tire!», gritó Timoteo.

El niño se tiró encima de su perro justo cuando se escuchó el tiro. ¡Timoteo recibió una herida en la pierna! Más tarde, el señor Crossley estaba hablando con la mamá de Timoteo en el hospital.

—Me siento muy mal —dijo él—. Nunca antes le pegué un tiro a un niño. Él saltó y se puso adelante para salvar a su perro.

La madre de Timoteo asintió.

—Timoteo ama mucho a Gordito. Pero gracias a Dios solo fue una herida superficial. El doctor dice que Timoteo puede volver a casa esta noche. —Ella pensó por unos instantes y luego habló—. ¿Sabe?, señor Crossley, Gordito entró en su propiedad, lo cual no está permitido, pero era Timoteo quien fue herido. Eso me recuerda lo que yo hacía. Hice cosas que no debía hacer; pequé contra Dios. Estaba condenada a morir, pero por su amor, Jesús se puso en mi lugar. La Biblia dice que Jesús «fue traspasado por nuestras rebeliones y aplastado por nuestros pecados». Él tomó mi lugar en la cruz, y también tomó *su* lugar, señor Crossley.

El señor Crossley estaba escuchando con mucha atención.

—No me había dado cuenta antes de que alguien me podía amar tanto —dijo él—. Me gustaría escuchar más sobre eso.

¿Y TÚ? Jesús tomó sobre sí el castigo que tú mereces. Él fue herido por ti. ¿Le has dado las gracias y le has pedido que sea tu Salvador? Hazlo ahora mismo. *B J. W.*

MEMORIZA: Él fue traspasado por nuestras rebeliones y aplastado por nuestros pecados. *Isaías 53:5*

CUANDO ESTABA LLEGANDO al portón del campo de deportes, Kevin notó que un muchacho de su escuela estaba discutiendo con el hombre que recogía las entradas.

—Lo siento —le dijo el portero—. Esta entrada era para un juego de la semana pasada. No puedo dejarte entrar.

—Oiga —le dijo Jorge—. Agarré la entrada equivocada por error. Mi padre le va a pagar por mi entrada cuando llegue aquí.

—Vas a tener que esperar hasta que llegue tu padre —le dijo el hombre.

—¿Sabe usted quién soy? —demandó Jorge—. Mi papá es el director de la secundaria.

—Tú podrías ser el presidente del país, pero si no tienes una entrada apropiada, no vas a entrar —le respondió el hombre.

Cuando llegó a su casa, Kevin le contó a su padre sobre el incidente de la entrada.

—¿Va a tener problemas ese hombre por no dejar entrar al hijo del director? —le preguntó Kevin.

Su padre negó con la cabeza.

—El portero tenía razón —le dijo—. Él mira la entrada y no a la persona que quiere entrar a ver el partido. Si es la entrada correcta, la persona tiene derecho a seguir adelante; si no es la entrada correcta, no puede entrar.

Papá tomó la Biblia para leer en el tiempo de oración de la familia. «Eso es parecido a la forma en que Dios hace las cosas —agregó—. Cristo, y solamente Cristo, es nuestra entrada al cielo. Dios no se va a fijar en quiénes somos. Lo único que va a mirar es si tenemos a Cristo en nuestro corazón. Solo vamos a entrar en el cielo si confiamos en Jesús como nuestro Salvador y Señor».

¿Y TÚ? ¿Tienes tu «entrada» para el cielo? ¿Le has dado el control de tu vida a Jesucristo? No vas a poder decir: «Dios, mírame, soy una persona buena». Lo único que podrás decir es: «Dios, mira a Cristo, quien es mi "entrada" al cielo». Si todavía no has recibido a Jesús, no esperes ni un minuto más. Recíbelo hoy. *H. M.*

MEMORIZA: Ya no me apoyo en mi propia justicia, por medio de obedecer la ley; más bien, llego a ser justo por medio de la fe en Cristo. *Filipenses 3:9*

4 de mayo

PROBLEMA CON LA ENTRADA

DE LA BIBLIA:

¡[Soy] un verdadero hebreo como no ha habido otro! Fui miembro de los fariseos, quienes exigen la obediencia más estricta a la ley judía. Era tan fanático que perseguía con crueldad a la iglesia, y en cuanto a la justicia, obedecía la ley al pie de la letra. Antes creía que esas cosas eran valiosas, pero ahora considero que no tienen ningún valor debido a lo que Cristo ha hecho. Así es, todo lo demás no vale nada cuando se le compara con el infinito valor de conocer a Cristo Jesús, mi Señor. Por amor a él, he desechado todo lo demás y lo considero basura a fin de ganar a Cristo y llegar a ser uno con él. Ya no me apoyo en mi propia justicia, por medio de obedecer la ley; más bien, llego a ser justo por medio de la fe en Cristo. Pues la forma en que Dios nos hace justos delante de él se basa en la fe. Quiero conocer a Cristo y experimentar el gran poder que lo levantó de los muertos. ¡Quiero sufrir con él y participar de su muerte! FILIPENSES 3:5-10

Tú necesitas a Cristo

5 de mayo

SIN MANCHAS

DE LA BIBLIA:

Pues ustedes saben que Dios pagó un rescate para salvarlos de la vida vacía que heredaron de sus antepasados. No fue pagado con oro ni plata, los cuales pierden su valor, sino que fue con la preciosa sangre de Cristo, el Cordero de Dios, que no tiene pecado ni mancha. Dios lo eligió como el rescate por ustedes mucho antes de que comenzara el mundo, pero ahora en estos últimos días él ha sido revelado por el bien de ustedes.

Por medio de Cristo, han llegado a confiar en Dios. Y han puesto su fe y su esperanza en Dios, porque él levantó a Cristo de los muertos y le dio una gloria inmensa.

1 PEDRO 1:18-21

La sangre de Jesús nos limpia de todo pecado

—MIRA, MAMÁ —DIJO Sandra en el almacén, al tiempo que tomaba una botella de detergente para lavar la ropa—. Esta etiqueta dice que quita hasta las manchas más difíciles. ¿Lo podríamos probar en mi blusa amarilla? Tengo una mancha en la manga.

—Bueno, es un producto bastante caro —le dijo su mamá—, pero probémoslo.

Aquella tarde, Sandra lavó su blusa, siguiendo las instrucciones al pie de la letra. Pero la mancha no salió.

—¡No lo puedo creer! —exclamó ella—. Pueden mandar gente a la luna, pero no pueden encontrar la fórmula para quitar una pequeña mancha.

Mamá se rió, y luego miró la blusa pensativamente.

—Esto me recuerda otra esfera en la cual nuestros mejores esfuerzos fracasan. Todos nacemos pecadores, y eso es como una mancha de pecado en la "ropa de la vida" de la persona. A menudo, la gente trata de ocultar el pecado con su buen comportamiento, y otras veces tratan de que nadie lo vea.

—¿Quieres decir como cuando yo enrollo la manga para ocultar la mancha? —le preguntó Sandra.

—Sí, la mancha todavía está allí, y nada de lo que hacemos la puede quitar —dijo mamá—. Pero hay algo que puede quitar el pecado.

—¿Qué es?

—La sangre de Jesús —le dijo mamá—. Y no tenemos que pagar nada por eso. Jesús pagó todo. La oferta de Dios es gratis para todos los que admiten su necesidad y aceptan a Jesús como Salvador. Es lo único que puede limpiar el alma de una persona.

¿Y TÚ? ¿Estás todavía tratando de cubrir tus pecados o de quitarlos de tu vida por tus propios esfuerzos? ¿O has sido lavado por la sangre de Jesús? Si no es así, admite tu fracaso hoy y pídele a Jesús que limpie tu corazón y tu vida. *H. W. M.*

MEMORIZA: Toda la gloria sea al que nos ama y nos ha libertado de nuestros pecados al derramar su sangre por nosotros. [...] ¡A él sea toda la gloria y el poder por siempre y para siempre! Amén. *Apocalipsis 1:5-6*

CARRIE Y DANIEL, quienes por lo regular no asistían a la iglesia, estaban visitando a su tío Roberto y a su tía Elena ese fin de semana. El domingo fueron a la iglesia, pero no les gustó mucho. El sermón del pastor Hanover fue sobre el infierno.

—¡Esto es demasiado! —dijo Daniel entre dientes.

—Todo lo que hacen aquí es tratar de asustarnos —agregó Carrie.

Más tarde ese día, el tío Roberto sacó de una caja un objeto plástico blanco y redondo.

—¿Qué es eso? —le preguntó Daniel.

—Espera hasta que le ponga las baterías y verás cómo trabaja —le respondió su tío. Apretó un pequeño botón en la caja, y un sonido ensordecedor llenó el lugar. Carrie y Daniel se taparon los oídos. El tío Roberto quitó el dedo del botón y el sonido paró.

—Es un detector de humo —les dijo sonriendo—. Si hay humo en la casa, sonará la alarma.

—¿Por qué tiene que sonar tan fuerte y asustar? —le preguntó Carrie.

—No tiene el propósito de asustarnos —le respondió el tío Roberto—. Su propósito es advertirnos el peligro para que lo evitemos. —Hizo una pausa y luego continuó—: Eso me recuerda el sermón de la iglesia esta mañana. A veces pensamos que los sermones acerca del infierno tienen el propósito de asustarnos, pero en realidad su propósito es advertirnos.

Carrie y Daniel se miraron el uno al otro.

—Bueno, la advertencia de esta mañana sí me asustó —dijo Carrie—. No quiero ir al infierno. Quiero ser salva.

Daniel asintió.

—Yo también.

LA ADVERTENCIA

DE LA BIBLIA:

Y vi un gran trono blanco y al que estaba sentado en él. La tierra y el cielo huyeron de su presencia, pero no encontraron ningún lugar donde esconderse. Vi a los muertos, tanto grandes como pequeños, de pie delante del trono de Dios. Los libros fueron abiertos, entre ellos el libro de la vida. A los muertos se les juzgó de acuerdo a las cosas que habían hecho, según lo que estaba escrito en los libros. El mar entregó sus muertos, y la muerte y la tumba también entregaron sus muertos; y todos fueron juzgados según lo que habían hecho. Entones la muerte y la tumba fueron lanzadas al lago de fuego. Este lago de fuego es la segunda muerte. Y todo el que no tenía su nombre registrado en el libro de la vida fue lanzado al lago de fuego.
APOCALIPSIS 20:11-15

Obedece la advertencia de Dios

¿Y TÚ? ¿Has sido advertido en cuanto al infierno? ¿Le has prestado atención a esa advertencia? El tema del infierno no es un tema agradable, y sí, ¡asusta! Pero es real. La buena noticia es que no tienes que ir al infierno. Recibe a Jesús como tu Salvador. Entonces tu nombre estará escrito en el libro de la vida, y tú pasarás la eternidad en el cielo. *S. K.*

MEMORIZA: Todo el que no tenía su nombre registrado en el libro de la vida fue lanzado al lago de fuego. *Apocalipsis 20:15*

7 de mayo

YO SOLO, PAPI

DE LA BIBLIA:

Así que, desde que supimos de ustedes, no dejamos de tenerlos presentes en nuestras oraciones. Le pedimos a Dios que les dé pleno conocimiento de su voluntad y que les conceda sabiduría y comprensión espiritual. Entonces la forma en que vivan siempre honrará y agradará al Señor, y sus vidas producirán toda clase de buenos frutos. Mientras tanto, irán creciendo a medida que aprendan a conocer a Dios más y más.

También pedimos que se fortalezcan con todo el glorioso poder de Dios para que tengan toda la constancia y la paciencia que necesitan. Mi deseo es que estén llenos de alegría y den siempre gracias al Padre. Él los hizo aptos para que participen de la herencia que pertenece a su pueblo, el cual vive en la luz. Pues él nos rescató del reino de la oscuridad y nos trasladó al reino de su Hijo amado, quien compró nuestra libertad y perdonó nuestros pecados.

COLOSENSES 1:9-14

«Camina» con la ayuda de Dios

A SAMUEL LE gustaba ayudar a su hermanito, Josías, que estaba aprendiendo a caminar. Pero cada vez que Samuel le soltaba la mano, Josías se caía.

—Papá, ¿cuánto tiempo va a llevar para que Josías pueda caminar solo? —le preguntó Samuel.

—Necesita un poco más de tiempo —le respondió su papá—. Recuerdo cuando tú estabas aprendiendo a caminar. También te caías, pero muy pocas veces dejabas que te ayudara. Si yo trataba, tú me decías: "¡No, papi, yo solo!".

Samuel sonrió.

—¿Estás seguro de que no estás hablando de otra persona?

—No, tú decías eso —le dijo papá con una sonrisa—. Eras testarudo, pero me enseñaste algo.

—¿Yo te enseñé? —Samuel estaba sorprendido.

Papá asintió.

—Yo era un creyente "bebé", recién convertido en aquel tiempo, y estaba tratando de caminar en la vida cristiana solo. Muy pocas veces leía la Biblia y oraba. No asistía a la iglesia a menudo y tampoco aceptaba ayuda de otros creyentes o de mi Padre celestial. Y al igual que tú, me estaba cayendo. Siempre quería hacer las cosas a mi manera y tenía muchos problemas para controlar mi mal carácter. Mientras te observaba a ti que rechazabas mi ayuda, de pronto me di cuenta de que yo también estaba resistiendo la ayuda del Señor. En mi vida espiritual estaba diciendo: "Yo solo, Papi". Esa es una lección que jamás olvidé.

¿Y TÚ? ¿Estás luchando para «caminar» en la forma en que debe caminar un creyente? Tarde o temprano vas a «caer» espiritualmente si tratas de caminar solo. Estudia la Palabra de Dios. Reúnete con otros creyentes en forma regular. Toma tiempo para orar. Debes depender de tu Padre celestial para que te ayude a ser la persona honesta, amable y servicial que Dios quiere que seas. *D S. M.*

MEMORIZA: Que toda la gloria sea para Dios, quien es poderoso para evitar que caigan, y para llevarlos sin mancha y con gran alegría a su gloriosa presencia. Que toda la gloria sea para él, quien es el único Dios, nuestro Salvador por medio de Jesucristo nuestro Señor. ¡Toda la gloria, la majestad, el poder y la autoridad le pertenecen a él! *Judas 1:24-25*

LA DEMOSTRACIÓN DE LISA

—¿SABES UNA COSA? —Lisa entró a saltitos al cuarto, seguida de Amy, y dijo—: Amy y yo vamos a dar una demostración en nuestra próxima reunión del Club 4-H.

—¡Qué bueno! —dijo su mamá—. ¿Qué es lo que van a demostrar?

—Estamos pensando demostrar cómo se arreglan los ramos de flores —le dijo Lisa—. Tú tienes un libro que nos ayudará en esto, y tenemos muchas flores en el jardín.

—Esa es una idea muy buena —le dijo mamá.

Toda la tarde, las muchachas estudiaron y practicaron la forma de hacer arreglos florales. Finalmente, entraron a la sala llevando un ramo.

—¡Precioso! —exclamó la mamá.

—Todavía estamos trabajando en nuestra disertación. Tenemos tres semanas para practicar —dijo Lisa—. ¿Puedo ir con Amy a la casa de su tía mañana por la mañana? Le queremos regalar este ramo de flores a ella. Su tía está incapacitada y ahora ni siquiera puede salir de la cama.

La mamá sonrió y le dijo que sí. A la mañana siguiente, las muchachas le llevaron las flores a la anciana tía y pasaron una hora con ella.

—¿Cómo les fue en la demostración? —le preguntó mamá a Lisa cuando la niña regresó a su casa.

—Todavía falta unas semanas para eso —le respondió Lisa. Ella estaba sorprendida de que su madre se hubiera olvidado.

—Estoy hablando de la demostración que hicieron esta mañana —dijo mamá—. El ramo de flores que hicieron es precioso, pero no es tan bello como el amor que le mostraron a la tía de Amy al llevarle esas flores y pasar tiempo con ella. Estoy segura de que eso le agradó mucho. Ustedes dos demostraron algo mucho más importante que un arreglo floral.

—¿Qué demostramos? —preguntó Lisa.

—Ustedes demostraron el amor de Dios con ese gesto tan hermoso —dijo mamá sonriendo.

¿Y TÚ? ¿Le muestras al mundo el amor de Dios por medio de tus acciones? Demuéstrale el amor de Dios a alguien hoy. *B. J. W.*

MEMORIZA: Queridos hijos, que nuestro amor no quede solo en palabras; mostremos la verdad por medio de nuestras acciones. *1 Juan 3:18*

DE LA BIBLIA:

Le pido a Dios que el amor de ustedes desborde cada vez más y que sigan creciendo en conocimiento y entendimiento. Quiero que entiendan lo que realmente importa, a fin de que lleven una vida pura e intachable hasta el día que Cristo vuelva. Que estén siempre llenos del fruto de la salvación —es decir el carácter justo que Jesucristo produce en su vida— porque esto traerá mucha gloria y alabanza a Dios.
FILIPENSES 1:9-11

Demuestra el amor de Dios

9 de mayo

SIGUE PIDIENDO

No dejes de orar

KYLE ESTABA ABRIENDO un regalo de cumpleaños que le habían hecho sus padres.

—Un juego para hacer experimentos químicos —exclamó—. ¡Justo lo que quería!

—Lo sabíamos —le dijo su madre con una sonrisa—. ¿Cómo crees que no lo hubiéramos sabido con todas las indirectas que nos diste?

—¿He estado dando indirectas? —dijo Kyle.

—Desde el día que viste ese juego en la tienda, no has dejado de hablar de eso —dijo papá.

—Y antes de ir a comprar tu regalo —agregó la madre—, encontré una nota en mi cartera que decía: "No te olvides del juego químico. Con cariño, Adivina Quién".

—Creo que he sido un pesado —dijo Kyle.

—No fuiste rudo en cuanto a eso, solo persistente —le respondió su padre.

—No puedo esperar para mostrárselo a Esteban —dijo Kyle.

—Eso me recuerda que tú ibas a orar por una oportunidad para testificarle a Esteban —le dijo su papá—. ¿Cómo resultó eso?

La expresión de Kyle mostró incomodidad.

—Bueno, oré sobre eso por un tiempo, pero nada sucedió, así que como que lo olvidé.

—Hablando sobre la oración —dijo mamá—, ibas a orar pidiendo que Dios te proveyera el dinero para asistir al campamento de los jóvenes en el verano. ¿Ya recibiste el dinero?

—He ahorrado diez dólares, pero creo que también dejé de orar por eso —dijo Kyle.

—Tú fuiste persistente cuando se trató de pedir regalos de cumpleaños —le dijo papá—. Qué lástima que no hayas aplicado ese principio a tus oraciones. Con demasiada frecuencia decimos una oración con poco entusiasmo, y luego nos olvidamos del asunto. ¡Quién sabe cuántas maravillosas respuestas a nuestras oraciones recibiríamos si tan solo continuáramos pidiendo!

¿Y TÚ? ¿Tienes un problema o una necesidad en tu vida sobre la cual has orado? No te olvides de continuar orando. En su Palabra, Dios nos da varias condiciones para orar en forma poderosa y eficaz. Una de ellas es ser fervientes. Así que sigue pidiendo y creyendo. *S. L. K.*

MEMORIZA: La oración ferviente de una persona justa tiene mucho poder y da resultados maravillosos. *Santiago 5:16*

PADRES IMPERFECTOS

JEREMÍAS ESTABA SALIENDO de su casa para ir a jugar béisbol con sus amigos. En ese momento llegó su papá.

—Jeremías Roberto —le dijo con mucha seriedad—, te he dicho que guardes las herramientas para el jardín cuando hayas terminado de usarlas. —Le mostró un rastrillo y un azadón oxidados—. Estos deben haber estado afuera cuando llovió hace poco.

—Pero, papá —dijo Jeremías—, yo no...

—No pongas excusas —le dijo su padre—. Vete a tu cuarto hasta la hora de la cena.

Esto es injusto, pensó Jeremías mientras se tiraba en su cama. No solo no iba a poder ir a jugar béisbol, sino que estaba siendo castigado por algo que no había hecho. ¿Cómo podía Dios permitir que eso sucediera?

Finalmente la puerta de su dormitorio se abrió, y entró su padre.

—Te quiero pedir perdón, hijo —le dijo el padre con humildad—. Acabo de acordarme que fui yo quien dejó las herramientas en el jardín. Entré a hacer una llamada telefónica y las olvidé. Por favor, perdóname.

—Está bien —musitó Jeremías.

—Algo parecido a esto me sucedió a mí cuando era pequeño —dijo papá—. Mi padre me castigó por algo que creyó que yo había hecho.

—¿De veras? —dijo Jeremías.

Papá asintió.

—Al principio yo estaba amargado y me hice preguntas en cuanto a Dios. Entonces me di cuenta de que Dios quería que yo perdonara a mi padre. Nunca me he olvidado de esa lección en cuanto al perdón.

—Supongo que yo no debería esperar que tú fueras perfecto —dijo Jeremías—. Piensa en todas las cosas que tú me has perdonado. Algún día les voy a contar esta historia a mis hijos. ¡Estoy seguro de que el padre de ellos tampoco va a ser perfecto!

DE LA BIBLIA:

Ustedes, los que son esclavos, deben someterse a sus amos con todo respeto. Hagan lo que ellos les ordenan, no solo si son bondadosos y razonables, sino también si son crueles. Pues Dios se complace cuando ustedes, siendo conscientes de su voluntad, sufren con paciencia cuando reciben un trato injusto. Es obvio que no hay mérito en ser paciente si a uno lo golpean por haber actuado mal, pero si sufren por hacer el bien y lo soportan con paciencia, Dios se agrada de ustedes.

Pues Dios los llamó a hacer lo bueno, aunque eso signifique que tengan que sufrir, tal como Cristo sufrió por ustedes. Él es su ejemplo, y deben seguir sus pasos. Él nunca pecó y jamás engañó a nadie. No respondía cuando lo insultaban ni amenazaba con vengarse cuando sufría. Dejaba su causa en manos de Dios, quien siempre juzga con justicia.

1 PEDRO 2:18-23

Perdona a tus padres

¿Y TÚ? ¿Cómo te sientes cuando tus padres cometen un error? ¿Te amargas y los criticas? ¿O los perdonas y tratas de aprender algo de esa experiencia? Los padres no son perfectos, pero Dios todavía espera que los ames y los obedezcas por amor a él. *S. K.*

MEMORIZA: Si sufren por hacer el bien y lo soportan con paciencia, Dios se agrada de ustedes. *1 Pedro 2:20*

11 de mayo

LA TAREA DE UNA MADRE

DE LA BIBLIA:

*Vengan, hijos míos, y escúchenme,
    y les enseñaré a temer al Señor.
¿Quieres vivir una vida
    larga y próspera?
¡Entonces refrena tu lengua de
    hablar el mal
    y tus labios de decir mentiras!
Apártate del mal y haz el bien;
    busca la paz y esfuérzate por
    mantenerla.
Los ojos del Señor están sobre
    los que hacen lo bueno;
    sus oídos están abiertos a sus
    gritos de auxilio.
Pero el Señor aparta su rostro
    de los que hacen lo malo;
    borrará todo recuerdo de ellos
    de la faz de la tierra.
El Señor oye a los suyos cuando
    claman a él por ayuda;
    los rescata de todas sus
    dificultades.*
SALMO 34:11-17

Tus padres te cuidan

ELISABET LE LANZÓ una mirada furiosa a su madre.

—No tienes ninguna buena razón para hacerme perder la fiesta de pijamas en la casa de Sara este viernes —insistió ella—. Ni siquiera la conoces. Creo que estás siendo muy injusta.

—Tal vez sea porque no conozco a Sara que siento que no debes ir —le dijo su mamá—. No estoy tratando de impedir que te diviertas. Estoy tratando de protegerte de la posibilidad de una mala influencia. ¿Por qué no invitas a Sara a cenar para que yo pueda conocerla?

Elisabet estuvo de acuerdo, y Sara fue a cenar con ellos al día siguiente. Después, ellas jugaron y se rieron mucho.

«Sara parece ser una buena niña —dijo mamá después de que la llevaran a su casa—, pero todavía no me siento tranquila acerca de la fiesta en su casa. En realidad tengo que conocer a los padres de Sara, o saber más acerca de ellos, antes de permitirte pasar la noche en su casa». Elisabet suspiró. Sabía que no iba a ir a la fiesta de pijamas en la casa de su amiga esa semana.

Después de la escuela al día siguiente, la perrita de Elisabet, a quien le habían puesto el nombre Gigi, estaba haciendo un ruido terrible.

—Mamá, ¿qué le pasa a Gigi? —le preguntó Elisabet—. Desde que tuvo sus cachorritos se pone a ladrar cada vez que alguien toca la puerta. Antes nunca le ladraba tanto a la gente.

—Ella no quiere arriesgarse en cuanto a sus cachorritos —le explicó su mamá—. Va a mantener lejos de ellos a todos los que no son de la familia. —Después de una pausa agregó—: Creo que todas las madres somos de esa forma, así que sé paciente con tu perrita, y conmigo, cuando cuidamos a nuestros hijos.

¿Y TÚ? ¿Te preguntas a veces por qué tus padres te protegen tanto? ¿Sientes como que no quieren dejarte crecer? Dios les ha dado una responsabilidad muy grande, que es evitar que tú tengas malas influencias en tu vida. Ellos están tratando de cumplir con sus responsabilidades. Sé paciente con ellos. *P. R.*

MEMORIZA: Vengan, hijos míos, y escúchenme, y les enseñaré a temer al Señor. *Salmo 34:11*

JUANITA NO ESTABA feliz con la nueva esposa de su padre.

—Desearía que trataras de aceptar a tu madrastra —sugirió su papá—. Creo que descubrirías que es amable y amorosa.

—Nunca dije que no es una persona amable —protestó Juanita—. Lo que pasa es que ella no es mi madre, así que no voy a tratarla como si lo fuera.

—No, ella no es tu madre —admitió papá con tristeza—. Pero tu mamá ha muerto y no hay nada que podamos hacer en cuanto a eso.

—Pero ¿por qué tuviste que traer a Mariana aquí? —le preguntó Juanita tratando de aguantar las lágrimas—. ¡Y justo antes del Día de la Madre!

El padre asintió con comprensión.

—Mañana va ser un día muy difícil para todos nosotros —admitió él—. Pero recuerda que también va a ser un día difícil para Mariana.

—¿Para Mariana? —dijo Juanita con brusquedad—. ¿Por qué debería ser un día difícil para ella? Tú y Julio actúan como si se hubieran olvidado de mamá. ¡Julio hasta le compró una tarjeta para el Día de la Madre!

Un toque suave a la puerta interrumpió la conversación de ellos. Era Mariana. «Miren lo que acaban de traer —dijo ella con una sonrisa radiante, mientras les mostraba una pequeña planta con flores—. Es preciosa. ¡Muchas gracias!» La carta que venía con la planta estaba escrita con la letra de Julio y estaba firmada: «Tu nueva familia».

Juanita se mordió el labio inferior para mantener la calma. Con rapidez, salió del cuarto. Ella sabía que el enojo que estaba aumentando dentro de sí estaba mal. Se sintió culpable. De alguna forma, sabía que finalmente tendría que aceptar a Mariana por la persona que era; no su verdadera madre, pero alguien que había estado dispuesta a tomar la responsabilidad de una familia ya formada.

¿Y TÚ? ¿Hay alguien a quien no estás aceptando? Dios ha traído a esa persona a tu vida con un propósito. Pídele al Señor que te ayude a mostrarle a esa persona amor, amabilidad y comprensión en todo momento. Busca lo bueno en esa situación. *R. I. J.*

MEMORIZA: ¡Qué maravilloso y agradable es cuando los hermanos conviven en armonía! *Salmo 133:1*

12 de mayo

CUANDO TIENES UNA MADRASTRA
(PARTE 1)

DE LA BIBLIA:

¡Qué maravilloso y agradable es cuando los hermanos conviven en armonía!
Pues la armonía es tan preciosa como el aceite de la unción que se derramó sobre la cabeza de Aarón, que corrió por su barba hasta llegar al borde de su túnica.
La armonía es tan refrescante como el rocío del monte Hermón que cae sobre las montañas de Sión.
Y allí el Señor ha pronunciado su bendición, incluso la vida eterna.
SALMO 133:1-3

Acepta lo que Dios permite

13 de mayo

CUANDO TIENES UNA MADRASTRA
(PARTE 2)

DE LA BIBLIA:

*Levanto la vista hacia las
    montañas,
    ¿viene de allí mi ayuda?
¡Mi ayuda viene del SEÑOR,
    quien hizo el cielo y la tierra!
Él no permitirá que tropieces;
    el que te cuida no se dormirá.
En efecto, el que cuida a Israel
    nunca duerme ni se adormece.
¡El SEÑOR mismo te cuida!
    El SEÑOR está a tu lado como
    tu sombra protectora.
El sol no te hará daño durante
    el día,
    ni la luna durante la noche.
El SEÑOR te libra de todo mal
    y cuida tu vida.
El SEÑOR te protege al entrar y
    al salir,
    ahora y para siempre.*
SALMO 121:1-8

Disponte a cambiar

JUANITA SALIÓ Y llamó a su hermano en voz muy alta. Ella quería decirle a Julio lo que pensaba de su tonta idea: mandarle una planta de flores a una mujer que no era su madre.

—Pero mañana es el Día de la Madre —protestó Julio—. Pensé que nuestra nueva mamá debía recibir flores como todas las madres.

—Ella no es nuestra madre —le respondió Juanita—. Es la esposa de papá.

Julio se encogió de hombros.

—Bueno, ella vive aquí y es muy buena —le dijo él—, así que quise hacer eso.

—¡Pero tú no tienes derecho de poner mi nombre en esa tarjeta! —le dijo Juanita con enojo.

—No puse tu nombre en la tarjeta —dijo Julio—. Escribí que era de parte de su nueva familia.

—Bueno, ella piensa que yo soy parte de ese regalo —insistió Juanita.

—En realidad, eso era lo que yo quería que ella pensara —admitió Julio—. Anoche por casualidad los escuché a papá y a ella orando, y ella le pidió a Dios que te ayudara a amarla pronto.

Súbitamente, Juanita se sintió sobrecogida de vergüenza. Aun el pequeño Julio actuaba con más madurez que ella. Juanita se sentó a la sombra de un árbol y oró. «Perdóname, Señor —susurró—. Ayúdame a amarla como tú la amas». Tal vez ella no iba a poder llamar «mamá» a Mariana; por lo menos, no enseguida. Pero con la ayuda de Dios iba a tratar de ser como una hija, una hija cristiana.

Entró corriendo a su casa y llamó a Julio. «Toma —le dijo, sacando dinero de su bolsillo—. Si la "nueva familia" va a mandar flores, yo quiero pagar la parte que me corresponde». De pronto Juanita se sintió mucho mejor.

¿Y TÚ? ¿Sabes a veces que tienes una mala actitud, pero rehúsas cambiar? La mala actitud te hace sentir mal, ¿no es verdad? Admite que estás equivocado, y luego esfuérzate por cambiar tu mala actitud. Te vas a sentir mejor. Y recuerda, Dios está a tu lado, listo para ayudarte. *R. I. J.*

MEMORIZA: ¡Mi ayuda viene del SEÑOR, quien hizo el cielo y la tierra! *Salmo 121:2*

UN REGALO PARA MAMÁ

UN SÁBADO, JAZMÍN le pidió a su hermano que la ayudara a comprarle un regalo a su mamá porque al día siguiente era el Día de la Madre.

—No puedo —le dijo David con enojo—. Mamá me dijo que no puedo salir de la casa.

—¿Por qué no? —dijo Jazmín—. ¿Qué hiciste?

—Limpié mi clóset, tal como ella me dijo —refunfuñó David—. Pero después me dijo que no había terminado el trabajo. Le dije que era mi clóset y que yo lo consideraba limpio. Me lo hizo arreglar de nuevo. Así que lo hice. Entonces le dije: "¿Te parece bien ahora?". Me dijo que mi clóset le parecía bien pero no mi actitud. Así que no puedo salir de la casa hoy en todo el día.

—Eso arruina todo —se quejó Jazmín—. Voy a ir a pedirle que te deje ir a la tienda conmigo.

Cuando su madre dijo «no», Jazmín dio una patada en el piso y le contestó mal, así que ella también fue castigada. Al día siguiente, su mamá le regaló un hermoso suéter a la abuela Pratt, quien estaba pasando el día con ellos.

—Mamá, nosotros te hubiéramos comprado algo ayer —le dijo Jazmín—, pero no nos dejaste ir a la tienda.

—Yo no quería un regalo —le dijo su mamá.

—¿No quieres un regalo? —le preguntó David—. Tú le hiciste un regalo a la abuela.

—Bueno, yo la amo —dijo mamá—. ¿En qué forma les muestras a tus padres que los amas?

—Les das regalos y cosas —dijo David.

—Oh, David, eso no está bien —se dio cuenta Jazmín—. En primer lugar, debemos obedecer a nuestros padres, porque eso le agrada al Señor. Creo que ayer no actuamos como si amáramos a mamá o a Jesús. Lo siento, mamá.

—Yo también —le dijo David—. Por favor, perdónanos.

—Por supuesto que los perdono —les respondió su mamá.

DE LA BIBLIA:

Hijos, obedezcan siempre a sus padres, porque eso agrada al Señor. Padres, no exasperen a sus hijos, para que no se desanimen.

Esclavos, obedezcan en todo a sus amos terrenales. Traten de agradarlos todo el tiempo, no solo cuando ellos los observan. Sírvanlos con sinceridad debido al temor reverente que ustedes tienen al Señor. Trabajen de buena gana en todo lo que hagan, como si fuera para el Señor y no para la gente. Recuerden que el Señor los recompensará con una herencia y que el Amo a quien sirven es Cristo; pero si hacen lo que está mal, recibirán el pago por el mal que hayan hecho, porque Dios no tiene favoritos.

COLOSENSES 3:20-25

Muestras amor cuando obedeces

¿Y TÚ? ¿Saben tus padres que los amas por tus acciones? ¿Les has dicho últimamente, no con palabras sino con tu pronta y alegre obediencia, que son preciosos para ti? En este mismo momento, pídele a Dios que te ayude a obedecer a tus padres. *A. G. L.*

MEMORIZA: Hijos, obedezcan a sus padres porque ustedes pertenecen al Señor, pues esto es lo correcto. *Efesios 6:1*

15 de mayo

CREYENTES DESNUTRIDOS

DE LA BIBLIA:

¿Alguien tiene sed? Venga y beba, ¡aunque no tenga dinero! Vengan, tomen vino o leche, ¡es todo gratis! ¿Por qué gastar su dinero en alimentos que no les dan fuerza? ¿Por qué pagar por comida que no les hace ningún bien? Escúchenme, y comerán lo que es bueno; disfrutarán de la mejor comida.

Vengan a mí con los oídos bien abiertos. Escuchen, y encontrarán vida. Haré un pacto eterno con ustedes. Les daré el amor inagotable que le prometí a David. [...]

La lluvia y la nieve descienden de los cielos y quedan en el suelo para regar la tierra. Hacen crecer el grano, y producen semillas para el agricultor y pan para el hambriento. Lo mismo sucede con mi palabra. La envío y siempre produce fruto; logrará todo lo que yo quiero, y prosperará en todos los lugares donde yo la envíe.
ISAÍAS 55:1-3, 10-11

Debes tener hambre espiritual

CRAIG Y SU MAMÁ estaban mirando un programa de televisión que mostraba a niños desnutridos en un país de África.

—¡Deben tener mucha hambre! —exclamó él.

—Bueno, en algunos casos tal vez no se sientan tan hambrientos como en realidad están —le dijo su mamá—. Cuando no comes por mucho tiempo, los dolores que produce el hambre se van después de un tiempo. Así que la gente hambrienta tal vez no sienta muchísima hambre, aunque tengan una gran necesidad de recibir comida.

Aquella noche, después de la cena, papá dijo:

—En lugar de hacer nuestro estudio devocional acostumbrado, podemos compartir algo que hayamos aprendido de nuestro tiempo devocional personal hace poco. Craig, ¿por qué no comienzas tú?

Craig se movió incómodo en su silla.

—Últimamente, no he estado teniendo mi tiempo devocional personal.

—¿Por qué no? —le preguntó papá.

—No sé. Creo que porque la Biblia es muy difícil de entender, y... —Craig se detuvo por unos instantes—. Y a veces es aburrida.

—Craig —le dijo su mamá—, ¿recuerdas a la gente hambrienta del programa de televisión que vimos hoy? —El niño asintió y ella prosiguió—. Aun cuando se estaban muriendo de hambre y no habían comido durante muchos días, es probable que no sintieran hambre. Lo mismo sucede con la Biblia; si dejas de leerla con fidelidad, tu hambre por las enseñanzas de la Biblia disminuirá, aun cuando en esos momentos necesitas esa enseñanza más que nunca. Pero cuanto más leas la Biblia, más interesante la encontrarás, y querrás leerla todavía más.

—¿De verdad? —dijo Craig—. Creo que no he sentido mucha hambre de leer la Biblia últimamente. Voy a empezar a leer la Biblia para tener hambre de leerla otra vez.

¿Y TÚ? ¿Sientes hambre por la Palabra de Dios? ¿A veces sientes que no tienes necesidad de leer la Biblia? No te conviertas en un creyente desnutrido. Asegúrate de que tu apetito espiritual sea siempre grande leyendo la Biblia todos los días. Cuanto más la leas, más te interesará leerla. *D. S. M.*

MEMORIZA: Dios bendice a los que tienen hambre y sed de justicia, porque serán saciados. *Mateo 5:6*

LA CARRERA DE LA VIDA
(PARTE 1)

—¡ABUELO! —LE DIJO JOSÉ—. Nuestra escuela va a realizar una gran carrera dentro de cuatro semanas, y voy a participar en ese evento.

El abuelo Jones se rió entre dientes.

—¡Me alegro mucho, José!

—El primer premio es veinte dólares, y eso compraría muchos caramelos.

—Si eres serio en cuanto a correr, debes dejar de comer comida chatarra —le aconsejó su abuelo.

—Pero ¿cómo voy a poder vivir por cuatro semanas sin barritas de chocolate y sin papitas fritas? —dijo el niño quejándose.

—No hay ninguna ley que diga que un corredor de carreras no puede comer comida chatarra —le respondió su abuelo—, pero si realmente eres serio en cuanto a querer ganar la carrera, vas a tener que dejar de comer todas las cosas que no te van a ayudar a alcanzar tu meta.

José pensó por un momento.

—En realidad quiero ganar esa carrera —dijo él—. Creo que los dulces y las papitas fritas no son tan importantes para mí como el premio. No tiene sentido que corra si no hago todo lo posible para tratar de ganar.

—Esa es una verdad importante, José —le dijo el abuelo, asintiendo con la cabeza—. A veces te escucho quejarte porque no puedes hacer las cosas que hacen tus amigos que no son creyentes. Pero si queremos alcanzar la meta más importante de todas, que es la de llegar a ser como Jesús, con alegría dejaremos de participar en actividades que no son las correctas para agradar al Señor.

—Tienes razón —le dijo José—. Debo comenzar a ser tan serio en cuanto a servir al Señor como lo soy en cuanto a ganar esa carrera.

DE LA BIBLIA:

Soporta el sufrimiento junto conmigo como un buen soldado de Cristo Jesús. Ningún soldado se enreda en los asuntos de la vida civil, porque de ser así, no podría agradar al oficial que lo reclutó. [...]

Por lo tanto, ya que estamos rodeados por una enorme multitud de testigos de la vida de fe, quitémonos todo peso que nos impida correr, especialmente el pecado que tan fácilmente nos hace tropezar. Y corramos con perseverancia la carrera que Dios nos ha puesto por delante. Esto lo hacemos al fijar la mirada en Jesús, el campeón que inicia y perfecciona nuestra fe. Debido al gozo que le esperaba, Jesús soportó la cruz, sin importarle la vergüenza que esta representaba. Ahora está sentado en el lugar de honor, junto al trono de Dios.

2 TIMOTEO 2:3-4; HEBREOS 12:1-2

Sé serio en cuanto a servir a Dios

¿Y TÚ? ¿Hay cosas en tu vida que te impiden hacer lo mejor en la «carrera» que corres como cristiano? ¿Hay lugares a los que quieres ir que no son apropiados, y programas de televisión y películas que no deberías ver? Algunas cosas tal vez no sean pecaminosas en sí mismas, pero si te impiden servir al Señor, son malas para ti. Hoy mismo decide ser serio en cuanto a servir al Señor. Abandona todas las cosas que se interponen en tu servicio a Dios. *S. L. K.*

MEMORIZA: Quitémonos todo el peso que nos impida correr. [...] Y corramos con perseverancia la carrera que Dios nos ha puesto por delante. *Hebreos 12:1*

17 de mayo

LA CARRERA DE LA VIDA
(PARTE 2)

DE LA BIBLIA:

En cuanto a mí, mi vida ya fue derramada como una ofrenda a Dios. Se acerca el tiempo de mi muerte. He peleado la buena batalla, he terminado la carera y he permanecido fiel. Ahora me espera el premio, la corona de justicia que el Señor, el Juez justo, me dará el día de su regreso; y el premio no es solo para mí, sino para todos los que esperan con anhelo su venida.

2 TIMOTEO 4:6-8

La muerte puede ser una bendición

JOSÉ SE SINTIÓ feliz cuando ganó el segundo lugar en la carrera de la escuela y recibió diez dólares como premio. Pero se sintió triste unos días después cuando tuvieron que internar al abuelo Jones en el hospital. Cuando salió de la escuela, José fue a visitarlo.

—Hola, José —le dijo su abuelo con voz débil.

—Quisiera que te mejoraras y volvieras a casa, abuelo —le dijo José.

El abuelo suspiró.

—Quiero ir a mi hogar, a mi verdadero hogar en el cielo —le dijo con suavidad.

José frunció el ceño.

—¿Quiere decir que quieres... que quieres morir? ¿Por qué?

—Cuando tu cuerpo está tan gastado como el mío, tú también anhelarás tener un nuevo cuerpo e irte para estar con Jesús en tu nuevo hogar —le dijo el abuelo.

—¡Yo no! —dijo José—. No quiero ponerme viejo y estar enfermo.

El abuelo sonrió.

—José, cuando corriste la carrera, ¿cómo te sentiste cuando estabas casi en la línea de la meta?

—Bastante mal —respondió José—. Me dolían las piernas, me dolía el pecho, tenía calor, estaba sudando y tenía sed. Pero en cierta forma me sentía muy bien porque la carrera estaba casi terminada, y yo había hecho lo mejor que podía.

—Así es como me siento yo —le dijo su abuelo con suavidad—. Aun cuando mi cuerpo está cansado y siento dolor, estoy feliz porque puedo ver la línea de la meta un poco más adelante. Soy salvo por gracia por medio de Jesucristo. Casi no puedo esperar a ver al Señor y las cosas maravillosas que él ha preparado para mí.

¿Y TÚ? ¿Piensas a veces que vas a envejecer y a morir? Si conoces a Jesús como tu Salvador no deberías tener miedo, porque morir va a ser un asunto de «cruzar la línea de la meta», y recibir la recompensa por el trabajo que has realizado para Dios. *S. L. K.*

MEMORIZA: He terminado la carrera y he permanecido fiel. Ahora me espera el premio, la corona de justicia que el Señor, el Juez justo, me dará el día de su regreso. *2 Timoteo 4:7-8*

—**MI MAESTRA NOS** dijo que miráramos un programa especial de televisión acerca de una posible guerra nuclear —dijo Laura—. Vamos a hablar sobre eso mañana.

—Mirémoslo juntas —le dijo su mamá.

El programa mostró incendios y destrucción con ciudades completas, edificios y familias que desaparecieron en segundos por la explosión nuclear.

—¿Por qué quieren las personas destruirse unas a otras de esa forma? —preguntó Laura.

—Sin Cristo, el corazón de una persona es malvado —le explicó su papá—. Las personas que son inconversas solo piensan en sí mismas, y quieren tener control de todo y manejar las cosas a su manera. —Laura se estremeció.

—No creo que pueda dormir esta noche.

—Recuerda que Dios está en control de todo —dijo mamá—. El hombre solamente puede hacer lo que Dios le permite. Dios tiene la palabra final en cuanto a cuándo y cómo terminará el mundo.

—Eso me recuerda lo que dice Mateo capítulo 10, versículo 28 —dijo papá—. Nos dice que no tengamos temor a los que quieren matarnos el cuerpo, sino que temamos al que puede destruir el cuerpo y el alma en el infierno.

—¿No es ese un versículo para los misioneros? —preguntó Laura.

—Es un versículo bueno para todos nosotros —le respondió su papá—. Es una advertencia para los que no son cristianos. Si alguien mata los cuerpos de los inconversos, sus almas irán al infierno y estarán allí para tormento eterno, lo que será mucho peor que una guerra nuclear. Para nosotros que somos cristianos, ese versículo nos recuerda que lo único que podemos sufrir es la muerte física. Y entonces nuestras almas irán al cielo.

—Estoy contenta de que soy cristiana —dijo Laura bostezando—. Después de todo, creo que no tendré problemas para dormirme.

¿Y TÚ? Recuerda que nada puede pasar sin el permiso de Dios. Pero si no eres cristiano, deberías tener miedo. El instante después de que mueras, será demasiado tarde para aceptar a Cristo como tu Salvador. La salvación es para hoy. No esperes para tomar tu decisión. *J. L. H.*

MEMORIZA: ¿Qué nos hace pensar que podemos escapar si descuidamos esta salvación tan grande? *Hebreos 2:3*

UNA CAUSA PARA SENTIR TEMOR

DE LA BIBLIA:

Pues esto es lo que decretaron los mensajeros; es lo que ordenan los santos, para que todos sepan que el Altísimo gobierna los reinos del mundo y los entrega a cualquiera que él elija, incluso a las personas más humildes.
DANIEL 4:17

Los que no son salvos están en peligro

19 de mayo

¿DEBERÍA DECIRLO?

DE LA BIBLIA:

Saúl les dijo a sus siervos y a su hijo Jonatán que asesinaran a David; pero Jonatán, debido a su profundo cariño por David, le contó acerca de los planes de su padre. «Mañana por la mañana —lo previno—, deberás encontrar un lugar donde esconderte en el campo. Yo le pediré a mi padre que vaya allí conmigo y le hablaré de ti. Luego te informaré todo lo que pueda averiguar».

A la mañana siguiente, Jonatán habló con su padre acerca de David, diciéndole muchas cosas buenas acerca de él.

—El rey no debe pecar contra su siervo David —le dijo Jonatán—. Él nunca ha hecho nada para dañarte. Siempre te ha ayudado en todo lo que ha podido. ¿Te has olvidado de aquella vez cuando arriesgó su vida para matar al gigante filisteo y de cómo el SEÑOR le dio, como resultado, una gran victoria a Israel? Ciertamente estabas muy contento en aquel entonces. ¿Por qué habrías de matar a un hombre inocente como David? ¡No hay ningún motivo en absoluto!

Así que Saúl escuchó a Jonatán y juró:

—Tan cierto como que el SEÑOR vive, David no será muerto.

1 SAMUEL 19:1-6

Si es peligroso, debes decirlo

BRAD IBA CAMINO al almacén cuando vio a su amigo Kevin con otros muchachos, ¡y estaban fumando! Kevin trató de ocultar su cigarrillo detrás de la espalda.

«Hola», le dijo Brad mientras entraba rápidamente al almacén. Cuando salió, Kevin se había ido. Pero Brad no se lo podía sacar de la mente. ¡Kevin era cristiano!

Más tarde, Kevin lo llamó por teléfono.

—Mira, Brad —le dijo—, finge que no me viste esta tarde, ¿de acuerdo? Solo fumo cuando estoy con esos muchachos. Ellos piensan que estás totalmente fuera de onda si no fumas.

—¡Entonces no te juntes con ellos! —le gritó Brad.

—Sí, bueno... pero prométeme que no se lo vas a decir a nadie —le dijo Kevin.

Brad no le hizo esa promesa, pero sí oró por Kevin aquella noche. Por lo general no era alguien que contara algo cuando un amigo le pedía que guardara un secreto, pero esto era diferente. Kevin necesitaba ayuda. Brad sabía que los padres de Kevin no aprobarían que él fumara. Era malo para la salud de Kevin.

Brad pensó en el versículo bíblico que dice que los cristianos debemos compartir los problemas los unos con los otros. En primer lugar, le diría a Kevin que estaba dispuesto a ir con él para hablar con sus padres. Si Kevin se negaba a hacerlo, entonces le diría que él iba a ir a hablar con una persona adulta. Sí, hay un tiempo en que no debemos contar una confidencia, pero también hay un tiempo cuando alguien tiene que tenderle la mano a una persona que necesita ayuda.

¿Y TÚ? ¿Te has encontrado alguna vez en una situación en la cual no podías decidir si estaba bien o no contar algo que sabías? Si una persona comparte algo contigo en confianza, pero lo que ha compartido contigo es peligroso, se lo deberías decir a una persona mayor. En primer lugar, dile a tu amigo o amiga que debes compartir el problema con un adulto. Luego ofrece ir con tu amigo o amiga para conseguir ayuda del padre o la madre, del pastor o de un maestro de la escuela dominical. *L. M. W.*

MEMORIZA: Ayúdense a llevar los unos las cargas de los otros, y obedezcan de esa manera la ley de Cristo. *Gálatas 6:2*

UN LUGAR INAPROPIADO

—PAPÁ, ¿PUEDO IR a jugar a los bolos esta noche? —le preguntó Connie—. Todo el mundo va a ir a Bowl & Bar, y tengo el dinero para pagar la entrada.

El padre colocó queso en una trampa para cazar ratones y luego la colocó en el piso.

—He escuchado malos informes sobre ese lugar, así que no queremos que vayas allí.

—¡Ustedes nunca me dejan hacer nada! —gritó Connie—. ¿Qué hay de malo en ir a jugar a los bolos?

El padre le señaló la trampa de cazar ratones.

—¿Qué hay de malo con el queso?

—Nada, creo —dijo Connie sorprendida.

—Tienes razón —le dijo el padre—. El queso es bueno y saludable. Cuando un ratón lo muerde, no nota la trampa. —Papá tomó un lápiz y tocó el queso. Se oyó el ruido que produjo la trampa—. Pero entonces el animalito caerá.

Papá puso la trampa a un lado.

—No hay nada malo en cuanto a ir a jugar a los bolos —le dijo él—. El problema es que te podría llevar a una trampa. En ese lugar se venden bebidas alcohólicas y atrae a personas no recomendables, a muchachos que fuman y que usan lenguaje grosero. Hemos escuchado que en ese establecimiento hay peleas y que allí la gente usa drogas. Tú y tus amigos podrían ser influenciados a hacer cosas que le desagradan a Dios. Si quieres ir a jugar a los bolos, puedes ir al establecimiento local con un adulto como chaperón.

Connie suspiró. Pero cuando miró la trampa del ratón, supo que su padre tenía razón. Ir a Bowl & Bar sonaba como algo interesante, pero caer en una trampa no era algo que valiera la pena.

¿Y TÚ? ¿Te gusta ir a jugar a los bolos? Es algo bueno, a menos que te ponga en un lugar que no le agrada a Dios. ¿Te gusta ir al centro comercial? Está bien, a menos que te sientas tentado a hacer cosas malas. ¿Te gusta jugar al fútbol? Fantástico, a menos que te impida ir a la iglesia los domingos. ¿Te gusta hablar con tus amigos? Es algo muy bueno, siempre y cuando no te tienten a chismear. Asegúrate de que la actividad buena que eliges no sea un señuelo que te lleve a una trampa para tentarte a pecar. *H. W. M.*

MEMORIZA: Sea que coman o beban o cualquier otra cosa que hagan, háganlo todo para la gloria de Dios. *1 Corintios 10:31*

Dado que Dios los eligió para que sean su pueblo santo y amado por él, ustedes tienen que vestirse de tierna compasión, bondad, humildad, gentileza y paciencia. Sean comprensivos con las faltas de los demás y perdonen a todo el que los ofenda. Recuerden que el Señor los perdonó a ustedes, así que ustedes deben perdonar a otros. Sobre todo, vístanse de amor, lo cual nos une a todos en perfecta armonía. Y que la paz que viene de Cristo gobierne en sus corazones. Pues, como miembros de un mismo cuerpo, ustedes son llamados a vivir en paz. Y sean siempre agradecidos.

Que el mensaje de Cristo, con toda su riqueza, llene sus vidas. Enséñense y aconséjense unos a otros con toda la sabiduría que él da. Canten salmos e himnos y canciones espirituales a Dios con un corazón agradecido. Y todo lo que hagan o digan, háganlo como representantes del Señor Jesús y den gracias a Dios Padre por medio de él.

COLOSENSES 3:12-17

Elige tus actividades con mucho cuidado

21 de mayo

IGUAL QUE LA PASTA DE DIENTES

DE LA BIBLIA:

Amados hermanos, no muchos deberían llegar a ser maestros en la iglesia, porque los que enseñamos seremos juzgados de una manera más estricta. Es cierto que todos cometemos muchos errores. Pues, si pudiéramos dominar la lengua, seríamos perfectos, capaces de controlarnos en todo sentido.

Podemos hacer que un caballo vaya adonde queramos si le ponemos un pequeño freno en la boca. También un pequeño timón hace que un enorme barco gire adonde desee el capitán, por fuertes que sean los vientos. De la misma manera, la lengua es algo pequeño que pronuncia grandes discursos. Así también una sola chispa puede incendiar todo un bosque. De todas las partes del cuerpo, la lengua es una llama de fuego. Es un mundo entero de maldad que corrompe todo el cuerpo. Puede incendiar toda la vida, porque el infierno mismo la enciende.

El ser humano puede domar toda clase de animales, aves, reptiles y peces, pero nadie puede domar la lengua. Es maligna e incansable, llena de veneno mortal.
SANTIAGO 3:1-8

Habla con amabilidad

JASÓN ESTABA CUIDANDO a su hermanito, Josué, cuando sonó el teléfono. Era su amigo Toby. Los muchachos hablaron por un buen rato antes de que Jasón regresara a la cocina, donde había dejado a Josué. Pero el niño no estaba allí. Jasón escuchó ruidos que provenían del cuarto de baño. Y allí encontró a Josué tratando de volver a poner la pasta de dientes dentro del tubo.

—Eres un tonto, Josué —exclamó Jasón—. ¿Por qué siempre tienes que estar tocando todas las cosas? ¡Te podría dar unas palmadas! —Al tiempo que comenzaba a limpiar el desastre, siguió regañando a su hermanito.

—Lo siento —lloriqueó Josué—. Lo voy a poner de vuelta en el tubo.

—Es imposible —gruñó Jasón—. Una vez que la pasta sale, se queda afuera.

Cunado Jasón vio lo afligido que estaba su hermanito, lamentó haber sido tan duro con él.

—Lo siento, Josué. Tú no eres un tonto.

—Pero tú dijiste... —comenzó Josué.

—Olvídalo —Jasón le alborotó el cabello a su hermanito—. Quisiera no haberlo dicho.

Cuando sus padres llegaron, escucharon lo del episodio con la pasta de dientes.

—Jasón me dijo que soy un tonto —dijo Josué.

—Te dije que no lo eres —protestó Jasón—, y te dije que lo siento.

—Josué, tú estuviste muy mal al hacer eso —le dijo su mamá—, y tú, Jasón, no pensaste cuando usaste la lengua. Me alegro de que le hayas pedido perdón a tu hermano, pero aquí hay una lección que debes aprender. De la misma forma en que no puedes volver a poner la pasta de dientes en el tubo, tampoco puedes desdecir las palabras que han salido de tu boca. Así que asegúrate de que tus palabras le sean agradables a Dios.

¿Y TÚ? ¿A veces dices cosas porque estás enojado? ¿O a veces dices cosas en broma, pero que sabes que en realidad están hiriendo a la persona con la que hablas? Las palabras no se pueden desdecir. La Biblia dice que tu forma de hablar debe ser buena y útil. Entonces no vas a tener que preocuparte en cuanto a arrepentirte de lo que has dicho. *L. M. W.*

MEMORIZA: No empleen un lenguaje grosero ni ofensivo. Que todo lo que digan sea bueno y útil. *Efesios 4:29*

EL DISCÍPULO DE MARÍA

«MARÍA TENÍA un corderito blanco...» Kelly dejó de cantar cuando entró a la cocina.

—Hola, mamá, ¿puedo ir a la casa de al lado para ver a Josefina?

—Puedes ir cuando termines de estudiar tu lección de la escuela dominical —le dijo su mamá.

Kelly siguió cantando la canción mientras se dirigía a su dormitorio y sacaba su cuaderno de la escuela dominical. «El corderito la siguió a la escuela un día, sí, un día...» Entonces se quedó en silencio mientras estudiaba su lección.

Dentro de poco la canción comenzó de nuevo.

—"Hizo que los niños se rieran y jugaran..." Mamá, ya terminé —le dijo Kelly desde el umbral, con una sonrisa—. María tenía un buen discípulo, ¿no es verdad?

—¿Un buen qué?

—Mi lección es acerca de los doce discípulos de Jesús. Dice que un discípulo es un seguidor, y el corderito de María la seguía a todos los lugares que ella iba —explicó Kelly—. Era un buen discípulo.

Mamá se rió.

—Tienes razón. El corderito la siguió hasta a la escuela. Y no parecía molesto con la risa o los chistes de los niños.

—Sí —dijo Kelly—. Nosotros deberíamos seguir a Jesús de esa forma, ¿no es verdad? Deberíamos hacer lo que el Señor quiere, aun si otros niños piensan que somos raros. —Se dirigió a la puerta—. Ahora voy a ir a la casa de Josefina y le voy a decir que yo soy discípula de Jesús. Y le voy a preguntar si quiere ir a la escuela dominical conmigo mañana.

¿Y TÚ? ¿Creen tus compañeros de clase que eres un poco raro cuando inclinas la cabeza para orar antes de almorzar? ¿Se ríen si hablas de Jesús? ¿Creen que eres un «santito» porque asistes a la escuela dominical y a la iglesia en forma regular? Sé un buen discípulo —un buen seguidor— de Jesús. Haz las cosas que le agradan al Señor, sin importar lo que alguien diga. *H. W. M.*

MEMORIZA: Si alguno de ustedes quiere ser mi seguidor, tiene que abandonar su manera egoísta de vivir, tomar su cruz cada día y seguirme. *Lucas 9:23*

DE LA BIBLIA:

Entonces dijo a la multitud: «Si alguno de ustedes quiere ser mi seguidor, tiene que abandonar su manera egoísta de vivir, tomar su cruz cada día y seguirme. Si tratas de aferrarte a la vida, la perderás, pero si entregas tu vida por mi causa, la salvarás. ¿Y qué beneficio obtienes si ganas el mundo entero, pero te pierdes o destruyes a ti mismo? Si alguien se avergüenza de mí y de mi mensaje, el Hijo del Hombre se avergonzará de esa persona cuando regrese en su gloria y en la gloria del Padre y de los santos ángeles».
LUCAS 9:23-26

Sé un buen discípulo

23 de mayo

SE NECESITAN LUCES PEQUEÑAS

DE LA BIBLIA:

Si son fieles en las cosas pequeñas, serán fieles en las grandes; pero si son deshonestos en las cosas pequeñas, no actuarán con honradez en las responsabilidades más grandes. Entonces, si no son confiables con las riquezas mundanas, ¿quién les confiará las verdaderas riquezas del cielo?; y si no son fieles con las cosas de otras personas, ¿por qué se les debería confiar lo que es de ustedes?
LUCAS 16:10-12

Tu tarea es importante

EL PASTOR SANTIAGO había venido a cenar con ellos. Los adultos hablaban sobre la campaña de la iglesia de alcanzar con el evangelio a cada familia de su pequeño pueblo. Papá sería el encargado de organizar un desayuno para los hombres, y mamá iba a cantar en un almuerzo de mujeres. El hermano mayor de Shannyn, Esteban, estaba haciendo carteles para anunciar una reunión para todos los jóvenes del lugar. *Quisiera ser grande para poder ayudar*, pensó Shannyn con un suspiro.

En ese momento, el pastor Santiago se volvió a Shannyn.

—¿Podrías invitar a tus amigas a asistir a nuestras reuniones especiales? —dijo el pastor.

Shannyn se encogió de hombros y asintió.

—Supongo que sí —dijo ella—. Pero me gustaría hacer algo importante.

Aquella noche, su mamá fue a arropar a Shannyn en su cama.

—Mamá, por favor, ¿podrías enchufar la luz de seguridad? —le pidió Shannyn.

—Por supuesto —le dijo su mamá, caminando hasta el pasillo. De pronto, una luz muy brillante llenó el dormitorio de Shannyn.

La niña saltó de la cama y fue al pasillo. Ella vio una lámpara muy brillante enchufada a la pared.

—Mamá, esa luz es demasiado brillante.

Mamá se dio vuelta.

—Tienes razón —asintió. Apagó la lámpara y en su lugar enchufó la luz de seguridad que usaban siempre—. ¿Ves? —le dijo—, las luces pequeñas son tan necesarias como las luces grandes. Y hacer los trabajos pequeños es tan necesario como hacer los trabajos grandes. Los niños pequeños, al igual que las personas adultas, deben ser invitados para que acepten a Jesús como su Salvador.

Shannyn sonrió.

—Está bien —dijo—. Voy a invitar a todas mis amigas. En realidad, voy a invitar a toda la clase. Voy a ser una pequeña luz de seguridad.

¿Y TÚ? Tal vez le puedas mostrar amistad a un niño solitario que vive cerca de tu casa. Puedes invitar a tu maestro y a tus compañeros de clase a que vayan a tu iglesia. Lo que quiera que Dios te pida que hagas, hazlo para su gloria. *H. W. M.*

MEMORIZA: Si son fieles en las cosas pequeñas, serán fieles en las grandes. *Lucas 16:10*

DETRÁS DE LAS REJAS DE UNA PRISIÓN

LOS OJOS DE Justin desorbitaron mientras miraba un documental en la televisión sobre la vida en una prisión. Mostraron un enorme cuarto con más de cincuenta camas en él. Y también entrevistaron a algunos hombres que estaban completamente incomunicados con el resto de los presos.

—Ay, papá, por cierto que a mí no me gustaría tener que estar en un lugar como ese —dijo Justin después.

—¿Sabes, Justin?, es probable que esos presos dijeran lo mismo que tú cuando tenían tu edad. Dudo que hayan hecho planes para estar en una cárcel sin libertad alguna. —Papá hizo una pausa por unos instantes—. ¿Recuerdas cuando tuvimos problemas con las ratas en el granero?

—Sí, me acuerdo —dijo Justin—. Fuiste a la tienda y compraste una trampa grande para ratones.

—Esa era una trampa para ratas —le dijo el papá—. Le puse mantequilla de maní y la coloqué en medio del piso del granero. Las ratas nunca pensaron en el peligro; solo se enfocaron en comer la mantequilla de maní.

—Y esos presos nunca pensaron en el problema que iban a tener si cometían crímenes, ¿no es verdad? —dijo Justin.

—Así es. Satanás le puso a su trampa cosas que a ellos les parecieron atractivas, y ellos cayeron en la trampa —dijo papá—. La buena noticia es que Dios todavía ama a esos presos. He leído sobre varios hombres que se volvieron al Señor cuando estaban detrás de las rejas de una prisión.

—Pero habría sido mejor si ellos hubieran aceptado a Cristo como Salvador cuando eran niños —dijo Justin pensativamente—. Entonces podrían haber evitado tener que ir a la cárcel.

DE LA BIBLIA:

Entonces muchos de los que oyeron sus palabras creyeron en él.

Jesús les dijo a los que creyeron en él:

—Ustedes son verdaderamente mis discípulos si se mantienen fieles a mis enseñanzas; y conocerán la verdad, y la verdad los hará libres.

—Nosotros somos descendientes de Abraham —le respondieron—, nunca hemos sido esclavos de nadie. ¿Qué quieres decir con "los hará libres"?

Jesús contestó:

—Les digo la verdad, todo el que comete pecado es esclavo del pecado. Un esclavo no es un miembro permanente de la familia, pero un hijo sí forma parte de la familia para siempre. Así que, si el Hijo los hace libres, ustedes son verdaderamente libres.

JUAN 8:30-36

Evita las trampas de Satanás

¿Y TÚ? ¿A veces piensas que sería divertido ver si puedes beber bebidas alcohólicas sin que nadie lo sepa? ¿Usar drogas? ¿Robar? ¿Herir a alguien? Recuerda que todos los criminales que están detrás de las rejas de una prisión alguna vez fueron jóvenes como tú. No permitas que Satanás te atrape en su trampa de hacer cosas «pequeñas» que son malas ahora. Acepta a Jesús como tu Salvador y que él sea el ejemplo que sigues en la vida. Disfruta de la libertad que él provee. *C. V. M.*

MEMORIZA: Si el Hijo los hace libres, ustedes son verdaderamente libres. *Juan 8:36*

25 de mayo

DONES Y TALENTOS

DE LA BIBLIA:

Nosotros somos las diversas partes de un solo cuerpo y nos pertenecemos unos a otros.
Dios, en su gracia, nos ha dado dones diferentes para hacer bien determinadas cosas. Por lo tanto, si Dios te dio la capacidad de profetizar, habla con toda la fe que Dios te haya concedido. Si tu don es servir a otros, sírvelos bien. Si eres maestro, enseña bien. Si tu don consiste en animar a otros, anímalos. Si tu don es dar, hazlo con generosidad. Si Dios te ha dado la capacidad de liderar, toma la responsabilidad en serio. Y si tienes el don de mostrar bondad a otros, hazlo con gusto.
No finjan amar a los demás; ámenlos de verdad. Aborrezcan lo malo. Aférrense a lo bueno. Ámense unos a otros con un afecto genuino y deléitense al honrarse mutuamente.
ROMANOS 12:5-10

Dios nos da diferentes talentos

—¿SABÍAS QUE JANA no quiere unirse al coro de jóvenes? —le dijo Adriana a su amiga Drew. Las dos niñas estaban haciendo galletitas dulces en la casa de Adriana—. ¿No es algo terrible?

—Sí —dijo Drew con un suspiro—. Yo le pedí a María que nos ayudara con los carteles, y me dijo que no tiene facilidad para el arte.

—¡Qué malo es cuando nadie quiere hacer cosas para el Señor! —dijo Adriana en el momento en que su madre entraba a la cocina—. Mamá, ¿sabes dónde están los cortadores de galletitas?

—Usa esto —le dijo su madre alcanzándole un cortador de queso.

—Mamá —dijo riéndose—, no puedes cortar galletitas usando un cortador de queso.

—Bueno, entonces usa esto. —Su madre le alcanzó un par de tijeras de cocina.

—¡Mamá! Necesitamos los cortadores de galletitas.

—Estoy tratando de mostrarte algo —confesó la mamá—. En cierta forma, todas estas herramientas tienen la misma función; es decir, todas cortan. Sin embargo, sus funciones son diferentes, y cada una de ellas es buena para su propósito particular. —Le dio el cortador de galletitas a Drew—. Todos los creyentes tienen la misma tarea, que es glorificar al Señor. Pero eso no quiere decir que todos tenemos que hacer la misma cosa.

—¿Nos escuchaste cuando estábamos hablando? —le preguntó Adriana.

—Sí —dijo mamá—. La mamá de Jana me dijo que Jana no canta bien porque tiene un problema en los oídos. ¡Pero ella puede dibujar cosas muy bellas! Tal vez a ella le gustaría ayudarte con los carteles, Drew. Y en cuanto a María, su maestro de la escuela dominical dijo que ella había llevado más visitas este año que ningún otro niño.

—Entonces, todos debemos servir usando nuestras habilidades particulares, ¿no es verdad? —dijo Drew—. Voy a tratar de recordarlo.

¿Y TÚ? Cada uno de nosotros tiene dones, y todos los dones son importantes y útiles para la gloria de Dios. ¡Cuando usamos nuestros dones para la obra del Señor, suceden cosas buenas! *H. W. M.*

MEMORIZA: Dios, en su gracia, nos ha dado dones diferentes para hacer bien determinadas cosas. *Romanos 12:6*

LA CREACIÓN DE CATHY

DE LA BIBLIA:

Por la fe entendemos que todo el universo fue formado por orden de Dios, de modo que lo que ahora vemos no vino de cosas visibles.
HEBREOS 11:3

Dios creó el mundo

EL RUIDO DE la máquina de coser se escuchaba en toda la casa.

—Mi creación está casi terminada para que la veas —dijo Cathy, de doce años de edad. Había estado midiendo, cortando y cosiendo desde que llegó de la escuela. El único tiempo que se tomó libre fue para cenar.

—Estoy ansiosa por verla, sea lo que sea —dijo mamá—. Por cierto que has pasado mucho tiempo trabajando en eso.

—Oh, te va a encantar —dijo Cathy al tiempo que se ponía de pie y sacudía la tela que había estado usando—. ¡He aquí mi creación especial! Es un delantal para papá, para que lo use cuando cocine las hamburguesas o los churrascos a la brasa este verano.

—Justo lo que necesita —dijo la madre—, especialmente uno con bolsillos de flores y un peto de lunares.

Cathy se rió.

—Una buena creación, ¿no te parece?

—Tú dices una y otra vez que es una "creación", Cathy, y sé lo que quieres decir —le dijo su mamá—. Pero el diccionario dice que el significado de la palabra *crear* es "producir algo de la nada". En otras palabras, *crear* significa hacer que algo comience a existir por primera vez. Me gusta recordar esto porque me recuerda el poder maravilloso de Dios. Él es el único que en realidad puede crear algo en este sentido.

Cathy asintió.

—No había pensado en eso —dijo ella mientras miraba el delantal que tenía en la mano—. Está bien, mamá, soy una diseñadora de modas, y no una creadora.

—Estoy de acuerdo en eso —le dijo su mamá sonriendo—. Ahora envolvamos el regalo para que se lo puedas dar a papá.

¿Y TÚ? ¿Te das cuenta de la maravilla que Dios hizo cuando creó el mundo y todo lo que hay en él? Cuando dibujas algo, o coses algo que no es común, o cocinas algo totalmente nuevo que nadie haya cocinado antes, recuérdate a ti mismo que no estás creando algo en el sentido en que Dios creó. Solo Dios puede crear algo de la nada. *G. W.*

MEMORIZA: En el principio, Dios creó los cielos y la tierra. *Génesis 1:1*

27 de mayo

NO LOS OLVIDEMOS
(PARTE 1)

DE LA BIBLIA:

Toda persona debe someterse a las autoridades de gobierno, pues toda autoridad proviene de Dios, y los que ocupan puestos de autoridad están allí colocados por Dios. Por lo tanto, cualquiera que se rebele contra la autoridad se rebela contra lo que Dios ha instituido, y será castigado. Pues las autoridades no infunden temor a los que hacen lo que está bien, sino en los que hacen lo que está mal. ¿Quieres vivir sin temor a las autoridades? Haz lo correcto, y ellas te honrarán. Las autoridades están al servicio de Dios para tu bien; pero si estás haciendo algo malo, por supuesto que deberías tener miedo, porque ellas tienen poder para castigarte. Están al servicio de Dios para cumplir el propósito específico de castigar a los que hacen lo malo. Por eso tienes que someterte a ellas, no solo para evitar el castigo, sino para mantener tu conciencia limpia.

Por esas mismas razones, también paguen sus impuestos, pues los funcionarios de gobierno necesitan cobrar su sueldo. Ellos sirven a Dios con lo que hacen.

ROMANOS 13:1-6

Da gracias por tu país

REBECA Y SU HERMANO saludaron con la mano a los ocupantes de los automóviles antiguos, carros de bomberos, carrozas y bandas que desfilaban el Día de los Caídos. Los hombres uniformados llevaban banderas, y Rebeca vio «VFW» en una de ellas.

—¿Qué quiere decir "VFW"? —le preguntó a su tío.

—Esa es la sigla en inglés para "veteranos de guerras en el extranjero" —le respondió su tío Felipe—. La razón por la cual celebramos el Día de los Caídos es para honrar a todos los que pelearon defendiendo nuestro país.

Después de eso, fueron al cementerio donde estaba sepultado Don, que había sido amigo del tío Felipe y había muerto en una batalla. El tío Felipe colocó flores en la tumba de su amigo. «Esto me ayuda a recordar que Don y muchos otros soldados pelearon en la guerra y murieron para que tú y yo podamos tener libertad en los Estados Unidos —dijo. Rebeca solo se encogió de hombros, así que el tío Felipe continuó—. Ellos murieron para que nosotros podamos adorar a Dios y gastar nuestro dinero de la manera que queramos, como comprando casas, iglesias e inclusive batidos de chocolate. Pasemos a tomar un batido camino a casa». Mientras tomaban el batido, Rebeca dijo:

—Nunca antes me había dado cuenta del significado del Día de los Caídos. He escuchado que hubo guerras por la democracia, pero nadie me dijo que debía estar agradecida a esos soldados por mis batidos o por las barritas de chocolate.

—Debemos estar agradecidos a todos los soldados que murieron por nuestro país —dijo el tío Felipe—, y también debemos darle gracias a Dios, quien nos ha dado la bendición de vivir en un país libre.

¿Y TÚ? El Día de los Caídos es hora de recordar con gratitud a aquellos que dieron su vida para que nosotros podamos disfrutar de muchas cosas buenas. No les puedes dar las gracias a los soldados que han muerto, pero tal vez conozcas a alguien que ha peleado y que todavía está vivo. Si es así, dile «gracias» a ese soldado, y también dale gracias a Dios. *C. E. Y.*

MEMORIZA: Paguen a cada uno lo que le corresponda: [...] al que deban respeto, muéstrenle respeto; al que deban honor, ríndanle honor. *Romanos 13:7* (NVI)

ESTABAN SIRVIENDO LA CENA del Señor, pero Rebeca no le estaba prestando atención al pastor. En cambio, estaba pensando en lo mucho que se había divertido el Día de los Caídos. Después del servicio, Rebeca buscó a su tío.

—Hola, tío Felipe —le dijo—. Me gustaron mucho todas las cosas que hicimos el Día de los Caídos, el desfile y también ir al cementerio y todo lo demás. Todavía estoy agradecida a Dios por mi libertad, ¡y mis batidos!

—¡Muy bien! —El tío Felipe sonrió—. Pasamos un tiempo muy agradable el lunes pasado. Y el día de hoy es todavía más importante que el Día de los Caídos.

—¿Lo es? —Rebeca estaba perpleja.

—Hoy celebramos la cena del Señor —le dijo el tío Felipe—. Y cuando lo hacemos, estamos recordando que nuestro Señor Jesús sufrió y murió para que nuestras almas fueran libres del pecado y de la muerte por toda la eternidad.

—Nunca antes había pensado en esto como un día para recordar la muerte de Jesús, pero lo voy a recordar de ahora en adelante —dijo Rebeca. Ella decidió que iba a escuchar con más atención durante el servicio la próxima vez.

—Es un tiempo muy bueno para darle gracias a Dios por la libertad que te dio cuando te perdonó tus pecados —le dijo el tío Felipe—. También dale gracias a Dios por todas las bendiciones y privilegios que tienes debido a esa libertad.

—Lo haré —prometió Rebeca—. El lunes pasado aprendí el significado que tiene para nuestro país el Día de los Caídos, y hoy aprendí el significado que tiene para los creyentes el día que conmemoramos cuando Jesús murió para perdonar nuestros pecados. Este día es más importante; después de todo, los batidos de chocolate son muy buenos, ¡pero el cielo es lo mejor de todo!

¿Y TÚ? Jesús murió y pagó el precio para librarte del pecado. Debido a eso, tú puedes tener perdón por tus pecados, vivir en paz cualesquiera que sean tus circunstancias y saber que Dios te cuida. Y lo mejor de todo, irás al cielo por toda la eternidad. Debes recordar con agradecimiento lo que Jesús hizo por ti. La cena del Señor es un tiempo especial para hacerlo. *C. E. Y.*

MEMORIZA: Conocerán la verdad, y la verdad los hará libres. *Juan 8:32*

NO LOS OLVIDEMOS
(PARTE 2)

DE LA BIBLIA:

Pues yo les transmito lo que recibí del Señor mismo. La noche en que fue traicionado, el Señor Jesús tomó pan y dio gracias a Dios por ese pan. Luego lo partió en trozos y dijo: «Esto es mi cuerpo, el cual es entregado por ustedes. Hagan esto en memoria de mí». De la misma manera, tomó en sus manos la copa de vino después de la cena, y dijo: «Esta copa es el nuevo pacto entre Dios y su pueblo, un acuerdo confirmado con mi sangre. Hagan esto en memoria de mí todas las veces que la beban». Pues, cada vez que coman este pan y beban de esta copa, anuncian la muerte del Señor hasta que él vuelva.

1 CORINTIOS 11:23-26

Actúa con reverencia durante la cena del Señor

29 de mayo

ZAPATOS DE HIERRO

DE LA BIBLIA:

Y á Aser dijo:

Bendito Aser en hijos:
Agradable será á sus hermanos,
    Y mojará en aceite su pie.
Hierro y metal tu calzado,
    Y como tus días tu fortaleza.
No hay como el Dios de Jeshurun,
    Montado sobre los cielos para
        tu ayuda,
    Y sobre las nubes con su
        grandeza.
El eterno Dios es tu refugio
    Y acá abajo los brazos eternos.
DEUTERONOMIO 33:24-27 (RVA)

Dios te cuida

—NECESITO ZAPATILLAS NUEVAS para la gimnasia. El par que tengo está muy gastado —anunció Jeff.

—¡Así que están gastadas! —exclamó su mamá—. Creo que te compro más pares de zapatillas que las que usaría un ciempiés.

Papá se rió.

—Tal vez deberías usar zapatillas de hierro y metal, como Aser, el hombre sobre el cual leímos durante nuestro tiempo devocional.

Jeff suspiró.

—Mis zapatillas son el menor de mis problemas. Todo me está saliendo mal últimamente. No puedo entender los problemas de matemáticas. En la banda me tengo que sentar entre dos niñas, y mi mejor amigo, Ian, se va a mudar a otra ciudad porque sus padres se han separado.

—Oh, querido hijo —le dijo mamá, poniéndole un brazo alrededor de los hombros de Jeff.

—En realidad necesitas zapatillas de hierro y bronce para caminar por esos lugares difíciles —le dijo papá muy seriamente—, ¡y te digo que están a tu disposición! —Le sonrió a Jeff—. No estoy hablando en forma literal. Pero a Aser Dios le aseguró que le proveería zapatos fuertes no solo para el terreno áspero, sino también los *zapatos espirituales* que iba a necesitar para las batallas de la vida. La Biblia habla de la grandeza de Dios y de sus "brazos eternos" con los que sostiene a sus hijos.

—Esa promesa es también para nosotros —agregó su mamá—. Podemos descansar en los brazos de Dios y confiar en él para todas las cosas.

—¿Quisieras orar acerca de tus problemas ahora mismo, Jeff? —le preguntó su papá. Jeff asintió y ellos oraron juntos.

—Vamos a comprar tus zapatillas —le dijo la mamá cuando terminaron de orar—. Cada vez que las veas te recordarán que Dios te proveerá los "zapatos" que necesitas para resolver tus otros problemas también.

¿Y TÚ? ¿Se te están amontonando los problemas? Dios te ama. Él quiere tomarte en sus «brazos eternos» y consolarte. Confía en que Dios te proveerá lo que necesitas para enfrentar tus problemas y que te ayudará cuando pases por ellos. *H. W. M.*

MEMORIZA: El eterno Dios es tu refugio, y sus brazos eternos te sostienen. *Deuteronomio 33:27*

—**YO REALMENTE QUIERO** tomar clases de gimnasia —dijo Alicia mientras compraba comida con su madre y su hermano—. Pero si lo hago, voy a tener que dejar de asistir al grupo de memorización de las Escrituras de la iglesia.

—Creo que vas a tener que medir el costo y decidir cuál de las dos cosas vas a hacer —le dijo su mamá.

—¿El costo? —le preguntó Alicia—. Las clases de gimnasia son gratis, y también lo es el grupo de la iglesia.

—Me refiero al costo en término de lo que tendrás que sacrificar y lo que vas a recibir como resultado de lo que hagas. Si escoges el grupo de memorización de la iglesia, vas a tener que dejar las clases de gimnasia y posiblemente amistades con las otras niñas. Si escoges la gimnasia, te va a costar el gozo y el valor de estudiar la Biblia y de conocer a nuevos amigos y amigas creyentes.

Alicia se preguntó si sería posible hacer las dos cosas. *Tal vez podría salir temprano de la clase de gimnasia y llegar un poco tarde al grupo de la iglesia . ¿Funcionaría eso?*

Su hermanito, Jaime, le jaló la manga.

—Muéstrame la sección donde están los caramelos y chocolates —le pidió—. Tengo algunas monedas que me regalaron en mi cumpleaños.

Alicia ayudó a Jaime a escoger algunos caramelos. Entonces fueron a pagar a la caja. Pero Jaime metió su dinero dentro del bolsillo.

—Dale el dinero a la señora —le susurró Alicia.

Jaime negó con la cabeza.

—Quiero tener mi dinero y los caramelos.

La cajera se rió.

—A todos nos gustaría comprar cosas y todavía tener nuestro dinero.

Alicia asintió. Estaba aprendiendo que no es fácil medir el costo de las elecciones con sabiduría. Pero supo que tenía que tomar algunas decisiones.

¿Y TÚ? ¿Tienes que hacer algunas elecciones difíciles? Ora acerca de tu decisión. Entonces mide el costo. ¿Qué es lo que tienes que dejar y qué es lo que vas a ganar con tu elección? Elige lo que crees que le agradará a Dios. *C. R.*

MEMORIZA: Elige hoy mismo a quién servirás. [...] Pero en cuanto a mí y a mi familia, nosotros serviremos al SEÑOR. *Josué 24:15*

---

30 de mayo

¡DECISIONES! ¡DECISIONES!

DE LA BIBLIA:

«Por lo tanto, teme al SEÑOR y sírvelo con todo el corazón. [...] Pero si te niegas a servir al SEÑOR, elige hoy mismo a quién servirás. [...] Pero en cuanto a mí y a mi familia, nosotros serviremos al SEÑOR».

El pueblo respondió:

—Nosotros jamás abandonaríamos al SEÑOR ni serviríamos a otros dioses. Pues el SEÑOR nuestro Dios es el que nos rescató a nosotros y a nuestros antepasados de la esclavitud en la tierra de Egipto. Él hizo milagros poderosos ante nuestros propios ojos. Cuando andábamos por el desierto, rodeados de enemigos, él nos protegió. [...] Por lo tanto, nosotros también serviremos al SEÑOR, porque solo él es nuestro Dios.

Entonces Josué advirtió a los israelitas:

—Ustedes no son capaces de servir al SEÑOR, porque él es Dios santo y celoso. No les perdonará su rebelión ni sus pecados. [...]

Pero los israelitas respondieron a Josué:

—¡Eso no! Nosotros serviremos al SEÑOR.

—Ustedes son testigos de su propia decisión —les dijo Josué—. Hoy han elegido servir al SEÑOR.

—Claro que sí —respondieron—, somos testigos de lo que dijimos.

JOSUÉ 24:14-19, 21-22

Considera el costo de las decisiones

31 de mayo

FEO PERO HERMOSO

DE LA BIBLIA:

Enseguida el rey le preguntó:
—¿Hay alguien de la familia de Saúl que todavía viva? De ser así, quisiera mostrarle la bondad de Dios.
Siba le contestó:
—Sí, uno de los hijos de Jonatán sigue con vida. Está lisiado de ambos pies. [...]
Entonces David mandó a buscarlo y lo sacó de la casa de Maquir. Su nombre era Mefiboset; era hijo de Jonatán y nieto de Saúl. Cuando se presentó ante David, se postró hasta el suelo con profundo respeto.
David dijo:
—¡Saludos, Mefiboset!
Mefiboset respondió:
—Yo soy su siervo.
—¡No tengas miedo! —le dijo David—, mi intención es mostrarte mi bondad por lo que le prometí a tu padre, Jonatán. Te daré todas las propiedades que pertenecían a tu abuelo Saúl, y comerás aquí conmigo, a la mesa del rey. [...]
A partir de ese momento, Mefiboset comió a la mesa de David, como si fuera uno de los hijos del rey.
2 SAMUEL 9:3, 5-7, 11

Sé «ciego» a las apariencias externas

KEITH LE DIO un codazo a Leví y le señaló a una señora que venía por la acera. Ella usaba lentes de sol y caminaba con un gran perro que tenía un arnés especial.

—¿Has visto alguna vez a un animal tan feo? —le preguntó Keith. Leví se encogió de hombros. Se había dado cuenta de que la señora era ciega y sabía que ese era un perro guía para ciegos.

—A mí me gusta ese perro —dijo Leví.

Para sorpresa de los muchachos, la señora se detuvo.

—Mi perro se llama Shawnee —dijo ella—, y me ha estado llevando a donde tengo que ir por seis años. Me ha salvado la vida por lo menos dos veces, y sé que siempre está a mi lado cuando lo necesito.

—¡Qué maravilla! —dijo Leví.

—Me han dicho que Shawnee no es perro bonito —dijo la señora—, pero aunque sea el perro más feo del mundo, para mí es hermoso y me siento muy bendecida.

—¡Bendecida! —soltó Keith—. Pero usted es ciega.

La señora asintió.

—Sí, pero el accidente que me hizo perder la vista física me dio una clase diferente de visión. Ahora ya no juzgo a los animales ni a las personas por la forma en que se ven. Soy ciega a todo eso. En cambio, me fijo en lo que tienen dentro, y eso es lo que realmente cuenta.

Cuando los muchachos iban de regreso a sus hogares, Leví dijo:

—Esa señora es una persona muy agradable, y lo mismo es su perro. Nunca más me voy a reír de la forma en que alguien se ve.

—Yo tampoco —agregó Keith—. Ni siquiera me reiré de cómo se ve un *perro*.

¿Y TÚ? ¿A veces te ríes de la gente porque no se ven tan bien como tú? ¿Miras a las personas con desprecio porque tienen cicatrices o una discapacidad física? En cierto sentido, Dios es «ciego» a las apariencias externas. Para él, lo importante es lo que hay adentro. Lo mismo debería ser para ti. Nunca te rías de nadie por la forma en que se ve esa persona. Por dentro, tal vez sea más hermoso o hermosa que tú. *D. S. M.*

MEMORIZA: Solo tú conoces el corazón de cada ser humano. *1 Reyes 8:39*

EL PARAGUAS ABIERTO

CUANDO JERRY IBA saliendo de la casa de Miguel, la madre de Miguel le dio una bolsa grande de papel.

—Aquí hay algunas cosas que tu mamá puede poner en la venta de cosas usadas que va a hacer en su casa —le dijo.

—Gracias —le respondió Jerry. Con la bolsa sujeta en sus brazos, él comenzó a caminar hacia su casa. Sintió una gota de lluvia en su rostro, y luego otra. Apretando la bolsa contra su cuerpo, comenzó a correr hacia su casa. Entonces la bolsa de papel se mojó y se rompió, desparramando los objetos en la calle. Con rapidez, Jerry recogió todas las cosas y continuó corriendo hacia su casa. Cuando llegó a su hogar, su madre lo miró sorprendida.

—¿Qué son todas esas cosas que estás trayendo? —le preguntó.

Jerry dejó caer las cosas mojadas sobre la mesa.

—Algunas cosas que me dio la mamá de Miguel. —Jerry miró lo que había puesto en la mesa. Allí había un paraguas en perfectas condiciones. Mamá se rió.

—¿Tú trajiste este paraguas hasta tu casa en la lluvia y ni siquiera lo abriste?

—Creo que pensé en él solo como algo para llevar —dijo Jerry con una sonrisa. Fue a cambiarse la ropa mojada, y cuando regresó, su mamá estaba secando el paraguas.

—¿Sabes, hijo? —le dijo ella—. Dios ha usado este incidente para enseñarme que no es suficiente llevar mi Biblia a la iglesia. No me va a hacer ningún bien a menos que la abra y la lea.

—Eso también es para mí, mamá —le dijo Jerry.

—¿Qué te parece si leemos un pasaje juntos ahora mismo? —le sugirió su mamá.

—Sí —dijo Jerry—. Te ayudaré a sacar todas estas cosas de la mesa.

¿Y TÚ? ¿Tienes una Biblia? ¿La llevas a la iglesia? Es muy bueno que lo hagas, pero una Biblia cerrada no te va a hacer ningún bien. Debes abrirla y leerla para que te ayude. Si no has estado leyendo la Palabra de Dios como deberías, ¿por qué no empiezas a leerla ahora mismo? ¡Te alegrarás de haberlo hecho! *S. L. K.*

MEMORIZA: Los mandamientos del SEÑOR son rectos, traen alegría al corazón. Los mandatos del SEÑOR son claros, dan buena percepción para vivir. *Salmo 19:8*

DE LA BIBLIA:

Las enseñanzas del SEÑOR son perfectas,
reavivan el alma.
Los decretos del SEÑOR son confiables,
hacen sabio al sencillo.
Los mandamientos del SEÑOR son rectos,
traen alegría al corazón.
Los mandatos del SEÑOR son claros,
dan buena percepción para vivir.
La reverencia al SEÑOR es pura,
permanece para siempre.
Las leyes del SEÑOR son verdaderas,
cada una de ellas es imparcial.
Son más deseables que el oro,
incluso que el oro más puro.
Son más dulces que la miel,
incluso que la miel que gotea del panal.
Sirven de advertencia para tu siervo,
una gran recompensa para quienes las obedecen.

SALMO 19:7-11

Lee la Biblia

2 de junio

LA TORTUGA MORDEDORA

DE LA BIBLIA:

*Con sus palabras, los necios se
meten continuamente en
pleitos;
van en busca de una paliza.*

*La boca de los necios es su ruina;
quedan atrapados por sus labios.*

*Los rumores son deliciosos
bocaditos
que penetran en lo profundo del
corazón. [...]*

*La lengua puede traer vida o
muerte;
los que hablan mucho
cosecharán las
consecuencias. [...]*

*Hay quienes parecen amigos pero
se destruyen unos a otros;
el amigo verdadero se mantiene
más leal que un hermano.*

PROVERBIOS 18:6-8, 21, 24

*Háblales con
amabilidad a
todas las personas*

LINDY ESTABA ACOSTADA en su cama, lloriqueando.

—¡No quiero hablar con nadie! —dijo con brusquedad cuando su padre tocó a la puerta.

—¿No quieres ir a pescar conmigo? —le preguntó su papá. Lindy se puso de pie de un salto.

—Oh, sí, ¡espérame!

Más tarde, mientas estaban sentados a la orilla del río, su padre le preguntó:

—¿Qué es lo que te ha estado molestando últimamente, querida?

—Oh, papi —dijo Lindy en tono de queja—, nadie quiere ser mi amiga.

—¿Tienes alguna idea de por qué es eso?

—¡No! —le respondió Lindy en tono cortante—. Yo... ¡Ay! ¡Aléjate! ¡Aléjate!

A unos pocos metros de donde estaba sentada Lindy, una tortuga mordedora estaba fulminándola con la mirada y mordiendo algo con furia.

—No es muy amistosa, ¿no es verdad? —se rió papá—. Si la dejas sola, no te lastimará.

—Vamos a otro lugar —dijo Lindy.

Cuando estuvieron instalados en un nuevo lugar, papá le preguntó:

—¿Podría ser que nadie quiere estar a tu lado porque tú has estado actuando como una tortuga mordedora, mirando airadamente y hablándole en forma brusca a todo el mundo?

—Pero, papi —Lindy comenzó—, yo...

—No, déjame terminar lo que estoy diciendo —la interrumpió papá—. Cuando esa tortuga comenzó a hacer ruidos desagradables cerca de nosotros, ¿qué fue lo que hicimos?

—Nos alejamos de ella —le respondió Lindy.

—Y eso es lo que están haciendo tus amigas, se están alejando de ti. La Biblia dice que el que quiere tener amigos debe mostrarse amigable.

Al día siguiente, cuando Lindy regresó de la escuela, estaba sonriendo. «Tenías razón, papi —le dijo—. Cuando dejé de hablarles en forma brusca a mis amigas, ellas dejaron de alejarse de mi lado».

¿Y TÚ? La Palabra de Dios dice que la lengua puede causar toda clase de problemas. Revisa tu actitud y lo que dice tu lengua. Pídele a Dios que te ayude a usarla para hacer amistades, en vez de alejar a las personas. *B. J. W.*

MEMORIZA: Tendré cuidado con lo que hago y no pecaré en lo que digo. Refrenaré la lengua cuando los que viven sin Dios anden cerca. *Salmo 39:1*

—¿POR QUÉ TUVO que llover hoy? —se quejó Brian—. Nuestro primer juego de béisbol de la temporada ha sido cancelado, ¡solo por esta tonta tormenta!

—¿Quieres jugar a algo conmigo? —le propuso su hermana, Jill.

—No —le dijo Brian con brusquedad—. Eso es aburrido.

A la hora de la cena, el padre de Brian le pidió que orara dando gracias por la comida. «Padre celestial, gracias por esta comida y por el hermoso día que nos has dado. Amén. Pasen las papas».

—Oh, Brian —le dijo Jill—. Tú siempre dices lo mismo.

—Me temo que Jill tiene razón —le dijo mamá—. Se está convirtiendo en una rutina contigo. Ni siquiera estás pensando en lo que dices.

—Claro que pienso —protestó Brian.

—Brian, desde que llegaste de la escuela te has estado quejando de la lluvia. Y entonces oras y le das gracias a Dios por el "hermoso" día.

Brian se veía avergonzado.

—Creo que no estaba pensando.

—La Biblia nos dice que no debemos repetir las oraciones una y otra vez cuando no tienen ningún significado para nosotros —le dijo el padre—. No creo que darle gracias a Dios por el hermoso día tuviera mucho significado para ti, hijo. Le podrías haber dado gracias a Dios por haber mandado la lluvia para las cosechas de los granjeros, pero por cierto que no fue honesto de tu parte decir que estabas agradecido por este día.

—Tienes razón —admitió Brian—. ¿Puedo orar de nuevo?

Todos esperaron para cenar mientras Brian oraba de nuevo.

¿Y TÚ? ¿Repites sin pensar las mismas cosas cada vez que oras? ¿No sería aburrido si tus amigos te dijeran las mismas cosas cada vez que hablan contigo? El Señor quiere que le hables sobre lo que estás pensando. Él es tu Amigo y ha hecho mucho por ti. Cuando oras, piensa en lo que estás diciendo. *L. M. W.*

MEMORIZA: Cuando ores, no parlotees de manera interminable como hacen los seguidores de otras religiones. Piensan que sus oraciones recibirán respuesta solo por repetir las mismas palabras una y otra vez. *Mateo 6:7*

3 de junio

PASEN LAS PAPAS

DE LA BIBLIA:

Cuando ores, no hagas como los hipócritas a quienes les encanta orar en público, en las esquinas de las calles y en las sinagogas donde todos pueden verlos. Les digo la verdad, no recibirán otra recompensa más que esa. Pero tú, cuando ores, apártate a solas, cierra la puerta detrás de ti y ora a tu Padre en privado. Entonces, tu Padre, quien todo lo ve, te recompensará.

Cuando ores, no parlotees de manera interminable como hacen los seguidores de otras religiones. Piensan que sus oraciones recibirán respuesta solo por repetir las mismas palabras una y otra vez. No seas como ellos, porque tu Padre sabe exactamente lo que necesitas, incluso antes de que se lo pidas.

MATEO 6:5-8

Ora con sinceridad

4 de junio

NO LE DEBAS NADA A NADIE

DE LA BIBLIA:

Ustedes den a cada uno lo que le deben: paguen los impuestos y demás aranceles a quien corresponda, y den respeto y honra a los que están en autoridad.

No deban nada a nadie, excepto el deber de amarse unos a otros. Si aman a su prójimo, cumplen con las exigencias de la ley de Dios.
ROMANOS 13:7-8

Paga lo que debes

—ES HORA DE darte tu mesada—le dijo el padre cuando entró al cuarto de Marcos.

Marcos suspiró.

—La puedes poner sobre el tocador.

—¿Qué te pasa? —le preguntó su papá—. Por lo regular estás ansioso por recibir tu mesada.

—¿De qué me sirve? —dijo Marcos—. De todas formas, no puedo comprar nada.

—Dime qué te pasa —le dijo papá.

Entonces Marcos le explicó.

—Hace unas semanas, Scott me prestó un dinero para comprar un juego de video nuevo. Tuve la intención de pagarle al día siguiente, pero no lo hice. —Papá frunció el ceño mientras Marcos continuaba hablando—. Al sábado siguiente, todos los muchachos iban a ir a la sala de juegos electrónicos, y no quise quedarme sin ir, así que...

—Así que gastaste tu dinero en ir a jugar en vez de pagarle a Scott —terminó la frase papá.

Marcos asintió.

—Sí —dijo con tristeza—, y ahora tengo que pagarle a Scott lo que le debo.

—Espero que hayas aprendido una lección de todo esto —le dijo papá con expresión seria—. Es un principio bíblico que es mejor no comprar algo hasta que se tiene el dinero para pagar por eso. Debes pedir dinero prestado solamente cuando es absolutamente necesario, y entonces lo debes pagar tan pronto como te sea posible.

—¿Qué debo hacer ahora? —le preguntó Marcos.

—Separa el dinero para tu ofrenda de la iglesia, luego pon el resto del dinero para pagar lo que le debes a Scott. Haz esto hasta que le hayas pagado el total de la deuda.

—Me parece muy bien, papá —dijo Marcos mientras recogía el dinero—. Pero mientras tanto, ¿tienes algún trabajo que yo pueda hacer? ¡Quiero pagar mi deuda lo más pronto posible!

¿Y TÚ? ¿Tienes el hábito de pedir dinero prestado? Mucha gente, inclusive personas adultas, se han metido en problemas por pedir dinero prestado. Es mucho mejor esperar —y trabajar— para comprar las cosas que quieres. Serás mucho más feliz si haces eso. *S. L. K.*

MEMORIZA: No deban nada a nadie, excepto el deber de amarse unos a otros. *Romanos 13:8*

BRAD SE FROTÓ los ojos con las manos. El hecho de que no podía asistir al campamento de verano no era razón para llorar. Metió la aplicación en el bolsillo, enderezó los hombros, y entró a su casa.

—Tu papá ha ido a presentarse a un trabajo —dijo la señora Nelson cuando su hijo entró.

—¡Pero él ha ido a tantas entrevistas, mamá! ¿Por qué Dios no le da un trabajo a papá? Somos hijos de Dios. Yo pensaba que él cuidaba de sus hijos.

Su madre asintió.

—Sí, Dios nos cuida. Nuestras cuentas están al día. Todavía tenemos nuestra casa. Nos tenemos los unos a los otros. Tal vez no haya dinero para cosas extra como el campamento de verano, pero Dios nos ha dado muchos beneficios.

—No los puedo ver... —Brad dejó de hablar cuando su padre entró.

—¡Me lo dieron! —dijo mientras daba vueltas con sus brazos alrededor de su esposa—. ¡Conseguí el trabajo! El sueldo es bueno, y los beneficios son fantásticos.

—¿Qué quiere decir «beneficios»? —le preguntó Brad.

—También los puedes llamar bendiciones adicionales —le explicó su papá—. Son cosas como seguro de salud y días feriados pagados.

—¿Qué fue lo que quisiste decir con que Dios nos ha dado muchos beneficios, mamá? —Brad se veía perplejo.

—Estaba hablando de la salud, del amor, del gozo, de la vida eterna, de la promesa de que Dios suplirá nuestras necesidades, cosas como esas —le explicó ella—. Dios nos da beneficios todos los días.

¿Y TÚ? ¿Estás tan ocupado mirando lo que no tienes que te has olvidado de agradecerle a Dios por lo que te ha dado? Todos los días recibimos beneficios (bendiciones adicionales) que nos da el Señor. Tal vez no siempre tengas tanto dinero como te gustaría tener, pero hay muchas cosas que son más importantes que el dinero. Ahora mismo haz una lista de por lo menos cinco beneficios que Dios te ha dado. *B. J. W.*

MEMORIZA: Bendito sea el Señor, nuestro Dios y Salvador, que día tras día sobrelleva nuestras cargas. *Salmo 68:19* (NVI)

DE LA BIBLIA:

Que todo lo que soy alabe al
  SEÑOR;
  con todo el corazón alabaré su
    santo nombre.
Que todo lo que soy alabe al
  SEÑOR;
  que nunca olvide todas las cosas
    buenas que hace por mí.
Él perdona todos mis pecados
  y sana todas mis enfermedades.
Me redime de la muerte
  y me corona de amor y tiernas
    misericordias.
Colma mi vida de cosas buenas;
¡mi juventud se renueva como la
  del águila!
SALMO 103:1-5

No olvides los beneficios

6 de junio

UN SONIDO SIN GOZO

DE LA BIBLIA:

*¡Aclamen con alegría al SEÑOR,
   habitantes de toda la tierra!
Adoren al SEÑOR con gozo.
Vengan ante él cantando con
   alegría.
¡Reconozcan que el SEÑOR es Dios!
Él nos hizo, y le pertenecemos;
somos su pueblo, ovejas de su
   prado.
Entren por sus puertas con acción
   de gracias;
vayan a sus atrios con alabanza.
Denle gracias y alaben su
   nombre.
Pues el SEÑOR es bueno.
Su amor inagotable permanece
   para siempre,
y su fidelidad continúa de
   generación en generación.*
SALMO 100:1-5

Elige música buena

MIENTRAS ERIC Y Darrin trabajaban juntos pintado una balsa que habían construido, Darrin comenzó a cantar.

—¿Dónde aprendiste eso? —le preguntó Eric.

—Oh, es del último álbum del grupo Los Brujos de la Medianoche. Lo compré ayer.

Eric levantó la vista y lo miró.

—¡Pero tú eres cristiano!

—¿Y qué? La Biblia no dice que no podemos escuchar las canciones de ese grupo —le dijo Darrin—. Además, yo no le presto atención a las palabras.

—¡Debes prestar atención a las palabras! —dijo Eric—. Acabas de cantarlas: "Te voy a robar, te voy a matar, te voy a perjudicar".

—Esas palabras no quieren decir nada —protestó Darrin.

Aquella noche, la conversación con su amigo todavía estaba perturbando a Eric. Cuando se sentó a la mesa para cenar, les contó a sus padres lo que había dicho Darrin.

—Es interesante —dijo papá—. Acabo de leer un artículo en el periódico sobre Los Brujos de la Medianoche. El cantante principal dijo que a él le encanta el poder que el grupo tiene sobre las mentes de los jóvenes.

Eric pensó por unos momentos y luego dijo:

—Darrin me dijo que no hay nada en la Biblia que diga que no debemos escuchar la música de Los Brujos de la Medianoche, pero sí lo dice. Dios nos dice que debemos ir a él cantando con alegría, y lo que canta ese grupo con certeza no es un tema alegre.

—También dice que debemos hacer una melodía en nuestro corazón para el Señor —le recordó su madre. Eric sonrió y asintió. ¡Ahora tenía algunos versículos importantes para compartir con Darrin!

¿Y TÚ? ¿Qué clase de música escuchas en la radio? ¿Qué clase de álbumes compras? ¿Crees que la música *rock* es buena porque no prestas atención a las palabras? ¡Ten cuidado! A menudo, las letras de algunas de esas canciones no le agradan al Señor. Hay muchas canciones buenas que puedes cantar. ¡Escucha la clase correcta de música! *L. M. W.*

MEMORIZA: [Canten] salmos e himnos y canciones espirituales entre ustedes, y [hagan] música al Señor en el corazón. *Efesios 5:19*

BRUCE TENÍA EL CEÑO fruncido cuando llegó a la mesa del desayuno. Su hermana, Carin, y sus padres estaban hablando con alegría. Cuando se sentó, Bruce se quejó:

—¡Ay, no! ¿Avena de nuevo? Detesto la avena, detesto la escuela y detesto todo —dijo él.

Del rostro de Carin desapareció la expresión de alegría y frunció la boca.

—Yo también detesto algunas cosas —anunció—, como esta blusa. ¿La tengo que usar?

El rostro de mamá mostró desaliento.

—¡Pero es una blusa nueva! —exclamó ella.

—A mí me gusta —dijo el padre. Luego se volvió a Bruce—. Oye, ¿qué te parece si vamos a un partido de béisbol esta noche?

—Bruce siempre hace cosas divertidas —se quejó Carin—. Mamá, ¿podemos hacer algo divertido aunque sea una vez, como ir de compras?

—Y comprar otra blusa que no te guste —dijo Bruce con sarcasmo.

—¡Un momento! —dijo papá—. ¡Ni una palabra más! —Luego se volvió a Bruce y agregó—: Me parece que todos estábamos felices sentados a la mesa hasta que tú llegaste con una mala cara. Tu pesimismo se ha extendido a toda la familia.

—Eso es cierto —dijo mamá—. Ninguna parte de tu cuerpo puede ejercer más influencia en otras personas que tu rostro.

Bruce levantó la cabeza.

—Nunca pensé en eso de esa forma.

Mientras mamá colocaba los tazones con la avena caliente en la mesa, papá agregó:

—Puesto que nuestros rostros afectan tanto a otras personas, deberíamos tener una expresión tan alegre como sea posible. Antes de comer esta mañana, pidámosle al Señor que nos dé corazones alegres para que podamos sonreír más.

¿Y TÚ? ¿Transmites felicidad y el gozo del Señor por medio de la expresión de tu rostro? ¿O desdicha y depresión con el ceño fruncido y miradas duras? Por lo general, lo que tienes en el corazón se refleja en tu rostro, así que es importante que mantengas el corazón en una buena relación con el Señor. Antes de enfrentar al mundo cada día, pasa tiempo con Dios. *C. E. Y.*

MEMORIZA: El corazón contento alegra el rostro; el corazón quebrantado destruye el espíritu. *Proverbios 15:13*

SONRÍE, DIOS TE AMA

DE LA BIBLIA:

Te enseñaré los caminos de la sabiduría
y te guiaré por sendas rectas.
Cuando camines, no te detendrán;
cuando corras, no tropezarás.
Aférrate a mis instrucciones [...];
cuídalas bien, porque son la clave de la vida.

No hagas lo que hacen los perversos
ni sigas el camino de los malos.
¡Ni se te ocurra! No tomes ese camino. [...]
Pues las personas malvadas no pueden dormir sin hacer la mala acción del día. [...]
¡Se alimentan de la perversidad
y beben el vino de la violencia!

El camino de los justos es como la primera luz del amanecer,
que brilla cada vez más [...]
Pero el camino de los perversos es como la más densa oscuridad [...]

Hijo mío, presta atención a lo que te digo.
Escucha atentamente mis palabras. [...]
Déjalas llegar hasta lo profundo de tu corazón,
pues traen vida a quienes las encuentran
y dan salud a todo el cuerpo.
Sobre todas las cosas cuida tu corazón,
porque este determina el rumbo de tu vida.

PROVERBIOS 4:11-23

Transmite felicidad

8 de junio

LA BÚSQUEDA DE LAS CONSEJERAS

DE LA BIBLIA:

*¡Jamás podría escaparme de tu
    Espíritu!
    ¡Jamás podría huir de tu
    presencia!
Si subo al cielo, allí estás tú;
    si desciendo a la tumba, allí
    estás tú.
Si cabalgo sobre las alas de la
    mañana,
    si habito junto a los océanos
    más lejanos,
aun allí me guiará tu mano
    y me sostendrá tu fuerza.
Podría pedirle a la oscuridad que
    me ocultara,
    y a la luz que me rodea, que se
    convierta en noche;
    pero ni siquiera en la oscuridad
    puedo esconderme de ti.
Para ti, la noche es tan brillante
    como el día.
    La oscuridad y la luz son lo
    mismo para ti.*
SALMO 139:7-12

Dios está escuchando

JAMIE ESTABA PASANDO un tiempo muy bueno en el campamento con Dawn, su mejor amiga. María, la consejera de ellas, era como una amiga para las niñas. Una noche, durante la cena, las consejeras desaparecieron del comedor. Entonces el señor Ken, que era el director del campamento, explicó que las consejeras estaban escondidas, y que las muchachas tenían que encontrarlas dentro de media hora.

—¿Dónde vamos a buscar primero? —preguntó Jamie mientras salían corriendo del edifico.

—¿Por qué no tratamos de buscar cerca de nuestra cabaña? —dijo Dawn.

En una media hora, las muchachas y la mayoría de las consejeras estaban de vuelta. El señor Ken tocó la campanilla, lo cual era la señal para que las consejeras que no habían sido encontradas salieran de sus escondites. Jamie y Dawn se asombraron muchísimo al ver que María salía de un bote de basura cercano.

—Debemos haber pasado al lado de ese bote una docena de veces —se quejó Jamie.

María se rió.

—¡Yo estaba completamente segura de que me iban a encontrar!

Cuando las muchachas de la cabaña se reunieron para su tiempo devocional aquella noche, María les habló sobre la búsqueda de las consejeras. «Escuché a algunas de las muchachas hablando mientras pasaban por mi escondite. No creo que algunas de ellas hubieran hablado de la forma que lo hicieron si hubieran sabido que yo estaba cerca —dijo la consejera—. Creo que hoy tuve una idea de la forma en que Dios se debe sentir cuando la gente se olvida de que él está escuchando. Es importante recordar que Dios nos está escuchando siempre. Siempre está a nuestro lado, aun cuando no lo podemos ver».

¿Y TÚ? Cuando estás con tus amigos, ¿dices palabras que no pronunciarías cuando tus padres están contigo? Asegúrate de que tus palabras son limpias, sin tener en cuenta quién está cerca de ti. Dios te escucha aun cuando estés completamente solo. ¡Dios siempre está escuchando lo que decimos! *D. S. M.*

MEMORIZA: «¿Puede alguien esconderse de mí en algún lugar secreto? ¿Acaso no estoy en todas partes en los cielos y en la tierra?», dice el SEÑOR. *Jeremías 23:24*

FLUFFY, EL GATO de Miguel, vio una polilla aleteando alrededor de la lámpara de la sala. El gato no podía alcanzar a la polilla, pero observaba atentamente mientras el insecto volaba en círculos alrededor de la lámpara.

—La polilla quiere la luz, y Fluffy quiere a la polilla —dijo papá con una risita.

—¿Qué es lo que hace que las polillas sean atraídas por la luz? —preguntó Miguel.

—Es algo que Dios puso en ellas —le respondió papá—. Vuelan de noche, así que tienen que encontrar su comida de noche. La mayor parte de las flores que se abren de noche son blancas, y el blanco se ve bien en la oscuridad, especialmente con la luz de la luna. Las polillas son atraídas por las flores de colores claros.

—Así que el hecho de que quieren luz las ayuda a encontrar comida, ¿no es verdad? —dijo Miguel.

—Así es —asintió papá—. Y esa polilla también te está dando un buen ejemplo.

—¿Cómo? —preguntó Miguel perplejo.

Papá sonrió.

—Bueno, nosotros necesitamos la luz de Dios al igual que la polilla necesita la luz para encontrar flores. ¿Qué pensarías tú de una polilla hambrienta que volara en la oscuridad y no fuera a las flores para encontrar comida?

—Pensaría que hay algo malo en una polilla que hiciera eso —le respondió Miguel.

—Y sin embargo, algunas personas están lejos de Dios y tropiezan en la oscuridad espiritual —dijo papá.

—¡Uno pensaría que la gente sabe por lo menos tanto como las polillas! —dijo Miguel con una sonrisa.

¿Y TÚ? ¿Sabes que estar cerca de Dios es lo que la Biblia llama «caminar en la luz»? Si te olvidas de Dios y caminas por tu cuenta es como «caminar en la oscuridad». Permanece en la luz leyendo la Biblia, orando, obedeciendo a Dios, y también manteniendo siempre a Dios en tus pensamientos. *C. E. Y.*

MEMORIZA: Antes ustedes estaban llenos de oscuridad, pero ahora tienen la luz que proviene del Señor. Por lo tanto, ¡vivan como gente de luz! *Efesios 5:8*

OSCURIDAD O LUZ

DE LA BIBLIA:

La luz brilla en la oscuridad, y la oscuridad jamás podrá apagarla.

Dios envió a un hombre llamado Juan el Bautista, para que contara acerca de la luz, a fin de que todos creyeran por su testimonio. Juan no era la luz; era solo un testigo para hablar de la luz. Aquel que es la luz verdadera, quien da luz a todos, venía al mundo.

Vino al mismo mundo que él había creado, pero el mundo no lo reconoció.

JUAN 1:5-10

Camina en la luz de Dios

10 de junio

HAZ LO MEJOR POSIBLE

DE LA BIBLIA:

*Hijos míos, escuchen cuando su
 padre los corrige.
 Presten atención y aprendan
 buen juicio,
porque les doy una buena
 orientación.
 No se alejen de mis instrucciones.
Pues yo, igual que ustedes, fui hijo
 de mi padre,
 amado tiernamente como el hijo
 único de mi madre.*

*Mi padre me enseñó:
«Toma en serio mis palabras.
 Sigue mis mandatos y vivirás.
Adquiere sabiduría, desarrolla
 buen juicio.
 No te olvides de mis palabras ni
 te alejes de ellas.
No des la espalda a la sabiduría,
 pues ella te protegerá;
 ámala, y ella te guardará.
¡Adquirir sabiduría es lo más sabio
 que puedes hacer!
 Y en todo lo demás que hagas,
 desarrolla buen juicio.
Si valoras la sabiduría, ella te
 engrandecerá.
 Abrázala, y te honrará.
Te pondrá una hermosa guirnalda
 de flores sobre la cabeza;
 te entregará una preciosa
 corona».*

*Hijo mío, escúchame y haz lo que
 te digo,
 y tendrás una buena y larga
 vida.*

PROVERBIOS 4:1-10

Trabaja con alegría

«¡AY! ¡QUÉ HORRIBLE! ¡Detesto este trabajo! —dijo Corrie entre dientes, cerrando la puerta del cuarto de baño de un portazo. Todos los sábados en la mañana, una de sus tareas era limpiar el cuarto de baño, y era algo que detestaba hacer. Corrie gimió mientras se arrodillaba para limpiar la bañera—. ¿Por qué no puede hacer esto mi mamá? Los brazos de ella son más largos». Se puso de pie y se miró en el espejo. A continuación sacó un cepillo y trató de hacerse un peinado diferente; cualquier cosa para olvidarse de limpiar el cuarto de baño.

Su madre asomó la cabeza por la abertura de la puerta. «Corrie, este trabajo toma veinte minutos —le dijo—, ¡y ya has estado aquí una hora!»

Corrie comenzó a limpiar de nuevo, y luego se detuvo. No se escuchaba nada, excepto la conversación de su padre y su madre que estaban en la sala.

—No te olvides —escuchó que su madre decía—, la semana que viene tenemos que pagar la cuenta de la ortodoncia de Corrie, y eso es ciento cincuenta más.

—Sí, y tenemos que mandar su cuota para el campamento de verano antes de fin de mes.

—También necesita zapatillas nuevas —agregó la madre.

Corrie se sintió mal. Todas las cuentas de las que estaban hablando sus padres eran de cosas de ella. «Perdóname, Señor —oró ella en silencio—. Lamento haberme quejado tanto por un pequeño trabajo. Papá y mamá hacen tanto por mí. Y sé que limpiar el baño es una de las formas en que puedo mostrarles cuánto aprecio su amor. Ayúdame a no quejarme por tener que hacer tareas en mi hogar».

¿Y TÚ? ¿Tienes que hacer tareas regulares en tu hogar todas las semanas? ¿A veces te quejas porque las tienes que hacer? Tu padre y tu madre hacen mucho por ti. Te alimentan, te compran ropa y te proveen un lugar donde vivir. Dale gracias a Dios por tus padres. Muéstrales cuánto los amas ayudando en tu casa con alegría. *L. M. W.*

MEMORIZA: «Honra a tu padre y a tu madre». Ese es el primer mandamiento que contiene una promesa. *Efesios 6:2*

DOS BALDES

—IRÉ A TRAER AGUA —ofreció Carlos. Tomó un balde y se dirigió al arroyo. Él y sus padres estaban viviendo en forma «primitiva» en una cabaña ese fin de semana. Cuando Carlos regresó con el agua, su padre le pidió que fuera a buscar otro balde de agua.

—Aquí tienes otro balde —le dijo su papá.

—Pero, papá, ¡este balde está sucio! —exclamó Carlos—. No querrás tomar agua de este balde, ¿no es verdad?

—¡Oh, no! —le respondió papá—. Mamá y yo vamos a tomar agua del balde limpio, pero yo pensé que a ti te gustaría usar agua del balde sucio. Puesto que no te importa lo que dejas que entre en tu mente, pensé que tampoco te preocuparías por lo que entra en tu estómago.

—¿En mi mente? —le preguntó Carlos.

—Mamá me acaba de decir que cuando estaba empacando tus cosas esta mañana, encontró unos libros con chistes groseros —le dijo el padre. La expresión de Carlos era de culpa mientras su padre continuaba hablando—. Cuando era niño y vivía en una granja, teníamos dos baldes. Uno era para el agua. El otro era para poner las sobras de comida. Todas las noches les llevaba a los cerdos el balde con las sobras de comida. Ni siquiera tratábamos de limpiar ese balde. —Papá hizo una pausa—. Carlos, tu mente puede ser un balde para agua, o un balde para sobras de comida para cerdos.

—Lo siento mucho —admitió Carlos—. ¿Qué debo hacer?

—Pídele al Señor que te perdone —le respondió papá—. Y mantente lejos de las influencias del mal, como libros inapropiados, fotos malas y amigos que pueden ser una mala influencia para ti.

—De ahora en adelante voy a tener mucho cuidado —dijo Carlos—. Por cierto que no quiero que mi mente sea como un balde de comida para cerdos.

¿Y TÚ? ¿Con qué estás alimentando tu mente? ¿Se ha convertido en un balde con sobras? Memoriza el versículo para hoy, y pídele al Señor que te ayude a hacer lo que dice. *B. J. W.*

MEMORIZA: Concéntrense en todo lo que es verdadero, todo lo honorable, todo lo justo, todo lo puro, todo lo bello y todo lo admirable. Piensen en cosas excelentes y dignas de alabanza. *Filipenses 4:8*

DE LA BIBLIA:

Sin embargo, la verdad de Dios se mantiene firme como una piedra de cimiento con la siguiente inscripción: «El Señor conoce a los que son suyos», y «Todos los que pertenecen al Señor deben apartarse de la maldad».

En una casa de ricos, algunos utensilios son de oro y plata, y otros son de madera y barro. Los utensilios costosos se usan en ocasiones especiales, mientras que los baratos son para el uso diario. Si te mantienes puro, serás un utensilio especial para uso honorable. Tu vida será limpia, y estarás listo para que el Maestro te use en toda buena obra.

Huye de todo lo que estimule las pasiones juveniles. En cambio, sigue la vida recta, la fidelidad, el amor y la paz. Disfruta del compañerismo de los que invocan el nombre del Señor con un corazón puro.

2 TIMOTEO 2:19-22

Mantén puros tus pensamientos

12 de junio

NO CAIGAS EN LA TRAMPA

DE LA BIBLIA:

Cuando eran esclavos del pecado, estaban libres de la obligación de hacer lo correcto. ¿Y cuál fue la consecuencia? Que ahora están avergonzados de las cosas que solían hacer, cosas que terminan en la condenación eterna; pero ahora quedaron libres del poder del pecado y se han hecho esclavos de Dios. Ahora hacen las cosas que llevan a la santidad y que dan como resultado la vida eterna. Pues la paga que deja el pecado es la muerte, pero el regalo que Dios da es la vida eterna por medio de Cristo Jesús nuestro Señor.

ROMANOS 6:20-23

Los malos hábitos son trampas

RON REYNOLDS Y su tío George eran buenos amigos. Ron le podía hablar al tío George de cualquier tema, como lo hizo el día que estaban en el bosque buscando fresas.

—¿Fumaste alguna vez, tío George? —quiso saber Ron.

—No, nunca fumé —le respondió su tío.

—¿Por qué no? —le preguntó Ron.

Una sonrisa iluminó el rostro del tío George.

—En primer lugar, porque sabía que si me hubiera pescado fumando, mi papá me habría castigado muchísimo, y luego porque sabía que era malo para mí.

—La mayor parte de los muchachos en mi clase fuma —continuó Ron.

—¿Y eso es algo que te tienta? —le preguntó el tío George.

—Bueno, los muchachos dicen que es divertido, y se ven en la onda cuando aspiran una bocanada de humo y... ¡mira! —Ron interrumpió lo que estaba diciendo—. ¡Esta es una de las trampas del señor Hobson! ¿Puede atrapar algo con solo un pedazo de pescado maloliente? ¿Crees que los animales se pueden dar cuenta de que la trampa los va a lastimar?

—El pescado parece dar resultado, y los animales no parecen darse cuenta del peligro. Eso me recuerda a tus amigos de la escuela —dijo el tío George—. Fuman esos cigarrillos que tienen mal olor y no piensan en el daño que les pueden hacer a sus cuerpos, o en que van a ser atrapados por ese hábito.

—Algunas personas no son mucho más inteligentes que los tontos animales, ¿no es verdad? —le preguntó Ron—. ¡Yo no tengo planes de dejarme atrapar de esa forma!

¿Y TÚ? ¿Estás siendo atrapado por el señuelo de los cigarrillos, las drogas o las bebidas alcohólicas? Esas cosas solo te pueden dañar. ¡También te pueden matar! Si has sido atrapado, necesitarás ayuda para vencer esos hábitos. Busca la ayuda de tus padres, de tu maestro de la escuela dominical o de un pastor. Pero lo más importante es que le pidas a Jesús que te libere de esa trampa. *B. J. W.*

MEMORIZA: De esos deseos nacen los actos pecaminosos, y el pecado, cuando se deja crecer, da a luz la muerte. *Santiago 1:15*

TOBY SE DESPERTÓ por el ruido de la lluvia. «Si sigue lloviendo, ¡Daniel y yo no podremos ir al parque de diversiones esta tarde!», exclamó.

Después del desayuno, Timoteo, el hermano menor de Toby, le pidió que jugara con él. En ese momento, Taryn, la hermana de Toby, se le acercó.

—Prometiste que me ayudarías con mi tarea de matemáticas, ¿recuerdas?

—No puedo hacer lo que quieren los dos —suspiró Toby—, pero Taryn necesita que la ayude. Jugaré contigo más tarde, Timoteo.

En ese momento llegó Daniel.

—¡Qué lluvia tan espantosa!, ¿verdad? —se quejó Toby.

—Necesitamos la lluvia —le respondió Daniel—. Hemos estado orando por lluvia por semanas. Ha estado muy seco y las cosechas de los granjeros se están secando.

—Pero podría arruinarnos el día —se quejó Toby—. Estoy orando para que deje de llover.

Timoteo había estado escuchando.

—Toby está orando para que deje de llover, y Daniel está orando para que siga lloviendo. Dios no les puede dar a los dos lo que quieren, ¿no es verdad?

Toby miró a su hermanito. Solo unos pocos minutos antes, Toby había tenido que decidir si iba a hacer lo que Timoteo quería o lo que quería Taryn. Ahora pensó en su oración y en la oración de Daniel. Por alguna razón, pensó que a Dios no le sería difícil decidir qué hacer. Toby sabía que Dios no quiere que la gente ore en forma egoísta. Y sabía que no había estado orando con la actitud correcta.

Perdóname, Señor, por ser egoísta, Toby oró en silencio, y dijo en voz alta:

—Creo que espero que Dios responda a la oración de Daniel. Él nos dará otro día de sol para nuestro paseo.

¿Y TÚ? ¿Quieres que las cosas salgan a tu manera sin importar las dificultades que eso les pueda traer a otras personas? No podemos esperar que Dios nos dé lo que queremos cuando oramos con esa actitud. Aprende a orar sin egoísmo, y pídele a Dios que te dé lo que él sabe que es mejor para ti. *A. G. L.*

MEMORIZA: Aun cuando se lo piden, tampoco lo reciben porque lo piden con malas intenciones: desean solamente lo que les dará placer. *Santiago 4:3*

QUE LLUEVA O QUE NO LLUEVA

DE LA BIBLIA:

Ya que creemos el testimonio humano, sin duda alguna podemos creer el testimonio de más valor que proviene de Dios; y Dios ha dado testimonio acerca de su Hijo. Todo el que cree en el Hijo de Dios sabe en su corazón que este testimonio es verdadero. Los que no lo creen, en realidad llaman a Dios mentiroso porque no creen el testimonio que él ha dado acerca de su Hijo.

Y este es el testimonio que Dios ha dado: él nos dio vida eterna, y esa vida está en su Hijo. El que tiene al Hijo tiene la vida; el que no tiene al Hijo de Dios no tiene la vida.

Les he escrito estas cosas a ustedes, que creen en el nombre del Hijo de Dios, para que sepan que tienen vida eterna. Y estamos seguros de que él nos oye cada vez que le pedimos algo que le agrada; y como sabemos que él nos oye cuando le hacemos nuestras peticiones, también sabemos que nos dará lo que le pedimos.

1 JUAN 5:9-15

Ora sin egoísmo

14 de junio

UNA CARTA PARA TI

DE LA BIBLIA:

Ahora es el momento de eliminar el enojo, la furia, el comportamiento malicioso, la calumnia y el lenguaje sucio. No se mientan unos a otros, porque ustedes ya se han quitado la vieja naturaleza pecaminosa y todos sus actos perversos. Vístanse con la nueva naturaleza y se renovarán a medida que aprendan a conocer a su Creador y se parezcan más a él. [...]

Dado que Dios los eligió para que sean su pueblo santo y amado por él, ustedes tienen que vestirse de tierna compasión, bondad, humildad, gentileza y paciencia. Sean comprensivos con las faltas de los demás y perdonen a todo el que los ofenda. Recuerden que el Señor los perdonó a ustedes, así que ustedes deben perdonar a otros. Sobre todo, vístanse de amor, lo cual nos une a todos en perfecta armonía. Y que la paz que viene de Cristo gobierne en sus corazones. Pues, como miembros de un mismo cuerpo, ustedes son llamados a vivir en paz. Y sean siempre agradecidos.

Que el mensaje de Cristo, con toda su riqueza, llene sus vidas. Enséñense y aconséjense unos a otros con toda la sabiduría que él da. Canten salmos e himnos y canciones espirituales a Dios con un corazón agradecido.
COLOSENSES 3:8-16

La Biblia es para ti

«COMAN UNA COMIDA bien balanceada, acuéstense temprano, y asegúrense de...» Kim dejó de leer.

—¿Quién te envió esto? —le preguntó a su hermano, Tomás.

—Mi entrenador de atletismo —le respondió Tomás—. Mañana es la carrera, así que le envió una carta a cada uno de los que estamos en el equipo. Él quiere que nos mantengamos con buena salud. Es un buen consejo para todo el mundo, ¿no lo crees?

—Es tu carta, así que estos consejos son para ti. No me gustaría perderme la fiesta en que vamos a comer pizza en la iglesia esta noche con el fin de comer en forma saludable —dijo Kim con una sonrisa.

Kim fue a la fiesta de la iglesia esa noche. Al final, el pastor Blake tuvo un tiempo en que les habló de cosas espirituales.

—¿A cuántos de ustedes les gusta recibir cartas? —les preguntó, y todos levantaron la mano—. ¿Qué hacen cuando reciben una?

—La abrimos y la leemos —dijeron todos los niños en coro.

El pastor Blake asintió y levantó su Biblia en la mano.

—Esta es la carta de Dios para ustedes —les dijo—. ¿La abren y la leen? ¿Aplican lo que dice a sus vidas, o la leen como si estuvieran leyendo una carta dirigida a otra persona?

A Kim le fue fácil darse cuenta del punto que el pastor Blake estaba tratando de destacar. Cuando ella había leído la carta del entrenador para Tomás, no había prestado mucha atención a los consejos que contenía. *Pero ¿también leo la Biblia de esa forma?*, se preguntó. *De ahora en adelante voy a tener cuidado para ver lo que Dios me está diciendo.*

¿Y TÚ? Cuando leíste la Biblia hoy, ¿pensaste *Oh, mi amigo debería leer esto* o *Mi hermano debería prestar atención a esto otro*? No leas la Biblia como si fuera el correo de otra persona. Ten presente que es la carta de Dios para ti. Lee de nuevo los versículos que leíste hoy, y fíjate en el consejo que Dios te está dando. *H. W. M.*

MEMORIZA: Que el mensaje de Cristo, con toda su riqueza, llene sus vidas [...] con toda la sabiduría que él da. *Colosenses 3:16*

REGALOS CON MAL OLOR

LA PEQUEÑA SARA Higgins entró a la sala llevando en brazos muchos paquetes envueltos en papel. «¡Miren! —dijo ella radiante de felicidad—. ¡Les he hecho regalos a todos!»

Cuando ella estaba entregando los paquetes, su hermano Ted frunció la nariz. «¡Algo tiene mal olor!», dijo. Cuando abrió su paquete, encontró un pequeño objeto que había sido hecho usando periódicos viejos. Era algo amarillo y estaba un poco húmedo, ¡y tenía un olor horrible!

—¿Ves? Es un avión —anunció Sara—. Nos enseñaron a doblarlos en la guardería. Y también hice uno para Ana. A mamá y a papá les hice sombreros de papel.

—Son muy lindos —le dijo su mamá con una sonrisita—. Pero, Sara, ¿de dónde sacaste los periódicos?

—Los encontré en el sótano.

—¡Oh, no! —exclamó papá—. Tenía la intención de llevarlos al basurero. Es posible que la pila se haya humedecido, y por eso es que tienen mal olor.

—Sara, voy a ir a buscar cartulina, y puedes hacernos regalos nuevos —le dijo mamá para consolarla.

«Sara tuvo buenas intenciones —suspiró papá—. Ella pensó que sus regalos eran muy lindos, pero nosotros los vimos como algo inservible y de mal olor. Esto me recuerda un versículo en Isaías que dice: "Cuando mostramos nuestros actos de justicia, no son más que trapos sucios". Las cosas que hacemos nos parecen muy buenas a nosotros, pero Dios las ve como trapos sucios. Hasta que no dejamos que Cristo limpie nuestros pecados con su sangre, todas nuestras buenas obras no son mejores que estos regalos con mal olor».

¿Y TÚ? ¿Crees que Dios se sentirá complacido con las cosas buenas que tratas de hacer? Si no has confiado en Jesús como tu Salvador, Dios no aceptará tus buenas obras. Tus obras se verán, y olerán, como «trapos sucios» para Dios. Pídele a Jesús que te salve y te dé un corazón limpio. *S. L. K.*

MEMORIZA: Estamos todos infectados por el pecado y somos impuros. Cuando mostramos nuestros actos de justicia, no son más que trapos sucios. *Isaías 64:6*

DE LA BIBLIA:

En otro tiempo nosotros también éramos necios y desobedientes. Fuimos engañados y nos convertimos en esclavos de toda clase de pasiones y placeres. Nuestra vida estaba llena de maldad y envidia, y nos odiábamos unos a otros. Sin embargo,

> *Cuando Dios nuestro Salvador dio a conocer su bondad y amor, él nos salvó, no por las acciones justas que nosotros habíamos hecho, sino por su misericordia. Nos lavó, quitando nuestros pecados, y nos dio un nuevo nacimiento y vida nueva por medio del Espíritu Santo. Él derramó su Espíritu sobre nosotros en abundancia por medio de Jesucristo nuestro Salvador. Por su gracia él nos declaró justos y nos dio la seguridad de que vamos a heredar la vida eterna.*

TITO 3:3-7

No es suficiente hacer buenas obras

16 de junio

UNA CLASE RARA DE AMOR

DE LA BIBLIA:

¿Acaso olvidaron las palabras de aliento con que Dios les habló a ustedes como a hijos? Él dijo:

«Hijo mío, no tomes a la ligera la disciplina del SEÑOR
y no te des por vencido cuando te corrija.
Pues el SEÑOR disciplina a los que ama
y castiga a todo el que recibe como hijo».

Al soportar esta disciplina divina, recuerden que Dios los trata como a sus propios hijos. [...] Si Dios no los disciplina a ustedes como lo hace con todos sus hijos, quiere decir que ustedes no son verdaderamente sus hijos, sino ilegítimos. Ya que respetábamos a nuestros padres terrenales que nos disciplinaban, entonces, ¿acaso no deberíamos someternos aún más a la disciplina del Padre de nuestro espíritu, y así vivir para siempre? [...]

La disciplina de Dios siempre es buena para nosotros, a fin de que participemos de su santidad. Ninguna disciplina resulta agradable a la hora de recibirla. Al contrario, ¡es dolorosa! Pero después, produce la apacible cosecha de una vida recta para los que han sido entrenados por ella.

HEBREOS 12:5-11

Aprecia la corrección

RANDY SE SENTÓ en el porche del frente de su casa, lloriqueando. «Solo fue una pequeña mentira —le dijo a Lucky, su perro—. Y ahora me han castigado. "Estoy haciendo esto porque te amo" —dijo, imitando la voz de su madre—. Esa sí que es una clase rara de amor».

Juanito entró a su jardín con su perro, Marcos.

—¿Qué te pasa? —le preguntó Juanito.

—Nada —dijo Randy, pero enseguida agregó—: Mi mamá me castigó porque dije una pequeña mentira.

De pronto, los dos perros vieron a otro perro en la calle y salieron corriendo. «¡Regresa, Marcos!», gritó Juanito mientras corría detrás de su perro.

Randy fue hasta el portón y gritó: «¡Lucky, ven acá!». Lucky se detuvo como si hubiera visto una luz roja. El perro se dio vuelta y regresó a Randy mientras que Juanito continuaba en la calle, rogándole a su perro que regresara. En una oportunidad, Marcos cruzó justo frente a un automóvil. Corrió tres cuadras antes de decidir dejar que Juanito lo alcanzara.

—Yo siempre castigaba a Lucky cuando no me obedecía —le dijo Randy a Juanito cuando regresó con su perro—. Detestaba hacerlo, pero mi papá me dijo que era parte de mi responsabilidad. A Lucky no le llevó mucho tiempo aprender a obedecer.

—Yo no podría hacer eso —dijo Juanito—. Amo mucho a mi perro.

—Marcos casi fue atropellado —le recordó Randy a Juanito—. Yo también amo a Lucky, y es por eso que lo casti... —Randy dejó la frase en el aire cuando recordó lo que su madre le había dicho. Tal vez el amor de su mamá no era tan raro, después de todo.

¿Y TÚ? ¿Te castigan tus padres y luego te dicen que te aman? Ellos te están diciendo la verdad. Dios dice que ellos tienen la responsabilidad de adiestrarte y aun castigarte cuando es necesario. Saben que un poco de corrección ahora puede evitarte muchos problemas en el futuro. *B. J. W.*

MEMORIZA: Pues el SEÑOR corrige a los que ama, tal como un padre corrige al hijo que es su deleite. *Proverbios 3:12*

UNA PERSONA MEJOR

ADÁN ESTABA MIRANDO a su padre cortar una rama tras otra de los árboles frutales del patio de atrás de su casa.

—¿Eso no va a arruinar a los árboles? —le preguntó después de un rato.

Papá dejó de trabajar por unos momentos.

—Todo lo contrario —le respondió—. Si hago esto ahora, estos árboles crecerán derechos y fuertes, y producirán mucho fruto.

—Eso no tiene sentido —replicó Adán.

Papá sonrió.

—Tampoco lo tiene para ti el castigo que te impongo de vez en cuando, pero es necesario.

Adán se rascó la cabeza y se veía perplejo.

—¿Qué tienen que ver los castigos con podar los árboles? —preguntó.

Papá le respondió:

—Los castigos te hacen una persona mejor, al igual que podar los árboles los hace que sean mejores. Cuando tomas una cosa que no te pertenece, como hiciste esta mañana, el castigo es importante.

Esa mañana, Adán había tomado una pelota de béisbol que era del muchacho de la casa de al lado. Como resultado, lo habían castigado.

Papá continuó:

—Si no te corrijo cuando robas cosas pequeñas ahora, podría ser que cuando crezcas trates de robar cosas grandes. Y el castigo que recibirías entonces sería mucho peor.

Adán sabía que su padre tenía razón. Parecía raro pensar que él tenía la «suerte» de ser castigado. Su padre habló de nuevo. «Te castigo porque te amo, hijo. Eres como los árboles que estoy podando. Si dejas que las cosas malas en tu vida sean cortadas, llegarás a ser una persona mejor».

Adán asintió, y aunque ahora le dolía un poco, sabía que produciría buen resultado más tarde.

DE LA BIBLIA:

Ustedes los más jóvenes tienen que aceptar la autoridad de los ancianos; y todos vístanse con humildad en su trato los unos con los otros, porque

«Dios se opone a los orgullosos pero da gracia a los humildes».

Así que humíllense ante el gran poder de Dios y, a su debido tiempo, él los levantará con honor. Pongan todas sus preocupaciones y ansiedades en las manos de Dios, porque él cuida de ustedes.
1 PEDRO 5:5-7

Agradece cuando eres corregido

¿Y TÚ? ¿Te enojas cuando eres corregido? Trata de darte cuenta de que eso es bueno. Recuerda que la persona que te corrige te ama y quiere que llegues a ser la mejor persona posible. *R. I. J.*

MEMORIZA: Ninguna disciplina resulta agradable a la hora de recibirla. Al contrario, ¡es dolorosa! Pero después, produce la apacible cosecha de una vida recta para los que han sido entrenados por ella. *Hebreos 12:11*

18 de junio

¿TENGO QUE HACERLO?

DE LA BIBLIA:

Había un hombre llamado Nicodemo, un líder religioso judío, de los fariseos. Una noche, fue a hablar con Jesús:

—Rabí —le dijo—, todos sabemos que Dios te ha enviado para enseñarnos. Las señales milagrosas que haces son la prueba de que Dios está contigo.

Jesús le respondió:

—Te digo la verdad, a menos que nazcas de nuevo, no puedes ver el reino de Dios.

—¿Qué quieres decir? —exclamó Nicodemo—. ¿Cómo puede un hombre mayor volver al vientre de su madre y nacer de nuevo?

Jesús le contestó:

—Te digo la verdad, nadie puede entrar en el reino de Dios si no nace de agua y del Espíritu. El ser humano solo puede reproducir la vida humana, pero la vida espiritual nace del Espíritu Santo. Así que no te sorprendas cuando digo: "Tienen que nacer de nuevo".
JUAN 3:1-7

Tienes que nacer de nuevo

DAVID ESTABA PRACTICANDO con su bate de béisbol cuando escuchó la voz de su madre.

—David —lo llamó ella—, tienes que entrar y leer la lectura que te corresponde.

—Ay, mamá... —se quejó David. Era verano, y la maestra de David había sugerido que leyera una historia por día para mejorar su lectura. Pero aunque David se había sentado, no estaba leyendo. Estaba mirando a una mosca que subía por la pared—. Mamá, ¿qué te parece si en lugar de leer limpio mi cuarto?

—No, David, debes leer esa historia —le respondió su mamá.

David contó los cuadrados en el techo.

—¿Y si lavo los platos?

—No, hijo. Quiero que me obedezcas y leas esa historia. Es algo que tienes que hacer, y luego podrás ir afuera —le dijo su mamá sentándose a su lado—. ¿Sabes qué me recuerda esto? Que la mayor parte de la gente quiere ir al cielo. Dios nos ha dicho con toda claridad que solo hay una forma de llegar allí. Juan 3:3 dice: "A menos que nazcas de nuevo, no puedes ver el reino de Dios". La gente dice: "Me uniré a la iglesia y daré dinero". Dios dice: "No, debes nacer de nuevo". Ellos dicen: "Obedeceré los Diez Mandamientos y me bautizaré". Dios dice: "No, debes nacer de nuevo".

—Y Dios no va a cambiar de idea, ¿no es verdad? —dijo Dave. Él sabía que su madre tampoco cambiaría de idea, así que se decidió a leer. En quince minutos estaba jugando afuera otra vez.

¿Y TÚ? ¿Eres una de las personas que tratan formas diferentes para obtener la vida eterna? ¿Crees que puedes ser salvo siendo bueno, bautizándote o yendo a la iglesia? Todas esas son cosas buenas, pero ese no es el camino de Dios. No te van a llevar a la vida eterna. Debes aceptar a Jesús como tu Salvador y nacer de nuevo. *N. G. H.*

MEMORIZA: Jesús le respondió: «Te digo la verdad, a menos que nazcas de nuevo, no puedes ver el reino de Dios». *Juan 3:3*

EL TÍO JOSÉ ESTABA trabajando en el jardín una tarde cuando Brandon fue a visitarlo. Después de hablar del tiempo, Brandon dijo:

—Sé que creo en Jesús como mi Salvador, pero a veces no siento que soy cristiano. ¿Cómo puedo saber que realmente soy creyente?

El tío José sonrió mientras se agachaba al lado de una hilera de brotes verdes y señaló a uno de ellos.

—Esa es una planta de remolacha —dijo—. Pero, Brandon, ¿cómo puedes saberlo?

—Bueno, si has plantado semillas de remolacha, eso es lo que crecerá.

—Muy bien —dijo el tío José—. La semilla que produce cristianos es el evangelio. Alguien plantó esa semilla en tu corazón cuando tú creíste.

El tío José continuó:

—Hay otra forma de decir qué clase de planta es, y esa forma es por los frutos que da —dijo el tío—. Si esta es en verdad una planta de remolacha, un día producirá una remolacha. De la misma manera, a los creyentes se los conoce por su fruto, que son las buenas obras que son el resultado de la fe de ellos en Cristo.

—Yo sé la mejor razón de todas para saber que es una planta de remolacha —dijo Brandon—. Tú dijiste que lo era, y yo te creo.

El tío José sonrió.

—Y Dios nos dice en su Palabra que si recibimos a Jesús como Salvador, nosotros somos sus hijos. También, su Espíritu mora en nosotros y nos dice que le pertenecemos a él, aunque no lo diga con palabras que podemos escuchar. Debemos creer lo que él nos dice.

¿Y TÚ? ¿Te preguntas a veces si eres verdaderamente salvo? Asegúrate de que entiendes el evangelio y que crees en Jesucristo como tu Salvador personal del pecado. Recuerda que no son las obras que haces lo que te salva, es lo que Cristo hizo por ti en la cruz. *S. L. K.*

MEMORIZA: Les he escrito estas cosas a ustedes, que creen en el nombre del Hijo de Dios, para que sepan que tienen vida eterna. *1 Juan 5:13*

19 de junio

¿CÓMO PUEDES SABERLO?

DE LA BIBLIA:

Todo el que cree en el Hijo de Dios sabe en su corazón que este testimonio es verdadero. Los que no lo creen, en realidad llaman a Dios mentiroso porque no creen el testimonio que él ha dado acerca de su Hijo.

Y este es el testimonio que Dios ha dado: él nos dio vida eterna, y esa vida está en su Hijo. El que tiene al Hijo tiene la vida; el que no tiene al Hijo de Dios no tiene la vida.

Les he escrito estas cosas a ustedes, que creen en el nombre del Hijo de Dios, para que sepan que tienen vida eterna.
1 JUAN 5:10-13

Debes estar seguro de que conoces a Cristo

20 de junio

NINGUNA DUDA EN CUANTO A ESO

DE LA BIBLIA:

Jesús contestó:
—Todos los que me aman harán lo que yo diga. Mi Padre los amará, y vendremos para vivir con cada uno de ellos. El que no me ama no me obedece. Y recuerden, mis palabras no son mías, lo que les hablo proviene del Padre, quien me envió. Les digo estas cosas ahora, mientras todavía estoy con ustedes.
JUAN 14:23-25

Tú puedes saber que eres salvo

—MAMÁ, ¿PUEDO AYUDAR a la señora Emmet a llevar sus bolsas de comida a su casa? —le preguntó Jonatán.

—Es bueno que siempre estés tan ansioso por ayudar —bromeó su mamá. Ella sabía que la señora Emmet le compraba un helado cada vez que la ayudaba.

Mientas Jonatán caminaba al lado de su anciana vecina, ella le preguntó:

—Jonatán, ¿eres cristiano?

Jonatán se encogió de hombros.

—Espero que sí —le dijo.

Ellos se detuvieron en la heladería. Mientras Jonatán probaba su helado de chocolate, su amigo Zac entró.

—Hola Jonatán —lo saludó Zac—. ¿Tienes un helado de chocolate?

Para sorpresa de Jonatán, la señora Emmet respondió por él.

—Jonatán espera que sí —dijo ella. Los dos muchachos miraron a la señora con un poco de sorpresa. Los jóvenes conversaron por un rato, y luego Jonatán y la señora Emmet salieron de allí.

—¿Por que dijo usted que yo esperaba tener un helado? —le preguntó Jonatán—. Yo *tengo* un helado, no *espero* tener un helado.

La señora Emmet se rió.

—Eso sí que fue tonto, casi tan tonto como cuando dijiste que "esperabas" ser creyente. —Ella hizo una pausa—. Jonatán, cuando tienes algo, no necesitas esperar tenerlo. Lo sabes con toda seguridad. La pregunta es: ¿crees en el Señor Jesucristo?

Jonatán asintió lentamente.

—Yo le pedí al Señor que me perdonara y me salvara —dijo él—. Pero a veces siento que debería hacer algo más.

—No hay ninguna otra cosa que puedas hacer para ser salvo —le aseguró la señora Emmet—. La Biblia dice que si crees en Jesús, tienes vida eterna; eres creyente. Y no hay ninguna duda en cuanto a eso.

¿Y TÚ? ¿Eres creyente? No tienes que esperarlo o suponerlo. Jesús pagó el precio por tu pecado. Acepta lo que él hizo por ti. Recíbelo como tu Salvador. Cuando lo hagas, tendrás vida eterna. *H. W. M.*

MEMORIZA: El que tiene al Hijo tiene la vida; el que no tiene al Hijo de Dios no tiene la vida. *1 Juan 5:12*

«**ESTOY TAN CANSADO** de las reglas —se quejó Mateo—. Siempre es "Si no haces esto, no puedes hacer aquello". Eso es lo único que escucho en mi casa, en la escuela, en la iglesia, y aun cuando estoy jugando. ¡Ni siquiera los perros tienen libertad! Aquí dicen que deben estar siempre en la propiedad de sus dueños. A mi perro Tag no le gustará estar dentro de una cerca».

Mateo tenía razón, a Tag no le gustó estar confinado dentro de una cerca, y una y otra vez cavaba hoyos debajo de la cerca y se escapaba. Un día, cuando Mateo y su madre llegaron del centro, descubrieron que Tag había desaparecido de nuevo. Una vecina había visto cuando el hombre de la perrera se lo llevaba. A Mateo se le caían las lágrimas.

—Lo podemos ir a buscar, ¿no es verdad? —preguntó.

—Oh, sí —dijo su mamá—, pero él se escapará de nuevo.

—¡Si tan solo pudiera entender que nuestro jardín es un lugar de seguridad y protección para él! —dijo Mateo con un suspiro—. Entonces sabría por qué lo tenemos dentro de la cerca.

—Tienes razón —estuvo de acuerdo mamá—, y, ¿sabes, Mateo? Todos somos un poco como Tag. A veces también nos sentimos "encerrados" por reglas que no nos gustan. Pero Dios nos da padres, maestros, policías, y sí, también reglas, para proveernos seguridad y protección.

—Eso tiene sentido —estuvo de acuerdo Mateo—. Creo que todos necesitamos reglas y leyes. Pero ¿qué va a pasar con Tag, mamá?

Encontraron la solución al problema cuando el papá llegó del trabajo. Él hizo arreglos para recoger a Tag y llevarlo a la granja del tío Francisco. «Lo extrañaremos, pero podremos visitarlo —dijo su papá—. Allí puede correr libremente».

¿Y TÚ? ¿Te rebelas porque tienes reglas que debes obedecer? Nunca dejarás atrás los «qué hacer» y «qué no hacer» de la vida. Durante toda la vida habrá personas que estarán en autoridad sobre ti. Dios dice que las obedezcas. *B. J. W.*

MEMORIZA: Obedezcan a sus líderes espirituales y hagan lo que ellos dicen. *Hebreos 13:17*

---

21 de junio

NO ME ENCIERRES

DE LA BIBLIA:

Por amor al Señor, respeten a toda autoridad humana, ya sea el rey como jefe de Estado o a los funcionarios que él ha nombrado. Pues a ellos el rey los ha mandado a que castiguen a aquellos que hacen el mal y a que honren a los que hacen el bien.

La voluntad de Dios es que la vida honorable de ustedes haga callar a la gente ignorante que los acusa sin fundamento alguno. Pues ustedes son libres, pero a la vez, son esclavos de Dios, así que no usen su libertad como una excusa para hacer el mal. Respeten a todos y amen a la familia de creyentes. Teman a Dios y respeten al rey.

1 PEDRO 2:13-17

Las reglas te ayudan

22 de junio

LAS HERRAMIENTAS APROPIADAS

DE LA BIBLIA:

Estas son las palabras de Jeremías, hijo de Hilcías, uno de los sacerdotes de Anatot, ciudad de la tierra de Benjamín. El SEÑOR le dio mensajes a Jeremías por primera vez durante el año trece del reinado de Josías, hijo de Amón, rey de Judá. [...]

El SEÑOR me dio el siguiente mensaje:

—Te conocía aun antes de haberte formado en el vientre de tu madre; antes de que nacieras, te aparté y te nombré mi profeta a las naciones.

—Oh SEÑOR Soberano —respondí—. ¡No puedo hablar por ti! ¡Soy demasiado joven!

—No digas: "Soy demasiado joven" —me contestó el SEÑOR—, porque debes ir dondequiera que te mande y decir todo lo que te diga. No le tengas miedo a la gente, porque estaré contigo y te protegeré. ¡Yo, el SEÑOR, he hablado!

Luego el SEÑOR extendió su mano, tocó mi boca y dijo: «¡Mira, he puesto mis palabras en tu boca!».

JEREMÍAS 1:1-2, 4-9

Dios te da fuerzas

JEREMÍAS ESTABA TRISTE mientras metía su bicicleta al garaje.

El padre lo miró desde su mesa de trabajo.

—Jeremías, quiero que me ayudes a pintar los muebles del jardín esta tarde.

—Está bien —le respondió Jeremías tomando una brocha para pintar. Mientras pintaban, Jeremías compartió sus preocupaciones—. Brian Parker no asistió a la escuela hoy, papá —le dijo—, y su abuela se está muriendo. Sé que debo ir a visitarlo, pero me da miedo hacerlo. No sé qué decirle. —Jeremías suspiró profundamente.

—Entiendo cómo te sientes, Jeremías —le dijo su papá—. Pero Brian te necesita. En situaciones difíciles como esta, a veces no tienes que decir nada, solo acompañar a la persona y escuchar.

—Pero, papá, soy solo un niño —le dijo Jeremías.

—Eso es lo que dijo el profeta Jeremías, pero Dios le dijo que eso no era una excusa —le recordó papá—. ¿Sabes?, cuando te pedí que me ayudaras a pintar los muebles del jardín, te di todas las herramientas necesarias para hacer este trabajo. Cuando Dios nos pide que hagamos un trabajo, siempre provee también todo lo necesario para hacer ese trabajo, y nos da la gracia para hacerlo. —Jeremías todavía tenía una expresión de duda—. Mamá y yo podemos ir contigo a la casa de Brian después de la cena —le sugirió su padre—. ¿Crees que eso te ayude?

Jeremías sonrió.

—Me ayudará mucho.

Más tarde, cuando regresaron de la casa de la familia Parker, Jeremías dijo: «Tenías razón, papá. Estoy contento de haber ido. Brian me necesitaba».

¿Y TÚ? ¿Hay algo que sientes que Dios quiere que hagas, como visitar a una persona enferma o testificarle a un amigo? ¿Has estado diciendo: «Soy solo un niño, y no puedo hacer eso»? Si Dios te pide que hagas algo, él te dará las herramientas necesarias para realizarlo. Deja de dar excusas y haz lo que Dios te pide. Te sentirás mucho mejor después de que lo hagas. *B. J. W.*

MEMORIZA: Mi gracia es todo lo que necesitas; mi poder actúa mejor en la debilidad. *2 Corintios 12:9*

EL DESEO DE José era ser misionero algún día, pero se preguntaba si alguna vez sería lo suficientemente grande como para servir al Señor.

Una tarde, José fue con su padre a la casa del señor Baker. A él le gustaba mucho el anciano, así que mientras su padre arreglaba un grifo que perdía agua, José hablaba con el señor Baker.

—Me gustaría poder ayudar mucho a la gente, tal como lo hace mi papá —dijo José con melancolía.

—José, creo que eres una persona que ayuda a los demás. ¿No crees que estás ayudando cuando haces feliz a un anciano como yo tomando tiempo para hablarle? —le dijo con una risita.

—Bueno —dijo él lentamente—, pero yo quiero ser misionero algún día. Entonces sí voy a ser de ayuda para Dios y para otras personas.

—¿Escuchaste alguna vez sobre "las dos monedas pequeñas de la viuda"? —le preguntó el señor Baker.

—¿De cuál viuda? —le preguntó José un poco sorprendido.

El señor Baker le dijo:

—No estoy hablando de ninguna viuda que tú conozcas personalmente, me estoy refiriendo a una historia que contó Jesús sobre una viuda pobre que puso dos monedas pequeñas en la caja de las ofrendas del templo. Jesús dijo que para Dios, esa mujer había dado más que cualquier otra persona, porque dio todo lo que tenía.

José se quedó callado pensando en lo que había dicho el señor Baker. Después de todo, ¡él no tenía que ser mayor de lo que era para servir al Señor! Justo ahora podía dar «dos monedas pequeñas».

¿Y TÚ? ¿Te parece muy pequeña la cantidad de dinero que puedes dar? ¿Te parece que las cosas que haces para Jesús son muy pequeñas e insignificantes? Dios mira tu corazón y cuenta las cosas pequeñas que haces con amor como ofrendas especiales para él. Aun una pequeña sonrisa que le des a una persona solitaria es un regalo precioso para Dios. Él ve el amor que está en tu corazón. Sirve a Dios ahora mismo. *C. E. Y.*

MEMORIZA: Hagan todo con amor. *1 Corintios 16:14*

SOLO DOS MONEDAS PEQUEÑAS

DE LA BIBLIA:

Mientras Jesús estaba en el templo, observó a los ricos que depositaban sus ofrendas en la caja de las ofrendas. Luego pasó una viuda pobre y echó dos monedas pequeñas.

«Les digo la verdad —dijo Jesús—, esta viuda pobre ha dado más que todos los demás. Pues ellos dieron una mínima parte de lo que les sobraba, pero ella, con lo pobre que es, dio todo lo que tenía».

LUCAS 21:1-4

Sirve con amor

24 de junio

UNA TESTIGO RUIDOSA

DE LA BIBLIA:

Entonces [Jesús] dijo a la multitud: «Si alguno de ustedes quiere ser mi seguidor, tiene que abandonar su manera egoísta de vivir, tomar su cruz cada día y seguirme. Si tratas de aferrarte a la vida, la perderás, pero si entregas tu vida por mi causa, la salvarás. ¿Y qué beneficio obtienes si ganas el mundo entero, pero te pierdes o destruyes a ti mismo? Si alguien se avergüenza de mí y de mi mensaje, el Hijo del Hombre se avergonzará de esa persona cuando regrese en su gloria y en la gloria del Padre y de los santos ángeles».
LUCAS 9:23-26

Habla sobre Jesús

JUANA FUE AL almacén con Lena, su hermanita de dos años de edad, a quien le gustaba que la pusieran en el carrito en que se ponen las compras. Cuando iban a entrar a un pasillo en el supermercado, vieron a una anciana que estaba levantando todas las cosas de su cartera que se le habían caído al suelo. Juana la ayudó.

—Gracias —dijo la señora—. La mayoría de los jóvenes no me hubiera ayudado. ¿Por qué me ayudaste tú?

Juana sabía que le debería hablar de Jesús, pero se sintió cohibida.

—Bueno, creo que me gusta ayudar a la gente —dijo y comenzó a alejarse con rapidez.

Después de un rato, Lena comenzó a cantar «Cristo me ama» a voz en cuello. La gente miraba y se sonreía, y Juana se sintió avergonzada. «¡Cállate, Lena! ¡No cantes tan fuerte!».

Enseguida, la señora a quien Juana había ayudado estaba a su lado.

—Escuché lo que cantaba la pequeñita —dijo ella—. Tú debes ser cristiana.

—Bueno, sí, soy cristiana —musitó Juana.

La señora sonrió.

—Pensé que había algo diferente en ti. Mi vecina también es cristiana, y siempre trata de hablarme sobre Jesús. Creo que la voy a escuchar con más atención la próxima vez.

Después de que la señora se alejó, Juana le dijo a su hermana: «Lena, ¡eres encantadora! He estado equivocada quedándome callada acerca de Jesús. ¡Gracias por mostrarme lo importante que es ser "una testigo ruidosa"!».

¿Y TÚ? ¿Te sientes abochornado cuando alguien se da cuenta de que eres creyente? Tal vez eres un «testigo silencioso», y tratas de demostrar que eres creyente por medio de tus acciones. Eso es bueno, pero hablar también es importante. Otras personas no serán persuadidas a aceptar a Jesús como Salvador a menos que sepan por qué haces lo que haces. No te avergüences de hablar acerca de Jesús. *S. L. K.*

MEMORIZA: Si alguien se avergüenza de mí en estos días de adulterio y de pecado, el Hijo del Hombre se avergonzará de esa persona cuando regrese en la gloria de su Padre con sus santos ángeles. *Marcos 8:38*

—POR FAVOR, LLAMA A Cristal y luego siéntate a desayunar, Kevin —le dijo su mamá.

—Claro —estuvo de acuerdo Kevin con una sonrisa—. ¡Cristal! ¡Fuego! ¡Levántate! ¡Hay un incendio!

—¿Qué? ¿Dónde? Esto no es gracioso, Kevin —lo regañó—. ¡Me asustaste!

Su padre levantó la vista del periódico que estaba leyendo.

—Hablando de sustos —dijo él—, escuchen esto: "Un profeta del juicio final anuncia que el mundo se acabará el próximo martes". Este artículo asustará a mucha gente.

Los ojos de Cristal se agrandaron mucho.

—Papá, ¿en verdad se acabará el mundo el próximo martes? —preguntó ella.

Papá le sonrió a Cristal.

—No, el mundo no se acabará el próximo martes, pero el Señor Jesús podría venir antes de ese día.

Kevin agregó:

—Mi profesor de historia dice que la gente ha estado diciendo por cientos de años que Jesús va a venir pronto. Él no se siente muy seguro de que Jesús volverá algún día.

—Kevin —le dijo mamá—, el hecho en sí de que la gente dude es una señal de que Jesús regresará pronto. El apóstol Pedro escribió que en los últimos días habría burladores que pondrían en tela de juicio la promesa de Jesús porque el mundo continúa como siempre lo ha hecho. Pero Dios con toda seguridad cumplirá su promesa.

—Una cosa es cierta —dijo papá—. Nadie sabe el día ni la hora en que regresará Jesús. Podría ser antes del martes. Pero también podría ser el año que viene o muchos años después. Solo Dios sabe cuando será. Debemos estar listos en todo momento para su venida.

¿Y TÚ? Crees que porque Jesús todavía no ha regresado, es algo que no sucederá? Jesús está esperando con paciencia, dándoles más oportunidades a las personas para que sean salvas. Pero el tiempo se está acabando. Puedes tener la seguridad de cuando llegue el tiempo según la voluntad de Dios, Jesús regresará. *B. J. W.*

MEMORIZA: Ustedes también deben estar preparados todo el tiempo, porque el Hijo del Hombre vendrá cuando menos lo esperen. *Mateo 24:44*

25 de junio

LISTO O NO

DE LA BIBLIA:

En los últimos días, vendrán burladores que se reirán de la verdad y seguirán sus propios deseos. Dirán: «¿Qué pasó con la promesa de que Jesús iba a volver?». [...]

Deliberadamente olvidan que hace mucho tiempo Dios hizo los cielos por la orden de su palabra, y sacó la tierra de las aguas y la rodeó con agua. Luego usó el agua para destruir el mundo antiguo con un potente diluvio. Por esa misma palabra, los cielos y la tierra que ahora existen han sido reservados para el fuego. Están guardados para el día del juicio, cuando será destruida la gente que vive sin Dios.

Sin embargo, queridos amigos, hay algo que no deben olvidar: para el Señor, un día es como mil años y mil años son como un día. En realidad, no es que el Señor sea lento para cumplir su promesa, como algunos piensan. Al contrario, es paciente por amor a ustedes. No quiere que nadie sea destruido; quiere que todos se arrepientan.
2 PEDRO 3:3-9

Jesús vendrá otra vez

26 de junio

GLOBOS PARA TODOS
(PARTE 1)

DE LA BIBLIA:

En cuanto los fariseos oyeron que [Jesús] había silenciado a los saduceos con esa respuesta, se juntaron para interrogarlo nuevamente. Uno de ellos, experto en la ley religiosa, intentó tenderle una trampa con la siguiente pregunta:

—Maestro, ¿cuál es el mandamiento más importante en la ley de Moisés?

Jesús contestó:

—«Amarás al SEÑOR tu Dios con todo tu corazón, con toda tu alma y con toda tu mente». Este es el primer mandamiento y el más importante. Hay un segundo mandamiento que es igualmente importante: «Amarás a tu prójimo como a ti mismo». Toda la ley y las exigencias de los profetas se basan en estos dos mandamientos.

MATEO 22:34-40

Ama a tu prójimo

LA NUEVA TIENDA del centro comercial estaba celebrando su inauguración, y la mamá le había dado permiso a Miguel para que fuera caminando al centro y viera lo que estaba pasando. Miguel observó a un payaso que inflaba globos con helio y le daba uno a cada niño. Miguel quería un globo, y sabía que a su hermanita, Sara, también le gustaría tener uno de esos globos. Pero Sara estaba enferma, y Miguel notó que le daban un solo globo a cada niño. Bueno, ella podría mirar el globo de él. Caminado hasta donde estaba el payaso, le pidió en forma cortés:

—¿Me puede dar un globo, por favor?

—Por supuesto —resonó la voz del payaso—. ¿Cuál es tu color favorito?

—Azul —le respondió Miguel sin titubear ni un instante. Pero enseguida tomó una decisión—. Por favor, señor, ¿me puede dar uno rojo en cambio? Es para mi hermanita. Ella está enferma y le gusta el rojo.

El payaso lo miró sorprendido.

—Bueno —dijo mientras inflaba un globo azul y luego uno rojo—. La regla es un globo para cada niño, pero voy a hacer una excepción. ¡Todas las niñas deberían tener un hermano como tú!

Sara estaba encantada con el globo, y también su mamá. «Estoy muy contenta, y no solo porque cada uno de ustedes tiene un globo, sino porque tú estuviste dispuesto a renunciar a tu globo para que Sara pudiera tener el suyo —le dijo a Miguel—. Sé que eso le agrada también a Dios. Tú realmente seguiste el mandamiento de amar a tu prójimo, en este caso tu hermana, como a ti mismo».

¿Y TÚ? La Biblia enseña que tu prójimo puede ser cualquier persona con la que tienes contacto personal, no solo las personas que conoces. Si eres creyente, debes amar a tu prójimo como te amas a ti mismo. ¿Es esto lo que haces? Ve cuántas maneras puedes encontrar de amar realmente a tu prójimo como te amas a ti mismo. Suena como algo difícil de hacer, pero te traerá gozo. *H. W. M.*

MEMORIZA: Ama a tu prójimo como a ti mismo. *Mateo 22:39* (NVI)

GLOBOS PARA TODOS
(PARTE 2)

A ANDRÉS, DE UN AÑO de edad, le encantaba el globo rojo de Sara. Estaba muy entusiasmado tratando de tomar el hilo que lo ataba, y luego trataba de agarrar el globo contra su cuerpo. Finalmente, a Miguel se le ocurrió una idea. «Lo voy a llevar al centro comercial para que pueda conseguir su propio globo».

Cuando llegaron, el payaso sonrió al ver a Miguel y a Andrés.

—Me trajiste un cliente nuevo, ¿no es verdad? —Volviéndose a Andrés le preguntó—: ¿Qué es lo que quieres, jovencito?

—¡Globrillo! —gritó Andrés en su media lengua.

El payaso sonrió mientras tomaba un globo verde.

—¡No! Globrillo —insistió Andrés.

Miguel se rió al ver la mirada confundida del payaso.

—Quiere un globo amarillo.

Con una sonrisa, el payaso le dio un globo amarillo a Andrés.

—Espero que tu hermano y tu hermana te aprecien.

Cuando papá llegó al hogar, admiró los globos mientras Miguel le contaba los eventos del día. «Es muy bueno para Andrés que tú entiendas lo que dice. —Hizo una pausa y luego continuó—: Eso me recuerda algo que Dios hace por nosotros. A menudo, tenemos problemas para orar. A veces no sabemos qué decir o qué pedirle a Dios. Pero Dios nos ha dado su Espíritu Santo para ayudarnos y para orar por nosotros. Él hace que nuestras peticiones sean claras y "justas" delante de Dios».

DE LA BIBLIA:

El Espíritu Santo nos ayuda en nuestra debilidad. Por ejemplo, nosotros no sabemos qué quiere Dios que le pidamos en oración, pero el Espíritu Santo ora por nosotros con gemidos que no pueden expresarse con palabras. Y el Padre, quien conoce cada corazón, sabe lo que el Espíritu dice, porque el Espíritu intercede por nosotros, los creyentes, en armonía con la voluntad de Dios. Y sabemos que Dios hace que todas las cosas cooperen para el bien de quienes lo aman y son llamados según el propósito que él tiene para ellos.
ROMANOS 8:26-28

Continúa orando

¿Y TÚ? ¿Piensas que tus oraciones son demasiado débiles para que tengan valor? ¿Te parece que las oraciones de tu papá y de tu mamá, o mejor aún, las oraciones de los pastores, lograrían más de lo que tus oraciones jamás podrían lograr? No te desalientes porque no puedes orar tan bien como quisieras hacerlo. Si eres creyente, el Espíritu Santo tomará tus oraciones y las hará perfectas delante del trono de Dios. Sigue orando. *H. W. M.*

MEMORIZA: Nosotros no sabemos qué quiere Dios que le pidamos en oración, pero el Espíritu Santo ora por nosotros. *Romanos 8:26*

28 de junio

HAZLO TÚ MISMO

DE LA BIBLIA:

Han oído que a nuestros antepasados se les dijo: «No asesines. Si cometes asesinato quedarás sujeto a juicio». Pero yo digo: aun si te enojas con alguien, ¡quedarás sujeto a juicio! Si llamas a alguien idiota, corres peligro de que te lleven ante el tribunal; y si maldices a alguien, corres peligro de caer en los fuegos del infierno.

Por lo tanto, si presentas una ofrenda en el altar del templo y de pronto recuerdas que alguien tiene algo contra ti, deja la ofrenda allí en el altar. Anda y reconcíliate con esa persona. Luego ven y presenta tu ofrenda a Dios.
MATEO 5:21-24

Sé humilde

MIENTRAS SU MADRE arreglaba las cortinas nuevas, Ángela miró con orgullo su dormitorio.

—Decorar es divertido, ¿no es verdad, mamá? Estoy casi contenta de que no tuviéramos el dinero para comprar todo nuevo y ya listo —dijo Ángela—. El cubrecama y las cortinas son únicos, y combinan perfectamente con el color de la pared. Aun mis viejos muebles se ven muy bien después de que los pintamos otra vez.

—Las cosas que se hacen en casa requieren mucho trabajo, pero vale la pena el esfuerzo —asintió mamá—. ¿Por qué no llamas a Carly y la invitas a que venga a ver tu dormitorio?

Ángela resopló.

—Ella no vendría. No me habla.

—¿Le estás hablando tú a ella?

—Por supuesto que no. Ella va a tener que hablarme a mí primero. Ella es la que está enojada, y yo no le hice nada. Le pedí a Dios que hiciera que me pidiera disculpas, pero Carly no lo ha hecho.

—Tal vez Dios quiere que tú le pidas perdón a Carly —sugirió mamá.

—¡Pero yo no le hice nada a ella!

—¿Estás segura? Por lo general se necesitan dos personas para tener una pelea. A menudo queremos que Dios arregle nuestros problemas cuando es algo que él espera que nosotros hagamos por nuestra cuenta. Una cosa que Dios quiere que hagamos es que seamos humildes. Pedir perdón ciertamente nos hace ser humildes. ¿Recuerdas el pasaje bíblico que leímos esta mañana? Si Carly tiene algo contra ti, tú debes ir a hablar con ella.

—¡Pero eso es difícil! —exclamó Ángela.

—Es un trabajo difícil del tipo "hazlo tú misma", pero los resultados hacen que valga la pena. —Mamá sonrió mientras Ángela marcaba el número de teléfono de su amiga.

Más tarde, Ángela le mostró a Carly su dormitorio, y su madre la escuchó decirle: «Los trabajos que tienes que hacer tú misma normalmente son difíciles, pero vale la pena hacerlos».

¿Y TÚ? No es fácil ser humilde, pero eso es lo que Dios quiere y vale la pena el esfuerzo. Pedir perdón es un precio pequeño a pagar por una amistad. *B. J. W.*

MEMORIZA: Sean siempre humildes y amables. Sean pacientes unos con otros y tolérense las faltas por amor. *Efesios 4:2*

—¿CÓMO TE ESTÁ yendo en el concurso de la escuela dominical? —le preguntó la señora Anderson a su hija.

—Bastante bien —le dijo Patricia—. Todavía no he hecho las preguntas de esta semana, pero las haré más tarde. No tengo ganas de estudiar la Biblia ahora.

En ese momento llegó el cartero.

—Oh, mira, mamá. Hay una carta de la familia Walters. ¿La puedo abrir?

La familia Walters y la familia Anderson habían sido amigos por mucho tiempo. Fue muy difícil para las dos familias cuando transfirieron al señor Walters a un lugar muy lejos. Pero Patricia se sentía entusiasmada ahora. Tal vez la carta traía buenas noticias.

—¿Una carta de la familia Walters? —dijo la madre mostrando poco interés—. Tal vez tendré tiempo para leerla más tarde.

—¿Más tarde? ¿Por qué no ahora? —le preguntó Patricia.

—Bueno, Patricia, no tengo ganas de leerla ahora.

Patricia miró a su madre en forma extraña. De pronto, entendió.

—Ya veo lo que quieres decir, mamá. Sé que la Biblia es la carta de Dios para nosotros y que también contiene buenas noticias. Y sin embargo, yo sigo posponiendo el tiempo en que la voy a leer. ¡Voy a contestar esas preguntas ahora mismo!

La madre sonrió mientras tomaba la carta de la familia Walters.

—¡Buena idea! ¡Pero creo que está bien si esperas a que primero leamos esta carta!

¿Y TÚ? ¿Estudias la Biblia? ¿Lees las buenas noticias que Dios tiene para decirte, o piensas: «Algún día, cuando sea más grande, estudiaré la Palabra de Dios»? La Biblia es la carta de Dios para ti. En ella hay buenas noticias: te dice que Cristo murió y resucitó, y que un día va a volver por los suyos. Lee la Biblia con entusiasmo. *L. M. W.*

MEMORIZA: ¡Oh, cuánto amo tus enseñanzas! Pienso en ellas todo el día. *Salmo 119:97*

UNA CARTA ALENTADORA

DE LA BIBLIA:

¡Oh, cuánto amo tus enseñanzas!
  Pienso en ellas todo el día.
Tus mandatos me hacen más sabio
  que mis enemigos,
  pues me guían constantemente.
Así es, tengo mejor percepción que
  mis maestros,
  porque siempre pienso en tus
  leyes.
Hasta soy más sabio que los
  ancianos,
  porque he obedecido tus
  mandamientos.
Me negué a andar por cualquier
  mal camino,
  a fin de permanecer obediente
  a tu palabra.
No me he apartado de tus
  ordenanzas,
  porque me has enseñado bien.
¡Qué dulces son a mi paladar tus
  palabras!
  Son más dulces que la miel.
Tus mandamientos me dan
  entendimiento;
  ¡con razón detesto cada camino
  falso de la vida!
SALMO 119:97-104

Lee la Biblia

30 de junio

UNA PEQUEÑA LUZ

DE LA BIBLIA:

Ustedes son la sal de la tierra. Pero ¿para qué sirve la sal si ha perdido su sabor? ¿Pueden lograr que vuelva a ser salada? La descartarán y la pisotearán como algo que no tiene ningún valor.

Ustedes son la luz del mundo, como una ciudad en lo alto de una colina que no puede esconderse.

Nadie enciende una lámpara y luego la pone debajo de una canasta. En cambio, la coloca en un lugar alto donde ilumina a todos los que están en la casa. De la misma manera, dejen que sus buenas acciones brillen a la vista de todos, para que todos alaben a su Padre celestial.

MATEO 5:13-16

Debes ser una luz

GREG Y MELISSA observaban desde la ventana los relámpagos que se veían en el cielo, seguidos por el fuerte ruido de los truenos. De pronto, la casa quedó en total oscuridad.

—¿Qué pasó? —gritó Greg, quien tropezó con un banquito en la oscuridad.

—Oh, ¡está tan oscuro! —exclamó Melissa—. ¡Mamá, por favor, ven acá!

Su madre entró al cuarto con una vela encendida.

—Los relámpagos deben haber causado que se vaya la electricidad —dijo ella—. Vamos a tener que ver con la luz de una vela por algún tiempo.

—Es sorprendente la cantidad de luz que da una pequeña llama —dijo Melissa mientras se sentaban mirando la luz titilante que alumbraba en la oscuridad.

Greg estaba pensando, y de pronto exclamó:

—Tú eres la luz del mundo. —Sonrió mientras agregaba—: El versículo que aprendí en la escuela dominical me vino a la mente al ver a esa vela.

Melissa asintió.

—Nuestra maestra dijo que si hemos recibido a Jesús como Salvador, él vive en nosotros. Cuando hacemos las cosas que le agradan a él, otras personas ven a Jesús en nosotros, así que tienen luz para verlo.

—Siempre pensé que lo poco que podía hacer no tenía mucha importancia —agregó Greg—. Pero ahora, por primera vez creo que sé la diferencia que puede hacer una pequeña luz.

En ese instante se encendieron las luces.

—Estoy contento de que la electricidad haya vuelto, pero creo que siempre recordaré lo que aprendí de esa pequeña vela —dijo Greg.

¿Y TÚ? ¿Sientes como que no es mucho lo que puedes hacer para dejar que tu luz brille para Jesús? ¡Eso no es verdad! Obedece a tus padres y a tus maestros, sé amable, demuestra amor, perdona a los que te ofenden, y sé paciente; esas son algunas de las maneras en que puedes hacer que tu vida brille. Todo lo que puedas hacer por Jesús vale la pena. *C. E. Y.*

MEMORIZA: Ustedes son la luz del mundo, como una ciudad en lo alto de una colina que no puede esconderse. *Mateo 5:14*

—OJALÁ NO TUVIERA que ir a la escuela dominical hoy —dijo Jody suspirando mientras comía lentamente su cereal.

Su madre la miró sorprendida.

—¿Por qué, Jody? ¡Pensé que te gustaba ir a la iglesia!

—Me gusta ir a la iglesia, pero lo que no me gusta es la clase de la señora Darnell —explicó Jody—. ¡Es tan aburrida! Quisiera estar todavía en tercer grado para poder asistir a la clase del señor Richards.

—El señor Richards es un buen maestro —afirmó la madre—, y estoy contenta de que él te haya gustado tanto. Pero, Jody, la señora Darnell también es una buena maestra. Muchos niños han llegado a conocer a Cristo por su enseñanza.

—Pero su clase no es divertida —dijo Jody—. ¡Prácticamente me duermo escuchándola enseñar!

—Tal vez la enseñanza de la señora Darnell no te entretenga tanto como la del señor Richards, pero ella conoce muy bien la Palabra de Dios —insistió la madre—. También recuerda esto: en ningún lugar de la Biblia dice que el estudio de las Escrituras tiene que ser algo "divertido". A veces el estudio de la Biblia es simplemente trabajo duro. —Jody no se veía muy convencida todavía—. En 2 Corintios se nos dice que nuestros pensamientos deben estar cautivos —continuó mamá—. Eso quiere decir que debemos llevarlos hacia las cosas de Cristo.

Jody pensó en eso. Luego sonrió.

—Está bien, mamá, si mis pensamientos comienzan a irse a otros lugares hoy, ¡los voy a hacer volver hacia el Señor! ¿Está bien?

—¡Eso es exactamente lo que debes hacer! —Mamá sonrió—. Y mientras estés en la clase de la señora Darnell, escucha con mucha atención lo que dice. Mantente interesada en aprender la Palabra de Dios.

¿Y TÚ? ¿Te aburres a veces en la iglesia o en la escuela dominical? A veces se requiere concentración de tu parte para entender la lección que Dios te está enseñando, pero el esfuerzo vale la pena. A menudo es difícil estudiar la Biblia, pero es algo muy importante. Si te sientes aburrido, tal vez sea porque tus pensamientos no están cautivos y no los has vuelto hacia el Señor. Piensa en esto. *L. M. W.*

MEMORIZA: Llevamos cautivo todo pensamiento para que se someta a Cristo. *2 Corintios 10:5* (NVI)

ES ABURRIDO

DE LA BIBLIA:

Así que debemos prestar mucha atención a las verdades que hemos oído, no sea que nos desviemos de ellas. Pues el mensaje que Dios transmitió mediante los ángeles se ha mantenido siempre firme, y toda infracción de la ley y todo acto de desobediencia recibió el castigo que merecía. Entonces, ¿qué nos hace pensar que podemos escapar si descuidamos esta salvación tan grande, que primeramente fue anunciada por el mismo Señor Jesús y luego nos fue transmitida por quienes lo oyeron hablar? Además, Dios confirmó el mensaje mediante señales, maravillas, diversos milagros y dones del Espíritu Santo según su voluntad.
HEBREOS 2:1-4

Presta atención al estudio de la Biblia

2 de julio

EL REGALO DE LA TÍA SUE

DE LA BIBLIA:

Tu eterna palabra, oh SEÑOR,
*   se mantiene firme en el cielo.*
Tu fidelidad se extiende a cada
*   generación,*
*   y perdura igual que la tierra*
*   que creaste.*
Tus ordenanzas siguen siendo
*   verdad hasta el día de hoy,*
*   porque todo está al servicio de*
*   tus planes.*
Si tus enseñanzas no me hubieran
*   sostenido con alegría,*
*   ya habría muerto en mi*
*   sufrimiento.*
Jamás olvidaré tus mandamientos,
*   pues por medio de ellos me diste*
*   vida.*
Soy tuyo, ¡rescátame!,
*   porque me he esforzado*
*   mucho en obedecer tus*
*   mandamientos.*
Aunque los malvados se escondan
*   por el camino para matarme,*
*   con calma, mantendré mi*
*   mente puesta en tus leyes.*
Aun la perfección tiene sus límites,
*   pero tus mandatos no tienen*
*   límite.*

SALMO 119:89-96

Conoce a Dios a
través de la Biblia

KEVIN SACUDIÓ el paquete color café con mucho entusiasmo. «¡Miren lo que llegó en el correo! ¡Creo que es un regalo de cumpleaños de la tía Sue! —Abrió el paquete y luego frunció el ceño—. Un libro sobre historias misioneras —dijo con tristeza—. Suena aburrido». Kevin puso el libro en su estante.

Un mes después, la familia de Kevin invitó a cenar al señor Jackson, que era misionero y había predicado en su iglesia. Kevin escuchó con mucha atención cuando el señor Jackson contó la historia de un leopardo que había estado acechando el camino por el que estaban caminando.

—Estaba yendo con siete personas nativas del lugar a predicar en una de las aldeas —dijo el señor Jackson—. ¡Creíamos que el leopardo nos atacaría en cualquier momento!

—¿Qué sucedió? —los ojos de Kevin estaban desmesuradamente abiertos esperando la respuesta.

—El leopardo simplemente dejó de seguirnos —dijo el señor Jackson—. Sé que Dios contestó la oración de muchas personas.

Demasiado pronto, el señor Jackson se fue. «Por cierto que me habría gustado llegar a conocerlo mejor», dijo Kevin.

Unas semanas más tarde sacó un libro de la estantería y sin mucho entusiasmo miró las primeras páginas. De pronto se sentó muy derecho. «¡Mamá! El señor Jackson escribió este libro que me regaló la tía Sue». Cuando llegó la hora de irse a dormir, le costó mucho dejar de leerlo.

—Siento como que conozco bien al señor Jackson —dijo él.

—Lo has conocido a través de su libro. —Mamá sonrió, y luego agregó en forma pensativa—: ¿Sabes, Kevin? A veces eso es como Dios en la Biblia, porque pensamos que no conocemos a Dios, pero eso es porque no leemos su libro, la Biblia.

¿Y TÚ? ¿A veces desearías conocer mejor a Dios, como lo conoce tu maestro de la escuela dominical o tu pastor? ¿Estás dispuesto a poner de tu parte para conocerlo mejor? Asegúrate de estudiar tus lecciones de la escuela dominical. Y escucha a tu pastor. También hay un libro que te ayudará, y es la Biblia. Léela todos los días. Así llegarás a conocer a Dios. *G. W.*

MEMORIZA: Me deleitaré en tus decretos y no olvidaré tu palabra. *Salmo 119:16*

LISTO PARA IR A PESCAR

SAMANTHA TOMÓ TODOS los aparejos de pescar y los puso en el automóvil. Este iba a ser su primer viaje de pesca con su padre, y estaba muy entusiasmada. Mientras iban al lago, Samantha le habló a su padre acerca de una niña a la cual le había testificado la semana anterior.

—No creo haber hecho un buen trabajo —le dijo—. Carol no aceptó a Cristo como su Salvador.

—Bueno —le respondió su papá—. Pescar y testificar se parecen mucho, así que tal vez puedas aprender algo hoy.

Después de haber llegado al lago, el padre le puso la carnada a su anzuelo, y le mostró a Samantha la forma de hacerlo.

—¿Y ahora qué? —le preguntó Samantha.

—Ahora tiras la línea al agua y te sientas a esperar—le respondió el padre.

Samantha siguió las instrucciones, pero muy pronto se cansó.

—¿Cuánto tiempo tengo que esperar?

—Hasta que un pez muerda el anzuelo —le dijo su padre en tono agradable.

Samantha frunció el ceño.

—No me gusta esa parte —se quejó—. Yo pensaba que simplemente tirabas la línea y sacabas un pescado de inmediato.

—No —le dijo su padre—. Los peces no saltan al bote. Tú haces todo lo que te es posible, y luego debes tener paciencia. Mucha paciencia. Cuando y si es que uno de ellos muerde el anzuelo, tú recoges la línea y tal vez haya un pescado en el final de ella. Bueno, ¿recuerdas que te dije que pescar se parece mucho a testificar? ¿Te das cuenta por qué?

Samantha asintió. Ella le había hablado a Carol sobre aceptar a Cristo como su Salvador; ahora tenía que tener paciencia. Y mientras esperaba, todos los días iba a orar por Carol. Tal vez Dios permitiría que Samantha algún día «recogiera la línea».

¿Y TÚ? ¿Le has testificado a alguien pensando que aceptaría a Jesús de inmediato? A menudo se requiere tiempo, paciencia, persistencia y oración. Sigue testificando y esperando que Dios haga la obra. *H. W. M.*

MEMORIZA: Jesús los llamó: «Vengan, síganme, ¡y yo les enseñaré cómo pescar personas!». *Mateo 4:19*

DE LA BIBLIA:

A partir de entonces, Jesús comenzó a predicar: «Arrepiéntanse de sus pecados y vuelvan a Dios, porque el reino de los cielos está cerca».

Cierto día, mientras Jesús caminaba por la orilla del mar de Galilea, vio a dos hermanos —a Simón, también llamado Pedro, y a Andrés— que echaban la red al agua, porque vivían de la pesca. Jesús los llamó: «Vengan, síganme, ¡y yo les enseñaré cómo pescar personas!». Y enseguida dejaron las redes y lo siguieron.

Un poco más adelante por la orilla, vio a otros dos hermanos, Santiago y Juan, sentados en una barca junto a su padre, Zebedeo, reparando las redes. También los llamó para que lo siguieran. Ellos, dejando atrás la barca y a su padre, lo siguieron de inmediato. MATEO 4:17-22

Testifica con paciencia

4 de julio

CONSIDERA EL COSTO
(PARTE 1)

DE LA BIBLIA:

*Qué alegría para la nación cuyo
Dios es el SEÑOR,
cuyo pueblo él eligió como
herencia.
El SEÑOR mira desde el cielo
y ve a toda la raza humana. [...]*

*Él hizo el corazón de ellos,
así que entiende todo lo que
hacen.
El ejército mejor equipado no
puede salvar a un rey,
ni una gran fuerza es suficiente
para salvar a un guerrero.
No confíes en tu caballo de guerra
para obtener la victoria;
por mucha fuerza que tenga,
no te puede salvar.
Pero el SEÑOR vela por los que
le temen,
por aquellos que confían en
su amor inagotable.
Los rescata de la muerte
y los mantiene con vida en
tiempos de hambre.
Nosotros ponemos nuestra
esperanza en el SEÑOR;
él es nuestra ayuda y nuestro
escudo.*

SALMO 33:12-13, 15-20

Honra a la bandera

EL CUATRO DE JULIO, Tomás y su hermana, Amy, se sentaron en el borde de la vereda para ver el desfile.

—Esa es la banda de nuestra escuela —dijo Tomás—. Y allí está Jack, tocando el tambor.

—Y mira la bandera, ¿no es hermosa? —dijo un anciano que estaba sentado en una silla de ruedas.

—No escuché muy bien —dijo Tomás—. ¿Está hablando de lo que toca la banda?

—No —le dijo Amy—. Él está hablando de la bandera.

—Sí —dijo el hombre—, y ustedes dos se olvidaron de ponerse en pie cuando pasaba la bandera.

—Pero casi nadie lo hace —protestó Amy.

—Es verdad —estuvo de acuerdo el hombre—, solo unos pocos lo hacen. Me imagino que son los que saben el precio de esa bandera.

—¿El precio? —preguntó Tomás, con asombro.

—Para mí, la bandera tiene un precio —respondió el anciano—. Si pudiera ponerme de pie, de seguro que lo hubiera hecho. Me hirieron cuando estaba peleando por esa bandera y por todo lo que representa: todas las bendiciones y las libertades que disfrutamos en nuestro país. Quiero creer que estoy en esta silla de ruedas hoy para que la bandera pueda ir por la calle. Yo y muchos otros sabemos lo que cuesta la bandera, porque ayudamos a pagar el precio.

Tomás y Amy se sintieron avergonzados.

—Lo sentimos mucho, señor —le dijo Tomás—. No nos habíamos dado cuenta del costo de nuestra libertad. De ahora en adelante, nuestra bandera y nuestra libertad tendrán mucho más significado para nosotros.

¿Y TÚ? ¿Te pones de pie cuando se hace el juramento a la bandera y cuando se canta el himno nacional? Recuerda que muchos hombres y mujeres valientes dieron su vida o recibieron heridas para que nosotros podamos disfrutar las bendiciones que representa la bandera. Debes mostrar el respeto apropiado a tu bandera y tu país. Dale gracias a Dios por el privilegio de vivir en un país donde Dios es reconocido. Como dice el juramento a la bandera, recuerda que es Dios quien te da la libertad que ahora disfrutas. *B. J. W.*

MEMORIZA: Qué alegría para la nación cuyo Dios es el SEÑOR. *Salmo 33:12*

CONSIDERA EL COSTO
(PARTE 2)

CUANDO TOMÁS Y Amy regresaron del desfile, le preguntaron a sus padres si podían ir a ver los fuegos artificiales esa noche.

—Claro que sí, y le hemos pedido a la familia Green que vaya con nosotros —les dijo mamá—. Papá le ha estado testificando al señor Green por algún tiempo.

—Así es —dijo papá—. Él se muestra interesado, pero siente que tiene que hacer algo para recibir la salvación, dice que no se puede obtener algo por nada. Espero poder hablar con él de nuevo esta noche. ¿Les gustó el desfile?

Los niños le contaron acerca del anciano en la silla de ruedas.

—Nosotros nunca hemos apreciado ni la bandera ni nuestra libertad porque no nos ha costado nada —le explicó Amy—. Pero les ha costado mucho a algunas personas.

Papá se vio pensativo.

—Es muy fácil dar por sentado todas nuestras bendiciones, y olvidarnos de que alguien pagó un precio muy grande por ellas. Y ustedes me han dado una idea para hablar con el señor Green esta noche.

—Dinos lo que es —le dijo la mamá.

—Como les dije, el señor Green siente que la salvación debería costar algo —dijo papá—. Tal vez le puedo mostrar a él que, aunque a nosotros no nos cuesta nada, al igual que las libertades de que disfrutamos en nuestro país, se pagó un gran precio por eso. A Dios le costó su único Hijo. A Jesús le costó la vida. Podemos disfrutar del privilegio de ser hijos de Dios por el precio que Jesús estuvo dispuesto a pagar por nosotros.

DE LA BIBLIA:

Pues ustedes saben que Dios pagó un rescate para salvarlos de la vida vacía que heredaron de sus antepasados. Y el rescate que él pagó no consistió simplemente en oro o plata sino que fue la preciosa sangre de Cristo, el Cordero de Dios, que no tiene pecado ni mancha. Dios lo eligió como el rescate por ustedes mucho antes de que comenzara el mundo, pero ahora él se lo ha revelado a ustedes en estos últimos días.

Por medio de Cristo, han llegado a confiar en Dios. Y han puesto su fe y su esperanza en Dios, porque él levantó a Cristo de los muertos y le dio una gloria inmensa.

1 PEDRO 1:18-21

Jesús pagó por tu salvación

¿Y TÚ? ¿Te das cuenta de que la salvación ha costado mucho? Jesús tuvo que dejar las glorias del cielo y morir en la cruz. Tuvo que sufrir castigo, y todo eso para pagar el precio de tu salvación. No hay ninguna otra cosa que tú puedas hacer. Sencillamente, tienes que creer que Jesús pagó el precio por ti, y aceptar el regalo de la salvación que te ofrece. Acepta a Jesús hoy mismo. *B. J. W.*

MEMORIZA: Cristo, a quien Dios escogió antes de la creación del mundo, se ha manifestado en estos últimos tiempos en beneficio de ustedes. *1 Pedro 1:20* (NVI)

6 de julio

CONSIDERA EL COSTO
(PARTE 3)

DE LA BIBLIA:

Para los maridos, eso significa: ame cada uno a su esposa tal como Cristo amó a la iglesia. Él entregó su vida por ella a fin de hacerla santa y limpia al lavarla mediante la purificación de la palabra de Dios. Lo hizo para presentársela a sí mismo como una iglesia gloriosa, sin mancha ni arruga ni ningún otro defecto. Será, en cambio, santa e intachable.
EFESIOS 5:25-27

Aprecia tu iglesia

«MUCHACHOS, ¡ES HORA de levantarse!», los llamó papá desde el pie de la escalera un domingo por la mañana. Muy pronto, Tomás y Amy llegaron a la cocina para tomar el desayuno, pero todavía se veían somnolientos.

—¡Oh!, quisiera poder dormir hasta tarde aunque fuera un solo domingo —se quejó Amy.

—Sí —estuvo de acuerdo Tomás—. ¿Tenemos que ir a la iglesia todas las semanas? ¿Es muy importante asistir a la iglesia?

—Aparentemente, a Jesucristo le pareció que era muy importante —les dijo papá—. La Biblia dice que él amó a la iglesia y que entregó su vida por ella. Por supuesto que no está hablando del edificio de la iglesia. Su iglesia está formada por personas.

—Estaba pensado —dijo mamá—. A menudo damos por sentado el privilegio de ir a la iglesia. Es interesante que siempre valoramos más las cosas si nos han costado algo.

—¿Quieres decir así como el anciano en la silla de ruedas apreciaba nuestra bandera y nuestro país porque peleó en la guerra para protegerlos? —le preguntó Tomás.

—Exactamente —asintió papá—. Muchas personas no aprecian vivir en nuestro país, y a veces damos por sentado el privilegio de asistir a la iglesia. Pero aun hoy, en algunos países, la gente arriesga le vida cuando se reúne con otros creyentes.

—En algunos lugares la gente tiene que caminar muchos kilómetros para asistir a la iglesia —dijo mamá—. Y por lo general no tienen ni hermosos edificios ni asientos cómodos. Pero de todas maneras van a la iglesia porque aman a Dios y quieren adorarlo con otros creyentes.

—Lo único que me cuesta a mí asistir a la iglesia es unos pocos minutos de sueño —comentó Amy—. Eso no es mucho, ¿no es verdad?

—A mí también —admitió Tomás. —Oigan, preparémonos para ir a la iglesia.

¿Y TÚ? ¿A veces te quejas porque tienes que ir a la iglesia y a la escuela dominical todas las semanas? En lugar de quejarte, dale gracias a Dios por ese privilegio. Dale gracias por el templo, por tu pastor y por tu maestro de la escuela dominical. Asiste a los servicios fielmente, y no des nada por sentado. *B. J. W.*

MEMORIZA: Cristo amó a la iglesia. Él entregó su vida por ella. *Efesios 5:25*

BRENT Y SU PAPÁ estaban en la playa, sentados en la arena, observando el ir y venir de las olas. Brent se fijó en unas aves llamadas «lavanderas blancas», que estaban en la arena húmeda buscando comida. Parecía que se daban cuenta cuando llegaban las olas grandes. Unos segundos antes de que las olas las alcanzaran, se iban volando. Las aves regresaban cuando la marea se iba, para buscar comida de nuevo. Una y otra vez repetían la rutina.

—Esas aves son inteligentes —dijo Brent riéndose—. Cuando las olas se alejan, vienen a buscar comida, pero cuando llegan, se van aun antes de que una gota de agua pueda tocarles las patas.

Papá asintió.

—¡Qué lástima que los creyentes no sean siempre así de inteligentes! —Brent lo miró con curiosidad—. Vivimos en el mundo, y hay pecado a nuestro alrededor —le explicó papá—, y en realidad deberíamos hacer lo que hacen estas aves. Se van antes de que el agua esté cerca de ellas. Como creyentes, no deberíamos permitir que el pecado esté cerca de nosotros.

—A veces no lo podemos evitar si nos empujan a hacer algo que no es bueno —razonó Brent—. No siempre tenemos la culpa nosotros.

—Sé lo que estás diciendo —le respondió papá—. Pero tal vez si hubiéramos orado acerca de esa situación y hubiéramos buscado la guía de Dios, nunca nos habríamos acercado tanto al pecado como para correr el peligro de ser arrastrados a él.

—Buen punto —dijo Brent—. ¿Quién hubiera pensado que esas aves nos podrían dar una lección acerca de Dios? —dijo él riendo.

¿Y TÚ? ¿Te encuentras tan cerca de las «cosas del mundo» que Satanás te puede atrapar y hacerte caer en pecado? ¿O tratas de vivir tan cerca de Dios que, cuando te llega la tentación, puedes confiar en la fuerza que te da Dios para resistir el mal? La Palabra de Dios nos enseña la forma de resistir el pecado. *R. I. J.*

MEMORIZA: Ustedes no son del mundo, sino que yo los he escogido de entre el mundo. *Juan 15:19* (NVI)

7 de julio

AVES INTELIGENTES

DE LA BIBLIA:

Les he dado tu palabra, y el mundo los odia, porque ellos no pertenecen al mundo, así como yo tampoco pertenezco al mundo. No te pido que los quites del mundo, sino que los protejas del maligno. Al igual que yo, ellos no pertenecen a este mundo. Hazlos santos con tu verdad; enséñales tu palabra, la cual es verdad. Así como tú me enviaste al mundo, yo los envío al mundo. Y me entrego por ellos como un sacrificio santo, para que tu verdad pueda hacerlos santos.
JUAN 17:14-19

Aléjate del pecado

8 de julio

LAS COSAS PEQUEÑAS

DE LA BIBLIA:

También el reino del cielo puede ilustrarse mediante la historia de un hombre que tenía que emprender un largo viaje. Reunió a sus siervos y les confió su dinero mientras estuviera ausente. Lo dividió en proporción a las capacidades de cada uno. Al primero le dio cinco bolsas de plata; al segundo, dos bolsas de plata; al último, una bolsa de plata. Luego se fue de viaje. [...]

Después de mucho tiempo, el amo regresó de su viaje y los llamó para que rindieran cuentas de cómo habían usado su dinero. El siervo al cual le había confiado las cinco bolsas de plata se presentó con cinco más y dijo: «Amo, usted me dio cinco bolsas de plata para invertir, y he ganado cinco más».

El amo lo llenó de elogios. «Bien hecho, mi buen siervo fiel. Has sido fiel en administrar esta pequeña cantidad, así que ahora te daré muchas más responsabilidades. ¡Ven a celebrar conmigo!».
MATEO 25:14-15, 19-21

*Las cosas pequeñas
son importantes*

—**HOY HABÍA MUCHOS** niños en la escuela bíblica de vacaciones —observó Linda mientras salía de la iglesia con sus padres.

—Sí, fue una buena mañana —dijo su padre, que era el pastor de la iglesia—. Aprecio mucho tu ayuda, Linda.

—Quisiera poder hacer más —dijo ella—. Solo hago cosas pequeñas, como recoger las cosas que dejan los niños por todos lados o les indico a los pequeñitos al lugar al que deben ir. Nada importante como es enseñar.

Aquella noche, su mamá le dio una nota a Linda.

—Esto es de parte de tu papá y mía —le dijo.

—Una nota de agradecimiento —dijo Linda, y comenzó a leerla en voz alta pero muy lentamente—. «Gracias linda por tu ayuda en la escuela bíblica de vacaciones todos los días las cosas pequeñas que haces en realidad son importantes estamos muy orgullosos de que seas nuestra hija y te amamos mucho».

Linda no dijo nada por un momento.

—Esto es difícil de leer.

—¿Oh? —le preguntó su mamá, quien parecía sorprendida—. ¿Y por qué?

—Porque no usaste mayúsculas ni puntos ni comas en la nota —le respondió Linda.

—Oh —le dijo su mamá—. Son solo cosas pequeñas que en realidad no son importantes.

Linda se rió.

—Son pequeñas, pero son importantes.

—Es cierto —agregó la mamá—. ¿Y sabes qué? Lo mismo sucede con los trabajos pequeños, especialmente los que se hacen para el Señor. Cada vez que comiences a pensar que las cosas pequeñas no son importantes, piensa en esta pequeña nota.

—Gracias —dijo Linda—. ¡Las cosas pequeñas son importantes en realidad!

¿Y TÚ? ¿A veces te sientes como si los trabajos que haces no son importantes? Ante los ojos de Dios no importa si un trabajo es grande o pequeño, algo que te gusta hacer o que es aburrido. Lo más importante es que lo hagas fielmente. Ya sea lavar los platos, cortar el césped o aun abrirle la puerta a una persona, hazlo de tal forma que Dios te pueda decir: «Bien hecho». *S. L. N.*

MEMORIZA: Alguien que recibe el cargo de administrador debe ser fiel. *1 Corintios 4:2*

LINDSAY TIRÓ SUS libros sobre la mesa.

—¡Ese Colton! —exclamó—. Sé que aceptó a Jesús como su Salvador el mes pasado, y sé que no puedo esperar que se convierta en un creyente maduro de la noche a la mañana, pero cada vez que escucho las palabras groseras que usa, me pregunto si después de todo es creyente en realidad.

—Tal vez deberías hablar con él sobre eso —le dijo su mamá—. Y asegúrate de orar por él.

—¿Pero por qué querría hablar de esa manera? —dijo Lindsay.

—Tal vez lo haga por hábito —le sugirió mamá—. Me alegro de que tú no te sientas tentada a usar lenguaje inapropiado, pero es probable que tú te sientas tentada a hacer cosas que él no hace.

—¿Qué quieres decir?

—Cuando papá fue a pescar la semana pasada, ¿qué clase de carnada usó? —le preguntó su mamá.

—Gusanos asquerosos —dijo Lindsay—. Él dice que a esa clase de peces azulados les gustan los gusanos, pero si yo fuera uno de ellos preferiría un pescado pequeño.

La madre se rió.

—Pero a esos peces les gustan los gusanos, y eso es lo que quiero destacar. Un buen pescador sabe cuál es la clase correcta de carnada que debe usar. —Mamá hizo una pausa—. En cierta forma, Satanás es un buen "pescador". Tal vez a ti te tiente a estar descontenta porque no puedes comprarte cosas que son el último grito de la moda. Y sin embargo, las tendencias de la moda quizás no sean algo que tiente a Colton.

Lindsay se sonrojó al recordar cómo se había quejado porque su madre se rehusó a comprarle una falda corta.

—Tienes razón —admitió Lindsay—. Le voy a pedir a Dios que ayude a Colton, y también a mí.

¿Y TÚ? ¿Cuál es la «carnada» que Satanás pone frente a ti? ¿Ropa? ¿Buenas notas? ¿No actuar en forma responsable si no te sientes impulsada a hacerlo? Satanás sabe cuáles son tus puntos débiles, y los va a usar para sacar ventaja. Pero lo que es más importante, Dios es tu fortaleza. Pídele que te ayude cuando te sientes tentado a hacer algo malo. *H. W. M.*

MEMORIZA: Cuídense de su gran enemigo, el diablo, porque anda al acecho como un león rugiente, buscando a quién devorar. *1 Pedro 5:8-9*

LA CARNADA CORRECTA
(PARTE 1)

DE LA BIBLIA:

Así que humíllense ante el gran poder de Dios y, a su debido tiempo, él los levantará con honor. Pongan todas sus preocupaciones y ansiedades en las manos de Dios, porque él cuida de ustedes.

¡Estén alerta! Cuídense de su gran enemigo, el diablo, porque anda al acecho como un león rugiente, buscando a quién devorar. Manténganse firmes contra él y sean fuertes en su fe. Recuerden que sus hermanos en Cristo, en todo el mundo, también están pasando por el mismo sufrimiento.

En su bondad, Dios los llamó a ustedes a que participen de su gloria eterna por medio de Cristo Jesús. Entonces, después de que hayan sufrido un poco de tiempo, él los restaurará, los sostendrá, los fortalecerá y los afirmará sobre un fundamento sólido. ¡A él sea todo el poder para siempre! Amén.

1 PEDRO 5:6-11

Resiste a Satanás

10 de julio

LA CARNADA CORRECTA
(PARTE 2)

DE LA BIBLIA:

Jesús respondió con una historia: «Un hombre judío bajaba de Jerusalén a Jericó y fue atacado por ladrones. Le quitaron la ropa, le pegaron y lo dejaron medio muerto al costado del camino.

»Un sacerdote pasó por allí de casualidad, pero cuando vio a hombre en el suelo, cruzó al otro lado del camino y siguió de largo. Un ayudante del templo pasó y lo vio allí tirado, pero también siguió de largo por el otro lado.

»Entonces pasó un samaritano despreciado y, cuando vio al hombre, sintió compasión por él. Se le acercó y le alivió las heridas con vino y aceite de oliva, y se las vendó. Luego subió al hombre en su propio burro y lo llevó hasta un alojamiento, donde cuidó de él». [...]

—Ahora bien, ¿cual de los tres te parece que fue el prójimo del hombre atacado por los bandidos? —preguntó Jesús.

El hombre contestó:

—El que mostró compasión.

Entonces Jesús le dijo:

—Así es, ahora ve y haz lo mismo.

LUCAS 10:30-37

Sean «pescadores de personas»

LINDSAY ENTRÓ al automóvil después del servicio de la iglesia.

—Quero ir a pescar esta tarde, ¿está bien? —dijo sonriendo—. Mi maestra dijo que es lo que debería hacer.

—¿Y por qué es eso? —dijo papá riéndose.

—Bueno, nuestra lección de la escuela dominical era en cuanto a ser "pescadores de personas" —dijo Lindsay—. Recuerdo la conversación que tuve con mamá en cuanto a usar la carnada correcta para pescar, así que le hablé a la clase sobre la carnada que usa Satanás para tentarnos. Entonces decidimos pensar sobre qué "carnada" debemos usar nosotros cuando vamos a "pescar personas".

—Mmm. ¿Y cuál fue la conclusión que sacaron? —le preguntó papá.

Lindsay comenzó a hablar con entusiasmo.

—Bueno, decidimos que deberíamos usar la clase de carnada especial que haga que la gente quiera escuchar cuando les explicamos el camino a la salvación. ¿Adivinas qué es?

—¿Qué es? —le preguntó mamá.

—Es el amor —respondió Lindsay—. La señora Parsons dice que el amor es la clase de carnada que debemos usar, pero que puede expresarse de diferentes formas. Este sábado va a tomar la forma de una fiesta. Se explicará el camino a la salvación durante el tiempo devocional. Se supone que debemos llevar a una amiga que no es salva, así que planeo comenzar a "pescar" yendo a la casa de Joy para invitarla a la fiesta.

—Excelente —aprobó el padre—, pero espero que la "pesca" no termine en la fiesta.

—No —dijo Lindsay—. La señora Parsons dice que la fiesta es solo el comienzo. Después, todavía necesitaremos ofrecer la "carnada" de actos impulsados por el amor, si queremos que nuestras amigas conozcan a Jesús como Salvador.

¿Y TÚ? Ganar a una persona para Jesús a menudo comienza con ser amigo de esa persona. A veces, algo tan simple como una alegre sonrisa, ayudar con un problema o compartir algo especial que le gusta a la persona puede ser lo que haga que esa persona te escuche cuando le hablas de Jesús o la invitas a asistir a la iglesia. ¿Irás hoy a «pescar» usando algo que muestre tu amor? *H. W. M.*

MEMORIZA: Ama a tu prójimo como a ti mismo. *Mateo 19:19*

COMPARTE TU FE DE LA MANERA CORRECTA

SHAYNE ESTABA INUSUALMENTE callada después de que regresara de la iglesia. Su pastor había predicado acerca del retorno del Señor Jesús. Shayne sabía que ella estaba encaminada al cielo, pero se preguntaba en cuanto a sus amigas. Ninguna había aceptado a Jesús como Salvador, y sin embargo, casi nunca compartía el plan de salvación con ellas.

Aquella noche, Shayne tuvo un sueño extraño. Ella y sus amigas se habían perdido en una cueva muy oscura. Shayne tenía un mapa que mostraba exactamente dónde salir y estar a salvo, pero se había negado a compartir esa información con las otras personas. En su sueño, Shayne observaba a esas personas que comenzaban a caminar en muchas direcciones equivocadas, pero ella no les decía nada. Ella miró de nuevo su mapa y comenzó a caminar sola. Finalmente, llegó a la salida y saludó al grupo de personas que estaban esperando a los que estaban en la cueva.

—¿Dónde están los otros? —le preguntó alguien.

Ella se encogió de hombros y respondió en forma casual:

—Iban por muchos caminos diferentes.

De pronto vio a su pastor parado al lado de otros.

—Pero tú sabías que iban por caminos equivocados —le dijo él con voz autoritativa—. ¿Por qué no les mostraste el camino correcto?

Shayne despertó, contenta de que fuera solo un sueño. Entonces le vino un pensamiento a la mente. En la cueva, sus amigas estaban perdidas; y en la vida, también estaban perdidas. Ella se alegró de tener otra oportunidad para decirles que Jesús es el único camino al cielo.

DE LA BIBLIA:

Hijo de hombre, te he puesto como centinela para Israel. Cada vez que recibas un mensaje mío, adviértele a la gente de inmediato. Si les aviso a los perversos: «Ustedes están bajo pena de muerte», pero tú no les das la advertencia, ellos morirán en sus pecados; y yo te haré responsable de su muerte. Si tú les adviertes, pero ellos se niegan a arrepentirse y siguen pecando, morirán en sus pecados; pero tú te habrás salvado porque me obedeciste.
EZEQUIEL 3:17-19

Advierte a tus amigos

¿Y TÚ? ¿Tienes algunos amigos que creen que irán al cielo siendo buenos, asistiendo a la iglesia o porque han sido bautizados? ¿Hay otros que no parecen preocuparse por encontrar el camino al cielo? Tal vez Dios te está dando una oportunidad de compartir el camino de Dios que es su Hijo, el Señor Jesucristo. Adviérteles que todos los otros caminos llevan a la muerte eterna. *R. I. J.*

MEMORIZA: Cada vez que recibas un mensaje mío, adviértele a la gente de inmediato. *Ezequiel 3:17-18*

12 de julio

UN AMIGO FIEL

DE LA BIBLIA:

¡El fiel amor del SEÑOR nunca se acaba! Sus misericordias jamás terminan. Grande es su fidelidad; sus misericordias son nuevas cada mañana. Me digo: «El SEÑOR es mi herencia, por lo tanto, ¡esperaré en él!».

El SEÑOR es bueno con los que dependen de él, con aquellos que lo buscan. Por eso es bueno esperar en silencio la salvación que proviene del SEÑOR.
LAMENTACIONES 3:22-26

Dios es fiel

NATÁN HIZO SU CAMA con mucho cuidado y luego barrió el piso de su dormitorio. «Vamos a tener visitas», le explicó a Rags, su perro, que estaba observando todos los movimientos de Natán. Su amigo Daniel iba a pasar la noche en su casa.

Rags empujó su nariz fría y húmeda en la mano de Natán; esa era su manera especial de expresarle su amor. Natán quería mucho a Rags, y recordó la vez en que su perro estuvo muy enfermo. Natán tenía miedo de que el perro se fuera a morir, y había orado pidiéndole a Dios que lo sanara. Cuando Rags se mejoró, Natán le dio gracias a Dios una y otra vez por sanar a su perro. Desde entonces, la nariz fría y húmeda de Rags le hacía pensar a Natán en la fidelidad de Dios. «"Grande es su fidelidad" —citó Natán—. Es lo que dice la Biblia, Rags». Y el perro movió la cola como si estuviera totalmente de acuerdo.

Natán saltó con el sonido del teléfono y corrió a contestar la llamada. «Hola, Daniel. —Entonces hubo una pausa—. ¿Tu tío consiguió entradas para el partido de fútbol de esta noche? Oh, claro, entiendo. Está bien. Adiós».

Natán entró corriendo a su dormitorio con Rags pisándole los talones. Se tiró en la cama, sintiéndose enojado y triste al mismo tiempo. Entonces sintió una nariz fría y húmeda que le tocaba la mano. Él puso sus brazos alrededor del viejo y querido perro, y pensó acerca del amor de Dios.

«Es verdad, Rags, Dios es fiel —musitó—. Mi amigo me desilusionó, pero Dios está aquí conmigo, tan cierto como que tú estás aquí conmigo. No tuve lo que quiero esta vez, pero sé que Dios me ama y que me cuida todo el tiempo».

¿Y TÚ? ¿Te ha desilusionado algún amigo o pariente? ¿Te has sentido solo, enfermo o tenías otra clase de problema? Dios siempre está contigo. Él es fiel y nunca te abandonará. Cuando te sientas triste, recuerda que Dios te ama y te cuida fielmente, en los tiempos buenos y en los tiempos malos. *C. E. Y.*

MEMORIZA: Grande es su fidelidad. *Lamentaciones 3:23*

LYNN, LA HABLADORA

LYNN ERA UNA NIÑITA realmente dulce, pero tenía un mal hábito, que era hablar en voz demasiado alta y por mucho tiempo. Como resultado, le habían puesto el sobrenombre de «Lynn, la habladora».

Un día, mientras estaba poniendo la mesa comenzó a contarle una historia muy larga a su madre. Cuando levantó la vista, se dio cuenta de que su madre había vuelto a ocuparse de lo que estaba cocinando.

—¡Mamá! —se quejó Lynn—. ¡Ni siquiera me estás escuchando!

—Te estoy escuchando —le aseguró su mamá—. Tu historia es larga, y yo quiero terminar de cocinar estas verduras. Tu padre regresará muy pronto de su viaje de pesca.

El padre llegó a su casa desilusionado porque solo había pescado unos pocos peces. La mamá los cocinó y Lynn estaba ansiosa por probarlos. Se dio cuenta de que el gusto era delicioso, pero los pescados estaban llenos de pequeñas espinas.

—Estoy cansada de tener que sacarles las espinas a estos pescados para poder encontrar las partes buenas —dijo ella, finalmente dando por terminada su cena.

Su madre asintió.

—¿Sabes, Lynn? Así es como me siento a veces cuando te escucho hablar. Algunas de las cosas que dices son interesantes y vale le pena escucharlas, pero otras son parloteo, quejas y aun chismes. Después de un rato, me siento cansada de tener que buscar las cosas buenas en tu conversación.

Lynn suspiró.

—Me has dicho otras veces que hablo demasiado, y también me lo han dicho otras personas —dijo ella con una expresión muy seria.

—¡Anímate! —Mamá sonrió—. No tienes que dejar de hablar completamente. Pero sí tienes que asegurarte de sacar todas las "espinas", es decir, lo que no es importante o es inútil, antes de decir algo. Te darás cuenta de que lo que dices les agradará más a las otras personas, y también a Dios.

¿Y TÚ? ¿Hablas hasta por los codos? ¿Hablas y hablas y sigues hablando? La gente que habla demasiado tiene la tendencia a decir chismes, quejarse o exagerar para conseguir atención. Piensa antes de hablar.

MEMORIZA: Demasiadas palabras te hacen necio. *Eclesiastés 5:3*

DE LA BIBLIA:

*Encubrir el odio te hace un
    mentiroso;
  difamar a otros te hace un necio.
Hablar demasiado conduce al
    pecado.
  Sé prudente y mantén la boca
    cerrada.
Las palabras del justo son como
    la plata refinada;
  el corazón del necio no vale
    nada.
Las palabras del justo animan
    a muchos,
  pero a los necios los destruye su
    falta de sentido común. [...]
La boca del justo da sabios consejos,
  pero la lengua engañosa será
    cortada.
Los labios del justo hablan palabras
    provechosas,
  pero la boca de los malvados
    habla perversidad.*
PROVERBIOS 10:18-21, 31-32

Piensa antes de hablar

14 de julio

¿DÓNDE ESTÁ HABACUC?

DE LA BIBLIA:

¿Cómo puede un joven mantenerse
*   puro?*
*   Obedeciendo tu palabra.*
Me esforcé tanto por encontrarte,
*   no permitas que me aleje de tus*
*   mandatos.*
He guardado tu palabra en mi
*   corazón,*
*   para no pecar contra ti.*
Te alabo, oh SEÑOR;
*   enséñame tus decretos.*
Recité en voz alta
*   todas las ordenanzas que nos*
*   has dado.*
Me alegré en tus leyes
*   tanto como en las riquezas.*
Estudiaré tus mandamientos
*   y reflexionaré sobre tus caminos.*
Me deleitaré en tus decretos
*   y no olvidaré tu palabra.*

SALMO 119:9-16

Memoriza los libros de la Biblia

—**MUCHACHOS —LES DIJO** el señor Paterson a los niños de su clase de la escuela dominical—, por favor busquen en su Biblia Habacuc, capítulo uno, versículo dos.

—¿Qué dijo? —exclamó David—. ¿Haba-qué?

—No hay un libro con ese nombre, ¿no es verdad? —se rió Jasón.

—Claro que es un libro de la Biblia —dijo Timoteo—. Están en este orden: Jonás, Miqueas, Nahum, Habacuc.

—¡Qué fantástico! Y tú te sabes el orden de memoria —le dijo Jasón—. Traté de aprenderlos una vez, pero es demasiado difícil. No vale la pena cuando tienes un índice en la Biblia.

—¡Vale la pena! —afirmó el señor Paterson—. Es difícil estudiar un libro si no sabes cómo encontrarlo. Además, si alguien te hace alguna pregunta sobre la Biblia, tú deberías saber dónde encontrar la respuesta. Nadie será muy paciente si tomas demasiado tiempo hojeando la Biblia de un lado al otro buscando un libro en particular.

Después de la clase, David le preguntó:

—Oye, Jasón, ¿compraste la revista de historietas que acaba de salir?

—Claro que sí —le respondió Jasón—. ¡Tengo los veintisiete de la serie! Y te puedo decir de qué trata cada uno de ellos.

El señor Paterson escuchó por casualidad la conversación.

—¿Puedes hacer eso y sin embargo no puedes aprender el orden de los libros de la Biblia?

Jasón se sintió avergonzado.

—Nunca pensé en eso —musitó—. Creo que puedo aprender los libros de la Biblia en orden —y enseguida se volvió a David—. ¡Y estoy seguro de que los puedo aprender más rápido que tú!

Como respuesta, David abrió su Biblia y comenzó a aprender de memoria la lista de los libros de la Biblia.

¿Y TÚ? ¿Conoces los libros de la Biblia? Tal vez crees que es demasiado difícil aprender esos nombres que suenan «tan raros». Si aprendes un poco de cada libro, te resultará más fácil recordarlos. Es importante que estudies la Biblia, y parte de ese estudio es saber los libros que hay en ella. *L. M. W.*

MEMORIZA: Me alegré en tus leyes tanto como en las riquezas. *Salmo 119:14*

—¿PUEDE ALGUNO DE ustedes ofrecerse como voluntario y ayudarme después de que terminen las clases? —preguntó la señora Harris a su clase.

Eric comenzó a levantar la mano pero recordó que su mamá lo iba a llevar de compras después de la escuela.

Gina pensó: *Yo lo haría, pero estoy muy cansada.*

Antonio y Ricardo se miraron el uno al otro, recordándose mutuamente que habían planeado jugar a la pelota después de las clases.

Patricia levantó la mano.

—Yo la ayudaré, señora Harris.

Al día siguiente, cuando la señora Harris les dio la tarea de matemáticas, señaló que les daría veinte puntos extras a los que hicieran los problemas adicionales que había escrito en el pizarrón. Eric, Antonio y Ricardo decidieron que no tenían tiempo para hacer ese trabajo extra. Gina decidió que no, porque estaba demasiado cansada. Solamente Patricia copió los problemas.

Y eso era lo que sucedía una vez tras otra. Solo Patricia hacía las pequeñas cosas adicionales, y los otros niños daban excusas.

«Niños, la estación de radio local está planeando un programa especial la semana que viene en honor a la Semana Nacional de Educación —anunció la señora Harris un día—. Le pidieron a cada una de las maestras que eligiera un alumno o alumna para hacerle una entrevista y que diera un breve informe sobre las actividades de la clase. —Ella sonrió mientras los alumnos le prestaban toda su atención—. Yo he escogido a Patricia», dijo la señora Harris.

A la hora de almuerzo, Patricia recibió muchas miradas celosas y comentarios malintencionados como: «¡Eres la preferida de la maestra!», y, «¡Eres una aduladora!». Todos se habían olvidado de las pequeñas cosas adicionales que siempre hacía Patricia, todos... menos la señora Harris.

¿Y TÚ? ¿Cuánto tiempo hace que no has hecho algo adicional por alguna persona? ¿Cosas como recoger los himnarios u ofrecerte como voluntario para hacer algo en la iglesia? ¿O lavar los platos y sacar la basura sin que te lo pidan? Camina el segundo kilómetro. Haz un poco más de lo requerido. *B. J. W.*

MEMORIZA: Si alguien te obliga a llevarle la carga un kilómetro, llévasela dos. *Mateo 5:41* (NVI)

---

15 *de julio*

EL SEGUNDO KILÓMETRO

DE LA BIBLIA:

Han oído que la ley dice que el castigo debe ser acorde a la gravedad del daño: «Ojo por ojo, y diente por diente». Pero yo les digo: no resistas a la persona mala. Si alguien te da una bofetada en la mejilla derecha, ofrécele también la otra mejilla. Si te demandan ante el tribunal y te quitan la camisa, dales también tu abrigo. Si un soldado te exige que lleves su equipo por un kilómetro, llévalo dos. Dale a los que te pidan y no des la espalda a quienes te pidan prestado.
MATEO 5:38-42

Haz un poco más

16 de julio

LA VELA PERFUMADA

DE LA BIBLIA:

Hagan todo sin quejarse y sin discutir, para que nadie pueda criticarlos. Lleven una vida limpia e inocente como corresponde a hijos de Dios y brillen como luces radiantes en un mundo lleno de gente perversa y corrupta. Aférrense a la palabra de vida; entonces, el día que Cristo vuelva, me sentiré orgulloso de no haber corrido la carrera en vano y de que mi trabajo no fue inútil.

FILIPENSES 2:14-16

Sé un testigo dulce

«¡MMMMM! —SHARLA INHALÓ profundamente mientras cerraba la puerta de entrada de su casa—. Huele a coco». Se apresuró a llegar a la cocina.

—Quiero un pedazo de esa torta de coco, mamá.

Su madre frunció el ceño.

—¿Torta de coco? No tengo torta de coco.

—Entonces, ¿estás haciendo un pastel de coco? —dijo Sharla mientras abría la puerta del horno—. Huele a coco.

—No, no estoy horneando nada —le respondió su mamá, y luego sonrió—. Lo que hueles es esa vela de coco que tengo encendida, Sharla.

—¡Ooohhh!, y por cierto que me hace sentir hambre —dijo ella. Se sentó a la mesa y miró a su madre, que preparaba una ensalada—. Jasón les testifica a los niños y niñas de la escuela todo el tiempo —dijo ella de pronto.

—Eso es muy bueno —dijo su mamá.

—No sé si es bueno o no —dijo Sharla.

Mamá la miró sorprendida.

—¿No sabes si es bueno o no? —le repitió.

—Es la forma en que testifica —le explicó Sharla—. Él es... es un testigo sabelotodo. Es como si estuviera alardeando porque él conoce a Jesús y los otros niños no. Su actitud está equivocada.

—Un testigo que tiene una actitud equivocada es como un foco apuntado a los ojos de una persona —dijo la madre al tiempo que colocaba la ensalada sobre la mesa—. Ciega a la gente. Pero por otro lado, un testigo con un espíritu dulce es como una vela perfumada.

Sharla suspiró profundamente y sonrió.

—Me doy cuenta de lo que quieres decir. Al igual que la vela con fragancia a coco me hizo sentir hambre, un testigo dulce hará que la gente quiera conocer a Jesús. Esa es la clase de testigo que yo quiero ser —dijo Sharla, y luego agregó—. Mamá, ¿podríamos hacer una torta de coco después de la cena?

¿Y TÚ? ¿Qué clase de testigo eres? ¿Eres como un foco o como una vela perfumada? ¿Ciegas a la gente con una actitud de sabelotodo, o causas que la gente sienta hambre por conocer a Cristo? *B. J. W.*

MEMORIZA: Cuando producen mucho fruto, demuestran que son mis verdaderos discípulos. Eso le da mucha gloria a mi Padre. *Juan 15:8*

YO SOY SU OVEJA
(PARTE 1)

ERIC ESTABA VISITANDO a su tío José y a su tía Susana en su hacienda en Montana. Él nunca había visto tantas ovejas.

—¡Todas se ven muy gordas y con mucha lana!

—No todas —le dijo el tío José mientras detenía su *jeep* al otro lado de la cerca de la hacienda de un vecino—. Mira aquellas ovejas.

Eric vio una gran cantidad que se veían muy flacas.

—Tío José, ¡parecen enfermas!

El tío José hizo arrancar su *jeep* de nuevo.

—El dueño de esas ovejas está viajando —dijo él con un suspiro—, y al gerente no le importan las ovejas en realidad. Él no las lleva a pastos buenos ni a zonas donde hay agua limpia.

Aquella noche, después de la cena, el tío José leyó algunos versículos de Juan 10. Él terminó la lectura con este versículo: «Yo soy el buen pastor. El buen pastor da su vida en sacrificio por las ovejas».

Eric habló pensativamente.

—Yo creo que tú eres realmente un buen pastor, tío José —le dijo—. Estoy seguro de que tus ovejas están contentas de pertenecerte. ¿Y también están contentas las personas que le pertenecen a Jesús?

El tío asintió.

—¿Y qué me dices de ti, Eric? ¿Le perteneces a Jesús? Si no es así, entonces le perteneces a Satanás, y eso quiere decir que le perteneces a alguien para quien tú no eres importante, algo similar a esas ovejas enfermas.

—Jesús, el buen Pastor, dio su vida para que tú puedas pertenecerle a él —agregó la tía Susana—. Si lo aceptas como tu Salvador, Jesús será tu Pastor.

—Sí, quiero aceptarlo —dijo Eric. Y todos inclinaron la cabeza y oraron.

¿Y TÚ? ¿Le perteneces a Jesús, el buen Pastor, o a Satanás? Jesús te ama y quiere ayudarte y guiarte. Acéptalo como tu Salvador, y entonces podrás ir a él para que te ayude y cuide, sin importar lo que la vida te pueda traer. *G. W.*

MEMORIZA: El Señor es mi pastor; tengo todo lo que necesito. *Salmo 23:1*

DE LA BIBLIA:

«Les digo la verdad, el que trepa por la pared de un redil a escondidas en lugar de entrar por la puerta ¡con toda seguridad es un ladrón y un bandido! Pero el que entra por la puerta es el pastor de las ovejas. El portero les abre la puerta, y las ovejas reconocen la voz del pastor y se le acercan. Él llama a cada una de sus ovejas por su nombre y las lleva fuera del redil. Una vez reunido su propio rebaño, camina delante de las ovejas, y ellas lo siguen porque conocen su voz». [...]

Los que oyeron a Jesús usar este ejemplo no entendieron lo que quiso decir, entonces les dio la explicación: «Les digo la verdad, yo soy la puerta de las ovejas. Todos los que vinieron antes que yo eran ladrones y bandidos, pero las verdaderas ovejas no los escucharon. Yo soy la puerta; los que entren a través de mí serán salvos. [...] El propósito del ladrón es robar y matar y destruir; mi propósito es darles una vida plena y abundante.

»Yo soy el buen pastor. El buen pastor da su vida en sacrificio por las ovejas».

JUAN 10:1-11

Tú puedes pertenecerle a Jesús

18 de julio

YO SOY SU OVEJA
(PARTE 2)

DE LA BIBLIA:

Ahora bien, la verdadera sumisión a Dios es una gran riqueza en sí misma cuando uno está contento con lo que tiene. Después de todo, no trajimos nada cuando vinimos a este mundo ni tampoco podremos llevarnos nada cuando lo dejemos. Así que, si tenemos suficiente alimento y ropa, estemos contentos.

1 TIMOTEO 6:6-8

Debes estar contento

«¡ERIC! ¡DESPIERTA! —su tío José le dijo en voz alta—. Sé que todavía no amaneció, pero está lloviendo muy fuerte y tenemos peligro de inundación en los pastos del sur. Tenemos que sacar a las ovejas de allí. ¿Quieres ayudarnos?».

Tres horas más tarde, y después de mucho trabajo duro, las ovejas estaban en un lugar alto y seco. Eric se tiró en su cama, y la tía Susana lo dejó dormir hasta tarde esa mañana.

Por la tarde, Eric y el tío José fueron en el *jeep* a chequear el rebaño que habían cambiado de lugar unas horas antes.

—¡Qué belleza! —exclamó Eric cuando vio el pasto tan espeso y verde—. ¡Qué lugar tan bueno para las ovejas!

El tío José señaló hacia un lugar.

—¿Ves esa oveja allá al lado de la cerca? Ella tratará de irse al otro lado, aun cuando allí no hay buen césped.

Eric se vio sorprendido.

—¿Y por qué quiere hacer eso cuando está en un lugar con pastos muy buenos?

El tío José sonrió.

—Tú nunca actúas de esa forma, ¿no es verdad? —le preguntó—. Nunca quieres algo más cuando Dios ya te ha dado muchas cosas buenas, ¿no es verdad?

De pronto, Eric recordó que el día anterior él no se había sentido contento. En lugar de sentirse feliz con todas las cosas que podía hacer en la hacienda, se había sentido irritado cuando no le permitieron montar el caballo favorito de su tío José. ¡Y después la tía Susana le había pedido que lavara los platos! A la hora de acostarse, no le había dado gracias a Dios por ese día. Eric era un creyente nuevo, pero trataría de recordar que el buen Pastor es quien les provee a los creyentes todo lo que necesitan en la vida.

¿Y TÚ? ¿Eres un creyente que siempre quiere las cosas que Dios no le ha dado? ¿Quieres una mesada más grande? ¿Más ropa? ¿Mejor salud? ¿Padres que no sean tan estrictos? Ora por lo que necesitas y lo que quieres, pero debes estar contento con lo que Dios te provee. *G. W.*

MEMORIZA: Él renueva mis fuerzas. Me guía por sendas correctas, y así da honra a su nombre. *Salmo 23:3*

RESCATADO
(PARTE 1)

SEAN, DE TRECE AÑOS de edad, y su padre iban caminando por la calle principal de la ciudad cuando notaron algo inusual en el escaparate de un negocio. «¡Hay un perro en esa jaula!». Un cartel grande escrito a mano decía: «¡Condenado a muerte! A este animal le queda un día de vida». Sean se detuvo y miró al pequeño cachorrito.

—¿Qué quiere decir ese cartel, papá? —le preguntó.

—Es un nuevo programa que están probando en el refugio de animales —le dijo su padre—. Ellos no pueden cuidar a todos los perros y gatos que son abandonados. Este escaparate le informa a la gente acerca del problema y les da a los animales una última oportunidad de ser adoptados. Si nadie se lleva al cachorrito, lo pondrán a dormir.

—¿Quieres decir que van a matar a este cachorrito? —gimió Sean, y miró a través del vidrio al desafortunado cachorrito—. ¡Pobre pequeño! Oh, papá, ¿podemos llevarlo a nuestra casa? Mira, ya le gustamos.

Papá suspiró.

—Ya tenemos dos hámster.

—Pero esto es diferente —insistió Sean—. Este perro nos necesita. Me hace acordar un poco a Jesús.

—¿Qué quieres decir? —le preguntó el padre.

—Bueno, tú me dijiste que todos ya estábamos condenados, en cierto sentido esperando el día de la ejecución, antes de que Jesús nos salvara de nuestros pecados —explicó Sean—. Si Jesús no me hubiera rescatado, yo todavía estaría en camino al infierno. Quiero rescatar a este perrito tal como Jesús me rescató a mí.

Papá asintió pensativamente.

—Cuando lo dices de esa forma, ¿cómo me puedo negar?

—Gracias, papá. ¡Y el perrito también te da las gracias! —dijo Sean sonriendo.

DE LA BIBLIA:

[Jesús dijo:] «Y, así como Moisés levantó la serpiente de bronce en un poste en el desierto, así deberá ser levantado el Hijo del Hombre, para que todo el que crea en él tenga vida eterna.

»Pues Dios amó tanto al mundo que dio a su único Hijo, para que todo el que crea en él no se pierda, sino que tenga vida eterna. Dios no envió a su Hijo al mundo para condenar al mundo, sino para salvarlo por medio de él.

»No hay condenación para todo el que cree en él, pero todo el que no cree en él ya ha sido condenado por no haber creído en el único Hijo de Dios».
JUAN 3:14-18

Jesús rescata a los pecadores

¿Y TÚ? ¿Has llegado al lugar en tu vida en el que te das cuenta de que eres un pecador y que vas camino al infierno? Si no has aceptado a Jesús como tu Salvador, ya has sido condenado. No esperes hasta mañana. ¡Acepta hoy a Jesús como tu Salvador! *S. L. K.*

MEMORIZA: No hay condenación para todo el que cree en él, pero todo el que no cree en él ya ha sido condenado. *Juan 3:18*

20 de julio

RESCATADO
(PARTE 2)

DE LA BIBLIA:

Si Dios está a favor de nosotros, ¿quien podrá ponerse en nuestra contra? Si Dios no se guardó ni a su propio Hijo, sino que lo entregó por todos nosotros, ¿no nos dará también todo lo demás? [...]

¿Acaso hay algo que pueda separarnos del amor de Cristo? ¿Será que él ya no nos ama si tenemos problemas o aflicciones, si somos perseguidos o pasamos hambre o estamos en la miseria o en peligro o bajo amenaza de muerte? [...] Claro que no, a pesar de todas estas cosas, nuestra victoria es absoluta por medio de Cristo, quien nos amó.

Y estoy convencido de que nada podrá jamás separarnos del amor de Dios. Ni la muerte ni la vida, ni ángeles ni demonios, ni nuestros temores de hoy ni nuestras preocupaciones de mañana. Ni siquiera los poderes del infierno pueden separarnos del amor de Dios. Ningún poder en las alturas ni en las profundidades, de hecho, nada en toda la creación podrá jamás separarnos del amor de Dios, que está revelado en Cristo Jesús nuestro Señor.

ROMANOS 8:31-39

Puedes confiar en Dios

CUANDO SEAN Y su papá llegaron a su casa con el cachorrito, su mamá puso una frazada vieja dentro de una caja.

—¿Qué nombre le vas a poner, Sean?

—Creo que lo voy a llamar Chiquito —le respondió Sean. Abrió la puerta del refrigerador—. Mamá, ¿le puedo dar un poco de este pollo que nos sobró de la comida?

—Bueno, creo que sí por esta vez —le dijo ella—, pero asegúrate de sacarle todos los huesos para que el cachorrito no se atragante.

Sean colocó el plato de comida cerca del perro, y Chiquito comenzó a comer con mucho empeño.

—Oh, oh, todavía hay un pedazo de hueso allí.

—Sácalo —le dijo el padre—. O se le podría atascar en la garganta.

Sean se agachó para sacar el hueso, pero cuando lo hizo, el perrito gruñó y le mordió la mano.

—¡Ay! —gritó Sean—. ¡Me mordió! ¡Solo estaba tratando de ayudarlo! Chiquito —lo regañó—, ¡tú sabes que puedes confiar en mí!

—No, no lo sabe —le dijo el padre—. ¿Sabes, Sean? Algunos creyentes no tienen más sentido común que este perro. Tienen miedo de confiar completamente en Dios. Creen que Dios les va a quitar algo o les va a decir que hagan algo que los hará desdichados. Se olvidan de que fue Dios el que los salvó al sacrificar a su propio Hijo, Jesús. ¡Dios solo quiere lo mejor para ellos!

Sean asintió.

—Será mejor que yo confíe totalmente en Dios, tal como quiero que Chiquito confíe en mí.

¿Y TÚ? ¿Eres creyente pero tienes miedo de confiarle a Dios tu vida diaria? ¡No temas! Recuerda que Dios envió a su único Hijo para salvarte. ¡Y ten por seguro que él no va a cambiar de idea y hacerte infeliz! *S. L. K.*

MEMORIZA: Si Dios no se guardó ni a su propio Hijo, sino que lo entregó por todos nosotros, ¿no nos dará también todo lo demás? *Romanos 8:32*

EL CACHORRITO DE Sean parecía estar más grande cada día. Sean cuidaba muy bien a Chiquito, y a los dos les encantaba jugar juntos.

Pero Chiquito era más que un compañero de juego. También iba con Sean cuando el jovencito repartía periódicos. Si un periódico no caía justo en el porche, el perrito había aprendido a recogerlo con la boca y llevarlo al lugar correcto. Chiquito también era un excelente perro guardián.

Un día, papá le dijo:

—Debes estar contento de que salvaste a Chiquito de la condena a muerte que le esperaba.

Sean sonrió y le dio unas palmaditas cariñosas a su perro.

—Por supuesto que sí —dijo él—. ¿Sabes? Yo creo que Chiquito también está contento.

—Yo creo que Chiquito está feliz porque tiene un amo que lo quiere mucho y lo cuida, y a quien puede servir —dijo el padre—. A algunos perros sus amos los cuidan muy bien, pero ellos no dan nada como pago por eso.

—No creo que a Chiquito le gustaría estar todo el día acostado en un almohadón, engordando. Creo que a mí tampoco me gustaría eso —agregó Sean.

—Los seres humanos han sido creados para servir a Dios —recalcó el padre—. Nunca son realmente felices hasta que lo hacen. Algunas personas aceptan a Cristo como su Salvador y después no hacen nada más en su nueva vida. Se sientan en almohadones, se podría decir, esperando que otras personas los sirvan. ¡Se han olvidado de que ellos fueron salvados para servir!

¿Y TÚ? Si eres creyente, ¿estás realmente sirviendo a Cristo de la forma en que deberías? Dios no te salvó solo para que puedas ir al cielo. Él quiere usarte en esta vida también. Involúcrate en tu iglesia. Haz cosas bondadosas para tu familia y para otras personas. Lee la Biblia y ora. Abandona todos tus malos hábitos. Lo correcto es que quieras servir a Dios, que es quien te salvó. *S. L. K.*

MEMORIZA: Amados hermanos, les ruego que entreguen su cuerpo a Dios. [...] Que sea un sacrificio vivo y santo, la clase de sacrificio que a él le agrada. *Romanos 12:1*

RESCATADO
(PARTE 3)

DE LA BIBLIA:

Pero Dios es tan rico en misericordia y nos amó tanto que, a pesar de que estábamos muertos por causa de nuestros pecados, nos dio vida cuando levantó a Cristo de los muertos. (¡Es solo por la gracia de Dios que ustedes han sido salvados!) Pues nos levantó de los muertos junto con Cristo y nos sentó con él en los lugares celestiales, porque estamos unidos a Cristo Jesús. De modo que, en los tiempos futuros, Dios puede ponernos como ejemplos de la increíble riqueza de la gracia y la bondad que nos tuvo, como se ve en todo lo que ha hecho por nosotros, que estamos unidos a Cristo Jesús.

Dios los salvó por su gracia cuando creyeron. Ustedes no tienen ningún mérito en eso; es un regalo de Dios. La salvación no es un premio por las cosas buenas que hayamos hecho, así que ninguno de nosotros puede jactarse de ser salvo. Pues somos la obra maestra de Dios. Él nos creó de nuevo en Cristo Jesús, a fin de que hagamos las cosas buenas que preparó para nosotros tiempo atrás.

EFESIOS 2:4-10

Salvados para servir

22 de julio

EL REPRESENTANTE

DE LA BIBLIA:

Oren en el Espíritu en todo momento y en toda ocasión. Manténganse alerta y sean persistentes en sus oraciones por todos los creyentes en todas partes.

Y oren también por mí. Pídanle a Dios que me dé las palabras adecuadas para poder explicar con valor su misterioso plan: que la Buena Noticia es para judíos y gentiles por igual. Ahora estoy encadenado, pero sigo predicando este mensaje como embajador de Dios. Así que pidan en oración que yo siga hablando de él con valentía, como debo hacerlo.
EFESIOS 6:18-20

Sé fiel

LEONEL HABÍA QUERIDO tener su propia ruta de reparto de periódicos desde que tuvo la edad suficiente para calificar para ese trabajo. Así que cuando Ricardo le pidió que lo sustituyera por un mes, Leonel aceptó encantado.

Todas las tardes, Leonel se apresuraba a repartir los periódicos a todas las casas de la ruta de Ricardo. A fin de mes, estaba emocionadísimo cuando fue a recoger los pagos.

Pero en la primera casa, el hombre no le pagó el total de la cuenta. «Desconté del pago el periódico que cayó en el techo, y los dos que cayeron en el cantero de flores que estaba mojado —le explicó el hombre—. No pude leer ninguno de esos periódicos».

Leonel se alejó lentamente de esa casa sin siquiera decir: «Gracias». ¡Qué cosa, algunas personas eran insoportables!

En la siguiente casa, la señora le pagó el total de la cuenta, pero le recordó a Leonel que Ricardo era siempre muy cuidadoso y que ponía el periódico dentro de la puerta del porche los días de lluvia.

Para cuando Leonel regresó a su casa, no estaba de buen humor.

—Algunas personas son realmente rezongonas —le dijo a su papá contándole lo que había pasado.

—Bueno, hijo —dijo papá—, esas personas tienen derecho a esperar un buen servicio de ti, la clase de servicio que reciben de Ricardo. Después de todo, tú eres su representante.

Las palabras del padre de Leonel eran casi iguales a las que había usado su maestro de la escuela dominical el domingo anterior. «Somos los representantes de Dios aquí en la tierra —había explicado su maestro—. Y Dios tiene el derecho de esperar que seamos fieles».

¿Y TÚ? ¿Puede el Señor confiar en ti para que seas su representante? Si eres creyente, todo lo que haces y dices se refleja en el Señor y también en ti. Si dices una mentira, haces trampas, te burlas de alguien o haces un trabajo que deja mucho que desear, otras personas pueden pensar: "Si esa es la forma en que actúan los creyentes, no quiero ser creyente". Pero una sonrisa sincera, una vida honesta, y un trabajo bien hecho son un buen testimonio de tu Señor. *R. I. J.*

MEMORIZA: Somos embajadores de Cristo.
2 Corintios 5:20

UN TESTIGO QUISQUILLOSO

—CUANDO SEA GRANDE voy a ser piloto misionero y volaré por todo el mundo —dijo Jaime, mientras observaba un avión pequeño que volaba en círculos sobre la hacienda de su familia.

—Eso no es para mí —declaró A.J., su mejor amigo—. Yo me voy a quedar aquí, en mi propio país. Me gusta... —Sus palabras no se escucharon por el ruido del avión *Piper Cub*.

Cuando el sonido ya no se escuchaba, A.J. dijo:

—Voy a ir a enseñarle a José a batear una pelota de béisbol. ¿Quieres venir conmigo?

Jaime frunció el ceño.

—¡No! No soporto a ese muchacho. Habla raro, es tonto y su ropa siempre está sucia.

A.J. se encogió de hombros.

—Tú tampoco estás muy limpio, ¿no?

Jaime miró sus jeans medio deshilachados y sus manos sucias.

—Ajá, pero....

—Creo que José piensa que somos nosotros los que hablamos raro —agregó A.J.

—¡Por lo menos hablamos español! —argumentó Jaime—. Él habla una mezcla de dos idiomas.

—Entonces es más inteligente que nosotros —le dijo A.J.—. ¿Sabes, Jaime?, dijiste que José es tonto, pero tú no eres muy inteligente tampoco. Y creo que deberías ser un piloto que fumiga cosechas en lugar de un piloto misionero. ¿Cómo crees que les puedes hablar de Jesús a las personas de países extranjeros si ni siquiera puedes ser amigo de un muchacho que es un poco diferente a ti? Eres un testigo demasiado quisquilloso.

—Yo... yo ... —Jaime bajó la cabeza y los ojos se le llenaron de lágrimas—. Nunca había pensado en eso de esa manera, A.J. —Entonces levantó la vista—. Voy a ir a buscar mi guante de béisbol. Tal vez José me pueda enseñar un poco de inglés.

¿Y TÚ? ¿Tienes visiones de hacer cosas grandes por Dios algún día? ¿Y qué dices de hoy? ¿Cómo tratas a las personas que están a tu alrededor? La salvación es para «todo aquel que quiera aceptarla». ¿Eres un testigo dispuesto a hablar con todos y en todos los lugares? *B. J. W.*

MEMORIZA: Se predicará la Buena Noticia acerca del reino por todo el mundo, de manera que todas las naciones la oirán. *Mateo 24:14*

DE LA BIBLIA:

Mientras los apóstoles estaban con Jesús, le preguntaron con insistencia:

—*Señor, ¿ha llegado ya el tiempo de que liberes a Israel y restaures nuestro reino?*

Él les contestó:

—*Solo el Padre tiene la autoridad para fijar esas fechas y tiempos, y a ustedes no le corresponde saberlo; pero recibirán poder cuando el Espíritu Santo descienda sobre ustedes; y serán mis testigos, y le hablarán a la gente acerca de mí en todas partes: en Jerusalén, por toda Judea, en Samaria y hasta los lugares más lejanos de la tierra.*

HECHOS 1:6-8

No seas un testigo quisquilloso

24 de julio

SERVICIO SECRETO

DE LA BIBLIA:

¡Tengan cuidado! No hagan sus buenas acciones en público para que los demás los admiren, porque perderán la recompensa de su Padre, que está en el cielo. Cuando le des a alguien que pasa necesidad, no hagas lo que hacen los hipócritas que tocan la trompeta en las sinagogas y en las calles para llamar la atención a sus actos de caridad. Les digo la verdad, no recibirán otra recompensa que esa. Pero tú, cuando le des a alguien que pasa necesidad, que no sepa tu mano izquierda lo que hace tu derecha. Entrega tu ayuda en privado, y tu Padre, quien todo lo ve, te recompensará.
MATEO 6:1-4

Dios recompensa el servicio

LA SEÑORA BRIMLEY tomó la llave y abrió la puerta, y entró a la cocina junto con sus hijos. Había sido un día muy largo en la tienda donde trabajaba y estaba cansada, pero tenía que preparar la cena para los niños. Los acababa de recoger de la casa de una vecina en su misma calle.

Ella olió el aire. ¿Qué sería ese olor tan apetitoso? En el horno encontró una cacerola de papas y jamón. La señora Brimley se sorprendió. *¿Quién habrá hecho esto?*, se preguntó. Entonces notó una pequeña tarjeta sobre el mostrador de la cocina. Decía simplemente: «Lo hice en el nombre del Señor», y la nota no estaba firmada.

Aquella noche, mientras comían la sabrosa cena, los niños hablaban de la ayudante secreta.

—Estoy seguro de que fue la señora Santiago —dijo David, el menor de lo hermanos.

—No —dijo Karen—. ¿Cómo podría haber entrado? Debe haber sido nuestra vecina, Gloria.

—Pero ella estuvo con nosotros todo el día —fue el argumento de David.

—Niños —interrumpió la mamá—, la persona que nos cocinó la cena no quiso que supiéramos quién es. ¿No deberíamos respetar su deseo? No lo hizo para recibir elogios. Lo hizo como un servicio para Dios, y va a ser recompensada. Es bueno ser apreciados por lo que hacemos, pero, ¿qué es mejor: recibir una recompensa de agradecimiento de la gente, o una recompensa de Dios?

—Sería bueno recibir las dos —dijo David con una sonrisa—. Pero tienes razón. El agradecimiento de parte de Dios es más importante.

¿Y TÚ? ¿Puedes pensar en alguien por quien podrías hacer algo que fuera de ayuda para esa persona? ¿Estarías dispuesto a que fuera Dios quien recibiera las gracias y la alabanza, y a esperar hasta llegar al cielo para recibir tu recompensa? Los hechos de servicio por Dios que haces en secreto hacen que la gente se enfoque en Dios y en la forma en que él obra. ¿Estás dispuesto a ser uno de esos que trabajan en el «servicio secreto» de Dios? No esperes; sirve hoy a Dios. *C. R.*

MEMORIZA: Entrega tu ayuda en privado, y tu Padre, quien todo lo ve, te recompensará. *Mateo 6:4*

—**HIJO, ESTÁS TAN** callado, ¿en qué piensas?—le preguntó el padre a Benjamín cuando entró al cuarto del muchacho para orar con él.

Benjamín suspiró.

—Oh, me estaba preguntando si debería ser misionero —le dijo al padre—. Me gustaría, pero, ¿y si trato de ser misionero y no es algo que pueda hacer bien? ¿Y si Dios me llama a hacer algo que no puedo hacer?

El padre de Benjamín pensó por un momento, luego extendió la manó y tomó el guante de béisbol de Benjamín que estaba sobre el escritorio del niño. Caminó hasta un rincón del cuarto, colocó el guante contra la pared, encontró una pelota de béisbol y se la tiró al guante. Aunque la pelota pegó justo al centro del guante, rodó por el piso. Papá levantó el guante y lo miró disgustado.

—Este guante no sirve para nada —dijo él.

Benjamín se rió.

—Ay, papá, tú sabes que el guante no agarra la pelota por sí mismo. Tiene que tener una mano adentro.

Papá le sonrió a Benjamín.

—Tú eres justo como este guante—le dijo—. Dios tiene un propósito para tu vida, Benjamín, al igual que hay un propósito para este guante. Tu mano dentro del guante le da la guía, la fuerza y el poder que necesita. Benjamín, no te preocupes, Dios nunca te colocará en un rincón y te dejará solo. Es su mano poderosa la que hace el trabajo cuando tú estás dispuesto a dejar que Dios te use.

¿Y TÚ? ¿Has pensado en el plan que Dios tiene para tu vida? ¿Estás aprendiendo a aceptar su guía y a usar su poder ahora mismo? Si Dios te pide que le testifiques a alguien, él te ayudará a hacerlo. Si te pide que te sientas contento cuando las cosas marchan mal, él te ayudará con eso. Nunca tengas miedo al llamado de Dios. Dios te usará si tú estás dispuesto a obedecerlo. *C. R.*

MEMORIZA: Yo soy la vid; ustedes son las ramas. Los que permanecen en mí y yo en ellos producirán mucho fruto porque, separados de mí, no pueden hacer nada. *Juan 15:5*

LA MANO EN EL GUANTE

DE LA BIBLIA:

Yo soy la vid verdadera, y mi Padre es el labrador. Él corta de mí toda rama que no produce fruto y poda las ramas que sí dan fruto, para que den aún más. Ustedes ya han sido podados y purificados por el mensaje que les di. Permanezcan en mí, y yo permaneceré en ustedes. Pues una rama no puede producir fruto si la cortan de la vid, y ustedes tampoco pueden ser fructíferos a menos que permanezcan en mí.

Ciertamente, yo soy la vid; ustedes son las ramas. Los que permanecen en mí y yo en ellos producirán mucho fruto porque, separados de mí, no pueden hacer nada.

JUAN 15:1-5

Dios da el poder

26 de julio

FALTAN MUCHAS PERSONAS

DE LA BIBLIA:

Pero nuestro cuerpo tiene muchas partes, y Dios ha puesto cada parte justo donde él quiere. [...] Efectivamente, hay muchas partes, pero un solo cuerpo. El ojo nunca puede decirle a la mano: «No te necesito». La cabeza tampoco puede decirle al pie: «No te necesito».

De hecho, algunas partes del cuerpo que parecen las más débiles y menos importantes, en realidad, son las más necesarias. Y las partes que consideramos menos honorables son las que vestimos con más esmero. Así que protegemos con mucho cuidado esas partes que no deberían verse, mientras que las partes más honorables no precisan esa atención especial. Por eso Dios ha formado el cuerpo de tal manera que se les dé más honor y cuidado a esas partes que tienen menos dignidad. Esto hace que haya armonía entre los miembros a fin de que todos los miembros se preocupen los unos por los otros. Si una parte sufre, las demás partes sufren con ella y, si a una parte se le da honra, todas las partes se alegran.

1 CORINTIOS 12:18-26

Haz la parte que te corresponde en el equipo de Dios

—¿QUIERES JUGAR AL futbolito, Jack? —le preguntó Timoteo, el consejero del campamento.

—¡Claro! —le dijo Jack. Los dos tomaron sus lugares en lados opuestos de la mesa—. En esta hilera falta un hombre —dijo Jack.

—Sí, pero estamos igual —observó Timoteo—. Uno de mis hombres no tiene piernas. Tampoco puede ayudar mucho a su equipo, así que juguemos.

Jack movió la manilla haciendo que uno de sus jugadores empujara la pelota hacia el equipo de su oponente. Timoteo apuntó con cuidado y movió la manilla de metal. La pelota pasó por el hueco donde debería haber estado el hombre que faltaba, y ¡pum!, metió un gol.

—Tratemos de nuevo —dijo Jack, recogiendo la pelota y colocándola de nuevo en la mesa de juego. Esta vez, él metió un gol—. Me divertí, pero me habría gustado tener al jugador que falta —dijo cuando el juego terminó.

—Cuando alguien falta, nos perjudica —estuvo de acuerdo Timoteo—. Esto me hace acordar que como creyentes, estamos en el equipo de Dios. Si faltamos a la iglesia, somos como el hombre que faltaba en tu equipo. Y si estamos en la iglesia, pero no estamos haciendo lo que Dios quiere que hagamos, somos como el jugador al que le faltaban las piernas. Todo el equipo sufre cuando una persona no hace su parte. Otros tienen que tratar de llenar el hueco, y a veces no se pueden mover lo suficientemente rápido.

—Oh —dijo Jack—. Nunca había pensado en que estoy en el equipo de Dios, y sobre lo importante que es cada persona.

¿Y TÚ? ¿Estás en el equipo de Dios? Sí, si eres creyente. ¿Cómo te llevas con tus compañeros de equipo? ¿Estás en el lugar que te corresponde cada vez que te necesitan? ¿Estás haciendo lo que Dios quiere que hagas? Su equipo es el mejor que hay, y cada miembro del equipo es necesario. Siempre debes estar listo para hacer la parte que te corresponde. *V. L. C.*

MEMORIZA: Si una parte sufre, las demás partes sufren con ella y, si a una parte se le da honra, todas las partes se alegran. *1 Corintios 12:26*

LAS NOTAS DESAFINADAS

ÁMBAR SACÓ el violoncelo de la caja. Cuando pasó el arco sobre las cuerdas, las notas que se escucharon fueron débiles e inseguras.

—Nunca voy a tocar bien —se quejó—. ¡Esta canción suena terrible!

—Prueba otra vez —le dijo su mamá que estaba entrando al cuarto. Suspirando, Ámbar lo hizo, y para el final de la sesión de práctica, la canción había mejorado considerablemente.

Aquella noche, durante la hora de la lectura bíblica y oración de la familia, Ámbar les contó acerca de un partido de fútbol del vecindario.

—Juan se enojó y se fue a su casa furioso. Es creyente, pero hoy no se portó como si lo fuera.

—¡Qué lástima! —le respondió el padre—. Sin embargo, trata de ser paciente con él, porque todavía es un creyente nuevo.

—¿Recuerdas la canción nueva que estabas tratando de tocar en tu violoncelo? —dijo mamá.

—Sí, y todavía tengo que practicar mucho para tocarla bien.

—Es cierto —asintió su mamá—, pero estás mejorando, así que no te des por vencida. Todos necesitamos muchas mejoras en nuestra vida cristiana, y estoy contenta porque Dios no se da por vencido con nosotros.

—Eso es cierto —dijo el padre—. Cuando aceptamos a Jesús como nuestro Salvador, Dios comienza a cambiarnos. Eso toma tiempo, pero Dios ha prometido que continuará la obra que comenzó en nuestra vida.

—Así es —dijo la mamá—. Cada vez que pecamos, sonamos como una "nota desafinada", y perdemos la armonía con Dios. Pero cuando le confesamos nuestro pecado y le pedimos que nos perdone, volvemos a estar en armonía con él.

—Voy a pensar en eso cuando practique mi violoncelo —dijo Ámbar sonriendo—. Y también voy a ser más paciente con John.

¿Y TÚ? Tal vez has escuchado el siguiente dicho: «Ten paciencia, Dios no ha terminado conmigo todavía». También sé paciente con tus amigos. Pide perdón por tus propios pecados. Trata de aprender más cada día de la Palabra de Dios y de parecerte más a él. Dale gracias por la paciente obra que está haciendo en tu vida. *J. A. G.*

MEMORIZA: Tengan paciencia en las dificultades y sigan orando. *Romanos 12:12*

DE LA BIBLIA:

Y ahora, que el Dios de paz —quien levantó de entre los muertos a nuestro Señor Jesús, el gran Pastor de las ovejas, y que ratificó un pacto eterno con su sangre— los capacite con todo lo que necesiten para hacer su voluntad. Que él produzca en ustedes, mediante el poder de Jesucristo, todo lo bueno que a él le agrada. ¡A él sea toda la gloria por siempre y para siempre! Amén.

Les ruego, amados hermanos, que hagan caso a lo que les escribí en esta breve exhortación. [...]

Que la gracia de Dios sea con todos ustedes.

HEBREOS 13:20-22, 25

Dios no se apartará de tu lado

28 de julio

ALIMÉNTATE POR TI MISMO

DE LA BIBLIA:

Enseña esas cosas e insiste en que todos las aprendan. No permitas que nadie te subestime por ser joven. Sé un ejemplo para todos los creyentes en lo que dices, en la forma en que vives, en tu amor, tu fe y tu pureza. Hasta que yo llegue, dedícate a leer las Escrituras a la iglesia, y a animar y a enseñarles a los creyentes.

No descuides el don espiritual que recibiste mediante la profecía que se pronunció acerca de ti cuando los ancianos de la iglesia te impusieron las manos. Presta suma atención a estos asuntos. Entrégate de lleno a tus tareas, para que todos vean cuánto has progresado. Ten mucho cuidado de cómo vives y de lo que enseñas. Mantente firme en lo que es correcto por el bien de tu propia salvación y la de quienes te oyen.

1 TIMOTEO 4:11-16

Lee la Biblia

—MAMÁ, MIRA LO que está haciendo Cristóbal —dijo Cally riéndose. Su hermanito de un año de edad estaba moviendo la mano con la cuchara, y tenía la cara llena de puré de papas. Luego metió la cuchara en el tazón, y se la puso en la boca. Cally lo alabó: «¡Ya eres un niño grande! ¡Ahora pusiste todo el puré dentro de tu boca!».

—Muy pronto va a estar comiendo solo —le dijo su mamá.

Después de una tarde muy ocupada, la mamá le recordó a Cally que era casi la hora de acostarse.

—Debes dejar tiempo para leer la Biblia y orar —le dijo su madre.

—A veces pienso que no debería pasar tiempo en los devocionales —dijo Cally suspirando—. No entiendo muy bien la Biblia cuando la leo sola. ¿Por qué no puedo esperar hasta que sea mayor?

—Cally, ¿qué pensarías si Cristóbal se negara a tratar de comer por sí mismo? —le preguntó la madre—. ¿Te gustaría ver eso? —Cally negó lentamente con la cabeza, y su mamá continuó—. A nosotros nos gusta ayudarlo cuando él necesita ayuda, pero también nos gusta verlo tratar de comer solo. Y a medida que practique, mejorará en eso.

—Sé lo que me estás diciendo. Me estás diciendo que como creyente, yo también debo alimentarme por mí misma leyendo la Biblia por mi cuenta —le dijo Cally.

—Eso es —asintió su madre—. Es muy bueno que te alimentes yendo a la iglesia y a la escuela dominical y teniendo un tiempo devocional con nosotros, pero también necesitas alimentarte por ti misma. A veces tal vez no sepas pronunciar una palabra o no puedas entender lo que lees. En esos casos pide ayuda, pero no dejes de tratar. Aprende a alimentarte de comida espiritual por ti misma.

¿Y TÚ? ¿Estás aprendiendo a alimentarte de comida espiritual por ti mismo? Deberías estar haciéndolo. Tal vez no entiendas todo lo que lees, pero a medida que sigues adelante, cada vez entenderás más. Toma tiempo para leer la Palabra de Dios todos los días. *H. W. M.*

MEMORIZA: No dejamos de tenerlos presentes en nuestras oraciones. Le pedimos a Dios que les dé pleno conocimiento de su voluntad. *Colosenses 1:9*

ERIKA ESTABA SENTADA al lado de la ventana mirando a los pajaritos que revoloteaban alrededor del comedero.

—¿En qué estás pensando? —le preguntó su mamá.

—En el boletín de noticias de la iglesia —le respondió Erika—. El pastor Hamilton vino a nuestra escuela dominical la semana pasada y nos pidió a todos que hiciéramos algo para el boletín del mes que viene. Gary está haciendo un dibujo de la iglesia, y Sue está escribiendo una nota de agradecimiento a todos los maestros de la escuela dominical, ¡pero a mí no se me ocurre nada!

—A ti te gusta escribir poesías —sugirió su mamá. De pronto, Erika sonrió.

—Yo podría escribir una canción y tal vez Jenny me podría ayudar con la música. —La hermana mayor de Erika era una excelente pianista.

Erika comenzó a escribir una estrofa de alabanza a Dios por su creación, especialmente por los hermosos pajaritos. Trabajó toda la mañana, y finalmente la terminó. Jenny la ayudó con la música. Después de la cena, las muchachas les cantaron la canción a sus padres.

—Mis hijas, las compositoras —dijo el padre—. ¡Tal vez su carrera será escribir canciones!

—Oh, papá, —se rió Erika—, ¡todavía somos muy jóvenes!

—¿Has escuchado alguna vez hablar de Isaac Watts, el autor de muchos himnos? —le preguntó el padre—. Comenzó a escribir poesías cuando era muy joven, y escribió más de seiscientos himnos en el transcurso de su vida. ¡Fanny Crosby escribió más de siete mil himnos que alaban a Dios!

—¡Qué maravilloso! —dijo Erika. Quizás este sería el primer himno de muchos para ella. ¡Tal vez podría servir al Señor escribiendo himnos! ¡Ese era un pensamiento muy emocionante!

¿Y TÚ? Todos los domingos cantas himnos y canciones diferentes en la iglesia. ¿Te has preguntado alguna vez quién escribió toda esa música? Fue escrita por personas que tenían un talento especial dado por Dios. Si te interesa la poesía, practica escribiendo tus pensamientos acerca del Señor haciendo que rimen. ¡Tal vez algún día un himnario tenga tu nombre en él! *L. M. W.*

MEMORIZA: ¡Canten al SEÑOR una nueva canción! ¡Que toda la tierra cante al SEÑOR! *Salmo 96:1*

UN AUTOR EXCEPCIONAL DE CANCIONES

DE LA BIBLIA:

Ahora bien, el Espíritu del SEÑOR se había apartado de Saúl, y el SEÑOR envió un espíritu atormentador. Algunos de los siervos de Saúl le dijeron: —Un espíritu atormentador de parte de Dios te está afligiendo. Busquemos a un buen músico para que toque el arpa cada vez que el espíritu atormentador te aflija. Tocará música relajante, y dentro de poco estarás bien.

—Me parece bien —dijo Saúl—. Búsquenme a alguien que toque bien y tráiganlo aquí.

Entonces un siervo le dijo a Saúl: —Uno de los hijos de Isaí de Belén tiene mucho talento para tocar el arpa. No solo eso, es un guerrero valiente, un hombre de guerra y de buen juicio. También es un joven bien parecido, y el SEÑOR está con él.

Entonces Saúl mandó mensajeros a Isaí para decirle: «Envíame a tu hijo David, el pastor». [...]

Y cada vez que el espíritu atormentador de parte de Dios afligía a Saúl, David tocaba el arpa. Entonces Saúl se sentía mejor, y el espíritu atormentador se iba.
1 SAMUEL 16:14-19, 23

Usa tus habilidades para servir a Dios

30 de julio

TODAVÍA ME DUELE

DE LA BIBLIA:

¡El Señor es rey!
¡Que tiemblen las naciones!
Está sentado en su trono, entre los
*   querubines.*
*   ¡Que se estremezca toda la*
*   tierra!*
El Señor se sienta con majestad
*   en Jerusalén,*
*   exaltado sobre todas las naciones.*
Que ellas alaben tu nombre grande
*   y temible.*
*   ¡Tu nombre es santo!*
Rey poderoso, amante de la
*   justicia,*
*   tú has establecido la*
*   imparcialidad.*
Has actuado con justicia
*   y con rectitud en todo Israel.*
¡Exalten al Señor nuestro Dios!
*   ¡Póstrense antes sus pies porque*
*   él es santo!*
Moisés y Aarón estaban entre sus
*   sacerdotes;*
*   Samuel también invocó su*
*   nombre.*
Clamaron al Señor por ayuda,
*   y él les respondió.*
Habló a Israel desde la columna
*   de nube,*
*   y los israelitas siguieron las leyes*
*   y los decretos que les dio.*

SALMO 99:1-7

El pecado tiene
consecuencias

¡OH! ¡CÓMO DESEABA Terry haber escuchado a su madre cuando le dijo que no saltara con la bicicleta sobre la rampa que él había construido! Tan pronto como ella se dio vuelta, Terry lo había hecho de nuevo. Las tablas le habían volado a la cara cuando cayó sobre la rampa, ¡y desde entonces lo único que podía recordar era el dolor!

«Perdóname, mamá —le dijo llorando, después de que el doctor le hubo enyesado el brazo en el que se había quebrado dos huesos—. No debería haberte desobedecido».

La madre de Terry le dijo que lo perdonaba. Pero también le recordó que no solo la había desobedecido a ella, sino que también había desobedecido el mandamiento de Dios que dice que debemos honrar a nuestro padre y a nuestra madre. «Tienes que pedirle perdón a Dios también», le dijo ella.

Después de haber orado con su madre, él se sintió mucho mejor al saber que había sido perdonado.

A la mañana siguiente, Terry se sentía muy desalentado. El dolor del brazo lo había mantenido despierto la mayor parte de la noche.

—Oré a Dios pidiéndole que me quitara el dolor, pero no lo hizo —le dijo a su mamá—. Si Dios me perdonó mi desobediencia, ¿por qué no me quita el dolor?

—Oh, Terry, Dios siempre está dispuesto a perdonarnos —le explicó su mamá—, pero no siempre nos quita las consecuencias de nuestro pecado. Puesto que él es un Dios justo, a menudo permite que enfrentemos las consecuencias del pecado. Sabe que aprenderemos mejor la lección si tenemos que sufrir por lo que hemos hecho. El dolor finalmente se aliviará, pero Dios quiere que tú recuerdes el costo de desobedecer.

¿Y TÚ? ¿Has tenido que enfrentar alguna vez las consecuencias de tu pecado? Tal vez has recibido «cero» en un examen cuando confesaste que copiaste. O tal vez, al igual que Terry, has desobedecido a tus padres y has sufrido una herida física. Dios siempre perdona el pecado que le confesamos, pero no siempre quita las consecuencias de nuestros pecados. *R. E. P.*

MEMORIZA: La rectitud y la justicia son el cimiento de tu trono. *Salmo 89:14*

EL LORO DE LA FAMILIA

CUANDO EL PAPÁ terminó de orar antes de la cena, José, de dos años de edad, dijo en voz alta: «¡Aaaaamén!».

Cindy se rió.

—José está aprendiendo palabras nuevas —dijo, mientras su madre levantaba la tapa de la olla de la comida—. ¡Aaay! —dijo Cindy —habichuelas verdes. ¡Las detesto!

—¡Aaay! —se escuchó el eco desde la silla alta—. Las deeeteesto.

Cindy se puso la mano sobre la boca.

—¡Lo siento!, no debería haber dicho eso.

—¿Puedes pasar las habichuelas, por favor? —dijo el padre y puso algunas en el plato de José.

—¡Favó! —gritó José—. ¡Favó! —Comenzó a comer las habichuelas verdes con mucho gusto y una gran sonrisa en el rostro—. ¡Las deeteesto!

Cindy se rió.

—¡Ni siquiera sabe lo que está diciendo!

—Es verdad —asintió la madre—. José es como un lorito. Si escucha una palabra bastantes veces, aprende a decirla.

—No creo que él sea el único de la familia que hace eso —observó el papá—. He notado que algunas expresiones se están infiltrando en tu forma de hablar, Cindy. Las has escuchado y has dejado que se afiancen en tu mente.

Cindy se sonrojó al recordar que últimamente sus padres le habían corregido su forma de hablar.

—Es verdad —admitió ella—. Escucho a algunos niños en la escuela que las dicen una y otra vez. Creo que puesto que soy creyente debería tener más cuidado.

—Tenemos una responsabilidad muy grande de hablar palabras buenas para que las escuchen los que están a nuestro alrededor —asintió el padre—. Y tenemos una responsabilidad con nosotros mismos de repetir solamente las palabras que queremos que lleguen a formar parte de nuestros pensamientos y nuestro corazón.

DE LA BIBLIA:

¡Camada de víboras! ¿Cómo podrían hombres malvados como ustedes hablar de lo que es bueno y correcto? Pues lo que está en el corazón determina lo que uno dice. Una persona buena produce cosas buenas del tesoro de su buen corazón, y una persona mala produce cosas malas del tesoro de su mal corazón. Les digo lo siguiente: el día del juicio, tendrán que dar cuenta de toda palabra inútil que hayan dicho. Las palabras que digas te absolverán o te condenarán.
MATEO 12:34-37

Escoge tus palabras con cuidado

¿Y TÚ? ¿Piensas cuidadosamente acerca del significado de expresiones populares que usan tus amigos antes de repetirlas? ¿Te sientes avergonzado si tus padres o tu pastor te escuchan usar esas palabras? Dios las oye. *C. R.*

MEMORIZA: Les digo lo siguiente: el día del juicio, tendrán que dar cuenta de toda palabra inútil que hayan dicho. *Mateo 12:36*

1 de agosto

EL ÁRBOL TRASPLANTADO

DE LA BIBLIA:

Qué alegría para los que
  no siguen el consejo de malos,
  ni andan con pecadores,
  ni se juntan con burlones;
sino que se deleitan en la ley del
  SEÑOR
  meditando en ella día y noche.
Son como árboles plantados a la
  orilla de un río,
  que siempre dan fruto en su
  tiempo.
Sus hojas nunca se marchitan,
  y prosperan en todo lo que
  hacen.
¡No sucede lo mismo con los
  malos!
  Son como paja inútil que
  esparce el viento.
Serán condenados cuando llegue
  el juicio;
  los pecadores no tendrán lugar
  entre los justos.
Pues el SEÑOR *cuida el sendero de*
  los justos,
  pero la senda de los malos lleva
  a la destrucción.
SALMO 1:1-6

Debes crecer espiritualmente

DAVID LLEVÓ UNA jarra de agua al pequeño pino de su patio de atrás y le echó el agua lentamente. A pesar de sus esfuerzos, más y más de sus agujas se estaban poniendo marrones cada día.

—¿No va a vivir, verdad, mamá? —le preguntó.

—No, David —le respondió su madre—. No lo creo.

—¡Pero lo he estado cuidando muy bien! —dijo David.

—Lo sé, hijo —le dijo mamá—. Pero el abuelo te dijo que no creía que ese tipo de pino podía crecer en nuestro jardín.

—¡No veo la razón por qué no! —insistió David—. Otros árboles crecen bien.

—Eso es verdad, pero esta clase de pino por lo general crece en lugares que son muy húmedos —le explicó mamá—. Nosotros vivimos en una zona seca. —David y su madre se quedaron mirando el árbol—. ¿Sabes, David?, esto me recuerda a algunos creyentes.

—¿A algunos creyentes? —le preguntó David.

Su madre asintió.

—Para crecer en el Señor debemos orar y leer la Biblia, y tener amigos creyentes. En cambio, algunos pasan todo el tiempo en ambientes que no son los correctos, con gente que no ama al Señor. Nunca leen la Biblia y tampoco oran. Y entonces se preguntan por qué no crecen espiritualmente.

—Oh, ¡ahora me doy cuenta! —exclamó David—. Es tan importante para un creyente estar en el ambiente adecuado como lo es para un árbol estar en el clima adecuado. —Agregó sonriendo—: Bueno, aun si este árbol no vive, yo he aprendido una buena lección de él.

¿Y TÚ? ¿Estás creciendo espiritualmente? ¿Estás en el ambiente correcto? ¿Aman tus amigos al Señor y viven de acuerdo a lo que se enseña en la Biblia? ¿Te estás alimentando de la Palabra de Dios? No puedes crecer espiritualmente en un ambiente que no es el correcto. ¡Esfuérzate para ser un creyente sano! *L. M. W.*

MEMORIZA: Arráiguense profundamente en él y edifiquen toda la vida sobre él. Entonces la fe de ustedes se fortalecerá en la verdad que se les enseñó. *Colosenses 2:7*

—**BUENOS DÍAS, BRIAN**, ¿qué tienes allí? —le preguntó el señor Walker.

Ay, no, pensó Brian.

—Es un columpio para el porche —le dijo.

—Se ve un poco gastado —observó el señor Walker—. ¿Estás planeando pintarlo?

—Sí, señor —le respondió Brian.

—Lo vas a pintar blanco, ¿no? Yo lo pintaría verde, porque combinaría mejor con tu casa.

—Mi mamá lo quiere blanco —dijo Brian.

—¿Y vas a usar esa camisa nueva? Cuando yo era niño, solo tenía dos camisas buenas.

Mientras Brian mojaba la brocha en la pintura, el señor Walter agregó:

—Espera un segundo, jovencito. Todavía no puedes pintar. ¿Dónde está el papel de lija?

Brian estaba comenzando a irritarse.

—No necesito papel de lija.

—Por supuesto que lo necesitas. Fíjate cómo se está pelando la pintura vieja. Tienes que lijarla antes de poner la pintura nueva.

Brian estaba a punto de decirle al anciano que se ocupara de sus propios asuntos cuando escuchó sonar el teléfono en su casa. Después de contestar la llamada, Brian hizo un gemido.

—¿Te sucede algo malo? —dijo su madre.

—"Yo pintaría el columpio verde". —Brian imitó a su vecino—. "¡No uses esa camisa nueva para pintar!" "No pintes sin lijar primero".

—Mmm —asintió su madre—. Buenos consejos. Anda a cambiarte la camisa, Brian, y deberías lijar los lugares donde la pintura se está pelando. Si no lo haces, la pintura nueva no durará.

—Tú eres tan crítica como el señor Walker.

—La crítica no siempre es mala, Brian —le explicó su mamá—. A menudo es el papel de lija que usa Dios para suavizar nuestro carácter.

—Contigo y el señor Walker, creo que mi carácter va a mejorar mucho —dijo Brian mientras iba a cambiarse la camisa y buscar el papel de lija.

¿Y TÚ? ¿No te gusta recibir críticas? Es un signo de madurez espiritual cuando puedes recibirlas con la actitud correcta. A menudo el Señor usa a otras personas para mostrarte las cosas que deberías cambiar. *B. J. W.*

MEMORIZA: Los necios creen que su propio camino es el correcto, pero los sabios prestan atención a otros. *Proverbios 12:15*

LOS BORDES ÁSPEROS

DE LA BIBLIA:

En vista de todo esto, esfuércense al máximo por responder a las promesas de Dios complementando su fe con una abundante provisión de excelencia moral; la excelencia moral, con conocimiento; el conocimiento, con control propio; el control propio, con perseverancia; la perseverancia, con sumisión a Dios; la sumisión a Dios, con afecto fraternal, y el afecto fraternal, con amor por todos. Cuanto más crezcan de esta manera, más productivos y útiles serán en el conocimiento de nuestro Señor Jesucristo; pero los que no llegan a desarrollarse de esta forma son cortos de vista o ciegos y olvidan que fueron limpiados de sus pecados pasados.

Así que, amados hermanos, esfuércense por comprobar si realmente forman parte de los que Dios ha llamado y elegido. Hagan estas cosas y nunca caerán.

2 PEDRO 1:5-10

Escucha las críticas constructivas

3 de agosto

UN BUEN CONSEJO

DE LA BIBLIA:

Cuando entres en la tierra que el SEÑOR tu Dios te da, ten mucho cuidado de no imitar las costumbres detestables de las naciones que viven allí. Por ejemplo, jamás sacrifiques a tu hijo o a tu hija como una ofrenda quemada. Tampoco permitas que el pueblo practique la adivinación, ni la hechicería, ni que haga interpretación de agüeros, ni se mezcle en brujerías, ni haga conjuros; tampoco permitas que alguien se preste a actuar como médium o vidente, ni que invoque el espíritu de los muertos. Cualquiera que practique esas cosas es detestable a los ojos del SEÑOR. Precisamente porque las otras naciones hicieron esas cosas detestables, el SEÑOR tu Dios las expulsará de tu paso. Sin embargo, tú debes ser intachable delante del SEÑOR tu Dios.

DEUTERONOMIO 18:9-13

No leas los horóscopos

SIN PERDER UN segundo, Daniel abrió el periódico y leyó su horóscopo para el día siguiente. Nadie en su familia leía el horóscopo. De hecho, su padre le había dicho que la Biblia enseña que es detestable ante Dios tratar de predecir el futuro. «Dios es el único que sabe lo que hay en el futuro —le había dicho su papá—. Es en la Biblia donde encontramos todos los consejos que necesitamos para vivir.» Sin embargo, Daniel se sentía fascinado por el horóscopo.

«Tienes una buena probabilidad de ganar una discusión», leyó Daniel en el periódico de la tarde; eso le sonó muy bien. Esa tarde había tenido una discusión en el partido de béisbol del vecindario, y la había perdido. Daniel había pensado que había llegado a la base final antes que la pelota, pero los otros muchachos le dijeron que estaba fuera del juego.

Al día siguiente, los muchachos jugaron béisbol otra vez. Cuando le llegó el turno de batear, Daniel le pegó un batazo a la pelota y corrió. Llegó a la primera base en el instante en que Jaime, que cuidaba la primera base, gritaba:

—¡Fuera!

—¡No estoy fuera! —protestó Daniel. Recordó el horóscopo, y decidió que no iba a desistir hasta que ganara ese argumento. Pero Jaime tampoco desistió. Enojado, Daniel empujó a Jaime, quien cayó al suelo. Los otros muchachos apoyaron a Jaime, y le dijeron a Daniel que ya no podía jugar con ellos.

Daniel salió del campo de juego caminando lentamente. *No debería haber creído lo que decía ese tonto horóscopo*, pensó. *Mi padre tenía razón. La Biblia da consejos mucho mejores.*

¿Y TÚ? ¿Lees tu horóscopo? Es algo muy peligroso leer los horóscopos. Tal vez creas que simplemente lo lees porque te resulta divertido, pero Dios quiere ser la fuente donde busques consejo, consuelo y ayuda. Dios prohíbe el uso de cosas como la adivinación o la brujería para tratar de averiguar lo que sucederá en el futuro. Escucha a Dios y jamás leas el horóscopo. *C. E. Y.*

MEMORIZA: Es mejor refugiarse en el SEÑOR que confiar en la gente. *Salmo 118:8*

CALVIN ENTRÓ AL agua a tropezones. Las olas le enfriaban el cuerpo y le daban calma a su preocupada mente. Debido a que sintió que el agua lo hacía sentir más calmado, nadó hacia adentro, a aguas profundas. «Me gustaría poder estar aquí para siempre —dijo con un suspiro—, y no tener que pensar en nada».

Pero Calvin tenía muchas cosas en que pensar. Tenía un tumor en la pierna izquierda, y dos días después iba a ser internado en el hospital, donde un especialista lo operaría. No se sabía todavía cuán serio era el tumor. La mente de Calvin estaba llena de preguntas. *¿Cómo me irá en la operación?*

Su hermanita, Cindy, gritó, interrumpiendo sus pensamientos.

—Papá, ¡no puedo nadar aquí! —se quejó—. ¡Las olas son demasiado grandes! No me gusta el océano. ¡Me da miedo!

—Mira —le dijo el padre—, las olas no son muy violentas para mí. Ni siquiera me pueden mover. Toma mi mano y nadaremos juntos. Estarás a salvo.

Cindy tuvo un poco de duda. Entonces miró a su papá. ¡Él era muy fuerte y la protegería! Cindy puso su pequeña mano en la mano grande de su padre. Muy pronto estaba disfrutando las olas que salpicaban agua a su alrededor.

Calvin nadó hasta donde estaba Cindy. «¿Ves, Cal? —le gritó ella—. Ahora no tengo miedo. Papá me tiene de la mano y él no me va a soltar».

Calvin le sonrió a Cindy y a sí mismo. Si ella tenía fe y confiaba en su padre en las grandes olas, él decidió que podía confiar en su Padre celestial. Los días que tenía por delante tal vez fueran difíciles, pero Dios estaría a su lado y le daría fuerzas. Eso era lo único que necesitaba saber para tener paz.

¿Y TÚ? ¿Estás pasando por un tiempo difícil en tu vida? ¿Estás listo para desistir? ¡No lo hagas! Habla con Jesús acerca de tus luchas. Pídele que te dé sabiduría, fuerza y valor. Pídele que te sostenga, y estarás seguro a través de todo eso. Jesús te ayudará. *J. L. H.*

MEMORIZA: Sostenme y seré rescatado. *Salmo 119:117*

---

4 de agosto

NO HAY OLAS DEMASIADO VIOLENTAS

DE LA BIBLIA:

Los que viven al ampro del Altísimo
encontrarán descanso a la sombra del Todopoderoso.
Declaro lo siguiente acerca del SEÑOR:
Solo él es mi refugio, mi lugar seguro;
él es mi Dios y en él confío.
Te rescatará de toda trampa
y te protegerá de enfermedades mortales.
Con sus plumas te cubrirá
y con sus alas te dará refugio.
Sus fieles promesas son tu armadura y tu protección.
No tengas miedo de los terrores de la noche
ni de la flecha que se lanza en el día.
No temas a la enfermedad que acecha en la oscuridad,
ni a la catástrofe que estalla al mediodía.
Aunque caigan mil a tu lado,
aunque mueran diez mil a tu alrededor,
esos males no te tocarán.
Simplemente abre tus ojos
y mira cómo los perversos reciben su merecido.
SALMO 91:1-8

Dios te sostiene

5 *de agosto*

LOS PINGÜINOS Y LA GENTE

DE LA BIBLIA:

*Levanto la vista hacia las
    montañas,
    ¿viene de allí mi ayuda?
¡Mi ayuda viene del SEÑOR,
    quien hizo el cielo y la tierra!
Él no permitirá que tropieces;
    el que te cuida no se dormirá.
En efecto, el que cuida a Israel
    nunca duerme ni se adormece.
¡El SEÑOR mismo te cuida!
    El SEÑOR está a tu lado cono tu
    sombra protectora.
El sol no te hará daño durante
    el día,
    ni la luna durante la noche.
El SEÑOR te libra de todo mal
    y cuida tu vida.
El SEÑOR te protege al entrar y
    al salir,
    ahora y para siempre.*
SALMO 121:1-8

Dios es tu protector

DIANA ESTABA MUY entusiasmada. Iba a ir con sus padres al zoológico de la ciudad. A ella le encantaba observar a los animales, pero los pingüinos eran sus animales favoritos.

El guía que los dirigía les dijo que los guardianes del zoológico mantenían muy frío el lugar donde estaban los pingüinos para que esas aves pudieran estar cómodas. «De otra forma, las aves se enfermarían y podrían morir debido al cambio de clima», les explicó.

Durante el tiempo devocional de la familia aquella noche, el padre de Diana le dijo:

—¿Recuerdas lo cuidadosos que son los guardianes del zoológico en el cuidado de los pingüinos?

Diana asintió.

—Tienen que comer cierta clase de comida, y tener la temperatura correcta, y aun luces especiales.

—Exactamente —dijo papá—. Dios hace lo mismo por nosotros. Piensa en lo que pasaría si todo el tiempo cayera granizo, o si la temperatura cambiara de pronto de frío bajo cero a tan caliente como un horno. Dios controla nuestro medio ambiente porque sabe cuáles son las condiciones que necesitamos para vivir.

—Nunca pensé en eso —dijo Diana—. Dios debe amarnos mucho para cuidarnos tan bien.

—Por cierto que sí —le respondió el padre con una sonrisa—. Dios no solo controla nuestro medio ambiente físico, sino también todo lo que llega a nuestra vida. Él es quien nos cuida, y solo permite lo que es bueno para nosotros, ya sea que nos parezca que es así o no.

Diana asintió. Entonces sus ojos brillaron.

—Oye, papá, ¡deberíamos ir al zoológico muy a menudo para que no me olvide de eso!

¿Y TÚ? ¿Sabes que Dios te cuida todos los días? Él es quien provee el aire que respiras, la comida y el agua que necesitas, el tipo de medio ambiente en el que puedes sobrevivir. También Dios hace provisiones para tus necesidades espirituales. Todas las cosas que permite en tu vida ayudan a que seas la persona que deberías ser. Dale gracias a Dios por ser quien te cuida. *D. S. M.*

MEMORIZA: ¡El SEÑOR mismo te cuida! El SEÑOR está a tu lado como tu sombra protectora. *Salmo 121:5*

¡SIN ERROR ALGUNO!

GARY CAMINÓ HACIA el *home plate*. El lanzador tiró la pelota. «¡Primer *strike*!», dijo el árbitro. El siguiente tiro pasó justo por encima del plato mientras que Gary ni siquiera se movió. «¡Segundo *strike*!», gritó el árbitro. La tercera vez, Gary apenas golpeó la pelota. A mitad de camino a la primera base, ya estaba fuera del juego.

—Otro jugador fuera del juego —se quejó Roberto—. Y todo por culpa de Gary. Fue un error dejarlo jugar béisbol con nosotros.

—Él *es* un error —añadió Daniel.

Gary, con el rostro completamente rojo de vergüenza, tomó sus pertenencias y corrió hacia su casa. Estaba tan apurado que ni siquiera vio al señor Radcliffe, su vecino, que caminaba hacia el buzón. Gary chocó con él. El señor Radcliffe notó las lágrimas en los ojos de Gary.

—Oye, pareces un poco perturbado —le dijo el señor Radcliffe—. Ven a mi casa y te invitaré limonada.

Gary entró a la casa de su vecino, y muy pronto salió a relucir el incidente del campo de béisbol.

—Y es verdad, *soy* un error —dijo Gary bruscamente—. ¡Nunca debí haber nacido! ¡Mi mamá no estaba casada cuando nací!

—Gary, ¡no eres un error! —le dijo el señor Radcliffe con convicción—. Fuiste creado por Dios. El Salmo 139 dice que Dios te conocía y que cada día de tu vida estaba registrado en su libro aun antes de que nacieras.

—¿De verdad? —le preguntó Gary con esperanza.

—Así es —dijo el señor Radcliffe mientras le servía otro vaso de limonada—. No uses tus circunstancias como una excusa para ser menos de lo que Dios quiere que seas. Dios te ama y tiene un plan maravilloso para tu vida.

¿Y TÚ? ¡Jamás digas que eres un error! Tu nacimiento no sorprendió a Dios. Eres muy especial para el Señor. Y no eres responsable por las acciones de tus padres, pero sí eres responsable por tus acciones, por la forma en que vives. Vive de forma que tu vida le agrade a Dios. *J. L. H.*

MEMORIZA: Me viste antes de que naciera. Cada día de mi vida estaba registrado en tu libro. Cada momento fue diseñado antes de que un solo día pasara. *Salmo 139:16*

DE LA BIBLIA:

Tú creaste las delicadas partes internas de mi cuerpo y me entretejiste en el vientre de mi madre. ¡Gracias por hacerme tan maravillosamente complejo! Tu fino trabajo es maravilloso, lo sé muy bien. Tú me observabas mientras iba cobrando forma en secreto, mientras se entretejían mis partes en la oscuridad de la matriz. Me viste antes de que naciera. Cada día de mi vida estaba registrado en tu libro. Cada momento fue diseñado antes de que un solo día pasara. Qué preciosos son tus pensamientos acerca de mí, oh Dios. ¡No se pueden enumerar! Ni siquiera puedo contarlos; ¡suman más que los granos de la arena! Y cuando despierto, ¡todavía estás conmigo!

SALMO 139:13-18

No eres un error

7 de agosto

LA CAÍDA

No juzgues a otros

—**NO CREO QUE** Ana sea creyente en absoluto —declaró Jasón mientras montaba su bicicleta por el camino de entrada—. En realidad, estoy seguro de que lo no es. ¡Ella me mintió! —Daba vuelta la bicicleta.

Su madre lo miró desde el cantero de flores.

—Lamento mucho eso. Pero ¿no crees que estás juzgando con demasiada rapidez?

Un momento después se escuchó un gemido muy fuerte de Jason mientras se resbalaba y caía.

—Ay, ¡me duele el codo! —se quejó.

—Estoy segura de que te duele mucho —le dijo mamá con compasión—. Vamos adentro y te lo curo.

Más tarde, cuando Jasón y su madre volvieron a salir, él se preparó para subirse a su bicicleta.

—Oh —dijo la mamá, agarrando el manubrio de la bicicleta—, no vas a tratar de montar de nuevo, ¿verdad?

—Claro que sí —respondió Jasón.

—Pero, Jasón —insistió mamá—, no creo que puedas montar. Volvamos a ponerle las ruedas pequeñas que se usan para aprender a montar.

—¡Mamá! —dijo Jasón indignado—. Solo porque me caí no quiere decir que no sepa montar bicicleta.

—Mmm —dijo mamá pensativamente—, ¿resbalarte y caerte de la bicicleta no quiere decir que no sepas montar bicicleta?

Jasón negó con la cabeza.

—Entonces, ¿sabes qué? —dijo mamá—. Resbalar y caerse en la vida cristiana no quiere decir que no seas un verdadero creyente, tampoco. Lo que quiere decir es que debes confesarle a Dios lo que has hecho, y pedirle que te perdone. —La mamá le sonrió a Jasón—. Pero ten cuidado de no juzgar a la gente. En lugar de eso, ayuda a la gente a volver al camino correcto.

¿Y TÚ? ¿Estás desilusionado con alguien que dice que es creyente? No juzgues a la persona que tropieza y peca. Déjale eso a Dios. Ora por esa persona. Exprésale tu amor, aunque no te guste lo que haya hecho. Hazle saber que Dios la va a perdonar, y que tú también la perdonas. *H. W. M.*

MEMORIZA: *¿Por qué, entonces, juzgas a otro creyente? [...] Recuerda que todos estaremos delante del tribunal de Dios. Romanos 14:10*

LA CONCLUSIÓN EQUIVOCADA

ABIGAIL Y STACI pasaron caminando lentamente por la destartalada casa del señor Mitchell. En el porche se veían botellas de vino vacías. El señor Mitchell era un alcohólico.

—Apuesto a que el señor Mitchell no tiene amigos —dijo Abigail.

—No, a menos que también sean alcohólicos —dijo Staci.

En ese momento, el señor Mitchell y otro hombre salieron por la puerta de la casa riéndose.

—¡Oye! —exclamó Staci—. ¡Ese es el señor Horton! ¿Será alcohólico también?

—¡Debe serlo, si es amigo del señor Mitchell! —respondió Abigail. Staci asintió en total acuerdo.

—Adiós, Juan. Entonces, te veré mañana —dijo el señor Horton, y luego saludó a Abigail y a Staci—. Hola, muchachas. ¿Qué están haciendo?

—Estamos dando una caminata —dijo Staci entre dientes.

—No sabíamos que usted y el señor Mitchell eran amigos —dijo de pronto Abigail.

El señor Horton sonrió de oreja a oreja.

—He tratado de ser su amigo, y eso me ha dado la oportunidad de hablarle de Jesús —dijo él—. Esta mañana, él le pidió a Jesús que lo salvara y le perdonara sus pecados. Lo que es más, el señor Mitchell dijo que irá a la iglesia mañana. ¡Alabado sea el Señor!

Abigail supo que tenía que dar una explicación.

—Cuando lo vimos en la casa de él, pensamos que usted también debía ser un alcohólico. Lo que quiero decir es, nos pareció que si usted estaba allí... —Ella no sabía cómo terminar la frase.

—Ya veo —dijo el señor Horton—. Muchachas, que esta experiencia sea un recordatorio para ustedes de que nunca deben sacar conclusiones apresuradas acerca de las personas. Pero ahora que saben la verdad, simplemente ¡alaben al Señor! ¡Las veo mañana!

¿Y TÚ? ¿Eres rápido para criticar a otras personas? Es mejor no apresurarse a formarse una opinión antes de saber la historia completa. Dales a otros el beneficio de la duda, y deja que el Señor sea quien juzgue. *V. L. R.*

MEMORIZA: Solo Dios, quien ha dado la ley, es el Juez. Solamente él tiene el poder para salvar o destruir. Entonces, ¿qué derecho tienes tú para juzgar a tu prójimo? *Santiago 4:12*

DE LA BIBLIA:

Así que humíllense delante de Dios. Resistan al diablo, y el huirá de ustedes. Acérquense a Dios, y Dios se acercará a ustedes. Lávense las manos, pecadores; purifiquen su corazón, porque su lealtad está dividida entre Dios y el mundo. Derramen lágrimas por lo que han hecho. Que haya lamento y profundo dolor. Que haya llanto en lugar de risa y tristeza en lugar de alegría. Humíllense delante del Señor, y él los levantará con honor.

Amados hermanos, no hablen mal los unos de los otros. Si se critican y se juzgan entre ustedes, entonces critican y juzgan la ley de Dios. En cambio, les corresponde obedecer la ley, no hacer la función de jueces. Solo Dios, quien ha dado la ley, es el Juez. Solamente él tiene el poder para salvar o destruir. Entonces, ¿qué derecho tienes tú para juzgar a tu prójimo? SANTIAGO 4:7-12

No te apresures a sacar conclusiones

9 de agosto

LA LECCIÓN DE LA ESCUELA DOMINICAL

DE LA BIBLIA:

No juzguen a los demás, y no serán juzgados. Pues serán tratados de la misma forma en que traten a los demás. El criterio que usen para juzgar a otros es el criterio con el que se les juzgará a ustedes. ¿Y por qué te preocupas por la astilla en el ojo de tu amigo, cuando tienes un tronco en el tuyo? ¿Cómo puedes pensar en decirle a tu amigo: «Déjame ayudarte a sacar la astilla de tu ojo», cuando tú no puedes ver más allá del tronco que está en tu propio ojo? ¡Hipócrita! Primero quita el tronco de tu ojo; después verás lo suficientemente bien para ocuparte de la astilla en el ojo de tu amigo.
MATEO 7:1-5

No juzgues a otros

MIENTRAS ESTEBAN SALÍA del salón de la escuela dominical, pensó que estaba contento de que el señor Sanders hubiera enseñado la lección de no juzgar a otras personas. Algunos de los muchachos eran en realidad culpables de hacerlo.

Como Teresa, quien siempre estaba levantando la mano para contestar todas las preguntas. Es probable que pensara que eso la hacía una creyente mejor que todos los demás.

O como Shelley, quien siempre usaba la ropa de última moda. Probablemente pensaba que el resto de los muchachos y muchachas de la clase estaban fuera de onda porque nadie usaba ropa tan cara como la suya.

O como Scott, quien nunca prestaba atención en la clase y tampoco traía su Biblia. Pero su padre era el jefe de la policía, y era probable que Scott pensara que era mejor que nadie.

Aun Tomás, que era el mejor amigo de Esteban, hablaba en voz baja durante la clase de la escuela dominical si encontraba a alguien que lo escuchara. Es probable que Tomás pensara que merecía ser el centro de atención.

¡Sí!, pensó Esteban mientras se sentaba en su lugar acostumbrado en la iglesia. *Esa lección es buena para casi todos en mi clase.* Sacó una foto de su clase que tenía en la Biblia. *También sería buena para...* De pronto se detuvo cuando sus ojos llegaron a su propio rostro, sonriéndole desde la fotografía. *¿Mí?* Se sonrojó al pensar en eso. Desde que salió de la clase había estado juzgando a sus compañeros, y se había olvidado de que él también tenía muchas cosas que debía cambiar. Decidió que controlaría su propio problema, que era una actitud crítica, antes de preocuparse por las faltas de otras personas.

¿Y TÚ? ¿A veces ves las faltas de otros y no ves las tuyas? En el pasaje bíblico de hoy, Jesús te está enseñando que debes mirar tu propia vida antes de tratar de arreglar las vidas de otras personas. Primero debes arreglar los pecados que hay en tu propia vida. Y es posible que te des cuenta de que no te queda tiempo para juzgar a nadie más. *L. M. W.*

MEMORIZA: El criterio que usen para juzgar a otros es el criterio con el que se les juzgará a ustedes. *Mateo 7:2*

KATHY LLEGÓ DEL campamento bíblico decidida a compartir su testimonio. Enseguida le contó a su familia que lo mejor del campamento había sido que ella había decidido ser cristiana.

—¿Ser cristiana? —exclamó su hermana, Kim—. ¿No somos ya cristianos?

—Tú no eres cristiana porque dices que eres cristiana —comenzó Kathy.

—Kathy, si quieres ser religiosa, está bien —le dijo su papá—, pero no nos pidas que sigamos tus pasos.

Aquella noche, el padre les dijo que la reunión familiar iba a ser el próximo domingo.

—¡El domingo! —exclamó Kathy—. Yo no puedo ir. ¡No quiero faltar a la iglesia!

—Si esta religión que tienes ahora significa herir a tu familia, ¡no queremos saber nada de ella! —gruñó el padre.

Kathy se sintió mal porque había ofendido a su familia. Ella habló sobre eso con el pastor Randall.

—Es muy bueno que hayas testificado, Kathy —le dijo—, pero debes tener cuidado de no tener la actitud de "yo soy más santa que nadie". Testificar es mucho más que hablar. También debes testificar con tu vida. Que tus acciones y actitud demuestren que Jesús te ha cambiado.

—Trataré de nuevo —asintió Kathy.

Kathy encontró muchas oportunidades para testificar. De buena voluntad cedió cuando ella y Kim no estaban de acuerdo en cuanto a qué juego jugar. Cortó el césped sin que le pidieran que lo hiciera. Hasta desistió de ir a jugar vóleibol con el equipo de los jóvenes de la iglesia para poder ayudar a Kim a terminar un proyecto de la escuela que debía entregar al día siguiente. Cuando terminaron el trabajo, Kim se volvió y le dijo: «Voy a ir contigo a la iglesia esta semana. Quiero saber de qué se trata ese asunto de ser cristiana. Es algo que en verdad te ha cambiado a ti».

¿Y TÚ? Fíjate bien en lo que haces hoy. ¿Tienes una actitud alegre, humilde y bien dispuesta? Si no la tienes, pídele a Dios que te ayude a hacer los cambios necesarios para que puedas ser un testigo eficaz para él. J. L. H.

MEMORIZA: Vivan sabiamente entre los que no creen en Cristo y aprovechen al máximo cada oportunidad. *Colosenses 4:5*

10 de agosto

TESTIFICA CON TU VIDA

DE LA BIBLIA:

Dado que Dios los eligió para que sean su pueblo santo y amado por él, ustedes tienen que vestirse de tierna compasión, bondad, humildad, gentileza y paciencia. Sean comprensivos con las faltas de los demás y perdonen a todo el que los ofenda. Recuerden que el Señor los perdonó a ustedes, así que ustedes deben perdonar a otros. Sobre todo, vístanse de amor, lo cual nos une a todos en perfecta armonía. Y que la paz que viene de Cristo gobierne en sus corazones. Pues, como miembros de un mismo cuerpo, ustedes son llamados a vivir en paz. Y sean siempre agradecidos.

Que el mensaje de Cristo, con toda su riqueza, llene sus vidas. Enséñense y aconséjense unos a otros con toda la sabiduría que él da. Canten salmos e himnos y canciones espirituales a Dios con un corazón agradecido. Y todo lo que hagan o digan, háganlo como representantes del Señor Jesús y den gracias a Dios Padre por medio de él.

COLOSENSES 3:12-17

Testifica por medio de tus actitudes

11 de agosto

EL MODELO SIN TERMINAR
(PARTE 1)

DE LA BIBLIA:

Vi un gran trono blanco y al que estaba sentado en él. La tierra y el cielo huyeron de su presencia, pero no encontraron ningún lugar donde esconderse. Vi a los muertos, tanto grandes como pequeños, de pie delante del trono de Dios. Los libros fueron abiertos, entre ellos el libro de la vida. A los muertos se les juzgó de acuerdo a las cosas que habían hecho, según lo que estaba escrito en los libros. El mar entregó sus muertos, y la muerte y la tumba también entregaron sus muertos; y todos fueron juzgados según lo que habían hecho. Entonces la muerte y la tumba fueron lanzadas al lago de fuego. Este lago de fuego es la segunda muerte. Y todo el que no tenía su nombre en el libro de la vida fue lanzado al lago de fuego.
APOCALIPSIS 20:11-15

Hay vida después de la muerte

«¡FELIZ CUMPLEAÑOS, MICAH!», exclamó Anita, dándole un regalo a su hermano. Micah mostró agrado cuando abrió el paquete y descubrió un modelo de avión para armar.

«Apúrense, niños —les dijo su mamá con impaciencia—. Su padre llegó para llevarlos a los dos por el fin de semana. ¡Será mejor que lleven sus Biblias, porque él siempre quiere que las lleven!».

Anita suspiró, porque detestaba el recordatorio de que su mamá y su papá se estaban divorciando.

El padre hizo sonar el claxon de su automóvil. Anita tomó su maleta y su libro de matemáticas. Si no entendía las fracciones pronto, no iba a pasar de grado.

Aquella tarde, Anita vio el modelo de avión de Micah en la papelera. «No sirve —se quejó Micah cuando ella le preguntó acerca de eso—. ¡Las piezas no encajan!»

Cuando se acostó, Anita lloró durante mucho rato, dándole vuelta en su mente a sus heridas y problemas. Al levantarse de la cama para buscar un pañuelo de papel, se resbaló en una pequeña alfombra y cayó por las escaleras. «Ay, ¡mi pierna!», gritó por el dolor.

Su papá y su hermano la llevaron de inmediato al hospital. Al día siguiente, Anita tenía la pierna enyesada. Ella compartió lo que sentía con su papá.

—Me la paso llorando por todo —sollozó—, y tal parece que a Dios no le importa.

—Anita —le dijo su padre con suavidad—, tú sabes que esta vida no es todo lo que hay. A Jesús le importa lo que te pasa. Para los que confiamos en él, Jesús nos promete vida después de la muerte en el cielo, donde no habrá más lágrimas.

—Papá, ¿me puedes ayudar para estar segura de que voy a ir al cielo? —dijo Anita.

¿Y TÚ? ¿Has pensado alguna vez que las cosas son tan horribles que la vida es demasiado difícil para ti? ¿Has llorado y llorado por los problemas que tienes? Si eres creyente, Jesús te promete que un día te llevará con él adonde no habrá más llanto. Si no lo has hecho todavía, ¿por qué no aceptas a Jesús como tu Salvador hoy, y le confías tu vida? *J. L. H.*

MEMORIZA: Él les secará toda lágrima de los ojos, y no habrá más muerte ni tristeza ni llanto ni dolor. *Apocalipsis 21:4*

EL MODELO SIN TERMINAR
(PARTE 2)

DOS DÍAS DESPUÉS de que Anita le pidió a Jesús que la salvara y que tomara el control de su vida, ella estaba hablando de nuevo de esas cosas con su padre.

—Estoy contenta de ser creyente ahora —le dijo a él—, pero todavía me siento muy desanimada. Todavía no puedo resolver los problemas que tienen fracciones, y tú y mamá siguen con sus planes de divorciarse. Y ahora tengo este yeso porque me caí por las escaleras, y oh... no sé. Todo aún parece imposible de solucionar.

—Anita, las cosas no siempre salen de la forma que queremos —le respondió el papá—, ¡pero tienes que tener esperanza! Dios tiene un plan para nosotros. Yo te amo mucho. Tu madre también te ama mucho, y Micah también.

Cuando el padre terminó de hablar, Micah entró y tenía algo en la mano.

—¡Sorpresa! —dijo, y tenía en sus manos el modelo de avión que Anita le había regalado—. Me impacienté cuando no pude armarlo inmediatamente —dijo un poco avergonzado—. Lo siento. ¿No se ve formidable ahora?

Anita estaba sonriendo cuando Micah se fue. El padre también sonreía.

—El avión de Micah se ve muy bien —dijo él—, y tu vida también puede ser buena. Anita, todas las piezas están allí, y con la ayuda de Dios van a estar en su lugar con el tiempo. Dios es el Creador perfecto.

—Creo que no debo desistir tan rápido —admitió Anita—. Estoy lista para tratar de trabajar de nuevo, con la ayuda de Dios y con tu ayuda, papá.

¿Y TÚ? ¿Hay veces cuando sientes que todas las cosas y todo el mundo están en tu contra? Eso no es verdad. Dios te ama mucho. Pídele que te ayude. También hay otras personas que te aman. Busca a un creyente adulto, tal vez tu padre o tu madre, tu pastor, o tu maestro de la escuela dominical, y pídele que te ayude a resolver tu problema. Tú eres muy importante para esas personas y para Dios. *J. L. H.*

MEMORIZA: Pues yo sé los planes que tengo para ustedes —dice el SEÑOR—. Son planes para lo bueno y no para lo malo, para darles un futuro y una esperanza. *Jeremías 29:11*

DE LA BIBLIA:

Que toda la alabanza sea para Dios, el Padre de nuestro Señor Jesucristo. Es por su gran misericordia que hemos nacido de nuevo, porque Dios levantó a Jesucristo de los muertos. Ahora vivimos con gran expectación y tenemos una herencia que no tiene precio, una herencia que está reservada en el cielo para ustedes, pura y sin mancha, que no puede cambiar ni deteriorarse. Por la fe que tienen, Dios los protege con su poder hasta que reciban esta salvación, la cual está lista para ser revelada en el día final, a fin de que todos la vean.

Así que alégrense de verdad. Les espera una alegría inmensa, aun cuando tengan que soportar muchas pruebas por un tiempo breve. Estas pruebas demostrarán que su fe es auténtica. Está siendo probada de la misma manera que el fuego prueba y purifica el oro, aunque la fe de ustedes es mucho más preciosa que el mismo oro. Entonces su fe, al permanecer firme en tantas pruebas, les traerá mucha alabanza, gloria y honra en el día que Jesucristo sea revelado a todo el mundo.

1 PEDRO 1:3-7

Dios te da esperanza

13 de agosto

SOLO BURBUJAS

Las «cosas» no duran

«DEJA DE LLORAR, Jill, voy a soplar más burbujas para ti», Débora mojó la varita de plástico en la solución jabonosa y sopló suavemente. Jill, su pequeña hermanita, aplaudió y se rió cuando vio las burbujas de colores, pero cuando se alejaban o explotaban, la niña comenzaba a llorar de nuevo.

Débora suspiró y vio que su mamá había salido al porche.

—Jill llora cuando las burbujas explotan —se quejó Débora—. No se da cuenta de que las bur-bujas son muy bonitas, ¡pero no duran!

—Me pregunto si Dios se siente de esa forma algunas veces —dijo mamá, al tiempo que tomaba a Jill en sus brazos para consolarla.

—¿Qué quieres decir? —le preguntó Débora.

—¿Recuerdas lo mal que me sentí cuando rompí aquel tazón antiguo la semana pasada? —le dijo—. Dios nos dice que las cosas que más ateso-ramos en la tierra son como burbujas. Ante los ojos de Dios no tienen valor alguno, pero para nosotros son muy importantes. Nos quejamos y lloramos cuando las perdemos.

—Creo que entiendo —respondió Débora—. Yo lloré cuando me cortaron el pelo. Es tonto, por-que crece de nuevo.

—¿Y recuerdas lo disgustados que estuvimos papá y yo cuando le prestamos nuestro automóvil nuevo a la tía Dori y ella le hizo una abolladura? —le recordó mamá—. ¡Qué cosa! Es muy fácil recordar las "burbujas" por las que lloramos, pero solo las cosas buenas que hagamos por Jesucristo tendrán valor eterno.

¿Y TÚ? ¿Qué es lo que más valoras en la vida? ¿Una bicicleta? ¿Algunas joyas? ¿Tu juguete favorito? Dios te ha dado muchas cosas para que las uses y las disfrutes, pero no utilices todo tu tiempo y energía en «burbujas» que van a explotar y desaparecer. Recuerda el dicho antiguo que dice: «Solo una vida que pronto pasará, solo lo que se hace por Cristo permanecerá». *P. R.*

MEMORIZA: Después de todo, no trajimos nada cuando vinimos a este mundo ni tampoco podremos llevarnos nada cuando lo dejemos. *1 Timoteo 6:7*

¿MUCHACHOS JEFES?

—ME ELIGIERON PARA ser miembro del Club de los Muchachos Jefes —anunció Barry con orgullo una noche—. Tienen reuniones, y allí hablan de asuntos y cosas para hacer juntos.

—Es mejor que los investigues un poco antes de involucrarte con ellos —le sugirió su papá.

Barry se encogió de hombros.

—Me parece que es un buen grupo —dijo, y miró el plato de comida que su madre había puesto frente a él—. ¿Qué es esto?

—Se llama "Cena de primera", —le dijo mamá—. Suena bien, ¿no es cierto?

—Me gusta el nombre, pero voy a chequearla y veré por mí mismo —insistió Barry. Probó un bocado pequeño, y luego un poco más—. Me gusta —dijo él—, pero lo que no me gusta son los hongos.

—Te di solamente unos pocos —le dijo su madre—. Si quieres más comida, no te sirvas hongos.

—Tú chequeaste la comida para ver si era buena o mala —observó papá—. Eso es lo que la Biblia nos dice que debemos hacer. En 1 Tesalonicenses, el apóstol Pablo dice que debemos chequear todo, o en sus propias palabras, poner "a prueba todo". Creo que lo que quiere decir es que no debemos hacer cosas apresuradamente sin antes haberlas examinado.

—Como los Muchachos Jefes —dijo Barry.

A la tarde siguiente, Barry estaba un poco callado.

—Me enteré de que los Muchachos Jefes no son muy buenos —dijo él—. Hablé con uno de ellos, y se le escapó que compran cigarrillos y bebidas alcohólicas con parte del dinero del club. Estoy contento de haberme enterado de eso antes de haberles dado la mitad de mi mesada como pago de la cuota.

—Y yo estoy contento de que hayas seguido el consejo del apóstol Pablo —dijo papá.

¿Y TÚ? ¿Estás ansioso por unirte a un club, leer un libro popular, mirar cierta película, o comprar un disco compacto que todos tienen, que te lanzas a hacer eso sin investigar para ver si es algo que te dañará o te hará bien? ¿Es algo que te ayudará a amar más al Señor, o te apartará de él? Debes investigar todo, y retener solo lo que es bueno. *H. W. M.*

MEMORIZA: Pongan a prueba todo lo que se dice. Retengan lo que es bueno. Aléjense de toda clase de mal. *1 Tesalonicenses 5:21-22*

DE LA BIBLIA:

Hermanos, les rogamos que amonesten a los perezosos. Alienten a los tímidos. Cuiden con ternura a los débiles. Sean pacientes con todos.

Asegúrense de que ninguno pague mal por mal, más bien siempre traten de hacer el bien entre ustedes y a todos los demás.

Estén siempre alegres. Nunca dejen de orar. Sean agradecidos en toda circunstancia, pues esta es la voluntad de Dios para ustedes, los que pertenecen a Cristo Jesús.

No apaguen al Espíritu Santo. No se burlen de las profecías, sino pongan a prueba todo lo que se dice. Retengan lo que es bueno. Aléjense de toda clase de mal.

Ahora, que el Dios de paz los haga santos en todos los aspectos, y que todo su espíritu, alma y cuerpo se mantengan sin culpa hasta que nuestro Señor Jesucristo vuelva.

1 TESALONICENSES 5:14-23

Pon a prueba todas las cosas, pero retén solo lo bueno

15 de agosto

¡NO QUIERO IR!

DE LA BIBLIA:

Sin embargo, ya puestas en camino, Noemí les dijo a sus dos nueras: —Vuelva cada una a la casa de su madre, y que el SEÑOR las recompense por la bondad que mostraron a sus esposos y a mí. Que el SEÑOR las bendiga con la seguridad de un nuevo matrimonio. Entonces les dio un beso de despedida, y todas se echaron a llorar desconsoladas. [...]

Y Orfa se despidió de su suegra con beso, pero Rut se aferró con firmeza a Noemí.

—Mira —le dijo Noemí—, tu cuñada regresó a su pueblo y a sus dioses. Tú deberías hacer lo mismo.

Pero Rut respondió:

—No me pidas que te deje y regrese a mi pueblo. A donde tú vayas, yo iré; dondequiera que tú vivas, yo viviré. Tu pueblo será mi pueblo, y tu Dios será mi Dios. Donde tú mueras, allí moriré y allí me enterrarán. ¡Que Dios me castigue severamente si permito que algo nos separe, aparte de la muerte!

Cuando Noemí vio que Rut estaba decidida a irse con ella, no insistió más.

RUT 1:8-18

Acepta los cambios que son necesarios

—¡A INGLATERRA! —AMANDA estaba aturdida—. ¿De verdad nos vamos a mudar a Inglaterra?

—Así es, querida —le dijo su padre—. Mi compañía quiere abrir una sucursal en el extranjero, y me han elegido para que la comience. Vamos a vivir en Inglaterra por lo menos cinco años.

Amanda miró por la ventana de la sala a la calle familiar. Ella había vivido en esa casa desde que era bebé. Tendría que dejar a sus amigas, su escuela y su iglesia.

—Creo que no quiero mudarme —dijo, mientras las lágrimas le caían por las mejillas.

El padre de Amanda le puso un brazo alrededor de los hombros.

—Tú tienes una elección —le dijo—. Puedes estar disgustada y amargada porque nos vamos a mudar, o puedes mirar esto como una experiencia especial. Es tu elección. Y además debes recordar que no importa adónde nos mudemos, Dios estará con nosotros, y él promete que nos cuidará.

Amanda pensó en lo que había dicho su padre. Ella sabía que se irían a Inglaterra ya fuera que le gustara o no, así que sería mejor que escogiera que le gustaría. ¡Por cierto que no quería estar amargada ni sentirse desdichada por cinco años! Amanda llamó a su mejor amiga, Julia, esa misma noche.

—¿A que no sabes una cosa? ¡Nos vamos a ir a vivir a Inglaterra! —le dijo.

—¡Qué fantástico! —le dijo Julia con alegría después de que Amanda le explicó los planes—. Me puedes mandar muchas cartas, ¡y yo pondré las estampillas de correo en mi colección!

Amanda sonrió. Mudarse a Inglaterra podría ser una aventura muy buena. Se alegró de haber cambiado su actitud.

¿Y TÚ? ¿Se muda mucho tu familia? ¿Has tenido que cambiar de escuela? No es fácil mudarse y dejar atrás todo lo que te es familiar. Pero recuerda que el Señor promete estar contigo todo el tiempo y en cualquier lugar que estés. Trata de ver la ventaja de vivir en diferentes lugares. Aprende a disfrutar las experiencias singulares y la gran variedad de amigos. Aprende a estar contento en el lugar en que Dios te ha puesto. *L. M. W.*

MEMORIZA: He aprendido a estar contento con lo que tengo. *Filipenses 4:11*

UNA HOJA EN BLANCO

DE LA BIBLIA:

«HEATHER —LE DIJO su mamá, quien estaba de pie en el umbral de la puerta del dormitorio de su hija un sábado—. Has pasado ya la mitad del día aquí perdiendo el tiempo. ¿Qué te parece si haces algo constructivo, como escribirle una carta a la abuela Nelson?»

Heather fue a buscar papel para escribir la carta. Unos pocos minutos después, su madre escuchó cuando Heather estaba regañando a Jody, su hermanita de dos años de edad. «Jody garabateó todas las páginas de mi bloc nuevo de papel de escribir —exclamó Heather—. ¡Las hojas están arruinadas!»

Heather hojeó las páginas y encontró una hoja que no estaba garabateada.

—Aquí hay una que no viste, Jody, todavía está buena —le dijo. Pero su madre negó con la cabeza.

—No, de la forma en que está ahora, en realidad no está mejor que las otras que Jody garabateó —le dijo su mamá.

—¿Qué quieres decir? —le preguntó Heather.

—Es una hoja en blanco —le respondió la madre—. Nada ha sido hecho en esa hoja, así que no tiene valor real para nadie. —Heather sonrió.

—La voy a usar para escribirle a la abuela.

—Muy bien —le dijo la madre con una sonrisa—. Un día en tu vida es como una hoja de papel en blanco, querida. Lo puedes usar en actividades tontas o que te perjudican, y sería como esas hojas que Jody garabateó. O lo puedes desperdiciar simplemente usándolo en cosas que no tienen valor alguno.

—Como malgasté esta mañana —dijo Heather pensativamente—. Bueno, el día todavía no ha terminado, así que todavía tengo tiempo de hacer algo bueno en él. Y voy a comenzar escribiéndole una carta a la abuela.

Vivimos la vida bajo tu ira,
  y terminamos nuestros años con
    un gemido.
¡Setenta son los años que se nos
    conceden!
  Algunos incluso llegan a
    ochenta.
Pero hasta los mejores años
    se llenan de dolor y de
    problemas;
  pronto desaparecen, y volamos.
¿Quién puede comprender el poder
    de tu enojo?
  Tu ira es tan imponente como el
    temor que mereces.
Enséñanos a entender la brevedad
    de la vida,
  para que crezcamos en sabiduría.
¡Oh SEÑOR, vuelve a nosotros!
  ¡Hasta cuándo tardarás?
  ¡Compadécete de sus siervos!
Sácianos cada mañana con tu
    amor inagotable,
  para que cantemos de alegría
    hasta el final de nuestra vida.
¡Danos alegría en proporción a
    nuestro sufrimiento anterior!
  Compensa los años malos
    con bien.
SALMO 90:9-15

No pierdas el tiempo

¿Y TÚ? Si eres creyente, deberías sacar el «mayor provecho de cada oportunidad». Usa tu tiempo en cosas que le agradan al Señor. Esto puede incluir ser amigable, ayudar a tu madre, estudiar la Palabra de Dios, leer un buen libro, descansar el tiempo necesario, testificarle a un amigo. ¡Comienza ahora mismo a hacer que cada día de tu vida valga la pena! *S. L. K.*

MEMORIZA: Tengan cuidado de cómo viven. No vivan como necios sino como sabios. Saquen el mayor provecho de cada oportunidad en estos días malos. *Efesios 5:15-16*

17 de agosto

UNA Y OTRA VEZ

DE LA BIBLIA:

Estos son los proverbios de Salomón, hijo de David, rey de Israel.

El propósito de los proverbios es enseñar sabiduría y disciplina,
y ayudar a las personas a comprender la inteligencia de los sabios.
Su propósito es enseñarles a vivir una vida disciplinada y exitosa,
y ayudarles a hacer lo que es correcto, justo e imparcial.
Estos proverbios darán inteligencia al ingenuo,
conocimiento y discernimiento al joven.

Que el sabio escuche estos proverbios y se haga aún más sabio.
Que los que tienen entendimiento reciban dirección
al estudiar el significado de estos proverbios y estas parábolas,
las palabras de los sabios y sus enigmas.

El temor del SEÑOR es la base del verdadero conocimiento,
pero los necios desprecian la sabiduría y la disciplina.

Hijo mío, presta atención cuando tu padre te corrige;
no descuides la instrucción de tu madre.
PROVERBIOS 1:1-8

Aprende de la repetición

—¡COURTNEY! —LA LLAMÓ su mamá—. Entra y estudia tu lección de la escuela dominical. ¡Has estado trabajando con King durante una hora!

Courtney frunció el ceño.

—Si no adiestro a King en cada oportunidad que tengo, no va a estar listo para el desfile de perros la semana que viene —le dijo ella a su madre—. Además, es la historia de Daniel y los leones. ¡La he escuchado un millón de veces!

—No creo que hayan sido tantas veces. No te llevará mucho tiempo estudiarla, y tal vez te sorprendas, es posible que aprendas algo nuevo.

Courtney refunfuñó mientras se sentaba a la mesa con su libro de la escuela dominical y la Biblia. Quince minutos después había terminado y estaba de nuevo afuera con su perro.

Aquella tarde, Cindy habló acerca de lo bien que King estaba aprendiendo.

—Creo que es porque lo he estado adiestrando desde que era un cachorrito. Lo he hecho hacer las cosas una y otra vez hasta que las hizo correctamente.

—¿Sabes? —le dijo mamá—, al igual que a King, te hemos enseñado las cosas una y otra vez desde que eras pequeñita. Pero como a King, tenemos que enseñarte las cosas una y otra vez. Todo lo que aprendes ahora en la iglesia te ayudará en los años venideros.

—¿Así que en realidad no importa si nos dan la misma lección más de una vez? —le preguntó Courtney.

—¡Tú le das la misma lección a King todos los días! —le dijo mamá riéndose.

—Sí, tienes razón —respondió Courtney—. Creo que voy a estudiar mi lección de nuevo esta noche. La estudié bastante rápido esta tarde; tal vez se me pasó algo.

¿Y TÚ? ¿Te cansas de escuchar las mismas historias bíblicas una y otra vez? Recuerda que muy pocas veces se aprende todo lo que abarca un tema si lo escuchas una sola vez. Dale gracias a Dios por tus padres y maestros, quienes con paciencia te enseñan la Palabra de Dios. Si aprendes bien las lecciones, serás recompensado al poder usarlas en el futuro. *D. S. M.*

MEMORIZA: Entrégate a la instrucción; presta suma atención a las palabras de conocimiento. *Proverbios 23:12*

EL PROFESOR DE ciencias de Rebeca no creía en el registro bíblico de la creación. Él le dijo a la clase que todos los animales evolucionaron de formas más primitivas de vida. Cuando Rebeca preguntó de dónde habían salido esas formas más primitivas de vida, el señor Matthews se encogió de hombros y dijo: «Simplemente aparecieron». Rebeca creía que Dios había creado los cielos y la tierra, pero ¿cómo podría convencer a su profesor?

Al día siguiente, Rebeca llevó a la clase un hermoso pájaro cardenal tallado en madera que había recibido de regalo. Cuando llegó la hora de la clase de ciencias, ella colocó el ave sobre su escritorio. Los otros alumnos lo admiraron y aun el señor Matthews se acercó adonde ella estaba sentada y miró el cardenal.

—Quienquiera que haya tallado este cardenal, por cierto que sabía lo que estaba haciendo —observó él—. ¡Es precioso! ¿Quién lo hizo?

Rebeca se encogió de hombros.

—Nadie. Cuando yo me desperté esta mañana, allí estaba él. ¡Simplemente apareció!

El profesor se veía sorprendido.

—¿Quieres decir que no sabes quién lo hizo?

—Nadie lo hizo, ya le dije que ¡simplemente apareció! —insistió Rebeca.

El señor Matthews levantó las cejas.

—Claro que sí —dijo él con sarcasmo—. ¿Cuál es tu punto?

—Señor Matthews —dijo Rebeca sonriendo—, usted pensaría que es ridículo creer que nadie hizo esta ave de madera; sin embargo, me dijo que nadie hizo a los verdaderos cardenales.

El señor Matthews la miró, y Rebeca se dio cuenta de que estaba pensando. En silencio, ella le dio gracias a Dios de que por lo menos había logrado que su maestro pensara.

¿Y TÚ? ¿Algunas veces tus maestros enseñan cosas que van contra la Palabra de Dios? Dios creó todas las cosas, incluyendo toda la vida. La Biblia enseña eso, y puedes ver evidencia de la creación de Dios en este hermoso mundo que te rodea. De la misma forma en que se requiere un artista talentoso para hacer una figura bonita, se requirió al Diseñador Maestro, Dios, para crear el maravilloso mundo en el que vives. L. M. W.

MEMORIZA: Yo hice la tierra, la gente y cada animal con mi gran fuerza y brazo poderoso. Jeremías 27:5

NO APARECIERON SIMPLEMENTE

DE LA BIBLIA:

Entonces Dios dijo: «Que las aguas se colmen de peces y de otras formas de vida. Que los cielos se llenen de aves de toda clase». Así que Dios creó grandes criaturas marinas [...] y aves de todo tipo, cada uno produciendo crías de la misma especie. Y Dios vio que esto era bueno. Entonces Dios los bendijo con las siguientes palabras: «Sean fructíferos y multiplíquense. Que los peces llenen los mares y las aves se multipliquen sobre la tierra». [...]

Entonces Dios dijo: «Que la tierra produzca toda clase de animales, que cada uno produzca crías de la misma especie: animales domésticos, animales pequeños que corran por el suelo y animales salvajes»; y eso fue lo que sucedió. [...] Y Dios vio que esto era bueno.

Entonces Dios dijo: «Hagamos a los seres humanos a nuestra imagen, para que sean como nosotros. Ellos reinarán sobre [...] todos los animales salvajes de la tierra y los animales pequeños que corren por el suelo».

Así que Dios creó a los seres humanos a su propia imagen. [...]

Luego Dios los bendijo con las siguientes palabras: «Sean fructíferos y multiplíquense. Llenen la tierra y gobiernen sobre ella. Reinen sobre los peces del mar, las aves del cielo y todos los animales».
GÉNESIS 1:20-28

Dios creó la vida

19 de agosto

EN TODAS PARTES AL MISMO TIEMPO

DE LA BIBLIA:

Oh Señor, has examinado mi
corazón
    y sabes todo acerca de mí.
Sabes cuándo me siento y cuándo
    me levanto;
    conoces mis pensamientos aun
    cuando me encuentro lejos.
Me ves cuando viajo
    y cuando descanso en casa.
    Sabes todo lo que hago.
Sabes lo que voy a decir
    incluso antes de que lo diga,
    Señor.
Vas delante y detrás de mí.
    Pones tu mano de bendición
    sobre mi cabeza.
Semejante conocimiento es
    demasiado maravilloso
    para mí,
    ¡es tan elevado que no puedo
    entenderlo!
    ¡Jamás podría escaparme de
    tu Espíritu!
    ¡Jamás podría huir de tu
    presencia!
Si subo al cielo, allí estás tú;
    si desciendo a la tumba,
    allí estás tú.
Si cabalgo sobre las alas de
    la mañana,
    si habito junto a los océanos
    más lejanos,
    aun allí me guiará tu mano
    y me sostendrá tu fuerza.
SALMO 139:1-10

Dios está en todas partes

ALAN Y ROBERTO estaban hablando de su lección de la escuela dominical antes del almuerzo.

—Creo en Dios tanto como crees tú —declaró Alan—. Pero si él estuviera en todas partes, lo veríamos.

—Dios está aquí y en todas partes —insistió Roberto—. Como dijo el señor Malloy, Dios es oni... omni...

—Omnipresente —lo ayudó papá—. Mamá tiene la cena lista, así que no la hagamos esperar. —Después de dar gracias, papá se volvió a Alan—. Dime, ¿cuál era el desacuerdo que tenían?

—Oh, creo que pienso demasiado científicamente para creer que Dios está en todas partes al mismo tiempo —dijo Alan con suficiencia y luego cambió el tema—. ¿Podemos escuchar el programa bíblico para niños mientras cenamos, ¿por favor?

—Sí —dijo mamá con una sonrisa—. Pero primero, señor Científico, dime qué es lo que hace posible que escuchemos a la gente en la radio. No podemos verlos.

—No, a menos que estén en la televisión —dijo Alan sonriendo—. Verás, hay ondas radiales, u ondas de sonido en el aire, y también ondas que transmiten figuras, y...

—Tú no quieres decir aquí mismo en este cuarto, ¿no? —lo interrumpió su papá moviendo los brazos—. No puedo ver ninguna y tampoco puedo sentirlas. Lo que quieres decir es que están dentro del aparato de la radio o de la televisión.

—No, están alrededor de nosotros.

—Tal vez sería mejor que no escucháramos el programa de niños hoy —sugirió su mamá—. De esa forma no usaremos todas las ondas de sonido para evitar que otras personas no puedan escucharlo.

—Oh, mamá —se rió Alan—. Esas mismas ondas están en todas partes.

—¡Igual que Dios! —de pronto dijo Roberto—. Dios está aquí y en todas partes al mismo tiempo.

¿Y TÚ? ¿Te resulta difícil entender que Dios es omnipresente, que está en todas partes al mismo tiempo? Y no te puedes escapar de Dios. Él está allí cuando dices una mentira. Dios está contigo cuando tienes miedo, y está presente cuando te sientes solo. ¡Nuestro Dios es maravilloso! *H. W. M.*

MEMORIZA: ¡Jamás podría escaparme de tu Espíritu! ¡Jamás podría huir de tu presencia! *Salmo 139:7*

LA ORACIÓN CONTESTADA

EMILIA SE ESTABA probando la ropa nueva que iba a usar en la escuela cuando su madre entró al dormitorio.

—Este vestido es el que me gusta más de toda mi ropa nueva —dijo Emilia—. Y estos zapatos nuevos me encantan.

La madre sonrió.

—Estoy contenta de que te gusten. Ahora, ven, es la hora de que José se acueste, y todavía no hemos orado juntos en familia.

Cuando el padre pidió que dijeran las peticiones de oración, Emilia dijo: «Oremos pidiendo que Sheryl se pueda comprar un par de zapatos nuevos. Ella ha usado los mismos zapatos viejos y gastados todo el verano, y sé que ese el único par de zapatos que tiene».

Mientras Emilia oraba por Sheryl, sintió algo peculiar, como que se estaba olvidando de algo. Todavía tenía el mismo sentimiento cuando guardó su ropa nueva y sus zapatos en el clóset. Y el sentimiento siguió cuando se acostó a dormir.

Emilia frunció el ceño y miró en la oscuridad, tratando de recordar qué era lo que se había olvidado. Pensó en lo que había hecho ese día, comenzando con el desayuno y su lectura bíblica diaria. «Supónganse que ven a un hermano o una hermana que no tiene qué comer ni con qué vestirse y uno de ustedes le dice: "Adiós, que tengas un buen día; abrígate mucho y aliméntate bien", pero no le dan ni alimento ni ropa. ¿Para qué le sirve?», había leído su papá.

Emilia se sentó en la cama y se rió. Saltó de la cama y corrió a la sala.

—Mamá, Dios quiere que yo conteste mi propia oración, y que le compre zapatos a Sheryl con el dinero que tengo ahorrado por cuidar niños.

Mamá se mostró sorprendida, y luego sonrió.

—Emilia, ¡esa es una idea que demuestra mucha generosidad! Iremos de compras mañana.

¿Y TÚ? A menudo, Dios usa a las personas para que contesten las oraciones, y él puede usarte a ti para contestar tus propias oraciones. Debes estar dispuesto a obedecer a Dios cuando sientes que te está guiando a hacer algo. *B. J. W.*

MEMORIZA: Siempre que tengamos oportunidad, hagamos el bien a todos, en especial a los de la familia de la fe. *Gálatas 6:10*

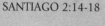

DE LA BIBLIA:

Amados hermanos, ¿de qué le sirve a uno decir que tiene fe si no lo demuestra con sus acciones? ¿Puede esa clase de fe salvar a alguien? Supónganse que ven a un hermano o una hermana que no tiene qué comer ni con qué vestirse y uno de ustedes le dice: «Adiós, que tengas un buen día; abrígate mucho y aliméntate bien», pero no le da ni alimento ni ropa. ¿Para qué le sirve?

Como pueden ver, la fe por sí sola no es suficiente. A menos que produzca buenas acciones, está muerta y es inútil.

Ahora bien, alguien podría argumentar: «Algunas personas tienen fe; otras, buenas acciones». Pero yo les digo: «¿Cómo me mostrarás tu fe si no haces buenas acciones? Yo les mostraré mi fe con mis buenas acciones».

SANTIAGO 2:14-18

Ayúdense unos a otros

21 de agosto

TIEMPO DE OLVIDAR

DE LA BIBLIA:

*Hay una temporada para todo,
    un tiempo para cada actividad
    bajo el cielo.
Un tiempo para nacer, y un tiempo
    para morir.
    Un tiempo para sembrar y un
    tiempo para cosechar.
Un tiempo para matar y un tiempo
    para sanar.
    Un tiempo para derribar y un
    tiempo para construir.
Un tiempo para llorar y un tiempo
    para reír.
    Un tiempo para entristecerse y
    un tiempo para bailar.
Un tiempo para esparcir piedras
    y un tiempo para juntar
    piedras.
    Un tiempo para abrazarse y un
    tiempo para apartarse.
Un tiempo para buscar y un
    tiempo para dejar de buscar.
Un tiempo para guardar y un
    tiempo para botar.
Un tiempo para rasgar y un tiempo
    para remendar.
    Un tiempo para callar y un
    tiempo para hablar.
Un tiempo para amar y un tiempo
    para odiar.
    Un tiempo para la guerra y un
    tiempo para la paz.*
ECLESIASTÉS 3:1-8

*Perdona los errores de
otras personas*

—MAMÁ, ¿A QUE no sabes lo que acabo de escuchar sobre nuestros vecinos? El padre acaba de salir de la cárcel. —Antes de que su madre pudiera responder, Marcos siguió hablando rápidamente—. Él le robó mucho dinero al dueño del lugar donde trabajaba, ¡y pasó cinco años en la cárcel! Me pregunto si deberíamos decirle al señor Wilson que tiene a un ladrón trabajando para él.

—Estoy segura de que el señor Wilson sabe todo acerca del señor Smith —le respondió la madre con calma.

Los ojos de Marcos mostraron preocupación.

—Voy a tener más cuidado y ponerle la cadena a la bicicleta. Les dije a los otros muchachos que también tuvieran cuidado con sus bicicletas.

—Marcos, tú no deberías estar hablándoles a otras personas acerca del señor Smith. En realidad no sabes nada acerca de esa situación —lo regañó la mamá—. Bueno, ¿vas a ir a jugar a la casa de Natán?

—Sí —asintió Marcos, y corrió hasta el dormitorio de su hermano mayor. Cuando su madre lo siguió, ella escuchó que le pedía a su hermano si podía llevar su telescopio a la casa de Natán.

—No. No te puedo tener confianza —le dijo Brad de inmediato—. Tú perdiste mi calculadora el mes pasado.

—Pero te di dinero para que te compraras otra —le recordó Marcos.

—Sí —admitió Brad—, pero si pierdes mi telescopio o lo rompes, te va a tomar meses para que me puedas pagar lo que vale.

—Pero, Brad —se quejó Marcos—, no es justo que uses ese error en mi contra siempre.

Mamá habló de inmediato.

—Tampoco es justo que tú uses el error del señor Smith en su contra siempre —le dijo—. Él pagó por eso. Jesús dijo que si queremos recibir misericordia, debemos ser misericordiosos. Y si queremos que nos perdone, debemos perdonar a otras personas.

¿Y TÚ? Cuando Jesús perdona nuestros pecados, él los olvida. ¿Hay algo en cuanto a una persona que debes olvidar? Entonces, hazlo. ¿Cómo? Deja de hablar acerca de eso y muy pronto lo olvidarás. *B. J. W.*

MEMORIZA: Yo, sí, yo solo, borraré tus pecados por amor a mí mismo y nunca volveré a pensar en ellos. *Isaías 43:25*

«...Y GRACIAS, SEÑOR, porque los muchachos parecían estar reconociendo sus pecados cuando di mi testimonio en la escuela —oró Ryan en su clase de la escuela dominical—. Amén».

Varios de los muchachos intercambiaron miradas. Daniel le dio un codazo a Kyle. «Le tomé el tiempo —susurró Daniel—. Oró durante tres minutos, y todo el tiempo habló de su maravilloso testimonio».

Su maestro, el señor Burton, preguntó si había algunos anuncios. Ryan fue el primero en hablar. «La semana que viene vamos a dar en la escuela un informe sobre nuestro libro favorito, y yo voy a hacer el mío sobre la Biblia. Estoy seguro de que seré un gran testigo».

Después de la clase, el señor Burton llamó a Ryan para hablarle a solas. «Me alegro que seas tan entusiasta para testificar, pero no te jactes cuando hablas de la forma en que el Señor te está usando. Habla más acerca de Jesús, y menos acerca de ti».

Pero durante la semana siguiente, Ryan pasó más tiempo hablando de lo formidable que sería su testimonio que el tiempo que pasó preparando el informe. Cuando dio el informe, vaciló muchas veces y no dio la impresión de saber de lo que estaba hablando. «La próxima vez, habla de algo con lo que estés más familiarizado», le sugirió su maestro.

Ryan enrojeció de vergüenza.

Al domingo siguiente, Ryan habló con el señor Burton.

—¿No quiere Dios que yo sea un buen testigo?

—Sí —le dijo el señor Burton—, pero él quiere que tú lo glorifiques a *él*, y no a ti mismo —le dijo—. Tal vez necesitabas una lección de humildad.

Ryan estuvo de acuerdo.

—Voy a tratar de recordar que solamente soy un instrumento en las manos de Dios, y que es él quien hace la verdadera obra.

¿Y TÚ? ¿Te sientes a veces tentado a jactarte de alguna cosa buena que has hecho, o que tienes planes de hacer, para el Señor? Las cosas buenas que se hacen para impresionar a otras personas o para sentirse importante a menudo terminan en fracaso. Que Dios nos use es un honor y un privilegio, pero la gloria le pertenece a él. Es algo que Dios no compartirá. *S. L. K.*

MEMORIZA: «¡Yo soy el SEÑOR; ese es mi nombre! No le daré mi gloria a nadie más». *Isaías 42:8*

22 *de agosto*

LO QUE DIOS NO COMPARTIRÁ

DE LA BIBLIA:

No te jactes del mañana, ya que no sabes lo que el día traerá.
Que te alabe otro y no tu propia boca. [...]

Como dicen las Escrituras: «Si quieres jactarte, jáctate solo del SEÑOR».

Cuando la gente se alaba a sí misma, ese elogio no sirve de mucho. Lo importante es que los elogios provengan del Señor. PROVERBIOS 27:1-2; 2 CORINTIOS 10:17-18

Dale la gloria a Dios

23 de agosto

CALMA EN LA TORMENTA

DE LA BIBLIA:

Pero ahora, oh Jacob, escucha al SEÑOR , quien te creó. Oh Israel, el que te formó dice: «No tengas miedo, porque he pagado tu rescate; te he llamado por tu nombre, eres mío. Cuando pases por aguas profundas, yo estaré contigo. Cuando pases por ríos de dificultad, no te ahogarás. Cuando pases por el fuego de la opresión, no te quemarás; las llamas no te consumirán. Pues yo soy el SEÑOR tu Dios, el Santo de Israel, tu Salvador. Yo di a Egipto como rescate por tu libertad; en tu lugar di a Etiopía y a Seba».
ISAÍAS 43:1-3

La confianza en Dios te trae paz

MIENTRAS LA LLUVIA golpeaba contra la ventana del dormitorio de Dana, dos enormes lágrimas mojaron su almohada. La tormenta en su corazón parecía mucho más grande que la tormenta de afuera. Su papá había perdido el trabajo, y la familia tenía que cuidar mucho el dinero que tenían. Estaban preocupados porque tal vez tendrían que vender la casa.

Unos pocos minutos más tarde, Dana escuchó que alguien abría la puerta de su dormitorio.

—¿Te molesta la tormenta, querida? —le preguntó su mamá.

Dana se secó las lágrimas.

—No, casi ni la noto —dijo ella. Mamá sonrió.

—Qué bueno. Cuando eras pequeña, le tenías un miedo horrible a los relámpagos.

—¿A los relámpagos? —preguntó Dana.

Mamá se sentó en la mecedora que estaba al lado de la cama.

—Cuando había una gran tormenta, yo solía venir a tu dormitorio y me sentaba en esta mecedora. El hecho de que yo estaba aquí parecía hacer alejar tus temores.

Dana miró a su mamá y sonrió.

—Voy a estar bien esta noche.

—Te conozco muy bien —le respondió la mamá mientras se ponía en pie—. Sé lo preocupada que has estado en estos últimos tiempos, y he estado orando para que la presencia de Dios te ayude a pasar por este tiempo difícil. Él se ocupará de que las tormentas de la vida nunca te lastimen.

Después de que su madre salió, Dana miró la mecedora vacía. Ella trató de imaginarse al Señor sentado allí, cuidándola durante este tiempo difícil. De pronto, Dana supo que aunque los problemas de su vida todavía estaban allí, ella podía confiar en que Dios la iba a cuidar. Se dio vuelta en la cama, y muy pronto se durmió profundamente.

¿Y TÚ? ¿Hay algunos problemas difíciles en tu vida en este momento? Dios puede cambiar tu situación, pero tal vez te deje pasar por tiempos difíciles para que aprendas a confiar en él totalmente. Aprender a confiar en Dios, sin importar lo que sucede, es el secreto de la verdadera felicidad. *S. L. K.*

MEMORIZA: ¡Tú guardarás en perfecta paz a todos los que confían en ti; a todos los que concentran en ti sus pensamientos! *Isaías 26:3*

A MIGUEL LE gustaba el misionero que estaba hablando en su iglesia. «En mi país hay muchos niños huérfanos —estaba diciendo el señor Rathbun—. Les estamos pidiendo a los creyentes que oren fervientemente pidiendo que podamos construir un edificio para cuidarlos. También les estamos pidiendo que le den al Señor el dinero que ahorran si no se compran una taza de café o una soda por semana, para poder construir ese hogar. Todos los que puedan ayudar, levanten la mano». Miguel levantó la mano, al igual que sus amigos, Greg y Marcos.

El sábado siguiente, los tres muchachos estaban camino a sus casas en sus bicicletas. Volvían de una práctica de béisbol. «Compremos unas gaseosas en la gasolinera», dijo Greg.

Cuando estaban contando las monedas, Miguel exclamó:

—¡Oigan, esperen! Prometimos que no íbamos a comprar una bebida gaseosa por semana, y yo todavía no he apartado ese dinero. ¿Y ustedes?

—No —dijo Greg—. Lo que voy a hacer es no tomar dos la semana que viene.

—Sí —estuvo de acuerdo Marcos—. Ahora tengo mucha sed.

Aquella anoche, Miguel le contó a su padre lo que habían dicho sus amigos, y luego agregó:

—Yo estuve enojado con ellos hasta que me di cuenta de que estaba tan mal como ellos. Le prometí al señor Rathbun orar por el orfanato, pero lo he hecho muy pocas veces.

—Me alegro de que puedas ver tus faltas, Miguel —le dijo su padre—. Dios dice que es mejor no hacer promesas, que hacer una promesa y no cumplirla. Ahora, si cumples tu promesa, puedes orar pidiéndole a Dios que obre en el corazón de tus amigos para que ellos también quieran cumplir lo que han prometido.

¿Y TÚ? ¿Le has prometido algo a Dios y no lo has cumplido? Dios cumple todas sus promesas, y él espera que tú cumplas las tuyas. Ten mucho cuidado cuando haces promesas. Pídele a Dios que te ayude a cumplir todas tus promesas. *A. G. L.*

MEMORIZA: Cuando le hagas una promesa a Dios, no tardes en cumplirla, porque a Dios no le agradan los necios. Cumple todas las promesas que le hagas. *Eclesiastés 5:4*

---

24 de agosto

PROMESAS ROTAS

DE LA BIBLIA:

Cuando hagas un voto al SEÑOR tu Dios, no tardes en cumplir lo que le prometiste. Pues el SEÑOR tu Dios te exige que cumplas todos tus votos sin demora, o serás culpable de pecado. Sin embargo, no es pecado abstenerse de hacer un voto. Pero una vez que voluntariamente hagas un voto, asegúrate de cumplir lo que prometiste al SEÑOR tu Dios.
DEUTERONOMIO 23:21-23

Cumple las promesas que haces

25 de agosto

EL KIWI

DE LA BIBLIA:

*El encanto es engañoso, y la belleza
no perdura,
pero la mujer que teme al
SEÑOR será sumamente
alabada.
Recompénsenla por todo lo que ha
hecho.
Que sus obras declaren en
público su alabanza. [...]*

*No se interesen tanto por la
belleza externa: los peinados extra-
vagantes, las joyas costosas o la
ropa elegante. En cambio, vístanse
con la belleza interior, la que no se
desvanece, la belleza de un espíritu
tierno y sereno, que es tan precioso
a los ojos de Dios.*
PROVERBIOS 31:30-31;
1 PEDRO 3:3-4

Conténtate con la forma en que Dios te hizo

LINDSEY FRUNCIÓ EL ceño cuando se miró al espejo que reflejaba su imagen completa.

—Soy fea —dijo con tristeza.

—Eso no es cierto —le dijo su madre. Ella y el papá se habían dado cuenta de que últimamente Lindsey no era la niña alegre y amistosa de antes—. Estás cambiando —continuó hablando su mamá—, pero no eres fea. Vamos, acompáñame al supermercado.

En el supermercado, mamá le preguntó:

—¿Podrías traerme dos kiwis, por favor? —le dijo al tiempo que le señalaba dos frutas raras color café.

—Nunca había visto kiwis antes —dijo Lindsey—. ¿Estás segura de que quieres estas cosas que se ven tan raras?

Después de la cena, para el postre, la madre colocó un tazón de frutas cortadas en pedacitos.

—Mamá, ¡qué bonita es esta fruta verde! —observó Lindsey—. ¿Qué es?

—Es el kiwi —le informó su mamá con una sonrisa.

—¿Estás bromeando? —exclamó Lindsey—. ¿Quieres decir que son esas cosas feas color café que compramos?

—Eso es —afirmó su padre—. ¿Sabes, querida? Últimamente has estado prestándole demasiado interés a la forma en que te ves. La Biblia dice que la belleza es vana y no perdura. Al igual que con el kiwi, lo que cuenta es lo que hay por dentro. Sigue trabajando en eso. Trata de verte lo mejor posible, y luego conténtate con la forma en que fuiste creada. Desde que comenzaste a estar tan preocupada por cómo te ves, toda tu dulzura interior ha estado oculta. Y extraño mucho a mi antigua Lindsey.

—Creo que a mí también me gusta más la antigua Lindsey —dijo ella mientras le sonreía a su mamá—. Mamá, me puedes dar kiwi cada vez que creas que necesito un recordatorio.

¿Y TÚ? ¿Te sientes desdichado por la forma en que te ves? Aprende a aceptar la forma en que Dios te creó y conténtate. Pero lo más importante es que trabajes para llegar a ser una persona hermosa por dentro viviendo de la forma que la Palabra de Dios te dice que vivas. *S. L. N.*

MEMORIZA: El encanto es engañoso, y la belleza no perdura, pero la mujer que teme al SEÑOR será sumamente alabada. *Proverbios 31:30*

«¡MIAU!» **LA MAMÁ** escuchó el aullido del gato que venía de la sala de estar.

—Andrés, ¿qué le estás haciendo a Muffy? —le preguntó.

—Nada, mamá —le respondió Andrés—. Nomás la estaba acariciando mal, y el pelo se le paró de punta; se veía muy rara. No le gustó para nada.

—Claro que no le gustó —respondió su mamá con una sonrisa—. Estoy segura de que los gatos sienten algo raro cuando se les acaricia a contrapelo. Trata de ser un poco más cuidadoso.

Al día siguiente, Andrés se veía triste cuando regresó de la escuela.

—¿Te sucedió algo malo? —le preguntó mamá.

—Casi todos en mi clase copiaron en el examen de hoy —respondió Andrés—. Juan me preguntó por qué yo no copié. Le dije que me hace sentir mal hacer cosas como esa. ¿Por qué me siento mal en cuanto a copiar en un examen cuando nadie más se siente mal?

—Bueno, podríamos decir que es algo parecido a cuando acaricias a Muffy a contrapelo —le respondió mamá—. Tú eres creyente, así que el Espíritu Santo te convence de tu pecado cuando haces algo malo. Es como si Dios te estuviera acariciando a contrapelo para hacerte sentir incómodo. Te sientes culpable. Pero cuando cambias la dirección en que ibas, y vuelves a caminar de nuevo en la dirección correcta; es decir, después de que has confesado tu pecado y te has arrepentido, entonces comienzas a sentirte bien otra vez.

Andrés le sonrió a su mamá.

—Ahora lo entiendo —dijo él.

—Cuando haces lo que debes —agregó su madre—, te sientes seguro y feliz, en lugar de culpable y temeroso.

¿Y TÚ? ¿Te sientes desdichado y culpable por algo malo que has hecho? Esa es la obra del Espíritu Santo que está trabajando en ti para convencerte de tu pecado. Es como si «te hubieran acariciado a contrapelo». Cuando te sientes culpable por algo, confiésale ese pecado a Dios y dile que estás arrepentido. Entonces pídele que te dé el poder para no repetir ese pecado. *D. S. M.*

MEMORIZA: Los que encubren sus pecados no prosperarán, pero si los confiesan y los abandonan, recibirán misericordia. *Proverbios 28:13*

DEBES CAMBIAR DE DIRECCIÓN

DE LA BIBLIA:

¡Oh, qué alegría para aquellos
a quienes se les perdona la
desobediencia,
a quienes se les cubre su pecado!
Sí, ¡qué alegría para aquellos
a quienes el SEÑOR les borró la
culpa de su cuenta,
los que llevan una vida de total
transparencia!
Mientras me negué a confesar mi
pecado,
mi cuerpo se consumió,
y gemía todo el día.
Día y noche tu mano de disciplina
pesaba sobre mí;
mi fuerza se evaporó como agua
al calor del verano.
Finalmente te confesé todos mis
pecados
y ya no intenté ocultar mi culpa.
Me dije: «Le confesaré mis
rebeliones al SEÑOR»,
¡y tú me perdonaste! Toda mi
culpa desapareció.

SALMO 32:1-5

Dios convence
de pecado

27 de agosto

UNA CONCIENCIA CULPABLE

DE LA BIBLIA:

Entonces Cristo ahora ha llegado a ser el Sumo Sacerdote por sobre todas las cosas buenas que han venido. Él entró en ese tabernáculo superior y más perfecto que está en el cielo, el cual no fue hecho por manos humanas ni forma parte del mundo creado. Con su propia sangre —no con la sangre de cabras ni de becerros— entró en el Lugar Santísimo una sola vez y para siempre, y aseguró nuestra redención eterna.

Bajo el sistema antiguo, la sangre de cabras y toros y las cenizas de una ternera podían limpiar el cuerpo de las personas que estaban ceremonialmente impuras. Imagínense cuánto más la sangre de Cristo nos purificará la conciencia de acciones pecaminosas para que adoremos al Dios viviente. Pues por el poder del Espíritu eterno, Cristo se ofreció a sí mismo como sacrificio perfecto por nuestros pecados.

HEBREOS 9:11-14

Escucha al Espíritu Santo

DUSTIN ESTABA SILBANDO mientras salía sin prisa del almacén del señor Brown. Entonces se subió a su bicicleta de un salto, y comenzó a pedalear a toda velocidad por la calle. Solo cuando estuvo a nueve cuadras del almacén se detuvo y sacó del bolsillo un paquete de nueces cubiertas de chocolate. Se las comió todas antes de llegar a su casa.

—Dustin —le dijo su mamá—. Ve al almacén del señor Brown y cómprame un paquete de azúcar, por favor.

—¿Eeeel almacén del señor B-B-Brown? No me siento bien —tartamudeó Dustin—. ¿No puede ir Michelle?

Su madre envió a Michelle. Cuando su madre contestó el teléfono un poco más tarde, lo único que escuchó Dustin fue: «Sí, señor Brown». Después de eso, solo pudo escuchar pedacitos de la conversación. Enseguida, ella colgó el auricular y fue al garaje a hablar con el papá. Cuando el padre entró, Dustin exclamó:

—No creí que el señor Brown me hubiera visto, pero él le contó a mamá, ¿no? Lo siento.

El padre se vio perplejo.

—El señor Brown le dijo a mamá que Michelle había dejado su monedero en la tienda. Estamos preocupados porque ella siempre se olvida de las cosas. ¿De qué estás hablando?

—Yoooo, yooo robé caramelos hoy —tartamudeó Dustin—. Y me siento enfermo desde ese momento.

—Estabas tratando de huir de tu conciencia culpable —dijo papá—. Hay un versículo bíblico que dice: "Los perversos huyen aun cuando nadie los persigue", y eso es lo que estabas haciendo.

—Estoy contento de haber confesado. No me gustaría pasar el resto de la vida con una conciencia culpable y huyendo aunque nadie me persiga.

—Muy bien —le dijo papá—, porque ahora vas a ir a pedirle perdón al señor Brown y le vas a pagar por los caramelos.

¿Y TÚ? Si has aceptado a Jesús como tu Salvador, el Espíritu Santo va a trabajar en ti a través de tu conciencia. Escucha su voz y obedece lo que te dice el Espíritu Santo. Él te ayudará a no pecar. *B. J. W.*

MEMORIZA: Los perversos huyen aun cuando nadie los persigue, pero los justos son tan valientes como el león. *Proverbios 28:1*

«SENTÉMONOS EN EL porche de atrás, Roberto, y miremos la puesta del sol», le sugirió su padre un atardecer. Estuvieron sentados algunos minutos en silencio, y después papá habló—. Roberto, por lo general estás alegre, pero últimamente has estado muy callado.

—Todo está bien. No necesitamos hablar de nada —respondió Roberto sin mirar a su padre.

Muy pronto se puso el sol, y el único sonido del lugar era el zumbido de la luz para atrapar insectos.

«Papá —dijo Roberto finalmente—, no todo está bien». A continuación le contó que un amigo le había ofrecido un cigarrillo, y después de haberle dicho que no varias veces, al final había fumado un cigarrillo. Desde ese día él había fumado varias veces, y ahora estaba comenzando a querer fumar con más frecuencia.

Papá le puso un brazo alrededor de los hombros a Roberto.

—Gracias, Roberto, por decirme eso —le dijo.

—He estado observando a los insectos volar hacia esa luz —continuó Roberto—. No se dan cuenta de que los está llevando a la muerte. Y ahora me doy cuenta que lo mismo es cierto en cuanto a fumar. Yo fumé mi primer cigarrillo porque algunos de mis amigos estaban fumando, y luego pensé que era algo que me hacía sentir bien. Pero me puedo volver adicto al tabaco si no dejo de fumar ahora mismo.

—Estás pensando con inteligencia, Roberto —le dijo papá—. A menudo el pecado nos parece atractivo. Es fácil involucrarse en algo que es pecado, pero nos puede llevar a la destrucción.

—Esta tarde le dije a Dios que no voy a fumar más, y voy a dejar de juntarme con amigos que son una mala influencia para mí —le dijo Roberto con sinceridad.

¿Y TÚ? ¿Te ha ofrecido alguien un cigarrillo alguna vez? La Palabra de Dios dice que los creyentes no deben contaminar (dañar) su cuerpo. Alguien que te aliente a fumar o a usar drogas no es un amigo verdadero. No pruebes ninguna de esas cosas, ni siquiera una sola vez. Mantén tu cuerpo puro para el Señor Jesús. *D. K.*

MEMORIZA: ¿No se dan cuenta de que su cuerpo es templo del Espíritu Santo, quien vive en ustedes y les fue dado por Dios? Ustedes no se pertenecen a sí mismos. *1 Corintios 6:19*

LA LUZ PARA ATRAPAR INSECTOS

DE LA BIBLIA:

¿No se dan cuenta de que todos ustedes juntos son el templo de Dios y que el Espíritu de Dios vive en ustedes? Dios destruirá a cualquiera que destruya este templo. Pues el templo de Dios es santo, y ustedes son este templo.

Dejen de engañarse a sí mismos. Si piensan que son sabios de acuerdo con los criterios de este mundo, necesitan volverse necios para ser verdaderamente sabios. Pues la sabiduría de este mundo es necedad para Dios. Como dicen las Escrituras:

*«Él atrapa a los sabios
en la trampa de su propia
astucia».*

Y también:

*«El SEÑOR conoce los pensamientos
de los sabios,
sabe que no valen nada».*

Así que no se jacten de seguir a un líder humano en particular. Pues a ustedes les pertenece todo.
1 CORINTIOS 3:16-21

Apártate del pecado

29 de agosto

EL DÍA LLEGARÁ

DE LA BIBLIA:

*En los últimos días, vendrán burla-
dores que se reirán de la verdad y
seguirán sus propios deseos. Dirán:
«¿Qué pasó con la promesa de que
Jesús iba a volver? Desde tiempos
antes de nuestros antepasados, el
mundo sigue igual que al principio
de la creación».*

*Deliberadamente olvidan que
Dios hizo los cielos al ordenarlo
con una sola palabra y sacó la
tierra de las aguas y la rodeó con
agua. Luego usó el agua para
destruir el mundo antiguo con un
potente diluvio. Por esa misma
palabra, los cielos y la tierra que
ahora existen han sido reservados
para el fuego. Están guardados
para el día del juicio, cuando
será destruida la gente que vive
sin Dios.*

*Sin embargo, queridos amigos,
hay algo que no deben olvidar:
para el Señor, un día es como mil
años y mil años son como un día.
En realidad, no es que el Señor
sea lento para cumplir su promesa,
como algunos piensan. Al contrario,
es paciente por amor a ustedes. No
quiere que nadie sea destruido;
quiere que todos se arrepientan.*
2 PEDRO 3:3-9

Jesús va a regresar

—MAMÁ, ¿JESÚS REALMENTE va a regresar algún día?
—le preguntó José mientras él y su hermanita,
Amanda, regresaban de la iglesia en el automóvil
con su mamá.

—Por supuesto que sí —le dijo la madre—.
¿Por qué me lo preguntas?

—Mi maestro habló sobre eso hoy —le dijo
José—. Me parece que es algo que he escuchado
toda mi vida, de ti y de la iglesia, pero nunca sucede.

—Mira lo que me dieron en la escuela dominical —dijo Amanda, quien tenía un globo en su
mano—. José, ínflame mi globo.

José tomó el globo y comenzó a inflarlo.

—Lo quiero más grande —instruyó Amanda,
y José infló el globo un poco más.

—Aquí lo tienes —le dijo él—. No se puede
inflar más. Lo voy a atar.

—No —le dijo Amanda—. Ínflalo más.

—Va a explotar —le advirtió José, pero
Amanda no quiso escuchar razones—. Está bien
—le dijo José. Finalmente sucedió. ¡Pum!

—Lo siento, querida, pero tú tienes la culpa
—le dijo mamá a Amanda con firmeza—. José
te lo advirtió. —Mamá se volvió a José—. Esto
me recuerda tu pregunta, hijo. El Señor no ha
regresado todavía porque es paciente y amoroso y
quiere que todos tengan la oportunidad de ser salvos. El globo se estiró hasta el punto en que explo-
taría, y la paciencia de Jesús un día habrá llegado
al punto en que cuando la última persona que vaya
a aceptarlo lo haga, entonces regresará.

—Entonces nosotros también debemos esperar su regreso con paciencia —dijo José.

¿Y TÚ? ¿Te parece raro que la gente haya estado
hablando del retorno de Jesús por dos mil años? Él ha
sido muy paciente y les ha dado a los hombres y a las
mujeres, y a los niños y a las niñas, la oportunidad de
que lo acepten como su Salvador. Pero llegará el día
en que regresará tal como lo ha prometido. ¿Estás tú
esperando su venida? *H. W. M.*

MEMORIZA: No es que el Señor sea lento para cumplir
su promesa, como algunos piensan. Al contrario, es
paciente por amor a ustedes. No quiere que nadie sea
destruido; quiere que todos se arrepientan. *2 Pedro 3:9*

—**ESTOY CANSADO DE** que me estén predicando todo el tiempo —se quejó Mateo—. Me predican en la escuela dominical, en la iglesia y aun en casa.

El padre levantó las cejas.

—Hijo, Dios nos da maestros, pastores y padres para que nos enseñen y nos ayuden.

Mateo se encogió de hombros.

—Tal vez es así. Pero ¿quiénes son ellos para imponernos leyes?

—Ellos no nos imponen leyes —le respondió papá—. Ellos son mensajeros de Dios, y simplemente nos traen las leyes de Dios a nosotros.

Mateo se puso en pie de un salto.

—Bueno, ¡a mí no me gustan los mensajeros! Creo que voy a ir a dar una vuelta en bicicleta.

Papá suspiró.

A la tarde siguiente, cuando Mateo llegó a su casa después de haber ayudado al señor Bentley en el almacén de la esquina, tenía el rostro rojo.

—¡Algunas personas me hacen enojar mucho! —dijo—. Hoy le entregué un pedido a la anciana señora Carrington. El señor Bentley me dijo que le dijera que ella no podría cargar ninguna otra cosa a su cuenta hasta que no pagara el saldo que debía. ¿Y saben lo que pasó? La anciana me gritó muy enojada. ¿Por qué me tuvo que gritar a mí? ¿Por qué no le grita al señor Bentley? Yo solo le di el mensaje.

Una expresión diferente se le dibujó en el rostro a Mateo cuando papá sonrió y le dijo:

—Bueno, me parece recordar que a ti tampoco te gustan los mensajeros.

Mateo bajó la vista; luego dijo:

—Creo que soy igual a la señora Carrington. Creo que no son ni el mensaje ni los mensajeros los que están mal; soy yo. No sé si la señora Carrington cambiará algún día, pero yo sí voy a cambiar, ¡comenzando ahora mismo!

¿Y TÚ? ¿Refunfuñas cuando la predicación te muestra que has pecado o cuando la enseñanza se aplica a ti? Cuando alguien te trae el mensaje de Dios, debes escucharlo. No te enojes con esas personas. Son simplemente mensajeros. Escucha atentamente lo que dicen. *B. J. W.*

MEMORIZA: Hablamos como mensajeros aprobados por Dios, a quienes se les confió la Buena Noticia. *1 Tesalonicenses 2:4*

---

30 de agosto

LOS MENSAJEROS

DE LA BIBLIA:

«Ahora, escuchen otra historia. Cierto propietario plantó un viñedo, lo cercó con un muro, cavó un hoyo para extraer el jugo de las uvas y construyó una torre de vigilancia. Luego les alquiló el viñedo a unos agricultores arrendatarios y se mudó a otro país. Llegado el tiempo de la cosecha de la uva, envió a sus siervos para recoger su parte de la cosecha. Pero los agricultores agarraron a los siervos, golpearon a uno, mataron a otro y apedrearon a un tercero. Entonces el dueño de la tierra envió a un grupo más numeroso de siervos para recoger lo que era suyo, pero el resultado fue el mismo. Finalmente, el dueño envió a su propio hijo porque pensó: "Sin duda, respetarán a mi hijo".

»Sin embargo, cuando los agricultores vieron que venía el hijo, se dijeron unos a otros: "Aquí viene el heredero de esta propiedad. Vamos, matémoslo y nos quedaremos con la propiedad". Entonces lo agarraron, lo arrastraron fuera del viñedo y lo asesinaron».

Jesús preguntó: «Cuando el dueño del viñedo regrese, ¿qué les parece que hará con esos agricultores?».
MATEO 21:33-40

Escucha a los mensajeros de Dios

31 de agosto

LAS NOTAS PERDIDAS

DE LA BIBLIA:

Ambos somos trabajadores de Dios; y ustedes son el campo de cultivo de Dios, son el edificio de Dios.
Por la gracia que Dios me dio, yo eché los cimientos como un experto en construcción. Ahora otros edifican encima; pero cualquiera que edifique sobre este fundamento tiene que tener mucho cuidado. Pues nadie puede poner un fundamento distinto del que ya tenemos, que es Jesucristo.
El que edifique sobre este fundamento podrá usar una variedad de materiales: oro, plata, joyas, madera, heno u hojarasca; pero el día del juicio, el fuego revelará la clase de obra que cada constructor ha hecho. El fuego mostrará si la obra tiene algún valor. Si la obra permanece, ese constructor recibirá una recompensa, pero si la obra se consume, el constructor sufrirá una gran pérdida. El constructor se salvará, pero como quien apenas se escapa atravesando un muro de llamas.
1 CORINTIOS 3:9-15

Trabaja para recibir recompensas

«MAMÁ, ¿A QUE NO sabes qué pasó? —le dijo Tyler cuando llegó de la escuela—. Alguien le robó el registro de notas a mi maestra. No puede encontrarlo y está segura de que alguien se lo llevó, porque lo tenía esta mañana y ahora no está. No ha decidido qué va a hacer en cuanto a eso. —Él se detuvo un momento para morder la manzana que tenía en la mano—. ¿Puedes creerlo? ¡Todas nuestras notas se han perdido!». Tyler puso los ojos en blanco y continuó comiendo la manzana.

A la hora de la cena, el padre escuchó acerca del registro de notas perdido.

—No creo que podamos tener nuestras libretas de notas si ella no encuentra el registro —dijo Tyler.

—Oh, creo que tu maestra se las va a arreglar para darles alguna nota —le dijo mamá.

—Algunos de los muchachos están enojados —dijo Tyler—, y otros creen que es gracioso, especialmente algunos de los que siempre sacan malas notas.

Papá asintió.

—Creo que a la gente que siempre hace las cosas mal les gustaría que sus notas fueran olvidadas. —Tomó su Biblia—. Lee esta noche, Tyler. ¿Qué te parece 1 Corintios 3? Lee los versículos 9 al 15.

Tyler leyó esos versículos.

—Oh, parece que Dios también lleva registros —dijo él.

—Así es —dijo papá asintiendo con la cabeza—. Y puedes estar seguro de que nadie podrá destruir o robarle jamás el registro de notas a Dios. Sus registros son exactos, y él recompensará a los creyentes que han trabajado para él.

—En ese caso —dijo Tyler—, ¡planeo sacar buenas notas!

¿Y TÚ? ¿Está tu nombre en el «registro de notas» de Dios? Si eres creyente, ¿qué clase de notas obtuviste hoy? ¿Fuiste amable? ¿Cariñoso? ¿Ayudaste a alguien? ¿Te esforzaste por hacer lo mejor posible en la escuela? ¿Y en tus tareas en tu hogar? ¿Y con tus hermanos y hermanas? Debes esforzarte por agradarle al Señor en tu vida diaria para que un día puedas recibir su recompensa. *H. W. M.*

MEMORIZA: Si la obra permanece, ese constructor recibirá una recompensa. *1 Corintios 3:14*

1 de septiembre

UN COLUMPIO ALTO Y UNO BAJO

EL PRIMER DÍA que asistieron a segundo grado, David y su amigo Brett notaron dos columpios vacíos durante la hora del recreo. «Oye, ¡vamos a columpiarnos!», gritó Brett.

Los muchachos corrieron hacia los columpios, y cuando se acercaron, David se dio cuenta de que un columpio era más alto que el otro. *Quiero ese*, pensó. *Es probable que pueda llegar más alto que con el otro más bajo.* Así que se sentó en el columpio más alto y los dos niños comenzaron a columpiarse. David miró a Brett y frunció el ceño. *Brett está llegando más alto que yo*, pensó, así que empujó las piernas con más fuerza. Pero sin importar lo mucho que David trataba de elevarse, no podía llegar tan alto como Brett.

Esa noche, durante la cena, David le contó a su familia acerca de su primer día de clase, y de los dos columpios.

—Pensé que el columpio más alto iba a subir más que el otro. Es por eso que lo elegí —admitió él.

Papá sonrió.

—No, el columpio más bajo tiene cadenas más largas, así que puede elevarse más que un columpio con cadenas cortas —le explicó.

—¿Sabes? —comentó mamá—, la mayoría de la gente cree que va a ser más feliz con lo "primero", lo "más grande", lo "mejor", o con "más cosas que nadie" en la vida; pero eso no es lo que enseña la Biblia. La Biblia enseña que los creyentes tenemos que pensar en los demás antes de pensar en nosotros.

Papá le sonrió a David.

—Es cierto. Al igual que ese columpio más bajo llevó a Brett más alto en el aire, Dios puede levantarnos a nosotros si nos humillamos y ponemos a otras personas antes que nosotros.

¿Y TÚ? ¿Te interesa a menudo conseguir lo mejor para ti? Eso es ser egoísta. La Biblia enseña que Jesús se humilló a sí mismo dejando el cielo y tomando la forma de hombre. También nos enseña que los creyentes debemos ser humildes así como Jesús fue humilde. Pon a otros primero, en lugar de ponerte tú en el primer lugar. Dios bendice a los que lo hacen. *S. L. N.*

MEMORIZA: Humíllense delante del Señor, y él los levantará con honor. *Santiago 4:10*

DE LA BIBLIA:

Tengan la misma actitud que tuvo Cristo Jesús. Aunque era Dios, no consideró que el ser igual a Dios fuera algo a lo cual aferrarse. En cambio, renunció a sus privilegios divinos; adoptó la humilde posición de un esclavo y nació como un ser humano. Cuando apareció en forma de hombre, se humilló a sí mismo en obediencia a Dios y murió en una cruz como morían los criminales. Por lo tanto, Dios lo elevó al lugar de máximo honor y le dio el nombre que está por encima de todos los demás nombres para que, ante el nombre de Jesús, se doble toda rodilla en el cielo y en la tierra y debajo de la tierra, y toda lengua confiese que Jesucristo es el Señor para la gloria de Dios Padre.

FILIPENSES 2:5-11

Pon a otros primero

2 de septiembre

EL DINERO QUE VOLÓ

DE LA BIBLIA:

Ahora bien, la verdadera sumisión a Dios es una gran riqueza en sí misma cuando uno está contento con lo que tiene. Después de todo, no trajimos nada cuando vinimos a este mundo ni tampoco podremos llevarnos nada cuando lo dejemos. Así que, si tenemos suficiente alimento y ropa, estemos contentos. Pero los que viven con la ambición de hacerse ricos caen en tentación y quedan atrapados por muchos deseos necios y dañinos que los hunden en la ruina y la destrucción. Pues el amor al dinero es la raíz de toda clase de mal; y algunas personas, en su intenso deseo por el dinero, se han desviado de la fe verdadera y se han causado muchas heridas dolorosas.

1 TIMOTEO 6:6-10

Gasta el dinero con sabiduría

HABÍA LLEGADO EL DÍA de la feria y Megan estaba muy entusiasmada. Tocando el billete de diez dólares que tenía en el bolsillo, caminó por el sendero del centro del lugar, donde los vendedores la llamaban tratando de conseguir que probara su suerte en los distintos juegos. Ella se detuvo en uno de los puestos que tenía grandes osos de peluche, relojes y radios. Megan decidió tratar ese juego una sola vez antes de ir a la montaña rusa y otras atracciones.

Muy pronto, Megan había jugado el juego varias veces pero todavía no había ganado un premio. Jugó una y otra vez, y antes de darse cuenta, había gastado todo su dinero, y lo único que había ganado era un juguetito de plástico insignificante. ¡Ella podría haber comprado ese juguete en una tienda por veinticinco centavos! Todavía estaba disgustada cuando llegó a su casa y les confesó a sus padres lo que había pasado.

—¡En realidad fui una tonta! —dijo—. Desperdicié todo mi dinero.

—Oh, no sé —le dijo mamá lentamente—. Tal vez has obtenido algo mucho más valioso que eso, como una buena lección.

—Es verdad —asintió papá—. Cuando compramos algo sin pensarlo, o cuando la avaricia nos hace tratar de conseguir cosas sin trabajar por ellas, nos damos cuenta de que nuestro dinero vuela.

—Quisiera haber sabido eso antes —dijo Megan con tristeza—. Entonces tendría el dinero en lugar de que haya volado.

¿Y TÚ? ¿Te encanta comprar cosas? Las personas jóvenes a menudo se sienten tentadas a gastar el dinero en forma imprudente. Cuando crezcas, tendrás que saber cómo gastar el dinero con mucho cuidado. ¡Y ahora es el tiempo de aprender! Consigue una libreta y anota todo el dinero que gastas. Compra solo las cosas que has planeado comprar. Recuerda que primero debes separar tu ofrenda para Dios. Aprende a ser responsable con el dinero que Dios te ha dado. *S. L. K.*

MEMORIZA: Las riquezas desaparecen en un abrir y cerrar de ojos, porque les saldrán alas y se irán volando como las águilas. *Proverbios 23:5*

LA MIRADA DE Roberto se posó en la hoja de Susana. Allí estaba la palabra que él estaba tratando de escribir. *En realidad la sé escribir, pero me he olvidado*, pensó Roberto. *Así que en realidad no estoy haciendo trampa.* Pero en lo profundo de su corazón, Roberto sabía que había hecho trampa, y ¡eso lo hizo sentir horrible!

A la semana siguiente, de nuevo Roberto le copió algo a Susana. Se sintió raro, pero dado que él sabía la mayor parte de las palabras, decidió que en realidad eso no era hacer trampa.

Cuando llegó el examen del viernes siguiente, de nuevo Roberto copió. Ahora en realidad no le molestó en absoluto.

Ese fin de semana, la familia de Roberto fue a nadar al lago.

—Ven, el agua está agradable —gritó papá, pero cuando Roberto metió el pie en el agua, se detuvo. ¡Se sentía como hielo!

—¡Está muy fría, papá! —exclamó Roberto.

—No cuando te acostumbras a ella —lo alentó papá.

Cuando Roberto entró al agua lentamente, en realidad no le pareció tan fría. Finalmente Roberto se zambulló en las olas. Ahora el agua no le parecía fría en absoluto.

De vuelta en su hogar, Roberto dijo:

—Me pregunto por qué el agua del lago me pareció muy fría cuando recién entré. ¡Después de que me mojé, no me molestó para nada!

Papá asintió con la cabeza; se veía pensativo.

—Eso se parece mucho a lo que pasa con el pecado, ¿no lo crees, Roberto? Al principio, cuando un creyente peca le molesta mucho, pero cuando peca muchas veces, parece que ni siente que ha pecado y casi no le molesta. ¡En realidad, se siente bien!

Roberto pensó acerca de haber copiado en la escuela, y fue a su dormitorio a confesárselo a Dios.

¿Y TÚ? ¿Has pecado tantas veces que tu espíritu es insensible a eso? Confiesa tu pecado y abandónalo en la primera instancia. Si no lo haces, después de un tiempo tal vez el pecado no te va a perturbar, pero todavía es pecado. No sigas pecando. *R. E. P.*

MEMORIZA: Benditos los que tienen temor de hacer lo malo; pero los tercos van directo a graves problemas. *Proverbios 28:14*

---

3 *de septiembre*

¡EL AGUA ESTÁ DEMASIADO FRÍA!

DE LA BIBLIA:

Los que encubren sus pecados no prosperarán, pero si los confiesan y los abandonan, recibirán misericordia.

Benditos los que tienen temor de hacer lo malo; pues los tercos van directo a graves problemas.

PROVERBIOS 28:13-14

No seas insensible al pecado

4 de septiembre

LA LECCIÓN DE GOLF

DE LA BIBLIA

Si vivimos, es para honrar al Señor, y si morimos, es para honrar al Señor. Entonces, tanto si vivimos como si morimos, pertenecemos al Señor. Cristo murió y resucitó con este propósito: ser Señor de los vivos y de los muertos.

¿Por qué, entonces, juzgas a otro creyente? ¿Por qué menosprecias a otro creyente? Recuerda que todos estaremos delante del tribunal de Dios. Pues dicen las Escrituras:

«Tan cierto como que yo vivo, dice el SEÑOR,
toda rodilla se doblará ante mí,
*   y toda lengua declarará lealtad a Dios».*

Es cierto, cada uno de nosotros tendrá que responder por sí mismo ante Dios. Así que dejemos de juzgarnos unos a otros. Por el contrario, propónganse vivir de tal manera que no causen tropiezo ni caída a otro creyente.
ROMANOS 14:8-13

Muéstrales amor a todos

«¿VISTE AL NIÑO nuevo en la escuela? —Josué estaba hablando por teléfono con Timoteo—. Sé que es alto, pero no lo queremos en nuestro equipo —continuó Josué—. Tal vez nunca ha jugado ningún deporte, y ni siquiera habla bien nuestro idioma. Bueno, te tengo que dejar; mi papá me va a enseñar a jugar al golf».

Josué colgó el auricular y vio a su padre en la puerta.

—Cambié de idea, Josué. Tú no pareces ser un buen candidato para el golf. No usas la ropa apropiada, y tampoco sabes hablar como los que juegan al golf. Y no creo que puedas aprender.

—¡Eso no es justo! —protestó Josué—. Tú no puedes saber qué clase de jugador puedo ser solo por mirarme.

—¿Quién es el muchacho nuevo en tu escuela? —le preguntó papá.

—Oh, es un muchacho que se llama Ricardo. Es de España, y habla con acento, y tampoco se ve como nosotros, y... y... Tú me escuchaste cuando hablaba por teléfono, ¿no es verdad?

Papá asintió.

—Sí, Josué, te escuché. Juzgaste a Ricardo sin conocerlo.

—Igual como tú me juzgaste a mí en cuanto al golf —dijo Josué.

—Dios nos dice que no debemos juzgarnos unos a otros —dijo papá—. ¿Qué vas a hacer en cuanto a esa situación?

—Me voy a disculpar con Timoteo por lo que le dije —respondió Josué—. Y después voy a invitar a Ricardo a que venga a jugar al baloncesto conmigo. También debo pedirle perdón a Dios.

—Bien —le dijo papá—. Ahora creo que debemos ver qué clase de jugador de golf eres en realidad.

¿Y TÚ? ¿Te formas opiniones sobre otras personas basándote en la forma en que se ven o hablan? Dios ama tanto a todas las personas del mundo que dio a su Hijo para que muriera por ellas. ¿Qué puedes hacer para mostrarle amor a alguien que es diferente a ti? ¿Tal vez sonreírle? ¿Invitarlo a jugar contigo? Piensa en por lo menos una manera de compartir el amor de Dios hoy. *D. K.*

MEMORIZA: Dejemos de juzgarnos unos a otros.
Romanos 14:13

¡ERIN ESTABA MUY entusiasmada! Estaba casi segura de que la iban a nombrar capitana del equipo de porristas.

—Eso es muy importante para ti, ¿no es verdad? —le preguntó su mamá mientras hablaban sobre el asunto.

—¡Importante! —dijo Erin en voz alta—. Mamá, ¡esto es lo más importante de toda mi vida! Si me eligen, todos en el liceo me tratarán de forma especial.

La madre de Erin suspiró profundamente.

—Eso es lo que me preocupa, querida. Creo que es maravilloso que tengas esta oportunidad, si no dejas que se te suba a la cabeza o que reemplace a cosas más importantes.

—¿Qué podría ser más importante? —replicó Erin tratando de no levantar el tono de la voz.

—Estoy hablando de prioridades —le dijo su madre simplemente—. La Biblia dice que debemos buscar el reino de Dios por encima de todas las otras cosas y pensar en las cosas del cielo.

—Entonces mamá volvió a la cocina.

Erin se quedó parada allí por mucho tiempo. Su madre siempre le decía versículos bíblicos. ¡Eso la hacía enojar muchísimo! Mientras Erin se sentaba en el sillón, vio la Biblia de su madre. De pronto se sintió avergonzada. Sabía muy bien por qué mamá le advertía sobre ciertas cosas y le citaba versículos bíblicos con tanta frecuencia. La semana pasada en la escuela dominical habían hablado sobre la responsabilidad de los padres de enseñarles a los hijos las cosas que Dios les había enseñado a ellos, y de que los hijos tienen la responsabilidad de escuchar. Tal vez ella debía pensar en lo que le había dicho su mamá.

¿Y TÚ? ¿Te sientes a veces como si tus padres siempre te están «predicando»? La próxima vez que eso suceda, recuerda que están haciendo lo mejor que pueden para enseñarte como deben hacerlo. No te enojes con ellos. En cambio, hónralos escuchando y pensando en lo que dicen. Pídele al Señor que te enseñe por medio de tus padres. *R. I. J.*

MEMORIZA: Honra a tu padre y a tu madre tal como el SEÑOR tu Dios te lo ordenó. *Deuteronomio 5:16*

---

5 *de septiembre*

EL LUGAR APROPIADO
(PARTE 1)

DE LA BIBLIA:

*Oh pueblo mío, escucha mis
    enseñanzas;
  abre tus oídos a lo que digo,
  porque te hablaré por medio
    de una parábola.
Te enseñaré lecciones escondidas
    de nuestro pasado,
  historias que hemos oído y
    conocido,
  que nos transmitieron nuestros
    antepasados.
No les ocultaremos estas verdades
    a nuestros hijos;
  a la próxima generación le
    contaremos de las gloriosas
    obras del SEÑOR,
  de su poder y de sus imponentes
    maravillas.
Pues emitió sus leyes a Jacob;
  entregó sus enseñanzas a Israel.
Les ordenó a nuestros antepasados
  que se las enseñaran a sus hijos,
para que la siguiente generación
    las conociera
  —incluso los niños que aún no
    habían nacido—,
  y ellos, a su vez, las enseñarán
    a sus propios hijos.*
SALMO 78:1-6

Honra a tus padres

6 de septiembre

EL LUGAR APROPIADO
(PARTE 2)

DE LA BIBLIA:

Ya que han sido resucitados a una nueva vida con Cristo, pongan la mira en las verdades del cielo, donde Cristo está sentado en el lugar de honor, a la derecha de Dios. Piensen en las cosas del cielo, no en las de la tierra. Pues ustedes han muerto a esta vida, y su verdadera vida está escondida con Cristo en Dios. Cuando Cristo —quien es la vida de ustedes— sea revelado a todo el mundo, ustedes participarán de toda su gloria.
COLOSENSES 3:1-4

Pon primero lo primero

ERIN TODAVÍA ESTABA pensando en sus posibilidades de ser capitana del equipo de porristas cuando ella y su madre salieron para asistir a una conferencia misionera en la iglesia. Pero cuando la reunión terminó, Erin ya no estaba pensado en el grupo de la escuela. Ella había escuchado en cuanto a las grandes necesidades en varios lugares y en realidad estaba pensando en la responsabilidad de decirle a la gente acerca de Jesús. Erin recordó que una vez le había dicho a su mamá que quería ser misionera, pero probablemente eso fue el deseo pasajero de una niña.

Cuando llegaron a su hogar, Erin dijo:

—Las fotos de esos misioneros me hicieron pensar.

Su madre la miró.

—¿Pensar en qué, querida?

—He estado pensando sobre lo que me dijiste esta tarde en cuanto a mantener las cosas en el lugar que les corresponde —dijo Erin lentamente—. Ahora después de ver esas fotos y de escuchar acerca de toda esa gente necesitada, ser capitana del equipo de porristas ya no me parece tan importante.

En ese momento sonó el teléfono, y Erin fue a contestar la llamada. «Felicitaciones —dijo una voz entusiasmada—. Has sido elegida capitana del equipo de porristas».

Aunque Erin se alegró muchísimo con esa noticia, las últimas horas la habían hecho darse cuenta de que había muchas cosas más importantes que esa en la vida. Ella haría lo mejor posible en esa responsabilidad, pero otras cosas iban a recibir la misma o mayor atención. Erin se preguntó si tal vez Dios no la llamaría a ir al campo misionero algún día.

¿Y TÚ? ¿Qué es lo más importante para ti? ¿Sacar buenas notas? ¿Ser popular? ¿Destacarte en los deportes? ¿Tener ropa bonita? ¿Los automóviles o los camiones? La lista es interminable. Puede ser que esté bien que esas cosas sean importantes en tu vida, pero jamás deberían ser lo más importante. Pon a Dios y el hacer su voluntad en primer lugar, y todo lo demás tomará el lugar que le corresponde. *R. I. J.*

MEMORIZA: Piensen en las cosas del cielo, no en las de la tierra. *Colosenses 3:2*

EL TAMAÑO NO ES TODO

—**ES PROBABLE QUE** esta sea la última vez que recogeremos tomates —dijo la mamá de Nicolás mientras él la seguía al huerto—. Estamos casi en el tiempo de las heladas. —Mamá miró a Nicolás y le preguntó—: ¿Qué te pasa?

—Nada —dijo Nicolás entre dientes. Pero su madre sabía que le pasaba algo. Lo había visto medirse contra el marco de la puerta varias veces últimamente. Ella también sabía que sus amigos a veces le hacían bromas en cuanto a ser el enano de la clase.

—Fíjate en esta pequeña planta —le comentó mamá—. No creció tan rápido como las demás, pero mira los tomates que tiene. Creo que ha producido más tomates que ninguna de las otras.

—No veo cómo lo pudo hacer —dijo Nicolás—. Tiene como la mitad del tamaño de las otras plantas.

—El tamaño no es todo —dijo su madre enderezándose—. Algunas plantas ponen toda su energía en crecer, pero esta plantita produjo fruto. Uno no tiene que ser el más alto o el más grande para ser el más productivo.

—Sí, seguro —dijo Nicolás con un suspiro.

—No te preocupes por ser bajo, Nicolás —le dijo mamá—. Dios nos hizo a todos diferentes. Tú puedes ser el más amable y el más valiente. Lo importante es producir fruto para Dios: hacer lo que él quiere que hagas. ¿Quién sabe? Tal vez el año que viene tú seas el más alto de todos.

Nicolás sonrió.

—Podría ser —dijo él—, pero lo dudo. Pero sé que tienes razón. Voy a tratar de dejar de preocuparme en cuanto a mi estatura, y voy a tratar de pensar más en las cosas que hago, especialmente en lo que puedo hacer para Dios.

¿Y TÚ? ¿Has estado preocupándote porque eres distinto a tus amigos? Recuerda que todos somos diferentes. No malgastes tu tiempo y tu energía preocupándote por tu estatura o por tu apariencia. Piensa en producir fruto haciendo algo para el Señor. ¿Qué vas a hacer para producir fruto hoy? *B. J. W.*

MEMORIZA: Permanezcan en mí, y yo permaneceré en ustedes. Pues una rama no puede producir fruto si la cortan de la vid, y ustedes tampoco pueden ser fructíferos a menos que permanezcan en mí. *Juan 15:4*

DE LA BIBLIA:

«Yo soy la vid verdadera, y mi Padre es el labrador. Él corta de mí toda rama que no produce fruto y poda las ramas que sí dan fruto, para que den aún más. Ustedes ya han sido podados y purificados por el mensaje que les di. Permanezcan en mí, y yo permaneceré en ustedes. Pues una rama no puede producir fruto si la cortan de la vid, y ustedes tampoco pueden ser fructíferos a menos que permanezcan en mí.

»Ciertamente, yo soy la vid; ustedes son las ramas. Los que permanecen en mí y yo en ellos producirán mucho fruto, porque, separados de mí, no pueden hacer nada. El que no permanece en mí es desechado como rama inútil y se seca. Todas esas ramas se juntan en un montón para quemarlas en el fuego. Si ustedes permanecen en mí y mis palabras permanecen en ustedes, pueden pedir lo que quieran, ¡y les será concedido! Cuando producen mucho fruto, demuestran que son mis verdaderos discípulos. Eso le da mucha gloria a mi Padre.
JUAN 15:1-8

Haz lo mejor que puedas

8 *de septiembre*

LA SOLUCIÓN A LAS TAREAS ESCOLARES

DE LA BIBLIA:

Enseguida se formó una turba contra Pablo y Silas, y los funcionarios de la ciudad ordenaron que les quitaran la ropa y los golpearan con varas de madera. Los golpearon severamente y después los metieron en la cárcel. Le ordenaron al carcelero que se asegurara de que no escaparan. Así que el carcelero los puso en el calabozo de más adentro y les sujetó los pies en el cepo.

Alrededor de la medianoche, Pablo y Silas estaban orando y cantando himnos a Dios, y los demás prisioneros escuchaban. De repente, hubo un gran terremoto y la cárcel se sacudió hasta sus cimientos. Al instante, todas las puertas se abrieron de golpe, ¡y a todos los prisioneros se les cayeron las cadenas! El carcelero se despertó y vio las puertas abiertas de par en par. Dio por sentado que los prisioneros se habían escapado, por lo que sacó su espada para matarse; pero Pablo le gritó: «¡Detente! ¡No te mates! ¡Estamos todos aquí!».

HECHOS 16:22-28

Es importante tener buena actitud

—ESTE EXPERIMENTO DE ciencias no me está saliendo bien —se quejó Lucas—. Lo he realizado cuatro veces, y cada vez el resultado es diferente.

Papá recién había llegado a la cocina.

—Sé que las tareas escolares no son fáciles. Recuerda que yo estoy asistiendo a una clase nocturna.

—¿Te gustan las tareas que tienes que hacer para la clase? —le preguntó Lucas.

—Bueno, no siempre —dijo papá con una risita—. Puede ser frustrante, pero he encontrado que me ayuda orar antes de comenzarlas. Puesto que sé que tengo que estudiar, le pido al Señor que me dé la actitud correcta, y estudio mucho mejor con la actitud correcta.

Lucas miró a su padre con una expresión pensativa.

—Creo que yo también debería orar acerca de mi experimento de ciencia —decidió él.

Durante el tiempo devocional familiar aquella noche, papá leyó la historia de Pablo y Silas que estaban cantando en la cárcel.

—Muchas veces me he preguntado qué hubiera pasado si ellos hubieran refunfuñado y se hubieran quejado en lugar de orar y cantar —dijo papá—. Eso no hubiera sido un testimonio muy bueno para los otros prisioneros, y tal vez el carcelero no se hubiera salvado. Pero Pablo y Silas tuvieron una actitud de gozo, y sucedieron cosas maravillosas. —Miró a Lucas—. Esto me recuerda tus problemas con tu tarea —le dijo—. Cuando oraste esta tarde, ¿cómo te fue después?

—Cosas maravillosas también sucedieron entonces —dijo Lucas—. Me calmé y volví a leer las instrucciones otra vez. Y me había olvidado de una parte. Aun encontré el trabajo interesante.

—Dios ayudó a Pablo, y también nos ayudará a nosotros a tener una buena actitud —dijo papá.

¿Y TÚ? ¿Comienzas a hacer tus tareas escolares con una mala actitud? Si lo haces, pídele a Dios que te ayude a cambiar esa actitud para que puedas hacer las cosas lo mejor posible para él. Luego trata de nuevo. Una mala actitud te impide hacer las tareas como las debes hacer. Jesús lo entiende, y quiere ayudarte. *J. A. G.*

MEMORIZA: Alrededor de la medianoche, Pablo y Silas estaban orando y cantando himnos a Dios, y los demás prisioneros escuchaban. *Hechos 16:25*

LAS LIBRETAS DE CALIFICACIONES

DE LA BIBLIA:

Pues nadie puede poner un fundamento distinto del que ya tenemos, que es Jesucristo.

El que edifique sobre este fundamento podrá usar una variedad de materiales: oro, plata, joyas, madera, heno u hojarasca; pero el día del juicio, el fuego revelará la clase de obra que cada constructor ha hecho. El fuego mostrará si la obra de alguien tiene algún valor. Si la obra permanece, ese constructor recibirá una recompensa, pero si la obra se consume, el constructor sufrirá una gran pérdida. El constructor se salvará, pero como quien apenas se escapa atravesando un muro de llamas.

1 CORINTIOS 3:11-15

Debes estar listo para recibir tus calificaciones

IAN ARRASTRABA LOS pies camino a su casa. Spunky, el perro de un vecino, lo vio y se lanzó corriendo a él para recibir cariño y atención. Spunky danzaba alrededor de Ian hasta que este casi tropieza con el perro. «Vete, ¡perro tonto!», le gritó Ian. Luego le dio una patada, y el perro aulló.

El señor Edwards, que era el dueño del perro, estaba recogiendo hojas en su jardín.

—Ian, ¿qué te pasa? ¿Por qué le diste una patada a Spunky? —Ian bajó la cabeza, avergonzado de que el señor Edwards hubiera visto sus acciones—. ¿Qué te ha puesto de tan mal humor hoy? —le preguntó el señor Edwards.

—La libreta de calificaciones —dijo Ian.

El señor Edwards lo miró con simpatía.

—¿No sacaste buenas notas?

—No —dijo Ian entre dientes—. De seguro que mis padres me van a castigar. Dirán que no estoy haciendo lo mejor que puedo hacer.

—¿Estás haciendo lo mejor posible? —le preguntó el señor Edwards.

—No, supongo que no. —Ian hizo una pausa y luego agregó—: Quisiera que los adultos también recibieran libretas de calificaciones. Entonces tal vez serían más comprensivos.

—Bueno, en cierto sentido los que somos creyentes también estamos recibiendo notas por lo que hacemos —dijo el señor Edwards sonriendo.

—¿Qué quiere decir? —le preguntó Ian.

—Los creyentes no somos salvos por las obras que hacemos, pero seremos juzgados por las obras que hacemos después de ser salvos. Deberíamos preocuparnos por obtener "buenas notas" en asuntos tales como la obediencia, la fe y el amor.

—Me olvidé completamente de eso —dijo Ian—. Yo les podría recordar a mis padres en cuanto a eso, pero con toda probabilidad me van a decir que también se aplica a mí. Bueno, es mejor que me vaya a casa. Tengo que esforzarme mucho para mejorar mi récord, tanto para con mis padres como para con el Señor.

¿Y TÚ? ¿Qué clase de «notas» estás recibiendo en tu vida cristiana? ¿Estás tratando de ser más amable, fiel y obediente? Algún día vas a tener que rendir cuentas sobre eso. *J. L. H.*

MEMORIZA: Es cierto, cada uno de nosotros tendrá que responder por sí mismo ante Dios. *Romanos 14:12*

10 de septiembre

COMPAÑEROS DE EQUIPO

DE LA BIBLIA:

Pues todos ustedes son hijos de Dios por la fe en Cristo Jesús. Y todos los que fueron unidos a Cristo en el bautismo se han puesto a Cristo como si se pusieran ropa nueva. Ya no hay judío ni gentil, esclavo ni libre, hombre ni mujer, porque todos ustedes son uno en Cristo Jesús. Y ahora que pertenecen a Cristo, son verdaderos hijos de Abraham. Son sus herederos, y la promesa de Dios a Abraham les pertenece a ustedes.
GÁLATAS 3:26-29

Los creyentes son tus compañeros de equipo

«¡ADELANTE, JONATÁN! ¡ADELANTE! —le gritaba Alejandro, mientras saltaba alentando a su compañero d equipo—. ¡Hurra!», vitoreó cuando Jonatán marcó los primeros puntos del partido.

Aquella noche, durante la cena, Alejandro le dio a su familia un informe detallado del partido. Una y otra vez escucharon el nombre «Jonatán» mientras Alejandro describía las diferentes jugadas. Finalmente la hermana de Alejandro, Sofía, miró a su hermano con expresión de disgusto.

—Estoy harta de escucharte hablar sobre Jonatán —le dijo—. Yo creí que a ti no te gustaba ese muchacho.

—Bueno, tal vez él no sea mi persona favorita —admitió Alejandro—, pero él está en nuestro equipo, y los dos estamos a favor de la misma causa. Los dos estamos a favor del equipo Coreyville Cougars, que es el mejor del país. Lo deberías haber visto correr esta tarde....

—Oh, ¡no sigas! —se quejó Sofía—. Ahora vamos a tener que aguantar otro capítulo de "Jonatán, el jugador de fútbol".

—Me alegro de que el partido te haya gustado tanto, Alejandro —le dijo mamá—. Qué bueno que hayas encontrado algo que admirar en Jonatán. Siempre deberíamos buscar cosas positivas en toda la gente.

—Creo que Alejandro nos ha dado un buen ejemplo de cómo deberíamos ver a otros creyentes —observó papá—. No nos tiene que gustar todo acerca de ellos, y no tienen que ser nuestros mejores amigos, pero deberíamos recordar que son parte del mismo equipo que nosotros, y que luchamos por la misma causa, que es ganar a otros para Jesús y darle gloria a Dios con nuestras acciones. Debemos amar a esas personas, y creo que podemos encontrar algo que admirar en cada una de ellas. Esos creyentes son nuestros compañeros de equipo.

¿Y TÚ? ¿Hay algún creyente que no te cae bien? Busca alguna buena cualidad en esa persona, y luego concéntrate en eso en lugar de concentrarte en las cosas que te molestan. Recuerda que tanto tú como esa persona son de Cristo, y eso debería unirlos a los dos. Son compañeros que pertenecen al mismo equipo, y como tales trabajen juntos para glorificar al Señor. *H. W. M.*

MEMORIZA: Todos ustedes son hijos de Dios por la fe en Cristo Jesús. *Gálatas 3:26*

¡PRACTICA, Y SIGUE PRACTICANDO!

—JEREMY, NO DEJES de practicar la trompeta todavía —le dijo su mamá desde la cocina.

—Pero, mamá, he practicado cada una de las canciones.

—Entonces practícalas de nuevo. Prometiste practicar veinte minutos por día —le respondió su madre.

—Pero nunca las puedo tocar bien —se quejó Jeremy.

—Algunas cosas requieren mucha práctica para poder hacerlas bien —le dijo su mamá—. Nada que valga la pena en la vida es fácil.

Para Jeremy, la idea de tocar en la banda le había parecido divertida. Pero ahora ¡la diversión se había convertido en trabajo! Casi deseaba poder salirse de ese compromiso, incluso su promesa de practicar veinte minutos por día. Pero su padre había pagado para que él pudiera alquilar la trompeta, así que Jeremy sabía que tenía que seguir adelante con eso.

Durante el tiempo devocional familiar, papá leyó algo del libro de Filipenses. Luego él dijo:

—Niños, ¿alguno de ustedes ha notado el tema que hay en esos versículos?

Sara, de nueve años de edad, lo supo.

—Se repiten las palabras *gozo* y *alegría*.

—¡Así es! —dijo papá—. ¿Por qué suponen que el apóstol Pablo repitió tanto esas palabras?

—Porque tal vez el gozo es un poco como practicar la trompeta —sugirió mamá—. Tenemos que practicar ser gozosos una y otra vez, aun cuando tal vez no sintamos gozo. Algunos días sentir alegría será más fácil para nosotros, lo mismo que tocar la trompeta te resultará más fácil a ti, Jeremy. Quiero que todos nosotros comencemos a practicar estar gozosos en esta casa, ¿de acuerdo?

Mientras papá oraba, Jeremy determinó en su corazón que practicaría la trompeta, y estar gozoso, todos los días.

¿Y TÚ? ¿Estás a menudo melancólico en casa con tu familia? Cuando las cosas marchan mal, ¿te quejas y refunfuñas? Si lo haces, debes practicar lo siguiente: busca algo por lo cual te puedas regocijar. Si eres creyente, las Escrituras exigen que lo hagas, y el resultado será que vas a ser mucho más feliz. *R. E. P.*

MEMORIZA: Estén siempre llenos de alegría en el Señor. Lo repito, ¡alégrense! *Filipenses 4:4*

DE LA BIBLIA:

Hagan todo sin quejarse y sin discutir, para que nadie pueda criticarlos. Lleven una vida limpia e inocente como corresponde a hijos de Dios y brillen como luces radiantes en un mundo lleno de gente perversa y corrupta. Aférrense a la palabra de vida; entonces, el día que Cristo vuelva, me sentiré orgulloso de no haber corrido la carrera en vano y de que mi trabajo no fue inútil. Sin embargo, me alegraré aun si tengo que perder la vida derramándola como ofrenda líquida a Dios, así como el fiel servicio de ustedes también es una ofrenda a Dios. Y quiero que todos ustedes participen de esta alegría. Claro que sí, deberían alegrarse, y yo me gozaré con ustedes.

FILIPENSES 2:14-18

Practica experimentar gozo

12 de septiembre

LA ALABANZA OBRA MARAVILLAS
(PARTE 1)

DE LA BIBLIA:

Estén siempre llenos de alegría en el Señor. Lo repito, ¡alégrense! Que todo el mundo vea que son considerados en todo lo que hacen. Recuerden que el Señor viene pronto.

No se preocupen por nada; en cambio, oren por todo. Díganle a Dios lo que necesitan y denle gracias por todo lo que él ha hecho. Así experimentarán la paz de Dios, que supera todo lo que podemos entender. La paz de Dios cuidará su corazón y su mente mientras vivan en Cristo Jesús.

FILIPENSES 4:4-7

Ten un corazón agradecido

ELISABET CERRÓ LA puerta con un portazo cuando llegó de la escuela.

—¡Qué día tan horrible! —se quejó—. Nunca sabré por qué he tenido la suerte de tener a la señora Hodges por dos clases todos los días. Es terriblemente regañona. No le gusta a nadie. ¡Mi primer año de la secundaria va a ser terrible!

—¿Recuerdas el versículo que leímos esta mañana? —le preguntó su mamá—. Dice: "Díganle a Dios lo que necesitan y denle gracias por todo". Estoy segura de que el Señor tiene algunas lecciones que te va a enseñar en esas clases.

—Estoy segura de que voy a aprender muchas lecciones antes de salir de allí —se quejó Elisabet—. Como "no hablen durante la clase", y "no se levanten de sus asientos". ¿Por qué debo dar gracias por eso?

—Sin importar cuáles sean nuestras circunstancias, siempre debemos alabar al Señor —le explicó mamá—. Dios nos dice que tenemos que orar acerca de lo que está sucediendo, y que debemos incluir la alabanza en esas oraciones.

—Bueno —dijo Elisabet—, me va a ser muy difícil alabar al Señor por una clase de dos horas diarias, cinco días por semana, por todo este año. ¡Oh, no lo puedo soportar! —Se agarró la cabeza y cayó sentada en una silla cómoda.

—Escucha, Elisabet, no hagas un drama de esto —le dijo su madre riendo—. Vas a poder soportarlo. Y además si tienes la actitud correcta, te ganarás el respeto y la amistad de la señora Hodges. Ora y deja que el Espíritu Santo te controle. Creo que te vas a sorprender.

¿Y TÚ? ¿Hablas con el Señor acerca de tus circunstancias diarias? Tal vez te resulte difícil llevarte bien con un maestro, o con un compañero de clase, o inclusive con tu padre o con tu madre. Háblale a Dios sobre eso, ora por esa persona, y pídele a Dios que te dé la actitud correcta hacia él o ella. A continuación dale gracias a Dios por las oportunidades y las lecciones que puedes aprender en el lugar donde estás. *B. J. W.*

MEMORIZAR: No se preocupen por nada; en cambio, oren por todo. Díganle a Dios lo que necesitan y denle gracias por todo lo que él ha hecho. *Filipenses 4:6*

13 de septiembre

LA ALABANZA OBRA MARAVILLAS
(PARTE 2)

UN SÁBADO DE mañana, mientras Elisabet recogía las hojas que habían caído en el césped, Casey, su hermanito pequeño, salió de la casa con su madre.

—¡Dio resultado, Elisabet! —exclamó Casey emocionado—. ¡Vamos a ir a la tienda!

Mamá los miró con una expresión de perplejidad.

—¿Qué es lo que resultó?

Elisabet se rió.

—Casey estaba gimoteando porque quería ir a la tienda y tú le dijiste que estabas muy ocupada —le explicó—. Yo le dije que dejara de quejarse y que comenzara a ser amable contigo.

—Pero Elisabet me dijo que dijera solamente la verdad —interrumpió Casey—, y eso fue lo que hice. Tú eres muy buena ama de casa y eres una mamá muy buena.

La mamá se rió.

—Escucha, Elisabet. Esa tal vez sea la solución con tu maestra, la señora Hodges. ¿Por qué no le dices las cosas que realmente aprecias acerca de ella?

El lunes siguiente, cuando Elisabet entró a la sala de clase de la señora Hodges, le dijo: «¡Qué bonito vestido está usando hoy, señora Hodges!». La maestra se veía sorprendida pero complacida. Más tarde, cuando Elisabet estaba teniendo problemas con una de las tareas, ella fue a ver a la señora Hodges y le dijo: «Sé que usted explicó esto en la clase, pero aún no lo entiendo. ¿Me lo podría explicar otra vez?».

A medida que pasaba el tiempo, Elisabet se sorprendió al darse cuenta de que la señora Hodges le estaba empezando a caer bien, y la señora Hodges parecía tener la misma actitud hacia Elisabet. Inclusive le hacía algún cumplido de vez en cuando. «Es una cosa rara —comentó Elisabet—. Cuando tú les dices cosas agradables a las personas, ellas también te dicen cosas agradables a ti».

DE LA BIBLIA:

Cuando la vida de alguien agrada al Señor,
hasta sus enemigos están en paz con él. [...]

Los que están atentos a la instrucción prosperarán;
los que confían en el Señor se llenarán de gozo.

Los sabios son conocidos por su entendimiento,
y las palabras agradables son persuasivas.

La discreción es fuente que da vida para quienes la poseen,
pero la disciplina se desperdicia en los necios.

De una mente sabia provienen palabras sabias;
las palabras de los sabios son persuasivas.

Las palabras amables son como la miel:
dulces al alma y saludables para el cuerpo.

PROVERBIOS 16:7, 20-24

Sé sincero cuando alabas a alguien

¿Y TÚ? ¿Sabías que la alabanza obra maravillas? Tal vez esa sea la respuesta a tu problema con un maestro, un vecino o un pariente que te critica. Pruébalo, pero tienes que tener cuidado de siempre decir la verdad. No adules a nadie. Pídele al Señor que te ayude a ver las cosas buenas en cada persona, y luego cuando les hagas un cumplido, debes ser sincero. *B. J. W.*

MEMORIZA: Cuando la vida de alguien agrada al Señor, hasta sus enemigos están en paz con él. *Proverbios 16:7*

14 de septiembre

UNA VIDA SALUDABLE
(PARTE 1)

DE LA BIBLIA:

Toda persona debe someterse a las autoridades de gobierno, pues toda autoridad proviene de Dios, y los que ocupan puestos de autoridad están allí colocados por Dios. Por lo tanto, cualquiera que se rebele contra la autoridad se rebela contra lo que Dios ha instituido, y será castigado. Pues las autoridades no infunden temor a los que hacen lo que está bien, sino en los que hacen lo que está mal. ¿Quieres vivir sin temor a las autoridades? Haz lo correcto, y ellas te honrarán. Las autoridades están al servicio de Dios para tu bien; pero si estás haciendo algo malo, por supuesto que deberías tener miedo, porque ellas tienen poder para castigarte. Están al servicio de Dios para cumplir el propósito específico de castigar a los que hacen lo malo. Por eso tienes que someterte a ellas, no solo para evitar el castigo, sino para mantener tu conciencia limpia.

Por esas mismas razones, también paguen sus impuestos, pues los funcionarios de gobierno necesitan cobrar su sueldo. Ellos sirven a Dios con lo que hacen.
ROMANOS 13:1-6

Obedece a los que tienen autoridad

PABLO SE ESTIRÓ y bostezó.

—Tengo que acostarme temprano esta noche —declaró—. Son órdenes del entrenador. Él dice que es importante trabajar duro y comer los alimentos apropiados, pero que nada puede tomar el lugar de una buena noche de descanso.

—Bueno, entonces, por supuesto que esta noche te tienes que acostar temprano, después de que hayas trabajado duro y comido los alimentos apropiados —bromeó su hermana, Amanda—. Asegúrate de hacer lo que te manda tu entrenador de fútbol.

—Tú te estás dedicando mucho a ese juego, Pablo —le dijo papá mirándolo pensativamente—. ¿Sabes? El fútbol me recuerda un poco a la vida. Dios ha provisto un campo muy bonito en el cual jugar el deporte. Él creó la tierra y todo lo que hay en ella.

Amanda sonrió.

—Oh, y esa es la parte importante: que los entrenadores que nosotros debemos escuchar son nuestros maestros bíblicos, y especialmente nuestros padres y madres, así como también al Señor. Te apuesto que eso es lo que papá está tratando de que entendamos.

Papá le dio un toque juguetón con su periódico.

—Tú lo has dicho. —Sonrió—. Ustedes dos están llegando a ser muy buenos para entender las lecciones que yo les trato de enseñar. Y no se olviden de que es muy importante seguir los consejos de sus entrenadores.

—Claro que sí, papá —se rió Pablo, poniéndose de pie y bostezando de nuevo—. Voy a hacerlo acostándome en este instante. Buenas noches a todos.

¿Y TÚ? ¿Escuchas a los «entrenadores» que tienes en la vida? Dios te ha dado padres, maestros de la escuela dominical, pastores y otros líderes cristianos y amigos que te pueden ayudar a elegir las cosas correctas. Escucha con atención lo que ellos te dicen. Dios dice que debemos obedecerlos. *H. W. M.*

MEMORIZA: Por amor al Señor, respeten a toda autoridad humana. *1 Pedro 2:13*

—**EL PARTIDO DE** esta tarde fue muy bueno, Pablo —observó su padre mientras cenaban—. Jugaste muy bien.

—Cuando esos dos entrenadores estaban discutiendo, pensé que iba a haber una pelea —dijo Amanda—. Y entonces el árbitro miró algo en un libro. ¿Qué fue eso?

—Ese libro es *La guía nacional de reglas de fútbol* —dijo Pablo—. Cuando hay un desacuerdo, pueden buscar la regla que se aplica a eso. Lo que sea que dice el libro, ¡eso es! Y se acaba la discusión.

—Esa es la autoridad final en el fútbol —dijo papá, y después de una pausa agregó—: Dios nos ha dado un Libro que es la autoridad final en la vida.

—Esto es fácil —dijo Pablo—. La autoridad final en la vida es....

—La Biblia —interrumpió Amanda.

Papá asintió.

—A veces nuestros "entrenadores" no están de acuerdo sobre alguna cosa —dijo él—. Puede ser que un predicador diga una cosa y un líder cristiano muy conocido diga otra sobre un tema. Y un padre o madre o un maestro puede decir algo diferente a eso. Puede ser muy confuso, y entonces debemos ir directamente a la Biblia y ver qué dice Dios sobre eso.

—Pero Dios no habla sobre ciertos temas —dijo Amanda—, como si está bien que una niña de doce años de edad use maquillaje. —Miró a su mamá.

Papá sonrió.

—No, pero Dios sí dice que debes obedecer a tus padres, así que ellos son los que decidirán en el asunto del maquillaje. Dios nos da principios que nos ayudan en todas nuestras decisiones. Pero tenemos que leer su Palabra para saber esos principios. —Tomó su Biblia—. Hagamos eso ahora mismo.

¿Y TÚ? ¿Te sientes confundido si tus padres o algunos líderes cristianos no están de acuerdo sobre lo que es bueno y lo que es malo? Averigua lo que Dios dice sobre ese asunto. Dios siempre está correcto. Debes buscar los principios que hay en la Palabra de Dios para que te guíen a saber la verdad. *H. W. M.*

MEMORIZA: La palabra del Señor es verdadera y podemos confiar en todo lo que él hace. *Salmo 33:4*

UNA VIDA
SALUDABLE
(PARTE 2)

DE LA BIBLIA:

Tus leyes son maravillosas.
  ¡Con razón las obedezco!
La enseñanza de tu palabra da luz,
  de modo que hasta los simples
  pueden entender.
Abro la boca y jadeo
  anhelando tus mandatos.
Ven y muéstrame tu misericordia,
  como lo haces con todos los que
  aman tu nombre.
Guía mis pasos conforme a tu
  palabra,
  para que no me domine el mal.
Rescátame de la opresión de la
  gente malvada,
  entonces podré obedecer tus
  mandamientos.
Mírame con amor;
  enséñame tus decretos.
SALMO 119:129-135

La Palabra de Dios
es perfecta

16 de septiembre

AMIGO DE VEZ EN CUANDO

DE LA BIBLIA:

Si amamos a nuestros hermanos en Cristo, eso demuestra que hemos pasado de muerte a vida; pero el que no tiene amor sigue muerto. Todo el que odia a un hermano, en el fondo de su corazón es un asesino, y ustedes saben que ningún asesino tiene la vida eterna en él. Conocemos lo que es el amor verdadero, porque Jesús entregó su vida por nosotros. De manera que nosotros también tenemos que dar la vida por nuestros hermanos. Si alguien tiene suficiente dinero para vivir bien y ve a un hermano en necesidad pero no le muestra compasión, ¿cómo puede estar el amor de Dios en esa persona?

Queridos hijos, que nuestro amor no quede solo en palabras; mostremos la verdad por medio de nuestras acciones.

1 JUAN 3:14-18

No seas un amigo «de vez en cuando»

DANIEL HABÍA TRATADO de ser un buen amigo para Ho. Cuando algunos niños lo llamaban «ojos rasgados», Daniel siempre lo defendía. Cuando sus amigos no incluían a Ho en sus planes, Daniel sacaba la cara por él. Pero ahora que Ho tenía más amigos, estaba pasando por alto a Daniel.

—No lo voy a ayudar nunca más —le dijo Daniel a su papá—. Le voy a pagar con la misma moneda. Lo voy a ignorar.

En ese momento sonó el teléfono y Daniel corrió a contestar la llamada.

—Hola, Daniel —se escuchó una voz familiar al otro lado de la línea—. Te habla Ho.

—Hola, Ho —dijo Daniel sin mucho entusiasmo—. ¿Qué hay de nuevo? —Después de escuchar por algunos minutos, Danny le dijo—: Voy a ver, pero no te lo puedo prometer. Adiós.

Daniel suspiró.

—Ho quiere que lo ayude con un proyecto. Solo me llama cuando quiere algo.

El padre de Daniel estuvo callado por un momento.

—Me pregunto si esa es la forma en que Dios se siente —dijo sobriamente—. Tal vez Dios quiere que vayamos a él para tener una simple conversación amistosa de vez en cuando, pero solo hablamos con él cuando necesitamos algo.

Daniel entendió lo que decía su padre. Él quería pasar por alto el pedido de Ho porque Ho lo ignoraba muchas veces. Pero cuando pensó un poco más, se sintió alegre de que Dios no actuara de esa forma. Daniel decidió ser más fiel en cuanto a hablar con Dios. Y si quería ser como Jesús, era mejor que viera de qué forma podría ayudar a Ho.

¿Y TÚ? ¿Tienes amigos que parece que sacan provecho de ti, que te hablan solamente cuando quieren que hagas algo por ellos? ¿Tratas alguna vez a otras personas de esa manera? ¿Tratas a Dios de esa forma? No seas un amigo «de vez en cuando». No uses a las personas para obtener las cosas que quieres. Habla con Dios todos los días. Y entonces, recuerda que Dios te demuestra su gracia, y sé paciente con tus amigos. *R. I. J.*

MEMORIZA: No finjan amar a los demás; ámenlos de verdad. Aborrezcan lo malo. Aférrense a lo bueno. *Romanos 12:9*

CARAMELOS CAROS

—**DAME EL RESTO** de tu mesada —le dijo Jaime a su hermanita—. Entonces te daré la barra de caramelos.

Daniela miró la barra con antojo, y de mala gana le dio el resto de su mesada a Jaime.

Cuando Daniela escuchó la musiquita del camión que vende helados unos pocos días después, ella corrió a su madre y le preguntó si podía comer helado.

—Claro que sí —le dijo su mamá—. Recibes una mesada para cosas como esa.

Daniela rompió a llorar.

—Pero me gasté toda mi mesada. —Daniela le contó a su madre sobre la barrita de caramelos.

La mamá llamó a Jaime para hablar con él.

—No me gusta la forma en que trataste a tu hermana —le dijo—. Le cobraste demasiado por ese caramelo. La Palabra de Dios tiene muchas advertencias en cuanto a ser codiciosos. Dice que el amor al dinero es la raíz de toda clase de mal.

—Pero ella no tenía que comprármela —protestó Jaime.

—De todas formas, tú fuiste codicioso —insistió mamá—. Dios no quiere que abusemos de los que son menores que nosotros, o más pobres, más débiles o que no tienen las mismas ventajas que nosotros. Él quiere que los ayudemos y que nos preocupemos por ellos. Si haces una ganancia justa está bien, pero no debemos amar al dinero más que a la gente. Bien, ahora, ¿qué es lo que puedes hacer para arreglar este asunto?

—Supongo que le podría devolver el dinero a Daniela, menos el precio de la barra de caramelos —admitió Jaime.

Mamá le sonrió.

—Has elegido hacer lo correcto.

¿Y TÚ? ¿Eres cuidadoso cuando haces tratos con sus hermanos o hermanas menores, o con los niños pequeños de tu vecindario? A veces es una gran tentación cobrarles de más a los que no saben el valor del dinero. Dios les dice a los creyentes que deben «huir» de la tentación de buscar las riquezas de este mundo. Nos dice que en cambio debemos perseguir la justicia y las cosas que le agradan al Señor. *C. E. Y.*

MEMORIZA: El amor al dinero es la raíz de toda clase de mal. *1 Timoteo 6:10*

DE LA BIBLIA:

Ahora bien, la verdadera sumisión a Dios es una gran riqueza en sí misma cuando uno está contento con lo que tiene. Después de todo, no trajimos nada cuando vinimos a este mundo ni tampoco podremos llevarnos nada cuando lo dejemos. Así que, si tenemos suficiente alimento y ropa, estemos contentos.

Pero los que viven con la ambición de hacerse ricos caen en tentación y quedan atrapados por muchos deseos necios y dañinos que los hunden en la ruina y la destrucción. Pues el amor al dinero es la raíz de toda clase de mal; y algunas personas, en su intenso deseo por el dinero, se han desviado de la fe verdadera y se han causado muchas heridas dolorosas.

Pero tú, Timoteo, eres un hombre de Dios; así que huye de todas esas maldades. Persigue la justicia y la vida sujeta a Dios, junto con la fe, el amor, la perseverancia y la amabilidad.
1 TIMOTEO 6:6-11

Ama a la gente, y no al dinero

18 de septiembre

EL ACCIDENTE CON LA BICICLETA

DE LA BIBLIA:

¿Cuánto cuestan dos gorriones: una moneda de cobre? Sin embargo, ni un solo gorrión puede caer a tierra sin que el Padre lo sepa. En cuanto a ustedes, cada cabello de su cabeza está contado. Así que no tengan miedo; para Dios ustedes son más valiosos que toda una bandada de gorriones.
MATEO 10:29-31

Le importas a Dios

JUSTIN CASI NO se podía quedar quieto mientras llegaba con su madre a la tienda de bicicletas. Él había estado trabajando duro y ahorrando su dinero para comprarse una bicicleta de carrera. A Justin le encantó una bicicleta roja muy brillante que estaba en oferta. Muy pronto, fue el orgulloso dueño de una bicicleta nueva. ¡Cómo la iba a disfrutar! Esa noche, durante el tiempo devocional, él le dio gracias a Dios por su bicicleta nueva.

Al día siguiente, Justin estaba bajando por una colina empinada en su bicicleta. Iba cada vez a más velocidad, cuando de pronto ¡se dio con un bache en el camino y perdió el control de la bicicleta! Antes de poder darse cuenta de lo que había pasado, se encontró tendido en el pavimento. Le dolía la rodilla, y vio que tenía una raspadura bastante grande cubierta de sangre y tierra. Con dificultad se puso en pie y caminó a su casa al lado de su bicicleta. Luchaba por no llorar cuando entró a su casa. «Mamá —se quejó—. ¡Me lastimé!»

Su madre llegó con rapidez y comenzó a lavarle la rodilla a Justin.

—¿Por qué permitió Dios que me cayera? —se quejó él—. ¿No le importa si me lastimo?

Mamá sonrió.

—El te ama aún más que yo —le aseguró—. ¡Te acuerdas la primavera pasada cuando aquel pequeño pajarito se cayó del árbol? Dios nos dice que ni un solo gorrión se puede caer sin que él lo sepa. Pero tú eres más importante para él que una bandada de gorriones. —Mamá le dio un abrazo a Justin antes de que él saliera afuera, muy contento con su rodilla vendada.

¿Y TÚ? Cuando te caes, o aun cuando sientes una herida en el corazón, ¿sabes que a Dios le importa eso? ¿«Corres» directamente a él en oración de la misma forma en que Justin corrió a su mamá? Si te sientes herido o triste en estos momentos, ora y pídele a Dios que te ayude.

MEMORIZA: ¿Cuánto cuestan dos gorriones: una moneda de cobre? Sin embargo, ni un solo gorrión puede caer a tierra sin que el Padre lo sepa.
Mateo 10:29

NO HAY SUFICIENTE TIEMPO

LA MADRE DE Toby lo llamó desde la casa.

—Toby, ¿has terminado de estudiar tu lección de la escuela dominical? Si recuerdo correctamente, tienes que leer varios capítulos esta semana.

—Todavía no he tenido tiempo —le dijo Toby desde afuera, mientras seguía tirando pelotas a la canasta de baloncesto. Esa había sido su respuesta cada vez que su madre le recordaba que estudiara la lección. Ahora era miércoles, y solo le quedaban unos pocos días para hacerlo.

Aquella noche, Toby vio que su mamá escribía algo en una especie de gráfico. Cuando le preguntó qué era lo que escribía, ella le dijo que lo iba a saber más tarde.

El sábado en la noche, su madre le preguntó a Toby otra vez acerca de la lección que debía estudiar.

—Oh, comencé, pero solo terminé de leer uno de los capítulos que debemos leer. Son larguísimos —se quejó él—. El señor Powell tendrá que entender que yo estoy muy ocupado. No tengo tiempo de leer todo eso.

La madre sacó el gráfico.

—He notado lo ocupado que estás, Toby —le dijo—. De hecho, he estado manteniendo este gráfico de tus actividades. Desde el miércoles, has pasado seis horas mirando televisión, cinco horas jugando a la pelota, cuatro horas escuchando tus discos o la radio, y cerca de tres horas leyendo libros o revistas, y como dos horas holgazaneando y diciendo: "No tengo nada que hacer". —Con una sonrisa, ella le dio el gráfico.

Toby se sonrojó cuando lo miró.

—¡Guau! —exclamó, dejando la revista de deportes que estaba leyendo—. Creo no puedo decir que no tengo tiempo de estudiar mi lección de la escuela dominical. ¡Es mejor que vaya a terminar lo que tengo que leer ahora mismo!

DE LA BIBLIA:

Esta declaración es digna de confianza, y todos deberían aceptarla. Es por eso que trabajamos con esmero y seguimos luchando, porque nuestra esperanza está puesta en el Dios viviente, quien es el Salvador de toda la humanidad y, en especial, de todos los creyentes.

Enseña esas cosas e insiste en que todos las aprendan. No permitas que nadie te subestime por ser joven. Sé un ejemplo para todos los creyentes en lo que dices, en la forma en que vives, en tu amor, tu fe y tu pureza. Hasta que yo llegue, dedícate a leer las Escrituras a la iglesia, y a animar y a enseñarles a los creyentes.

1 TIMOTEO 4:9-13

Toma tiempo para leer la Palabra de Dios

¿Y TÚ? ¿A veces dices que no tienes tiempo para leer la Palabra de Dios? Tienes tiempo para hacer las cosas que consideras importantes. ¿Es la Biblia lo suficientemente importante como para que estés dispuesto a invertir algo de tu tiempo libre leyéndola? Te aseguro que tu esfuerzo valdrá la pena. *R. E. P.*

MEMORIZA: Dedícate a leer las Escrituras.
1 Timoteo 4:13

20 de septiembre

EL DEDO EQUIVOCADO

DE LA BIBLIA:

Había un hombre llamado Nicodemo, un líder religioso judío, de los fariseos. Una noche, fue a hablar con Jesús:

—Rabí —le dijo—, todos sabemos que Dios te ha enviado para enseñarnos. Las señales milagrosas que haces son la prueba de que Dios está contigo.

Jesús le respondió:

—Te digo la verdad, a menos que nazcas de nuevo, no puedes ver el reino de Dios.

—¿Qué quieres decir?— exclamó Nicodemo—. ¿Cómo puede un hombre mayor volver al vientre de su madre y nacer de nuevo?

Jesús le contestó:

—Te digo la verdad, nadie puede entrar en el reino de Dios si no nace de agua y del Espíritu. El ser humano solo puede reproducir la vida humana, pero la vida espiritual nace del Espíritu Santo. Así que no te sorprendas cuando digo: "Tienen que nacer de nuevo".

JUAN 3:1-7

Debes nacer de nuevo

—CLARO QUE SOY cristiano —le dijo Marcos a su amigo Brandon—. Mis padres van a la iglesia todo el tiempo. Mi papá está en la junta de la iglesia, y mi mamá enseña una clase de la escuela dominical. Y la semana pasada los dos dieron sus testimonios sobre cuando fueron salvados.

La madre de Marcos escuchó la conversación, y decidió que hablaría con su hijo. Más tarde, Marcos entró y le preguntó:

—Mamá, ¿me puedes dar una curita?

Mamá miró el dedo que se había cortado Mark. Después de ir a buscar la curita, ella la abrió y se la puso sobre su propio dedo.

—Asunto arreglado —le dijo—. Esto debería arreglar el problema.

Marcos miró atónito a su madre.

—Mamá, ¿qué haces? Soy yo el que necesita la curita.

—¿Qué? —Mamá lo miró—. ¿Quieres decir que la curita en mi dedo no te ayuda para nada?

—¡Por supuesto que no! —Marcos no podía entender el comportamiento de su madre.

—Bueno, no sé —dijo ella—. Hace un rato te escuché decir que porque tu papá y yo somos creyentes, tú también eres creyente. Nosotros fuimos los que recibimos la cura para el pecado: aceptamos a Jesús como Salvador. Si esto te hace creyente también, entonces creo que la curita en mi dedo también debería ser suficiente para tu lastimadura.

Marcos miró pensativamente a su madre.

—Creo que tienes razón —admitió—. Debo aceptar a Jesús yo mismo. ¿Me puedes mostrar la forma de hacerlo?

—Sí —le dijo su madre sonriendo al tiempo que le ponía una curita a Marcos en su dedo herido—. Hablemos sobre eso.

¿Y TÚ? ¿Son cristianos tus padres? ¿Tus abuelos también? ¿Tus parientes son salvos? Si la respuesta es sí, eso es maravilloso. Pero he aquí la pregunta para ti: ¿has aceptado a Jesús como tu Salvador personal? Si no lo has hecho, no eres creyente. Aun Nicodemo, que era un líder religioso, tuvo que nacer de nuevo. ¿Tomarás la decisión de aceptar a Jesús hoy? *H.W.M.*

MEMORIZA: Han nacido de nuevo pero no a una vida que pronto se acabará. Su nueva vida durará para siempre porque proviene de la eterna y viviente palabra de Dios. *1 Pedro 1:23*

LA FAMILIA STEVENSON estaba cambiando las alfombras, y recibiendo los muebles que habían comprado para la sala de estar. Todos estaban entusiasmados, ¡aun su perro, Buffy! Corría por el lugar ladrando.

«Kyle —le dijo su madre—, por favor, lleva a Buffy afuera hasta que estas personas terminen el trabajo que están realizando».

Más tarde aquella noche, cuando todo el trabajo estuvo terminado, Kyle fue a echarle una mirada. «¡Qué bueno! ¡Todo se ve muy limpio y lindo ahora!»

En ese momento, Buffy entró corriendo.

—¡Oh, no! —exclamó mamá—. ¡Saca a ese perro de aquí en este instante!

Kyle fue y tomó a Buffy en sus brazos.

—Pero, mamá, tú siempre dejabas que Buffy estuviera aquí antes —dijo él.

—Eso era cuando teníamos los muebles viejos y la alfombra que se estaba haciendo pedazos. Ahora quiero mantener todo esto limpio.

Aquella noche, su padre les habló acerca de un hombre al que le había testificado ese día.

—Jerry no parecía entender que es pecador —dijo papá—. Me dijo que no era peor que las demás personas. Pensaba que era lo suficientemente bueno como para entrar al cielo sin Cristo.

—Él es como Buffy —observó Kyle—. Buffy cree que todavía puede estar en nuestra nueva sala porque antes podía estar en la otra sala que era vieja y estaba gastada. Pero cuando trató de entrar a la sala nueva, la limpia, ¡mamá lo sacó volando!

—¡Exactamente! —le dijo su padre—. Tal vez seamos "lo suficientemente buenos" para este mundo pecador, pero Dios no nos dejará jamás entrar a su cielo reluciente y limpio de la forma en que somos. Hasta que dejamos que Cristo lave nuestros pecados con su sangre, estamos "demasiado sucios" para ir a vivir al cielo.

¿Y TÚ? ¿También crees que «no eres peor que las demás personas»? Tal vez eres bastante bueno según el estándar del mundo, pero el estándar de Dios es santidad absoluta. La única manera en que puedes entrar al cielo es si le pides a Cristo que te lave tus pecados con su sangre. ¡Recíbelo hoy mismo! *S. L. K.*

MEMORIZA: Tú eres puro y no soportas ver la maldad. *Habacuc 1:13*

DEMASIADO SUCIO PARA EL CIELO

DE LA BIBLIA:

La ciudad no tiene necesidad de sol ni de luna, porque la gloria de Dios ilumina la ciudad, y el Cordero es su luz. Las naciones caminarán a la luz de la ciudad, y los reyes del mundo entrarán en ella con toda su gloria. Las puertas nunca se cerrarán al terminar el día, porque allí no existe la noche. Todas las naciones llevarán su gloria y honor a la ciudad. No se permitirá la entrada a ninguna cosa mala ni tampoco a nadie que practique la idolatría y el engaño. Solo podrán entrar los que tengan su nombre escrito en el libro de la vida del Cordero.
APOCALIPSIS 21:23-27

El pecado no puede entrar al cielo

22 de septiembre

SINCERAMENTE EQUIVOCADO

DE LA BIBLIA:

Entonces [Jesús] les dio la explicación: «Les digo la verdad, yo soy la puerta de las ovejas. Todos los que vinieron antes que yo eran ladrones y bandidos, pero las verdaderas ovejas no los escucharon. Yo soy la puerta; los que entren a través de mí serán salvos. Entrarán y saldrán libremente y encontrarán buenos pastos. El propósito del ladrón es robar y matar y destruir; mi propósito es darles una vida plena y abundante».
JUAN 10:7-10

Jesús: la puerta que lleva al cielo

—¿CÓMO ES POSIBLE que creas que solo hay un camino que lleva al cielo? —le preguntó Connor a Julio—. Hay muchas personas buenas que siguen caminos diferentes al cielo.

Julio le habló con firmeza.

—Jesús dice que él es la única puerta que lleva al cielo. Solo podemos ser salvo a través de él.

Connor sacudió la cabeza.

—Mi padre dice que nadie tiene toda la verdad, y que una persona va a ir al cielo si hace lo que sinceramente cree que es correcto.

—Esas personas pueden ser sinceras, pero están sinceramente equivocadas —le respondió Julio—. Jesús es la única puerta.

Los muchachos cambiaron el tema, pero Julio continuó orando y pidiendo poder guiar a Connor a Jesús. Unos pocos días después, Connor llamó por teléfono a Julio.

—¿Quieres ir a la escuela conmigo? —le preguntó—. Dejé allí mi trompeta.

—Claro que sí —le dijo Julio—, pero dudo de que podamos entrar. Estoy seguro de que la escuela está cerrada con llave.

Cuando los muchachos llegaron a la escuela, trataron todas las puertas, pero todas estaban trancadas. Justo cuando se estaban yendo, uno de los conserjes los vio y los dejó entrar. Entonces tomaron la trompeta y se pusieron en camino a su casa.

—Escucha, Connor —dijo Julio—, con toda sinceridad creíste que habría una puerta abierta, pero estuviste sinceramente equivocado. De cierta forma, el conserje fue "la puerta" que te dejó entrar a la escuela. Fue solo cuando él abrió la puerta que tú pudiste entrar. ¿Te recuerda esto de algo?

Connor sonrió.

—Creo que tal vez tienes razón. Voy a pensar en eso. Jesús es la única puerta, ¿eh?

¿Y TÚ? ¿Crees sinceramente que puedes ir al cielo siendo bueno? ¿Crees que cualquier persona que sinceramente hace lo mejor que puede estará bien? Satanás quiere que creas eso, pero Jesús dice que él es la única puerta. Confía en Jesús. *R. E. P.*

MEMORIZA: Yo soy la puerta; los que entren a través de mí serán salvos. *Juan 10:9*

A **HUNTER LE** gustaba el Club Bíblico, pero no podía entender cómo Jesús había permitido que lo crucificaran si realmente era Dios.

Un fin de semana, el señor Taylor, que era el líder del Club Bíblico, llevó a los muchachos a acampar. Ellos visitaron una torre de vigía que estaba muy adentro en el bosque. El señor Davis, que era el guardabosque, les habló sobre el trabajo que hacía.

Después de que los muchachos se bajaron de la torre, el señor Davis vio una nube gris de humo. De inmediato informó a su oficina central. Enviaron a hombres, camiones y el equipo necesario para apagar el incendio. Los campistas tuvieron que ser evacuados, pero nadie podía encontrar al señor Taylor y a sus muchachos. El incendio era cada vez más grande, así que el alguacil le dijo al señor Davis que tenía que irse del lugar.

«No —insistió el señor Davis—. Tengo que encontrar a ese grupo». Continuó buscando. ¡De pronto vio al señor Taylor y a los muchachos! De inmediato informó la localidad exacta en que estaban. Enviaron helicópteros y ¡todos se salvaron!

Después del rescate, el alguacil fue a verlos. «Muchachos —les dijo—, el señor Davis sufrió algunas heridas en ese incendio. Se quedó para salvarles la vida a ustedes. Él los vio después de que yo había tratado de convencerlo de que se fuera de la torre. Si él no hubiera continuado la búsqueda, ustedes no estarían aquí ahora».

«¿Sabes, Hunter? —le dijo el señor Taylor cuando se iban—, tal vez esto te ayude a entender cómo Jesús dio su vida por nosotros. Él se podría haber salvado a sí mismo, pero si lo hubiera hecho, nosotros no hubiéramos podido ser salvados de nuestros pecados. Jesús estuvo dispuesto a morir en nuestro lugar, luego resucitó y ahora está en el cielo. Si tú confías en Jesús como tu Salvador, un día irás al cielo y vivirás con él para siempre».

¿Y TÚ? ¿Entiendes que no puedes salvarte a ti mismo? ¿Le has pedido a Jesús que sea tu Salvador? ¿Por qué no lo haces ahora mismo? *J. L. H.*

MEMORIZA: Sacrifico mi vida para poder tomarla de nuevo. Nadie puede quitarme la vida sino que yo la entrego voluntariamente en sacrificio. *Juan 10:17-18*

SU VIDA POR LA MÍA

DE LA BIBLIA:

Ahora bien, casi nadie se ofrecería a morir por una persona honrada, aunque tal vez alguien podría estar dispuesto a dar su vida por una persona extraordinariamente buena; pero Dios mostró el gran amor que nos tiene al enviar a Cristo a morir por nosotros cuando todavía éramos pecadores. Entonces, como se nos declaró justos a los ojos de Dios por la sangre de Cristo, con toda seguridad él nos salvará de la condenación de Dios.
ROMANOS 5:7-9

Jesús murió por ti

24 de septiembre

EL PAQUETE SORPRESA

DE LA BIBLIA:

Mientras Jesús seguía camino a Jerusalén, llegó a la frontera entre Galilea y Samaria. Al entrar en una aldea, diez leprosos se quedaron a la distancia, gritando:
—¡Jesús! ¡Maestro! ¡Ten compasión de nosotros!
Jesús los miró y dijo:
—Vayan y preséntense a los sacerdotes.
Y, mientras ellos iban, quedaron limpios de la lepra.
Uno de ellos, cuando vio que estaba sano, volvió a Jesús, y exclamó: «¡Alaben a Dios!».
LUCAS 17:11-15

No te olvides de dar las gracias

—ESTE HA SIDO uno de mis mejores cumpleaños —dijo Jacob mirando sus regalos. Había recibido un juego para la computadora, una suscripción a una revista, un suéter, un cheque por diez dólares, una chaqueta nueva y una bicicleta.

—Este es otro regalo para ti. —Mamá sonrió mientras le entregaba una pequeña caja.

—¿Otro regalo? —Jacob se sorprendió—. Yo creí que ya los había abierto todos. —Con rapidez rompió el papel de la envoltura—. ¿Qué es? Una caja de papel para cartas para un muchacho?

—Una caja de tarjetas de agradecimiento; las estampillas de correo están incluidas —le dijo su mamá—. Antes de hacer ninguna otra cosa, siéntate aquí y escríbele una tarjeta de agradecimiento a cada persona que te hizo un regalo.

—Oh, mamá, lo voy a hacer más tarde —argumentó Jacob—. Ahora no tengo tiempo. Quiero ir a pasear en mi bicicleta nueva, y a jugar con mi juego nuevo para la computadora.

Mamá sacudió la cabeza.

—Todos los que te trajeron un regalo usaron su tiempo y su dinero para comprártelo, tiempo y dinero que podrían haber usado en otras cosas. Por cierto que tú tienes tiempo para sentarte ahora y escribirle una corta nota de agradecimiento a cada una de esas personas.

Jacob refunfuñó un poco, pero obedeció. Media hora más tarde, Jacob había escrito todas las tarjetas de agradecimiento, y pasó el resto de la tarde disfrutando de sus regalos.

A la hora de acostarse, papá observó:

—El Señor también nos da regalos cada día, pero muy a menudo estamos tan apurados disfrutándolos que nos olvidamos de agradecerle.

—¿Sabes lo que voy a comenzar a hacer? —dijo Jacob—. Voy a comenzar con oraciones de agradecimiento antes de pedirle algo al Señor, y ¡voy a empezar ahora mismo!

¿Y TÚ? ¿Has estado aplazando el escribir una nota de agradecimiento a alguien que te regaló algo? ¿Y qué del Señor? ¿Le debes una oración de agradecimiento? Toma tiempo ahora mismo para darle las gracias al Señor. Estarás contento de haberlo hecho. *L. M. W.*

MEMORIZA: Es bueno dar gracias al SEÑOR, cantar alabanzas al Altísimo. *Salmo 92:1*

COMIDA CHATARRA

—**ALGUIEN DEBE DE** haber decidido que no debemos comer comida chatarra —se quejó Leslie—. Van a sacar de la cafetería las máquinas donde se puede comprar caramelos y gaseosas, y las van a reemplazar con máquinas donde se puede comprar fruta, pasas de uva, leche y jugo.

—Magnífico —aprobó su mamá—. Esas cosas son mejores para comer. Después de todo, la comida te afecta la salud. ¿Sabías que hay una clase de loro en Brasil que cambia de color según la clase de pescado que come?

—Si como caramelos, ¿cambiaré de color? —se rió Leslie—. ¿Dónde aprendes esas cosas?

—Esa la aprendí cuando estaba estudiando para ser enfermera. Allí nos enseñaron que somos lo que comemos. —Mientras Leslie encendía el televisor, su mamá agregó—: Eso también se aplica a la mente.

—Y tú clasificas mirar televisión como comida chatarra. —Leslie terminó la frase.

—Suponte que no tuviéramos televisión —sugirió mamá—. ¿Qué harías entonces?

—No sé. Tal vez llamaría por teléfono a una amiga. Leería un libro. ¡Es posible que hasta hiciera mis tareas escolares! —dijo Leslie riéndose.

—Todo eso sería considerado alimentos nutritivos, tal como las manzanas, las pasas de uvas y los jugos de fruta —dijo mamá—. Pero también necesitas comer carne u otro tipo de proteínas en tu dieta. ¿Qué crees que podría ser?

—Leer la Biblia —le respondió Leslie, y apagó el televisor—. También asistir a la iglesia.

—Muy bien —asintió mamá—. Ahora trabajemos las dos para mejorar nuestra dieta. Puedes comenzar comiendo una manzana mientras aprendes de memoria el versículo bíblico para la escuela dominical.

¿Y TÚ? ¿Hay algunos alimentos mentales y espirituales que no tienen valor nutritivo, los cuales debes sacar de tu vida, cosas tales como libros o programas de televisión que tienen personajes impíos o chistes sucios? ¿Hay algunas comidas saludables que debes agregar, tales como tiempo devocional y asistir fielmente a la iglesia? Sigue una dieta espiritual que le agrade al Señor. *V. L. C.*

MEMORIZA: Deseen con ganas la leche espiritual pura para que crezcan a una experiencia plena de la salvación. *1 Pedro 2:2*

DE LA BIBLIA:

Al obedecer la verdad, ustedes quedaron limpios de sus pecados, por eso ahora tienen que amarse unos a otros como hermanos, con amor sincero. Ámense profundamente de todo corazón.

Pues han nacido de nuevo pero no a una vida que pronto se acabará. Su nueva vida durará para siempre porque proviene de la eterna y viviente palabra de Dios. [...]

«Pero la palabra del Señor permanece para siempre». Y esta palabra es el mensaje de la Buena Noticia que se les ha predicado.

Por lo tanto, desháganse de toda mala conducta. Acaben con todo engaño, hipocresía, celos y toda clase de comentarios hirientes. Como bebés recién nacidos, deseen con ganas la leche espiritual pura para que crezcan a una experiencia plena de la salvación. Pidan a gritos ese alimento nutritivo ahora que han probado la bondad del Señor.

1 PEDRO 1:22-23, 1:25–2:3

Mejora tu dieta espiritual

26 de septiembre

LA MANCHA OSCURA

DE LA BIBLIA:

Así que preparen su mente para actuar y ejerciten el control propio. Pongan toda su esperanza en la salvación inmerecida que recibirán cuando Jesucristo sea revelado al mundo. Por lo tanto, vivan como hijos obedientes de Dios. No vuelvan atrás, a su vieja manera de vivir, con el fin de satisfacer sus propios deseos. Antes lo hacían por ignorancia, pero ahora sean santos en todo lo que hagan, tal como Dios, quien los eligió, es santo. Pues las Escrituras dicen: «Sean santos, porque yo soy santo».

Recuerden que el Padre celestial, a quien ustedes oran, no tiene favoritos. Él los juzgará o los recompensará según lo que hagan. Así que tienen que vivir con un reverente temor de él durante su estadía aquí como «residentes temporales». [...]

Al obedecer la verdad, ustedes quedaron limpios de sus pecados, por eso ahora tienen que amarse unos a otros como hermanos, con amor sincero. Ámense profundamente de todo corazón.

1 PEDRO 1:13-17, 22

El pecado daña tu testimonio

—DE ACUERDO, PROBABLEMENTE no lo debería haber hecho —admitió Jana—. ¡Pero es una cosa muy pequeña!

Su madre suspiró.

—Cuando te uniste a tus amigas burlándote porque Jillian tartamudea, no solo heriste a Jillian, sino que entristeciste al Señor y también dañaste tu testimonio. Le debes pedir perdón a Jillian.

Jana se encogió de hombros.

—¿Por qué alguien se tiene que alterar tanto por un pequeño incidente? Yo dije algunas cosas buenas también. Además, Jillian está acostumbrada a que la molesten.

El siguiente domingo, Jana decidió usar su vestido favorito, que era azul claro, para ir a la iglesia. «Te ves muy bien, querida —le dijo mamá cuando Jana entró a la cocina—. Ven, come algunos panqueques».

Cuando Jana tomó el último delicioso bocado, el tenedor se le escapó de la mano, y algo del pegajoso almíbar le cayó en el medio de su falda.

—¡Mamá!—se quejó—. ¡Mi vestido! Ahora voy a tener que cambiarme.

Mamá evaluó el daño y se encogió de hombros.

—¿Por qué te alteras tanto acerca de una pequeña manchita? —le preguntó—. El resto del vestido se ve muy bien.

—Pero, mamá, ¡la mancha es todo lo que va a notar la gente!

Mamá sonrió.

—Claro que tienes razón —le dijo—. Ahora me pregunto si puedes ver que la mancha en tu testimonio se puede comparar a la mancha que tienes en tu vestido limpio. Es la mancha lo que se destaca, y no la parte que está limpia.

Jana asintió pensativamente. Se iba a asegurar de pedirle perdón a Jillian esa noche. ¡Las cosas pequeñas eran importantes!

¿Y TÚ? Recuerda que la gente te observa. Aun un solo pecado puede dañarte el testimonio. Confiésale ese pecado a Dios, y toma la decisión de que, con la ayuda del Señor, vas a vivir una vida santa delante de él y delante de los demás. *H. W. M.*

MEMORIZA: Sean santos en todo lo que hagan, tal como Dios, quien los eligió, es santo. Pues las Escrituras dicen: «Sean santos, porque yo soy santo». *1 Pedro 1:15-16*

—**NO TENGAS MIEDO,** Adán. —Ester alentó a su hermanito—. Jesús estará contigo cuando te arreglen los dientes.

La mamá sonrió.

—Así es, Adán. Jesús está contigo siempre.

Cuando salió del consultorio del dentista, Adán estaba sonriendo.

—No me dolió mucho —dijo él.

—¿Viste? Te dije que Jesús estaría contigo —le dijo Ester cuando salían de la oficina del dentista—. Yo me voy a sentar en el asiento de adelante con mamá —agregó ella corriendo hacia el automóvil.

—¡No! ¡Yo me quiero sentar adelante! —protestó Adán.

—Yo lo dije primero —insistió Ester. Ella empujó a Adán, y él la empujó a ella.

Mamá fingió no ver a los niños peleando. Ella comenzó a cantar: «Dios está conmigo hoy. Dios está siempre conmigo. Él está conmigo cuando trabajo; está conmigo cuando juego. Él ve todo lo que hago». Adán y Ester se miraron con incertidumbre.

—Yo sé que Jesús está con nosotros cuando tenemos miedo —dijo Ester—, o cuando necesitamos ayuda con algo. Pero nunca pensé que él estaba con nosotros cuando nos estamos peleando.

—Por supuesto que está con ustedes —le respondió mamá—. Él ha prometido que jamás nos dejará. Pero a menudo olvidamos que él ve todo lo que hacemos.

—Perdóname por haber sido mala contigo, Adán —le dijo Ester—. Tú te puedes sentar en el asiento de adelante con mamá.

¿Y TÚ? Si eres cristiano, Jesús está siempre contigo. Eso es un gran consuelo cuando estás dando un examen o cuando vas a una escuela nueva. Es bueno saber que Jesús está contigo cuando estás solo en tu hogar, o en la oscuridad. Pero no te olvides de que él está a tu lado a través de todas las cosas comunes y corrientes que haces. ¿Le agradarán a Jesús todas las cosas que te vea hacer hoy? ¿Le agradarán las cosas que escucha? *H. W. M.*

MEMORIZA: El SEÑOR su Dios siempre los acompañará; nunca los dejará ni los abandonará. *Deuteronomio 31:6*

SIEMPRE A TU LADO

DE LA BIBLIA:

Me ves cuando viajo
 y cuando descanso en casa.
 Sabes todo lo que hago.
Sabes lo que voy a decir
 incluso antes de que lo diga,
 SEÑOR.
Vas delante y detrás de mí.
 Pones tu mano de bendición
 sobre mi cabeza.
Semejante conocimiento es
 demasiado maravilloso
 para mí,
 ¡es tan elevado que no puedo
 entenderlo!
¡Jamás podría escaparme de tu
 Espíritu!
 ¡Jamás podría huir de tu
 presencia!
Si subo al cielo, allí estás tú;
 si desciendo a la tumba, allí
 estás tú.
Si cabalgo sobre las alas de la
 mañana,
 si habito junto a los océanos
 más lejanos,
aun allí me guiará tu mano,
 y me sostendrá tu fuerza.
SALMO 139:3-10

*Dios está siempre
contigo*

28 de septiembre

IDENTIDAD ESPECIAL
(PARTE 1)

DE LA BIBLIA:

«Él es el Dios que hizo el mundo y todo lo que hay en él. Ya que es el Señor del cielo y de la tierra, no vive en templos hechos por hombres, y las manos humanas no pueden servirlo, porque él no tiene ninguna necesidad. Él es quien da vida y aliento a todo y satisface cada necesidad. De un solo hombre creó todas las naciones de toda la tierra. De antemano decidió cuándo se levantarían y cuándo caerían, y determinó los límites de cada una.

»Su propósito era que las naciones buscaran a Dios y, quizá acercándose a tientas, lo encontraran; aunque él no está lejos de ninguno de nosotros. Pues en él vivimos, nos movemos y existimos. Como dijeron algunos de sus propios poetas: "Nosotros somos su descendencia"».

HECHOS 17:24-28

El aborto es asesinato

CARLA ENTRÓ CORRIENDO a su casa, con un papel en la mano.

—Hola, mamá, ¿podemos ir a esto? —le preguntó. La nota anunciaba que en el centro comercial les sacarían las huellas digitales a todos los niños que fueran acompañados de su padre o de su madre.

—Claro que sí —le dijo su mamá—. Nadie en todo el mundo tiene huellas digitales iguales a las tuyas, Carla. Tú eres una persona única.

David, su hermano mayor, leyó la nota.

—Cuando hice un informe sobre el aborto para la clase de anatomía, descubrí que las huellas digitales de una persona se forman cuatro o cinco meses antes de que nazca, y no cambian a través de toda la vida.

—Eso muestra lo especial que es una persona para Dios —dijo mamá—. Antes de que un bebé nazca, Dios forma cada uno de los detalles. Es muy triste que algunas personas consideren la vida de un niño no nacido de tan poca importancia que sienten que tienen el derecho de terminar esa vida porque tener un bebé les produciría inconvenientes.

Carla asintió.

—La señora Weaver, mi maestra de la escuela dominical, está esperando un bebé. Los doctores creen que podría haber algunos problemas con el bebé, pero ella dice que Dios sabe exactamente la clase de bebé que ella necesita, y que lo que él le dé será perfecto para ella.

—Eso es muy bueno —exclamó mamá—. Terminar una vida nunca es correcto, aun si es la vida de un bebé que todavía no ha nacido, y aunque tal vez temamos que pueda nacer con algún defecto. La vida y la muerte deben estar siempre en las manos de Dios.

¿Y TÚ? ¿Has escuchado alguna vez decir que la madre de un niño que todavía no ha nacido debería decidir si va a tener ese niño o no? Esa decisión no debería ser de la madre; debería ser la decisión de Dios. El aborto —es decir, matar a un niño que aún no ha nacido— es pecado. Es un asesinato. Los cristianos no deben tener parte alguna en eso. En realidad, deben hacer todo lo posible para asegurar que eso no siga sucediendo. J. L. H.

MEMORIZA: Él es quien da vida y aliento a todo.
Hechos 17:25

CARLA Y SU MADRE iban camino al lugar donde sacaban las huellas digitales en el centro comercial. El día anterior, la maestra de la escuela dominical de Carla había tenido una niñita.

—Mamá —le dijo Carla muy feliz—, la señora Weaver le puso "Carlota", ¡que es casi el mismo nombre que el mío! Me pregunto qué va a ser esa niñita cuando crezca.

—No lo sé —le dijo mamá—, pero Dios sí lo sabe. Él sabe quiénes somos aun antes de que hayamos nacido. Él tiene un plan especial para nuestra vida. Aun antes de que hubieran nacido, el Señor eligió a Jeremías para que fuera un profeta, a Sansón para que fuera nazareo y a Juan el Bautista para que fuera el precursor de Cristo.

—¡Qué fantástico! —dijo Carla—. Oye, mamá, ¿le podemos comprar un regalo a la señora Weaver y a su bebita?

Mamá le dijo que sí, y entonces después de la sesión de sacarse las huellas digitales, Carla y su madre compraron el regalo. Eligieron una planta y una maceta en forma de cubo, y que estaba pintada de un color suave. Carla levantó la planta y se fijó en la parte inferior de la maceta.

—Mamá, ¿qué es esto? —le preguntó señalándole una marca que había en la parte inferior de la maceta.

Mamá examinó la maceta.

—Esas son las iniciales del artista que la hizo —le dijo—. Identifican el trabajo de ese artista.

—¿Al igual que mis huellas digitales me identifican a mí? —le preguntó Carla.

—Es algo parecido a eso —le dijo mamá—. Dios te hizo a su imagen, Carla, y te dio una identidad especial. Él tiene un plan para tu vida. Obedece a Dios, y entonces estarás honrando su nombre.

—Lo haré —dijo Carla—. Quiero que mi vida sea bella y útil, como esta maceta.

¿Y TÚ? ¿Sabías que tú eres un «diseño especial»? Dios te hizo para un propósito particular. Te creó según su propósito. Él tiene un plan para tu vida. Prepárate para aceptar el plan que él tiene para ti. Estarás contento de haberlo hecho. *J. L. H.*

MEMORIZA: Te conocía aun antes de haberte formado en el vientre de tu madre; antes de que nacieras, te aparté y te nombré mi profeta a las naciones. *Jeremías 1:5*

IDENTIDAD ESPECIAL
(PARTE 2)

DE LA BIBLIA:

—Te conocía aun antes de haberte formado en el vientre de tu madre; antes que nacieras, te aparté y te nombré mi profeta a las naciones.

—Oh Señor Soberano —respondí—. ¡No puedo hablar por ti! ¡Soy demasiado joven!

—No digas: "Soy demasiado joven —me contestó el Señor—, porque debes ir dondequiera que te mande y decir todo lo que te diga. No le tengas miedo a la gente, porque estaré contigo y te protegeré. ¡Yo, el Señor, he hablado!

Luego el Señor extendió su mano, tocó mi boca y dijo: «¡Mira, he puesto mis palabras en tu boca! Hoy te doy autoridad para que hagas frente a naciones y reinos. A algunas deberás desarraigar, derribar, destruir y derrocar; a otros deberás edificar y plantar».

JEREMÍAS 1:5-10

Dios tiene un plan para ti

30 de septiembre

NO ACTÚES COMO UN BEBÉ

DE LA BIBLIA:

Hace tanto que son creyentes que ya deberían estar enseñando a otros. En cambio, necesitan que alguien vuelva a enseñarles las cosas básicas de la palabra de Dios. Son como niños pequeños que necesitan leche y no pueden comer alimento sólido. Pues el que se alimenta de leche sigue siendo bebé y no sabe cómo hacer lo correcto. El alimento sólido es para los que son maduros, los que a fuerza de práctica están capacitados para distinguir entre lo bueno y lo malo.
HEBREOS 5:12-14

Aprende un versículo nuevo

ERA LA HORA en que se reunían para leer la Biblia y orar en la casa de la familia Ryan.

—Esta noche —comenzó papá—, cada uno de nosotros va a citar un versículo bíblico. Elijan uno que haya tenido un significado especial para ustedes en los últimos días.

Ay, pensó Andrés. *No he aprendido ningún versículo nuevo en las últimas semanas.*

Andrés escuchó a su hermana, Ángela, citar:

—Salmo 119:97: "¡Oh, cuánto amo tus enseñanzas! Pienso en ellas todo el día". Este versículo me recuerda que debo pensar en la Palabra de Dios durante todo el día.

—Esa es una buena lección para todos nosotros —dijo papá—. ¿Y cuál es tu versículo, Andrés?

—A mí me gusta Juan 3:16 —respondió Andrés—. "Pues Dios amó tanto al mundo que dio a su único Hijo, para que todo el que crea en él no se pierda, sino que tenga vida eterna".

—Tú siempre dices el mismo versículo —se quejó Ángela, poniendo los ojos en blanco—. ¿Nunca aprendes versículos nuevos?

—Ese es un versículo importante —le dijo su madre—, y me alegro de que te guste. Pero también es importante que aprendamos más versículos de memoria.

—Piensa en eso de esta forma —dijo papá—. Mamá le da a Sara comida de bebé, ¿no es verdad? Pero ¿qué dirías si nos diera a todos esa comida?

—¡Guácala! —dijo Andrés—. La comida de bebé es para los bebés. Nosotros necesitamos alimentos sólidos para poder crecer.

—¡Exactamente! —dijo papá—. Juan 3:16 es un versículo importante, igual que la comida de bebé es importante para Sara. Pero a medida que crecemos en nuestra vida cristiana, necesitamos agregar alimentos sólidos a nuestra dieta espiritual para no volvernos espiritualmente débiles.

—En ese caso —dijo Andrés—, por favor alcánzame la Biblia. No quiero ser un bebé.

¿Y TÚ? ¿Le estás agregando verdades de la Biblia a tu vida espiritual? Es importante que recordemos los versículos que aprendimos cuando recién nos convertimos, pero también deberíamos aprender cosas nuevas para continuar creciendo espiritualmente. *D. L. R.*

MEMORIZAR: Abre mis ojos, para que vea las verdades maravillosas que hay en tus enseñanzas. *Salmo 119:18*

«**SOY UN FRACASO** —dijo Luis entre dientes mientras caminaba de regreso a su casa después de la escuela—. Cuando Jeremías me preguntó por qué voy a la iglesia, fue la oportunidad perfecta de decirle que voy a la iglesia para adorar a Dios y para aprender de su Hijo, Jesús. Pero lo que hice fue cambiar el tema».

Aquella tarde, Luis vio a su hermano hablando frente al espejo de su dormitorio.

—¿Qué estás haciendo? —le preguntó Luis.

Carlos se dio vuelta y se rió.

—Estoy practicando —le dijo—. ¿Recuerdas cuando recién comencé mi clase de retórica? Yo estaba muerto de miedo de pararme y de hablar en frente de la clase, pero ahora me está empezando a gustar.

—¿Ya no sientes miedo? —le preguntó Luis.

Carlos asintió.

—Un poco, pero no tanto como antes, y eso se lo debo a mi maestro.

—¿Cómo te ayudó tu maestro?

—Nos dijo que para tocar un instrumento musical bien tienes que practicar, y que también tienes que practicar si quieres ser un buen orador —le explicó Carlos—. Así que practico, y me da buen resultado.

Luis observó a Carlos darse vuelta y mirar al espejo, y comenzar su discurso de nuevo. *Practicar*, pensó Luis cuando se fue a su dormitorio. *Eso es lo que tengo que hacer yo también.*

Cuando Carlos pasó por el dormitorio de Luis un poco más tarde, Luis estaba frente al espejo y decía: «Soy cristiano, y tú también puedes llegar a ser cristiano». Aclaró la garganta y luego repitió: «Soy cristiano, y tú también puedes llegar a ser cristiano». —Hizo una pausa—. La Biblia dice...». Carlos sonrió y siguió su camino mientras Luis continuaba practicando la forma de testificar.

¿Y TÚ? ¿Tienes problemas para saber qué decir acerca de Jesús? Practica en tu casa frente a un espejo. Después tal vez quieras practicar con un amigo o con tu padre o con tu madre. Muy pronto encontrarás que te resulta natural hablar del Señor cada vez que se presenta una oportunidad. Tú también puedes ser un testigo para Jesús. *H. W. M.*

MEMORIZAR: Tus obras imponentes estarán en boca de todos; proclamaré tu grandeza. *Salmo 145:6*

HAY QUE PRACTICAR MUCHO

DE LA BIBLIA:

¡Grande es el SEÑOR, el más digno de alabanza!
Nadie puede medir su grandeza.
Que cada generación cuente a sus hijos de tus poderosos actos
y que proclame tu poder.
Meditaré en la gloria y en la majestad de tu esplendor,
y en tus maravillosos milagros.
Tus obras imponentes estarán en boca de todos;
proclamaré tu grandeza.
Todos contarán la historia de tu maravillosa bondad;
cantarán de alegría acerca de tu justicia.
El SEÑOR es misericordioso y compasivo,
lento para enojarse y lleno de amor inagotable.
El SEÑOR es bueno con todos;
desborda compasión sobre su creación.
Todas tus obras te agradecerán, SEÑOR,
y tus fieles seguidores te darán alabanza.
Hablarán de la gloria de tu reino;
darán ejemplos de tu poder.
Contarán de tus obras poderosas
y de la majestad y la gloria de tu reinado.
SALMO 145:3-12

Practica testificar

2 de octubre

¿EL REGALO O EL DADOR?

DE LA BIBLIA:

Pero Dios muestra su ira desde el cielo contra todos los que son pecadores y perversos, que detienen la verdad con su perversión. Ellos conocen la verdad acerca de Dios, porque él se la ha hecho evidente. Pues, desde la creación del mundo, todos han visto los cielos y la tierra. Por medio de todo lo que Dios hizo, ellos pueden ver a simple vista las cualidades invisibles de Dios: su poder eterno y su naturaleza divina. Así que no tienen ninguna excusa para no conocer a Dios.

Es cierto, ellos conocieron a Dios pero no quisieron adorarlo como Dios ni darle gracias. En cambio, comenzaron a inventar ideas necias sobre Dios. Como resultado, la mente les quedó en oscuridad y confusión. Afirmaban ser sabios pero se convirtieron en completos necios. [...]

Entonces Dios los abandonó para que hicieran todas las cosas vergonzosas que deseaban en su corazón. Como resultado, usaron sus cuerpos para hacerse cosas viles y degradantes entre sí. Cambiaron la verdad acerca de Dios por una mentira. Y así rindieron culto y sirvieron a las cosas que Dios creó pero no al Creador mismo.

ROMANOS 1:18-22, 24-25

Ama al dador más que al regalo

EL TÍO JACK estaba de paso por la ciudad en un viaje de negocios, y fue a la casa de Daniel para hacerles una breve visita.

—¡Qué bueno verlos a todos ustedes! —exclamó—. Solo tengo una hora antes de tener que seguir mi camino otra vez. —Le dio un paquete a Daniel—. Te traje este pequeño regalo.

—¡Gracias! —le dijo Daniel mientras desenvolvía un modelo de barco para armar dentro de una botella. Pronto estaba ocupado ordenando las piezas y empezando a armar el barco. Su madre le sugirió que lo dejara para más tarde. «Está bien», dijo, pero se estaba divirtiendo tanto que continuó con el proyecto.

De pronto escuchó que el tío Jack dijo:

—Siento tener que irme tan pronto.

—¡Tío Jack! —exclamó Daniel—. No te vas ahora, ¿verdad?

El tío Jack sonrió.

—En realidad me tengo que ir ahora mismo.

Después de que el automóvil del tío Jack se alejó, la mamá se volvió a Daniel y le preguntó:

—¿Por qué ignoraste a tu tío?

—Oh... bueno —dijo Daniel—, no lo hice a propósito. Es que me sentí tan interesado en lo que me regaló que me olvidé que él estaba aquí.

—Tu tío se veía desilusionado de que tú no le prestaras atención —le dijo papá.

—Pero, papá —le dijo Daniel—, ¿no quería él que yo disfrutara del regalo que me dio?

—Claro que sí —le respondió su padre—, pero te interesaste tanto en el regalo que te olvidaste de la persona que te lo dio.

—Creo que tienes razón, papá —dijo Daniel—. Voy a ir a escribirle una nota al tío Jack. Quiero que sepa que lo amo más que el regalo que me dio.

¿Y TÚ? Dios te ha dado muchas cosas buenas para que las disfrutes. ¿A veces les prestas más atención a los regalos que al Dador? Los regalos de Dios nunca deben tomar el lugar de Dios. ¡Lo importante es el Dador! *S. L. K.*

MEMORIZA: Deberían depositar su confianza en Dios, quien nos da en abundancia todo lo que necesitamos para que lo disfrutemos. *1 Timoteo 6:17*

CRECIERON CALABAZAS

—OH, ESTA COMIDA se ve deliciosa —dijo el padre de Mason cuando comenzaron a comer—. Mason, por favor, pásame la sandía.

Mason hizo una pausa con el tenedor casi en la boca.

—¿La sandía? —Miró todo lo que había en la mesa.

—Está allí, en ese tazón frente a ti.

Mason miró y vio un tazón lleno de doradas calabazas. Entonces notó que su padre se estaba sonriendo, y entendió.

—Claro, papá. Aquí está la sandía. —Se rió mientras le alcanzaba las calabazas.

—No entiendo —dijo Melanie, la hermana de Mason—. ¿Por qué estás llamando "sandía" a las calabazas?

Mason explicó.

—Bueno, yo... cometí un error cuando estábamos plantando nuestro huerto, y papá no me lo deja olvidar.

—Mason quería plantar sandías —dijo papá—, y le dije que estaba usando semillas de calabaza, pero él insistió que eran semillas de sandía.

—Un error totalmente inocente —dijo Mason entre dientes.

—Él me dijo que cuando crecieran las plantas, yo iba a ver el resultado —continuó papá—, y he aquí el producto final.

Todos se rieron.

—Siempre cosechas lo que siembras —dijo mamá—. Eso es verdad tanto para el huerto como para la vida. Como creyentes nosotros debemos tener cuidado de sembrar las semillas correctas.

—Así es —asintió papá—. Si sembramos el mal, podemos esperar cosechar mal y sufrimiento. Si sembramos el bien, podemos esperar recoger felicidad y bendiciones.

¿Y TÚ? ¿Estás sembrando semillas de maldad tales como las mentiras, o la falta de respeto a la autoridad? ¿O estás sembrando buenas semillas tales como la obediencia y la reverencia a Dios? Tal vez las cosas que haces ahora te parezcan pequeñas y de poca importancia, pero recuerda que las semillas pequeñas crecen. Asegúrate de sembrar ahora lo que quieres cosechar más tarde. *H. W. M.*

MEMORIZA: No se dejen engañar: nadie puede burlarse de la justicia de Dios. Siempre se cosecha lo que se siembra. *Gálatas 6:7*

DE LA BIBLIA:

No se dejen engañar: nadie puede burlarse de la justicia de Dios. Siempre se cosecha lo que se siembra. Los que viven solo para satisfacer los deseos de su propia naturaleza pecaminosa cosecharán, de esa naturaleza, destrucción y muerte; pero los que viven para agradar al Espíritu, del Espíritu, cosecharán vida eterna. Así que no nos cansemos de hacer el bien. A su debido tiempo, cosecharemos numerosas bendiciones si no nos damos por vencidos. Por lo tanto, siempre que tengamos la oportunidad, hagamos el bien a todos, en especial a los de la familia de la fe.

GÁLATAS 6:7-10

Cosechas lo que siembras

4 de octubre

LAS HERRAMIENTAS QUE HABLAN

DE LA BIBLIA:

Así es, el cuerpo consta de muchas partes diferentes, no de una sola parte. Si el pie dijera: «No formo parte del cuerpo porque no soy mano», no por eso dejaría de ser parte del cuerpo. Y si la oreja dijera: «No formo parte del cuerpo porque no soy ojo», ¿dejaría por eso de ser parte del cuerpo? Si todo el cuerpo fuera ojo, ¿cómo podríamos oír? O si todo el cuerpo fuera oreja, ¿cómo podríamos oler?

Pero nuestro cuerpo tiene muchas partes, y Dios ha puesto cada parte justo donde él quiere. ¡Qué extraño sería el cuerpo si tuviera solo una parte! Efectivamente, hay muchas partes, pero un solo cuerpo. El ojo nunca puede decirle a la mano: «No te necesito». La cabeza tampoco puede decirle al pie: «No te necesito».

De hecho, algunas partes del cuerpo que parecieran las más débiles y menos importantes, en realidad, son las más necesarias.

1 CORINTIOS 12:14-22

Sé las herramientas de Dios

MIENTRAS RYAN AYUDABA a su tío Ken a reemplazar el piso del porche, trabajaba sin hablar.

—Tu amigo Jasón cantó un solo muy bonito con el coro de jóvenes —dijo el tío Ken mientras sacaba algunos clavos. Ryan no dijo nada. El tío Ken lo miró con curiosidad—. ¿Han estado ustedes dos jugando al tenis últimamente?

—¡No! —dijo Ryan con brusquedad.

—¿Has estado discutiendo con Jasón? —quiso saber el tío Ken.

Ryan dio un suspiro hondo.

—No —dijo—, lo que pasa es que él hace todas las cosas mejor que yo. Antes yo cantaba solos; ahora Jasón es el que canta solos. También es el mejor alumno en la escuela dominical. Trae más visitantes, aprende más versículos bíblicos de memoria y también me gana cuando jugamos al tenis.

—Ryan, ¿qué hubiera pasado si el martillo se hubiera enojado cuando comenzamos a usar la cinta de medir? ¿O qué si el serrucho hubiera dicho: "Estoy cansado de cortar estas tablas. Si no me dejan sacar clavos, no voy a trabajar"?

Ryan sonrió.

—Eso no sucederá. Las herramientas tienen que hacer lo que han sido diseñadas para hacer.

—Tienes razón. Y como creyentes, somos como herramientas en las manos de Dios. Debemos hacer lo que él nos ha diseñado para hacer.

—Pero Jasón hace las mismas cosas que yo hago —dijo Ryan—, pero las hace mejor.

—¿Cuántos martillos hay en mi caja de herramientas, Ryan?

—Dos.

—Dios no tiene solamente una persona que cante solos, o una sola persona que testifique o una sola que trabaje. Pero cuando tú eres una herramienta, no le dices al carpintero cuándo vas a trabajar o qué es lo que vas a hacer. Simplemente estás en sus manos y dejas que él te use.

—Tienes razón. Desde ahora en adelante voy a trabajar o esperar, lo que Dios me diga que haga.

¿Y TÚ? Debes ser una herramienta que Dios puede usar, y debes estar siempre dispuesto a hacer lo que Dios quiere que hagas. *B. J. W.*

MEMORIZA: Todos ustedes en conjunto son el cuerpo de Cristo, y cada uno de ustedes es parte de ese cuerpo. *1 Corintios 12:27*

—¡LO VEO Y NO LO CREO! —exclamó Shelby. Su hermano acababa de entrar a la sala usando el uniforme de un jugador profesional de baloncesto.

Andrés se rió.

—Algunos representantes del equipo de baloncesto Basket-Masters estuvieron presentes hoy en nuestra escuela, y yo gané el premio que ofrecían. Voy a jugar con el equipo de ellos durante unos minutos esta noche durante su juego amistoso.

—Esto sí que va ser algo bueno. ¡La persona más torpe de la ciudad en cuanto al baloncesto va a jugar con el equipo más famoso de mundo!

Efectivamente fue bueno. Durante el corto tiempo que Andrés estuvo jugando, los del equipo le pasaron la pelota varias veces. Una vez se le cayó; otra vez se la pasó a un jugador del equipo contrario; y otra vez inclusive tiró la pelota a la red equivocada. Él se rió, junto con todos los demás, de sus errores.

A la semana siguiente, un amigo llevó a Andrés a la escuela dominical.

—Estoy muy contento de que hayas venido a visitarnos —le dijo el señor Markham, el maestro—. ¿Asistes regularmente a alguna iglesia?

—Oh, claro. Voy a la iglesia, oro antes de comer y trato de ayudar a la gente. Soy buen cristiano.

El señor Markham sonrió.

—Te vi jugar baloncesto la otra noche. Te veías muy bien con el uniforme.

—Sí, pero no soy un buen jugador.

—A veces la gente usa otro "uniforme", el uniforme de cristiano —le dijo el señor Markham—. Parecen ser creyentes, pero no lo son a menos que hayan aceptado a Cristo como su Salvador.

Andrés parecía perplejo.

—Yo pensaba que lo único que tenía que hacer es vivir haciendo cosas buenas. Explíqueme eso de nuevo.

¿Y TÚ? ¿Eres un creyente? ¿O solamente estás «usando el uniforme», es decir, tratando de vivir una vida buena? Usar el uniforme no te salvará. Eres salvo si crees que Jesús es el Hijo de Dios y que murió por tus pecados. Confía en lo que Jesús hizo por ti, y no en lo que tú mismo puedes hacer. *H. W. M.*

MEMORIZA: Él nos salvó, no por las acciones justas que nosotros habíamos hecho, sino por su misericordia. *Tito 3:5*

EL UNIFORME NO TE AYUDARÁ

DE LA BIBLIA:

Él nos salvó, no por las acciones justas que nosotros habíamos hecho, sino por su misericordia. Nos lavó, quitando nuestros pecados, y nos dio un nuevo nacimiento y vida nueva por medio del Espíritu Santo. Él derramó su Espíritu sobre nosotros en abundancia por medio de Jesucristo nuestro Salvador. Por su gracia él nos declaró justos y nos dio la seguridad de que vamos a heredar la vida eterna.

TITO 3:5-7

La salvación no es por obras

6 de octubre

COMO YO LO VEO

DE LA BIBLIA:

«Traten a los demás como les gustaría que ellos los trataran a ustedes.

»Si solo aman a quienes los aman a ustedes, ¿qué mérito tienen? ¡Hasta los pecadores aman a quienes los aman a ellos! [...]

»¡Amen a sus enemigos! Háganles bien. Presten sin esperar nada a cambio. Entonces su recompensa del cielo será grande, y se estarán comportando verdaderamente como hijos del Altísimo, pues él es bondadoso con los que son desagradecidos y perversos. Deben ser compasivos, así como su Padre es compasivo.

»No juzguen a los demás, y no serán juzgados. No condenen a otros, para que no se vuelva en su contra. Perdonen a otros, y ustedes serán perdonados. Den, y recibirán. Lo que den a otros les será devuelto por completo: apretado, sacudido para que haya lugar para más, desbordante y derramado sobre el regazo. La cantidad que den determinará la cantidad que recibirán a cambio».

LUCAS 6:31-38

Debes comprender el punto de vista de otras personas

—¿**ADIVINA DÓNDE JOSÉ** Gordon cree que nuestra clase de gimnasia debe ir para el paseo educativo? —preguntó Kevin. Estaba sentado en los escalones de la entrada con su amigo Jay, observando las nubes—. Quiere ir a un partido de fútbol de la secundaria —continuó Kevin sonando disgustado.

—¡Oh, no! —se quejó Jay—. Yo preferiría ir al parque de atracciones. Supongo que José va a tratar de que todos voten a favor del partido de fútbol. ¡No soporto a ese muchacho!

—Yo tampoco —asintió Kevin, y señaló una de las nubes—. Hablando de partidos de fútbol, aquella nube tiene la forma de un pie que está pateando una pelota de fútbol.

Jay miró hacia donde le señalaba Kevin.

—Yo veo un perro con un hueso.

—¿Y qué me dices de aquella? —Kevin señaló otra nube—. Esa es un dragón.

—No, es un cocodrilo —dijo Jay con una sonrisa. Los muchachos pasaron los minutos siguientes señalando las cosas que decían ver en las nubes. A veces estaban de acuerdo en lo que veían en las nubes, y otras veces no.

—¿Sabes? —dijo Kevin—, no nos hace enojar el hecho de que no vemos la misma cosa en una nube. Tal vez tampoco deberíamos enojarnos si la gente mira las cosas en forma diferente.

Jay miró a su amigo.

—Estás hablando de José, ¿no es verdad? —le dijo—. Creo que no hay ninguna ley que diga que a él le tienen que gustar las mismas cosas que nos gustan a nosotros. Pero todavía voy a tratar de lograr que los muchachos voten por el parque de atracciones, y ¡veremos quién es el que gana!

¿Y TÚ? La gente mira a las cosas de manera diferente. Tú debes amar a las personas y aceptarlas aun si no ven las cosas como las ves tú. Disponte a aceptar los desacuerdos, siempre y cuando no sean algo opuesto a lo que dicen las Escrituras. (Por ejemplo, la Biblia enseña que cosas tales como robar, matar y practicar la homosexualidad son pecado. Tú no tienes que aceptar estilos de vida que no están de acuerdo con lo que Dios enseña.) *H. W. M.*

MEMORIZA: Traten a los demás como les gustaría que ellos los trataran a ustedes. *Lucas 6:31*

LUCAS OBSERVÓ MIENTRAS Ryan, su hermano mayor, se preparaba para ir a cazar patos.

—¿Qué vas a hacer con esos? —le preguntó Lucas señalando a algunas figuras de patos hechas de madera y pintadas.

—Estos son señuelos —le explicó Ryan—. Ningún pato va a venir cerca de mí si me ve con una escopeta en la mano. Así que me escondo, pero pongo estos señuelos en el lago. Cuando los patos que pasan volando los ven, ellos piensan: *Si ese es un buen lugar para que estén nuestros hermanos, debe de ser un buen lugar para nosotros.* Entonces bajan.

—¡Qué tontos son los patos! —dijo Lucas.

Aquella tarde, Lucas y Ryan miraron un partido de fútbol en la televisión. Durante uno de los anuncios comerciales, Ryan abrió una revista, pero notó que su hermano menor estaba mirando un aviso sobre bebidas alcohólicas que estaban mostrando en ese momento.

—No seas uno de esos patos tontos —le dijo Ryan.

—¿De qué estás hablando?

—Satanás te puede estar engañando con los "señuelos" en ese aviso —le dijo Ryan—. Las personas que muestran en ese anuncio comercial se ven sanas y felices. Esos avisos nunca te presentan a alguien con resaca o en un auto destrozado. Lo único que ves son "señuelos".

Después de cambiar de canal, Lucas le señaló un aviso en la revista que tenía su hermano.

—No seas tú como uno de esos patos tontos. Dentro de unos pocos años, el hombre fuerte y saludable que se ve en esta propaganda para cigarrillos puede estar jadeando de dolor porque se está muriendo de cáncer al pulmón.

—Tienes razón —le dijo Ryan, dando vuelta a la hoja de la revista—. Los dos tenemos que ser tipos inteligentes, y no patos tontos.

¿Y TÚ? ¿Te engaña Satanás haciendo que el pecado te parezca atractivo? Tal vez sacar buenas notas te haga creer que está bien hacer trampa. Tener una barra de caramelo puede hacer que el robo te parezca atractivo. No te dejes engañar por los señuelos que te pone Satanás. *H. W. M.*

MEMORIZA: Pónganse toda la armadura de Dios para poder mantenerse firmes contra todas las estrategias del diablo. *Efesios 6:11*

7 de octubre

LOS PATOS TONTOS

DE LA BIBLIA:

Sean fuertes en el Señor y en su gran poder. Pónganse toda la armadura de Dios para poder mantenerse firmes contra las estrategias del diablo. Pues no luchamos contra enemigos de carne y hueso, sino contra gobernadores malignos y autoridades del mundo invisible, contra fuerzas poderosas de este mundo tenebroso y contra espíritus malignos de los lugares celestiales.

Por lo tanto, pónganse todas las piezas de la armadura de Dios para poder resistir al enemigo en el tiempo del mal. Así, después de la batalla, todavía seguirán de pie, firmes. Defiendan su posición, poniéndose el cinturón de la verdad y la coraza de la justicia de Dios. Pónganse como calzado la paz que proviene de la Buena Noticia a fin de estar completamente preparados. Además de todo eso, levanten el escudo de la fe para detener las flechas encendidas del diablo. Pónganse la salvación como casco y tomen la espada del Espíritu, la cual es la palabra de Dios. Oren en el Espíritu en todo momento y en toda ocasión. Manténgase alerta y sean persistentes en sus oraciones por todos los creyentes en todas partes.

EFESIOS 6:10-18

No dejes que Satanás te engañe

8 de octubre

LA PRUEBA

DE LA BIBLIA:

Después de haber enterrado a Jacob, José regresó a Egipto junto con sus hermanos y todos los que lo habían acompañado al entierro de su padre. Pero ahora que su padre había muerto, los hermanos de José tuvieron temor, y se decían: «Ahora José mostrará su enojo y se vengará por todo el mal que le hicimos».

Entonces enviaron a José un mensaje que decía: «Antes de morir, tu padre nos mandó que te dijéramos: "Por favor, perdona a tus hermanos por el gran mal que te hicieron, por el pecado de haberte tratado con tanta crueldad". Por eso nosotros, los siervos del Dios de tu padre, te suplicamos que perdones nuestro pecado». Cuando José recibió el mensaje, perdió el control y se echó a llorar. Entonces sus hermanos llegaron, y se arrojaron al suelo delante de José y dijeron:

—Mira, ¡somos tus esclavos!

Pero José les respondió:

—No me tengan miedo. ¿Acaso soy Dios para castigarlos? Ustedes se propusieron hacerme mal, pero Dios dispuso todo para bien. Él me puso en este cargo para que yo pudiera salvar la vida de muchas personas. No, no tengan miedo. Yo seguiré cuidando de ustedes y de sus hijos.

Así que hablándoles con ternura y bondad, los reconfortó.

· GÉNESIS 50:14-21

Cuando eres probado, actúa con amor

—¡EXÁMENES! ¡EXÁMENES! ¡EXÁMENES! —se quejaron Brooke y Tucker a su abuelo Wilson un día—. ¡Detestamos los exámenes!

El abuelo sonrió.

—Creo que todos nos sentimos de la misma forma —asintió él—, pero los exámenes son parte de la vida. Todos los tenemos que enfrentar.

—Tú no —protestaron los niños—. Tú no asistes a la escuela.

Pero antes de mucho tiempo, Tucker y Brooke aprendieron que no todos los exámenes son en una hoja de papel. La siguiente vez que los vio el abuelo, los niños se veían tristes.

—Nuestro amigo Eric se está mudando lejos —dijo Tucker—. Sus padres se están divorciando.

—Oh, abuelo, Eric no entiende por qué se están separando —se lamentó Brooke—. Él piensa que sus padres ya no lo aman.

—Oh, estoy seguro de que lo aman —les dijo el abuelo—. Esta es una prueba difícil para su amigo, y para ustedes también, porque lo van a extrañar.

—¡Detesto las pruebas! —declaró Tucker.

A medida que los niños hablaban con el abuelo, él les recordó acerca de José, a quien sus hermanos vendieron como esclavo, y quien fue llevado a Egipto. José había enfrentado muchas dificultades, pero no se amargó. Se mantuvo fiel y obediente a Dios y perdonó a sus hermanos.

—Eso es lo que nosotros vamos a tener que hacer —de pronto exclamó Brooke—. Vamos a tratar de ser pacientes y amables con los padres de Eric, y a alentar a Eric para que confíe en Dios.

—Estoy seguro de que toda la familia está sufriendo mucho en estos momentos —asintió el abuelo—. Traten de ayudar a su amigo para que no se sienta amargado o enojado. Y ustedes tampoco se amarguen o enojen porque él se va a mudar lejos de aquí. Pídanle al Señor que los ayude a todos a "pasar" esta prueba.

¿Y TÚ? ¿Estás tú o alguno de tus amigos enfrentando una prueba difícil? Lo que sea, confía en el Señor. Espera y verás que él está obrando en ti. Mientras tanto, sé amable y paciente. Ayuda a los que están alrededor de ti a que también pasen sus pruebas. *B. J. W.*

MEMORIZA: Siempre que se pone a prueba la fe, la constancia tiene una oportunidad para desarrollarse. *Santiago 1:3*

—**POR CIERTO QUE** dijiste a Frazier lo que pensabas —se rió Natán. Derrick se encogió de hombros.

—Si él piensa que yo copié en un examen, que lo pruebe.

En la parada del autobús, Natán suspiró.

—Detesto ir a mi casa. Mis padres se pelean todo el tiempo.

—En mi casa pasaba lo mismo antes de que llegáramos a ser cristianos —dijo Derrick.

—¿Qué quieres decir con *"antes* de llegar a ser cristianos"? —le dijo Natán con tono burlón—. Por cierto que no me hubiera gustado para nada conocerte antes de que eso sucediera.

El rostro de Derrick se puso rojo.

—¿Ah, sí? Pues tú eres...

—¿Ves lo que quiero decir? —Natán se rió—. Tú estás listo para pelear por cualquier cosa.

Cuando Derrick llegó a su casa, su madre le dijo:

—La tía Velma nos invitó a cenar en su casa.

—¡Oh, no! Detesto cenar en su casa. Ella siempre tiene las manos sucias.

—Tranquilízate. No vamos a poder ir hoy porque tu papá tiene que trabajar hasta muy tarde.

Más tarde, Derrick les contó a sus padres acerca de los problemas de Natán. «Yo traté de decirle que Jesús puede ayudar a su familia, pero él no estuvo interesado». En ese momento, vieron a Natán que venía en su bicicleta. «Por cierto que hoy Derrick le dijo a Frazier lo que pensaba», dijo Natán. Repitió el incidente palabra por palabra. El silencio que siguió a la historia le hizo saber a Natán que los padres de Derrick no estaban de acuerdo con el comportamiento de su hijo, entonces él se fue.

—No me extraña que Natán no mostrara interés en Jesús —dijo papá—. Tú le estabas ofreciendo el "Pan de Vida" con las manos sucias.

—Sin importar lo buena que sea la comida que prepara la tía Velma —dijo mamá—, sus manos sucias hacen que uno no la quiera comer. Si ofrecemos el "Pan de Vida" con las manos sucias, la gente tampoco lo va a querer aceptar.

¿Y TÚ? ¿Te ha sucedido que alguna vez uno de tus amigos ha rechazado tu testimonio? Observa tu conducta. ¿Tienes «las manos limpias»? *B. J. W.*

MEMORIZA: Lávense las manos, pecadores; purifiquen su corazón, porque su lealtad está divida entre Dios y el mundo. *Santiago 4:8*

9 *de octubre*

LAS MANOS SUCIAS

DE LA BIBLIA:

Él da gracia con generosidad. Como dicen las Escrituras:

«Dios se opone a los orgullosos pero da gracia a los humildes».

Así que humíllense delante de Dios. Resistan al diablo, y él huirá de ustedes. Acérquense a Dios, y Dios se acercará a ustedes. Lávense las manos, pecadores; purifiquen su corazón, porque su lealtad está dividida entre Dios y el mundo. Derramen lágrimas por lo que han hecho. Que haya lamento y profundo dolor. Que haya llanto en lugar de risa y tristeza en lugar de alegría. Humíllense delante del Señor, y él los levantará con honor.

Amados hermanos, no hablen mal los unos de los otros. Si se critican y se juzgan entre ustedes, entonces critican y juzgan la ley de Dios. Les corresponde, en cambio, obedecer la ley, no hacer la función de jueces.
SANTIAGO 4:6-11

Vive lo que dices

10 de octubre

DONES DIFERENTES

DE LA BIBLIA:

Hay distintas clases de dones espirituales, pero el mismo Espíritu es la fuente de todos ellos. Hay distintas formas de servir, pero todos servimos al mismo Señor. [...]

A cada uno de nosotros se nos da un don espiritual para que nos ayudemos mutuamente.

A uno el Espíritu le da la capacidad de dar consejos sabios; a otro el mismo Espíritu le da un mensaje de conocimiento especial. A otro el mismo Espíritu le da gran fe y a alguien más ese único Espíritu le da el don de sanidad. A uno le da el poder para hacer milagros y a otro, la capacidad de profetizar. A alguien más le da la capacidad de discernir si un mensaje es del Espíritu de Dios o de otro espíritu. Todavía a otro se le da la capacidad de hablar en idiomas desconocidos, mientras que a otro se le da la capacidad de interpretar lo que se está diciendo. Es el mismo y único Espíritu quien distribuye esos dones. Solamente él decide qué don cada uno debe tener.

1 CORINTIOS 12:4-11

No finjas ser quien no eres

CUANDO LOS HERMANOS de la familia Martin llegaron de la escuela, Marcos fue directo a la cocina, mientras que Mateo fue a su dormitorio.

—Tengo todas notas "A" en mi libreta de calificaciones —anunció Marcos con orgullo.

—¡Te felicito! Eso me alegra mucho. ¿Dónde está Mateo? —dijo mamá.

Marcos se encogió de hombros.

—En su dormitorio, me imagino.

Mamá caminó a lo largo del pasillo.

—¿Puedo entrar, Mateo?

—Supongo que sí. Me imagino que quieres ver mi libreta de calificaciones —dijo Mateo, y sin mirar a su madre, se la dio.

—Bueno... no está mal —dijo mamá con una sonrisa.

—Tampoco está muy bien —agregó Mateo con enojo—. Marcos sacó todas "A", y yo ni siquiera estoy en la lista de honor.

Mamá se sentó al lado de Mateo.

—Yo estoy orgullosa de los dos. Tú y Marcos son hermanos, pero son muy diferentes, y eso es bueno. A Marcos le encanta leer y estudiar, y tú...

—Eres estúpido —interrumpió Mateo.

—Mateo, no digas eso —lo regañó su madre—. Tú eres inteligente de forma diferente a Marcos. Por ejemplo, cuando se le rompió la bicicleta, ¿quién la reparó?

—Yo la arreglé, pero no tenía casi nada mal —dijo Mateo encogiéndose de hombros.

—Tú tienes habilidades mecánicas que Marcos no tiene. El año pasado le regalamos un juego de ajedrez a Marcos, y a ti te regalamos un juego de herramientas, ¿recuerdas? ¿Te enojaste porque les dimos regalos de cumpleaños diferentes?

—Por supuesto que no —dijo Mateo.

—También Dios le da a cada creyente dones diferentes, como leímos en 1 Corintios esta mañana —le explicó mamá—. No pienses menos de tus habilidades porque son diferentes a las de Marcos. Dale gracias a Dios por los talentos que tienes y úsalos.

¿Y TÚ? Dios no te dio a ti los mismos dones que les dio a otras personas. Usa los talentos que Dios te dio, y Dios te ayudará a crecer en ellos. *B. J. W.*

MEMORIZA: Cada uno ponga al servicio de los demás el don que haya recibido. *1 Pedro 4:10* (NVI)

—A VECES LA BIBLIA dice cosas raras, mamá —dijo Luis una tarde.

—¿Cosas raras? —repitió su madre—. ¿Qué quieres decir?

—Bueno, nuestras lecciones de la escuela dominical han sido sobre la Biblia. La semana pasada leímos algunos versículos de Jeremías 15 —le explicó Luis—. Hay un versículo acerca de "comer" la Palabra de Dios.

—Cuando tú eras bebé, una vez literalmente trataste de comer la Biblia. Estabas sentado en mi regazo en la iglesia. Y cuando me fijé en lo que estabas haciendo, estabas mordisqueando mi Biblia.

Los dos se rieron juntos.

—Bueno, sé que no se supone que literalmente me coma la Biblia —le respondió Luis—. ¿A qué se refiere, entonces, cuando dice eso?

Mamá pensó por un momento, y luego sonrió.

—¿Recuerdas cuando eras pequeño y lo único que querías jugar era al béisbol? Mirabas los partidos de béisbol en la televisión, y siempre querías que comprara cereales que tenían fotos de jugadores de béisbol en las cajas. Coleccionabas todas las tarjetas de béisbol que te era posible comprar. Tu abuela solía decir: "Ese chico vive, come y duerme pensando en el béisbol".

—Oh, me doy cuenta —dijo Luis—. Así que "comer la Biblia" quiere decir que debo hacer que la Biblia sea muy importante en mi vida, aún más importante que la comida.

En ese momento, Juanita, la hermana mayor de Luis, entró a la sala con la nariz enterrada en un libro. «Juanita, acabo de sacar del horno galletitas de avena. ¿Quieres una?», le preguntó mamá. Sin embargo, Juanita estaba tan interesada en el libro que ni siquiera escuchó lo que le dijeron.

«Yo quiero la de ella —se rió Luis—. Ella está "comiendo" ese libro en estos momentos».

¿Y TÚ? ¿Cuánta importancia tiene la Biblia para ti? ¿La «comes» a veces, es decir, te concentras totalmente cuando la lees? Separa tiempo en tu calendario para leer la Biblia. Debes buscar un lugar tranquilo, y pídele a Dios que te ayude a entender lo que lees. Si lo haces diariamente, te darás cuenta de que estás desarrollando amor por la Palabra de Dios. *R. E. P.*

MEMORIZA: Cuando descubrí tus palabras las devoré; son mi gozo y la delicia de mi corazón. *Jeremías 15:16*

11 *de octubre*

LA LECCIÓN DE LUIS

DE LA BIBLIA:

¡Oh, cuánto amo tus enseñanzas!
  Pienso en ellas todo el día.
Tus mandatos me hacen más sabio
  que mis enemigos,
  pues me guían constantemente.
Así es, tengo mejor percepción que
  mis maestros,
  porque siempre pienso en tus
  leyes.
Hasta soy más sabio que los
  ancianos,
  porque he obedecido tus
  mandamientos.
Me negué a andar por cualquier
  mal camino,
  a fin de permanecer obediente
  a tu palabra.
No me he apartado de tus
  ordenanzas,
  porque me has enseñado bien.
¡Qué dulces son a mi paladar tus
  palabras!
  Son más dulces que la miel.
SALMO 119:97-103

«*Come*» la Palabra de Dios

12 de octubre

¡PERDÓNAME! ¡PERDÓNAME!

DE LA BIBLIA:

Este es el mensaje que oímos de Jesús y que ahora les declaramos a ustedes: Dios es luz y en él no hay nada de oscuridad. Por lo tanto, mentimos si afirmamos que tenemos comunión con Dios pero seguimos viviendo en oscuridad espiritual; no estamos practicando la verdad. Si vivimos en la luz, así como Dios está en la luz, entonces tenemos comunión unos con otros, y la sangre de Jesús, su Hijo, nos limpia de todo pecado.

Si afirmamos que no tenemos pecado, lo único que hacemos es engañarnos a nosotros mismos y no vivimos en la verdad; pero si confesamos nuestros pecados a Dios, él es fiel y justo para perdonarnos nuestros pecados y limpiarnos de toda maldad.

1 JUAN 1:5-9

Acepta el perdón de Dios

«POR FAVOR, PERDÓNAME. En el nombre de Jesús. Amén». ¡Ya! Darla se sintió mejor. Esta era la tercera vez que ella le había pedido a Dios que la perdonara por decir mentiras, porque de vez en cuando todavía se sentía culpable. Ahora su mamá le sonrió, la arropó en la cama y le dio un beso de buenas noches.

La tarde siguiente, su mamá exclamó de pronto:

—Oh, Darla, se suponía que te preguntara si querías ir de compras con la abuela hoy, pero me olvidé, y ahora es demasiado tarde. Lo siento. Por favor, ¿me perdonas?

—Claro que sí, mamá. La abuela y yo podemos ir de compras otro día.

A la hora de la cena, mamá le dijo:

—Darla, lo siento acerca de ir de compras hoy. Perdóname.

—Está bien —le respondió Darla.

Después de la cena, mientras Darla ponía los platos sucios en la lavadora de platos, mamá le dijo:

—Querida, me siento mal porque no pudiste ir de compras con tu abuela. Por favor, ¿me perdonas?

—Te *dije* que sí.

Cuando Darla estaba lista para acostarse, su madre entró al dormitorio de ella.

—En cuanto al viaje de compras, querida, espero que me perdones.

—¡Mamá! Me has pedido perdón por lo mismo una y otra vez. ¡Actúas como si no creyeras cuando te digo que te he perdonado!

—¿No es esa la forma en que tú has estado tratando a Dios? —le preguntó mamá—. Te sentiste mal porque mentiste acerca de adónde habías ido el otro día, así que me confesaste eso a mí y a Dios. Sabes que yo te perdoné, y la Biblia dice que Dios también te perdona. Sin embargo, confiesas lo mismo una y otra vez. Actúas como si no creyeras que has sido perdonada.

—Tienes razón —admitió Darla—. ¡No tengo necesidad de seguir sintiéndome culpable!

¿Y TÚ? ¿Le pides perdón a Dios por el mismo pecado una y otra vez? Dios te perdonó la primera vez que se lo pediste con sinceridad. Cree en su promesa de que él perdona. *H. W. M.*

MEMORIZA: Si confesamos nuestros pecados a Dios, él es fiel y justo para perdonarnos nuestros pecados y limpiarnos de toda maldad. *1 Juan 1:9*

¡VENGAN A MÍ!

DE LA BIBLIA:

Jesús hizo la siguiente oración: «Oh Padre, Señor del cielo y de la tierra, gracias por esconder estas cosas de los que se creen sabios e inteligentes, y por revelárselas a los que son como niños. Sí, Padre, ¡te agradó hacerlo de esa manera!

»Mi Padre me ha confiado todo. Nadie conoce verdaderamente al Hijo excepto el Padre, y nadie conoce verdaderamente al Padre excepto el Hijo y aquellos a quienes el Hijo decide revelarlo».

Luego dijo Jesús: «Vengan a mí todos los que están cansados y llevan cargas pesadas, y yo les daré descanso. Pónganse mi yugo. Déjenme enseñarles, porque yo soy humilde y tierno de corazón, y encontrarán descanso para el alma. Pues mi yugo es fácil de llevar y la carga que les doy es liviana».

MATEO 11:25-30

Confiésale tus pecados a Dios

BROCK SE SINTIÓ culpable cuando se acostó. Esa tarde, en la casa de su amigo había mirado un programa de televisión que en su casa no le permitían mirar. Ahora no tenía ganas ni de leer la Biblia ni tampoco de orar, así que se fue a dormir.

Después de la escuela al día siguiente, Brock jugó con una pelota en la sala de estar de la familia, aunque sabía que las reglas eran no jugar a la pelota dentro de la casa. Tiró la pelota de nuevo y se horrorizó cuando escuchó un ruido fuerte. Uno de los sujetapapeles de cristal de su padre estaba hecho pedazos en el piso. «¡Oh, no!», gritó Brock. Con rapidez barrió los pedazos y los tiró a la basura.

Cuando estaban cenando, su padre preguntó:

—¿Qué te parece si jugamos a las damas esta noche?

—No vas a querer jugar conmigo cuando sepas lo que hice —dijo Brock, y a continuación le contó lo que había sucedido.

—Me siento desilusionado de que me hayas desobedecido —le dijo papá—, pero me alegra que me lo hayas dicho. Quiero que siempre me vengas a hablar, sin importar lo que hayas hecho. Tal vez tengamos que tener una charla seria acerca del asunto, pero nunca te voy a decir que no quiero escucharte.

—Gracias, papá —le dijo Brock con voz suave.

—Nuestro Padre celestial nos ha dado un buen ejemplo. Él siempre está dispuesto a escucharnos —le dijo papá.

Brock pensó en eso y sabía que tenía algunas cosas que confesarle a Dios. Su sentimiento de culpa había hecho que evitara estar con su padre, y también con Dios. Él quería arreglar las cosas. ¡Tenía un padre muy bueno, y un Dios aún más bueno!

¿Y TÚ? Cuando has hecho algo malo, ¿a veces tratas de evitar a Dios? Dios quiere que le confieses tu pecado y que pases tiempo con él. *J. L. H.*

MEMORIZA: Así que acerquémonos con toda confianza al trono de la gracia de nuestro Dios. Allí recibiremos su misericordia y encontraremos la gracia que nos ayudará cuando más la necesitemos. *Hebreos 4:16*

14 de octubre

UNA TARDE LOCA

DE LA BIBLIA:

En cuanto a ti, fomenta la clase de vida que refleje la sana enseñanza. Enseña a los hombres mayores a ejercitar el control propio, a ser dignos de respeto y a vivir sabiamente. Deben tener una fe sólida y estar llenos de amor y paciencia.

De manera similar, enseña a las mujeres mayores a vivir de una manera que honre a Dios. No deben calumniar a nadie ni emborracharse. En cambio, deberían enseñarles a otros lo que es bueno. Esas mujeres mayores tienen que instruir a las más jóvenes a amar a sus esposos y a sus hijos, a vivir sabiamente y a ser puras, a trabajar en su hogar, a hacer el bien y a someterse a sus esposos. Entonces no deshonrarán la palabra de Dios.

Del mismo modo, anima a los hombres jóvenes a vivir sabiamente. Y sé tú mismo un ejemplo para ellos al hacer todo tipo de buenas acciones. Que todo lo que hagas refleje la integridad y la seriedad de tu enseñanza. Enseña la verdad, para que no puedan criticar tu enseñanza. Entonces los que se nos oponen quedarán avergonzados y no tendrán nada malo que decir de nosotros.

TITO 2:1-8

Ama a los niños

CASANDRA SE PREGUNTABA si la tarde iba a terminar en algún momento. Ella estaba cuidando los tres niños de la familia Norris mientras la madre de ellos iba a hacer algunos mandados, y las cosas no estaban marchando bien. Hasta ese momento, Tina había desenrollado un paquete entero de toallas de papel, Tracy había derramado el cereal de toda una caja, y Tyler no dejaba de llorar pidiendo que viniera su madre.

—¿Nos puedes hacer palomitas de maíz? —le pidió Tracy lloriqueando.

—No, Tracy. Tu mamá dijo que podían comer cereal y eso es todo.

—Por favor —rogó Tracy—. Tengo hambre.

—No, pero te puedo leer una historia —le sugirió Casandra.

Sorprendentemente, la sugerencia de Casandra dio resultado. Tyler hasta dejó de llorar. Para cuando Casandra hubo terminado la lectura, él estaba dormido en el sofá.

—Niñas, veamos lo silenciosamente que podemos caminar hasta el cuarto de juego —susurró Casandra—. Las voy a ayudar con su rompecabezas grande.

—¡Ooh, eso será divertido! —le susurró Tracy.

Cuando la señora Norris llegó a la casa, dijo: «Parece que todo está bajo control. Muchas gracias, Casandra». Más tarde, Casandra le contó a su madre sobre lo sucedido esa tarde.

—Cuando nos ocupamos en hacer algo juntos, hasta lo disfruté —le dijo.

—¡Qué bueno! —aprobó su madre—. ¿Y sabes que tuviste muy buen entrenamiento?

—¿Buen entrenamiento en qué?

—En Tito 2, el Señor da una lista de las cosas que las mujeres y los hombres jóvenes deben aprender. Una de ellas es aprender a amar a los niños.

—¡Qué maravilloso! —dijo Casandra—. No me di cuenta de que esta tarde estaba tomando un curso sobre amar a los niños.

¿Y TÚ? El Señor dice que aprender a amar y a cuidar a los niños es algo que deberías hacer. Sé responsable en el cuidado de aquellos a quienes han puesto a tu cargo. *L. M. W.*

MEMORIZA: [Las] mujeres mayores tienen que instruir a las más jóvenes a amar a sus esposos y a sus hijos. *Tito 2:4*

AMY ESTABA TAN entusiasmada que casi no podía estar quieta en su asiento. Tan pronto como el automóvil se detuvo, salió de un salto y corrió hacia la casa de su amiga. Eran exactamente las 9:25 a.m., la hora que ella le había dicho a Larissa que la recogerían para ir a la escuela dominical. La tarde anterior Larissa le había prometido que estaría lista.

Amy tocó el timbre, pero nadie respondió. Tocó de nuevo, pero nadie abrió la puerta. Entonces Amy se dio cuenta de que el automóvil de la familia Anderson no estaba en la cochera. Ella caminó lentamente de vuelta a su automóvil, entró y dio un portazo.

—No están. Larissa ni siquiera se molestó en decirme que no iba a ir con nosotros, así que vinimos hasta el otro lado de la ciudad a recogerla. Eso es ser desconsiderada —dijo Amy con enojo—. ¡Ella rompió la promesa que me hizo!

—Tal vez tuvo una emergencia —sugirió su madre.

—Podría haber llamado —insistió Amy, y hablando consigo mismo añadió: *No la invito nunca más.*

Amy todavía estaba enojada cuando entró a la sala de su escuela dominical.

—Buenos días, Amy —la saludó la señorita Mason—. Te extrañé ayer.

Amy quedó boquiabierta. Había prometido ayudar a decorar su sala de la escuela dominical, y se había olvidado.

—Ooohh, lo siento mucho, señorita Mason —dijo Amy—. ¡Me olvidé! Ayer fuimos a la granja de mis abuelos.

La señorita Mason le sonrió con amabilidad.

—Está bien, Amy. A veces yo también me olvido de algunas cosas. Tal vez me puedas ayudar el mes que viene.

Amy asintió. *Y tal vez Larissa pueda venir a la escuela dominical el domingo que viene,* pensó.

¿Y TÚ? ¿Alguna vez has prometido algo y te has olvidado? ¿Alguien ha roto una promesa que te hizo a ti? ¿Te sentiste enojado? Dios dice que si queremos ser perdonados, debemos perdonar. *B. J. W.*

MEMORIZA: Sean amables unos con otros, sean de buen corazón, y perdónense unos a otros, tal como Dios los ha perdonado a ustedes por medio de Cristo. *Efesios 4:32*

LA PROMESA ROTA

DE LA BIBLIA:

Dado que Dios los eligió para que sean su pueblo santo y amado por él, ustedes tienen que vestirse de tierna compasión, bondad, humildad, gentileza y paciencia. Sean comprensivos con las faltas de los demás y perdonen a todo el que los ofenda. Recuerden que el Señor los perdonó a ustedes, así que ustedes deben perdonar a otros. Sobre todo, vístanse de amor, lo cual nos une a todos en perfecta armonía. Y que la paz que viene de Cristo gobierne en sus corazones. Pues, como miembros de un mismo cuerpo, ustedes son llamados a vivir en paz. Y sean siempre agradecidos.

Que el mensaje de Cristo, con toda su riqueza, llene sus vidas. Enséñense y aconséjense unos a oros con toda la sabiduría que él da. Canten salmos e himnos y canciones espirituales a Dios con un corazón agradecido. Y todo lo que hagan o digan, háganlo como representantes del Señor Jesús y den gracias a Dios Padre por medio de él.
COLOSENSES 3:12-17

Perdona a los que se olvidan

16 *de octubre*

BAJO LA PIEL

DE LA BIBLIA:

Esfuércense por vivir en paz con todos y procuren llevar una vida santa, porque los que no son santos no verán al Señor. Cuídense unos a otros, para que ninguno de ustedes deje de recibir la gracia de Dios. Tengan cuidado de que no brote ninguna raíz venenosa de amargura, la cual los trastorne a ustedes y envenene a muchos.
HEBREOS 12:14-15

Arranca la amargura

LAS LÁGRIMAS DE Erin no la dejaban ver la belleza de las rosas que estaba cortando. Su amiga Ana se había hecho la mejor amiga de Caitlin, la muchacha nueva en el vecindario. Ahora Erin se sentía sola. «No me importa —musitó con enojo—, voy a encontrar una amiga nueva. Eso... ¡aaay!» Cuando se miró el dedo encontró una gota de sangre. Podía sentir la espina debajo de la piel.

«¡Erin! —la llamó su madre—. ¡Teléfono!»

Erin recogió las rosas y entró a su casa. «Hola... Ah, hola, Ana... ¿A tu casa? ¿Quién está allí?... ¿Caitlin? Bueno, no creo, estoy ocupada. Adiós. —Erin se veía enojada cuando repitió en tono de burla—: "Solo Caitlin y yo"».

—¿Vas a ir a la casa de Ana? —Erin saltó cuando escuchó la voz de su madre.

—No. Caitlin está con ella, y Ana no me necesita a mí. —Entonces cambió el tema—. ¿Dónde quieres que ponga estas rosas?

Al día siguiente, Erin tenía un dolor pulsante en el pulgar. *Es por aquella espina*, recordó. Le mostró la herida a su madre, quien, después de tratar de sacarle la espina por bastante tiempo, finalmente tuvo éxito, y sacó una espina pequeña. «Esto me recuerda la forma en que te sientes en cuanto a Caitlin —le dijo su madre—. Ella es como una espina que tienes debajo de la piel; te molesta. Y ¿sabes, querida? Si permites que permanezca la amargura, la herida se pondrá peor. ¿Por qué no la arrancas y le pides al Señor que te dé amor por Caitlin?»

Cuando Erin fue a su dormitorio, se frotó el pulgar. «Señor —susurró—, No puedo aguantar más este dolor agudo que siento en el corazón. Por favor, ayúdame».

¿Y TÚ? ¿Hay alguna persona que no te cae bien? Pídele al Señor que te muestre cómo puedes sacar el resentimiento y la amargura de tu vida, y que reemplace esos sentimientos con amor. *B. J. W.*

MEMORIZA: Líbrense de toda amargura, furia, enojo, palabras ásperas, calumnias y toda clase de mala conducta. *Efesios 4:31*

—¡MIRA, AHÍ VIENE aquella niña retardada en su bicicleta de tres ruedas! —dijo Jasón—. Pretendamos que la vamos a atropellar.

Jasón y Barrett dirigieron sus bicicletas hacia la niña. El miedo se le vio en el rostro cuando ellos se acercaron a ella.

—¡Paren! —les gritó.

—¡Retardada! ¡Retardada! —canturreó Jasón. Barrett se le unió. Riéndose muy fuerte, maniobraron para no atropellar a la asustada niña.

En ese mismo momento, la señora Brown, quien era la maestra de la escuela dominical de Jasón, salió de su casa. Sintiéndose culpable, Jasón miró para otro lado. Antes de darse cuenta de lo que estaba sucediendo, él atropelló a Barrett. ¡Los dos se cayeron, en un enredo de bicicletas y niños! Jasón sintió un dolor agudo en el brazo que se había raspado, y Barrett rengueaba cuando se puso de pie. La señora Brown los invitó a que entraran a su casa para lavarse las heridas.

Mientras la señora Brown sacaba las curitas para las heridas de los muchachos, les preguntó:

—¿Cómo se hubieran sentido ustedes si yo los hubiera empujado y después me hubiera reído de eso?

Los muchachos la miraron sorprendidos.

—Eso hubiera sido malo —le respondió Jasón.

—Sí, y eso es parecido a lo que ustedes le hicieron a esa niñita —dijo la señora Brown.

—No la lastimamos —protestó Barrett—. Solo le tomamos el pelo un poquito.

—Ustedes no la lastimaron por *fuera* —rectificó la señora Brown—, pero la lastimaron por *dentro*. Ella se siente herida cuando la gente se burla de ella. —La señora Brown continuó—: Jesús nos enseñó a tratar a los demás con amor.

Los dos muchachos se veían avergonzados.

—Lo sentimos mucho —dijeron.

—Recordaremos que duele cuando se burlan de nosotros —agregó Jasón—. Y nunca más nos burlaremos de esa niña.

¿Y TÚ? ¿A veces te burlas de niños que son diferentes? La burla puede producir mucho dolor. Jesús fue amable con todo el mundo y él quiere que seamos como él. Sé amigable, y no seas ni burlón ni acosador. *C. E. Y.*

MEMORIZA: Vivan una vida llena de amor, siguiendo el ejemplo de Cristo. *Efesios 5:2*

DOLOR INTERIOR

DE LA BIBLIA:

No entristezcan al Espíritu Santo de Dios con la forma en que viven. Recuerden que él los identificó como suyos, y así les ha garantizado que serán salvos el día de la redención. [...]

Vivan una vida llena de amor, siguiendo el ejemplo de Cristo. Él nos amó y se ofreció a sí mismo como sacrificio por nosotros, como aroma agradable a Dios.
EFESIOS 4:30; 5:2

Sé amable con los demás

18 de octubre

UN CORAZÓN DISPUESTO

DE LA BIBLIA:

¡Tengan cuidado! No hagan sus buenas acciones en público para que los demás los admiren, porque perderán la recompensa de su Padre, que está en el cielo. Cuando le des a alguien que pasa necesidad, no hagas lo que hacen los hipócritas que tocan la trompeta en las sinagogas y en las calles para llamar la atención a sus actos de caridad. Les digo la verdad, no recibirán otra recompensa más que esa. Pero tú, cuando le des a alguien que pasa necesidad, que no sepa tu mano izquierda lo que hace tu derecha. Entrega tu ayuda en privado, y tu Padre, quien todo lo ve, te recompensará.

MATEO 6:1-4

Da de todo corazón

CORETTA SONRIÓ MIENTRAS sacaba las monedas de su alcancía. Contó dos dólares y decidió dar la mitad en la ofrenda misionera de la iglesia. La otra mitad la iba a gastar en algo para ella.

Cuando llegó a la iglesia a la mañana siguiente, varios niños ya estaban esperando que llegara la maestra.

—¡Hola, Coretta! —la saludó Felicia—. ¿Te acordaste de traer la ofrenda?

—Sí, ¿y tú? —dijo Coretta. Felicia asintió.

—¡Mi mamá me dio cinco dólares para poner en la ofrenda!

—Mi tía me regaló dinero para mi cumpleaños, y yo también voy a ofrendar cinco dólares —dijo Malcolm con orgullo.

—¿Y tu, Coretta? —le preguntó Felicia.

El dólar que ella iba a dar ya no le parecía mucho.

—Bueno, dos dólares —musitó Coretta. Cuando pasaron el plato de la ofrenda, ella puso el dinero con un poco de vacilación. Más tarde, Coretta se veía triste mientras iba con sus padres hacia su casa. Su madre se sorprendió de verla así.

—Estabas tan entusiasmada cuando fuimos a la iglesia esta mañana. ¿Qué sucedió?

Coretta le dijo lo que había sucedido en la escuela dominical.

—No entiendo —dijo ella—. Yo di el doble de lo que había planeado dar, así que debería estar dos veces más feliz, ¿no es verdad?

—No necesariamente —le respondió su mamá—. El dólar que ibas a dar era una ofrenda de amor a Dios. El otro dólar lo diste solo para impresionar a tus amigos.

Papá asintió.

—Siempre es mejor no hablar con tus amigos sobre la cantidad de dinero que vas a dar. Le deberías preguntar al Señor lo que él quiere que des, y entonces da esa cantidad con alegría.

¿Y TÚ? ¿Alguna vez pones dinero en la ofrenda de tu iglesia solo porque es algo que se espera que hagas? Habla con Dios sobre lo que él quiere que des, y hazlo con un corazón alegre y dispuesto. Tu actitud es más importante para Dios que la cantidad de dinero que pones en la ofrenda. *S. L. K.*

MEMORIZA: Dios ama a la persona que da con alegría. *2 Corintios 9:7*

19 de octubre

DE LA TIERRA AL CIELO

JENNIFER ENTENDIÓ LA realidad de la muerte. Su abuela había muerto y se había ido con Jesús. Pero ahora Mónica, la amiga de Jennifer, tenía una enfermedad incurable. A menos que Dios hiciera un milagro, Mónica se iba a morir.

Mónica era creyente, y Jennifer sabía que cuando los creyentes mueren van a estar con Jesús. Por supuesto que Jennifer se sentía triste cuando pensaba en la posibilidad de no jugar con Mónica en el futuro. Pero aun eso no era lo que la perturbaba en el momento. Se preguntaba cómo sería morir, qué era lo que se sentiría.

Ella habló con su madre sobre esto.

—Querida —le respondió su madre—, ¿recuerdas que cuando eras pequeña a veces sentías miedo de noche? Entonces te metías en la cama con papi y conmigo. —Jennifer asintió—. ¿Y dónde estabas cuando despertabas de mañana? —le preguntó mamá.

Jennifer pensó por un momento.

—Bueno, estaba de vuelta en mi propia cama —dijo.

—Exactamente. —Mamá sonrió—. Después de que te dormías, papi te tomaba en brazos y te llevaba a tu propia cama. —Mamá hizo una pausa—. Creo que eso se puede comparar a cómo es la muerte —dijo finalmente—. Nos dormimos en la tierra y despertamos en el cielo.

Mientras Jennifer pensaba en esa explicación, sonrió. Era un pensamiento hermoso. En el momento correcto, Mónica sería llevada al cielo para estar con Jesús, su Señor, para siempre. Cuando Jennifer pensó en esa forma, se sintió feliz por su amiga.

¿Y TÚ? Todos los creyentes algún día nos iremos de la tierra al hermoso cielo de Dios. Lo más importante para ti es que debes estar seguro de que eres hijo de Dios. Entonces puedes saber que en el tiempo exacto, Dios te llevará a tu nuevo hogar en el cielo. ¿No será eso maravilloso? *R. I. J.*

MEMORIZA: Preferiríamos estar fuera de este cuerpo terrenal porque entonces estaríamos en el hogar celestial con el Señor. *2 Corintios 5:8*

DE LA BIBLIA:

Sabemos que, cuando se desarme esta carpa terrenal en la cual vivimos (es decir, cuando muramos y dejemos este cuerpo terrenal), tendremos una casa en el cielo, un cuerpo eterno hecho para nosotros por Dios mismo y no por manos humanas. Nos fatigamos en nuestro cuerpo actual y anhelamos ponernos nuestro cuerpo celestial como si fuera ropa nueva. Pues nos vestiremos con un cuerpo celestial; no seremos espíritus sin cuerpo. [...] Queremos ponernos nuestro cuerpo nuevo para que este cuerpo que muere sea consumido por la vida. Dios mismo nos ha preparado para esto, y como garantía nos ha dado su Espíritu Santo.

Así que siempre vivimos en plena confianza, aunque sabemos que mientras vivamos en este cuerpo no estamos en el hogar celestial con el Señor. Pues vivimos por lo que creemos y no por lo que vemos. Sí, estamos plenamente confiados, y preferiríamos estar fuera de este cuerpo terrenal porque entonces estaríamos en el hogar celestial con el Señor.

2 CORINTIOS 5:1-8

Los creyentes no deben tenerle miedo a la muerte

20 de octubre

NO TOQUES

DE LA BIBLIA:

¿No se dan cuenta de que sus cuerpos en realidad son miembros de Cristo? ¿Acaso un hombre debería tomar su cuerpo, que es parte de Cristo, y unirlo a una prostituta? ¡Jamás! ¿Y no se dan cuenta de que, si un hombre se une a una prostituta, se hace un solo cuerpo con ella? Pues las Escrituras dicen: «Los dos se convierten en uno solo». Pero la persona que se une al Señor es un solo espíritu con él.

¡Huyan del pecado sexual! Ningún otro pecado afecta tanto el cuerpo como este, porque la inmoralidad sexual es un pecado contra el propio cuerpo. ¿No se dan cuenta de que su cuerpo es el templo del Espíritu Santo, quien vive en ustedes y les fue dado por Dios? Ustedes no se pertenecen a sí mismos, porque Dios los compró a un alto precio. Por lo tanto, honren a Dios con su cuerpo.

1 CORINTIOS 6:15-20

Mantente puro

PRINCESA RONRONEÓ MIENTRAS sus cuatro gatitos se le arrimaban. Ella les lamía el pelo con suavidad, y ellos se acomodaban aún más cerca. Entonces Princesa cerró los ojos. Parecía estar soñando despierta cuando Kimberly se inclinó sobre la caja donde dormían los gatitos. Princesa abrió los ojos en un instante, y bufó y dio manotazos en el aire. Kimberly dio un salto hacia atrás.

Más tarde, cuando Kimberly fue a ver a los gatitos, ¡habían desaparecido! Le llevó un día entero encontrarlos. Princesa los había llevado al armario de la ropa blanca. «Un escondite muy ingenioso», dijo Kimberly mientras se agachaba para tomar a uno de los gatitos. Princesa le bufó y dio manotazos a Kimberly como había hecho antes.

Luego sucedió de nuevo. Princesa llevó a los gatitos a otro lugar.

—No la entiendo —le dijo Kimberly a su madre—. Nomás quiero acariciar a los gatitos.

—Princesa está siendo una buena madre para sus gatitos. Ella no quiere correr el riesgo de que alguien pueda herir a sus hijos.

—Creo que eso debe ser —dijo Kimberly con renuencia—. Pero yo creí que la podía convencer de que estaba bien que yo acariciara a los gatitos.

—Kimberly —le dijo la madre—, Princesa tiene la responsabilidad de proteger a sus gatitos. Es por eso que ella no te permite tocarlos. ¿Sabes lo que eso me recuerda, querida? Dios quiere que nosotros mantengamos nuestros cuerpos puros. Por lo general, no hay nada de malo con un suave toque o un abrazo tierno. Pero algunas partes del cuerpo son privadas. Si alguna vez alguien trata de tocarte el cuerpo de manera inapropiada, debes decirle inmediatamente: "¡No!". ¿Entiendes lo que te estoy diciendo?

—Sí, mamá—respondió Kimberly—. Haré lo que me dices, y también voy a dejar de molestar a Princesa.

¿Y TÚ? Si alguien te hace algo, o te toca de manera que te sientes incómodo o culpable, dile a la persona «¡No!». Habla con Dios sobre ese problema. Luego dile a tu padre o a tu madre, o a algún adulto en quien confías, lo que te sucedió. Ellos te van a ayudar a manejar esa situación. *J. L. H.*

MEMORIZA: Dios los compró a un alto precio. Por lo tanto, honren a Dios con su cuerpo. *1 Corintios 6:20*

21 de octubre

CAMAREROS Y CAMARERAS

LA ANFITRIONA DEL restaurante llevó a la familia Blake a una mesa y les dio la carta con el menú. «Su camarera los atenderá en un minuto. Disfruten de su comida», les dijo. Patricio ni siquiera se fijó en el menú.

—Sé lo que quiero: una hamburguesa con queso, papas fritas y un vaso grande de gaseosa —dijo—. Ojalá que la camarera se apure; ¡tengo hambre!

Kayla observó a una camarera que llevaba una bandeja llena de comida.

—No creo que me gustaría ser camarera. Parece un trabajo duro.

—Lo es —asintió su madre—. Una buena camarera debe ser cortés y eficiente, y tiene que tener buena memoria.

—Y ser rápida —agregó Patricio—. Ojalá que se apure. No me gusta esperar, especialmente cuando tengo hambre.

El señor Blake frunció el ceño.

—Ten paciencia, Patricio. Ella estará pronto aquí para tomar nuestra orden.

—"Espera con paciencia al Señor" —citó Kayla—. Eso es lo que dice el Salmo 27:14. Y si debemos esperar con paciencia al Señor, creo que también deberíamos esperar a nuestra camarera con paciencia.

—Y mientras esperamos con paciencia a nuestra camarera y al Señor —dijo papá—, podemos ser los camareros y camareras del Señor. Podemos servir a Jesús haciendo el trabajo que nos ha dado para hacer hasta que él regrese.

—Sí, como orar, testificar y ayudar a otras personas —explicó mamá.

—Todavía quisiera que alguien viniera a tomar nuestra orden —se quejó Patricio—. Siento como que he estado esperando por horas. Tengo...

—¿Puedo tomar su orden? —interrumpió una voz suave.

—Por supuesto que sí —dijo Patricio con una sonrisa.

DE LA BIBLIA:

Oh Señor, te entrego mi vida.
¡Confío en ti, mi Dios!
No permitas que me avergüencen,
ni dejes que mis enemigos se
regodeen en mi derrota.
Nadie que confía en ti será jamás
avergonzado,
pero la deshonra les llega a
los que tratan de engañar
a otros.
Muéstrame la senda correcta,
oh Señor;
señálame el camino que debo
seguir.
Guíame con tu verdad y enséñame,
porque tú eres el Dios que me
salva.
Todo el día pongo en ti mi
esperanza.
SALMO 25:1-5

Sirve al Señor

¿Y TÚ? La mejor manera de esperar al Señor es trabajar ayudando a otras personas. ¿Eres un buen camarero o camarera? Haz planes ahora mismo para esperar sirviendo. *B.J.W.*

MEMORIZA: Espera con paciencia al Señor; sé valiente y esforzado; sí, espera al Señor con paciencia. *Salmo 27:14*

22 de octubre

LAS PALABRAS DE MI BOCA

DE LA BIBLIA:

Él pagó el rescate completo por su pueblo
y les ha garantizado para siempre el pacto que hizo con ellos.
¡Qué santo e imponente es su nombre! [...]

El Alto y Majestuoso que vive en la eternidad, el Santo, dice: «Yo vivo en el lugar alto y santo con los de espíritu arrepentido y humilde. Restauro el espíritu destrozado del humilde y reavivo el valor de los que tienen un corazón arrepentido» [...]

Ora de la siguiente manera: Padre nuestro que estás en el cielo, que sea siempre santo tu nombre.
SALMO 111:9; ISAÍAS 57:15; MATEO 6:9

No uses sobrenombres para Dios

CUANDO MAMÁ LLAMÓ a la familia para la cena, Caleb se apresuró a tomar su lugar.

—Diosito, ¡la cena tiene buen olor! —exclamó.

—¡Caleb! —exclamó mamá—. Justo ayer estuvimos hablando de no tomar el nombre de Dios en vano, y ya estás de vuelta repitiendo tus viejos hábitos.

—No usé el nombre de Dios en vano, mamá —le respondió Caleb.

El padre habló.

—Creo que mejor esperamos unos minutos para cenar mientras vas a buscar el diccionario —le dijo—. Busca la palabra "Diosito", Caleb.

Con renuencia, Caleb lo hizo.

—No la encuentro, pero lo que yo dije es un término diminutivo, como un poco cariñoso, creo.

Mamá le dijo:

—Lo que tú hiciste fue sustituir el nombre de Dios por otro nombre. Usaste un eufemismo en lugar de decir Dios.

—¿Qué es un eufemismo? ¿Es como una clase de sobrenombre? —le preguntó Caleb.

—Sí —le respondió papá—. Pero los sobrenombres que se le dan a Dios son irrespetuosos e inapropiados, porque Dios solamente tiene nombres santos, y no sobrenombres. También deberías saber que hay otras palabras que a veces usamos y creemos que no son malas, pero son palabras que van en lugar de ciertas palabras inapropiadas, que jamás deben estar en la boca de un creyente.

—Nunca había pensado en eso —dijo Caleb—. Le voy a pedir a Dios que me perdone. Pero ¿cómo puedo dejar de decir esas palabras? Los muchachos en la escuela las dicen todo el tiempo.

Papá le dijo:

—Todos los días puedes orar como oró David, quien le pidió a Dios que las palabras de su boca le fueran agradables. Nosotros también vamos a orar por ti. Ahora bien, ¿alguien tiene hambre?

¿Y TÚ? Tal vez no te has dado cuenta de que algunas palabras son sustitutos para el nombre de Dios. Fíjate en los versículos de hoy y recuerda que el nombre de Dios es santo. Cada vez que se usa el nombre de Dios, debe ser usado con reverencia. *A.G.L.*

MEMORIZA: Que las palabras de mi boca y la meditación de mi corazón sean de tu agrado, oh SEÑOR, mi roca y mi redentor. *Salmo 19:14*

A JASMINE LE gustaba mucho su amiga Angélica, quien vivía en una casa grande y su padre era doctor. También le gustaba Carmen, quien era inteligente y bonita, no tenía padre, y vivía en una casa como las demás. Pero a Angélica no le gustaba Carmen, y a Carmen no le gustaba Angélica, y a menudo Jasmine se sentía atrapada en el medio, con las dos muchachas enojadas una con la otra, y también las dos enojadas con ella.

Un día, Jasmine le habló a su papá de ese problema.

—Bueno —dijo él—. ¿Qué haces, Jasmine, cuando escuchas que una de las muchachas dice algo desagradable acerca de la otra? ¿Simplemente guardas el secreto, o les dices lo que una dice de la otra?

Jasmine se sonrojó.

—Bueno, no muy a menudo —dijo.

—Una sola vez que lo hagas es demasiado a menudo —le dijo papá—. La Biblia dice que "las peleas se acaban cuando termina el chisme". Como creyente, tú no debes incitar peleas entre las dos muchachas. Ahora bien, si Angélica dice algo bueno de Carmen, o si Carmen dice algo bueno de Angélica, podría ser una buena idea que repitieras eso. Si escuchan las cosas buenas que una dice de la otra, tal vez decidan cambiar de opinión, y comiencen a ser amigas.

Eso era una idea nueva para Jasmine.

—¿Quieres decir que debo comenzar a estar atenta a cumplidos y no a críticas? —le preguntó.

Su papá sonrió.

—Es posible. Ora en cuanto a esto, y mantén los ojos y los oídos abiertos, y determina que jamás repetirás nada que pudiera causar enojo o dolor.

¿Y TÚ? ¿Repites chismes, causando problemas al decirles a tus amigos y compañeros de clase las cosas desagradables que alguien ha dicho sobre ellos? Los versículos bíblicos de hoy nos dicen que debemos buscar la paz. Una manera de hacerlo es no repetir ninguna palabra desconsiderada que le oigas decir a alguien sobre otra persona. Rehúsa ser una persona chismosa. *B.J.W.*

MEMORIZA: Las peleas se acaban cuando termina el chisme. *Proverbios 26:20*

23 de octubre

TRABAJA A FAVOR DE LA PAZ
(PARTE 1)

DE LA BIBLIA:

Vengan, hijos míos, y escúchenme,
y les enseñaré a temer al SEÑOR.
¿Quieres vivir una vida
larga y próspera?
¡Entonces refrena tu lengua de
hablar el mal
y tus labios de decir mentiras!
Apártate del mal y haz el bien;
busca la paz y esfuérzate por
mantenerla.
Los ojos del SEÑOR están sobre
los que hacen lo bueno;
sus oídos están abiertos
a sus gritos de auxilio.
SALMO 34:11-15

No digas chismes

24 de octubre

TRABAJA A FAVOR DE LA PAZ
(PARTE 2)

DE LA BIBLIA:

Cierto día, al ver que las multitudes se reunían, Jesús subió a la ladera de la montaña y se sentó. Sus discípulos se juntaron a su alrededor, y él comenzó a enseñarles.

«Dios bendice a los que son pobres en espíritu y se dan cuenta de la necesidad que tienen de él,
porque el reino del cielo les pertenece.
Dios bendice a los que lloran, porque serán consolados.
Dios bendice a los que son humildes,
porque heredarán la tierra.
Dios bendice a los que tienen hambre y sed de justicia, porque serán saciados.
Dios bendice a los compasivos, porque serán tratados con compasión.
Dios bendice a los que tienen corazón puro,
porque ellos verán a Dios.
Dios bendice a los que procuran la paz,
porque serán llamados hijos de Dios.
Dios bendice a los que son perseguidos por hacer lo correcto,
porque el reino del cielo les pertenece».

MATEO 5:1-10

Procura la paz

JASMINE ESPERABA ESCUCHAR que Carmen y Angélica dijeran cosas agradables la una de la otra. Entonces planeaba decirles lo que una había dicho sobre la otra, esperando que ambas dejaran de pelear.

Esto es lo que Jasmine escuchó decir a Angélica: «Detesto la escuela, pero supongo que a Carmen le gusta, porque ella es la muchacha más inteligente de la clase. Es enfermante. ¡Oh, aquí llega Miss América! Su hermoso cabello hace que el mío parezca un nido de pájaros. ¿Sabes que ella se hizo la bonita falda que estaba usando ayer? ¡Me da asco!»

Y Jasmine escuchó decir a Carmen: «La falda que hice no es tan linda como la falda nueva de Angélica. Ella siempre se ve muy bien vestida. Tiene suerte de que su padre sea un doctor muy conocido. Y vive en esa casa tan lujosa».

Ella decidió compartir estos cumplidos.

—¿Sabes lo que Angélica dijo sobre ti? —le preguntó a Carmen—. Ella dijo que tú eres la muchacha más inteligente de la clase, y dice que tu cabello es muy bonito. También le gustó mucho tu falda nueva.

—¿En serio? —Carmen dijo sorprendida—. Tal vez la debo invitar a que me venga a ver.

Luego Jasmine habló con Angélica.

—Carmen dice que tu ropa es muy linda y que tú te ves muy bien. Ella dice que le encanta tu casa, y que tu papá es una persona fantástica.

—¿De veras? Tal vez sea porque ella no tiene padre. Oye, le voy a preguntar a mi mamá si puedo invitarlas a Carmen y a ti a mi casa el viernes por la noche.

El padre de Jasmine sonrió cuando ella le dijo lo que había hecho. «Tú realmente has sido una persona que busca la paz, Jasmine. Esa es una buena descripción de lo que es ser hijo de Dios».

¿Y TÚ? Cuando escuchas que alguien dice algo bueno sobre otra persona, ¿se lo dices a esa persona? Cuando lo hagas, verás la diferencia que hace. Eso les agradará a tus amigos y amigas, a Dios y también a ti. Encuentra hoy por lo menos un cumplido que puedas compartir con alguien. *B.J.W.*

MEMORIZA: Dios bendice a los que procuran la paz, porque serán llamados hijos de Dios. *Mateo 5:9*

APRIL ESTABA HABLANDO por teléfono cuando su mamá entró a la sala. «¡Tú no eres inteligente, Paige! Es mejor que estudies mucho para sacar una nota mejor en tu siguiente examen de ortografía. Hablamos más tarde».

Cuando April colgó, su madre le preguntó:

—¿Por que le dijiste a Paige que no es inteligente?

—Porque es la verdad —respondió April.

—Tú y Paige han estado peleando mucho últimamente. ¿No crees que acabas de echarle leña al fuego? —dijo mamá.

—¿Qué quieres decir? —le preguntó April.

Mamá le señaló al fuego en la chimenea que estaba casi apagado.

—¿Qué pasaría si ahora le agrego un poco de leña al fuego?

—El fuego se haría más grande —dijo April.

—¿Y si no le agrego nada al fuego? —le preguntó mamá.

—Se apagaría —le dijo April.

—¡Exactamente! —le dijo su mamá—. Y eso es lo que ocurre entre amigos. Una pelea por lo regular se acaba si nadie la sigue. Pero si tú continúas diciéndole a Paige los defectos que tiene...

—La campanilla del teléfono la interrumpió.

—Yo contesto. Es probable que sea Paige. Me dijo que me iba a llamar de vuelta. —April estaba contenta de haber terminado esa conversación.

A la hora de la cena April llegó a la mesa con los ojos rojos e hinchados.

—¿Qué te pasa? —le preguntó papá.

—Paige invitó a otra muchacha para que vaya con ella al establo mañana para montar a caballo —dijo April ahogando un sollozo—. Está enojada conmigo porque le dije que no es inteligente.

—¿Es hora de que apagues el fuego? —le preguntó mamá con suavidad.

—Sí —dijo April—. Le voy a pedir perdón a Paige, y no voy a hablar más de sus defectos.

¿Y TÚ? Haz todo lo que puedas para ayudar a tus amigos, pero no te enfoques en las faltas de ellos. Muéstrales amor y en lugar de criticarlos por sus faltas, pregúntale a Dios cómo alentarlos. *B.J.W.*

MEMORIZA: Cuando se perdona una falta, el amor florece, pero mantenerla presente separa a los amigos íntimos. *Proverbios 17:9*

25 de octubre

ECHÁNDOLE LEÑA AL FUEGO

DE LA BIBLIA:

*¿Cómo son las personas
    despreciables y perversas?
Nunca dejan de mentir,
demuestran su engaño a guiñar
    con los ojos,
    al dar golpes suaves con los pies
    o hacer gestos con los dedos.
Sus corazones pervertidos traman
    el mal,
    y andan siempre provocando
    problemas.
Sin embargo, serán destruidos de
    repente,
    quebrantados en un instante y
    sin la menor esperanza de
    recuperarse.*

*Hay seis cosas que el SEÑOR odia,
    no, son siete las que detesta:
los ojos arrogantes,
    la lengua mentirosa,
    las manos que matan al
    inocente,
el corazón que trama el mal,
    los pies que corren a hacer
    lo malo,
el testigo falso que respira
    mentiras,
    y el que siembra discordia
    en una familia.*

PROVERBIOS 6:12-19

*No hables acerca
de las faltas de
tus amigos*

26 *de octubre*

FLECHAS MORTALES
(PARTE 1)

DE LA BIBLIA:

*Entrometerse en los pleitos ajenos
es tan necio como jalarle las
orejas a un perro.*

*Tanto daña
un loco que dispara un arma
mortal
como el que miente a un amigo
y luego le dice: «Solo estaba
bromeando».*

*El fuego se apaga cuando falta
madera,
y las peleas se acaban cuando
termina el chisme.*

*El buscapleitos inicia disputas con
tanta facilidad
como las brasas calientes
encienden el carbón o el
fuego prende la madera.*

*Los rumores son deliciosos
bocaditos
que penetran en lo profundo
del corazón.*

PROVERBIOS 26:17-22

Ten cuidado cuando
haces bromas

—¿QUÉ TE PASA, Shawn? —le preguntó Eric a su amigo mientras iban caminando desde la escuela hacia sus casas.

Shawn se veía triste.

—No te lo quiero decir porque te vas a reír.

—Oye, somos amigos. Dime qué es lo que te está molestando —trató de persuadirlo Eric.

—Bueno —dijo Shawn—, algunos de los muchachos se enteraron de que mi segundo nombre es Thomas, lo cual hace que mi nombre sea *S.T.* Bernard, como los perros que se usan en la nieve. Comenzaron a llamarme "Saint Bernard", y me ladraron cuando pasé por su lado.

—No dejes que eso te moleste. Se van a cansar de eso —le dijo Eric. Pero al pensar un poco, no pudo resistir una broma que le vino a la mente—. Espera hasta que les diga a los muchachos que yo "paseo al perro" en camino a casa todos los días después de la escuela —bromeó.

Shawn miró a Eric sin poder creerlo.

—Me dijiste que no te ibas a reír, y yo confié en ti —le dijo, y comenzó a correr hacia su casa tan rápido como pudo hacerlo.

—Oye, ¡solo estaba bromeando! —le gritó Eric, pero Shawn ya no se veía.

Pasaron varios días, pero Shawn rehusaba hablar con Eric o a caminar a su casa con él. Eric pensaba que Shawn estaba siendo terco. Entonces una mañana Eric estaba leyendo Proverbios 26. Llegó a los versículos que dicen: «Tanto daña un loco que dispara un arma mortal como el que miente a un amigo y luego le dice: "Solo estaba bromeando"».

Oh, pensó Eric. *Tengo que pedirle perdón a Shawn.* Desayunó de prisa, y luego tomó sus libros.

—¿Por qué estás tan apurado? —le preguntó su madre.

—Te voy a explicar esta tarde —le respondió Eric—. Ahora tengo que ir a ver a Shawn. —Corrió todo el camino hasta la casa de su amigo.

¿Y TÚ? ¿Tienes el hábito de bromear con la gente de una forma que hiere? Si has herido a alguien, debes pedirle perdón a esa persona. Aprende a decir cosas que ayuden a la gente en lugar de herir con lo que dices. *S.L.N.*

MEMORIZA: Tanto daña un loco que dispara un arma mortal como el que miente a un amigo y luego le dice: «Solo estaba bromeando». *Proverbios 26:18-19*

27 de octubre

FLECHAS MORTALES
(PARTE 2)

NO CREO QUE a mí tampoco me gustaría que me llamaran Saint Bernard, admitió Eric mientras se apresuraba a llegar a la casa de su amigo para pedirle perdón por haberle hecho una broma. Bajó la velocidad cuando estaba llegando a la casa de la familia Bernard. En el jardín, vio un cartel que decía «Cuidado con el perro», y Shawn no tenía perro. *Oh, pensó Eric, me pregunto quién habrá puesto ese aviso. Shawn se va a enojar mucho. Tal vez debería olvidarme de pedirle perdón e ir temprano a la escuela.*

En ese instante alguien abrió la puerta de la casa.

—Hola, Eric —le dijo Shawn.

—Hola —respondió Eric, sintiéndose un poco sorprendido de que Shawn estuviera sonriendo y se mostrara amistoso. Decidió pedirle perdón en ese instante—. Mira, Shawn —le dijo—, quiero pedirte perdón por la broma que te hice el otro día. No tuve la intención de herirte, pero lo hice, y eso estuvo mal.

—Oh, te perdono —le dijo Shawn—. Fue tonto de mi parte tomar tu broma tan seriamente. Hablé con mi papá acerca de eso anoche, y él me dijo que es mejor que me acostumbre a eso. Él me dijo que los muchachos le hacían bromas cuando era niño porque tenía pies grandes. Algunos de sus amigos todavía le hacen bromas. Me dijo que lo que ayuda es si la persona puede seguirle la broma a los amigos. —Shawn señaló el otro lado del jardín—. ¿Te gusta mi cartel?

—¿Tu cartel? —le preguntó Eric sorprendido.

—¡Sí! —le dijo Shawn asintiendo con la cabeza—. Decidí seguir el consejo de mi papá y que, desde ahora en adelante, voy a disfrutar de mi nombre: Shawn Thomas Bernard.

¿Y TÚ? ¿Te han hecho bromas? Tal vez te molestan porque eres creyente. Dios dice que tienes que bendecir a los que te persiguen. No dejes que las bromas te hagan enojar. Eso hará que la gente te haga aún más bromas. Debes estar contento con quien eres, porque eres hijo de Dios. *S.L.N.*

MEMORIZA: Bendigan a quienes los persiguen. No los maldigan, sino pídanle a Dios en oración que los bendiga. *Romanos 12:14*

DE LA BIBLIA:

Bendigan a quienes los persiguen. No los maldigan, sino pídanle a Dios en oración que los bendiga. [...] No sean tan orgullosos como para no disfrutar de la compañía de la gente común. ¡Y no piensen que lo saben todo!

Nunca devuelvan a nadie mal por mal. Compórtense de tal manera que todo el mundo vea que ustedes son personas honradas. Hagan todo lo posible por vivir en paz con todos.

Queridos amigos, nunca tomen venganza. Dejen que se encargue la justa ira de Dios. Pues dicen las Escrituras:

«Yo tomaré venganza;
*   yo les pagaré lo que se merecen»,*
*   dice el SEÑOR.*

En cambio,

«Si tus enemigos tienen hambre,
*   dales de comer.*
*   Si tienen sed, dales de beber.*
Al hacer esto, amontonarás
*   carbones encendidos de*
*   vergüenza sobre su cabeza».*

No dejen que el mal los venza, más bien venzan el mal haciendo el bien.

ROMANOS 12:14-21

No permitas que las bromas te hagan enojar

28 de octubre

¿QUÉ ESTÁS PENSANDO?

DE LA BIBLIA:

Ahora yo, Pablo, les ruego con la ternura y bondad de Cristo, aunque me doy cuenta de que piensan que soy tímido en persona y valiente solo cuando escribo desde lejos. Pues bien, les suplico ahora, para que cuando vaya, no tenga que ser atrevido con los que piensan que actuamos con intenciones humanas.

Somos humanos, pero no luchamos como lo hacen los humanos. Usamos las armas poderosas de Dios, no las del mundo, para derribar las fortalezas del razonamiento humano y para destruir argumentos falsos.

2 CORINTIOS 10:1-4

Tus pensamientos deben ser puros

CHAD ESTABA EN el vestuario del gimnasio cuando escuchó a David decir un chiste sucio. Los otros muchachos se rieron, pero Chad salió rápidamente del lugar.

Todo el día, lo que había escuchado le volvía a la mente. Él le dijo a Dios que lamentaba haber escuchado ese chiste, pero parecía que no lo podía olvidar.

Después de varios días, decidió hablar con su padre sobre eso. Papá entendió.

—Satanás quiere controlarte la mente —le dijo a Chad—. Así que él trata de traerte a la memoria las cosas malas que has visto o escuchado. Bueno, tú sabes cuál es la ley del espacio, ¿no es verdad?

—Por supuesto —le respondió Chad—. Dos cosas no pueden ocupar el mismo espacio al mismo tiempo.

—Exactamente. —Papá sonrió—. Por ejemplo, fíjate en este libro que está sobre la mesa. Nada más puede ocupar ese espacio hasta que se saque el libro. Lo mismo sucede con la mente. Mantén la mente llena de la Palabra de Dios y de otras cosas buenas. Entonces nada sucio puede ocupar el espacio que toman las cosas buenas.

—Yo leo la Biblia —dijo Chad—, pero todavía no me puedo olvidar de ese chiste.

—Entonces, ahora viene la parte de Dios —le dijo papá—. Cuando recibiste a Jesús como tu Salvador, también recibiste el Espíritu Santo. Él te da el poder de vencer el mal. Cuando ese chiste sucio te salta a la mente, pídele al Espíritu Santo que te limpie la mente, y él lo hará. Pensarás cada vez menos en ese chiste, hasta que finalmente lo vas a olvidar.

—¿De verdad, papá? —exclamó Chad—. ¡Eso me alegra mucho! Espero no escuchar otro chiste sucio nunca más.

¿Y TÚ? ¿Tienes problemas en cuanto a controlar tus pensamientos? Evita las situaciones en las cuales sabes que vas a escuchar o leer cosas inapropiadas. Entonces, llénate la mente de cosas buenas. Finalmente, pídele al Espíritu Santo que te limpie la mente. Él te dará victoria sobre los malos pensamientos. *A.G.L.*

MEMORIZA: Dios bendice a los que tienen corazón puro, porque ellos verán a Dios. *Mateo 5:8*

DESDE QUE NICOLÁS había aceptado a Jesús como su Salvador, había estado tratando de seguir el consejo de su maestro de la escuela dominical en cuanto a tener un tiempo devocional con el Señor todos los días. Hasta ahora, no había fallado muchos días. Un día, después de leer la Biblia y el libro devocional, tomó tiempo para aprender de memoria el versículo bíblico sugerido: «La respuesta apacible desvía el enojo, pero las palabras ásperas encienden los ánimos». Después de orar, se apresuró a ponerse en camino a la escuela.

La campanilla sonó en el instante en que Nicolás llegó a su asiento. Mientras abría su libro de inglés, Megan le pasó una nota que decía: «Creo que eres buen mozo. Me encantan los hoyuelos que tienes en las mejillas». Nicolás se sonrojó y con rapidez metió el papel en el escritorio, pero no lo suficientemente rápido. Devon, quien estaba sentado detrás de él, cantó: «Nicolás tiene novia».

Nicolás se dio vuelta enojado, pero antes de que pudiera decir algo, la maestra le dijo que se diera vuelta. *Le voy a decir a Devon lo que pienso en una nota*, se dijo Nicolás a sí mismo. *Siempre me está molestando, y estoy cansado de eso.* Entonces el versículo que había aprendido esa mañana le vino a la mente. Estrujó la nota en el puño y comenzó a hacer lo que la maestra había indicado.

A la hora del almuerzo, Devon comenzó a hacerle bromas de nuevo a Nicolás en cuanto a que tenía novia. «No, no tengo novia», le dijo Nicolás, con un tono de voz bajo y tranquilo, porque seguía recordando el versículo bíblico.

Mientras almorzaban, Devon siguió sacando a relucir el tema, pero Nicolás simplemente sonreía sin mostrar enojo alguno. Finalmente, Devon dejó de hacerle bromas, e invitó a Nicolás a que se uniera a su equipo para jugar al béisbol. Nicolás aceptó la invitación, y en silencio le dio gracias a Dios por la Biblia.

¿Y TÚ? ¿Cómo reaccionas cuando tu familia o tus amigos te hacen bromas? Sigue el consejo de la Palabra de Dios. Te vas a dar cuenta de que una reacción pacífica de tu parte, en vez del enojo, hará que tanto tú como los otros estén más felices.

MEMORIZA: La respuesta apacible desvía el enojo, pero las palabras ásperas encienden los ánimos. *Proverbios 15:1*

---

29 *de octubre*

RESPONDE SIN ENOJARTE

DE LA BIBLIA:

La respuesta apacible desvía el enojo,
pero las palabras ásperas
encienden los ánimos.
La lengua de los sabios hace
que el conocimiento sea atractivo,
pero la boca de un necio
escupe tonterías.
Los ojos del SEÑOR están en todo lugar,
vigilando tanto a los malos como a los buenos.
Las palabras suaves son un árbol de vida;
la lengua engañosa destruye el espíritu.
PROVERBIOS 15:1-4

No reacciones con enojo

30 de octubre

UN BUEN NOMBRE

DE LA BIBLIA:

Había una creyente en Jope que se llamaba Tabita (que en griego significa Dorcas). Ella siempre hacía buenas acciones a los demás y ayudaba a los pobres. En esos días, se enfermó y murió. Lavaron el cuerpo para el entierro y lo pusieron en un cuarto de la planta alta; pero los creyentes habían oído que Pedro estaba cerca, en Lida, entonces mandaron a dos hombres a suplicarle: «Por favor, ¡ven tan pronto como puedas!».

Así que Pedro regresó con ellos y, tan pronto como llegó, lo llevaron al cuarto de la planta alta. El cuarto estaba lleno de viudas que lloraban y le mostraban a Pedro las túnicas y demás ropa que Dorcas les había hecho.

HECHOS 9:36-39

Debes desear un buen nombre

—DETESTO MI NOMBRE, abuelito —le dijo Edna un día—. Quisiera haber tenido un nombre que no fuera tan anticuado, y llamarme Amanda o Jennifer o Alyssa.

—Yo creo que Edna es un nombre bonito —le dijo el abuelito—. Tu mamá te puso el nombre de su abuela, quien era mi madre, y era la persona más dulce que pudieras llegar a conocer. Creo que te pusieron el nombre de una persona maravillosa.

—Pero ¿qué me dices de los muchachos de la escuela, como Jared McCormick y Trevor Bristol? —se quejó ella—. Me preguntan todo el tiempo cómo eran las cosas en "la antigüedad". Creo que algún día me voy a cambiar el nombre. Incluso la Biblia dice que lo debería hacer.

El abuelito la miró sorprendido.

—¿De dónde sacaste esa idea?

—La Biblia dice que "de más estima es el buen nombre que las muchas riquezas".

—Oh, Edna, ese versículo no habla de cambiarse el nombre —le dijo el abuelito—. Habla acerca de lo que la gente piensa de tu carácter cuando escuchan tu nombre.

—Piensan en una mujer vieja —le dijo Edna.

—Oh, lo dudo. —El abuelo se rió—. Te apuesto a que piensan en la forma en que eres como persona. ¿Eres amigable, cruel, amable, amargada?

Edna se encogió de hombros.

—¿Qué es lo que piensas cuando escuchas el nombre "Jared McCormick"? —le preguntó el abuelito.

—Pienso en un muchacho que molesta a las muchachas y les pone sobrenombres poco favorables —le respondió Edna.

—¡Exactamente! —dijo el abuelito—. Es interesante que nunca hayas dicho que él es un muchacho con un nombre de moda. Describiste la personalidad de él. Así que, aunque a ti no te gusta tu nombre, trata de vivir de forma en que cuando la gente piense en Edna Grant, tengan pensamientos felices. A eso es lo que se refiere ese versículo bíblico.

¿Y TÚ? Vive de forma que la gente piense en una buena persona cuando escuchan tu nombre, alguien que ama al Señor y que vive para agradarle a él. *S.L.N.*

MEMORIZA: De más estima es el buen nombre que las muchas riquezas. *Proverbios 22:1* (RVR60)

31 de octubre

DETRÁS DE LA MÁSCARA

«¡DULCE O TRAVESURA!», decían los niños por todo el vecindario. La familia Walters había optado por no celebrar Halloween debido a sus raíces paganas. Sin embargo, usaron esa oportunidad para compartir la Buena Noticia con los niños del vecindario.

Jaime, de tres años de edad, se ocultó detrás de su madre cuando ella abrió la puerta. Cuando vio a un pirata y a un vagabundo en el porche, se escondió detrás de una silla. «Hola, señora Walters», dijo el pirata.

«Vamos, Jaime —lo alentó mamá—. Tú conoces a estos niños».

Jaime echó una ojeada y decidió que no, él no conocía a nadie que se viera de esa forma.

«¡Hola, Jaime! ¿Te acuerdas de mí?», le preguntó el pirata. La voz le sonaba familiar, pero Jaime todavía no estaba convencido. El pirata entonces se quitó la máscara, y el vagabundo hizo lo mismo. Ah, ¡esos eran los dos muchachos grandes que vivían en la casa de al lado! Cuando Jaime vio que eran dos niños disfrazados, pasó el resto del atardecer ayudando a su mamá a dar caramelos y folletos que presentaban el evangelio.

Finalmente, el último niño llegó pidiendo caramelos. «Bueno —dijo mamá—, cada uno de los niños que pasó por aquí recibió un caramelo y un folleto. Espero que los niños y las niñas los lean, así como también sus padres».

En ese momento, papá llegó a casa. «¿Sabes? —le dijo a mamá—, todos esos disfraces y máscaras me recuerdan que mucha gente anda por todos lados usando una "máscara" todos los días. Tratan de verse como algo que no son. Sonríen, son personas agradables y hacen cosas buenas. Tal vez hasta van a la iglesia. A nosotros nos parece que son creyentes, pero debajo de sus máscaras, tienen corazones llenos de pecado. Necesitan a Jesús como su Salvador».

¿Y TÚ? ¿Usas una máscara para ocultar tu corazón pecaminoso? ¿Finges ser creyente o le has pedido a Jesús que te purifique de todos tus pecados? Recuerda, tal vez engañes a otras personas, pero no puedes engañar a Dios. Él ve lo que hay en tu corazón. *H.W.M.*

MEMORIZA: Pero yo, el SEÑOR, investigo todos los corazones. *Jeremías 17:10*

DE LA BIBLIA:

Esto dice el SEÑOR: «Malditos son los que ponen su confianza en simples seres humanos, que se apoyan en la fuerza humana y apartan el corazón del SEÑOR. Son como los arbustos raquíticos del desierto, sin esperanza para el futuro. Vivirán en lugares desolados, en tierra despoblada y salada.

»Pero benditos son los que confían en el SEÑOR y han hecho que el SEÑOR sea su esperanza y confianza. Son como árboles plantados junto a la ribera de un río con raíces que se hunden en las aguas. A esos árboles no les afecta el calor ni temen los largos meses de sequía. Sus hojas están siempre verdes y nunca dejan de producir fruto.

»El corazón humano es lo más engañoso que hay, y extremadamente perverso. ¿Quién realmente sabe qué tan malo es? Pero yo, el SEÑOR, investigo todos los corazones y examino las intenciones secretas. A todos les doy la debida recompensa, según lo merecen sus acciones».
JEREMÍAS 17:5-10

Dios ve el corazón

1 de noviembre

CUENTEN CONMIGO

DE LA BIBLIA:

*Y ahora, amados hermanos,
les damos el siguiente mandato
en el nombre de nuestro Señor
Jesucristo: aléjense de todos los
creyentes que llevan vidas ociosas
y que no siguen la tradición que
recibieron de nosotros. Pues ustedes
saben que deben imitarnos. No
estuvimos sin hacer nada cuando
los visitamos a ustedes. En ningún
momento aceptamos comida de
nadie sin pagarla. Trabajamos
mucho de día y de noche a fin de
no ser una carga para ninguno
de ustedes. [...] Incluso mientras
estábamos con ustedes les dimos la
siguiente orden: «Los que no están
dispuestos a trabajar que tampoco
coman».*

*Sin embargo, oímos que
algunos de ustedes llevan vidas
de ocio, se niegan a trabajar y
se entrometen en los asuntos de
los demás. Les ordenamos a tales
personas y les rogamos en el nombre
del Señor Jesucristo que se tranqui-
licen y que trabajen para ganarse la
vida. En cuanto al resto de ustedes,
amados hermanos, nunca se cansen
de hacer el bien.*

2 TESALONICENSES 3:6-13

Haz tu parte
ayudando

TODOS SE ESTABAN divirtiendo en la fiesta en el sub-suelo de la iglesia, comiendo pizza. «Necesitamos ayuda para limpiar», el señor Trenton les recordó a los niños de sexto grado cuando la fiesta estaba casi terminando.

Los muchachos tenían la intención de ayu-dar más tarde, pero en esos momentos se estaban divirtiendo mucho hablando y jugando. Heidi fue a la cocina a ayudar a la señora Trenton durante algunos minutos, pero muy pronto estaba rién-dose y conversando de nuevo. Entonces, uno por uno, los niños fueron desapareciendo a medida que sus padres venían a buscarlos.

A las nueve de la noche, el padre de Heidi fue a recogerla. Él también se había puesto de acuerdo para llevar a otros muchachos de vuelta a sus hogares. «Me siento como un conductor de auto-buses —le dijo a Heidi afablemente media hora después. Había conducido por toda la ciudad y de nuevo estaban pasando por la iglesia camino a su hogar—. Las luces todavía están encendidas —dijo papá sorprendido—. Me pregunto si habrá pasado algo malo». Disminuyó la velocidad y entró al estacionamiento de la iglesia.

Heidi supo lo que estaba mal tan pronto como ella y su padre entraron al salón de jóvenes. El señor y la señora Trenton todavía estaban lim-piando el desorden que habían dejado los jóve-nes. Heidi se sintió pésima mientras ella y su padre comenzaron a ayudar.

«Lo siento —se disculpó ella—. Ustedes dos hacen tanto por nosotros, pero por cierto que noso-tros no hacemos mucho por ustedes. Pueden con-tar conmigo para que ayude a limpiar la próxima vez. ¡Se los prometo!».

¿Y TÚ? ¿Te gustan las fiestas en la iglesia? ¿Qué haces para ayudar? Los versículos bíblicos de hoy dicen que los que no trabajan tampoco deben comer. Eso se aplica tanto a las fiestas como a la vida diaria. La próxima vez que los adultos planeen un evento especial para ti, diles «Muchas gracias», y muéstrales que lo dices de todo corazón haciendo lo que puedas para ayudarlos. Eso les agradará a ellos... ¡y a Dios! *L.M.W.*

MEMORIZA: Amados hermanos, nunca se cansen de hacer el bien. *2 Tesalonicenses 3:13*

LOS «NO» Y LOS NUDOS

«**NO ME HABLES** de religión, Cory —le dijo Derek mientras los muchachos caminaban de la escuela a sus casas—. Sabes cómo me siento en cuanto a esos "no, no, no". A mí me gusta tener libertad».

Es tan frustrante, pensó Cory mientras Derek llegaba a su casa. *Cada vez que le hablo a Derek en cuanto a ser creyente o lo invito a la escuela dominical, todo lo que él piensa es en lo que los creyentes no pueden hacer.*

Al sábado siguiente, Derek y su padre invitaron a Cory a un paseo en el bote de ellos. El viento soplaba y el agua del lago estaba picada, pero se divirtieron. Cuando regresaron al muelle, Derek le mostró a Cory la forma de hacer un buen nudo para amarrar el bote al muelle.

—Pero ¿por qué lo atas? —le preguntó Cory—. ¿Por qué no le das libertad?

—¿Estás bromeando? —se rió Derek—. La corriente se lo llevaría, y lo perderíamos en muy poco tiempo. O podría chocar con otro bote. Pero este pequeño nudo que hice protegerá de daños al bote.

—Así que —le dijo Cory—, tú ataste el bote para que "no" se lo llevara la corriente. Me dijiste que no te gustan los "no", pero veo que tú también tienes algunos "no".

—¿Qué quieres decir con eso?

—Bueno, tú dices que no quieres ser cristiano porque hay demasiadas cosas que no puedes hacer. Pero Dios nos dice que no hagamos ciertas cosas, como mentir o robar, para que no nos arruinemos la vida o para que no lastimemos a otras personas. Así como el nudo de la soga protege a tu bote.

Derek lo miró sorprendido.

—Eso sí que tiene sentido —admitió él.

—¿Qué me dices acerca de ir a la iglesia conmigo mañana? —le sugirió Cory.

Derek asintió.

¿Y TÚ? ¿Estás resentido acerca de las cosas que Dios te dice que no hagas? Él te creó y sabe lo que te ayuda y lo que te perjudica. Cuando Dios te dice que no hagas algo, te lo dice para evitarte problemas. *S.L.N.*

MEMORIZA: No te dejes impresionar por tu propia sabiduría. En cambio, teme al SEÑOR y aléjate del mal. *Proverbios 3:7*

DE LA BIBLIA:

Luego Dios le dio al pueblo las siguientes instrucciones:

«Yo soy el SEÑOR tu Dios, quien te rescató de la tierra de Egipto, donde eras esclavo.

»No tengas ningún otro dios aparte de mí.

»No te hagas ninguna clase de ídolo ni imagen de ninguna clase que está en los cielos, en la tierra o en el mar. No te inclines ante ellos ni les rindas culto, porque yo, el SEÑOR tu Dios, soy Dios celoso, quien no tolerará que entregues tu corazón a otros dioses. Extiendo los pecados de los padres sobre sus hijos; toda la familia de los que me rechazan queda afectada, hasta los hijos de la tercera y la cuarta generación. Pero derramo amor inagotable por mil generaciones sobre los que me aman y obedecen mis mandatos.

»No hagas mal uso del nombre del SEÑOR tu Dios. El SEÑOR no te dejará sin castigo si usas mal su nombre».

ÉXODO 20:1-7

Dios dice «no» para tu bien

3 de noviembre

SOLO UN SUEÑO

DE LA BIBLIA:

Hijo mío, no pierdas de vista
*   el sentido común ni el*
*   discernimiento.*
*   Aférrate a ellos,*
porque refrescarán tu alma;
*   son como las joyas de un collar.*
Te mantienen seguro en tu
*   camino,*
*   y tus pies no tropezarán.*
Puedes irte a dormir sin miedo;
*   te acostarás y dormirás*
*   profundamente.*
No hay por qué temer la calamidad
*   repentina*
*   ni la destrucción que viene sobre*
*   los perversos,*
porque el SEÑOR es tu seguridad.
*   Él cuidará que tu pie no caiga*
*   en una trampa.*
PROVERBIOS 3:21-26

Duerme en paz

ALGO ESTABA PERSIGUIENDO a Kendra, y ella corría lo más rápidamente que podía. De pronto ¡se estaba cayendo! Se escuchó gritar cuando se cayó. Eso la despertó. Sí, Kendra había estado soñando.

Su grito también despertó a su papá, quien vino a su dormitorio y le preguntó:

—¿Qué te pasa, querida?

Con voz temblorosa, Kendra le contó acerca de la «cosa» que la estaba persiguiendo.

—Cálmate, Kendra, fue solo un sueño —la consoló papá.

—Lo sé, pero parecía muy real. ¿De dónde es que nos vienen los sueños? —quiso saber Kendra.

—Bueno —le respondió papá—, los científicos dicen que los sueños muestran algunos de nuestros temores ocultos. Pero lo que piensas antes de irte a dormir también tiene un efecto grande en tus sueños. Es por eso que es mejor leer un buen libro o algunos versículos bíblicos antes de irse a dormir, y no leer una historia que te asuste o mirar una película de terror en el televisor.

Kendra tenía otra pregunta.

—¿Nos habla Dios a través de nuestros sueños?

—Bueno, en los tiempos bíblicos, a menudo Dios les hablaba a las personas a través de sueños. Pero ahora tenemos la Biblia para que nos guíe —respondió papá—. Por supuesto que Dios puede ponernos ideas en la mente, pero es mucho mejor confiar en la Palabra escrita de Dios que en algún sueño que hayamos tenido.

Kendra asintió y bostezó.

—Creo que puedo volver a dormirme ahora. Tal vez la cosa que estaba tratando de agarrarme está persiguiendo a alguna otra persona en un sueño. —Se rió mientras se arropaba en la cama y cerraba los ojos.

¿Y TÚ? ¿Tienes cuidado de lo que te pones en la mente los momentos antes de acostarte? Hazte el hábito de leer algunos versículos bíblicos y de orar antes de acostarte a dormir. Y no confíes en los sueños para que te den dirección en tu vida. Es mucho mejor confiar en lo que dice la Biblia. *C. Vm*

MEMORIZA: Puedes irte a dormir sin miedo; te acostarás y dormirás profundamente. *Proverbios 3:24*

—¡NUNCA MÁS VOY a invitar a Ricardo a la escuela dominical! —gritó Juan mientras cerraba la puerta de un portazo.

—¿Por qué no? —le preguntó su madre.

—¡Porque se rió de mí! —dijo Juan ahogando un sollozo.

—Juan, no te enojes con Ricardo. Él no sabe...

La madre fue interrumpida por un ladrido y un aullido que indicaba dolor. «Es Mitzy», gritó Juan mientras salía corriendo. Encontró a su cachorrita con una pata atascada en la cerca. Juan se agachó para sacarle la pata de la cerca.

«¡*Grrrr!*», gruñó Mitzy. Juan se apartó.

Mamá quiso tomar la pata de la perrita, y Mitzy le tiró un mordisco. «Sujétale la cabeza, Juan, y háblale con suavidad. Voy a ver si la puedo ayudar».

Mientras Juan le hablaba suavemente y acariciaba a la cachorrita que gemía, mamá le sacó la pata que estaba atrapada en la cerca y la examinó.

—Se hizo un pequeño tajo, pero va a estar bien. —Mamá se rió mientras Mitzy trataba de lamerle las manos—. Juan, ¿qué hubiera pasado si nos hubiéramos ido y dejado a Mitzy cuando nos gruñó?

—Todavía estaría atrapada en la cerca —exclamó Juan—. Mitzy necesitaba nuestra ayuda, pero no se dio cuenta de que nosotros estábamos tratando de ayudarla.

—Tampoco Ricardo se da cuenta de lo que hace cuando se ríe de ti por invitarlo a la escuela dominical —le dijo mamá suavemente—. Él no se da cuenta de que ha sido atrapado en la trampa del pecado y de que necesita tu ayuda.

—Está bien, voy a seguir tratando —dijo Juan—. Tal vez algún día Ricardo también me lo va a agradecer.

¿Y TÚ? ¿Te sientes tentando a dejar de orar por tus amigos, a no seguir invitándolos a asistir a la escuela dominical o a no seguir hablándoles acerca de Jesús? Nunca desistas. Aun cuando te contesten mal, ellos necesitan tu ayuda. Sé fiel en tus esfuerzos de llevar a tus amigos a Cristo. *B. J. W.*

MEMORIZA: Así que no nos cansemos de hacer el bien. A su debido tiempo, cosecharemos numerosas bendiciones si no nos damos por vencidos. *Gálatas 6:9*

SE NECESITA AYUDA

DE LA BIBLIA:

¡Pero gracias a Dios! Él nos da la victoria sobre el pecado y la muerte por medio de nuestro Señor Jesucristo.

Por lo tanto, mis amados hermanos, permanezcan fuertes y constantes. Trabajen siempre para el Señor con entusiasmo, porque ustedes saben que nada de lo que hagan para el Señor es inútil.
1 CORINTIOS 15:57-58

Sigue testificando

5 de noviembre

LAS DOS LISTAS

DE LA BIBLIA:

¡Alabado sea el SEÑOR!
Alaben a Dios en su santuario;
  ¡alábenlo en su poderoso cielo!
Alábenlo por sus obras poderosas;
  ¡alaben su grandeza sin igual!
Alábenlo con un fuerte toque del
  cuerno de carnero;
  ¡alábenlo con la lira y el arpa!
Alábenlo con panderetas y danzas;
  ¡alábenlo con instrumentos de
  cuerda y con flautas!
Alábenlo con el sonido de los
  címbalos;
  alábenlo con címbalos fuertes y
  resonantes.
¡Que todo lo que respira cante
  alabanzas al SEÑOR!
¡Alabado sea el SEÑOR!
SALMO 150:1-6

Siempre da gracias

PEDRO COMENZÓ A escribir una lista de cosas por las cuales estaba agradecido. Bueno, Pedro podía pensar en muchas cosas por las cuales *no* estaba agradecido. Por ejemplo, su madre lo había mandado a su dormitorio ayer porque él había dicho una mentira. Así que comenzó una segunda lista, que era de las cosas por las cuales no estaba agradecido. En esa lista escribió la palabra *castigos*. En la primera lista escribió la palabra *padres*. Sí, él estaba agradecido por ellos. Lo cuidaban todos los días.

Pedro miró otra vez a las palabras *castigos* y *padres*. Tal vez debería estar agradecido de que sus padres lo amaran tanto como para castigarlo cuando hacía cosas malas. Pensó en eso por unos momentos y finalmente tachó la palabra *castigos*.

En la lista de «agradecimientos», Pedro escribió la palabra *iglesia*. Eso era algo por lo cual estaba seguro de estar agradecido. Luego pensó en el versículo que tenía que aprender de memoria antes del domingo de mañana. Él detestaba tener que aprender cosas de memoria. Así que escribió *memorizar* en la lista de cosas por las cuales no estaba agradecido.

De pronto, un versículo bíblico le vino a la mente, y se encontró repitiéndolo palabra por palabra. «Den gracias por todo a Dios el Padre en el nombre de nuestro Señor Jesucristo. Efesios 5:20».

Bueno, ese versículo por cierto que le arruinó la idea de anotar las cosas por las cuales no estaba agradecido. Tachó la palabra *memorizar* de la segunda lista. Y también tachó lo que había escrito en la primera lista, y en letras enormes escribió: *¡POR TODO!*

¿Y TÚ? ¿Hay algunas cosas por las cuales no le das gracias a Dios? Tal vez detestas estudiar, o puede ser que tu padre haya perdido su trabajo. O tal vez algo no ha sucedido cuando tú querías que sucediera, y te quejaste por eso. La Biblia dice que debemos darle gracias a Dios por todas las cosas. ¿Puedes hacerlo? *R. I. J.*

MEMORIZAR: Den gracias por todo a Dios el Padre en el nombre de nuestro Señor Jesucristo. *Efesios 5:20*

—PAPÁ, ¿PUEDO USAR tu lata de aceite? —El padre de Zachary levantó la vista y miró a su ansioso hijo—. Quiero quitarles los "chirridos" a las puertas de los armarios de la cocina. Mamá dice que esos ruidos la están volviendo loca.

El padre tomó la lata de aceite de su mesa de trabajo, y se la dio a Zachary.

—Entonces, no pierdas un segundo en acallar esos chirridos.

Cuando Zachary le trajo de vuelta la lata de aceite a su padre, le dijo:

—Aceité todas las bisagras de la casa. Y le dije a mamá que si escuchaba algún otro chirrido, sería producido por los ratones. Y ella me dijo que eso en verdad la haría volver loca.

Esa tarde Zachary fue a deslizarse en trineo con sus amigos. A la hora de la cena, compartió las noticias del vecindario.

—Todd y Jon están peleados —dijo él—. ¿Sabías que la señora Gentry se rompió un brazo? Y el señor Snell se sentó al lado de la ventana de su casa toda la tarde mirándonos jugar en la nieve.

—Creo que la gente de nuestro vecindario podría usar un poco de aceite —observó el padre—. La Biblia habla del "aceite de alegría". Y puesto que tú eres el nuevo "encargado del aceite", hijo, creo que deberías esparcir un poco de alegría en el vecindario.

—¿Sí? —Zachary se veía pensativo—. Tal vez le puedo llevar un pedazo de pastel al señor Snell. Y puedo ofrecer hacerle los mandados a la señora Gentry. ¿Qué puedo hacer en cuanto a Todd y a Jon?

—No sé —le dijo mamá—. Pero estoy segura de que pensarás en algo.

¿Y TÚ? ¿Esparces gozo y alegría? La Palabra de Dios dice que Jesús vino a consolar y a traerle gozo a la gente. Así que tú debes hacer lo mismo. Sonríele a alguien para que se sienta mejor. Toma tiempo para hablar con una persona solitaria. Ofrece ayuda a quien la necesita. Haz todas esas cosas para Jesús. *H. W. M.*

MEMORIZA: Amas la justicia y odias la maldad. Por eso oh Dios —tu Dios— te ha ungido derramando el aceite de alegría sobre ti. *Hebreos 1:9*

EL ENCARGADO DEL ACEITE

DE LA BIBLIA:

El Espíritu del SEÑOR Soberano está sobre mí, porque el SEÑOR me ha ungido para llevar buenas noticias a los pobres. Me ha enviado para consolar a los de corazón quebrantado y a proclamar que los cautivos serán liberados y que los prisioneros serán puestos en libertad.

Él me ha enviado para anunciar a los que se lamentan que ha llegado el tiempo del favor del SEÑOR junto con el día de la ira de Dios contra sus enemigos. A todos los que se lamentan en Israel les dará una corona de belleza en lugar de cenizas, una gozosa bendición en lugar de luto, una festiva alabanza en lugar de desesperación. Ellos, en su justicia, serán como grandes robles que el SEÑOR ha plantado para su propia gloria. [...]

¡Me llené de alegría en el SEÑOR mi Dios! Pues él me vistió con ropas de salvación y me envolvió en un manto de justicia. Soy como un novio en su traje de bodas o una novia con sus joyas.
ISAÍAS 61:1-3, 10

Derrama alegría

7 de noviembre

DEJA QUE SANE

DE LA BIBLIA:

«No disemines chismes difamatorios entre tu pueblo.

»No te quedes con los brazos cruzados cuando la vida de tu prójimo corre peligro. Yo soy el SEÑOR.

»No fomentes odio en tu corazón contra ninguno de tus parientes. Aclara los asuntos con la gente en forma directa, a fin de que no seas culpable de su pecado.

»No busques vengarte, ni guardes rencor contra tus hermanos israelitas, sino ama a tu prójimo como a ti mismo. Yo soy el SEÑOR».
LEVÍTICO 19:16-18

Deja que tus sentimientos heridos se sanen

«EL DEDO ME está sangrando de nuevo, mamá», exclamó Jasón.

Mamá suspiró y le alcanzó un toallita de papel a su hijo de cuatro años de edad. Jasón se envolvió el dedo con la toallita y miraba mientras la mancha roja aumentaba de tamaño. En ese momento, se oyó el portazo de la puerta de entrada. Stacy entró pisando muy fuerte y arrojó sus libros en la mesa.

—¡Mira, Stacy! —le dijo Jasón mientras levantaba la mano enfrente del rostro de su hermana mayor—. El dedo me está sangrando de nuevo.

—¡Deja de rascártelo! —resopló Stacy.

—¿Cómo te fue en la escuela hoy? —le preguntó la madre.

—¡Horrible! —se quejó Stacy—. Jodi cree que me puede tratar como se le da la gana. La semana pasada me ignoró. Esta semana quiere que sea amiga de ella.

—Yo creía que ella te había pedido perdón por no haberte invitado a su fiesta —le dijo mamá.

—Oh, sí, lo hizo. Me dijo que como yo había dicho que íbamos a ir a visitar a la abuela, ella pensó que no podría ir a su fiesta. Si ella me hubiera preguntado, yo le hubiera dicho que papá había cambiado los planes. Pero ¡no me preguntó!

—Mira, Stacy —le dijo mamá—. Tú debes de dejar de seguir rascando esa herida, o te va a dejar una cicatriz que perjudicará la amistad entre ustedes para siempre.

—Pero yo... yo no sé lo que tú... —Hizo una pausa—. Veo lo que quieres decir, mamá —admitió finalmente—. He estado actuando como Jasón.

—¿Te cortaste el dedo, Stacy? —le preguntó Jasón. Stacy sonrió.

—No, lo que me dolían eran mis sentimientos.

—Mira, mamá —dijo Jasón—. No me sigue saliendo sangre. ¿Te han dejado de sangrar tus sentimientos heridos, Stacy?

—Sí, todo va a estar bien ahora —se rió Stacy.

¿Y TÚ? ¿Ha herido tus sentimientos alguien, o ha herido tu orgullo? ¿Estás rascando la herida, rehusando perdonar y olvidar? Prométete ahora mismo que vas a dejar de pensar en tu herida y que dejarás que se sane. *B. J. W.*

MEMORIZA: Sean comprensivos con las faltas de los demás y perdonen a todo el que los ofenda. Recuerden que el Señor los perdonó a ustedes, así que ustedes deben perdonar a otros. *Colosenses 3:13*

EL TERMOSTATO

—**HOY SÍ QUE** nos divertimos en la escuela —dijo David durante la cena—. Todos hicimos lo que quisimos y hablamos mientras la señora Edwards fue a la oficina. Cuando regresó estaba muy enojada; nos dijo que nos podía escuchar desde el final del pasillo. Entonces nos dijo que nos sentáramos con la cabeza puesta encima de los pupitres mientras regresaba a la oficina. Cuando ella salió, todo el mundo la desobedeció e hizo lo que quiso hacer.

—¿Incluyéndote a ti? —le preguntó la madre.

—Bueno, sí —dijo David—. Todo el mundo lo hizo. —Rápidamente cambió el tema, esperando evitar así una reprimenda—. ¿Puedo subir el termostato? Hace tanto frío aquí que se me está enfriando la comida.

—Cuando el sol se oculta, hace más frío —asintió mamá—. Sí, súbele la temperatura al termostato.

Cuando David regresó a su asiento, papá dijo:

—Un termostato es una invención fantástica. No solo lee la temperatura, sino que hace algo en cuanto a la temperatura. Le dice a la calefacción cuándo debe subir y cuándo debe bajar. Algunas personas son como los termostatos.

—¿Le dicen a la calefacción cuándo subir y cuándo bajar? —preguntó David.

—No, pero algunas personas hacen algo acerca de lo que sucede alrededor de ellas. No simplemente siguen la corriente —dijo papá.

David tragó saliva.

—¿Quieres decir que si yo me hubiera quedado quieto en mi asiento, algunos de los otros niños hubieran hecho lo mismo?

—Tal vez —dijo mamá—. Trata eso la próxima vez. Mientras tanto, creo que debes pedirle perdón a tu maestra, ¿no es verdad?

David asintió con la cabeza.

¿Y TÚ? ¿Participas en lo que hace todo el mundo? ¿Crees que porque «todos los demás lo hacen», está bien hacerlo? Si eres creyente, deberías ser como un termostato. Decide la manera en que Dios quiere que actúes. Entonces actúa de esa forma para ejercer influencia en tus amigos para que ellos sigan tu ejemplo. *H. W. M.*

MEMORIZA: Lleven una vida limpia e inocente como corresponde a hijos de Dios y brillen como luces radiantes en un mundo lleno de gente perversa y corrupta. *Filipenses 2:15*

DE LA BIBLIA:

Por lo tanto, amados hermanos, les ruego que entreguen su cuerpo a Dios por todo lo que él ha hecho a favor de ustedes. Que sea un sacrificio vivo y santo, la clase de sacrificio que a él le agrada. Esa es la verdadera forma de adorarlo. No imiten las conductas ni las costumbres de este mundo, más bien dejen que Dios los transforme en personas nuevas al cambiarles la manera de pensar. Entonces aprenderán a conocer la voluntad de Dios para ustedes, la cual es buena, agradable y perfecta. [...]

No dejen que el mal los venza, más bien venzan el mal haciendo el bien.

ROMANOS 12:1-2, 21

Sé una buena influencia

9 de noviembre

EL SECRETO DE LA AMISTAD

DE LA BIBLIA:

¿Hay algún estímulo en pertenecer a Cristo? ¿Existe algún consuelo en su amor? ¿Tenemos en conjunto alguna comunión en el Espíritu? ¿Tienen ustedes un corazón tierno y compasivo? Entonces, háganme verdaderamente feliz poniéndose de acuerdo de todo corazón entre ustedes, amándose unos a otros y trabajando juntos con un mismo pensamiento y un mismo propósito.

No sean egoístas; no traten de impresionar a nadie. Sean humildes, es decir, considerando a los demás como mejores que ustedes. No se ocupen sólo de sus propios intereses, sino también procuren interesarse en los demás.
FILIPENSES 2:1-4

Sé un buen amigo

ÉRASE UNA VEZ una familia de apellido Baar: el señor Baar, la señora Baar y su hija, Merry Baar. Un día, cuando regresaban de la iglesia en el automóvil hacia su casa, el señor Baar refunfuñó:

—No vuelvo a esa iglesia. Nadie me habló.

La señora Baar asintió.

—Tampoco nadie habló conmigo.

Merry daba brincos en el asiento de atrás y dijo:

—No regresemos allí nunca más.

Así que fueron a otras iglesias, pero en esas tampoco nadie les prestó mucha atención. Un día, el pastor de una de las iglesias fue a su casa.

—Hay mucha gente muy agradable en nuestra iglesia —les dijo—. ¿Conocieron a algunos de nuestros miembros?

El señor Baar negó con la cabeza.

—Nadie me habló.

—Tampoco nadie me dio la bienvenida a mí —agregó la señora Baar.

—Nadie habló conmigo —dijo Merry—. Nos sentamos justo antes de que comenzara el servicio, y nos fuimos en cuanto terminó.

—Ahhh. —El pastor sonrió—. Tal vez ustedes quieran probar algo nuevo. Busquen a personas que parezcan solitarias, y hablen con ellas. ¿Están dispuestos los tres a probar eso el próximo domingo?

El padre, la madre y la hija asintieron.

Al siguiente domingo, fueron a la iglesia un poco más temprano. Vieron una familia que no parecía saber dónde sentarse. Entonces la familia Baar fue a hablar con ellos, y todos se sentaron juntos para el servicio.

—Esta es una iglesia amistosa —le dijo el señor Baar, con una enorme sonrisa, más tarde al pastor.

—Ustedes han aprendido el secreto de encontrar una iglesia amistosa —dijo el pastor—. No se trata de esperar a que alguien venga a hablar con uno; es encontrar a alguien con quien hablar.

El padre, la madre y la hija asintieron alegremente.

¿Y TÚ? ¿Sientes como que no le importas a nadie en la iglesia? Tal vez sea porque no les das a las personas la oportunidad de que te conozcan. Si haces el esfuerzo de saludar a la gente, encontrarás que la mayor parte de las veces la gente te responderá. *C. E. Y.*

MEMORIZA: El amigo verdadero se mantiene más leal que un hermano. *Proverbios 18:24*

«**MIRA LO QUE** compré, mamá —le dijo Megan con mucho entusiasmo sacando una pizarra mágica de una bolsa. Ella comenzó a escribir mientras iban en el automóvil hacia su casa—. Ahora mira.
—Levantó el plástico que cubría la pizarra—. Lo que escribí desapareció». Mientras hablaba, su hermano, Andrés, miraba por la ventanilla. No escuchaba la conversación ni veía el paisaje.

—¡Andrés! —le dijo su madre levantando la voz—. Esta es la tercera vez que digo tu nombre. ¿Te sucede algo malo?

—No —dijo Andrés y de nuevo guardó silencio.

Y ahora has dicho otra mentira, le dijo su conciencia. *Esta es la segunda*.

Andrés suspiró profundamente. *Pero fue una mentira muy chiquita*, le dijo a su conciencia.

—Sé que algo te está molestando, Andrés —insistió mamá—. ¿Quieres hablar sobre eso?

—Ayer le mentí a papá —dijo Andrés de pronto.

Mamá le dijo con suavidad:

—Él lo sabe, pero está esperando que tú lo admitas.

Megan, ocupada con su pizarra mágica, se rió mientras decía: «¡Ups! Le puse una cola muy larga a un conejo. Está bien, lo borraré y comenzaré de nuevo». Otra vez levantó la hoja de plástico, y de repente, el dibujo desapareció.

La mamá sonrió y le dijo a Andrés: «Cuando pecas, es como si estuvieras escribiendo en una pizarra mágica. Si no haces nada en cuanto a eso, el pecado permanece allí. Pero si te arrepientes y le confiesas tus pecados a Dios, él los borrará. Pídeles a ambos, al Señor y a papá, que te perdonen, y tu pizarra estará limpia».

Megan alisó la cubierta de plástico en su pizarra.

—Esta vez lo voy a hacer bien —anunció ella.

—Yo también, Megan —declaró Andrés—. Yo también.

LA PIZARRA MÁGICA DE DIOS

DE LA BIBLIA:

*Ten misericordia de mí, oh Dios,
   debido a tu amor inagotable;
a causa de tu gran compasión,
   borra la mancha de mis pecados.
Lávame de la culpa hasta que
   quede limpio
y purifícame de mis pecados.
Pues reconozco mis rebeliones;
   día y noche me persiguen.
Contra ti y solo contra ti he pecado;
   he hecho lo que es malo ante
   tus ojos.
Quedará demostrado que tienes
   razón en lo que dices
y que tu juicio contra mí es justo.
Pues soy pecador de nacimiento,
   así es, desde el momento en que
   me concibió mi madre.
Pero tú deseas honradez desde el
   vientre
y aun allí me enseñas sabiduría.
   Purifícame de mis pecados, y
   quedaré limpio;
   lávame, y quedaré más blanco
   que la nieve.*
SALMO 51:1-7

Confiesa tus pecados

¿Y TÚ? ¿Has dicho una mentira? ¿Desobedeciste? ¿Has faltado el respeto a alguien? ¿Has hecho trampas? Ahora mismo, confiésale a Dios todos los pecados que sabes que has cometido, y deja que él te limpie la pizarra para que quede completamente limpia. *B. J. W.*

MEMORIZA: [Dios dice:] «Yo vivo en el lugar alto y santo con los de espíritu arrepentido y humilde». *Isaías 57:15*

11 de noviembre

UNA LECCIÓN DE LECTURA

DE LA BIBLIA:

¿Otra vez comenzamos a elogiarnos a nosotros mismos? ¿Acaso somos como otros, que necesitan llevarles cartas de recomendación o que les piden que se escriban tales cartas en nombre de ellos? ¡Por supuesto que no! La única carta de recomendación que necesitamos son ustedes mismos. Sus vidas son una carta escrita en nuestro corazón; todos pueden leerla y reconocer el buen trabajo que hicimos entre ustedes. Es evidente que son una carta de Cristo que muestra el resultado de nuestro ministerio entre ustedes. Esta «carta» no está escrita con pluma y tinta, sino con el Espíritu del Dios viviente. No está tallada en tablas de piedra, sino en corazones humanos.

Estamos seguros de todo esto debido a la gran confianza que tenemos en Dios por medio de Cristo. No es que pensemos que estamos capacitados para hacer algo por nuestra propia cuenta. Nuestra aptitud proviene de Dios. Él nos capacitó para que seamos ministros de su nuevo pacto. Este no es un pacto de leyes escritas, sino del Espíritu. El antiguo pacto escrito termina en muerte; pero, de acuerdo con el nuevo pacto, el Espíritu da vida.

2 CORINTIOS 3:1-6

Vive para Jesús

BETHANY MIRÓ LA lluvia a través de la ventana.

—¿Qué hay para hacer, mamá? —le preguntó.

—Yo creía que estabas aprendiendo el versículo que tienes que memorizar para la escuela dominical —dijo su madre.

—Ya lo sé —dijo Bethany—. Es 2 Corintios 3:2, que dice: "Sus vidas son una carta escrita en nuestro corazón; todos pueden leerla".

—Tal vez me puedes ayudar con este álbum de fotos —le sugirió mamá.

Bethany y Mateo se unieron a su madre alrededor de la mesa y comenzaron a mirar las fotos.

—¡Oh, mira! —chilló Bethany—. Esta es una foto de Mateo cuando tenía dos años de edad. ¡Se ve muy gracioso con esos enormes lentes de sol!

—¿Crees que eso es gracioso? Fíjate en esta foto de una reunión familiar. ¡Estabas completamente pelada! —dijo Mateo. Bethany se rió con él.

—Esa es la tía de papá que vive en Ohio —dijo ella—. Parece estar enojada.

—Sí —dijo Mateo—. Se la pasó quejándose todo el día. —Luego tomó otra foto—. Mamá, mira este hombre con el bigote, ¿no es tu tío? Me regañó porque me enojé cuando jugábamos béisbol. Pero cuando él no le pegó a la pelota y lo sacaron del juego, se enojó tanto que se puso más rojo que un tomate. ¡Qué ejemplo de tener dos caras!

—Me he dado cuenta de que ustedes están "leyendo" a la gente —observó mamá.

—¿Qué quieres decir? —le preguntó Mateo.

—Cuando estaban mirando las fotos de las personas en aquella reunión, "leyeron" que una era una rezongona y que el otro tenía dos caras.

—Oh, ¡ahora me doy cuenta! —exclamó Bethany—. Lo que recordamos de otras personas es lo que "leemos" en sus acciones.

—Y esas personas nos recuerdan a nosotros por lo que "leyeron" en nuestras acciones —agregó Mateo—. Así que tenemos que asegurarnos de que pueden ver que seguimos a Cristo por la forma en que vivimos.

¿Y TÚ? ¿Cómo te está «leyendo» la gente? ¿Actúas enojado o alegre? ¿Muestran tus acciones que amas a tu prójimo y que eres honesto? Pídele a Dios que te ayude a vivir para él. *G. W.*

MEMORIZA: Sus vidas son una carta escrita en nuestro corazón; todos pueden leerla. *2 Corintios 3:2*

JOSUÉ SE SENTÍA aturdido. Le acababan de decir que su tío Brian tenía cáncer y que aun la cirugía tal vez no daría buen resultado.

—¿Te vas a morir? —le preguntó en voz apenas audible.

El tío de Josué le respondió:

—Solo Dios lo sabe. Nosotros debemos tener fe en Dios y someternos a su voluntad.

—Pero, tío Brian —protestó Josué—. Yo te necesito, la tía Kathy te necesita y... esto parece totalmente injusto.

—Dios nunca comete errores —le dijo el tío Brian—. Te amo mucho y también amo mucho a tu tía Kathy. Y sé que todos en la familia me aman. Pero, sin importar lo mucho que nos amemos los unos a los otros, Dios nos ama aún más. Y él estará con nosotros a través de todo esto. Todo lo que Dios nos pide es que oremos y que pongamos nuestra fe en él.

Josué se alejó pensando en las palabras de tu tío. Claro que sabía que Dios nunca comete errores, pero...

De pronto, Josué se detuvo. ¿Qué era lo que había dicho el tío Brian? «Dios nos ama y estará con nosotros a través de todo esto». Con determinación de corazón, Josué habló silenciosamente con el Señor. *Gracias por estar con el tío Brian y con la tía Kathy, y conmigo y con todos los demás de la familia. Sé que puedes sanar a mi tío si eso es lo mejor. También sé que él irá a vivir contigo si eso es lo que eliges para él. Ayúdame a confiar en ti, sin importar lo que suceda.*

¿Y TÚ? ¿De qué forma reaccionas cuando llegan a tu vida cosas realmente difíciles de soportar? Tal vez un pariente se muere o se va de la familia, o un amigo se ha herido en un accidente, o tú te enfermas de gravedad. ¿Te amargas y te enojas? ¿O recuerdas que Dios ha prometido estar contigo a través de todo eso? ¡No estás solo! Y recuerda que Dios jamás comete errores. *R. I. J.*

MEMORIZA: Cuando pases por aguas profundas, yo estaré contigo. Cuando pases por ríos de dificultad, no te ahogarás. *Isaías 43:2*

A TRAVÉS DE TODO ESTO

DE LA BIBLIA:

Pero ahora, oh Jacob, escucha al SEÑOR, quien te creó. Oh Israel, el que te formó dice: «No tengas miedo, porque he pagado tu rescate; te he llamado por tu nombre; eres mío. Cuando pases por aguas profundas, yo estaré contigo. Cuando pases por ríos de dificultad, no te ahogarás. Cuando pases por el fuego de la opresión, no te quemarás; las llamas no te consumirán. Pues yo soy el SEÑOR, tu Dios, el Santo de Israel, tu Salvador. Yo di a Egipto como rescate por tu libertad; en tu lugar di a Etiopía y a Seba. ISAÍAS 43:1-3

Dios está contigo

13 de noviembre

LA FORMA EN QUE TE VES

DE LA BIBLIA:

«La palabra del Señor permanece para siempre».

Y esta palabra es el mensaje de la Buena Noticia que se les ha predicado.

Por lo tanto, desháganse de toda mala conducta. Acaben con todo engaño, hipocresía, celos y toda clase de comentarios hirientes. Como bebés recién nacidos, deseen con ganas la leche espiritual pura para que crezcan a una experiencia plena de la salvación. Pidan a gritos ese alimento nutritivo ahora que han probado la bondad del Señor.

Ahora ustedes se acercan a Cristo, quien es la piedra viva principal del templo de Dios. La gente lo rechazó, pero Dios lo eligió para darle gran honra.

Y ustedes son las piedras vivas con las cuales Dios edifica su templo espiritual. Además, son sacerdotes santos. Por la mediación de Jesucristo, ustedes ofrecen sacrificios espirituales que agradan a Dios.

1 PEDRO 1:25–2:5

Escucha en la iglesia

EL SERVICIO DE la iglesia apenas había comenzado, y Cristóbal sacó su folleto de la escuela dominical. Muy pronto se envolvió en una historia que lo entusiasmaba mucho. Cuando terminó de leer, suspiró y miró hacia el púlpito. ¡El pastor Baker estaba sentado en la plataforma, leyendo el periódico local!

El pastor estrujó el periódico haciendo mucho ruido, y luego se paró detrás del púlpito. «Todos los domingos veo a niños y a niñas, e incluso a unos cuantos adultos, que se esconden detrás de los folletos de la escuela dominical tan pronto como comienzo a predicar. La forma en que ustedes me vieron hace unos segundos es la forma en que yo los veo leer mientras predico».

El pastor Baker bajó de la plataforma y comenzó a caminar por el pasillo, y se detuvo al lado de Cristóbal. Señalándolo con el dedo, el pastor gritó:

—¡La forma en que tú me viste es la forma en que yo te veo a ti!

Con el rostro rojo por la vergüenza, Cristóbal se movió en su asiento.

—¡Lo siento mucho!

«¡Cristóbal! ¡Despierta!» Alguien lo estaba moviendo con suavidad. Se levantó rápidamente, sorprendido al verse en su propia cama.

«Es hora de que te levantes. Creo que has estado soñando», le dijo su madre.

Cristóbal salió de la cama de un salto. A medida que se vestía, recordó algo que su padre le había dicho en cuanto al comportamiento apropiado en la iglesia. Papá le había dicho que la gente se acordaría más del sermón si tratara de tomar notas.

Cuando salieron para la iglesia aquella mañana, Cristóbal tenía en sus manos un pequeño bloc de notas y un lápiz. Cuando el pastor comenzó el sermón, él tomó el bloc.

¿Y TÚ? ¿Te parece que los sermones son difíciles de entender? Lleva un bloc y un lápiz el domingo que viene. Escribe el texto bíblico, el título del sermón, y una o dos frases importantes del sermón. Luego, durante la semana, lee tus notas. Te sorprenderás de lo mucho que puedes aprender de la predicación de la Palabra de Dios. *J. A. G.*

MEMORIZA: «La palabra del Señor permanece para siempre». Y esta palabra es el mensaje de la Buena Noticia que se les ha predicado. *1 Pedro 1:25*

ANDREA CASI NO podía esperar a que su abuelo terminara de construir la casita de juguete que le estaba haciendo. Lo observó mientras él levantaba su brazo hasta la parte superior de la pared. Él estaba sosteniendo un cordón largo con algo pesado atado en la parte de abajo.

—Sé lo que es eso —le dijo Andrea.

El abuelo se sorprendió.

—¿De veras?

Andrea asintió con la cabeza.

—Es una plomada —le dijo—. El peso en la parte de abajo hace que el cordón cuelgue derecho. Cuando la sostienes en una pared desde arriba, puedes ver si la pared está derecha.

—¡Muy bien! —exclamó el abuelo—. ¿Dónde aprendiste sobre las plomadas?

—En la escuela dominical —le respondió Andrea—. Mi maestra nos leyó la ocasión en que Dios le mostró una plomada a Amós. Dios dijo que iba a probar a su pueblo con una plomada. Él iba a probar para ver si ellos estaban haciendo lo que sus leyes decían que debían hacer.

—No es fácil a veces hacer las cosas según los estándares de Dios —le dijo el abuelo—. Dios quiere que seamos santos, porque él es santo. No lo podemos hacer sin Jesús. Estoy muy agradecido de que Jesús vino para ser nuestro Salvador y nosotros podemos confiar en él. Con su ayuda, podemos hacer las cosas que le agradan a Dios todos los días. —Le sonrió a Andrea—. Cuando tu casita de juguete esté terminada, ¿te gustaría que dejara una plomada colgando en una de sus paredes que te sirva para recordar las normas que Dios tiene para tu comportamiento?

Andrea asintió.

—Voy a decorar el peso que tiene en el extremo —dijo con entusiasmo—. ¿Puedo empezar a hacerlo ahora?

¿Y TÚ? ¿Sabes cuáles son las normas que Dios tiene para los creyentes? Tal vez piensas que eres mejor que otros muchachos de tu clase, o no tan bueno como tus maestros o como tu pastor. Pero Dios no te compara con otras personas. La comparación que hace es consigo mismo. Dile a Dios que quieres la ayuda de Jesús para llegar a ser la persona que él quiere que seas. *H. W. M.*

MEMORIZA: Las Escrituras dicen: «Sean santos, porque yo soy santo». *1 Pedro 1:16*

14 *de noviembre*

PAREDES DERECHAS

DE LA BIBLIA:

Luego me mostró otra visión. Vi al Señor de pie al lado de una pared que se había construido usando una plomada. Usaba la plomada para ver si aún estaba derecha. Entonces el SEÑOR me dijo:

—Amós, ¿qué ves?

—Una plomada —contesté.

Y el Señor respondió:

—Probaré a mi pueblo con esta plomada. Ya no pasaré por alto sus pecados. [...]

Así que preparen su mente para actuar y ejerciten el control propio. Pongan toda su esperanza en la salvación inmerecida que recibirán cuando Jesucristo sea revelado al mundo. Por lo tanto, vivan como hijos obedientes de Dios. No vuelvan atrás, a su vieja manera de vivir, con el fin de satisfacer sus propios deseos. Antes lo hacían por ignorancia, pero ahora sean santos en todo lo que hagan, tal como Dios, quien los eligió, es santo. Pues las Escrituras dicen: «Sean santos, porque yo soy santo».
AMÓS 7:7-8; 1 PEDRO 1:13-16

Vive de acuerdo a las normas de Dios

15 de noviembre

MANTENTE LIMPIO

DE LA BIBLIA:

No se asocien íntimamente con los que son incrédulos. ¿Cómo puede la justicia asociarse con la maldad? ¿Cómo puede la luz vivir con las tinieblas? ¿Qué armonía puede haber entre Cristo y el diablo? ¿Cómo puede un creyente asociarse con un incrédulo? ¿Y qué clase de unión puede haber entre el templo de Dios y los ídolos? Pues nosotros somos el templo del Dios viviente. Como dijo Dios:

«Viviré en ellos
*   y caminaré entre ellos.*
Yo seré su Dios,
*   y ellos serán mi pueblo.*
Por lo tanto, salgan de entre los
*   incrédulos*
*   y apártense de ellos, dice el*
*   SEÑOR.*
No toquen sus cosas inmundas,
*   y yo los recibiré a ustedes.*
Y yo seré su Padre,
*   y ustedes serán mis hijos e hijas,*
*   dice el SEÑOR Todopoderoso».*

Queridos amigos, dado que tenemos estas promesas, limpié- monos de todo lo que pueda contaminar nuestro cuerpo o espíritu. Y procuremos alcanzar una completa santidad porque tememos a Dios.
2 CORINTIOS 6:14–7:1

Vive una vida limpia

—¡NO PUEDO VER cómo me puede dañar ir a una sola fiesta! —argumentó Marla. Su madre suspiró.

—Jessica y sus amigas van a lugares a los cuales no deben ir los cristianos —le explicó—. Tienen malos hábitos, usan palabras inapropiadas...

—Pero ¿cómo puedo ganarlas para el Señor si yo no salgo con ellas? —la interrumpió Marla.

—Mostrarles amistad es una cosa, Marla. Frecuentar los lugares que frecuentan ellas es otra.

En ese momento entraron los mellizos que habían estado jugando afuera.

—¡Oh, no! ¡Miren cómo están! —los regañó la mamá—. ¡Están terriblemente sucios otra vez!

—Jugamos con Woof —dijo Shawn.

—Woof se revolcó mucho en el barro —explicó Samantha. La madre exhaló un profundo suspiro.

—Marla, tú lavas a Samantha, y yo me encargo de Shawn.

Más tarde, mientras cenaban, Marla le pre- guntó a su padre si podía ir a la fiesta en la casa de Jessica. El padre levantó una ceja.

—¿Es Jessica la escandalosa?

Marla asintió.

—Tal vez yo la puedo ganar para el Señor.

—Marla, cuando los mellizos salieron al jardín a jugar, estaban limpios. ¿Por qué no limpiaron al perro? —le preguntó el padre.

Marla se encogió de hombros.

—No sé.

—No lo limpiaron porque la suciedad se pega. En lugar de limpiar a su cachorrito, fue el cacho- rrito el que los ensució a ellos —le dijo el padre—. Queremos que tú ganes a Jessica y a sus amigas para el Señor, pero no lo puedes hacer "jugando en la suciedad" con ellas. Tu vida tiene que ser limpia y santa.

—Es fácil ensuciarse, pero toma trabajo man- tenerse limpio —agregó su mamá—. Ahora, ¿qué te parece si me ayudas a lavar los platos?

¿Y TÚ? ¿Tratas de testificar siguiendo la corriente de lo que hacen los demás? Eso no es lo que Dios quiere que hagas. Tu mejor testimonio es demostrar que es bueno ser cristiano. *B. J. W.*

MEMORIZA: Limpiémonos de todo lo que pueda contaminar nuestro cuerpo o espíritu. Y procuremos alcanzar una completa santidad porque tememos a Dios. *2 Corintios 7:1*

—¿PUEDO IR AL supermercado contigo, mamá? —le preguntó Ethan—. Tengo que ir contigo para asegurarme de que vas a comprar el cereal correcto.

—Puedes venir conmigo —le dijo mamá.

En el supermercado, vieron a Andrés, el amigo de Ethan.

—Hola, Ethan —le dijo Andrés—. Mi mamá dice que puedo ir contigo a la escuela dominical mañana.

—Oh, ¡fantástico! —exclamó Ethan—. Comienza a las nueve y media.

—Allí estaré. ¿Quieres saber por qué voy a ir? —Sin esperar una respuesta, Andrés continuo—. Sé que te he molestado en cuanto a ir a la escuela dominical, pero últimamente he estado pensado en cómo me ayudaste con mi trabajo de repartir periódicos cuando estuve enfermo, y cómo sacaste la cara por mí cuando algunos muchachos me molestaron en la clase de gimnasia. Bueno, si es Jesús quien hace que seas un buen amigo, quiero saber más acerca de él. Bueno, me tengo que ir. Nos vemos.

Cuando Ethan y su madre entraron a uno de los pasillos, vieron a una señora que estaba dando a probar barras de helado.

—¡Qué rico! —dijo Ethan, dándole un pequeño mordisco al helado—. Mamá, compremos algunas de estas.

—Está bien, una caja —aprobó mamá.

—¿Cómo puede el supermercado regalar tanto helado? —le preguntó Ethan.

Mamá sonrió.

—Cuando las personas reciben un poco de helado, quieren comprar el producto, así que la tienda venderá muchas cajas de helado hoy —le explicó—. ¿Sabes, Ethan? Esto me recuerda a ti.

—¿Yo? —le dijo Ethan—. ¿Qué quieres decir?

—Tu vida le ha dado a Andrés una muestra de lo que es ser creyente —le dijo mamá—. Has sido un buen ejemplo, y ahora él quiere saber más.

¿Y TÚ? ¿Sabes que tú también le puedes dar a la gente una «muestra» del cristianismo? Las personas tienen que ver a Jesús en ti. Tus palabras y tus acciones les deberían causar que quisieran conocer al Señor. Sé la clase de persona que Jesús quiere que seas. *G. W.*

MEMORIZA: Sé tú mismo un ejemplo para ellos al hacer todo tipo de buenas acciones. *Tito 2:7*

LA MUESTRA

DE LA BIBLIA:

Cuando les llevamos la Buena Noticia, no fue solo con palabras sino también con poder, porque el Espíritu Santo les dio plena certeza de que lo que decíamos era verdad. Y ya saben de nuestra preocupación por ustedes por la forma en que nos comportamos entre ustedes. Así que recibieron el mensaje con la alegría del Espíritu Santo, a pesar del gran sufrimiento que les trajo. De este modo nos imitaron a nosotros y también al Señor. Como resultado, han llegado a ser un ejemplo para todos los creyentes de Grecia, es decir, por toda Macedonia y Acaya.

Y ahora, la palabra del Señor está siendo anunciada, partiendo de ustedes a gente de todas partes, aun más allá de Macedonia y Acaya, pues adondequiera que vamos, encontramos personas que nos hablan de la fe que ustedes tienen en Dios. No hace falta que se la mencionemos, pues no dejan de hablar de la maravillosa bienvenida que ustedes nos dieron y de cómo se apartaron de los ídolos para servir al Dios vivo y verdadero.

1 TESALONICENSES 1:5-9

Deja que Jesús se vea en ti

17 de noviembre

UN ZOOLÓGICO LLENO DE GENTE

DE LA BIBLIA:

*Los que no tienen a Dios destruyen
a sus amigos con sus palabras,
pero el conocimiento rescatará a
los justos.*

*Toda la ciudad festeja cuando el
justo triunfa;
grita de alegría cuando el
perverso muere.*

*Los ciudadanos íntegros son de
beneficio para la ciudad y
la hacen prosperar,
pero las palabras de los perversos
la destruyen.*

*Es necio denigrar al vecino;
una persona sensata guarda
silencio.*

*El chismoso anda contando
secretos;
pero los que son dignos de
confianza saben guardar
una confidencia.*

PROVERBIOS 11:9-13

Ten cuidado con las críticas

MIGUEL Y EMILIA estaban en el zoológico de la ciudad con su madre.

—¡Mira ese gordo oso panda! —exclamó Emilia—. Fíjate cómo camina balanceándose. ¿No te hace recordar a alguien?

—Sí, a la anciana señora Tompkins —dijo Miguel riéndose—. Y mira a esos gansos raros, cómo se pavonean con la nariz en el aire. Me recuerdan a Sara Hayes.

Entones se detuvieron frente a una lechuza de ojos muy grandes.

—Oh, aquí está mi maestra, la señorita Williams —dijo él—. Sabes cómo nos mira a través de sus lentes gruesos.

—He aquí un animal que me hace recordar a alguien —dijo la madre.

Emilia leyó el cartel.

—¿Un buitre? —preguntó ella—. ¿A quién te recuerda, mamá?

—Bueno, los buitres no atacan a animales fuertes y saludables. Solo se acercan a animales que están enfermos o han sido heridos —explicó mamá—. Me recuerda a la gente a la que le gusta señalar los defectos y las debilidades de otras personas.

—Creo... creo que sé qué es lo que quieres decir —tartamudeó Emilia—. Estás hablando de nosotros, ¿no es verdad?

—Sí —dijo mamá—. Ustedes dos critican a los demás, y eso los ciega en cuanto a ver los puntos fuertes de las personas, y también las faltas en ustedes mismos.

—Pero no siempre está mal hacer bromas de la gente, ¿no es verdad? —le preguntó Miguel.

—No siempre. —Mamá sonrió—. No es malo hacer una broma si la haces con el espíritu correcto y no estás hiriéndole los sentimientos a esa persona. Pero si tienes alguna duda, no bromees.

—Aquellas palomas de allá me recuerdan a ti, mamá —dijo Emilia—. Son muy dulces, y no le hacen mal a nadie. Mamá, vamos a tratar de parecernos más a ellas y a ti.

¿Y TÚ? ¿Disfrutas haciéndoles bromas a otras personas? Asegúrate de no herirle los sentimientos a alguien señalándole sus puntos débiles. *S. L. K.*

MEMORIZA: Tu bondad te recompensará, pero tu crueldad te destruirá. *Proverbios 11:17*

LUCAS DEJÓ CAER su bolsa de periódicos en el piso de la cocina.

—Tengo ganas de dejar de repartir periódicos, papá —se quejó—. Es tan desagradable levantarse todos los días tan temprano para entregar estos periódicos. Además, ya he ganado lo suficiente como para comprarme las zapatillas deportivos que quiero.

—Solo has tenido este trabajo por un par de meses, Lucas —le dijo su padre—. Cuando tu madre y yo te dimos permiso para hacer este trabajo, todos estuvimos de acuerdo en que lo harías por un año.

—Pero yo no sabía que sería un trabajo tan pesado —protestó Lucas mientras se dejaba caer pesadamente en una silla en la cocina—. Además, ¿qué bien en realidad me haría seguir?

—Es difícil saber eso —le dijo mamá mientras se sentaba a la mesa con Lucas y papá—. Dios usa muchas experiencias de nuestra vida para desarrollar cualidades en nosotros que él puede usar.

—Así es —asintió papá—. Estoy seguro de que recuerdas la historia bíblica acerca de un pastorcito que llegó a ser rey. El Salmo 78 dice que Dios sacó a David de ser pastor de ovejas y que lo puso como pastor de su pueblo. Cuando David llegó a ser rey de Israel, pudo usar los principios de liderazgo y la confianza en Dios que había aprendido siendo pastor de ovejas.

—Sí, pero ¿qué puedo aprender de tener una ruta de repartir periódicos? —preguntó Lucas.

—A ser responsable, para empezar —dijo mamá—. Dios quiere que aprendamos a terminar lo que comenzamos.

—También aprenderás muchas otras cosas —le dijo papá sonriendo—. Espera y lo verás.

¿Y TÚ? ¿Te sientes con ganas de dejar de hacer algo cuando las cosas se complican? Tal vez no veas ninguna razón para aprender matemáticas o mantener tu cuarto ordenado. Aun un trabajo que parezca sin importancia es parte del plan de Dios para ti, para que llegues a ser lo que Dios quiere que seas. ¡Persevera! D. L. R.

MEMORIZA: Mis amados hermanos, permanezcan fuertes y constantes. Trabajen siempre para el Señor con entusiasmo. *1 Corintios 15:58*

EL REPARTIDOR DE PERIÓDICOS

DE LA BIBLIA:

Entonces el Señor se levantó como
si despertara de un sueño,
como un guerrero que vuelve en
sí de una borrachera.
Derrotó a sus enemigos en forma
aplastante
y los mandó a la vergüenza
eterna.
Pero rechazó a los descendientes
de José;
no escogió a la tribu de Efraín.
En cambio, eligió a la tribu de
Judá,
y al monte Sión, al cual amaba.
Allí construyó su santuario tan alto
como los cielos,
tan sólido y perdurable como la
tierra.
Escogió a su siervo David
y lo llamó del redil.
Tomó a David de donde cuidaba
a las ovejas y a los corderos
y lo convirtió en pastor de los
descendientes de Jacob;
de Israel, el pueblo de Dios;
lo cuidó con sinceridad de corazón
y lo dirigió con manos diestras.
SALMO 78:65-72

Persevera

19 *de noviembre*

LAS ABRAZADERAS Y LOS FRENILLOS

DE LA BIBLIA:

Hijos míos, escuchen cuando su
*   padre los corrige.*
*   Presten atención y aprendan*
*   buen juicio,*
porque les doy una buena
*   orientación.*
*   No se alejen de mis instrucciones.*
Pues yo, igual que ustedes, fui hijo
*   de mi padre,*
*   amado tiernamente como el hijo*
*   único de mi madre.*

Mi padre me enseñó:
«Toma en serio mis palabras.
*   Sigue mis mandatos y vivirás.*
Adquiere sabiduría, desarrolla
*   buen juicio.*
*   No te olvides de mis palabras ni*
*   te alejes de ellas». [...]*

Hijo mío, presta atención a lo que
*   te digo.*
*   Escucha atentamente mis*
*   palabras.*
No las pierdas de vista.
*   Déjalas llegar hasta lo profundo*
*   de tu corazón.*
PROVERBIOS 4:1-5, 20-21

Acepta que te guíen

DANIEL SE TIRÓ en la cama. Lo habían mandado a su cuarto sin dejarle comer el postre. «Y todo porque me olvidé de sacar la basura. Y porque llegué con quince minutos de atraso al almuerzo —murmuró—. Siempre hay alguien que me dice que haga esto o que no haga aquello».

Más tarde, su padre entró al cuarto de Daniel.

—Hijo, ¿me quieres ayudar a plantar un árbol de duraznos?

—Supongo que sí —le respondió Daniel.

Después de haber hecho el hoyo y de haber plantado el árbol, su padre tomó algunos palos y cordones para hacerle una abrazadera. «Esto lo ayudará a crecer alto y derecho», le explicó.

Entonces el padre le preguntó:

—¿Cómo te va con los frenillos de los dientes?

Daniel se encogió de hombros y respondió:

—Bastante bien.

—Te pueden resultar un poco incómodos ahora, pero valdrá la pena cuando veas que tienes los dientes derechos —le aseguró papá.

Daniel observó:

—A los dientes les ponemos frenillos, y a los árboles les ponemos abrazaderas. Una niña de mi clase aun tiene un soporte para la espalda.

—Dios nos da diferentes clases de "frenos" o "soportes" en nuestra vida —le dijo papá—. Él quiere que crezcamos espiritualmente y que seamos fuertes y derechos en nuestra forma de vivir. Daniel, ahora tu madre y yo tenemos reglas para ti que son como un freno o soporte. A veces a ti no te gustan, pero algún día vas a apreciar haberlas tenido.

—¿Cuándo le vas a sacar la abrazadera al duraznero? —le preguntó Daniel a su padre.

—Cuando sea lo suficientemente fuerte como para poder estar derecho sin ninguna ayuda —le dijo papá. Luego agregó con una sonrisa—: Nosotros también te vamos a quitar la "abrazadera" cuando veamos que puedes mantenerte firme sin ninguna ayuda.

¿Y TÚ? ¿Sientes como que tu vida está siendo controlada por otros? Deja de querer sacarte los "frenos". Dale gracias a Dios porque te ayudarán a lidiar con los problemas de la vida. *B. J. W.*

MEMORIZA: Que nuestros hijos florezcan en su juventud como plantas bien nutridas; que nuestras hijas sean como columnas elegantes. *Salmo 144:12*

EN LA IGLESIA de Vanesa se estaban celebrando reuniones de evangelización, y muchas personas aceptaron a Jesús como su Salvador. Eso le molestaba a Vanesa. Su papá era el pastor de la iglesia, pero por algún tiempo nadie había aceptado a Jesús como Salvador. Entonces llegó un evangelista llamado Benjamín Henderson, y mucha gente aceptó a Jesús.

El padre de Vanesa le preguntó una tarde después de una reunión:

—¿Por que estás tan callada, querida? ¿No te gustan las reuniones?

—¡Tú predicas tan bien como el evangelista, papá! —le respondió Vanessa—. Ahora mucha gente está aceptando al Señor y él se está llevando todo el crédito. No es justo.

Papá no dijo nada por unos momentos, y luego le pidió a Vanesa que saliera afuera con él.

—¿Cuál es la estrella más brillante? —le preguntó.

Vanesa miró hacia arriba.

—Aquella que se ve allá —decidió ella—. O... no, aquella otra en aquel otro lado. ¿O tal vez...?

Papá sonrió.

—Cuando salga el sol mañana, ¿cuál de las estrellas será la más brillante?

—Bueno, no lo sé —comenzó ella. Luego se le ocurrió algo—. El sol es una estrella, y ¡es la estrella más brillante de todas! No puedes ver las demás estrellas cuando el sol brilla.

—Exactamente —le dijo papá—, y eso también sucede en el ministerio. No hace ninguna diferencia qué predicador es el mejor. Cuando se predica a Jesús, el Hijo de Dios, él es la estrella más brillante de todas.

¿Y TÚ? ¿Crees que los pastores o los misioneros que guían a mucha gente al Señor son mejores que los que solo ayudan a unas pocas personas? ¿Crees que no es justo cuando una persona le testifica a alguien, y luego otra persona lo guía a él o ella a Jesús? No deberíamos preocuparnos de quién es el más grande en el reino de Dios. ¡Jesús será el más grande de todos! *R. E. P.*

MEMORIZA: No importa quién planta o quién riega, lo importante es que Dios hace crecer la semilla.
1 Corintios 3:7

20 de noviembre

¿ESTRELLA O SOL?

DE LA BIBLIA:

Después de llegar a Capernaúm e instalarse en una casa, Jesús preguntó a sus discípulos: «¿Qué venían conversando en el camino?». Pero no le contestaron porque venían discutiendo sobre quién de ellos era el más importante. Jesús se sentó y llamó a los doce discípulos y dijo: «Quien quiera ser el primero, debe tomar el último lugar y ser el sirviente de todos los demás».
MARCOS 9:33-35

Alaba a Cristo, y no a los hombres

21 de noviembre

TANTO TRISTE COMO CONTENTO

DE LA BIBLIA:

*Las enseñanzas del SEÑOR son
  perfectas,
  reavivan el alma.
Los decretos del SEÑOR son
  confiables,
  hacen sabio al sencillo.
Los mandamientos del SEÑOR
  son rectos,
  traen alegría al corazón.
Los mandatos del SEÑOR son
  claros,
  dan buena percepción para
  vivir.
La reverencia del SEÑOR es pura,
  permanece para siempre.
Las leyes del SEÑOR son
  verdaderas,
  cada una de ellas es imparcial.
Son más deseables que el oro,
  incluso que el oro más puro.
Son más dulces que la miel,
  incluso que la miel que gotea
  del panal.
Sirven de advertencia para tu
  siervo,
  una gran recompensa para
  quienes las obedecen.*
SALMO 19:7-11

*Aprende de memoria
la Palabra de Dios*

DURANTE EL TIEMPO devocional de la familia, el padre le sonrió a Nicole.

—Creo que hoy te toca a ti decir el versículo bíblico primero.

—"Las leyes del Señor... son más deseables que el oro, incluso que el oro más puro. Son más dulces que la miel" —citó Nicole—. Y es Salmo 19, versículos nueve y diez.

—Muy bien —le dijo papá—. Ahora es tu turno, Aarón.

—"Las leyes del Señor son"... ahhh... "más deseables"... ahhh, —tartamudeó Aarón—. ¡No lo sé! Y no sé cuál es la razón de que tengamos que aprender versículos bíblicos de memoria.

—¡Aarón! ¡Estás hablando de la Palabra de Dios! —le dijo su madre.

—Durante algún tiempo, yo tampoco quise aprender de memoria la Palabra de Dios —dijo el padre—. Pero ahora soy mayor y más sabio. Quiero contarte una parábola que leí el otro día.

Un joven iba caminando por un sendero en el campo. Allí se encontró con un anciano que se veía raro, quien le dijo: «Recoge algunas piedras del camino y póntelas en el bolsillo. Mañana vas a estar tanto triste como contento». Con curiosidad sobre cómo eso pudiera pasar, el joven recogió unas pocas piedras y se las puso en el bolsillo. Entonces se despidió del anciano. Al día siguiente, el joven descubrió que las piedras se habían convertido en piedras preciosas: diamantes, rubíes y esmeraldas. Así que el joven se puso contento por las joyas, pero también triste por no haber recogido más piedras.

Mamá asintió. «Me gusta esa parábola. Aprender versículos bíblicos de memoria te puede parecer como llevar piedras ahora, Aarón, pero cada versículo que aprendas un día se convertirá en una joya preciosa para ti. Lo único que lamentarás será no haber aprendido más».

¿Y TÚ? ¿Aprendes versículos bíblicos de memoria? Si no lo haces, comienza hoy a coleccionar «joyas» de la Palabra de Dios. *B. J. W.*

MEMORIZA: Las leyes del Señor [...] son más deseables que el oro, incluso que el oro más puro. Son más dulces que la miel. *Salmo 19:9-10*

—ALICIA, POR FAVOR, vé al almacén —le pidió su mamá—. Necesitamos leche y pan. —Mamá le dio a Alicia el librito de los vales para comprar comida—. Y no te olvides de... —Se dibujó en el rostro de Alicia una expresión de disgusto mezclada con enojo—. ¿Qué te pasa?

—¡No voy a ir a ningún lado a comprar nada con esos vales para la comida! —Las lágrimas le rodaban por las mejillas a Alicia—. ¡Los odio!

—Pero, querida —dijo mamá—, deberías estar contenta de que los tenemos. Los vamos a usar solamente hasta que yo consiga trabajo.

—Pero es tan humillante —dijo Alicia—. ¿Por qué papi tuvo que sufrir heridas en ese accidente?

Mamá puso un brazo alrededor de los hombros de Alicia.

—Esto no ha sido fácil para ninguno de nosotros, pero podemos aprender de esta experiencia.

—¿Aprender qué? —le preguntó Alicia.

—Bueno, yo me he sentido más humilde con todo esto que ha sucedido. No me había dado cuenta de lo orgullosa que era. También he aprendido a ser más compasiva —dijo mamá—. Cuando teníamos abundancia, a menudo pensaba que los que tenían menos que nosotros eran holgazanes.

—Probablemente es lo que dicen ahora de nosotros —sollozó Alicia. Mamá suspiró.

—Bueno, tal vez algunos lo digan, pero la mayoría entiende y se preocupa por nosotros —le dijo.

Más tarde, Alicia entró de golpe en la cocina, y tenía los ojos muy brillantes. «¡No lo vas a creer, mamá! Cuando estaba pagando por las cosas que compré, el señor Bryant me preguntó si tú estabas buscando trabajo. Él necesita una cajera, y quiere que lo llames de inmediato.

Cuando mamá tomó el teléfono para llamar, pensó: *Dios suplirá todas nuestras necesidades. ¡Gracias, Señor!*

¿Y TÚ? ¿Te sientes a veces avergonzado porque tu familia tiene menos que otras familias? ¿Puedes expresarle tu agradecimiento a Dios por lo que él te ha dado? Cuando le des las gracias, tus bendiciones comenzarán a multiplicarse. Hazlo ahora mismo. *B. J. W.*

MEMORIZA: [Pablo escribió:] "Este mismo Dios quien me cuida suplirá todo lo que necesiten, de las gloriosas riquezas que nos ha dado por medio de Cristo Jesús." *Filipenses 4:19*

GRACIAS A DIOS POR LOS VALES PARA COMPRAR COMIDA

DE LA BIBLIA:

¡Aclamen con alegría al SEÑOR,
*   habitantes de toda la tierra!*
*   Adoren al SEÑOR con gozo.*
*   Vengan ante él cantando con*
*   alegría.*
¡Reconozcan que el SEÑOR es Dios!
*   Él nos hizo, y le pertenecemos;*
*   somos su pueblo, ovejas de su*
*   prado.*
Entren por sus puertas con acción
*   de gracias;*
*   vayan a sus atrios con alabanza.*
*   Denle gracias y alaben su*
*   nombre.*
Pues el SEÑOR es bueno.
*   Su amor inagotable permanece*
*   para siempre,*
*   y su fidelidad continúa de*
*   generación en generación.*
SALMO 100:1-5

Sé agradecido

23 de noviembre

DOS DÍAS DE ACCIÓN DE GRACIAS

DE LA BIBLIA:

Alabaré al SEÑOR en todo tiempo;
a cada momento pronunciaré
sus alabanzas.
Solo en el SEÑOR me jactaré;
que todos los indefensos cobren
ánimo.
Vengan, hablemos de las grandezas
del SEÑOR;
exaltemos juntos su nombre.
Oré al SEÑOR, y él me respondió;
me libró de todos mis temores.
Los que buscan su ayuda estarán
radiantes de alegría;
ninguna sombra de vergüenza
les oscurecerá el rostro.
En mi desesperación oré, y el
SEÑOR me escuchó;
me salvó de todas mis
dificultades.
Pues el ángel del SEÑOR es un
guardián;
rodea y defiende a todos los
que le temen.
Prueben y vean que el SEÑOR es
bueno;
¡qué alegría para los que se
refugian en él!
SALMO 34:1-8

Siempre debes ser
agradecido

EL DÍA DE Acción de Gracias era un tiempo de mucho gozo para la familia Donnelly. El abuelo y la abuela siempre venían a visitarlos, y después de la cena el abuelo contaba historias. El abuelo comenzó:

—Quiero contarles acerca de los dos primeros Días de Acción de Gracias.

—¿Dos? —dijeron Andrés y Cory.

—Sí, los dos primeros —asintió el abuelo—. En el primero, hubo mucha cantidad de comida debido al buen tiempo y a una cosecha abundante. Los Padres Peregrinos y los indios le dieron gracias a Dios por ese año tan bueno. Leí que un indio, que se llamaba Quadequina, trajo varias bolsas hechas de cuero de ciervo llenas de granos de maíz, y que cuando hicieron las palomitas de maíz, llenaron varias canastas enormes.

—¿Fue esa la primera vez que los Peregrinos comieron palomitas de maíz? —le preguntó Andrés.

—Creo que sí —se rió el abuelo—. Los ojos de ellos se deben de haber desorbitado cuando los granos de maíz comenzaron a saltar de la olla en que los estaban haciendo. —Los niños se rieron.

El abuelo se acomodó mejor en su asiento.

—El segundo Día de Acción de Gracias fue diferente porque mucha gente había muerto durante el año, y otros estuvieron enfrentando la posibilidad de morirse de hambre por las malas cosechas. Pero de todas formas, los Peregrinos apartaron y dedicaron un día para darle gracias a Dios.

—Probablemente estaban agradecidos de estar vivos todavía —sugirió Andrés.

—Es posible —le dijo el abuelo—. Y sabían que aunque la vida los había cambiado, ¡Dios no había cambiado! Dios todavía los amaba y cuidaba de ellos. —El abuelo miró a los niños—. Cuando enfrentamos circunstancias difíciles, es importante reconocer que Dios no nos abandonará.

—Y que todavía podemos tener un Día de Acción de Gracias —declaró Cory.

¿Y TÚ? Si este año ha sido bueno para ti, dale gracias a Dios por eso. Si ha sido un año difícil, dale gracias a Dios de todas maneras. Agradécele por su amor, por el don de la salvación, por la casa que tienes, el aire que respiras y el lugar donde vives. Mira alrededor de ti, y encontrarás muchas más cosas para darle gracias a Dios. *J. A. G.*

MEMORIZA: Alabaré al SEÑOR en todo tiempo; a cada momento pronunciaré sus alabanzas. *Salmo 34:1*

SIERRA CASI GRITÓ con alegría cuando su padre estacionó el automóvil enfrente de la heladería.

—¡Oh, qué bueno! Quiero un sundae grande con salsa de chocolate y nueces.

—No; es demasiado cerca de la hora de la cena. Un cono simple será suficiente —dijo mamá.

—No veo por qué no... —comenzó Sierra.

—¿Qué sabor quieres? —la interrumpió papá abriendo la puerta del automóvil.

—Supongo que chocolate con almendras —respondió Sierra con brusquedad—. No veo cómo me puede perjudicar comerme un sundae...

—Sierra, ¿cómo crees que Dios se siente en estos momentos? —le preguntó mamá—. Hace solo tres horas disfrutaste de un almuerzo delicioso. Y ahora te quejas porque solamente recibes un helado pequeño...

—¡Ay, mamá! —la interrumpió Sierra—. Espero que no empieces a hablar de los niños que se mueren de hambre en el extranjero.

Mamá pasó por alto el comentario.

—Al mismo tiempo que Dios te ve a ti, él también ve a otra niña de diez años de edad buscando qué comer en un tarro de basura.

—¡Yo no puedo hacer nada en cuanto a eso!

—¿Recuerdas el escándalo que armaste el domingo pasado porque Amy tenía un suéter nuevo y tú no? —le preguntó mamá—. Dios te vio de pie frente a tu armario lleno de suéteres. Y al mismo tiempo Dios vio a otra niña poniéndose un suéter viejo, pero ella se estaba sonriendo mientras se alistaba para ir a la iglesia.

—Vamos, mamá, tú solo te estás imaginando eso —protestó Sierra.

—No, no me lo estoy imaginando. Sucede todos los días en algún lugar —le dijo la madre.

Sierra miró por la ventanilla del automóvil. No le gustaba el cuadro que su madre estaba pintando. Comenzó a pensar en lo que podía hacer para cambiar ese cuadro.

¿Y TÚ? ¿Cómo te ve Dios en esta época del Día de Acción de Gracias? ¿Eres malcriado o agradecido? Ahora sería un buen tiempo para que contaras todas las bendiciones que tienes. *B. J. W.*

MEMORIZA: Que todo lo que soy alabe al Señor; que nunca olvide todas las cosas buenas que hace por mí. *Salmo 103:2*

24 de noviembre

A LA VISTA DE DIOS

DE LA BIBLIA:

Que todo lo que soy alabe al
* Señor;*
*   con todo el corazón alabaré su*
*   santo nombre.*
Que todo lo que soy alabe al
* Señor;*
*   que nunca olvide todas las cosas*
*   buenas que hace por mí.*
Él perdona todos mis pecados
* y sana todas mis enfermedades.*
Me redime de la muerte
* y me corona de amor y tiernas*
*   misericordias.*
Colma mi vida de cosas buenas;
* ¡mi juventud se renueva como*
*   la del águila!*
El Señor da rectitud
* y hace justicia a los que son*
*   tratados injustamente.*
Dio a conocer su carácter a Moisés
* y sus obras al pueblo de Israel.*
El Señor es compasivo y
* misericordioso,*
*   lento para enojarse y está lleno*
*   de amor inagotable.*
SALMO 103:1-8

Cuenta tus
bendiciones

25 de noviembre

UN MAL CONSEJO

DE LA BIBLIA:

*Hazme oír cada mañana acerca de
    tu amor inagotable,
    porque en ti confío.
Muéstrame por dónde debo andar,
    porque a ti me entrego.
Rescátame de mis enemigos,
    SEÑOR;
    corro a ti para que me escondas.
Enséñame a hacer tu voluntad,
    porque tú eres mi Dios.
Que tu buen Espíritu me lleve
    hacia adelante
    con pasos firmes.*
SALMO 143:8-10

Sigue el consejo
de Dios

LYNN TENÍA QUE tomar una decisión. ¿Debía ir al paseo en carreta tirada por caballos de su clase de la escuela, o a la fiesta de la iglesia que tendría lugar en la misma noche? Ella había orado en cuanto a eso, y sabía que algunos de los muchachos de la escuela que irían eran bastante desenfrenados, pero todavía así ella quería ir. *Sé lo que voy a hacer,* pensó. *Le preguntaré a Jennifer qué piensa sobre esto.*

«Creo que debes ir al paseo de la escuela —le aconsejó su amiga Jennifer—. Los muchachos pueden pensar que eres una esnob si no vas al paseo». Lynn se dejó convencer con mucha facilidad. Iba a ir al paseo de la escuela.

Desde el comienzo, el paseo en la carreta fue muy tumultuoso. Algunos de los muchachos hicieron cosas inapropiadas, como empujarse unos a otros para lograr que se cayeran de la carreta mientras se movía lentamente por el oscuro camino del campo. Lynn se cayó al camino haciendo un ruido sordo. A pesar de haberse lastimado una rodilla, tuvo que correr para poder alcanzar la carreta y subirse. Ella se sorprendió de que los padres que habían ido para supervisar el evento no trataran de calmar las cosas. Lo divertido es divertido, pero ¡esto era algo demasiado violento!

Aquella noche, cuando Lynn estaba acostada, le dolía la rodilla, y pensó que se podría haber herido aún más. *Oh, ¿por qué seguí el consejo de Jennifer,* pensó, *cuando supe todo el tiempo lo que Dios quería que hiciera?* Antes de dormirse, en silencio le pidió a Dios que la ayudara a seguir su dirección en el futuro.

¿Y TÚ? ¿Ha habido algún momento en tu vida en que supiste lo que *Dios* quería que hicieras, pero esperaste hasta que alguien te aconsejó hacer lo que *tú* querías? Cuando sabes lo que Dios quiere que hagas, simplemente hazlo. Entonces podrás poner tu nombre en el lugar del nombre de Esdras en el versículo para aprender de memoria para hoy. *P. R.*

MEMORIZA: Esdras había decidido estudiar y obedecer la ley del SEÑOR. *Esdras 7:10*

¿QUIÉN NECESITA HERMANOS?

MIENTRAS PAPÁ COMENZABA a leer la Biblia una mañana, Kendra sintió que le daban un fuerte golpe por debajo de la mesa. Con una mirada furiosa, le dijo a su hermano: «¡Ya basta de molestar, Kyle!».

«Un amigo es siempre leal —leyó papá del libro de Proverbios— y un hermano nace para ayudar en tiempo de necesidad».

Kendra frunció el ceño.

—Los hermanos no sirven para nada. No saben lo que necesitas, y no les importa —dijo ella.

—¡Un momento! —dijo papá—. ¿Qué me dices de la vez que te caíste por las escaleras, Kendra, y tu hermano se sintió tan mal por ti que lloró más que tú?

—Y cuando se te cayeron los cuadernos ayer —le recordó mamá—, ¿quién corrió detrás de los papeles que volaron?

—¡Sí! —dijo Kyle de inmediato, dándole un codazo a su hermana—. Corrí casi una cuadra por la calle para irlos a buscar.

—Y en cuanto a ti, jovencito —continuó papá—, ¿quién te ayudó a terminar de apalear la nieve para que tú pudieras ir al zoológico con tus amigos?

—Eh, fue Kendra —dijo Kyle entre dientes, y luego agregó con rapidez—: Pero ese versículo no habla para nada de las hermanas.

—Oh, sí, también habla de las hermanas —dijo papá—. La frase "un hermano nace para ayudar" significa que Dios nos dio hermanos y hermanas, no para darnos problemas, sino para estar a nuestro lado cuando nos llegan los problemas. Ustedes deben pedirle a Dios que los ayude a resolver sus diferencias sin pelearse. Si le dan gracias a Dios el uno por el otro, el Señor los ayudará a apreciarse mutuamente a pesar de las diferencias.

DE LA BIBLIA:

Entonces sus hermanos llegaron, y se arrojaron al suelo delante de José y dijeron:

—Mira, ¡somos tus esclavos!

Pero José les respondió:

—No me tengan miedo. ¿Acaso soy Dios para castigarlos? Ustedes se propusieron hacerme mal, pero Dios dispuso todo para bien. Él me puso en este cargo para que yo pudiera salvar la vida de muchas personas. No, no tengan miedo. Yo seguiré cuidando de ustedes y de sus hijos.

Así que hablándoles con ternura y bondad, los reconfortó.

GÉNESIS 50:18-21

Aprecia a tus hermanos y hermanas

¿Y TÚ? ¿Has aprendido a apreciar a los hermanos o hermanas que Dios te ha dado? El pasaje bíblico de hoy nos da un ejemplo del amor de José por sus hermanos, aun después de que sus hermanos lo maltrataron. Ama a tus hermanos y a tus hermanas, y dale gracias a Dios por la forma en que te ayudan. Entonces sé un buen hermano o hermana para ellos, y ayúdalos cuando te necesiten. *S. L. N.*

MEMORIZA: Un amigo es siempre leal, y un hermano nace para ayudar en tiempo de necesidad.
Proverbios 17:17

27 de noviembre

EL CAMINO LLENO DE BACHES

DE LA BIBLIA:

Un gran camino atravesará esa tierra, antes vacía; se le dará el nombre de Carretera de la Santidad. Los de mente malvada nunca viajarán por ella. Será solamente para quienes anden en los caminos de Dios; los necios nunca andarán por ella. Los leones no acecharán por esa ruta, ni ninguna otra bestia feroz. No habrá ningún otro peligro; solo los redimidos andarán por ella. Regresarán los que han sido rescatados por el SEÑOR; entrarán cantando a Jerusalén, coronados de gozo eterno, estarán llenos de regocijo y de alegría; desaparecerán el luto y la tristeza.
ISAÍAS 35:8-10

Debes estar a favor de lo correcto

NOEL CERRÓ LA PUERTA cuando entró a su casa, pero no pudo dejar afuera las burlas que le resonaban en la mente. Con lentitud, caminó por el pasillo y escuchó el sonido de la máquina de coser de su madre.

—¿Tuviste un buen día, Noel? —le preguntó su madre. Se le llenaron los ojos de lágrimas a Noel, y negó con la cabeza. Su mamá le señaló una silla al lado de la máquina de coser—. Siéntate y cuéntame qué te pasó.

—A la hora del almuerzo, Mateo contó un chiste inapropiado, así que me levanté y me fui.

—Hiciste lo correcto —le dijo su madre.

Noel dio un resoplido.

—Oh, sí, lo correcto. ¡El resto del día los muchachos me llamaron "Noel, el santurrón"!

—Hacer lo correcto no siempre es fácil. —Mamá comenzó a sacar alfileres de un pedazo de tela.

Noel dio otro resoplido y cambió el tema.

—¿Qué estás cosiendo?

—Una chaqueta de pana para Kim —le respondió la madre.

—La pana no es una tela suave; está llena de pequeños bultos —dijo Noel mientras tocaba la tela.

—Esto me recuerda la clase de caminos que hacían antes colocando troncos uno al lado del otro —le dijo mamá—. Imagínate que viajas en una carreta por un camino de troncos, dando saltitos y más saltitos. —Mamá hizo una pausa—. Creo que hoy pasaste por uno de esos caminos llenos de baches, pero llegaste al otro lado.

Noel se puso de pie y sonrió.

—Hay cosas peores que ser llamado "Noel, el santurrón". Creo que voy a ir a dar una vuelta en bicicleta. Hay un trecho en la calle Roble que está casi tan lleno de baches como un camino de troncos. A mí me resulta divertido andar en bicicleta en esa calle.

¿Y TÚ? ¿Has tenido que pasar por algunos caminos llenos de baches últimamente? Tal vez has tenido que transitar por un camino diferente al de tus amigos. Quizás hayas tenido que decir que no u oponerte a lo que ellos estaban haciendo. Vivir la vida cristiana no siempre es fácil, pero siempre es lo mejor. *B. J. W.*

MEMORIZA: Un gran camino atravesará esa tierra, antes vacía; se le dará el nombre de Carretera de la Santidad. *Isaías 35:8*

UN CASTILLO QUE SE BALANCEA

—¡MIRA! —EXCLAMÓ PEDRO mientras terminaba de clavar un clavo—. ¡Esta es la mejor casa en un árbol de toda la ciudad! No puedo esperar para dormir aquí. De la forma en que este árbol se balancea con el viento, nos vamos a dormir en segundos.

—Pidamos permiso para dormir aquí esta noche —sugirió Miguel.

—Sé que mi papá no me va a dejar —dijo Pedro—. Él quiere revisarla primero para ver si es segura.

—¡Oye! ¡Sé lo que podemos hacer! —exclamó Miguel—. Pidámosles permiso a nuestros padres para pasar la noche juntos, y ellos pensarán que cada uno está en la casa del otro.

Pedro estuvo de acuerdo.

El plan dio resultado, pero a mitad de la noche, los truenos los despertaron. «¡Puaj! Me estoy empapando —gritó Pedro—. Está lloviendo a cántaros y el techo gotea. Vayamos a mi casa».

La tormenta también había despertado a los padres de Pedro, y se sorprendieron cuando los muchachos entraron a la cocina.

—¿Dónde estaban? ¿Estaban afuera en esta tormenta? —les preguntó el padre de Pedro.

—Nosotros... quiero decir... nosotros estábamos durmiendo en la casa del árbol, papá —respondió Pedro.

—¿La casa del árbol? Tú nos pediste permiso para ir a la casa de Miguel y dormir allí.

—En realidad, no —respondió Pedro—. Yo solo les pregunté si podía pasar la noche con Miguel.

—Ya me doy cuenta —dijo papá—, pero puesto que los dos nos engañaron, en realidad nos estaban mintiendo. ¿Se dan cuenta de lo que hicieron?

—Sí —dijeron los dos muchachos al unísono, y los dos pidieron que los perdonaran.

—Estoy muy agradecido de que Dios los haya protegido esta noche —dijo papá—, pero les digo que no van a poder usar la casa del árbol por algún tiempo.

DE LA BIBLIA:

*Un testigo honrado dice la verdad,
un testigo falso dice mentiras.*

*Algunas personas hacen
comentarios hirientes,
pero las palabras del sabio
traen alivio.*

*Las palabras veraces soportan
la prueba del tiempo,
pero las mentiras pronto se
descubren.*

*El corazón que trama el mal está
lleno de engaño;
¡el corazón que procura la paz
rebosa de alegría!*

*Nada malo les sucederá a los justos,
pero los perversos se llenarán
de dificultades.*

*El SEÑOR detesta los labios
mentirosos,
pero se deleita en los que dicen
la verdad.*

PROVERBIOS 12:17-22

Mentir siempre es pecado

¿Y TÚ? ¿Eres culpable de dar impresiones falsas o de decir «bolas» o «mentiras piadosas»? Dios odia toda clase de mentira y engaño, y se agrada solamente cuando nuestras intenciones y nuestras palabras son puras. *A. G. L.*

MEMORIZA: El SEÑOR detesta los labios mentirosos, pero se deleita en los que dicen la verdad. *Proverbios 12:22*

29 de noviembre

SOLO UN BEBÉ

DE LA BIBLIA:

Queridos amigos, aunque hablamos de este modo, no creemos que esto se aplica a ustedes. Estamos convencidos de que ustedes están destinados para cosas mejores, las cuales vienen con la salvación. Pues Dios no es injusto. No olvidará con cuánto esfuerzo han trabajado para él y cómo han demostrado su amor por él sirviendo a otros creyentes como todavía lo hacen. Nuestro gran deseo es que sigan amando a los demás mientras tengan vida, para asegurarse de que lo que esperan se hará realidad. Entonces, no se volverán torpes ni indiferentes espiritualmente. En cambio, seguirán el ejemplo de quienes, gracias a su fe y perseverancia, heredarán las promesas de Dios.
HEBREOS 6:9-12

Acepta los consejos de otros creyentes

EL HERMANITO DE Jenna vio un pedacito de vidrio que relucía en el suelo. Él lo recogió y estaba a punto de ponérselo en la boca cuando Jenna lo detuvo. De inmediato, el pequeño Justin gritó tan fuerte que eso trajo a la madre para ver qué pasaba.

—Solo le quité este pedacito de vidrio —explicó Jenna.

Mamá tomó en brazos al pequeño niño.

—Estoy muy contenta de que lo estabas cuidando —le dijo ella a Jenna—. Es probable que lo hayas salvado de haberse hecho algún daño grave.

Jenna se encogió de hombros.

—Sí, pero por cierto que Justin no lo apreció.

—Eso es porque Justin es solo un bebé —le explicó mamá.

Más tarde, Jenna le habló a su mamá acerca de una amiga.

—Kerry está enojada conmigo —le dijo—. Su mamá no la deja mirar algunos de los programas de televisión que miraban antes de ser creyentes. Yo estoy de acuerdo con su madre, así que ahora Kerry está enojada también conmigo.

—Lo siento —le dijo su madre con comprensión—. Trata de tener paciencia con ella. Algunos creyentes que todavía son "bebés en Cristo" reaccionan exactamente como lo hizo Justin cuando tú le quitaste el pedazo de vidrio. No entienden cuando alguien que ha sido creyente por más tiempo que ellos trata de protegerlos de algunas cosas peligrosas.

Cuando Jenna pensó en lo que le había dicho su madre, se dio cuenta de que a veces ella era igual. No quería que otras personas, especialmente sus padres, le dijeran la forma de vivir su vida cristiana. Ahora ella estaba determinada a ser más paciente con Kerry y también a escuchar los consejos de otros creyentes.

¿Y TÚ? ¿Aceptas los consejos y la ayuda que te ofrecen tus padres? ¿Tu pastor? ¿Tu maestro de la escuela dominical? Todos ellos tienen más experiencia que tú y saben más que tú acerca de los peligros y de las tretas de Satanás. Acepta la guía de esas personas. *R. I. J.*

MEMORIZA: Imiten a quienes por su fe y paciencia heredan las promesas [de Dios]. *Hebreos 6:12* (NVI)

—**NO QUIERO COMER** sobras —se quejó Kendall esa noche mientras se sentaba a la mesa—. ¡Guácala!

El padre habló con firmeza.

—Deja de quejarte. Ahora demos gracias.

Kendall y Madeline estaban comiendo con mucho desgano hasta que su madre preguntó:

—¿Quién quiere pastel de durazno?

—Yo —dijeron los dos niños al unísono. Madeline le susurró a Kendall: «Por lo menos, no tengo ningún problema en cuanto a comer las sobras de pastel».

—Vamos a tener el tiempo devocional familiar después de comer el postre —les dijo mamá mientras les servía el pastel de durazno.

—Yo no tengo tiempo esta noche —dijo Madeline con mucha rapidez—. Tengo muchos deberes que hacer para la escuela.

—Y yo tengo que investigar acerca del caso del señor Morgan —dijo papá—. Tal vez esta noche no vamos a tener nuestro tiempo devocional.

—Sí —estuvieron de acuerdo los dos niños.

—No tuvimos nuestro tiempo devocional anoche ni tampoco anteanoche —les recordó mamá—. Le hemos estado dando a Dios el tiempo que nos sobra; es decir, cuando tenemos tiempo que nos sobra.

—Yo no había pensado en eso —admitió papá—. Tienes razón. Somos culpables, especialmente yo, y lo siento.

—Me pregunto si a Dios le gustan las sobras más de lo que nos gustan a nosotros —dijo Kendall.

—No lo creo —dijo mamá—. De hecho, estoy segura de que a él no le gustan. En el Antiguo Testamento él les dijo a los israelitas que no le gustaba recibir ofrendas de lo que a ellos les sobraba.

—Arreglemos nuestro horario comenzando ahora mismo —dijo papá—. Vayan a buscar sus Biblias. Vamos a comenzar nuestro tiempo devocional en la sala dentro de cinco minutos.

¿Y TÚ? ¿Lees la Biblia y oras solamente cuando tienes tiempo? ¿Le estás dando a Dios lo que te sobra? Él quiere la primera parte de tu tiempo y de tus talentos, y lo mismo se aplica a tu dinero. Ahora mismo toma la decisión de poner primero a Dios en todo. *B. J. W.*

MEMORIZA: Honra al SEÑOR con tus riquezas y con lo mejor de todo lo que produces. *Proverbios 3:9*

30 de noviembre

LAS SOBRAS

DE LA BIBLIA:

El SEÑOR de los Ejércitos Celestiales dice a los sacerdotes: «Un hijo honra a su padre y un sirviente respeta a su señor. Si soy su padre y su señor, ¿dónde están el honor y el respeto que merezco? ¡Ustedes han tratado mi nombre con desprecio!

»No obstante, preguntan: "¿De qué manera hemos tratado tu nombre con desprecio?".

»Mostraron su desprecio al ofrecer sacrificios contaminados sobre mi altar.

»Entonces preguntan: "¿Cómo hemos contaminado los sacrificios?".

»Los contaminaron al decir que el altar del SEÑOR no merece respeto. Cuando ofrecen animales ciegos como sacrificio, ¿acaso no está mal? ¿Y no está mal también ofrecer animales lisiados y enfermos? ¡Intenten dar este tipo de regalos al gobernador y vean qué contento se pone!, dice el SEÑOR de los Ejércitos Celestiales. [...]

»¡Cómo quisiera que alguno de ustedes cerrara las puertas del templo para que esos sacrificios despreciables no fueran ofrecidos! No estoy nada contento con ustedes —dice el SEÑOR de los Ejércitos Celestiales— y no aceptaré sus ofrendas».
MALAQUÍAS 1:6-10

Pon primero a Dios

1 de diciembre

EL TRAMPOSO

DE LA BIBLIA:

A eso de las tres de la madrugada, Jesús se acercó a ellos caminando sobre el agua. Cuando los discípulos lo vieron caminar sobre el agua, quedaron aterrados. Llenos de miedo, clamaron: «¡Es un fantasma!». Pero Jesús les habló de inmediato:

—No tengan miedo —dijo—. ¡Tengan ánimo! ¡Yo estoy aquí!

Entonces Pedro lo llamó:

—Señor, si realmente eres tú, ordéname que vaya hacia ti caminando sobre el agua.

—Sí, ven —dijo Jesús.

Entonces Pedro se bajó por el costado de la barca y caminó sobre el agua hacia Jesús, pero cuando vio el fuerte viento y las olas, se aterrorizó y comenzó a hundirse.

—¡Sálvame, Señor! —gritó.

De inmediato, Jesús extendió la mano y lo agarró.

—Tienes tan poca fe —le dijo Jesús—. ¿Por qué dudaste de mí?

Cuando subieron de nuevo a la barca, el viento se detuvo. Entonces los discípulos lo adoraron. «¡De verdad eres el Hijo de Dios!», exclamaron.

MATEO 14:25-33

Mantén los ojos en Jesús

—**NO ME PUEDO** dar cuenta de cómo los magos hacen esas cosas —dijo David mientras él y Felipe esperaban afuera de la biblioteca para ver un programa de trucos.

—David —le susurró Felipe—. Creo que sé lo que debemos hacer. Hagamos todo lo contrario de lo que él hombre nos pide hacer. Si él dice que miremos sus manos, nosotros vamos a mirar lo que él tiene en las manos.

Efectivamente, los muchachos pudieron ver uno o dos pequeños movimientos que les dieron la clave sobre cómo hacía los trucos. Pero aunque trataron con mucha intensidad, no se pudieron dar cuenta de lo que el hombre estaba haciendo. «Todavía creo que la mitad del truco es conseguir que la audiencia mire adonde él dice que miren —dijo Felipe mientras los muchachos iban caminando de regreso a sus casas—. Cuando él levanta las manos y dice "Miren esto", es difícil no hacer lo que él dice que hagamos».

Esa semana, los muchachos le contaron al maestro de la escuela dominical sobre su experiencia.

—Eso es interesante —dijo el señor Pierce—. ¿Se acuerdan de la historia de cuando Pedro caminó sobre el agua?

—Sí —le respondió David—. Cuando él dejó de mirar a Jesús y miró el agua, comenzó a hundirse.

—Eso es lo que pasó —les dijo el señor Pierce—. Satanás es un tramposo y quiere que pongamos nuestra atención en cualquier cosa que no sea Jesús. Y si lo logra, eso lo complace. No se dejen engañar por los métodos que usa Satanás.

¿Y TÚ? ¿Te preocupas tanto por lo que sucede en el mundo —como las guerras, las drogas, las enfermedades—, que te olvidas de fijar la vista en Jesús? ¿Estás tan ocupado con tus tareas escolares, si tienes algún trabajo o inclusive las actividades de la iglesia que no tienes tiempo para compartir con el Señor? Recuerda que a Satanás le gusta que estés tan ocupado —incluso con actividades buenas— que descuides pensar en Jesús. Mantén los ojos fijos en Jesús. Lee la Palabra de Dios, ora y piensa a menudo en tu Señor. *C. R.*

MEMORIZA: Fijemos la mirada en Jesús, el iniciador y perfeccionador de nuestra fe. *Hebreos 12:2* (NVI)

LIMONES AGRIOS

DE LA BIBLIA:

No que haya pasado necesidad alguna vez, porque he aprendido a estar contento con lo que tengo. Sé vivir con casi nada o con todo lo necesario. He aprendido el secreto de vivir en cualquier situación, sea con el estómago lleno o vacío, con mucho o con poco. Pues todo lo puedo hacer por medio de Cristo, quien me da las fuerzas.
FILIPENSES 4:11-13

Busca las cosas buenas

MIENTRAS SU PADRE ponía palomitas de maíz recién hechas en sus tazones, Pedro regañó a su hermana.

—¡Oye, Amanda! ¡Sal de mi silla!

—Tú siempre te sientas al lado de la ventana —le respondió Amanda—. Pero hoy me quiero sentar yo al lado de la ventana.

—Ese es mi lugar —le dijo Pedro enojado—. ¡Papá! Haz que Amanda salga de mi silla.

—¿Nunca dejan de pelearse ustedes dos? —les dijo el padre—. Simplemente siéntate allí, Pedro, para que podamos disfrutar nuestra merienda.

Mientras estaban comiendo las palomitas de maíz y tomaban limonada, el padre dijo:

—Me parece que anoche ustedes dos también se estaban peleando por las sillas. Pero entonces, ¿no fue Pedro el que se quiso sentar en la silla que por lo general usa Amanda?

Amanda se encogió los hombros, y Pedro asintió avergonzado. Mamá sonrió.

—Creo que es hora de que ustedes dos aprendan a tomar un limón agrio y hacer limonada.

—¿Qué quieres decir? —le preguntó Amanda.

—Ese es un dicho antiguo —dijo papá—. Esta buena limonada que estamos tomando comenzó con limones agrios. Mamá no se quejó porque los limones son muy agrios; ella hizo algo bueno con ellos. Y en lugar de quejarse por lo que sucede en su vida, ustedes deberían sacarle el mayor provecho posible a cada situación. Como dijo el apóstol Pablo, nosotros deberíamos estar contentos en cualquier situación en la que nos encontremos.

—O en cualquier silla —dijo Pedro—. Creo que no me importa sentarme al lado de la chimenea. Es un lugar bueno y el calor se siente bien.

—A mí también me gusta ese lugar —asintió Amanda—. En realidad no es algo tan importante, ¿no es verdad, Pedro?

—Estoy contenta de que ese asunto esté arreglado —Mamá sonrió—. Ahora, ¿quieren tomar más limonada?

¿Y TÚ? La próxima vez que las cosas no salgan de la manera que tú quieres, detente y busca algo bueno en esa situación. O haz lo que puedas para mejorarla. Abandona tu actitud «agria», y disfruta la limonada. *S. L. K.*

MEMORIZA: La verdadera sumisión a Dios es una gran riqueza en sí misma cuando uno está contento con lo que tiene. *1 Timoteo 6:6*

3 de diciembre

BUENO, ME EQUIVOQUÉ

DE LA BIBLIA:

*¡Oh, qué alegría para aquellos
a quienes se les perdona la
desobediencia,
a quienes se les cubre su pecado!
Sí, ¡qué alegría para aquellos
a quienes el SEÑOR les borró la
culpa de su cuenta,
los que llevan una vida de total
transparencia!
Mientras me negué a confesar mi
pecado,
mi cuerpo se consumió,
y gemía todo el día.
Día y noche tu mano de disciplina
pesaba sobre mí;
mi fuerza se evaporó como agua
al calor del verano.
Finalmente te confesé todos mis
pecados
y ya no intenté ocultar mi
culpa.
Me dije: «Le confesaré mis
rebeliones al SEÑOR»,
¡y tú me perdonaste! Toda
mi culpa desapareció.*
SALMO 32:1-5

*Todo lo malo que
haces es pecado*

A **DOUGLAS JONES** no le gustaba admitir que era pecador. Cuando hacía algo malo, se encogía de hombros y decía «Bueno, me equivoqué». Un día, después de haber tomado un autito de juguete del escritorio de otro muchacho, lo mandaron a la oficina del director de la escuela. Cuando llegó allí, vio a su madre.

Douglas se movió inquieto cuando vio entrar al director a la oficina. Después de explicarle a la madre de Douglas lo que había sucedido, el señor Seivert miró a Douglas.

«No tuve la intención de hacer nada malo —dijo Douglas—. No más me equivoqué de nuevo».

La señora Jones se dio vuelta y miró al director. «¿Puedo hablar con Dou*glas a solas?»

El señor Seivert asintió y salió del lugar.

—Douglas —dijo la madre—, ¿robaste ese autito de juguete?

—Lo tomé prestado, creo —dijo el niño entre dientes—. Me equivoqué.

—Tomar lo que no te pertenece es robar. No es solo una equivocación. Dios quiere perdonarte. Pero primero tienes que admitir que lo que hiciste es más que cometer un error.

Douglas miró hacia el suelo mientras le decía a su madre:

—Yo creía que no sonaba tan mal si decía que me había equivocado. Pero sí lo robé, y robar es pecado.

—Me alegro de que lo hayas admitido, Douglas —le dijo mamá—. Ahora, ¿qué otra cosa tienes que hacer para arreglar este asunto?

—Le quiero pedir a Jesús que me perdone.

Después de que Douglas le pidió a Jesús que lo perdonara, él y su madre hablaron de nuevo con el director. Entonces Douglas fue a pedirle perdón al niño al que le había robado el autito de juguete.

¿Y TÚ? ¿Tratas de ocultar tus acciones pecaminosas? No puedes cubrir tus pecados llamándolos «equivocaciones». Tú cometes pecados porque eres pecador. Es solo cuando lo admites y le confiesas tus pecados a Dios que vas a recibir perdón. *R. I. J.*

MEMORIZA: Te confesé todos mis pecados y ya no intenté ocultar mi culpa. *Salmo 32:5*

REBECA, DE SIETE años de edad, siempre estaba haciendo preguntas. Un día, le preguntó a su madre:

—¿Quién hizo a Dios?

—Nadie —le respondió su mamá.

—Entonces, ¿de dónde vino Dios? —le preguntó Rebeca.

—Dios siempre ha existido —le dijo mamá—. A medida que crezcas, lo vas a entender mejor, pero inclusive entonces te va a resultar difícil, porque nuestra mente no es como la mente de Dios, y hay cosas que no vamos a entender en realidad hasta que lleguemos al cielo. Por ahora, tenemos que aceptar el hecho de que Dios siempre ha existido.

—Pero él tiene que haber venido de algún lugar —insistió Rebeca.

La madre se sacó el anillo de bodas de la mano y se lo dio a Rebeca.

—Quiero que me digas dónde comienza este anillo, y dónde termina —le dijo.

Rebeca miró el círculo perfecto.

—Pero ni empieza ni termina —respondió ella—. Es un círculo que no tiene ni principio ni fin.

—Y así es Dios, querida. Dios es eterno. No tiene ni principio ni fin. —Mamá se puso de nuevo el anillo en el dedo—. Nosotros pensamos en minutos y en días, en semanas y en años. Pero para Dios no existe el tiempo, Dios es el mismo ayer, hoy y para siempre.

—Guau, eso es algo para pensar —dijo Rebeca.

La madre puso en la mesa un plato con galletitas de mantequilla de maní y un vaso de leche.

—Creo que es hora de que hagas descansar el cerebro y que tomes una pequeña merienda —le dijo con una sonrisa.

¿Y TÚ? ¿No estás contento de que Dios sea tan grande que no hay mente humana que lo pueda entender completamente? Esa es una de las cosas que lo hacen diferente de los seres humanos. No trates de entender el hecho de que Dios no tuvo un comienzo. Acepta el hecho de que Dios es eterno, y dale gracias por ser tan grande y maravilloso, ¡y porque te ama! *C. Vm.*

MEMORIZA: Desde el principio y hasta el fin, tú eres Dios. *Salmo 90:2*

4 *de diciembre*

EL CÍRCULO

DE LA BIBLIA:

*Señor, a lo largo de todas las generaciones,
¡tú has sido nuestro hogar!
Antes de que nacieran las montañas,
antes de que dieras vida a la tierra y al mundo,
desde el principio hasta el fin, tú eres Dios.
Haces que la gente vuelva al polvo con solo decir:
«¡Vuelvan al polvo, ustedes mortales!».
Para ti, mil años son como un día pasajero,
tan breves como unas horas de la noche.*
SALMO 90:1-4

Dios es eterno

5 de diciembre

EL DESFILE COMPLETO

DE LA BIBLIA:

Recuerden las cosas que hice en el pasado. ¡Pues solo yo soy Dios! Yo soy Dios, y no hay otro como yo. Solo yo puedo predecir el futuro antes que suceda. Todos mis planes se cumplirán porque yo hago todo lo que deseo. Llamaré a una veloz ave de rapiña desde el oriente, a un líder de tierras lejanas, para que venga y haga lo que le ordeno. He dicho que lo haría, y lo cumpliré.
ISAÍAS 46:9-11

Dios hace las cosas perfectas

—¿POR QUÉ, DIOS? —clamó Jolene con el corazón roto. Le acababan de decir que su hermanito, Jeremías, era sordo.

—No le eches la culpa a Dios, Jolene —le dijo su madre suavemente—. Debemos confiar en Dios aun cuando no entendamos algo.

Pero Jolene quería entender. Ellos eran creyentes. ¿No se suponía que Dios los cuidaría?

—Jolene, ¿estás lista para ir al desfile? —le preguntó su mamá un día. Extendió los brazos hacia el bebé—. Ven con mamá, Jeremías —le dijo.

—No entiendo por qué le hablas, mamá. Él no te puede oír —dijo Jolene bruscamente.

Mamá suspiró.

—Es importante que él nos vea mover los labios y que sienta la vibración de las palabras. Ahora vamos, que nos vamos a divertir en el desfile.

Había tres filas de personas enfrente a la familia de Jolene. Ella se agachó y miró a través de las piernas que había delante de ella. «Sería mucho mejor que yo pudiera ver todo el desfile y no solo una hilera por vez —se quejó. El padre le pasó el bebé a la madre, y en un segundo Jolene estaba sobre los hombros de su padre. Ella aplaudió y dijo—: Ahora sí que puedo ver todo el desfile».

Cuando iban en el automóvil de regreso a su casa, el padre dijo:

—La vida se puede comparar a un desfile, y nosotros somos como niños en una multitud. Solo podemos ver una cosa por vez. Pero Dios ve el desfile total: el pasado y el futuro, como también el presente. Nos preguntamos por qué Jeremías es sordo, pero eso es porque solo vemos el presente. Dios ve el cuadro total.

Jolene le apretó la mano a su hermano.

—Voy a tratar de recordar eso, papá —le prometió.

¿Y TÚ? ¿Te estás haciendo preguntas acerca de Dios debido a algo? Los caminos de Dios están muy por encima de nuestros caminos, y siempre son los correctos. Confía en Dios. Puedes decir: «No entiendo esto, pero tengo fe en Dios». *B. J. W.*

MEMORIZA: Confía en el SEÑOR con todo tu corazón, no dependas de tu propio entendimiento. *Proverbios 3:5*

—AYÚDAME A PONERME los guantes —pidió Daniel mientras trataba de poner los dedos en el lugar correcto de su guante. Kent gruñó.

—Tú estás en primer grado. Deberías poder hacerlo por ti mismo. ¿Quién te pone los guantes cuando terminan las clases?

—La maestra me ayuda. —Daniel levantó la mano hacia su hermano—. ¿Me llevarás a andar en trineo después de la escuela?

—Bueno, sí, te puedo llevar —dijo Kent.

—¿Están listos los dos para ir a la escuela? —les preguntó el padre mientras se ponía el abrigo. Salió con ellos siguiéndolo a través del jardín lleno de nieve. Mientras estaban entrando al automóvil, el señor Gleason, quien vivía en la casa de al lado, vino hacia donde estaban ellos.

—Lamento tener que molestarte, Juan, pero mi automóvil no arranca. ¿Me podrías dar una mano?

—Por supuesto que sí —le respondió el papá. Sacó el vehículo marcha atrás por la cochera y lo puso al lado del automóvil del señor Gleason. Los muchachos observaban mientras los dos hombres levantaban los capós de ambos automóviles y colocaban los cables de arranque en las baterías. Entonces el señor Gleason entró a su automóvil y giró la llave para hacerlo arrancar.

Cuando iban camino a la escuela, Daniel le preguntó a su padre:

—¿Por qué estiraste los cables desde nuestro vehículo al del señor Gleason?

—Porque pasamos corriente desde nuestra batería a la de él. Le dimos una carga —explicó papá.

Kent se volvió a su padre.

—Creo que voy a ir a la casa del abuelo después de la escuela para limpiarle la nieve de la vereda.

—¿Vas a ayudar al abuelo, igual como me ayudaste a mí a ponerme los guantes, y como me vas a ayudar a andar en trineo? —le preguntó Daniel.

—Me puedes llamar "tu hermano, el ayudador" —le dijo Kent sonriendo.

¿Y TÚ? ¿Has ayudado a alguien últimamente? Haz un mandado, escribe una nota, di palabras amables o escucha a alguien que se siente solitario. Estarás contento de haberlo hecho. *B. J. W.*

MEMORIZA: Fortalezcan a los que tienen cansadas las manos, y animen a los que tienen débiles las rodillas. *Isaías 35:3*

EL HERMANO AYUDADOR

DE LA BIBLIA:

Es mejor ser dos que uno, porque ambos pueden ayudarse mutuamente a lograr el éxito. Si uno cae, el otro puede darle la mano y ayudarle; pero el que cae y está solo, ese sí que está en problemas. Del mismo modo, si dos personas se recuestan juntas, pueden brindarse calor mutuamente; pero ¿cómo hace uno solo para entrar en calor? Alguien que está solo puede ser atacado y vencido, pero si son dos, se ponen de espalda con espalda y vencen; mejor todavía si son tres, porque una cuerda triple no se corta fácilmente. ECLESIASTÉS 4:9-12

Ayuda a alguien hoy

7 de diciembre

NO, GRACIAS

DE LA BIBLIA:

Por lo tanto, ya que fuimos declarados justos a los ojos de Dios por medio de la fe, tenemos paz con Dios gracias a lo que Jesucristo nuestro Señor hizo por nosotros. Debido a nuestra fe, Cristo nos hizo entrar en este lugar de privilegio inmerecido en el cual ahora permanecemos, y esperamos con confianza y alegría participar de la gloria de Dios.
También nos alegramos al enfrentar pruebas y dificultades porque sabemos que nos ayudan a desarrollar resistencia. Y la resistencia desarrolla firmeza de carácter, y el carácter fortalece nuestra esperanza segura de salvación. Y esa esperanza no acabará en desilusión. Pues sabemos con cuánta ternura nos ama Dios, porque nos ha dado el Espíritu Santo para llenar nuestro corazón con su amor.
ROMANOS 5:1-5

Acepta las dificultades

—**NO QUIERO VER** al doctor Cook —lloriqueó Kerri, tosiendo—. Tal vez me va a dar una inyección.

—Solamente si la necesitas —le dijo la madre.

—Estaré contigo enseguida —le dijo la enfermera a Kerri—. Tu mamá puede entrar contigo.

Después de examinar a Kerri, el doctor hizo que los peores temores de ella se hicieron realidad.

—Tiene una infección bastante grande —dijo el doctor Cook—. Necesita una inyección de penicilina. —Sin hacer caso a las quejas de Kerri, el doctor le puso la inyección, y le dio una receta a la madre para unas píldoras que Kerri tenía que tomar.

La madre escuchó la oración que hizo Kerri esa noche al lado de su cama: «Querido Señor, gracias por mamá y por papá —oró—. Gracias por la enfermera que fue muy buena conmigo. Bendícela. Gracias por las píldoras que me van a ayudar a sentirme mejor. Por favor, bendice a todas mis amigas. En el nombre de Jesús, amén».

Mientras la madre la arropaba en la cama, le dijo a Kerri:

—No te escuché darle gracias a Dios por el doctor Cook.

—Estoy enojada con él —dijo Kerri frunciendo el ceño.

La madre se sentó en la cama de Kerri.

—Tú sabes que te puso la inyección para ayudarte a sanar. ¿Crees que a él le gustó tener que asustarte?

—No —dijo Kerri sacudiendo la cabeza.

—Entonces, ¿fue malo contigo? —persistió mamá.

Kerri dijo:

—No. Yo... siento haberme enojado. Quiero pedirle a Dios que también lo bendiga a él. —Salió de la cama y se arrodilló para orar.

¿Y TÚ? Cuando Dios permite que te suceda algo que no quieres o que no te gusta, ¿te enojas con él? Tal vez uno de tus amigos se muda a otra ciudad, o te da un fuerte dolor de estómago, o no tienes suficiente dinero para comprar algo especial que quieres. Pídele a Dios que te ayude a aprender de esas experiencias. Dale gracias por las cosas difíciles, y pídele que te ayude a sentir gozo aun cuando sucedan esas cosas. *H. W. M.*

MEMORIZA: Amados hermanos, cuando tengan que enfrentar cualquier tipo de problemas, considérenlo como un tiempo para alegrarse mucho. *Santiago 1:2*

ERIN DIO UN portazo cuando entró a su casa.

—¡Oh, esa Trina es una odiosa!

—Yo creía que Trina era tu mejor amiga —le dijo la madre sorprendida.

—Lo era antes —le dijo Erin—, pero últimamente nada parece gustarle.

—Lo siento mucho —dijo mamá—, pero trata de ser paciente con ella. Tal vez no se siente bien.

—Lo sé —dijo Erin con un suspiro—. Pero si no deja de hablarme en forma cortante... —El ruido de los neumáticos de un automóvil que frenaba y el gemido de un perro hicieron que Erin y su madre corrieran afuera. «¡Oh, mamá! Es Rowdy». Erin corrió al bordillo de la acera, donde un hombre estaba agachado mirando a un cachorrito.

«Lo siento muchísimo —les dijo él—. El perro corrió justo enfrente de mi automóvil».

La madre se arrodilló al lado del perrito que se quejaba. Cuando trató de tocarlo, Rowdy le quiso dar un mordisco. «Está bien, Rowdy —le dijo—. Erin, ¿puedes mantenerle la boca cerrada? —le pidió su madre—. Quiero ver qué clase de heridas tiene antes de moverlo».

Varias horas después, regresaron del veterinario con un cachorrito adolorido. Para entonces, el padre de Erin había llegado a la casa.

—Rowdy trata de morder a todo el que lo toca —le dijo Erin.

—Eso es porque tiene mucho dolor. —Papá abrió el periódico—. Oye, ¿sabes el nombre de los padres de Trina? ¿Se llaman Felipe y Lisa?

—Sí —respondió Erin—. ¿Por qué?

—Porque Lisa Clark ha puesto una petición para divorciarse de Felipe Clark —respondió papá.

—¡Oh, no! —Erin dijo con un suspiro—. Ahora me doy cuenta de por qué Trina me ha estado hablando en forma tan cortante. ¡Está sufriendo! Voy a tener cuidado de no contestarle en forma cortante cuando hablamos.

¿Y TÚ? Cuando alguien te habla en forma cortante, ¿le respondes de la misma forma? Antes de responder así, pregúntate: *¿Está sufriendo?* Si la respuesta es sí, esa persona necesita tu amor y amabilidad. Necesita tu paciencia y tus oraciones. *B. J. W.*

MEMORIZA: No paguen mal por mal. No respondan con insultos cuando la gente los insulte. Por el contrario, contesten con una bendición. *1 Pedro 3:9*

¿POR QUÉ TAN IRRITABLE?

DE LA BIBLIA:

Por último, todos deben ser de un mismo parecer. Tengan compasión unos de otros. Ámense como hermanos y hermanas. Sean de buen corazón y mantengan una actitud humilde. No paguen mal por mal. No respondan con insultos cuando la gente los insulte. Por el contrario, contesten con una bendición. A esto los ha llamado Dios, y él les concederá su bendición. Pues las Escrituras dicen:

«Si quieres disfrutar de la vida y ver muchos días felices, refrena tu lengua de hablar el mal y tus labios de decir mentiras. Apártate del mal y haz el bien. Busca la paz y esfuérzate por mantenerla».

1 PEDRO 3:8-11

Ayuda a los que sufren

9 de diciembre

EL PLATO ANTIGUO

DE LA BIBLIA:

Al obedecer la verdad, ustedes quedaron limpios de sus pecados, por eso ahora tienen que amarse unos a otros como hermanos, con amor sincero. Ámense profundamente de todo corazón.

Pues han nacido de nuevo pero no a una vida que pronto se acabará. Su nueva vida durará para siempre porque proviene de la eterna y viviente palabra de Dios. Como dicen las Escrituras:

«Los seres humanos son como la hierba,
su belleza es como la flor del campo.
La hierba se seca, y la flor se marchita.
Pero la palabra del Señor permanece para siempre».

Y esta palabra es el mensaje de la Buena Noticia que se les ha predicado.
1 PEDRO 1:22-25

La Palabra de Dios es eterna

«HEMOS LLEGADO», dijo la madre cuando guiaba su automóvil a un estacionamiento. A Jamie le encantaba ir a la tienda de antigüedades con su madre. Le gustaba mucho mirar los platos pintados a mano y los vasos y floreros de cristal brillante.

—Mira este hermoso tazón para poner queso —exclamó mamá—. No es caro, y ¿no crees que se vería muy lindo en el estante del comedor?

—Oh, mamá, ¿lo podemos comprar? —le preguntó Jamie con mucho entusiasmo. Su madre estuvo de acuerdo.

Cuando la madre le mostró el tazón al padre aquella noche, Jamie preguntó:

—¿Lo tenemos que poner en el estante? ¿No lo podemos usar?

Mamá sacudió la cabeza.

—No, no lo creo —le dijo—. Esto es muy antiguo, y algún día va a ser muy valioso. Si lo usamos, podríamos hacerle alguna grieta, pero nos va a durar mucho tiempo si lo ponemos en un lugar donde vamos a disfrutar mirándolo.

—Tengo una adivinanza para ti —le dijo papá—. ¿Qué es algo que tiene muchísimos años, algo que podemos usar ahora mismo, y todavía va a durar por toda la eternidad?

Jamie pensó por unos momentos.

—No se me ocurre nada que pueda durar eternamente si lo usamos —le dijo—. Dame una clave.

El padre abrió la Biblia en 1 Pedro.

—"La palabra del Señor permanece para siempre" —leyó él, y luego añadió con una sonrisa—: Dios quiere que usemos nuestras Biblias, una y otra vez, en forma continua.

—Oh, ¡no había pensado en eso! —exclamó Jamie—. Es algo bueno que debemos recordar.

¿Y TÚ? ¿Lees la Palabra de Dios todos los días, o tu Biblia está en el estante de las antigüedades, y no es usada? El ejemplar de la Biblia que usas tal vez se gaste, pero el mensaje de Dios permanecerá para siempre. Aprende a vivir para Dios leyendo su Palabra todos los días. A diferencia de un tazón o plato antiguo, nunca vas a gastar la Palabra de Dios. *D. K.*

MEMORIZA: [Jesús dijo:] «El cielo y la tierra desaparecerán, pero mis palabras no desaparecerán jamás». *Marcos 13:31*

PELIGRO: ENOJO A LA VISTA

SE ESCUCHÓ UN ruido sordo y la casa de la familia Taylor se sacudió un poco. No muy lejos de allí, los obreros de una construcción estaban usando dinamita para cavar un túnel a través de una montaña.

—¡Quisiera que esos hombres ya no tuvieran que seguir usando esa cosa! —exclamó Jessica, y se cubrió los oídos—. Me hace sentir miedo.

—Hace mucho ruido, ¿no es verdad? —asintió el padre.

—Y hace que las cosas se desmoronen —agregó Jessica—. No hará que nuestra casa se desmorone, ¿no es verdad, papá? —Jessica se movió, acercándose más a su padre en el sofá.

—No, querida —le dijo el padre—. No nos puede dañar mientras estemos lejos de eso.

Sintiéndose más tranquila, Jessica salió a jugar. Pronto, entró a la casa con el ceño fruncido.

—Nunca más voy a hablar con Rodney —dijo enojada—. Me dijo que me parezco a un mono. ¡Lo odio! —Sus palabras fueron apoyadas por el ruido de otra explosión. Papá levantó la vista.

—¿Sabes, Jessica?, el enojo puede ser como la dinamita —le dijo—. Produce ruido, es explosivo y puede herir a la gente.

Jessica pensó en eso.

—¿Nos puede hacer desmoronar?

—En cierto sentido —le respondió papá—. Creo que podríamos decir que hace desmoronar nuestro control. El enojo tiene mucho poder. Si perdemos el control, nos hiere a nosotros así como también a la persona con la que estamos enojados.

—Así que ¿debemos quedarnos lejos del enojo, al igual que debemos quedarnos lejos de la dinamita? —preguntó Jessica.

—Así es —asintió papá—. Debemos dejar que el Señor, y no el enojo, controle nuestras acciones.

Mientras se escuchó el ruido de otra explosión en la distancia, Jessica dijo:

—Creo que voy a ir a hablar con Rodney por un rato.

DE LA BIBLIA:

Los sabios son precavidos y evitan el peligro;
los necios, confiados en sí mismos, se precipitan con imprudencia.

Los que se enojan fácilmente cometen locuras,
y los que maquinan maldad son odiados. [...]

Las personas sensatas no pierden los estribos;
se ganan el respeto pasando por alto las ofensas.

El enojo del rey es como el rugido del león,
pero su favor es como el rocío sobre el pasto.

PROVERBIOS 14:16-17; 19:11-12

Controla tu carácter

¿Y TÚ? ¿Explotas de enojo algunas veces? ¿Te das cuenta del daño que te puede hacer a ti y les puede hacer a otras personas? La próxima vez que sientas que vas a explotar, pídele a Dios que tome el control de la situación. Pídele a Dios que controle tu vida y tus acciones. *V. L. R.*

MEMORIZA: ¡Ya no sigas enojado! ¡Deja a un lado tu ira! *Salmo 37:8*

11 de diciembre

NO ES FANTASÍA

DE LA BIBLIA:

*Escucha esto, nación amante de
los placeres, que vives cómoda-
mente y te sientes segura. Tú dices:
«Yo soy la única, y no hay otra.
Nunca seré viuda ni perderé a mis
hijos». Pues ambas cosas caerán
sobre ti en un instante: la viudez
y la pérdida de tus hijos. Así es,
esas calamidades caerán sobre ti, a
pesar de tu brujería y de tu magia.
   Te sentías segura en tu
maldad. «Nadie me ve», dijiste.
[...] Una catástrofe te sorprenderá.
[...]
   ¡Usa ahora tus encanta-
mientos! Usa los conjuros que
estuviste perfeccionando todos estos
años. Tal vez te hagan algún bien;
tal vez puedan hacer que alguien
te tenga miedo. Tanto consejo recibido te ha cansado. ¿Dónde están
tus astrólogos, esos que miran a
las estrellas y hacen predicciones
todos los meses? Que den la cara
y te salven de lo que te depara el
futuro. Pero ellos son como la paja
que arde en el fuego; no pueden
salvarse a sí mismos de las llamas.
No recibirás ninguna ayuda de
ellos; su chimenea no es lugar para
sentarse y calentarse.*
ISAÍAS 47:8-14

No juegues los juegos de Satanás

JOSÉ Y ANTONIO tomaron sus tazones de cereal y
corrieron a la sala para mirar los dibujos animados
de los sábados por la mañana. Se sintieron muy
contentos cuando el padre tomó su plato con tos-
tadas y se unió a ellos.

—¿Qué es lo que vamos a mirar, muchachos?
—les preguntó papá.

—*Señores del cielo* —le dijo José—. Les ponen
hechizos a los que invaden el reino del cielo.

El padre frunció el ceño mientras escuchaba a
los muchachos explicar los poderes que tenía cada
uno de los personajes de los dibujos animados.

—Esto no me suena como algo que deberíamos estar mirando, muchachos —les dijo.

—Pero, papá, es solo fantasía —le explicó
José—. Los otros dibujos son para los bebés y los
que se asustan de su propia sombra.

—Las jugueterías tienen juegos y muñecos
que han sido sacados de estos dibujos animados
—agregó Antonio—. ¿Cómo es posible que algo
tan divertido sea malo?

—Me suena como que Satanás está usando
sus artimañas antiguas —respondió papá—. Él le
está haciendo pensar a la gente que la magia y los
hechizos son solo fantasía, y que jugar con el mal
no los puede dañar. Pero a los creyentes se les ha
advertido que deben de estar atentos a las artimañas de Satanás.

—Los muchachos de la escuela creen que este
programa es realmente emocionante, pero creo
que debemos apagarlo —dijo Antonio.

José asintió y se levantó para apagar el televisor.

—¿Por qué no vamos al gimnasio a jugar al
baloncesto? —sugirió papá—. Creo que será
mucho más divertido que mirar dibujos animados.

¿Y TÚ? ¿Has notado el uso de la magia malvada en
los programas de televisión que miras y en los juegos
electrónicos que juegas? ¿Has leído el horóscopo solo
como una diversión, y luego te encontraste pensando que
tal vez podría ser verdad? Satanás quiere mezclar el mal
con las cosas que parecen buenas. ¡Mantente atento a sus
artimañas! No te dejes engañar por sus trampas. *D. L. R.*

MEMORIZA: Aun Satanás se disfraza de ángel de luz.
Así que no es de sorprenderse que los que lo sirven
también se disfracen de siervos de la justicia. Al
final, recibirán el castigo que sus acciones perversas
merecen. *2 Corintios 11:14-15*

SARA SALUDÓ CON la mano a su hermana mayor, Linnea, mientras caminaba hacia el automóvil con su prometido, Jasón.

—¿Adónde van a ir a almorzar hoy? —le preguntó Sara.

—A ese pequeño restaurante que se llama Tu Lugar Especial —le respondió Jasón con una sonrisa—. Solo que ahora nosotros lo llamamos Nuestro Lugar Especial.

—¿Por qué siempre van allí? —quiso saber Sara.

—No vamos allí siempre —dijo Linnea—. Pero ese es nuestro lugar favorito. Es acogedor y no hay ruido; es un lugar bueno para conversar.

—Allí es donde fuimos la primera vez que salimos juntos —agregó Jasón, abrazando a Linnea—. Y es allí donde le pedí a tu hermana que se casara conmigo.

Sara entró a su casa después de que ellos se fueron. «Linnea y Jasón pasan mucho tiempo juntos —se dijo a sí misma—. Supongo que es porque se aman».

Mientras Sara pensaba en eso, recordó lo que siempre decía el pastor Grant: «Si amas al Señor, deberías pasar tiempo con él todos los días». Sara estaba tratando de pasar tiempo con el Señor, pero a veces era difícil, porque compartía el dormitorio con su hermana menor. *¡Sé lo que debo hacer!*, pensó Sara. *Necesito un lugar especial para hablar con el Señor, al igual que Linnea y Jasón tienen un lugar especial para hablarse mutuamente.*

Sara le preguntó a su madre qué podía hacer. La madre le dijo:

—Creo que podríamos arreglar un rincón privado para ti en el altillo.

—¿Podemos ir a echar una mirada? —le preguntó Sara con entusiasmo. Mamá estuvo de acuerdo, y ambas se dirigieron a la escalera.

¿Y TÚ? Si te es posible, trata de encontrar un lugar para encontrarte con el Señor todos los días. Si tienes tu propio dormitorio, ese puede ser el mejor lugar para ti. Pero tal vez necesites usar un rincón en el sótano, en el altillo o en un cuarto donde se guardan cosas. Debes asegurarte de leer la Biblia y de hablar con Dios todos los días. *H. W. M.*

MEMORIZA: Me inclino ante tu santo templo mientras adoro; alabo tu nombre por tu amor inagotable y tu fidelidad. *Salmo 138:2*

---

12 *de diciembre*

UN LUGAR ESPECIAL

DE LA BIBLIA:

Te doy gracias, oh SEÑOR, con todo el corazón;
delante de los dioses cantaré tus alabanzas.
Me inclino ante tu santo templo mientras adoro;
alabo tu nombre por tu amor inagotable y tu fidelidad,
porque tus promesas están respaldadas
por todo el honor de tu nombre.
En cuanto oro, tú me respondes;
me alientas al darme fuerza.
Todos los reyes del mundo te darán gracias, SEÑOR,
porque cada uno de ellos escuchará tus palabras.
Así es, cantarán acerca de los caminos del SEÑOR,
porque la gloria del SEÑOR es muy grande.
Aunque el SEÑOR es grande, se ocupa de los humildes,
pero se mantiene distante de los orgullosos.
Aunque estoy rodeado de dificultades,
tú me protegerás del enojo de mis enemigos.
Extiendes tu mano, y el poder de tu mano derecha me salva.
SALMO 138:1-7

Encuéntrate con Dios todos los días

13 de diciembre

LO MEJOR PARA EL PADRE

DE LA BIBLIA:

Tuyos, oh SEÑOR, son la grandeza, el poder, la gloria, la victoria y la majestad. Todo lo que hay en los cielos y en la tierra es tuyo, oh SEÑOR, y este es tu reino. Te adoramos como el que está por sobre todas las cosas. La riqueza y el honor solo vienen de ti, porque tú gobiernas todo. El poder y la fuerza están en tus manos, y según tu criterio la gente llega a ser poderosa y recibe fuerzas.

¡Oh Dios nuestro, te damos gracias y alabamos tu glorioso nombre! ¿Pero quién soy yo, y quién es mi pueblo, para que podamos darte algo a ti? ¡Todo lo que tenemos ha venido de ti, y te damos solo lo que tú primero nos diste! Estamos aquí solo por un momento [...] Nuestros días en la tierra son como una sombra pasajera, pasan pronto sin dejar rastro.

¡Oh SEÑOR nuestro Dios, aun estos materiales que hemos reunido para construir un templo para honrar tu santo nombre, vienen de ti! ¡Todo te pertenece!

1 CRÓNICAS 29:11-16

Dale a Dios lo que es de él

LA MADRE MIRÓ su reloj.

—Encontrémonos aquí, frente al árbol de Navidad del centro comercial, en dos horas —dijo ella.

—Está bien —dijo Ángela, la hermana mayor de Kara—. Vamos, Kara. Tenemos muchos regalos que comprar. —Leyó su lista de regalos de Navidad—. Primero deberíamos comprarle alguna cosa linda a papá.

Antes de mucho tiempo, las dos muchachas tenían varios paquetes. Estaban en la papelería cuando se encontraron con la maestra de la escuela dominical de Kara y con June, la hija de ella.

—De la evidencia, creo que ustedes están comprando regalos de Navidad —les dijo la señora Kimball con una sonrisa.

—Ustedes sí que tienen muchos paquetes —agregó June—. ¿Cómo ganaron tanto dinero para comprar todos esos regalos?

—No ganamos todo el dinero —dijo Ángela—. Nuestro padre nos da dinero extra para comprar regalos de Navidad.

—Oh —dijo June—. Entonces ustedes le compran un regalo a su padre con el dinero de él.

—Sí —se rió Kara—. Es por eso que le damos a él el mejor regalo de todos. Se lo merece, ¿no crees?

—Estás completamente en lo cierto —dijo la señora Kimball—. Ustedes saben que Dios es nuestro Padre celestial y que él nos da muchas cosas. Nos da la vida, las fuerzas, el tiempo y nuestros talentos. Nunca deberíamos quejarnos en cuanto a darle a él de lo que él nos ha dado. En realidad, solo le estamos dando lo que le pertenece a él.

—Eso es verdad —dijo Ángela, mirando su reloj—. Oh, nos tenemos que ir o no vamos a completar nuestras compras.

—Está bien —dijo la señora Kimball—. Que les vaya bien con las compras.

¿Y TÚ? ¿Te quejas acerca del tiempo que te lleva asistir a la iglesia? ¿Desearías no tener que poner en la ofrenda la décima parte de tu mesada? Piensa en eso. Todas las bendiciones que tienes te las ha dado Dios, tu Padre celestial. ¿Hay alguna razón para no darle a Dios lo mejor que tienes? *J. L. H.*

MEMORIZA: ¡Todo lo que tenemos ha venido de ti, y te damos solo lo que tú primero nos diste! *1 Crónicas 29:14*

—JENNY QUIERE QUE vaya a su casa esta noche. ¿Puedo ir? —preguntó Amy mientras ella y su mamá estaban cocinando la cena—. Hay una película que queremos ver en la televisión. No voy a llegar tarde.

—Amy... —Mamá titubeó—. Sé que has visto películas en la casa de Jenny que no son apropiadas para una creyente.

—Oh, mamá, si hay partes malas, las voy a ignorar —argumentó Amy—. Ninguna película me puede hacer daño.

—Sí, puede —insistió mamá—, porque puede ponerte pensamientos pecaminosos en la mente. Si tú y Jenny quieren pasar la tarde juntas, invítala a que venga aquí.

Amy no discutió más, pero hacía pucheros mientras ayudaba a su madre a preparar la cena.

—¿En qué recipiente quieres que ponga la compota de manzanas? —dijo entre dientes.

—Usa el tazón amarillo que está en el fregadero —le respondió la mamá—. Tenía cebollas, pero ignoraremos las cebollas. La compota de manzanas estará bien en ese recipiente.

—Pero, mamá —protestó Amy—. No podemos poner lo que vamos a comer en un tazón sucio. ¡La compota de manzanas va a tener gusto a cebolla!

—Tienes razón —asintió mamá—. Y, Amy, nuestra mente es más importante que la boca. Al igual que las cebollas le dan mal gusto a la compota de manzanas, las cosas pecaminosas y sucias que vemos y escuchamos le dan mal gusto a nuestros pensamientos.

¿Y TÚ? ¿Tienes cuidado en cuanto a lo que escuchas y ves? Dios quiere que tengas la mente limpia para poder hablarte a través de su Palabra. Bota a la basura todos los libros y revistas que no le agradan a Dios. Apaga el televisor cuando muestren programas que te ensucian los pensamientos. Pídele al Señor que te ayude a pensar siempre en cosas puras. *D. K.*

MEMORIZA: Vístanse con la nueva naturaleza y se renovarán a medida que aprendan a conocer a su Creador y se parezcan más a él. *Colosenses 3:10*

---

14 *de diciembre*

LAS CEBOLLAS Y LA COMPOTA DE MANZANAS

DE LA BIBLIA:

Ya que han sido resucitados a una vida nueva con Cristo, pongan la mira en las verdades del cielo, donde Cristo está sentado en el lugar de honor, a la derecha de Dios. [...] Pues ustedes han muerto a esta vida, y su verdadera vida está escondida con Cristo en Dios. Cuando Cristo —quien es la vida de ustedes— sea revelado a todo el mundo, ustedes participarán de toda su gloria.

Así que hagan morir las cosas pecaminosas y terrenales que acechan dentro de ustedes. No tengan nada que ver con la inmoralidad sexual, la impureza, las bajas pasiones y los malos deseos. No sean avaros, pues la persona avara es idólatra porque adora las cosas de este mundo. A causa de esos pecados, viene la furia de Dios. [...] Ahora es el momento de eliminar el enojo, la furia, el comportamiento malicioso, la calumnia y el lenguaje sucio. No se mientan unos a otros, porque ustedes ya se han quitado la vieja naturaleza pecaminosa y todos sus actos perversos. Vístanse con la nueva naturaleza y se renovarán a medida que aprendan a conocer a su Creador y se parezcan más a él.
COLOSENSES 3:1-10

Mantén limpia la mente

15 de diciembre

DILO CON MÚSICA

DE LA BIBLIA:

Querido amigo, no te dejes influir por ese mal ejemplo. Imita solamente lo bueno. Recuerda que los que hacen lo bueno demuestran que son hijos de Dios, y los que hacen lo malo demuestran que no conocen a Dios.

3 JUAN 1:11

Honra a Dios con la música

CUANDO TUVIERON QUE operar a la madre de Alyssa de emergencia, lo que ella sintió fue algo inusual: alivio. Ahora sus padres no podrían asistir al concierto de música pop de la escuela. A Alyssa le encantaba tocar en la banda de música pop de la escuela, pero sabía que a sus padres no les iba a gustar la clase de música que tocaban.

Después del concierto, Alyssa se sorprendió al ver que su padre la estaba esperando.

—¿Está bien mamá? ¿Nos escuchaste tocar?

Papá asintió.

—Tu madre está bien; ella fue la que insistió en que yo viniera a escucharte tocar en la banda —le dijo él—. Alyssa, la música es algo poderoso. Por ejemplo, una madre le canta canciones de cuna a su bebé para calmarlo y ayudarlo a dormir. Pero una marcha no lograría eso, ¿no es verdad?

—Por supuesto que no —dijo Alyssa—. Lo mantendría despierto.

—Mi abuelo me dijo que cuando él era joven realizaban desfiles en los que tocaban marchas y música patriótica —continuó papá—. Los muchachos jóvenes se alistaban en el ejército en números muy grandes. Una canción de cuna no hubiera influenciado a esos jóvenes para que se alistaran, ¿no es verdad?

—Me imagino que no —dijo Alyssa riéndose.

—A menudo se usa música para ejercer influencia en la gente —continuó papá—. De la misma manera, nuestra música cristiana nos conmueve con las palabras y el ritmo. Dios usa la música para acercarnos más a él, y Satanás usa la música para alejarnos de Dios. Debes estar segura de que no estás del lado de Satanás con la música que tocas.

Aunque papá no había mencionado la banda de la escuela, Alyssa se dio cuenta de que se había alejado de Dios por haberse involucrado en esa actividad. Y sintió responsabilidad en cuanto a los que podían haber sido influenciados por la música que ella tocaba. Supo que tenía que dejar de tocar en la banda.

¿Y TÚ? ¿Has tenido cuidado en cuanto a la clase de música que tocas o que escuchas? ¿Cómo te está afectando la música que escuchas? ¿Cómo está afectando tu música a otras personas? *A. G. L.*

MEMORIZA: ¡Canten de la gloria de su nombre! *Salmo 66:2*

LA LÍNEA DE CARGA

AL ABUELO BAKER le encantaba hacer modelos de barcos usando madera de pino y de balsa. Los modelos eran obras de arte. Cuando cada uno de sus nietos cumplía doce años de edad, el abuelo hacía un barco especial para ese jovencito. Este año el abuelo estaba trabajando en el barco de Eric.

Durante la fiesta de cumpleaños de Eric, él recibió muchos regalos buenos, pero todo el mundo sabía que el regalo del abuelo sería la atracción principal. Con cuidado, Eric sacó el papel que envolvía el regalo y tomó el barco en sus manos.

—¡Guau, esto es fantástico, abuelo! —Le dio un abrazo al abuelo, luego volvió a observar el barco—. Abuelo, ¿qué es esta marca en el lado del barco?

—Eso se llama la línea de carga, Eric —le respondió el abuelo—. Hace muchos años, las compañías cargaban los barcos con más peso del que podían sostener. Y como resultado, los barcos se hundían con facilidad, y se perdían muchas vidas. Un hombre llamado Samuel Plimsoll trabajó para reformar las leyes de navegación, y se estableció una nueva ley. Se requería que todos los barcos tuvieran una marca especial. Si el nivel del agua estaba por encima de esa línea, el barco tenía sobrecarga, y algo de su cargamento tenía que ser descargado. La marca se conoce en algunos lugares como "la marca de Plimsoll".

—¡Qué interesante! Eso es algo que no sabía —dijo Eric.

—Yo creo que los creyentes también tenemos una "línea de carga" —continuó el abuelo—. Dios sabe dónde está esa marca. Él entiende todo lo que nosotros podemos manejar, y ¡promete que no nos va a dar más problemas de los que podemos manejar con su ayuda!

Cuando Eric tomó el barco en sus manos, supo que siempre le haría recordar al abuelo, y ¡también le recordaría la promesa de Dios de ayudarlo en todas sus dificultades!

¿Y TÚ? ¿Tienes problemas tan grandes que parece que no tienen solución? Habla con Dios sobre eso. Él estará contigo a través de todos tus problemas y te ayudará, porque eso es lo que prometió. *L. M. W.*

MEMORIZA: Debido a que [Jesús] mismo ha pasado por sufrimientos y pruebas, puede ayudarnos cuando pasamos por pruebas. *Hebreos 2:18*

DE LA BIBLIA:

Debido a que los hijos de Dios son seres humanos —hechos de carne y sangre —el Hijo también se hizo de carne y sangre. Pues solo como ser humano podía morir y solo mediante la muerte podía quebrantar el poder del diablo, quien tenía el poder sobre la muerte. Únicamente de esa manera el Hijo podía libertar a todos los que vivían esclavizados por temor a la muerte.

También sabemos que el Hijo no vino para ayudar a los ángeles, sino que vino para ayudar a los descendientes de Abraham. Por lo tanto, era necesario que en todo sentido él se hiciera semejante a nosotros, sus hermanos, para que fuera nuestro Sumo Sacerdote fiel y misericordioso, delante de Dios. Entonces podría ofrecer un sacrificio que quitaría los pecados del pueblo. Debido a que él mismo ha pasado por sufrimientos y pruebas, puede ayudarnos cuando pasamos por pruebas.
HEBREOS 2:14-18

Dios te ayuda

17 de diciembre

SUELTA LOS REMOS

DE LA BIBLIA:

Luego Jesús contó la siguiente historia a algunos que tenían mucha confianza en su propia rectitud y despreciaban a los demás: «Dos hombres fueron al templo a orar. Uno era fariseo, y el otro era un despreciado cobrador de impuestos. El fariseo, de pie, apartado de los demás, hizo la siguiente oración: "Te agradezco, Dios, que no soy un pecador como todos los demás. Pues no engaño, no peco y no cometo adulterio. ¡Para nada soy como ese cobrador de impuestos! Ayuno dos veces a la semana, y te doy el diezmo de mis ingresos".

»En cambio, el cobrador de impuestos se quedó a la distancia y ni siquiera se atrevía a levantar la mirada al cielo mientras oraba, sino que golpeó su pecho en señal de dolor mientras decía: "Oh, Dios, ten compasión de mí, porque soy un pecador". Les digo que fue este pecador —y no el fariseo— quien regresó a su casa justificado delante de Dios. Pues los que se exaltan a sí mismos serán humillados, y los que se humillan serán exaltados».

LUCAS 18:9-14

Simplemente confía en Jesús

—**MARCOS NO PUEDE** venir esta tarde —dijo Jonatán—. Él tiene que ir con su mamá a repartir literatura de la iglesia por todo el barrio.

—¿Ah, sí? —Mamá se mostró interesada—. ¿Son cristianos Marcos y su familia?

Jonatán sacudió la cabeza.

—No lo creo. Hablan sobre Jesús, pero no creen que es Dios. Eso no tiene sentido. Creen que tienen que hacer buenas obras para ser salvos, cosas como el programa de visitación. Y creen que si faltan a la iglesia no irán al cielo. No creo que Marcos sepa que Jesús vino para salvarlo.

Papá habló:

—Me parece que tiene que soltar los remos y agarrar la cuerda —dijo él.

—¿Qué remos son los que tiene que soltar? —le preguntó Jonatán.

—Cerca de la ciudad donde nací hay un río con un salto de agua —le explicó papá—. Cerca de la parte de arriba del salto, el agua corre a mucha velocidad, y es un lugar muy peligroso para andar en bote. Recuerdo una vez a un hombre en un bote que se lo llevó la corriente, y cada vez estaba más cerca del salto de agua. Una multitud de gente se reunió a la orilla. Algunos le gritaban que remara con más rapidez. El hombre trató, pero no podía controlar el bote. Alguien le tiró una cuerda. Entonces le gritaron: "¡Suelte los remos y agárrese de la cuerda!". El hombre lo hizo y algunas personas tiraron de la cuerda y lo trajeron a la orilla. —Papá hizo una pausa—. Al igual que el hombre en el bote, Marcos necesita dejar de tratar de salvarse a sí mismo. La única manera en que puede salvarse es dejar de luchar y confiar en Jesús.

¿Y TÚ? ¿Estás luchando para salvarte a ti mismo? ¿Esperas que asistir a la iglesia, orar, dar o vivir una vida «buena» te salvará de tus pecados y te ganará un lugar en el cielo? Todas esas son cosas que deberías hacer, pero serás salvo solo cuando pongas tu fe en Cristo. Hazlo hoy mismo. *H. W. M.*

MEMORIZA: Oh, Dios, ten compasión de mí, porque soy un pecador. *Lucas 18:13*

UN RUIDO DESAGRADABLE

DE LA BIBLIA:

*Es bueno dar gracias al SEÑOR,
cantar alabanzas al Altísimo.
Es bueno proclamar por la mañana
tu amor inagotable
y por la noche tu fidelidad.*
SALMO 92:1-2

Sirve con gozo

ÁNGELA TOCABA LA flauta, y su hermano, Luis, tocaba el clarinete. Puesto que los dos tocaban muy bien, a menudo les pedían que proveyeran la música especial en los servicios de la iglesia. Un día, mientras estaban practicando, no se podían poner de acuerdo en cuanto a qué himno tocar.

—Toquemos el que está en la página 105 —sugirió Luis.

—¡No! —dijo Ángela—. No me gusta para nada.

—Es un himno muy bonito —insistió Luis.

—Siempre supe que tú tienes mal gusto —replicó Ángela.

—¡Mira quién habla! —dijo él—. La última vez tú decidiste que debíamos tocar aquel coro que aprendimos en el campamento, y ¡sonó terrible!

—¡No es verdad!

—¡Sí, lo es!

—Bueno, de todas formas —dijo Ángela—, toquemos "A Dios demos gloria".

Luis dio un resoplido, pero tocaron el himno.

—¡Qué aburrido! —le dijo Luis a su hermana cuando terminaron de tocar.

—¡Entonces no toquemos nada! —le dijo Ángela en tono cortante.

—Parece que hay guerra aquí —dijo la madre mientras entraba al cuarto—. ¿Por qué se molestan en tocar en la iglesia ustedes dos?

Luis estaba perplejo.

—Porque nos piden que toquemos.

—Es... es nuestro ministerio —dijo Ángela—. Esperamos que otras personas puedan aprender del Señor por medio de nuestra música.

—Eso me parece bien —dijo mamá—. Y me gustan las palabras de "A Dios demos gloria", pero no escuché ninguna alabanza ni gloria cuando ustedes estaban decidiendo qué iban a tocar.

Después de que la madre salió de la sala, Luis y Ángela se miraron. «Mamá tiene razón —dijo Ángela—. Oremos acerca de nuestra música. Después comenzaremos de nuevo».

¿Y TÚ? ¿Cuál es tu actitud cuando te piden que hagas algo en tu iglesia? La Biblia dice que debemos servir al Señor con alegría. Debes analizar tu actitud y asegurarte de que sirves al Señor con gozo. *L. M. W.*

MEMORIZA: ¡Aclamen con alegría al SEÑOR, habitantes de toda la tierra! *Salmo 100:1*

19 *de diciembre*

EL EJERCICIO ESPIRITUAL

DE LA BIBLIA:

Canten al SEÑOR una nueva
canción,
porque ha hecho obras
maravillosas.
Su mano derecha obtuvo una
poderosa victoria;
su santo brazo ha mostrado su
poder salvador. [...]
Recordó su promesa de amar y de
ser fiel a Israel.
¡Los extremos de la tierra han
visto la victoria de nuestro
Dios!
Aclamen al SEÑOR, habitantes
de toda la tierra;
¡prorrumpan en alabanza y
canten de alegría!
Canten alabanzas al SEÑOR con
el arpa,
con el arpa y dulces melodías,
con trompetas y el sonido del
cuerno de carnero.
¡Toquen una alegre sinfonía
delante del SEÑOR, el Rey!
¡Que el mar y todo lo que contiene
le exclamen alabanzas!
¡Que se le unan la tierra y todas
sus criaturas vivientes!
¡Que los ríos aplaudan con júbilo!
Que las colinas entonen sus
cánticos de alegría
delante del SEÑOR,
porque viene a juzgar la tierra.
Juzgará al mundo con justicia,
y a las naciones con
imparcialidad.
SALMO 98:1-9

Nos ayuda cantar

«¡OH, CUÁN DULCE es fiar en Cristo, y entregarle todo a él!» Las palabras del himno se elevaron por las escaleras. Daniela bostezó y miró la luz del sol brillando en su cama. «Esperar en sus promesas», la temblorosa voz se escuchaba sobre el ruido de las ollas y las cacerolas en la cocina. Daniela sonrió. La abuela siempre cantaba de mañana. Entonces Daniela frunció el ceño. ¿Cómo podía la abuela estar cantando esta mañana? ¿Después de lo que había pasado ayer? Un sollozo se le atragantó. «¡Cristo!, ¡Cristo!, ¡cuánto te amo!», continuó cantando la abuela mientras Daniela se vestía.

Mientras desayunaban, Daniela le preguntó:

—Abuela, ¿cómo puedes cantar esta mañana?

La abuela sonrió.

—Querida, hace mucho tiempo aprendí a cantar cuando estoy triste y cuando estoy alegre. A tu abuelo le encantaba escucharme cantar.

—Pero el abuelo murió —soltó Daniela—. Ayer fue su funeral.

—Lo sé —le respondió la abuela suavemente—. Y también sé que él no querría que yo dejara de cantar ahora.

La madre de Daniela asintió.

—Yo tampoco quiero que dejes de cantar. —Miró a Daniela—. Cantar es bueno para ti. Leí un artículo que dice que te limpia los pulmones y que ayuda a la circulación. También decía que cantar a veces previene los dolores de cabeza porque acelera el flujo de sangre en el cerebro. También ayuda al sistema digestivo y previene las úlceras.

—Además de todo eso, aliviará el dolor de tu corazón —agregó la abuela con sabiduría.

—Cantar es un ejercicio espiritual —dijo papá—. Caminamos para mantener el cuerpo en buena forma física, y cantamos para que nuestro espíritu se mantenga en buena forma espiritual.

Más tarde, Daniela se sentó en el tractor de su abuelo en el campo. «Cuando estemos en gloria, en presencia de nuestro Redentor, a una voz la historia diremos del gran Vencedor». Se dio cuenta de que la abuela tenía razón. Cantar sí la ayudó.

¿Y TÚ? ¿Estás triste, tienes temor o preocupaciones, o estás descontento? ¡Canta! Ejercita el espíritu. Canta alabanzas al Señor, y te vas a sentir mejor. *B. J. W.*

MEMORIZA: Canten al SEÑOR una nueva canción, porque ha hecho obras maravillosas. *Salmo 98:1*

ASHLEY LEVANTÓ LA vista cuando su madre entró a su cuarto.

—¿Quieres ir de compras conmigo? —le preguntó. Ashley negó con la cabeza.

—Tengo que envolver regalos.

Después de que su madre se fue, Ashley se dirigió al cuarto de Lisette para buscar la bolsa de moñas para regalo. Allí ella vio un paquete que tenía su nombre. Entonces pensó: *Le voy a echar una miradita, y nadie se va a enterar.* Con mucho cuidado, desató la cinta de adorno y despegó la cinta adhesiva. Una pequeña caja se deslizó, y dentro encontró un hermoso collar. Con mucha rapidez, Ashley volvió a envolver el regalo.

Muy pronto llegó la Navidad. Cuando Ashley abrió el regalo que le hizo Lisette, trató de mostrarse sorprendida, pero le fue difícil. El haberlo abierto antes de tiempo le arruinó la sorpresa. Se sintió culpable, porque supo que Lisette esperaba que hubiera demostrado más entusiasmo.

Cuando sonó el teléfono, Ashley contestó la llamada. Pero cuando regresó, estaba perturbada.

—¿Qué pasó? —le preguntó su mamá.

—La que llamó fue Kelly —respondió Ashley—. Dice que su hermana mayor no va a volver a la escuela después de la Navidad, porque está embarazada.

—¿Sabes, Ashley? —dijo mamá—. La intimidad entre un hombre y una mujer es un don maravilloso, pero Dios sabía lo que estaba haciendo cuando dijo que era para el matrimonio. El tomar ese don antes de tiempo causa mucha desdicha.

Ashley pensó acerca del regalo de Navidad que había abierto antes de tiempo, y pensó en la hermana de su amiga, quien no había esperado hasta el matrimonio para disfrutar del don de la intimidad. Ashley no quería cometer ese error; quería seguir el plan de Dios.

¿Y TÚ? Los programas de televisión, los libros y aun algunos amigos a menudo insinúan que si quieres tener relaciones íntimas con el sexo opuesto, eso no tiene nada de malo. ¡Pero están completamente equivocados! La Palabra de Dios te dice que debes esperar hasta casarte. Debes obedecer a Dios y esperar. *J. L. H.*

MEMORIZA: Huye de todo lo que estimule las pasiones juveniles. [...] Disfruta del compañerismo de los que invocan al Señor con un corazón puro. *2 Timoteo 2:22*

20 de diciembre

EL TIEMPO CORRECTO

DE LA BIBLIA:

Después, el SEÑOR Dios dijo: «No es bueno que el hombre esté solo. Haré una ayuda ideal para él». Entonces el SEÑOR Dios formó de la tierra todos los animales salvajes y todas las aves del cielo. Los puso frente al hombre para ver cómo los llamaría, y el hombre escogió un nombre para cada uno de ellos. Puso nombre a todos los animales domésticos, a todas las aves del cielo y a todos los animales salvajes; pero aún no había una ayuda ideal para él. Entonces el SEÑOR Dios hizo que el hombre cayera en un profundo sueño. Mientras el hombre dormía, el SEÑOR Dios le sacó una de sus costillas y cerró la abertura. Entonces el SEÑOR Dios hizo de la costilla a una mujer, y la presentó al hombre.

«¡Al fin! —exclamó el hombre—.

¡Esta es hueso de mis huesos y carne de mi carne! Ella será llamada "mujer" porque fue tomada del hombre».

Esto explica por qué el hombre deja a su padre y a su madre, y se une a su esposa, y los dos se convierten en uno solo.

Ahora bien, el hombre y su esposa estaban desnudos, pero no sentían vergüenza.

GÉNESIS 2:18-25

Mantén tu cuerpo puro

21 de diciembre

COMÚN Y CORRIENTE, PERO BONITO

DE LA BIBLIA:

[Dios] nos ha dado a cada uno de nosotros un don especial mediante la generosidad de Cristo. Por eso las Escrituras dicen:

«Cuando ascendió a las alturas, se llevó a una multitud de cautivos y dio dones a su pueblo».

Fíjense que dice «ascendió». Sin duda, eso significa que Cristo también descendió a este mundo inferior. Y el que descendió es el mismo que ascendió por encima de todos los cielos, a fin de llenar la totalidad del universo con su presencia.

Ahora bien, Cristo dio los siguientes dones a la iglesia: los apóstoles, los profetas, los evangelistas, y los pastores y maestros. Ellos tienen la responsabilidad de preparar al pueblo de Dios para que lleve a cabo la obra de Dios y edifique la iglesia, es decir, el cuerpo de Cristo.

EFESIOS 4:7-12

Tú eres importante

—QUISIERA CANTAR O actuar en el programa de Navidad —dijo Ángela—. Me gustaría ser importante, ser una persona necesitada, en lugar de solo estar encargada de planchar esos tontos disfraces.

—Tú *eres* importante y necesaria —le respondió su mamá—. Pero parece que has determinado no creerlo. Bueno, es mejor que vaya a preparar la cena.

—Yo voy a poner la mesa —ofreció Ángela—. Mamá, ¿podemos usar nuestras bonitas copas de cristal esta noche?

—Claro que sí —le dijo mamá—. Pero primero llévale esta comida que le preparé a la señora Jenkins, y pasa un tiempo con ella también. Te digo lo que haremos. Yo voy a poner la mesa hoy. Pero asegúrate de estar de vuelta a las 7:00.

Cuando Ángela regresó a su casa, la familia se estaba sentando a la mesa para cenar. Ella se sentó y se sorprendió de ver dos copas de cristal en cada lugar, pero no había platos.

Después de que papá le diera gracias al Señor, la madre le pasó una fuente a Ángela.

—Sírvete —le dijo. Ángela tomó la fuente.

—¿Dónde están los platos? —preguntó.

—Oh —dijo mamá—, las copas son muy bonitas, y pensé que hoy solo usaríamos copas.

—Pero no son apropiadas para ponerles comida —protestó Ángela.

—Entonces admites que necesitamos diferentes utensilios y recipientes para cosas distintas, ¿no es verdad? —dijo mamá—. Eso es lo que yo estaba tratando de decirte hace un rato. En el reino de Dios las personas son como los utensilios, que son todas diferentes. Dios necesita personas que canten, otras que prediquen y otras que puedan ir a visitar a personas solitarias. Algunos de esos trabajos tal vez parezcan más "bonitos" que otros, pero cada uno de ellos es importante.

—Me doy cuenta de lo que quieres decir —dijo Ángela—. Y ahora, los platos comunes y corrientes me parecen muy "bonitos" a mí.

¿Y TÚ? ¿Sientes que las cosas que te piden que hagas para el Señor son cosas sin importancia? Eso no es verdad. No hay ninguna tarea sin importancia cuando es algo que se hace para el Señor. *H. W. M.*

MEMORIZA: Si te mantienes puro, serás un utensilio especial para uso honorable. *2 Timoteo 2:21*

HECHO PARA SER USADO

AMBER SE APRESURÓ a contestar el teléfono. Era el director de música de la iglesia que quería que ella cantara un solo en el programa de Navidad.

—No... no puedo —tartamudeó Amber.

—Tienes una voz muy linda —le dijo el señor Bell—. Sería muy bonito tenerte en el programa.

—¿Y si cometo un error o si la voz me falla? No quiero pasar vergüenza delante de la iglesia —dijo Amber—. Voy a cantar cuando sea más grande.

—Espero que cambies tu manera de pensar —le dijo el señor Bell—. Espero que no decidas poner tu voz en un estante ahora.

Amber se sintió desconcertada por ese comentario, y después de colgar le preguntó a su madre qué había querido decir él. Ella le dijo que podían hablar sobre eso más tarde.

Amber volvió a lo que estaba tejiendo. Le estaba dando los toques finales a una bufanda para su abuela. Mamá vino y la admiró.

—Es muy bonita —dijo ella—. Supongo que la abuela la va a poner en un estante de su ropero para que se mantenga siempre así.

Amber se sobresaltó.

—Tejí esta bufanda para que la abuela la use, no para que la ponga en un lugar donde nadie la pueda ver.

—Me doy cuenta —Mamá asintió—. Te sentirías herida si ella no la usara, ¿no es verdad?

—Sí, creo que sí —admitió Amber—. Pero ¿por qué no la usaría ella?

—Estoy segura de que ella la va a usar —dijo mamá—. Pero esta conversación me hace recordar la conversación que tuviste con el señor Bell. Dios te ha dado a ti un talento especial para que lo uses, y no para que lo guardes.

—Nunca había pensado en eso —dijo Amber lentamente—. Creo que voy a llamar al señor Bell. Tal vez no sea demasiado tarde para decirle que quiero cantar el solo.

¿Y TÚ? ¿Rehúsas usar tus talentos por temor a fracasar? ¿O porque estás demasiado ocupado? ¿O porque no tienes ganas de usarlos? Dios quiere usarte. No lo defraudes. *J. L. H.*

MEMORIZA: Los nuestros tienen que aprender a hacer el bien al satisfacer las necesidades urgentes de otros; entonces no serán personas improductivas. *Tito 3:14*

DE LA BIBLIA:

También el reino del cielo puede ilustrarse mediante la historia de un hombre que tenía que emprender un largo viaje. Reunió a sus siervos y les confió su dinero mientras estuviera ausente. Lo dividió en proporción a las capacidades de cada uno. Al primero le dio cinco bolsas de plata; al segundo, dos bolsas de plata; al último, una bolsa de plata. Luego se fue de viaje.

»El siervo que recibió las cinco bolsas de plata comenzó a invertir el dinero y ganó cinco más. [...]

Después de mucho tiempo, el amo regresó de su viaje y los llamó para que rindieran cuenta de cómo habían usado su dinero. El siervo al cual le había confiado las cinco bolsas de plata se presentó con cinco más y dijo: "Amo, usted me dio cinco bolsas de plata para invertir, y he ganado cinco más".

El amo lo llenó de elogios. "Bien hecho, mi buen siervo fiel. Has sido fiel en administrar esta pequeña cantidad, así que ahora te daré muchas más responsabilidades. ¡Ven a celebrar conmigo!" MATEO 25:14-21

Usa tus talentos

23 de diciembre

REQUIERE PRÁCTICA

DE LA BIBLIA:

Tus leyes son maravillosas.
* ¡Con razón las obedezco!*
La enseñanza de tu palabra da luz,
* de modo que hasta los simples*
* pueden entender.*
Abro la boca y jadeo
* anhelando tus mandatos.*
Ven y muéstrame tu misericordia,
* como lo haces con todos los que*
* aman tu nombre.*
Guía mis pasos conforme a tu
* palabra,*
* para que no me domine el mal.*
Rescátame de la opresión de la
* gente malvada,*
* entonces podré obedecer tus*
* mandamientos.*
Mírame con amor;
* enséñame tus decretos.*
Torrentes de lágrimas brotan de
* mis ojos,*
* porque la gente desobedece tus*
* enseñanzas.*
SALMO 119:129-136

Lee la Biblia en forma regular

JACOB SE QUEJÓ mientras se levantaba de la nieve. Él había ahorrado dinero y había rogado que lo dejaran ir a esquiar con su hermano mayor, Jared.

«Por supuesto que puedes venir conmigo, pero te advierto que no es algo tan fácil como parece», le había dicho su hermano con una sonrisa. Jacob descubrió eso con mucha rapidez.

—Voy a dejar de esquiar —dijo Jacob con el ceño fruncido después de haberse caído muchísimas veces.

—Escucha —le dijo Jared—. Tu boleto de entrada incluye algunas lecciones para principiantes. Están a punto de comenzar la clase. ¿Por qué no vas y te unes a ellos?

El instructor de esquiar les explicó algunos de los movimientos básicos. Luego fueron a la pista de novatos. El instructor colocó una vara larga frente a Jacob para que se afirmara en ella hasta que se sintiera un poco más seguro. «Oye, esto es divertido —gritó Jacob mientras Jared lo observaba desde un costado de la pista—. Creo que estoy listo para la colina grande. —En ese instante perdió el equilibrio y cayó de costado sobre la nieve—. Está bien, tendré que tomar algunas lecciones más», dijo Jacob haciendo una mueca.

Camino de regreso a su casa, Jared le dio a su hermano una palmadita en la espalda.

«Aprender a esquiar bien es como aprender a entender mejor la Biblia —dijo Jared—. ¿No me dijiste el otro día que no estabas sacando mucho de la lectura de la Biblia?»

Jacob asintió.

«La práctica es lo que ayuda —dijo Jared—. Cuanto más esquíes, tanto mejor esquiarás. Y cuanto más leas la Biblia, tanto mejor la vas a entender».

¿Y TÚ? ¿Te has sentido desalentado en cuanto a la lectura de la Biblia? No comiences en las «colinas más altas». Lee los Evangelios y las Epístolas antes de leer los libros sobre profecía. Pasa tiempo meditando en unos cuantos versículos cada día y verás que cuanto más leas, entenderás mejor lo que lees. *C. Vm.*

MEMORIZA: La enseñanza de tu palabra da luz, de modo que hasta los simples pueden entender. *Salmo 119:130*

EN LA NOCHEBUENA, la mamá de Tasha tenía a la pequeña Ana en sus rodillas mientras el abuelo leía de la Biblia acerca del nacimiento de Jesús. Tasha dejó vagar la mente mientras el abuelo leía acerca de los ángeles, los pastores y los reyes magos. Esa sería la primera Navidad de la pequeña Ana, y Tasha casi no podía esperar para ver la emoción de la niña cuando se abrieran los regalos. Ella sabía que la muñeca que le había comprado junto con Travis le gustaría mucho a Ana.

Cuando el abuelo terminó de leer, papá oró dándole gracias a Dios por el Salvador quien vino para darles la vida eterna. Entonces Tasha y Travis entregaron los regalos. «Abre tus regalos, Ana», le dijo Travis. Ana no parecía saber qué debía hacer. Lo único que hizo fue mirar el brillante papel que envolvía sus regalos. «Mira, ábrelos así», le dijo Tasha mientras sacaba una de las cintas. Ana tomó la cinta y se la puso en la boca.

Travis y Tasha comenzaron a desenvolver los regalos. Tasha puso la muñeca sobre las rodillas de Ana. «Bebé lindo», dijo Tasha. Ana dejó caer la muñeca y extendió las manos hacia el papel de envoltura. Se rió mientras estrujaba el papel en sus manos y trataba de envolver las cintas en su cabeza.

—¡Qué desilusión! —exclamó Travis—. Le damos un regalo lindo, y ella no le da importancia.

—Los envoltorios brillantes y los adornos la han distraído —dijo mamá.

—Me pregunto si Dios no se siente así de desilusionado con nosotros en la Navidad —comentó el abuelo.

—¿Y por qué? —le preguntó Travis sorprendido.

—Dios envió a Jesús para salvarnos de nuestros pecados —le dijo el abuelo—. Él es el verdadero regalo de la Navidad, pero muchas personas lo pasan por alto. Se distraen con los adornos de la Navidad, como los regalos, las luces y todas esas cosas. Ignoran al Salvador.

¿Y TÚ? ¿Qué significa la Navidad para ti? ¿Adoras a Cristo durante la Navidad, o te dejas llevar por todos los «adornos»? Cristo es el regalo perfecto. Él le da significado a nuestra vida *J. L. H.*

MEMORIZA: ¡Gracias a Dios por este don que es tan maravilloso que no puede describirse con palabras! *2 Corintios 9:15*

24 de diciembre

EL VERDADERO REGALO

DE LA BIBLIA:

Este es el relato de cómo nació Jesús el Mesías. Su madre, María, estaba comprometida para casarse con José, pero antes de que la boda se realizara, mientras todavía era virgen, quedó embarazada mediante el poder del Espíritu Santo. José, su prometido, era un hombre bueno y no quiso avergonzarla en público; por lo tanto, decidió romper el compromiso en privado.

Mientras consideraba esa posibilidad, un ángel del Señor se le apareció en un sueño. «José, hijo de David —le dijo el ángel—, no tengas miedo de recibir a María por esposa, porque el niño que lleva dentro de ella fue concebido por el Espíritu Santo. Y tendrá un hijo y lo llamarás Jesús, porque él salvará a su pueblo de sus pecados».

Todo esto sucedió para que se cumpliera el mensaje del Señor a través de su profeta:

«¡Miren! ¡La virgen concebirá un niño!
Dará a luz un hijo,
y lo llamarán Emanuel,
que significa "Dios está con nosotros"».
MATEO 1:18-23

Dale honor al verdadero regalo

25 de diciembre

LA MISMA HISTORIA DE SIEMPRE

DE LA BIBLIA:

Mientras estaban allí, llegó el momento para que naciera el bebé. María dio a luz a su primer hijo, un varón. Lo envolvió en tiras de tela y lo acostó en un pesebre, porque no había alojamiento disponible para ellos.

Esa noche había unos pastores en los campos cercanos, que estaban cuidando sus rebaños de ovejas. De repente, apareció entre ellos un ángel del Señor, y el resplandor de la gloria del Señor los rodeó. Los pastores estaban aterrados, pero el ángel los tranquilizó. «No tengan miedo —dijo—. Les traigo buenas noticias que darán gran alegría a toda la gente. ¡El Salvador —sí, el Mesías, el Señor— ha nacido hoy en Belén, la ciudad de David! Y lo reconocerán por la siguiente señal: encontrarán a un niño envuelto en tiras de tela, acostado en un pesebre».

LUCAS 2:6-12

Dale gracias a Dios por el nacimiento de Cristo

—HOY —LES DIJO la señora Peters a sus alumnos de la escuela dominical— vamos a repasar el registro del nacimiento de Cristo, así que busquen en sus Biblias el segundo capítulo de Lucas.

Manuel abrió su Biblia, pero no siguió escuchando la voz de su maestra. Durante la semana pasada él había escuchado la historia de la Navidad en su club de niños, y la había visto en un programa en la televisión. Así que en cambio, Manuel pensó en la bicicleta que le habían regalado en la Navidad.

Cuando la clase terminó, Manuel caminó al auditorio de la iglesia con Kyle, quien estaba asistiendo a la iglesia desde hacía solo unos meses.

—¡Guau! ¡Qué historia tan maravillosa! —exclamó Kyle.

Manuel lo miró con sorpresa.

—¡Yo la he escuchado cientos de veces!

—Bueno, yo también la he escuchado —dijo Kyle—, pero esta es la primera Navidad desde que soy creyente, así que es el primer año que realmente entiendo su significado. ¡Piensa, Manuel! ¡Jesús vino a la tierra por ti y por mí! Dios nos debe haber amado mucho para enviar a su único Hijo para morir por nosotros.

Manuel se sentó en una de las bancas y pensó en las palabras de Kyle. Sí, él entendía lo que había hecho Dios. Sabía esa historia casi de memoria, pero ya no se sentía emocionado por eso. Ahora, de nuevo Manuel abrió su Biblia en el segundo capítulo de Lucas. Él iba a leer eso mientras esperaba que comenzara el servicio de la iglesia.

¿Y TÚ? Cuando escuchas la historia de la Navidad, ¿tienes la actitud de «ya escuché todo eso antes»? ¿No le das importancia al nacimiento de Cristo porque es algo que has oído muchas veces? La historia de Belén debería emocionarte cada vez que la escuchas. Si Cristo no hubiera venido, tú no tendrías un Salvador. Lee esos versículos de nuevo, y piensa detenidamente en ese maravilloso nacimiento que sucedió hace tanto tiempo. Luego dale gracias a Dios por Jesús. *L. M. W.*

MEMORIZA: Pues el Todopoderoso es santo y ha hecho grandes cosas por mí. *Lucas 1:49*

UNA RESPUESTA INESPERADA

LA NAVIDAD YA había pasado. Alan miró los regalos abiertos debajo del árbol. La mayoría eran cosas prácticas, porque su padre había estado sin trabajo por un tiempo.

—Dios ha contestado mis oraciones —dijo el padre—. ¡Mi mejor regalo de Navidad es que Dios me ha provisto un trabajo!

La abuela notó que Alan tenía el ceño fruncido.

—¿Te puedo ayudar con tu problema, Alan? —le preguntó.

—Dios puede haber contestado las oraciones de papá —resopló Alan—, pero ¡no contestó las mías! Oré mucho pidiendo un trineo nuevo, y todo lo que recibí fueron cosas como medias y suéteres. No voy a orar más.

—¿Pudiera ser que no te diste cuenta de la respuesta de Dios? —preguntó la abuela.

Alan se sentó muy derecho.

—¿Hay otro regalo debajo del árbol?

—Eso no es lo que yo quiero decir —le dijo—. ¿Qué pensarías si tu papá no aceptara el trabajo, y luego dijera que no iba a orar nunca más porque Dios no estaba proveyendo para su familia?

Alan se veía disgustado.

—Eso sería una tontería.

—Sí —estuvo de acuerdo la abuela—. Recuerdo que tu mamá me dijo que la señora Brown quería que tú le apalearas la nieve de la entrada de su casa. Me parece que tú estabas demasiado ocupado como para ganar el dinero y comprarte un trineo, y ahora le estás echando la culpa a Dios. ¿No es eso una tontería?

—Dios contestó la oración, ¿no es verdad? —dijo Alan finalmente—. Mejor voy a ver si la señora Brown todavía necesita que la ayude. Tal vez pueda ganar el dinero para comprarme un trineo... ¡para el próximo invierno!

¿Y TÚ? Los versículos bíblicos de hoy nos muestran que a veces Dios contesta una oración dándonos una tarea que debemos hacer. Cornelio no solamente oró; envió a algunos hombres a buscar a Pedro. Cuando oras, debes estar dispuesto a trabajar. *H. W. M.*

MEMORIZA: [Un ángel le dijo a Cornelio:] «¡Tu oración ha sido escuchada, y Dios ha tomado en cuenta tus donativos para los pobres! Ahora, envía mensajeros a Jope y manda a llamar a un hombre llamado Simón Pedro». *Hechos 10:31-32*

DE LA BIBLIA:

En Cesarea vivía un oficial del ejército romano llamado Cornelio, quien era un capitán del regimiento italiano. Era un hombre devoto, temeroso de Dios, igual que todos los de su casa. Daba generosamente a los pobres y oraba a Dios con frecuencia. [...]

Cornelio [le dijo a Pedro]: «Hace cuatro días, yo estaba orando en mi casa como a esta misma hora, las tres de la tarde. De repente, un hombre con ropa resplandeciente se paró delante de mí. Me dijo: "Cornelio, ¡tu oración ha sido escuchada, y Dios ha tomado en cuenta tus donativos para los pobres! Ahora, envía mensajeros a Jope y manda llamar a un hombre llamado Simón Pedro. Está hospedado en la casa de Simón, un curtidor que vive cerca de la orilla del mar". Así que te mandé a llamar de inmediato, y te agradezco que hayas venido. Ahora, estamos todos aquí, delante de Dios, esperando escuchar el mensaje que el Señor te ha dado». HECHOS 10:1-2, 30-33

Ora, y después trabaja

27 de diciembre

NACIDO DE NUEVO Y HUMANO

DE LA BIBLIA:

Con la autoridad del Señor digo lo siguiente: ya no vivan como los que no conocen a Dios, porque ellos están irremediablemente confundidos. Tienen la mente llena de oscuridad; vagan lejos de la vida que Dios ofrece, porque cerraron la mente y endurecieron el corazón hacia él. Han perdido la vergüenza. Viven para los placeres sensuales y practican con gusto toda clase de impureza.

Pero eso no es lo que ustedes aprendieron acerca de Cristo. Ya que han oído sobre Jesús y han conocido la verdad que procede de él, desháganse de su vieja naturaleza pecaminosa y de su antigua manera de vivir, que está corrompida por la sensualidad y el engaño. En cambio, dejen que el Espíritu les renueve los pensamientos y las actitudes. Pónganse la nueva naturaleza, creada para ser a la semejanza de Dios, quien es verdaderamente justo y santo.
EFESIOS 4:17-24

Vive como un creyente

—BUENO, SUPONGO QUE no debería de haberme enojado cuando Kim se cayó y me rayó la bicicleta —admitió David cuando él y su madre volvían del centro en el automóvil—. Pero creo que Dios entiende. Sabe que soy humano.

—Me parece que usas esas palabras como excusa con demasiada frecuencia —observó la mamá—. Las dijiste cuando te olvidaste de hacer tus tareas en la casa, y cuando mentiste acerca de la nota de matemáticas y cuando...

—Pero es cierto —dijo David—. *Soy* humano.

—Pero como creyente, tienes la Palabra de Dios que te enseña un camino mejor —dijo mamá mientras entraba el automóvil por la cochera.

Cuando David y su madre entraron a la casa, vieron la mesa cubierta de los platos sucios del almuerzo. Kim estaba sentada frente al televisor.

—¿No hiciste nada esta tarde? —exigió mamá—. Te pedí que limpiaras la casa.

Kim se encogió de hombros.

—Lo voy a hacer después de que termine este programa.

—Quiero que saques los platos de la mesa y que los laves ahora mismo —le dijo mamá.

—¡Eres una haragana de primera clase! —la regañó David—. Y no consideras todo lo que mamá hace por ti.

—Miren quién habla —dijo Kim mientras se ponía en pie—. Además, solo soy humana, ¿sabes?

David se sobresaltó, y mamá lo miró mientras hablaba. «Yo espero que me obedezcas, Kim, de la misma forma en que Dios espera obediencia de sus hijos. Él nos dice en su Palabra lo que quiere de cada uno de nosotros. Y después de todo lo que ha hecho por nosotros, nada de lo que nos pide es demasiado».

¿Y TÚ? ¿Pones excusas algunas veces por tu comportamiento pecaminoso? Si eres cristiano, ya no eres solamente humano; ahora eres un ser humano que ha nacido de nuevo. Dios espera que seas honesto, que ayudes a los demás, que hagas las cosas con alegría y amabilidad, y que seas humilde. Dios espera que estudies su Palabra y que obedezcas sus mandamientos. Pídele que te ayude a hacer eso. *H. W. M.*

MEMORIZA: Pónganse la nueva naturaleza, creada para ser a la semejanza de Dios, quien es verdaderamente justo y santo. *Efesios 4:24*

—¿QUÉ PUEDO HACER? —gimió Jessica unos pocos días después de la Navidad.

—¿Por qué no juegas con tu nueva muñeca o con algunos de tus juegos de mesa? —le sugirió su mamá.

—Ya hice todas esas cosas —se quejó Jessica.

—Ven y ayúdame a hacer galletitas dulces.

—Mamá —le dijo Jessica haciendo un mohín—, la Navidad ya pasó. ¿Por qué todavía estamos haciendo galletitas?

—Porque las vamos a regalar. —Mamá sonrió—. ¿Recuerdas el sentimiento de cansancio que tuviste hace unos minutos, porque querías hacer algo? Otras personas también se pueden sentir cansadas así, especialmente las que viven en asilos de ancianos, y las que no pueden salir de su casa. Tuvieron mucha atención antes de la Navidad, cuando la gente va a cantar, a presentar programas y a llevarles regalos. Ahora tal vez se sientan solitarias. ¿No te gustaría hacer algo para darles alegría?

—Sí —dijo Jessica—. Voy a preparar una caja de galletitas para esas personas. Será como un regalo después de la Navidad.

Esa noche Jessica le contó a su padre acerca de las personas en el asilo de ancianos.

—¡Estaban tan contentas de vernos! —exclamó—. Un hombre me preguntó por qué nos habíamos molestado en irlos a ver después de la Navidad. Yo le dije que Jesús también lo ama a él *después* de la Navidad. Él dijo que le gustaría saber más acerca de eso. Entonces mamá compartió el evangelio con él, y ¡ese hombre aceptó a Jesús como Salvador! Vamos a ir a verlo de nuevo a él, y a todos los que viven allí.

—¡Eso es maravilloso! —exclamó papá. Tomó su Biblia y la abrió en Lucas 2:15-20—. Ustedes me hacen acordar de los pastores, quienes después de haber visto al bebé Jesús, les hablaron a otras personas sobre eso. Leamos estos versículos juntos.

¿Y TÚ? ¿Puedes pensar en una forma de compartir el amor de Jesús con un amigo? ¿Puedes hacer algo bueno por una persona mayor? Si «has visto a Jesús» —si eres salvo—, comparte eso con otras personas por medio de tus palabras y tus acciones. *H. W. M.*

MEMORIZA: Después de verlo, los pastores contaron a todos lo que había sucedido y lo que el ángel les había dicho acerca del niño. *Lucas 2:17*

GALLETITAS DESPUÉS DE LA NAVIDAD

DE LA BIBLIA:

El pueblo que camina en oscuridad verá una gran luz. Para aquellos que viven en una tierra de densa oscuridad, brillará una luz. [...]

Pues nos ha nacido un niño, un hijo se nos ha dado; el gobierno descansará sobre sus hombros, y será llamado: Consejero Maravilloso, Dios Poderoso, Padre Eterno, Príncipe de Paz. Su gobierno y la paz nunca tendrán fin. Reinará con imparcialidad y justicia desde el trono de su antepasado David por toda la eternidad. ¡El ferviente compromiso del SEÑOR de los Ejércitos Celestiales hará que esto suceda!

ISAÍAS 9:2, 6-7

Proclama el nombre de Jesús

29 de diciembre

RECORDAR CON FACILIDAD

DE LA BIBLIA:

Enséñame tus decretos, oh Señor;
los cumpliré hasta el fin.
Dame entendimiento y obedeceré
tus enseñanzas;
las pondré en práctica con todo
mi corazón.
Hazme andar por el camino
de tus mandatos,
porque allí es donde encuentro
mi felicidad.
Dame entusiasmo por tus leyes
en lugar de amor por el dinero.
Aparta mis ojos de cosas inútiles,
y dame vida mediante tu
palabra.
Confirma a tu siervo tu promesa,
la promesa que hiciste a los que
te temen.
Ayúdame a abandonar mis caminos
vergonzosos,
porque tus ordenanzas son
buenas.
¡Anhelo obedecer tus
mandamientos!
Renueva mi vida con tu bondad.
Señor, concédeme tu amor
inagotable,
la salvación que me prometiste.
Entonces podré responder a los que
se burlan de mí,
porque confío en tu palabra.
SALMO 119:33-42

Aprende la Palabra de Dios

MIENTRAS BRITTANY SE estaba preparando para ir a la escuela dominical, se acordó de estudiar el versículo que tenía que aprender de memoria. Lo leyó de la Biblia, lo repitió varias veces y luego bajó las escaleras con rapidez para ir a desayunar. Pero cuando fue su turno de decirlo en la clase, solo podía recordar algunas palabras. «Esto me pasa todas las veces —se dijo a sí misma entre dientes—. ¿Por qué me resulta tan difícil aprender de memoria los versículos?»

Aquella tarde Brittany escuchó a su hermanito, Antonio, que estaba cantando en la sala. Ella lo encontró ocupado con sus juguetes y cantando a voz en cuello «Cristo me ama». Brittany sonrió.

—Tú sabes todas las palabras de ese corito, ¿no es verdad? —le dijo.

Antonio sonrió.

—Las palabras me vienen una detrás de la otra.

Más tarde, Brittany le contó a su madre lo que Antonio había dicho. Mamá le dijo: «Las palabras le vienen a la mente a Antonio con tanta facilidad porque él las ha escuchado cantar y las ha cantado muchas veces».

Quisiera que mi versículo para aprender de memoria me viniera a la mente con tanta facilidad cuando lo necesito, pensó Brittany mientras se dirigía a su dormitorio. Ella miró hacia donde estaba su Biblia y su libro de trabajo de la escuela dominical. *Creo que he estado tratando de aprender el versículo de forma equivocada. Voy a tratar un nuevo plan para la semana que viene.*

Temprano el lunes de mañana, Brittany comenzó a estudiar su versículo, y lo repitió varias veces al día durante la semana. Pensó en las palabras que estaba diciendo, y le pidió a Dios que la ayudara a entenderlas. El domingo en la mañana, cuando le llegó el turno de decir el versículo, ¡las palabras le vinieron a la mente con mucha facilidad! Su nuevo plan había dado buen resultado.

¿Y TÚ? ¿Encuentras difícil aprender de memoria el versículo que está en tu lección de la escuela dominical? Comienza a estudiarlo el lunes. Y luego cada día repítelo varias veces, piensa en lo que dice y óralo a Dios pidiéndole que te ayude a entenderlo y a recordarlo. Dios con mucho gusto te va a ayudar. *J. A. G.*

MEMORIZA: He guardado tu palabra en mi corazón, para no pecar contra ti. *Salmo 119:11*

JOSUÉ SE PUSO el pijama lo más rápido que pudo, corrió al dormitorio de Elisabet, patinó en la alfombrita que estaba al lado de la cama, y cayó de rodillas al lado de su hermanita. Elisabet puso los ojos en blanco y se rió. ¡Josué siempre llegaba tarde al tiempo de oración antes de acostarse!

Elisabet cerró los ojos y juntó las manos sobre la cama para orar. Josué también juntó las manos y trató de mantener los ojos cerrados. Su madre estaba al lado de ellos. «Querido Señor —oró ella—, por favor, cuida a mis hijos esta noche. Ayúdanos a apreciar lo que tenemos y a no preocuparnos por las cosas que no tenemos. Gracias, Señor, por la salud, la felicidad y la casa que nos das. Ayúdanos a ser amables con los demás». Dos veces la madre tuvo que hacer una pausa mientras esperaba con paciencia a que Josué recogiera algo del suelo y volviera a su posición de oración. Entonces él oró, y después lo hizo Elisabet.

«Gracias por escuchar nuestras oraciones y por estar con nosotros en todo momento —agregó mamá, y terminó diciendo—: En el nombre de Jesús, amén».

Elisabet subió a su cama, y Josué buscó algo a tientas.

—Josué, ¿qué es lo que tienes en la mano? —le preguntó mamá.

Josué le mostró una pequeña llave de metal.

—La llave que asegura mi bicicleta —dijo él—. Me olvidé de guardarla después de asegurar mi bicicleta esta noche.

Mamá sonrió mientras tomaba la llave.

—¿Sabías que la oración también es una llave? Es la llave que nos abre la puerta para llegar al Señor. Cuando oramos, estamos en la presencia de nuestro maravilloso Dios. Así que es importante que prestemos atención.

—¿Dónde está mi llave? —preguntó Elisabet sin haber entendido.

Mamá sonrió.

—Tu llave es tu oración a Dios. No la puedes ver, pero es muy real.

¿Y TÚ? ¿Usas tu «llave» y hablas con Dios? Ahora, que vas a comenzar un nuevo año, hazte el hábito de abrir y cerrar cada día con una oración. *V. L. R.*

MEMORIZA: Mañana, tarde y noche clamo en medio de mi angustia, y el SEÑOR oye mi voz. *Salmo 55:17*

LA LLAVE

DE LA BIBLIA:

Pero tú, cuando ores, apártate a solas, cierra la puerta detrás de ti y ora a tu Padre en privado. Entonces, tu Padre, quien todo lo ve, te recompensará.

Cuando ores, no parlotees de manera interminable como hacen los seguidores de otras religiones. Piensan que sus oraciones recibirán respuesta solo por repetir las mismas palabras una y otra vez. No seas como ellos, porque tu Padre sabe exactamente lo que necesitas, incluso antes de que se lo pidas. Ora de la siguiente manera:

*Padre nuestro que estás en el cielo,
que sea siempre santo tu
nombre.
Que tu reino venga pronto.
Que se cumpla tu voluntad en
la tierra
como se cumple en el cielo.
Danos hoy el alimento que
necesitamos,
y perdónanos nuestros pecados,
así como hemos perdonado a los
que pecan contra nosotros.
No permitas que cedamos ante la
tentación,
sino rescátanos del maligno.*

MATEO 6:6-13

*La oración es una
llave para llegar
a Dios*

31 de diciembre

SACA DE TU VIDA TODO LO QUE NO SIRVE

DE LA BIBLIA:

Así que hemos dejado de evaluar a otros desde el punto de vista humano. En un tiempo, pensábamos de Cristo solo desde un punto de vista humano. ¡Qué tan diferente lo conocemos ahora! Esto significa que todo el que pertenece a Cristo se ha convertido en una persona nueva. La vida antigua ha pasado, ¡una nueva vida ha comenzado!

Y todo esto es un regalo de Dios, quien nos trajo de vuelta a sí mismo por medio de Cristo. Y Dios nos ha dado la tarea de reconciliar a la gente con él. Pues Dios estaba en Cristo reconciliando al mundo consigo mismo, no tomando más en cuenta el pecado de la gente. Y nos dio a nosotros este maravilloso mensaje de reconciliación. Así que somos embajadores de Cristo; Dios hace su llamado por medio de nosotros. Hablamos en nombre de Cristo cuando les rogamos: «¡Vuelvan a Dios!». Pues Dios hizo que Cristo, quien nunca pecó, fuera la ofrenda por nuestro pecado, para que nosotros pudiéramos estar en una relación correcta con Dios por medio de Cristo.

2 CORINTIOS 5:16-21

Quita todos los hábitos pecaminosos de tu vida

—FÍJATE, PAPÁ, esta noche no nos tenemos que acostar hasta la una de la madrugada —exclamó Mario mientras le hablaba a su padre sobre la fiesta que su clase de la escuela dominical tendría esa noche.

—Me suena fantástico —le dijo su padre—. ¿Te he hablado alguna vez de una celebración de Año Nuevo que tuvimos cuando yo era niño en Italia?

—¿Tuvieron un desfile? —le preguntó Mario.

—Sí, y también fuegos artificiales —dijo papá—. Entonces a medida que se aproximaba la medianoche, la gente juntó todas las cosas que no querían tener más. Había una costumbre de Año Nuevo de tirar todas las cosas viejas para hacer lugar para las nuevas, así que lo que hacían era tirarlas por la ventana a la vereda.

—Espero que nadie haya estado parado debajo de esas ventanas —se rió Mario.

Papá sonrió.

—Podemos aprender una lección de esa costumbre —dijo él pensativamente—. La Biblia dice que cuando aceptamos a Cristo, "La antigua vida ha pasado, ¡una nueva vida ha comenzado!". Pero a veces tratamos de comenzar esa nueva vida de hábitos cristianos, como son orar, asistir a la iglesia y testificar, sin asegurarnos de haber dejado nuestros antiguos hábitos pecaminosos. Dios no nos puede ayudar a crecer en la vida cristiana hasta que no hayamos abandonado las cosas viejas.

Mario estaba pensativo.

—Una de las cosas que tengo que "tirar" es mi pecado de ser perezoso.

Papá sonrió.

—Hagamos cada uno una lista de las cosas antiguas que tenemos que "tirar".

¿Y TÚ? ¿Te preguntas a veces por qué es tan difícil formarse buenos hábitos o crecer como creyente? Tal vez hay cosas "que no sirven" en tu vida y que las debes "tirar". Tal vez sea una colección de discos compactos, los cigarrillos o las drogas. O tal vez sea un pecado como el enojo o la envidia. Si lo sacas de tu vida, ¡Dios te dará algo nuevo y mucho mejor! *S. L. K.*

MEMORIZA: Todo el que pertenece a Cristo se ha convertido en una persona nueva. La vida antigua ha pasado, ¡una nueva vida ha comenzado! *2 Corintios 5:17*

Fumar
28 de agosto

Gozo, contentamiento
9 de marzo; 11 de septiembre; 6 de noviembre

Grandeza de Dios, la
4 de diciembre

Hermanos y hermanas
26 de noviembre

Himnos
29 de julio; 19 de diciembre

Iglesia, comportamiento en la
12, 13 de enero; 1 de julio; 13 de noviembre

Impuestos
6 de febrero

Madrastras
12 de mayo

Mentir
28 de noviembre

Militares, patriotismo
27 de mayo; 4 de julio

Misiones
11 de enero; 7 de marzo

Mudarse a otra ciudad
15 de agosto

Muerte de un ser querido
3, 28 de febrero; 13, 27 de abril

Muerte, temor a la
19 de octubre

Música rock
29 de enero; 6 de junio; 15 de diciembre

Niños
14 de octubre

Obedecer a Dios
16 de febrero; 4 de marzo; 28 de abril; 31 de agosto; 4 de octubre; 2, 25 de noviembre

Ocultismo
18 de septiembre; 11 de diciembre

Ofrendas
18 de octubre

Oración
30 de enero; 13 de febrero; 7 de abril; 9 de mayo; 3, 13, 27 de junio; 20 de agosto; 12, 24 de septiembre; 26, 30 de diciembre

Paciencia en las tribulaciones, confianza en Dios
24 de enero; 5, 21 de febrero; 3, 18 de marzo; 2 de abril; 29 de mayo; 4, 5, 12, 19, 23 de agosto; 12 de septiembre; 8 de octubre; 5 de noviembre; 5, 7, 16 de diciembre

Pacificadores
24, 25 de octubre

Padres, amor y respeto por los
17 de febrero; 10, 11, 14 de mayo; 10, 16, 17 de junio; 6 de agosto; 5 de septiembre

Pastores
20 de noviembre

Pecado en nuestra vida
9, 23 de enero; 1 de febrero; 28, 29 de marzo; 29 de abril; 5, 13 de mayo; 30 de julio; 7, 26, 27 de agosto; 3 de septiembre; 3, 7, 9, 12, 13, 28 de octubre; 10 de noviembre; 3, 27, 31 de diciembre

Películas
14 de diciembre

Perdón
3 de enero; 23 de marzo; 21 de agosto; 16 de octubre; 7 de noviembre

Personas con discapacidades físicas
23 de febrero

Personas mayores
17 de mayo

Prejuicio, juzgar, criticismo
25, 26 de enero; 15, 22, 26 de febrero; 13, 30 de marzo; 12 de abril; 31 de mayo; 8, 9 de agosto; 4, 13 de septiembre; 6, 17, 26, 27 de octubre; 14, 17 de noviembre; 8 de diciembre

Prójimo, amor al
26 de junio

Promesas, cumplir las
14 de enero; 24 de agosto; 15 de octubre

Propaganda
16 de marzo

Recursos, pérdida de entradas familiares o
22 de noviembre

Sacando conclusiones equivocadas
9 de febrero

Salvación, el don de la
27 de febrero; 8, 20 de marzo; 1 de mayo; 15, 18 de junio; 22, 23 de septiembre; 5 de octubre

Sanando a la gente que sufre
5 de abril

Segunda venida de Jesús
25 de junio; 29 de agosto; 21 de octubre

Sexualidad
2 de febrero; 20 de diciembre

Siervo
15, 28, 31 de enero; 29 de febrero; 21 de marzo; 8, 10 de abril; 23, 25, 30 de mayo; 22, 23 de junio; 8, 15, 21, 24, 25, 26 de julio; 1 de septiembre; 1, 18 de noviembre; 6, 8, 21, 22 de diciembre

Sueños
3 de noviembre

Suicidio
11 de agosto

Tareas escolares
9 de septiembre

Televisión, controlando lo que se ve en la
4 de enero; 25 de febrero

Tentaciones, mundanalidad
5, 7, 16, 19, 21 de enero; 7 de febrero; 11 de marzo; 26 de abril; 16, 20, 21, 24 de mayo; 11, 12 de junio; 7, 9 de julio; 14 de agosto; 6, 26 de septiembre; 20 de octubre; 8, 15, 27 de noviembre

Terminando lo que comenzamos
27 de enero

Testificar
14, 17 de marzo; 1, 4, 9, 11 de abril; 8, 22 de mayo; 7, 24, 30 de junio; 3, 11, 16, 19, 22, 23 de julio; 10, 16, 22 de agosto; 1, 30, 31 de octubre; 11, 16 de noviembre; 28 de diciembre

Trinidad, la
25, 26, 27 de marzo

Proverbios 4:14-23	*7 de febrero*	Mateo 10:29-31	*18 de septiembre*
Proverbios 6:12-19	*25 de octubre*	Mateo 11:25-30	*13 de octubre*
Proverbios 10:18-21, 31-32	*13 de julio*	Mateo 12:34-37	*31 de julio*
Proverbios 11:9-13	*17 de noviembre*	Mateo 14:25-33	*1 de diciembre*
Proverbios 12:17-22	*28 de noviembre*	Mateo 17:24-27	*6 de febrero*
Proverbios 14:16-17	*10 de diciembre*	Mateo 20:25-28	*31 de enero*
Proverbios 15:1-4	*29 de octubre*	Mateo 21:12-15	*21 de abril*
Proverbios 16:7, 20-24	*13 de septiembre*	Mateo 21:28-32	*14 de enero*
Proverbios 18:6-8, 21, 24	*2 de junio*	Mateo 21:33-40	*30 de agosto*
Proverbios 19:11-12	*10 de diciembre*	Mateo 22:34-40	*26 de junio*
Proverbios 26:17-22	*26 de octubre*	Mateo 25:14-15, 19-21	*22 de abril,*
Proverbios 27:1-2	*22 de agosto*		*8 de junio*
Proverbios 28:13-14	*3 de septiembre*	Mateo 25:14-23	*22 de diciembre*
Proverbios 31:30-31	*25 de agosto*	Mateo 25:34-40	*20 de abril*
Eclesiastés 3:1-8	*22 de marzo,*	Marcos 9:33-35	*20 de noviembre*
	21 de agosto	Lucas 2:6-12	*25 de diciembre*
Eclesiastés 4:9-12	*6 de diciembre*	Lucas 6:31-38	*6 de octubre*
Eclesiastés 5:1-7	*12 de enero*	Lucas 6:36-38	*12 de abril*
Isaías 9:2, 6-7	*28 de diciembre*	Lucas 8:5-8, 11-15	*14 de marzo*
Isaías 35:8-10	*27 de noviembre*	Lucas 9:23-26	*22 de mayo,*
Isaías 43:1-3	*23 de agosto,*		*24 de junio*
	12 de noviembre	Lucas 10:30-37	*10 de julio*
Isaías 46:9-11	*5 de febrero,*	Lucas 11:5-8	*9 de mayo*
	5 de diciembre	Lucas 14:18-24	*11 de abril*
Isaías 47:8-14	*11 de diciembre*	Lucas 16:10-12	*23 de mayo*
Isaías 53:3-6	*3 de mayo*	Lucas 17:11-15	*24 de septiembre*
Isaías 55:1-3, 10-11	*15 de mayo*	Lucas 18:9-14	*17 de diciembre*
Isaías 55:8-13	*3 de febrero*	Lucas 21:1-4	*23 de junio*
Isaías 57:15	*22 de octubre*	Juan 1:1-12	*25 de marzo*
Isaías 61:1-3, 10	*6 de noviembre*	Juan 1:5-10	*9 de junio*
Jeremías 1:1-2, 4-9	*22 de junio*	Juan 3:1-7	*18 de junio,*
Jeremías 1:5-10	*29 de septiembre*		*20 de septiembre*
Jeremías 17:5-10	*31 de octubre*	Juan 3:14-18	*19 de julio*
Jeremías 18:1-6	*12 de febrero*	Juan 6:53-58	*19 de enero*
Lamentaciones 3:22-26	*12 de julio*	Juan 8:30-36	*24 de mayo*
Ezequiel 3:17-19	*11 de julio*	Juan 10:1-11	*17 de julio*
Daniel 1:1, 3-6, 8	*7 de enero*	Juan 10:7-10	*22 de septiembre*
Daniel 4:17	*18 de mayo*	Juan 10:27-30	*20 de marzo*
Amós 7:7-8	*14 de noviembre*	Juan 14:23-25	*20 de junio*
Malaquías 1:6-10	*30 de noviembre*	Juan 15:1-5	*25 de julio*
Mateo 1:18-23	*24 de diciembre*	Juan 15:1-8	*7 de septiembre*
Mateo 4:17-22	*3 de julio*	Juan 16:12-13	*26 de marzo*
Mateo 5:1-10	*24 de octubre*	Juan 17:14-19	*7 de julio*
Mateo 5:13-16	*9 de abril,*	Hechos 1:6-8	*23 de julio*
	30 de junio	Hechos 9:36-39	*30 de octubre*
Mateo 5:21-24	*28 de junio*	Hechos 10:1-2, 30-33	*26 de diciembre*
Mateo 5:23-24	*2 de enero*	Hechos 10:25-28	*25 de enero*
Mateo 5:38-42	*15 de julio*	Hechos 13:6-11	*4 de abril*
Mateo 6:1-4	*24 de julio,*	Hechos 16:22-28	*8 de septiembre*
	18 de octubre	Hechos 17:24-28	*28 de septiembre*
Mateo 6:1-6	*4 de marzo*	Romanos 1:18-22, 24-25	*2 de octubre*
Mateo 6:5-8	*3 de junio*	Romanos 4:4-8	*27 de febrero*
Mateo 6:6-13	*30 de diciembre*	Romanos 5:1-5	*7 de diciembre*
Mateo 6:9	*22 de octubre*	Romanos 5:3-5	*19 de abril*
Mateo 7:1-5	*9 de agosto*	Romanos 5:7-9	*23 de septiembre*
Mateo 7:1-5, 12	*26 de febrero*	Romanos 6:20-23	*12 de junio*
Mateo 7:7-11	*16 de febrero*	Romanos 8:2-7	*28 de enero*
Mateo 7:13-14, 21-23	*11 de febrero*	Romanos 8:26-28	*27 de junio*

Romanos 8:26-31	24 de enero	Efesios 4:30	17 de octubre
Romanos 8:31-39	20 de julio	Efesios 5:1-2, 8-13	1 de abril
Romanos 10:8-13	6 de marzo	Efesios 5:2	17 de octubre
Romanos 10:13-15	19 de marzo	Efesios 5:25-27	6 de julio
Romanos 12:1-2, 21	8 de noviembre	Efesios 6:10-18	7 de octubre
Romanos 12:3-8	5 de abril	Efesios 6:18-20	22 de julio
Romanos 12:5-10	25 de mayo	Filipenses 1:3-6, 9-11	19 de febrero
Romanos 12:9-16	29 de marzo	Filipenses 1:3-7	11 de enero
Romanos 12:14-21	27 de octubre	Filipenses 1:9-11	8 de mayo
Romanos 12:17-21	23 de marzo	Filipenses 2:1-4	9 de noviembre
Romanos 13:1-5	3 de abril	Filipenses 2:14-18	21 de febrero
Romanos 13:1-6	27 de mayo,	Filipenses 2:5-11	1 de septiembre
	14 de septiembre	Filipenses 2:14-16	16 de julio
Romanos 13:7-8	4 de junio	Filipenses 2:14-18	11 de septiembre
Romanos 13:11-14	26 de abril	Filipenses 3:5-10	4 de mayo
Romanos 14:8-13	4 de septiembre	Filipenses 4:4	17 de abril
Romanos 14:10-13	26 de enero,	Filipenses 4:4-7	12 de septiembre
	7 de agosto	Filipenses 4:4-9	9 de marzo
Romanos 15:1-7	22 de enero	Filipenses 4:5	24 de abril
1 Corintios 2:7-12	15 de abril	Filipenses 4:6-7, 11-13	18 de enero
1 Corintios 3:1-5	17 de enero	Filipenses 4:6-9	18 de abril
1 Corintios 3:5-11	17 de marzo	Filipenses 4:11-13	2 de diciembre
1 Corintios 3:9-15	31 de agosto	Colosenses 1:9-14	7 de mayo
1 Corintios 3:11-15	13 de agosto,	Colosenses 3:1-4	6 de septiembre
	9 de septiembre	Colosenses 3:1-10	14 de diciembre
1 Corintios 3:16-21	28 de agosto	Colosenses 3:8-16	14 de junio
1 Corintios 6:15-20	20 de octubre	Colosenses 3:12-17	20 de mayo,
1 Corintios 6:19-20	16 de marzo		10 de agosto,
1 Corintios 9:19-23	7 de marzo		15 de octubre
1 Corintios 9:25-27	24 de abril	Colosenses 3:15	18 de abril
1 Corintios 10:12-13	5 de enero	Colosenses 3:20-25	14 de mayo
1 Corintios 11:23-26	28 de mayo	1 Tesalonicenses 1:5-9	16 de noviembre
1 Corintios 12:4-11	10 de octubre	1 Tesalonicenses 4:9-12	29 de febrero
1 Corintios 12:14-22	4 de octubre	1 Tesalonicenses 5:14-23	6 de abril,
1 Corintios 12:18-26	26 de julio		14 de agosto
1 Corintios 12:20-27	14 de abril	2 Tesalonicenses 3:6-13	1 de noviembre
1 Corintios 13:4-8, 11-13	16 de abril	1 Timoteo 4:9-13	19 de septiembre
1 Corintios 13:9-13	27 de marzo	1 Timoteo 4:11-16	31 de marzo,
1 Corintios 15:57-58	4 de noviembre		28 de julio
2 Corintios 1:3-7	27 de abril	1 Timoteo 5:1-4	17 de febrero
2 Corintios 2:9-11, 14-15	28 de marzo	1 Timoteo 6:6-8	18 de julio
2 Corintios 3:1-6	11 de noviembre	1 Timoteo 6:6-10	2 de septiembre
2 Corintios 5:1, 6-8	28 de febrero	1 Timoteo 6:6-11	17 de septiembre
2 Corintios 5:1-2	13 de abril	1 Timoteo 6:6-12	18 de febrero
2 Corintios 5:1-7	30 de abril	2 Timoteo 2:3-4	16 de mayo
2 Corintios 5:1-8	19 de octubre	2 Timoteo 2:19-22	20 de febrero,
2 Corintios 5:16-21	31 de diciembre		11 de junio
2 Corintios 6:14–7:1	15 de noviembre	2 Timoteo 2:24	23 de abril
2 Corintios 10:1-4	28 de octubre	2 Timoteo 3:14-17	10 de febrero
2 Corintios 10:17-18	22 de agosto	2 Timoteo 4:6-8	17 de mayo
Gálatas 3:26-29	10 de septiembre	2 Timoteo 4:7-8	27 de enero
Gálatas 6:1-6	25 de abril	Tito 2:1-8	14 de octubre
Gálatas 6:7-10	3 de octubre	Tito 3:1-8	1 de mayo
Efesios 1:3-8	16 de enero	Tito 3:3-7	15 de junio
Efesios 2:1, 4-10	8 de marzo	Tito 3:5-7	5 de octubre
Efesios 2:4-10	21 de julio	Hebreos 2:1-4	1 de julio
Efesios 4:7-12	21 de diciembre	Hebreos 2:14-18	16 de diciembre
Efesios 4:17-24	27 de diciembre	Hebreos 3:7-10, 12-13	8 de enero

Hebreos 5:12-14	*5 de marzo, 30 de septiembre*	1 Pedro 1:22–2:3	*25 de septiembre*
		1 Pedro 1:25–2:5	*13 de noviembre*
Hebreos 6:9-12	*29 de noviembre*	1 Pedro 2:1-3	*25 de septiembre*
Hebreos 9:11-14	*27 de agosto*	1 Pedro 2:1-5	*24 de febrero*
Hebreos 10:19-25	*8 de febrero*	1 Pedro 2:13-17	*21 de junio*
Hebreos 11:3	*26 de mayo*	1 Pedro 2:18-23	*10 de mayo*
Hebreos 12:1-2	*16 de mayo*	1 Pedro 3:3-4	*25 de agosto*
Hebreos 12:1-4	*2 de abril*	1 Pedro 3:8-11	*8 de diciembre*
Hebreos 12:5-11	*16 de junio*	1 Pedro 4:7-11	*8 de abril*
Hebreos 12:14-15	*16 de octubre*	1 Pedro 5:5-7	*17 de junio*
Hebreos 13:20-22, 25	*27 de julio*	1 Pedro 5:6-11	*9 de julio*
Santiago 1:22-25	*23 de enero, 28 de abril*	2 Pedro 1:4-9	*30 de marzo*
		2 Pedro 1:5-10	*2 de agosto*
Santiago 2:1-4, 9-10	*15 de febrero*	2 Pedro 3:3-9	*25 de junio, 29 de agosto*
Santiago 2:5-9	*13 de marzo*		
Santiago 2:14-18	*20 de agosto*	1 Juan 1:5-9	*12 de octubre*
Santiago 3:1-8	*21 de mayo*	1 Juan 2:15-17	*4 de enero*
Santiago 4:4-10	*21 de enero*	1 Juan 3:14-18	*16 de septiembre*
Santiago 4:6-11	*9 de octubre*	1 Juan 4:1-4	*4 de febrero*
Santiago 4:7-12	*8 de agosto*	1 Juan 4:7-10	*14 de febrero*
1 Pedro 1:3-7	*12 de agosto*	1 Juan 4:20-21	*22 de febrero*
1 Pedro 1:6-9	*17 de abril*	1 Juan 5:9-15	*13 de junio*
1 Pedro 1:13-16	*14 de noviembre*	1 Juan 5:10-13	*19 de junio*
1 Pedro 1:13-17, 22	*26 de septiembre*	3 Juan 1:11	*15 de diciembre*
1 Pedro 1:18-21	*5 de mayo, 5 de julio*	Apocalipsis 20:11-15	*6 de mayo, 11 de agosto*
1 Pedro 1:22-25	*9 de diciembre*	Apocalipsis 21:23-27	*21 de septiembre*

Proverbios 28:14	*3 de septiembre*	Lucas 2:17	*28 de diciembre*
Proverbios 31:30	*25 de agosto*	Lucas 2:52	*22 de marzo*
Eclesiastés 5:1	*12 de enero*	Lucas 6:31	*6 de octubre*
Eclesiastés 5:3	*13 de julio*	Lucas 9:23	*22 de mayo*
Eclesiastés 5:4	*24 de agosto*	Lucas 12:7	*13 de marzo*
Isaías 26:3	*23 de agosto*	Lucas 16:10	*23 de mayo*
Isaías 35:8	*27 de noviembre*	Lucas 18:13	*17 de diciembre*
Isaías 41:6	*6 de diciembre*	Lucas 21:15	*21 de marzo*
Isaías 42:8	*22 de agosto*	Lucas 21:19	*21 de febrero*
Isaías 43:2	*12 de noviembre*	Juan 1:18	*24 de marzo*
Isaías 43:25	*21 de agosto*	Juan 3:3	*18 de junio*
Isaías 46:10	*5 de febrero*	Juan 3:18	*19 de julio*
Isaías 53:5	*3 de mayo*	Juan 6:57	*19 de enero*
Isaías 55:9	*3 de febrero*	Juan 8:32	*28 de mayo*
Isaías 57:15	*10 de noviembre*	Juan 8:36	*24 de mayo*
Isaías 64:6	*15 de junio*	Juan 10:9	*22 de septiembre*
Jeremías 1:5	*29 de septiembre*	Juan 10:17-18	*23 de septiembre*
Jeremías 15:16	*11 de octubre*	Juan 10:29	*20 de marzo*
Jeremías 17:10	*31 de octubre*	Juan 10:30	*25 de marzo*
Jeremías 23:24	*8 de junio*	Juan 13:34	*30 de marzo*
Jeremías 27:5	*18 de agosto*	Juan 13:35	*22 de febrero*
Jeremías 29:11	*12 de agosto*	Juan 15:4	*7 de septiembre*
Jeremías 31:3	*3 de marzo*	Juan 15:5	*25 de julio*
Jeremías 33:3	*7 de abril*	Juan 15:8	*16 de julio*
Lamentaciones 3:23	*12 de julio*	Juan 15:19	*7 de julio*
Ezequiel 3:17	*11 de julio*	Hechos 10:31-32	*26 de diciembre*
Daniel 1:8	*7 de enero*	Hechos 10:34	*26 de enero*
Habacuc 1:13	*21 de septiembre*	Hechos 16:25	*8 de septiembre*
Mateo 4:19	*3 de julio*	Hechos 17:11	*4 de febrero*
Mateo 5:6	*15 de mayo*	Hechos 17:25	*28 de septiembre*
Mateo 5:8	*28 de octubre*	Hechos 17:26	*25 de enero*
Mateo 5:9	*24 de octubre*	Romanos 4:5	*11 de febrero*
Mateo 5:14	*30 de junio*	Romanos 5:8	*14 de febrero*
Mateo 5:16	*1 de abril*	Romanos 6:23	*27 de febrero*
Mateo 5:41	*15 de julio*	Romanos 8:4	*28 de enero*
Mateo 6:1	*4 de marzo*	Romanos 8:26	*27 de junio*
Mateo 6:4	*24 de julio*	Romanos 8:28	*24 de enero*
Mateo 6:7	*3 de junio*	Romanos 8:32	*20 de julio*
Mateo 7:2	*9 de agosto*	Romanos 10:13	*6 de marzo*
Mateo 10:29	*18 de septiembre*	Romanos 10:15	*19 de marzo*
Mateo 12:36	*31 de julio*	Romanos 12:1	*21 de julio*
Mateo 19:19	*10 de julio*	Romanos 12:6	*25 de mayo*
Mateo 20:26	*31 de enero*	Romanos 12:9	*16 de septiembre*
Mateo 22:39	*26 de junio*	Romanos 12:10	*17 de febrero*
Mateo 24:14	*23 de julio*	Romanos 12:12	*27 de julio*
Mateo 24:44	*25 de junio*	Romanos 12:14	*27 de octubre*
Mateo 26:41	*30 de enero*	Romanos 12:21	*23 de marzo*
Marcos 1:17	*11 de abril*	Romanos 13:1	*3 de abril*
Marcos 4:24	*29 de enero*	Romanos 13:6	*6 de febrero*
Marcos 8:38	*24 de junio*	Romanos 13:7	*27 de mayo*
Marcos 13:31	*9 de diciembre*	Romanos 13:8	*4 de junio*
Marcos 16:15	*4 de abril*	Romanos 13:11	*26 de abril*
Lucas 1:49	*25 de diciembre*	Romanos 14:10	*7 de agosto*

Romanos 14:12	*9 de septiembre*	Efesios 5:19	*6 de junio*
Romanos 14:13	*4 de septiembre*	Efesios 5:20	*5 de noviembre*
Romanos 15:1	*22 de enero*	Efesios 5:25	*6 de julio*
Romanos 15:2	*25 de abril*	Efesios 6:1	*14 de mayo*
Romanos 16:19	*12 de marzo*	Efesios 6:2	*10 de junio*
1 Corintios 3:7	*20 de noviembre*	Efesios 6:11	*7 de octubre*
1 Corintios 3:9	*17 de marzo*	Filipenses 1:6	*19 de febrero*
1 Corintios 3:14	*31 de agosto*	Filipenses 1:21	*28 de febrero*
1 Corintios 4:2	*8 de julio*	Filipenses 2:15	*8 de noviembre*
1 Corintios 6:19	*28 de agosto*	Filipenses 3:9	*4 de mayo*
1 Corintios 6:20	*16 de marzo,*	Filipenses 4:4	*11 de septiembre*
	20 de octubre	Filipenses 4:6	*12 de septiembre*
1 Corintios 9:22	*7 de marzo*	Filipenses 4:8	*11 de junio*
1 Corintios 10:13	*5 de enero*	Filipenses 4:11	*15 de agosto*
1 Corintios 10:31	*20 de mayo*	Filipenses 4:13	*2 de abril*
1 Corintios 12:26	*26 de julio*	Filipenses 4:19	*22 de noviembre*
1 Corintios 12:27	*14 de abril,*	Colosenses 1:9	*28 de julio*
	4 de octubre	Colosenses 2:7	*1 de agosto*
1 Corintios 13:4	*20 de enero*	Colosenses 3:2	*6 de septiembre*
1 Corintios 13:12	*27 de marzo*	Colosenses 3:10	*12 de febrero,*
1 Corintios 15:58	*18 de noviembre*		*14 de diciembre*
1 Corintios 16:14	*23 de junio*	Colosenses 3:13	*7 de noviembre*
2 Corintios 1:4	*27 de abril*	Colosenses 3:16	*14 de junio*
2 Corintios 1:22	*30 de abril*	Colosenses 4:5	*10 de agosto*
2 Corintios 2:7	*2 de enero*	Colosenses 4:6	*9 de abril*
2 Corintios 2:9, 11	*28 de marzo*	1 Tesalonicenses 2:4	*30 de agosto*
2 Corintios 3:2	*11 de noviembre*	1 Tesalonicenses 4:11	*29 de febrero*
2 Corintios 5:8	*19 de octubre*	1 Tesalonicenses 4:13	*13 de abril*
2 Corintios 5:17	*31 de diciembre*	1 Tesalonicenses 5:18	*18 de febrero*
2 Corintios 5:20	*22 de julio*	1 Tesalonicenses 5:21-22	*14 de agosto*
2 Corintios 6:2	*8 de enero*	2 Tesalonicenses 3:13	*1 de noviembre*
2 Corintios 7:1	*15 de noviembre*	1 Timoteo 4:12	*31 de marzo*
2 Corintios 9:7	*18 de octubre*	1 Timoteo 4:13	*19 de septiembre*
2 Corintios 9:15	*24 de diciembre*	1 Timoteo 5:22	*7 de febrero*
2 Corintios 10:5	*1 de julio*	1 Timoteo 6:6	*2 de diciembre*
2 Corintios 11:14-15	*11 de diciembre*	1 Timoteo 6:7	*13 de agosto*
2 Corintios 12:9	*22 de junio*	1 Timoteo 6:10	*17 de septiembre*
Gálatas 3:26	*10 de septiembre*	1 Timoteo 6:17	*2 de octubre*
Gálatas 5:22	*16–24 de abril*	2 Timoteo 2:15	*13 de enero*
Gálatas 6:2	*19 de mayo*	2 Timoteo 2:21	*21 de diciembre*
Gálatas 6:7	*3 de octubre*	2 Timoteo 2:22	*20 de diciembre*
Gálatas 6:9	*4 de noviembre*	2 Timoteo 3:16	*10 de febrero*
Gálatas 6:10	*20 de agosto*	2 Timoteo 4:7	*27 de enero*
Efesios 1:13	*20 de febrero*	2 Timoteo 4:7-8	*17 de mayo*
Efesios 2:8-9	*8 de marzo*	Tito 2:4	*14 de octubre*
Efesios 4:2	*28 de junio*	Tito 2:7	*16 de noviembre*
Efesios 4:24	*27 de diciembre*	Tito 3:5	*5 de octubre*
Efesios 4:29	*21 de mayo*	Tito 3:8	*1 de mayo*
Efesios 4:31	*16 de octubre*	Tito 3:14	*22 de diciembre*
Efesios 4:32	*15 de octubre*	Hebreos 1:9	*6 de noviembre*
Efesios 5:2	*17 de octubre*	Hebreos 2:3	*18 de mayo*
Efesios 5:8	*9 de junio*	Hebreos 2:18	*16 de diciembre*
Efesios 5:15-16	*16 de agosto*	Hebreos 4:16	*13 de octubre*

Referencia	Fecha	Referencia	Fecha
Hebreos 5:14	*5 de marzo*	1 Pedro 1:20	*5 de julio*
Hebreos 6:12	*29 de noviembre*	1 Pedro 1:23	*20 de septiembre*
Hebreos 10:25	*8 de febrero*	1 Pedro 1:25	*13 de noviembre*
Hebreos 12:1	*16 de mayo*	1 Pedro 2:2	*17 de enero,*
Hebreos 12:2	*1 de diciembre*		*25 de septiembre*
Hebreos 12:11	*17 de junio*	1 Pedro 2:9	*16 de enero*
Hebreos 13:5	*18 de enero*	1 Pedro 2:13	*14 de septiembre*
Hebreos 13:17	*21 de junio*	1 Pedro 3:8	*5 de abril*
Santiago 1:2	*7 de diciembre*	1 Pedro 3:9	*8 de diciembre*
Santiago 1:3	*8 de octubre*	1 Pedro 4:9	*8 de abril*
Santiago 1:15	*12 de junio*	1 Pedro 4:10	*10 de octubre*
Santiago 1:17	*16 de febrero*	1 Pedro 5:7	*13 de febrero*
Santiago 1:19	*9 de febrero*	1 Pedro 5:8-9	*9 de julio*
Santiago 1:21	*6 de enero*	2 Pedro 3:9	*29 de agosto*
Santiago 1:22	*28 de abril*	2 Pedro 3:18	*24 de febrero*
Santiago 2:9	*15 de febrero*	1 Juan 1:9	*12 de octubre*
Santiago 4:3	*13 de junio*	1 Juan 2:1	*29 de abril*
Santiago 4:4	*21 de enero*	1 Juan 3:18	*8 de mayo*
Santiago 4:8	*9 de octubre*	1 Juan 4:13	*26 de marzo*
Santiago 4:10	*1 de septiembre*	1 Juan 5:12	*20 de junio*
Santiago 4:11	*12 de abril*	1 Juan 5:13	*19 de junio*
Santiago 4:12	*8 de agosto*	3 Juan 1:5	*14 de enero*
Santiago 4:17	*29 de marzo*	Judas 1:24-25	*7 de mayo*
Santiago 5:16	*9 de mayo*	Apocalipsis 1:5-6	*5 de mayo*
1 Pedro 1:15	*26 de septiembre*	Apocalipsis 20:15	*6 de mayo*
1 Pedro 1:16	*14 de noviembre*	Apocalipsis 21:4	*11 de agosto*

En Un Año

Experimente la _verdad_ diariamente.

PASE TIEMPO CON DIOS CADA DÍA.

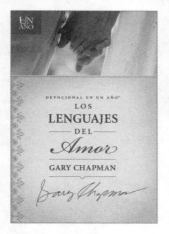

DEVOCIONAL EN UN AÑO
LOS
LENGUAJES
DEL
Amor
GARY CHAPMAN

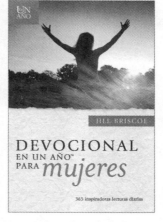

JILL BRISCOE
DEVOCIONAL
EN UN AÑO
PARA *mujeres*
365 inspiradoras lecturas diarias

En Un Año
DEVOCIONAL
PARA NIÑOS
INCLUYE 365 PRINCIPIOS BÁSICOS PARA LA FORMACIÓN DEL CARÁCTER

VOLUMEN 1
DEVOCIONAL
EN UN AÑO
PARA LA *familia*
365 historias que aplican
la Biblia a la vida diaria